新 지방자치 경찰론

이론과 실제

양 영 철

온누리디앤피
DESIGN & PRESS

신 지방자치경찰론

– 이론과 실제 –

신(新) 지방자치경찰론을 펴내면서

신(新) 지방자경찰론은 본인이 이전에 발간한 자치경찰론을 보강한 저서임을 밝혀 둔다. 자치경찰론은 2008년에 발간했으니 시간도 근 13년이 지났다. 그동안 예기치 않게 많은 독자가 있어 저자로는 송구스러울 정도로 기쁜 일이었다. 본 저서가 독자들에게 다가갈 수 있었던 것은 두 가지 요인이라 생각한다. 첫째는, 자치경찰론이 지방 자치관점에서 집필되었다는 점이다. 자치경찰론은 경찰학자들이 단독 또는 공저로 집필하고 있는 현상이 보편적이다. 이들은 자치경찰을 경찰조직의 한 유형으로 정의하고, 이 관점에서 자치경찰에 대한 논문이나 저서를 집필한다. 그러나 저자는 자치경찰은 지방자치제도 중의 하나이기 때문에 조직·사무·공무원 모두가 지방자치단체에 속해야 한다고 개념 정의를 한다. 이러한 저의 관점을 인정해 주는 독자, 학자들이 점점 많아지고 있음을 확연하게 느껴진다. 둘째는 자치경찰론이 이론뿐만 아니라 실제의 내용이 많이 들어있다는 점 때문이다. 솔직하게 말하면, 자치경찰론이나 이번 출판하는 신 지방자치경찰론은 이론보다 실제 현상과 경험 등에 관한 내용이 더 많다. 저자가 약 17년 동안 정부의 자치경찰 안 작성에 직·간접적으로 관여하면서 얻은 자료들이 중심 내용이 되었다. 이 점이 역시 독자들에게 나름대로 평가를 받은 것 같다.

그러나 17여 년 동안 자치경찰론은 수정하고 싶은 내용뿐만 아니라 보충하고자 하는 부분이 많았다. 박근혜 정부에서 자치경찰방안을 책임지고 만들 때 해외 방문도 하였고, 경찰 당국과 정부 관료들과의 세미나와 간담회를 많이 가졌던 관계로 자치경찰론 수정판을 집필하려고 하였다. 그렇지만 결국 자치경찰 안은 무산되었고, 저자도 더 이상의 집필 의욕도 없어졌다. 그러다가 문재인 정부가 들어서면서 자치경찰 도입은 어느 정부보다 일찍 시작하였고, 그 속도도 빨라졌다. 정부안을 작성하는데 가장 넘기 어려운 경찰청이 오히려 다른 부처보다 더 적극적인 자세로 나섰다. 경찰청이 스스로 개혁위원회를 만들고, 그 위원회 내에 자치경찰분과위원회를 설치하여 저자를 위원장으로 선임하여 자치경찰 모델 작성을 전적으로 의뢰하였다. 저자는 줄곧 우리나라 자치경찰 도입 처음에는 기초자치단체가 되어야 한다고 주장을 해왔다. 그래서 문재인 정부의 자치경찰 도입 단위가 광역으로 이미 전제가 되었기 때문에 많이 고민하였다. 그러나 저자는 지방자치의 관점에서 자치경찰제 도입 성사를 시켜야 하겠다는 열망으로 이 대열에 참여하였다. 1년이 채 가기 전에 경찰청 안이 성사되고 발표되었다. 이렇게 초고속으로 진행된 것은 이미 자료들이 충분하게 있었고, 경찰청이 적극적인 협조가 있었기 때문이다. 이 안은 결국 문재인 정부의 제1차 안인 이원론의 밑그림이 되었고, 자치분권위원회에서 몇 가지 강화되어 최종 정부안으로 채택되었다. 이어서 실무추진조직이 경찰청에 구성이 되고, 시범 실시방안이 강구되어 시도 담당 공무원을 대상으로 교육도 마쳤다. 심지어 제주자치경찰단과 제주지방경찰청이 정부안이 실제 적용되었을 때를 가상하여 약 2년 동안 확대 시범 실시를 하였고, 이에 대한 평가도 매우 만족으로 나왔다.

그러나 2020년 7월 30일, 당·정·청 회의에서 이원론과는 반대라고 할 정도의 안인 일원론이 발표되었고, 이어서 8월 3일 김영배 의원 발의로 국회에 제출되고 12월 9일에 국회 본회의 통과, 2021년 1월 1일 발효 및 시범 실시 시행, 동년 7월 1일 전면실시, 전광석이 이를 두고 한 말이다. 코로나 환경이 이원론을 일원론 모형으로 변경하게 되었다는 것이 유일한 변경 사유였다. 어쩌튼 자치경찰제는 실시 직전에 있다. 정부뿐만 아니라 시·도들도 열심히 안을 만들고 있다. 그러면서도 모두가 과연 이 모델이 정상적으로 작동이 될 것인가에 대해서는 확신을 하지 못하고 있다. 실시해야 할 경찰청이나 시·도 역시 마찬가지다. 저자가 자치경찰을 본격적으로 실시 전에 신 지방자치경찰론을 출판하는 이유가 여기에 있다. 저자의 경험상 실시 초반부터 혼란과 갈등이 크게 나타날 것이다. 본 저서가 이 과정에서 조금이나마 도움을 줄 수 있을 것이라는 생각도 이 책을 조기에 집필하게 했다.

저자는 저서 내내 이번 실시되는 정부안은 실시되었다는 그 자체만으로도 역사적 의의가 높을 뿐만 아니라 자치단체들이 지역의 치안에 대하여 관여할 통로를 만들었다는 점은 여타의 비난을 뛰어넘을 것이라고 평가하고 있다. 그러나 정부안이 지방분권의 관점에서 아니라 정부의 주요 정책인 권력기관 개편의 수단에서 작성되었기 때문에 출발부터 많은 숙제를 안고 있다. 저자는 따라서 조속하게 지방분권적 차원에서 새로운 지방 자치경찰제 도입 논의가 이루어져야 한다고 역시 주장한다. 자치경찰 관계자와 기관, 주민들은 자치경찰제 실시과정에서 많은 경험과 자료를 얻게 되면, 이전보다 조직과 운영의 교정은 쉽게 이루어질 것이라 예견해 본다. 본 저서가 이원론을 대비하여 집필을 준비하다가 갑자기 일원론으로 정부안이 변경되면서 준비가 덜 된 상태에서 출판하게 되었다. 이에 따른 모든 과오와 결점은 오로지 본인의 몫이며, 실시과정을 주시하면서 좀 더 나은 저서로 수정되기를 희망해 본다.

2021년 3월

한국지방자치경찰연구원 원장실에서

감사의 글

33년의 교수 생활을 마치고 정년퇴임을 한지 6개월이 지나갔다. 한국연구재단의 저술지원을 받아 연구한 한국지방자치단체 70년사가 7여 년 동안의 긴 행로를 정년퇴임과 함께 끝마치면 이제 책과 논문 쓰는 일은 끝나겠다는 생각에 젖어 있었다. 그러나 70년사가 작년에 코로나로 인하여 발간이 지연되면서 한해를 넘기고 지금 막 원고 교정을 마쳤다. 그 사이에 자치경찰제가 도입되면서 이원론에서 일원론으로 갑자기 변경됨에 따라 학계나 실무계나 혼동의 연속이었다. 자치경찰론을 처음 집필한 사람으로서 그냥 못 본 척 지나갈 수가 없었다. 특히, 노무현 정부를 시작으로 박근혜 정부에서부터 문재인 정부까지 정부안 작성에 직접 참여한 사람으로서의 사명감이 자치경찰론 수정에 나선 것 같다. 정부 안이 급하게 돌아가기 때문에 충분한 자료 수집은 되어 있지 못하지만, 실무나 학계나 현장에 늘 있었기 때문에 현상과 감각이 크게 떨어지지 않아서 그나마 다행히 마칠 수 있었다.

이 과정에서 수많은 분의 지도와 격려, 그리고 동료애들이 없었으면 이마저 못 마쳤을 것이다. 자치경찰 연구를 처음부터 지금까지 토론과 세미나 등을 함께하고 있는 인하대 법전원 이기우 교수, 서울대 행정대학원 이승종 교수 두 교수의 동료애는 언제나 내 곁에 있다는 그 차제만으로도 든든함을 느끼며 감사를 전한다. 이 순간에 고 김익식 교수가 생각남은 김 교수의 인간성이 새삼 그리웠기 때문이다. 명복을 빈다. 노무현 정부에서부터 연을 맺기 시작한 전남대 오재일 교수님이 지금까지도 멘토적 조언을 해 주시는 의리에 늘 감사할 뿐이다. 문재인 정부의 안을 만드는 과정에서 자치분권위원회의 정순관 위원장과 김순은 위원장 두 분의 협조에 감사를 드려야 하겠다. 이번 정부에서는 오직 자치경찰제를 도입하여야 하겠다는 일념이 결국 자치경찰을 도입하는 역사적 성과를 이루어 낸 두 분의 뚝심에 큰 박수를 보낸다. 자치경찰이 실시되었기에 본 저서도 발간이 되었기 때문에 역시 고마움도 전하고 싶다. 노무현 정부에서 지방자치경찰특별위원회 위원 여러분들에게 지금도 그 때의 열정과 지원에 감사를 드린다. 박근혜 정부에서 지방자치발전위원회 1기 동료위원님, 특히 심대평 위원장님에게는 행정의 역사와 참모습, 그리고 행정인이 가져야 할 인격 등 수많은 교훈을 체험하였다. 늘 존경합니다는 말씀을 드리고 싶다.

문재인 정부에서는 뜻하지 않게 좋으신 분들과 교류할 기회를 얻었다. 경찰개혁위원회 위원이 되면서 18분의 위원들과의 교류는 그 어느 위원회 모임과는 색이 달랐다. 통상 위원회는 거의 위원회 주관 기관을 응원하거나 방어하는 경우가 태반인데 경찰개혁위원회는 경찰이 야당에도 들어보지 못하는 거의 모욕에 가까운 욕들이 회의 때마다 난무하였다. 경찰에 과거에 무슨 원한이 많은 분만 모아 놓은 것 아닌가 하는 착각이 들 정도였다. 묵묵히 그 의견을 수용하는 경찰은 더욱 나를 놀라게 하였다. 경찰은 다른 부처와 마찬가지로 이전까지 모두 것을 조직이기주의에 맞추어서 대응하였다. 특히 자치경찰에 관한 한은 한 치의 양보도 없는 자세가 보통의 자세였다. 그러나 이번은 완전하게 달랐다. 우리보다 더 앞서서 자료를 제시하고 방안을 연구하며, 위원들이 한마디 할 때 경찰에게는 두, 세 발을 먼저 가 있었을 정도였다. 이 과정에서 박경서 위원장님과 나중에 합류한 박재승 위원상님의 뚝심은 경찰개혁의 난제를 풀어가는 데 큰 힘이 되었고, 자치경찰에 관한 관심과 지원은 자치경찰의 안을 조기에 매듭지게 하는데 원동력이 되었다. 이철성 청장님의 온유함과 배려도 경찰위원회의 순항을 이끈 나침판이었다. 경찰의 저승사자처럼 경찰의 인권정책에 거침없이 공격하면서도 생각지도 못하는 대안과 명문으로 대안을 정리하는 인권연대 오창익 국장님의 사회에 대한 헌신은 365일 봉급을 타 먹는 국립대학교 교수인 저자에게는 큰 울림을 주었다. 인권연대의 희망대로 인권이 국정과제 최상위가 되는 날이 곧 이루어지기를 기원해 본다.

자치경찰 연구의 17여 년 동안 많은 분들이 가장 가까이에서 때로는 친구로, 때때로는 상대방으로 대하면서 자치경찰 안을 만들어 왔다. 전 민갑룡 청장은 내가 자치경찰을 담당했던 17년 전부터 연을 맺어 왔다. 그는 지독한 일 중독자라고 경찰청에서 평가하지만, 나에게는 그보다 지독한 공부 꾼이면서, 협상자이자 토론꾼이었다고 평가를 하고 싶다. 그 많은 시간을 그와 보내면서 그의 퇴임의 작품은 자치경찰제를 이원화 모델로 장식했다. 물론 결국 이원화 모델은 그의 퇴임과 함께 사라지고, 일원화 모델로 대체되는 아쉬움도 있었지만, 그간의 그의 노력은 자치경찰 모델을 논의할 때마다 지침서가 될 것이라 확신한다. 그의 후반전도 검경수사권 협상에서 성공하였듯이 수많은 허들을 쉼 없이 넘어가기를 응원해 본다. 민청장과 같이 인연을 시작한 김종길 총경과의 17년 동안 변함없는 정 나눔은 이제 우정이 되었다. 고마운 맘을 전하며 캐나다에서 무탈하게 귀국하기를 바란다. 고기철 서울청 자치경찰 차장과의 인연도 시작한 지는 짧지만, 그의 조용한 지도력과 인내심은 자치경찰의 흐름에 큰 다리 역할을 하였다고 평가를 하고 싶다. 경찰개혁위원회 내내, 그리고 이 책을 집필하는데 자료 요청하면 한 치의 망설임 없이 응해주는 조윤제 경감에게 진심으로 감사를 드린다. 그의 명석함과 유모 감각이 또 다른 세대의 경찰상을 만들어 갈 것이라 기대해 본다.

제주자치경찰단은 나의 자치경찰 연구와 정책 과정에 늘 함께 하였다. 고 노무현 대통령이 국회에서 자치경찰 법이 불발될 기미를 보이자 제주특별법에 옮겨서 일단 살려놓자는 안을 제시하였고, 그래서 오늘날 제주자치경찰단은 온갖 풍파를 겪으면서 자치경찰의 상징으로 성장하였다. 고 노무현 대통령의 혜안이 다시금 생각게 한다. 제주자치경찰은 무늬만 자치경찰이라는 혹평 속에서도 흔들리지 않고 주어진 권한 이상을 찾아 나서는 제주자치경찰관 모두에게 큰 박수를 보낸다. 이 과정에서 나승권 단장의 지도력은 민간인이 공공기관에서 얼마나 경쟁력이 있을 수 있는지를 보여 주는 압권이라고 감히 평가하고 싶다. 특히, 민간인이 접근하기 힘든 경찰영역이기에 그의 지도력과 설득력이 한층 더 빛이 난다. 현재의 단장인 고창경 단장의 고군분투는 그가 지금 자리에 없었으면 제주자치경찰단 운명은 어디에 있을까를 생각하게 한다. 제주자치경찰의 봄날을 약속했던 확대 시범 실시가 막을 내리자마자 이원론이 일원론으로 갑자기 전환되었다. 그로 인한 폭풍이 몰아치는 사막에 서있는 제주자치경찰단을 이끌어가고 있는 그의 뚝심이 결국 제주자치경찰단은 존속되었고, 제2의 제주자치경찰단 역사를 이어가고 있다. 제주자치경찰단 가족 여러분에게 큰 박수와 감사를 드린다. 또한 책을 저술하는데 필요한 자료를 서슴없이 제공해 준 오광조 팀장에게도 감사의 말을 전한다.

이제 저자는 한국지방자치경찰정책연구원을 개원하여 향후 자치경찰의 전개 과정에서 할 수 있는 일, 자료를 제공하고, 자문 등 크고 작은 일 관계없이 봉사하고자 한다. 이 대열에 부담 마다치 않고 동행해 주고 있는 이영호 사무총장과 부인에게 우선 감사드린다. 이영호 총장이 국가경찰 20년과 자치경찰 13년의 경험이 본 연구원을 운영하는 데 큰 도움이 될 것이라 기대한다. 본 연구원의 고문 역 부탁에 마다치 않고 맡아 주신 이승종 교수, 이기우 교수, 나승권 변호사, 정순관 위원장, 부회장이신 최종술 교수, 연구위원장이신 최천근 교수, 총무위원장이신 황경수 교수, 그리고 이사님과 회원여러분에게도 이 자리를 빌려 감사의 말씀을 드립니다. 같은 연구원으로 참여해 주고 있는 황문규 교수의 도움도 크게 받고 있다. 경찰대 출신이지만 경찰에 대하여 쓴디 쓴 주장 등을 마다하지 않고 있는 황 교수의 기개에 놀랍기도 하지만 그 속에는 항상 경찰에 대한 사랑이 깔려 있음도 놀랍다.

재직 33년을 돌아보면, 불초 제자에게 기회를 준 은사님과 선배 교수님들께 대한 고마움은 영원히 간직하고 싶은 보물이다. 어느 대학, 어느 학과의 교수보다 늘 따뜻했던 동료교수님, 그리고 좀더 인간적인 교수가 되지 못했던 점을 아쉬워하면서 제자들에게도 깊은 감사를 드린다. 끝으로 출판환경이 최악임도 불구하고 은사라는 이유 때문에 출판을 맡아준 김용택 사장, 좌옥미 여사, 그리고 온누리 출핀 가족에게도 큰 감사의 말씀을 드린다.

이 모든 고마움은 본 연구원이 봉사하는 연구원답게 조신하게, 열심히 활동함으로써 보답하고자 한다.

2021년 3월

한국지방자치경찰정책연구원 원장실에서

일러두기

본 저서는 2008년에 출판된 〈자치경찰론(대영문화사)〉를 보강한 책이다. 본 저서는〈자치경찰론〉 저서에서 제1장 경찰과 자치경찰의 기초, 제2장 외국의 자치경찰, 제4장 노무현(참여정부)의 자치경찰제 도입, 제6장 도입 단위, 제7장 경찰의 기능, 제11장 자치경찰의 정부 간 관계, 제12장 제주자치경찰의 도입과 운영은 〈자치경찰론〉 내용이 주다. 다만 장마다 달라진 내용은 보강하였다.

제1장에서는 문재인 정부의 권력기관 개편에 의한 수사권 독립에 관한 내용, 자치경찰의 사무, 경찰법 완전개정 법률인 국가와 자치경찰의 조직 및 운영에 관한 법률로 인한 달라진 내용, 자치경찰 모형에서 이원론과 일원론에 대한 설명을 추가하였다.

제2장에서는 일본의 자치경찰에 대해 보강을 하였고, 특히 일본자치경찰 방문 시 느꼈던 일본자치경찰에 대한 특징을 보강하였다. 그리고 2012년부터 대폭적인 개혁을 추진하고 있는 영국자치경찰은 4원 체제를 중심으로 내용을 보충하였다. 역시 영국 런던자치경찰을 방문한 결과도 기재하였다.

제4장은 노무현 정부의 자치경찰제가 시사하는 면, 자치경찰 조직, 자치경찰관, 자치경찰 사무 등 모두 우리나라에서는 최초의 개념이다. 자치경찰 모형도 기초자치단체 중심이며, 조직설계나 사무도 보충성의 원칙을 충실하게 반영하여 노력하였다는 점, 추진하던 과정이 정책연구로서 의미 있는 사례가 될 수가 있다는 점 등을 고려하여 〈자치경찰론〉 내용을 그대로 옮겨 놓았다.

제6장과 제7장도 역시 이전 저서의 내용을 중심으로 하되, 박근혜 정부 및 문재인 정부의 자치경찰제 내용 중 이와 관련이 있는 내용은 추가하였다.

제11장은 이전의 저서 내용도 있지만 많은 부분이 보강되었다. 2개의 절은 문재인 정부에서의 정부 간 관계를 상술하였다.

제12장 제주자치경찰의 도입과 운영은 기존의 저서에서 많은 부분이 보강되었다. 2008년 이후의 제도 변화와 실적 등을 보충했다. 문재인 정부 자치경찰제 도입 과

정에서 구조와 기능의 변화에 대하여 상술하였다. 특히, 문재인 정부의 1차 자치경찰 정부안인 이원론 모델을 확대 시범으로 한 내용에 대하여 자세하게 상술하였다.

완전하게 새로 작성한 내용은 제3장 역대정부의 자치경찰 추진정책, 제5장 문재인 정부의 자치경찰 정책, 제8장 자치경찰 조직구조와 운영, 제9장 자치경찰의 인사와 재정, 제10장 시·도 자치경찰위원회의 구성과 운영이다.

제3장은 우리나라 역대 정부의 자치경찰 추진정책의 내용을 추진 동기, 추진 기구, 추진 모델, 쟁점 사항, 추진 결과를 중심으로 미 군정에서부터 박근혜 정부까지를 분석하여 발표한 논문을 옮겼다. 그 이유는 자치경찰 추진정책을 역대 정부 별로 비교하여 작성하였다는 점과 한번 전체를 조망할 수 있다는 점에서 본 논문의 의의가 있다고 생각해서이다.

나머지 장은 이번에 도입한 문재인 정부의 자치경찰 내용을 중심으로 작성하였다.

참고 문헌은 〈자치경찰론〉의 참고 문헌은 그대로 옮겨 기존의 참고 문헌을 이해할 수 있도록 하였고, 제3장의 참고 문헌도 마찬가지로 그대로 옮겼다.

본 저서에서 인용하는 자치경찰 법은 노무현 정부의 자치 경찰법 안을 말한다. 우리나라 자치 경찰법 최초라는 의미를 강조하기 위함임을 밝혀둔다. 저서 중에 문재인 정부의 안에 대하여 이원론과 일원론이 혼동할 수 있을 것이다. 이를 구분하기 위하여 이원론은 문재인 정부 제1차 정부안으로 표시하거나 이원론임을 강조하는 표징을 두었다. 일원론은 문재인 정부의 실시 모델이기 때문에 문재인 정부의 자치경찰제라고 하면 일원론 모형임을 말한다.

자치경찰론을 발간하면서

17대 국회에서 제출된 자치경찰 법안 운명이 끝나는 달이다. 2005년 11월 3일에 국회에 제출되었으니 시간으로 보면, 근 1년 6개월이 지난다. 자치경찰법안은 이 긴 기간 동안 국회에서 초라하게 방치되어 있다. 수십 년 동안 지방자치단체와 주민들의 열망인 자치경찰제 도입이 또 한번 고배를 드는 순간을 맞이하고 있다. 지방자치를 실시하는 국가에서 국가경찰만이 지역치안을 60년간 독점하는 나라는 이 지구상에서 찾을 수 없다. 치안행정에서 국가경찰만의 존재가 이미 한계가 나타난 지 오래인데 아직도 자치경찰은 논의 수준을 벗어나지 못하고 있다. 이 안타까움이 나를 자치경찰제 도입에 앞장서게 만든 동인이 되었다. 참여정부에서 자치경찰제 도입은 대통령 공약으로 출발하였다. 노무현 대통령은 대통령 공약으로 자치경찰제 도입과 경찰수사권 독립을 내걸었다. 공약은 인수위를 거쳐 정부혁신과 지방분권의 추진 기구인 대통령 자문 정부혁신지방분권위원회의 7대 주요 과제로 선정되어 정부안을 만들었고, 이것은 행정자치부 자치경찰제 실무추진단의 법제화를 거쳐서 국회에 제출되는 순서를 밟았다. 이 과정에서 저자는 정부혁신지방분권위원회의 지방자치경찰제 특별위원회 위원장을 근 4여 년을 맡아서 자치경찰제 도입을 추진하였다. 출발은 쉽지 않았다. 자치경찰제 도입은 역대 정부처럼 결국은 무산될 것이라는 경험적 우려가 경찰청을 비롯한 각 부처에 퍼져 있었다. 초안을 대통령에게 보고하는 자리에서도 노무현 대통령은 "대통령 공약 중에 가장 어렵게 생각하는 것이 자치경찰제 도입"이라고 언급하였다. 이러한 부정적 분위기 속에서 출발한 자치경찰제 도입은 참여정부에서 자치경찰제가 도입되지 않으면 영원히 불가능할 것이라는 사실이 오히려 촉진제 역할을 한 것 같다. 역대 정부의 자치경찰 논의 과정과 안을 검토하고, 유럽의 자치경찰을 방문하고, 국가경찰을 설득하고, 자치단체에 지원을 요청하며, 학자들의 이해를 얻어가는 복잡한 과정을 거치면서 자치경찰안은 성립되었다. 일부 학자들은 형식만 자치경찰이라는 극단적인 비판이 있었다. 광역자치단체는 오히려 다른 안을 국회에 의원입법으로 제출하였다. 국회의원들은 자치단체장의 무소불위의 권력을 미리 상상하면서 소극적이거나 불가능한 제안을 하였다. 그러나 이러한 반대 분위기도 자치경찰제 도입에 대한 환호와 지지 속에 묻힐 정도로 자치경찰제 도입 바람은 반대의 둑을 넘어서 당연시할 정도까지 되었다. 최초로 자치경찰법안이 만들어지고, 시범지역이 선정되고 교육까지 마쳤다. 제주특별자치도에는 자치경찰제가 실시되고 있다. 자치경찰제 도입에 대한 대통령의 의지는 임기가 다하는 날까지 변함이 없이 강하였다. 자치경찰제 도입을 위해서 그 밖에 더 이상 필요한 조건이 더 있는가 할 정도였다. 그러나 결과는 자치경찰제 도입은 무산 직전에 와 있다. 정치 일정상 17대 국회에서는 불가능하고, 18대 국회에 희망을 걸어 본다.

다행히 이명박 정부에서도 자치경찰제 도입에 대한 적극성은 여전하다. 이명박 정부의 인수위원회 보고서를 보면 자치경찰의 도입 모형은 참여정부의 모형과 거의 같다. 행정위원회를 의결기관화하는 방안 등 극히 몇 가지를 제외하고는 차이가 없다. 제주특별자치도에서 실시하고 있는 자치경찰 제도가 반면교사가 될 것이기 때문에 자치경찰제 도입이 다시 탁상공론으로 회귀하는 일이 없을 것 같다. 이 희망이 이 책의 희망이기도 하다.

우리나라에서 자치경찰에 대한 저서는 극히 적은 편이다. 또한 기존의 자치경찰제에 관한 책들은 경찰행정학자들에 의해서만 집필되었기 때문에 대부분의 시각이 국가경찰 속에서의 자치경찰이라는 관점에서 기술하고 있다. 그러나 이 책은 참여정부의 자치경찰법안이 자치경찰은 자치단체의 한 조직이라는 관점에서 출발한 것과 맥을 같이한다. 다시 말하면, 이 책은 지방자치 관점에서 기술한 내용이며 이 관점이 이 책을 쓰게 된 출발점이다. 이 책은 저자가 참여정부의 자치경찰제 도입에 직접 관여하는 과정에서 수집한 회의 자료를 비롯한 내·외부 자료, 두 차례에 걸친 유럽 자치경찰의 방문 자료, 숱한 세미나와 토론에서 발표와 토론 과정에서 얻은 자료 등 현장의 자료가 중심을 이루고 있다. 특히 참여정부의 자치경찰안이 기초자치단체 중심이기 때문에 자료를 보충하기 위해서는 현장 자료만이 유일한 등대였다고 해도 과언이 아니다.

이 책의 특징은 이와 같은 현장 중심의 연구와 함께 다른 저서에서 볼 수 없는 각론적 내용인 도입 단위, 기능, 조직, 인사, 국가경찰과의 관계 등을 장 단위로 다룬 것과 제주특별자치도의 사례 연구를 제시하고 있다는 점이다.

이 책은 11개의 장으로 구성되었다. 제1장은 자치경찰의 개념과 유형을, 제2장은 외국의 자치경찰을 비교 연구하였다. 제3장은 참여정부 이전의 자치경찰제 도입 모형을 비교하였고, 특히 김대중 정부의 자치경찰제 모형을 심도 있게 분석하였다. 제4장은 참여정부의 자치경찰제 추진 과정을 상세하게 살펴보았다. 제5장은 자치경찰제 도입 단위를 기술하면서 광역과 기초자치단체의 장·단점을 기술하였다. 제6장은 자치경찰의 기능을 외국의 자치경찰제와 비교하면서 제시하였고, 제7장은 자치경찰의 조직을, 제8장은 인사 운영에 대한 내용을 기술하였다. 제9장은 정부와의 관계(IGR)를 기술하면서 국가경찰과의 관계를 집중적으로 살펴보았다. 제10장은 제주특별자치도에서 실시하고 있는 자치경찰의 운영 사례를 살펴보았고, 마지막 장인 제11장에서는 이 책의 요약과 자치경찰제가 성공하기 위한 조건 등을 제시하였다.

2008년 5월

한라산이 보이는 아라벌 연구실에서

양영철

감사의 말

저자는 아직도 경찰에 관한 한 천학비재하다고 고백한다. 저자는 2003년 12월부터 2008년 2월 24일까지 5년 가까이 대통령위원회의 자치경찰 태스크포스(T/F) 팀장과 자치경찰특별위원회 위원장을 맡기 전까지 경찰에 대한 저서는 고사하고 논문 한 편 없었다. 아무것도 없다는 것이 결국은 원점에서 자치경찰을 연구하게 되었다고 강변해 본다. 이러한 강박 관념이 현장을 더욱 많이 찾아가고 사례를 열심히 비교 연구하게 만들었다. 그럼에도 불구하고 이 책은 나의 노력만 가지고 결코 이루어질 수 없었다. 이 책은 참여정부에서 자치경찰 제도를 만드는 과정에 참여한 모든 분들이 함께 만든 책이라고 생각하면서 이 책을 그분들에게 드리고자 한다. 이 책의 출간에 맞추어 자치경찰 역사를 주도하였던 이분들의 이름을 기록하는 것으로 그간의 고마움을 표하고자 한다.

이 책의 출간과 함께 노무현 전 대통령께 감사드리고 싶다. 노무현 전 대통령은 자치경찰에 대하여 누구보다 애정을 가지고 끝까지 지지해 주었다. 1차 보고 때부터 직접 보고를 받았으며, 각종의 대안도 직접 제시하였고, 각종 회의에서도 자치경찰의 진척을 계속 확인하여 주었다. 특히, 2004년 9월 16일 국정과제회의에서 자치경찰제 정부안을 확정하면서 "가장 힘들 줄 알았던 자치경찰제 도입이 이렇게 합리적이고 좋은 안을 제시해 주어서 고맙다"는 말과 함께 국무위원들로 하여금 반드시 성공적으로 도입해 줄 것을 부탁까지 하였다. 자치경찰 도입 과정에서 애써 준 정부혁신지방분권위원회 위원장과 직원 여러분에게도 진심으로 감사드린다. 초기에 자치경찰제 도입의 물꼬를 터준 김병준 위원장님, 자치경찰제 정부안을 확정짓고 법안 통과를 위해서 혼신의 노력을 보여 주었던 윤성식 위원장님, 마지막 기회를 살리려고 고군분투하였던 김병섭 위원장님의 노고에 깊은 감사를 드린다. 정부혁신지방분권위원회의 국장과 실장으로 재직하면서 자치경찰제 도입에 진력을 다했던 박재영 전남도 부지사님, 김영호 행정안전부 차관님, 이삼걸 국장님과, 이우철 국장님을 비롯한 직원 여러분에게도 진심으로 감사드린다.

어려운 여건이었지만 자치경찰 제도를 과감하게 도입하여 드디어 우리나라에 자치경찰 시대를 열어 준 제주특별자치도 김태환 지사님에게 그간의 자치경찰에 대한 깊은 격려에 진심으로 고마운 마음을 전달한다. 자치경찰의 정착을 위하여 혼신을 다하고 있는 제주특별자치도 강명석 단장님을 비롯한 자치경찰 공무원 여러분에게 힘찬 박수를 보낸다.

자치경찰 제도의 도입을 위하여 저자와 함께 끝까지 고생을 나누었던 전남대 오재일 교수님, 동국대 김보현 교수님, 인하대 이기우 교수님, 서울대 이승종 교수님, 경기대 김익식 교수님, 부산대 이행봉 교수님과 강재호 교수님, 안영훈 박사님, 전국시·도지사협의회 김성호 실장님께 진심으로 감사의 말씀을 드린다. 특히, 오재일 교수님은 참여정부의 자치경찰안의 반대론자들에게 자원하여 설득하기를 마다하지 않았다. 또한 이기우 교수님은 2주일 동안 한 호텔방에 기거하면서 정부안을 만들었던 정성과 자치경찰법안의 심사와 세미나에 항상 정부 대표로 참석하여 자치경찰의 당위성을 주장하는 데 주저하지 않았던 뚝심은 참여정부의 자치경찰 모형을 '이기우 모델'이라고 해도 과찬이 아닐 것이라 생각한다. 또한 책을 저술하는 내내 보이지 않는 격려를 보내 주었던 제주대 행정학과 및 법정대학 교수님들에게 진심으로 고마운 말씀을 드리고자 한다.

자치경찰제의 모형을 일본식 자치경찰 모형에서 한 발자국도 양보하지 않았던 경찰 분위기를 정부안으로 전환시켜 준 홍영기 전 서울경찰청장님에게 후반 인생의 성공을 기원드린다. 그리고 정부안과 경찰청안 간에 심각한 갈등 사이에서 합리적 중재자를 자임해 주었던 경찰청 자치경찰추진위원회 김익식 위원장님, 이종수 교수님 등 여러 위원님과 윤재옥 청장님, 송강호 청장님과 양성철 경무관님을 비롯한 이운주 총경님, 민갑용 총경님 등 경찰청 자치경찰 팀의 자치경찰에 대한 연구와 노력은 자치경찰사에 중요한 치적으로 남을 것이다. 자치경찰법안에 일등 공신이라고 자신 있게 칭호를 붙여 줄 수 있는 행정자치부 자치경찰제 실무추진단의 노고에 감사드리지 않을 수 없다. 초대 단장이었던 이종배 충북 부지사님의 지휘는 최고였다고 말씀드림과 동시에 최종만 현 단장님이 끝까지 최선을 다하는 모습에도 박수를 보낸다. 실무추진단에서 동거동락하였던 유기혁, 이인재 팀장님, 김갑수 서기관님을 비롯한 정청수 총경님, 조길형 경무관님, 이영표 총경님, 김광식 총경님을 비롯한 경찰 파견 공무원들에게도 저자가 자치경찰 제도를 연구하는 한 여러분들의 공로에 늘 감사드릴 것이다. 그리고 저자가 위원장 시절부터 늘 동생처럼, 동지처럼 조력을 다해 주었던 김종길 경감에게도 항상 고맙다는 진심과 현재와 같은 진정한 경찰관의 모습을 늘 지켜 나가기를 기원한다. 자치경찰 연구 내내 뒷전에서 열심히 자문해 주고 지지해 주었던 강승수 총경님과 서귀포 경찰서 행정발전위원회 양광호, 이덕호, 문영섭 위원장님을 비롯한 여러 회원님에게도 지면을 빌려 감사의 말씀을 드린다. 특히 늘 언제나 나의 지지자요, 인생 스승 노릇을 마다하지 않았던 돌아가신 송두금 외숙님께 이 책을 바치며 영면하기를 기원한다.

자치경찰을 추진하는 과정 내내 뜨거운 격려와 성찬을 마다하지 않아 자치경찰 추진팀에 한식구로 여기는 친구 현성욱 원장의 우정과 이석창, 강호정 사장의 변함없는 사랑에 감사하며, 어려운 출판 환경에도 불구하고 흔쾌히 출판을 맡아 주신 임춘한 사장님과 직원 여러분께 고마운 말씀을 드린다.

끝으로 이 책이 나오기까지 늘 옆에서 편안함과 맛있는 차와 이야기를 나누어 주었던 사랑하는 아내 루시아와 항상 나의 힘의 원천인 혜미와 정우에게 이 책으로 고마움을 대신한다.

양영철

차 례

■ 제 8 장 문재인 정부의 자치경찰 조직구조와 운영 • 347

제1장
경찰과 자치경찰의 기초

제 1 장 경찰과 자치경찰의 기초

제 1 절 | 경찰의 개념과 유형

1. 경찰의 개념

경찰(police)이라는 용어는 시민권(citizenship) 혹은 도시(polis)에 해당하는 그리스어의 politiea에서 그 어원을 찾는다. 시민권과 도시라는 두 단어는 정치라는 의미가 포함된 시민 또는 집단의 권력 행사라는 의미가 포함되어 있다(Stevens, 2003: 3). 따라서, 경찰은 본원적으로 시민, 도시, 정치, 권한, 기관이라는 개념적 요소가 포함되어 있다고 할 수 있다.

경찰의 개념은 나라마다 다르게 정의될 수밖에 없다. 왜냐하면 각국은 각자의 다른 통치 체제와 정치행정 문화가 다르기 때문에 획일적으로 경찰의 개념을 정의한다는 것은 무리라고 할 수 있다. 우선 통치구조의 차이에서 보자. 영미법 체계를 갖추고 있는 국가에서는 경찰은 분권화된 법 집행기관이기 때문에 제한된 권한과 지방의 통제라는 특성을 가지게 된다. 여기에서의 경찰 개념은 경찰활동의 기원을 원시사회에서의 자위적 활동에 있는 것으로 여긴다. 경찰은 사회생활을 하는 데 외적의 침입에 대비하고 사회 공공의 질서 유지를 도모하는 활동이었지만 사회가 진화되고 기능이 분화됨에 따라 이러한 자위활동을 대신하여 전문적 직업인을 채용해 그들에게 생명·신체·재산의 보호 및 사회 질서 유지에 관한 임무를 맡긴 것으로 규정하고 있다(한국형사정책연구원, 2005: 114). 반면에 대륙법 체계를 지닌 국가에서는 경찰력이 중앙정부의 직접적인 통제 하에 있는 것으로 생각한다. 그 때문에 경찰권은 국가의 일반통치권으로 인식하여 국가적 이해 관계 하에 두고 경찰행정의 중앙집권화를 강조한다. 이러한 대륙법계의 국가에서는 개인의 생명, 신체 및 재산의 보호뿐만 아니라 국가의 시책을 추진하기 위하여 필요한 행정까지를 경찰 개념 속에 포함시키고 경찰은 국가 권위의 대표라고 인정한다. 즉 경찰권은 국가에 귀속되었기 때문에 경찰작용의 영역이 훨씬 광범위한 것으로 이해하고 있다(이상원, 1999: 169-70).

또한 그 나라의 정치행정 문화에 따라서 경찰의 개념은 달라질 수밖에 없다. 경찰권을 우리나라와 같이 국가경찰이 독점하고 있는 나라가 있는가 하면 미국과 같이 지방자치단체가 치안행정을 대부분 수행하고 있는 나라들이 있다. 그뿐만 아니라 경찰권을 재정, 산림, 출입국 등 각 기관에 분산시키는 나라가 있는가 하면 국가경찰이나 자치경찰에 독점시키는 나라도 있다. 이에 따라서 경찰의 개념도 달라질 수밖에 없다. 이태리와 같이 국가경찰, 군인경찰, 산림경찰, 재정경찰, 자치경찰 등으로 경찰권을 분산화하여 운영하는 경우 경찰의 개념은 경찰권을 수행하는 기관에 따라서 달라질 수밖에 없는 것이다.

경찰 개념 정의에 큰 영향을 미치는 요인으로서 시대의 변화를 빼놓을 수 없다. 미국의 경우 경찰의 역사는 대체로 정치(political), 개혁(progressive reform), 전문직업경찰관(professional police), 지역사회 관계(community relations), 법과 질서로의 회귀(return to law and order), 그리고 지역사회경찰(community policing) 등 여섯 시대로 나누고 있다(Gaines et al., 2003: 20-31). 이렇게 시대의 변화에 따라서 경찰의 개념은 서비스 제공자 → 범죄와의 전쟁 수행자 → 범죄와 범법자 처리 전문가 → 지역사회의 협력을 통한 범죄 처리 및 법집행자 → 주민과 함께 하는 치안 종합처리자(integrated systems)로 개념이 바뀐다. 대부분의 우리나라 학자들도 경찰의 개념을 시대의 변화와 연계하여 정의하고 있다.

이상안 교수는 경찰 개념을 중세와 경찰국가 시대, 근대 자유민주 시대, 현대 시대로 구분하여 개념 정의하고 있다. 그는 이를 통합하여 경찰의 개념을 "경찰(서비스)은 국민이 범죄와 무질서, 그리고 재난의 위난을 만날 때 생명·신체·재산 등 국민을 보호하고, 사회가 갈등과 대립으로 연대가 해체될 때 통합을 이루게 하고, 경제·문화·산업·관광을 부흥시킬 때 법질서 SOC로서 환경에 효과적·체계적으로 대응하도록 하는 정부의 공공재 공급 주체를 말한다"라고 정의하고 있다(이상안, 2005: 43-53). 정진환 교수도 역시 시대에 따라서 경찰의 개념을 달리 정의하고 있다. 그는 고대 이래 경찰 개념은 변천해 왔기 때문에 시대에 따라 그 개념에는 차이가 있다고 보고 〈표 1-1〉과 같이 정리하였다(정진환, 2006: 20-1). 정진환 교수는 결국 경찰의 개념을 "일반통치권에 의거하여 사회 공공의 안녕 질서의 유지를 위한 위해(危害) 방지를 목적으로 국민에게 명령·강제하는 권력 작용"으로 정의한다. 경찰이 일반 공안 유지를 위한 위해 방지를 목적으로 하는 까닭에, 위해 중에서도 가장 큰 영역인 범죄의 예방과 이를 위한 사회 감시가 경찰의 주된 임무라 할 수 있다. 그는 범죄 발생 후의 수사 작용(사법경찰)을 경찰 개념에 포함시키느냐에 관해서는 국가마다 제도적으로 약간의 차이가 있기는 하나 대부분의 국가에서는 포함시키고 있다고 보고 있다.

〈표 1-1〉 경찰 개념의 변천

구 분	고 대	중 세	근 대	현 대
시대 구분	(전기) 기원전 30세기 ~ 기원전 8세기 (후기) 기원전 8세기 ~ 기원후 4세기	기원후 4세기 ~ 기원후 11세기 기원후 11세기 ~ 기원후 17세기	18 ~ 20세기 초	20세기 초 이후
국가 형태 (국가 이념)	부족국가 = 도시국가 (자치주의)	절대국가 = 봉건국가 (절대주의)	법치국가 = 입법국가 (자연법·자유주의)	행정국가 = 복지국가 (자유·민주주의)
경찰 기능	그리스적 의미의 경찰: polis의 모든 활동	교회행정을 제외한 국가행정	내부행정 중 보안 행정을 위한 강제작용 (한정설·소극설 작용)	질서 유지 법의 집행 (봉사 기능)
법 (법체계)	함무라비(Hammu- rabi) 법전 성경 로마법	1530년 제국경찰법 Reichspolizeior- dnung	1794년 프로이센 일반국법 1829년 The Metropolitan Police Act	대륙법 체계 영·미법 체계
국가 기능 (국가관)	왕권국가	경찰국가	야경국가	봉사국가

자료: 정진환, 경찰행정론, 2005.

이황우 교수도 경찰의 개념을 역사적인 관점에서 정의하고 있다. 그는 고대의 경찰 개념은 "시민의 생존과 복지를 보살피는 일체의 관리활동"으로, 중세 시대의 경찰 개념은 "행정관청의 관리가 필요하다고 여겨지는 모든 행동과 경험에 대한 통제"로, 경찰국가 시대의 경찰 개념은 "질서 유지뿐만 아니라 국민의 복지 증진을 위한 모든 활동을 위한 강제력"으로, 법치국가 시대의 경찰 개념은 경찰국가 시대의 적극적 의미에서 소극적 의미로 전환되어 "치안행정"만을 의미하는 것으로, 20세기 현대의 경찰 개념은 "공공의 질서 유지를 위한 위협과 범죄로부터 국민의 생명과 질서를 보호하며 국민에게 봉사와 도움을 제공하는 공공 서비스 또는 공공재의 제공자"로 이해하는 분위기가 지배적이라고 지적한다(이황우, 2003: 4-7).

이들을 종합해 보면, 경찰의 개념은 국가의 법체계와 문화 및 시간에 따라서 크게 차이가 나지만 현대의 경찰 개념은 "국민의 생명·신체·재산을 보호하기 위하여 공공의 질서와 안녕의 유지를 위한 범죄 예방과 법집행을 하는 공공 서비스"라고 할 수 있다.

2. 경찰의 유형

자치경찰의 활동과 관련된 의미에서 분류한 경찰의 유형을 보면 다음과 같다.

1) 형식적 의미의 경찰과 실질적 의미의 경찰

오늘날 경찰의 개념은 크게 형식적 의미의 경찰과 실질적 의미의 경찰로 나눈다.[1] 형식적 의미의 경찰이란 실정법 제도상 보통경찰기관의 권한에 속하는 모든 작용을 말하며, 그 작용의 성질 여하를 불문한다. 따라서 형식적 의미의 경찰과 실질적 의미의 경찰은 그 내용이 반드시 일치하지 않는다. 형식적 의미의 경찰은 보통경찰행정기관이 관장하는 모든 행정작용을 뜻하기 때문에, 형식적 의미 가운데는 성

1) 정진환, 경찰행정론(서울: 대영문화사 2006), p.22. 이외에도 형식적 의미의 경찰과 실질적 의미의 경찰에 대한 설명에 대해서는 다음의 문헌을 참조. 이황우, 경찰행정학(제5판)(서울: 법문사, 2007), pp.9-12; 이상원, "한국경찰의 자치경찰화를 위한 소고," 한국공안행정학보, 제4권, 1999. 1, p.169; 김원종, "자치경찰제도의 법리적 검토," 한국지방자치학회보, 제16권 제1호, 2004, p.189. 이 논문에서는 다음의 문헌을 재인용하고 있다. 김남진, 행성법(서울: 법문사, 1996), pp.242-243; 김남진, "지방자치와 경찰법," 서재근 박사 회갑논문집, 1989, pp.23-25; 홍정선, 행정법원론(하)(서울: 박영사, 2003), p.300; 경찰대학, 경찰학개론(서울: 경찰대학, 1998), p.19.

질상 경찰이라고 볼 수 없는 것(예를 들면, 호구조사, 노유·병상자의 보호 등)이 있는가 하면, 일반적 행정기관의 소관에 속하는 행정작용 중에서도 실질적 의미의 경찰작용이 적지 않다. 그러므로 형식적 의미의 경찰의 범위는 어디까지나 그 나라의 입법 정책의 문제라 하겠다.

실질적 의미의 경찰은 형식적 의미의 경찰과는 달리 특정한 국가의 실정법과는 관계 없이 국가작용의 성질을 표준으로 하여 학문적인 면에서 고찰된 경찰의 개념이다. 이러한 의미에서 실질적 의미의 경찰은 "직접 사회 공공의 안녕과 질서를 유지하기 위하여 일반통치권에 의거하여, 국민에게 명령·강제하는 권력적 작용"이라 정의할 수 있다.

2) 행정경찰과 사법경찰

경찰은 그 직접적인 목적에 따라 행정경찰과 사법경찰로 구분할 수 있다. 행정경찰은 실질적 의미의 경찰, 즉 사회 공공의 안녕과 질서를 유지하기 위하여 일반통치권에 의거하여 국민에게 명령·강제하는 권력적 활동을 의미한다. 여기에는 산림경찰, 위생경찰 등 협의의 행정경찰이 포함된다. 사법경찰은 수사, 범인의 체포 등 국가형벌권에 의한 활동을 의미하며 형사소송법의 적용을 받아 특정한 범죄에 대한 수사를 담당하는 경우를 말한다. 여기에는 경찰기관의 수사경찰관과 검찰청 등의 수사관이 행하는 수사 활동이 해당된다.

이러한 행정경찰과 사법경찰의 구분은 1795년 프랑스 경범죄처벌법전 제18조에서 행정경찰은 공공질서의 유지와 범죄 예방을 목적으로 하고, 사법경찰은 범죄의 수사와 피의자의 체포를 목적으로 한다고 하는 데에서 비롯하여 유럽 여러 나라에서 일반화되었다. 그러나 영미법계 국가에서는 행정경찰과 사법경찰을 구별하지 않고 사법경찰사무를 일반경찰기관의 기본적 업무로 이해한다. 우리나라에서는 조직상으로 행정경찰과 사법경찰을 구분하지 않고 보통경찰기관이 양자를 함께 담당한다(이황우, 2007: 11).

이 밖에 보안경찰과 협의의 행정경찰, 국가경찰과 자치경찰, 평시경찰과 비상경찰, 질서경찰과 봉사경찰 등으로 세분화하기도 한다.

제 2 절 | 우리나라 경찰의 특징

1. 국가경찰의 치안 독점

우리나라 경찰의 가장 큰 특징은 경찰 기능을 국가경찰이 독점하고 있다는 점이다. 유럽의 국가들은 다양한 경찰조직을 가지고 있다. 스페인의 경찰은 국가경찰, 주정부 경찰, 기초자치단체경찰을 비롯하여 소규모 지역에는 군인경찰까지 있다. 이태리는 재정경찰까지 있을 정도로 매우 다양하다. 프랑스도 마찬가지로 국가경찰, 군인경찰뿐만 아니라 자치경찰 조직을 가지고 있다. 미국도 마찬가지다. 연방경찰이 있는가 하면 자치경찰로서 주정부 경찰, 기초자치단체의 경찰 제도를 가지고 있다.

일본은 모호하다고 할 수 있다. 일본의 경찰은 조직이 하나다. 그러면서도 국가경찰과 자치경찰로 구분한다. 이를 구분하는 기준은 인사와 재정이다. 지방에 근무하는 경찰 중에 총경 이상은 국가공무원으로, 그 이하 계급은 지방공무원으로 보하고 있다. 기능에 의한 구분이 아니라 계급에 의한 구분이라는 여타 국가에서 볼 수 없는 분류를 하고 있다. 물론 재정은 지방자치단체가 주로 부담하지만 교육, 훈련, 장비 등의 재정은 국가가 부담한다(신현기, 2005; 이관희, 2001: 1-21. 오승은, 2017: 291-2)

우리나라와 같이 국가경찰이 유일한 경찰조직으로서 지역치안까지 담당하는 경우는 업무의 통일성을 유지하여 효율성을 제고하고, 전국의 치안 서비스를 균질화할 수 있다는 장점이 있다. 또한 우리나라와 같이 남북한이 대치된 상황에서는 경찰의 안보 역할이 중요하기 때문에 국가경찰이 치안 업무를 독점하는 것이 바람직하다고 주장한다. 그러나 국가경찰이 지역치안까지 독점함으로써 많은 단점이 나타나고 있다. 지역 특성을 반영하지 못하고 주민 통제 밖에 있기 때문에 비민주적이며, 중앙정치에 휩쓸려서 정치적 중립을 지켜내지 못할 때가 많다. 또한, 지휘 계통의 복잡화와 관료화로 비능률성이 속출하는 단점을 지닌다. 이는 역으로 자치경찰이 출범해야 할 이유이기도 하다.[2)]

2. 불안한 수사권 행사

1) 2020년까지

2020년까지 다른 나라와 비교하여 우리나라 경찰의 특징 중 하나는 독자적인 수사권이 없었다. 〈표 1-2〉에서 보는 바와 같이 영국과 미국의 경우 수사권은 전적으로 경찰이, 기소권(起訴權)은 검찰로 완전하게 분업화되어 있다.

〈표 1-2〉 각국의 수사권 배분 현황

국 가		독자적 수사권				기소권
		수사 개시권	수사 진행권	영장 청구권	수사 종결권	
영국, 미국		경찰	경찰	경찰	경찰	검찰
일본		경찰 (검찰은 2차적· 보완적 수사주체)	경찰 (검찰은 2차적· 보완적 수사주체)	경찰/검찰	검찰 (일부 경미한 사건은 경찰이 종결 처분)	검찰
한국	2021년전	검찰	검찰	검찰	검찰	검찰
	2021년후	경찰, 검찰	경찰, 검찰(예외)	검찰	경찰, 검찰	검찰

그러나 대륙법계의 영향을 받고 있는 일본은 수사 개시권과 수사 진행권은 경찰이 주도적으로, 검찰은 보완적으로, 수사 종결권은 경찰과 검찰이 대등하게, 기소권은 검찰이 독점적으로 행사하고 있다. 그러나 우리나라는 수사권 모든 분야에서도 경찰은 독자적 권한이 전혀 없으며 검사의 지휘를 받아야만 수사를 개시하고 종결할 수 있는 지극히 검찰 우월주의를 채택하고 있었다.[3] 2020년 개정 전에 우리나라 형사소송법 제195조와 제196조는 범죄의 수사권과 기소권은 모두 검사에게만 부여하고 있었다. 심지어 검찰청법 제53조[4]는 검사의 명령에 사법경찰관은 복종할 의무

---

2) 자치경찰의 장·단점에 대한 논의는 아래 논문을 참고.
김해룡, "지방분권과 지방자치경찰제도," 한국경찰학회보, 6권, 2003; 허경미, "지방자치경찰제도의 도입 모형에 관한 연구," 한국지방정부학회 2003년도 춘계학술대회 발표논문집, 2003, p.372; 조철옥, 경찰행정학(서울: 대영문화사, 2003), pp.213-221; 정덕영, "자치경찰제 실시와 경찰인력 수급방안에 관한 연구," 한국경찰학회보, 제11호, 2006, pp.81-83.

3) 경찰청 내부자료, 수사구조 개혁 추진 상황과 경찰의 입장, 2018, 2006년 1월; 이황우, 2007: 504-505; 정진환, 2006: 564-567.

를 명기하고 있다. 소속이 다른 공무원에게 복종의 의무를 규정하는 법률이 기관 독립의 원칙이라는 관점에서 보면 지극히 불합리한 점이라고 할 수 있다.

이렇게 다른 나라에서 볼 수 없는 검사의 수사 독점에 대한 비난은 지속적으로 이루어지고 있지만 논의만 무성할 뿐 거의 진전이 없는 상태가 지속되었다. 노무현(참여)정부에서도 대통령의 지시에 따라 경찰에게 독자적으로 수사권을 부여하는 방안을 주요 정책 과제로 선정하여 추진해 왔지만 결국 아무런 진전을 보지 못했다.[5]

2) 2021년 이후의 변화

이러한 검찰위주의 수사기관 운영체제가 문재인 정부에 들어서면서 크게 변화되었다. 경찰이 정상적인 수사기관으로서의 위상을 회복할 수 있도록 하는 법령들이 제정 또는 개정되고 있다. 경찰이 수사기관의 기본 권한인 수사개시권, 수사 진행권, 수사종결권을 부여 받게 된 것이다. 우선 지금까지 검사의 독점적 수사권을 규정한 형사소송법 제196조[6]를 폐지하고 형사소송법을 개정하여 경찰의 수사권을 부할시켰나.[7] 검사와 경찰의 관계는 수사에 관한 한 이전에는 상·하관계였지만 형사소송법이 개정된 2020년 8월 부터는 협력적 관계로 전환되었다.[8] 물론 이중에 수사종결권은 제한적이고, 일부 범죄에 대해서는 검찰이 경찰에 대한 수사 진행권을 예외로 인

---

4) 제53조 (사법경찰관리의 의무) 사법경찰관리는 범죄수사에 있어서 소관 검사가 직무상 발한 명령에 복종하여야 한다.(2011.7.18. 삭제)

5) 검경수사권 조정에 대한 상세한 내용은 김일수, "검경수사권 조정자문위원회의 회고와 전망," 형사정책연구, 제18권 제3호, 2007년 가을호 참조.

6) 제196조(사법경찰관리) ① 수사관, 경무관, 총경, 경정, 경감, 경위는 사법경찰관으로서 모든 수사에 관하여 검사의 지휘를 받는다.
② 사법경찰관은 범죄의 혐의가 있다고 인식하는 때에는 범인, 범죄사실과 증거에 관하여 수사를 개시·진행하여야 한다.
③ 사법경찰관리는 검사의 지휘가 있는 때에는 이에 따라야 한다. 검사의 지휘에 관한 구체적 사항은 대통령령으로 정한다.
④ 사법경찰관은 범죄를 수사한 때에는 관계 서류와 증거물을 지체 없이 검사에게 송부하여야 한다.
⑤ 경사, 경장, 순경은 사법경찰리로서 수사의 보조를 하여야 한다.
⑥ 제1항 또는 제5항에 규정한 자 이외에 법률로써 사법경찰관리를 정할 수 있다.

7) 제197조(사법경찰관리) ① 경무관, 총경, 경정, 경감, 경위는 사법경찰관으로서 범죄의 혐의가 있다고 사료하는 때에는 범인, 범죄사실과 증거를 수사한다. 〈개정 2020. 2. 4.〉

8) 제195조(검사와 사법경찰관의 관계 등) ① 검사와 사법경찰관은 수사, 공소제기 및 공소유지에 관하여 서로 협력하여야 한다.

정하고 있다. 그러나 이러한 예외는 이번 경찰에게 부여된 독자적인 수사권 범위 확대로 비대해진 경찰에 대한 견제와 과거 경찰이 국민에 대한 무도한 인권침해에 우려를 반영한 일종의 견제 장치라고 할 수 있다. 검사도 여전히 일부 분야에 대해서는 직접적인 수사를 할수 있도록 하는 규정을 두어서 완전한 의미의 검경 수사권 분리라고는 볼 수 없다.[9] 아직도 경찰의 수사권은 미완성이다. 어쩌든 이로 인하여 2021년 1월 1일부터 경찰은 오랜 염원인 독립된 수사권을 행사할 수 있게 됨으로써 일대 변화를 가져오게 되었다.

3. 복합적인 경찰활동

2021년 1월 1일부터 발효되는 〈국가경찰과 자치경찰의 조직 및 운영에 관한 법률(제3조)〉에는 경찰의 임무를 국민의 생명·신체 및 재산의 보호, 범죄의 예방·진압 및 수사, 범죄피해자 보호, 경비·요인경호 및 대간첩·대테러 작전 수행, 공공안녕에 대한 위험의 예방과 대응을 위한 정보의 수집·작성 및 배포, 교통의 단속과 위해의 방지, 외국 정부기관 및 국제기구와의 국제협력, 그 밖에 공공의 안녕과 질서유지로 되어 있다.

이처럼 우리나라 경찰은 다른 나라와 달리 그 역할이 매우 넓고 복잡하다. 심지어 전투경찰이 용산 미군부대 주변의 경비를 담당하는 등 다른 나라에서는 볼 수 없는 현상을 우리는 수시로 목격한다. 비슷한 예로서 동해안을 비롯한 해안선 일부를 전투경찰이 방어하는 대간첩작전까지도 수행하고 있다. 이 밖에도 우리나라 경찰은 요인 경호를 비롯한 데모대 방지 등의 경비 업무, 국가 안전을 침해하는 개인이나 단

---

9) 제196조(검사의 수사) 검사는 범죄의 혐의가 있다고 사료하는 때에는 범인, 범죄사실과 증거를 수사한다.(개정된 검찰청법에 의하여 검찰의 직접 수사범위는 검찰청법상 6대 범죄로 축소되었다.)
ㅇ부패범죄(주요공직자 뇌물, 특정범죄가중법상 뇌물·알선수재, 정치자금, 배임수증재)
ㅇ경제범죄(특정경제범죄법상 사기·횡령·배임, 공정거래, 금융증권범죄, 마약수출입)
ㅇ공직자범죄(주요공직자 직권남용, 직무유기, 공무상비밀누설 등 직무상 범죄)
ㅇ선거범죄(공무원의 정치관여, 공직선거·위탁선거·국민투표 등)
ㅇ방위사업범죄
ㅇ대형참사범죄(대형 화재·붕괴·폭발사고) 등
·부패 범죄의 경우 특가법 적용 대상이면서 뇌물액수 3,000만원 이상인 경우, 공직자 범죄는 대상자가 4급 이상일 때만, 경제 범죄 가운데는 피해액 5억원 이상의 횡령·배임·사기만 검찰의 직접 수사가 가능하다.

체의 모든 위해 행위를 예방·수사하기 위하여 수집된 첩보를 관리하는 정보 수집 기능, 외사 기능 등 복합적 기능을 수행하는 특징을 지니고 있다(경찰청, 2006a). 특히 2021년 부터는 국가정보원이 그동안 행사하여 많은 폐해를 낳았던 대공수사권 조항[10]을 폐지하고 3년 후에는 경찰청으로 이관하게 된다.[11] 또한 후술하겠지만, 2020년 12월 경찰법을 〈국가경찰과 자치경찰의 조직 및 운영에 관한 법률〉로 변경하여 자치경찰의 기능을 경찰청 권한으로 하여 수행하게 된다. 이 법은 2021년 1월 1일부터 시행된다.

결론적으로 말하면, 2021년부터 우리나라 경찰은 지금까지의 지위인 지역치안까지 독점적으로 담당할 뿐만 아니라 수사권의 독립, 대공수사권 신설 등 조직, 권한 면에서 역대 어느 국가경찰보다 광대하여졌다고 할 수 있다. 이로 인하여 경찰은 본래의 경찰조직으로 재 탄생하였다는 평가와 함께 비대해진 경찰조직이 과거와 같은 권한의 오·남용 및 정치적 활동에 대한 우려를 동시에 받고 있다.

4. 독립된 기관

우리나라 경찰이 다른 나라에서 볼 수 없는 또 다른 특징은 독립된 기관을 유지하고 있다는 점이다. 우리나라 경찰의 발달사를 보면 이를 쉽게 이해할 수 있을 것이다. 정부수립 당시의 우리나라 경찰은 내무부 치안국으로 출발하였다. 소위 '치안국 시대'라고 하는 조직 편성은 1974년도 치안본부 시대가 올 때까지 매우 오랫동안 유지되었다. 그러다가 1974년 8월 15일 광복절 기념식장에서 대통령 저격사건을 계기로 경찰권을 강화하기 시작하였다. 경찰권 강화는 치안국을 치안본부로 격상시키는 결과를 가져왔다. 그러나 치안본부 시대에도 역시 소속은 내무부 보조기관으로서 내무부장관의 지휘 계통에 있었다(김진혁, 2001: 144-5).

---

10) 국가정보원법 제3조(직무) ① 국정원은 다음 각 호의 직무를 수행한다.
   3. 「형법」 중 내란(內亂)의 죄, 외환(外患)의 죄, 「군형법」 중 반란의 죄, 암호 부정사용의 죄, 「군사기밀 보호법」에 규정된 죄, 「국가보안법」에 규정된 죄에 대한 수사
   4. 국정원 직원의 직무와 관련된 범죄에 대한 수사

11) 국정원법 부칙 제3조(수사권에 관한 경과조치) 2023년 12월 31일까지는 종전의 「국가정보원법」 제3조제1항제3호 및 제4호, 제11조제2항, 제16조, 제19조제2항을 계속 적용한다.

그러다가 1991년 우리나라 경찰조직에 큰 전환점을 가져오는 계기가 있었다. 바로 경찰법의 제정이다. 경찰법의 제정으로 경찰조직의 관청 형태는 내무부장관 소속하에 경찰청을 두도록 함으로써 내무부장관의 보조기관이 아닌 관청으로서 외청 시대를 맞이하게 되었다. 즉, 내무부장관(현재는 행정안전부장관)→경찰청장→지방경찰청장→경찰서장으로 이어지는 일원적인 조직 체계를 확립하되 내무부장관은 정치적 책임에 상응하는 지휘권만 행사하고 경찰청장에게 일선 서장의 전보권, 경정 이하의 임용권 등의 인사권 행사, 치안 시책의 입안·시행 및 인력·예산·장비 등의 경찰력 운영과 관련된 독립적인 업무 수행이 가능하도록 함으로써 외청으로서의 독자적인 기능을 부여하였다. 또한 경찰청장의 임기는 2년으로 하는 임기제를 도입하였다. 이것은 우리나라 경찰이 그동안 정치적 중립성을 지키지 못하고 정권의 하수인이라는 불명예를 불식시키려는 취지에서 출발하였다고 할 수 있다. 그러나 다른 국가는 경찰조직을 우리와 같이 임기제이면서 외청으로 독립기관인 경우가 거의 없다. 스페인을 비롯한 프랑스 등 유럽의 경찰조직은 거의 모두가 내무부장관 직속· 내지 보조기관으로 남아 있다. 미국의 자치경찰 조직, 즉 지방경찰조직은 주지사 또는 시장 직속기관으로 남아 있지 독립적인 기관으로 운영되지는 않는다(정진환, 2006: 105-22; 김진혁, 2004: 65-71; 김보환, 2006).

2021년 경찰법의 전면개정에 의하여 경찰법이 〈국가경찰과 자치경찰의 조직 및 운영에 관한 법률(이하 "국가 및 자치경찰법")〉로 전환었지만 경찰청에 대한 규정은 여전히 그대로다. 다만 과거 특별지방행정기관이었던 지방경찰청은 명칭부터 달라지고 있다. 예를 들면, 과거 서울지방경찰청이 서울경찰청으로, 경기도지방경찰청이 경기도경찰청으로 개칭이 되었다. 이는 과거 지역치안에 대한 지방자치단체의 간섭배제에 대한 담장을 허물고 시·도 자치경찰위원회를 시·도지사 산하에 설치하여 시·도 경찰청의 자치경찰사무를 통제하도록 하기 위함이다. 지방자치단체가 해당 지역치안에 대하여 관여할 수 있는 통로를 만들어 놓은 것이다. 그럼에도 불구하고 자치경찰의 사무를 담당하는 조직과 경찰관이 여전히 국가경찰 소속이기 때문에 오히려 국가경찰은 자치경찰 사무까지 흡수하는 격이 되었다. 이 또한 경찰의 비대화를 초래하여 이 거대한 조직을 누가 통제할 것인가에 대한 과제도 역시 우리에게 던져주고 있다.[12]

제 3 절 | 자치경찰의 개념과 필요성

1. 자치경찰의 개념

자치경찰의 개념은 논자에 따라서 매우 다양하게 정의된다. 특히, 자치경찰은 지방자치단체와 연계하여 개념 정의를 할 때면 매우 다르게 정의되는 경우를 볼 수 있다(표창원, 2005: 10-1). 지방자치단체를 중심으로 개념 정의한 안영훈 박사는 "자치경찰(municipal police, city police)이란 주민의 직접 비밀·선거에 의하여 선출된 지방정부 의회 또는 지방정부의 장 책임 하에 자율적인 자치경찰 조직·인사·재정 수단을 갖고 관할구역 내에서 주민을 위한 공공(경찰) 서비스를 제공하는 활동"이라고 정의하고 있다. 이는 자치경찰은 치안조직이 아닌 경찰작용의 범위와 성질에 관련한 자치경찰 개념에 더 가깝다. 즉 자치경찰의 기본 개념은 자율적인 행정행위를 통하여 주민에게 주민생활 중심의 경찰 서비스를 확보, 제공해 주는 데 의의가 있다고 강조한다.[13] 박진헌 교수도 "자치경찰은 치안행정 업적에 단체장이 책임지며, 선거 때 주민의 필요에 따라 지역 실정에 맞게 치안행정을 펼칠 수 있는 지방자치 이념의 진정한 구현을 위한 제도"로 정의하여 자치경찰이 자치단체의 조직임을 강조하고 있다(박진현, 2000: 319). 한견우 교수도 "지방자치경찰이란 일정한 지역 내의 경찰작용이 지방자치단체의 권한과 책임에 의하여 이루어지는 경찰"이라고 정의하고 있다(한견우, 1999: 69). 이와같이 지방자치를 중심으로 자치경찰을 정의하

12) 시사인, "비대해진 경찰의 '한 지붕 두 가족' 시대", 2021.1.25 경찰법과 경찰공무원법 개정안이 지난해 12월 9일 국회 본회의를 통과했다. 이제 경찰은 국가경찰과 자치경찰로 나뉜다. 6개월간 시범운영을 하고, 오는 7월 1일부터 본격 시행된다. 하지만 경찰개혁을 촉구해왔던 이들은 이번 개정안을 두고 '경찰의 승리'라고 평가한다. 경찰의 권한이 더 강해지는 데 비해, 견제장치는 부족하다는 점에서다. 공룡 경찰이 탄생했다는 말까지 나온다. 경찰 비대화를 견제할 수단인 자치경찰제에 대해서도 '무늬만 자치경찰'이라는 우려가 나온다. 현재 행정안전부 장관도 이에 동조를 하고 있다. 전해철 당시 장관 후보자는 부족하다고 대답했다. "경찰의 비대화를 막기 위한 주요한 방안 중의 하나가 자치경찰제인데, 지금 자치경찰제는 지난 제20대(국회) 때 발의된 것에 비해서 좀 더 충분하지 않다. 물론 그게 비용의 문제나 (경찰 내) 여러 지위 신설의 어려움이 있었다. 그럼에도 불구하고 '좀 완성된 모습은 아니다'라는 생각을 한다."

13) 행정자치부 자치경찰제실무추진단, 자치경찰 표준운영 모델 개발에 관한 연구, 2007, p.5. 이 연구는 행정자치부 자치경찰제실무추진단에서 한국지방행정연구원에 연구 의뢰한 보고서이며 연구책임자는 안영훈 연구위원이다.

는 학자들은 대체로 지방자치 또는 행정학자들이다.

반면에 경찰 기능을 중심으로 자치경찰을 정의하는 학자들도 많다. 이황우 교수는 "자치경찰은 지방분권의 정치사상에 따라 경찰이 지방자치단체의 권한과 책임 하에 지역 주민의 의사에 기하여 치안 업무를 자주적으로 수행하는 제도"라고 정의한다(이황우, 1999: 5). 이와 비슷하게 정의하는 학자로서 최종술 교수는 "자치경찰은 중앙정부로부터 부당한 간섭과 통제를 방지하여 자주성을 확보하고, 자치단체장으로부터의 정치적 이용 가능성을 배제하여 중립성을 확보하기 위하여 자치단체장으로부터 분리된 독립기관이어야 한다"(최종술, 2003: 101-32; 최종술, 1999: 158)고 정의한다. 이 두 교수는 경찰자치적 관점에서 자치경찰을 개념 정의하고 있다. 경찰청장을 지낸 최기문은 자치경찰제란 "경찰행정을 지방분권화하여 지방자치단체가 그 유지의 권한과 책임을 지고 주민의 참여와 통제를 받는 풀뿌리 민주주의인 지방자치제를 정착시키는 한편, 경찰의 정치적 중립을 보장하는 제도"라고 규정한다(최기문, 2000: 11).

이와 같이 자치경찰 개념에 대한 시각 차이는 자치경찰 요소마다 크게 차이를 양산한다. 저자가 참여정부 5년 동안 대통령 자문 지방자치경찰제특별위원회 위원장, 박근혜정부 대통령소속 지방자치발전위원회 자치경찰분과위원장, 문재인 정부 경찰청 개혁위원회 자치경찰분권위원장 등 지난 17여년 동안 자치경찰 입안 책임을 맡으면서 경찰관련 정책부서·관계자들 사이에 이에 대한 시각 차이를 줄곧 느끼고 이를 조정하는 데 많은 시간을 할애해야 하였다. 아직도 이 시각 차이는 여전하다. 이에 대한 예를 몇 가지 나열해 보고자 한다.

1) 자치경찰의 조직 형태

지방자치 관점에서 자치경찰을 보는 학자들(이하 "전자"라 한다)의 자치경찰조직은 당연하게 자치단체의 조직 중의 하나로 인식한다. 따라서 이들은 자치경찰 조직은 자치단체의 보조기관이나 직속기관 형태가 되어야 한다고 주장한다(양영철, 2005: 359).

반면에 자치경찰을 경찰 유형 중의 하나로 인식하는 학자들(이하 "후자"라 한다)

은 자치경찰은 경찰조직의 하나이기 때문에 자치경찰 조직 운영에 자치단체의 형식적 관여를 인정하는 것일 뿐 조직은 국가경찰과 연계되어야 한다고 주장한다. 다시 말하면, 참여정부안과 같이 자치경찰은 분리해서 존재하는 이원적 조직이 아니라 국가경찰 조직의 연장선상에 있어야 하는 일원적 조직이 될 수밖에 없기 때문에 자치경찰 조직은 지방자치단체에서 독립되어야 한다고 주장한다(최기문, 2000: 32).

2) 자치경찰의 인사

전자는 자치경찰은 자치단체의 조직이기 때문에 자치경찰관 모두는 당연하게 자치단체의 공무원이 되어야 하며 책임자도 지방자치의 중요 원칙인 자기 선임의 원칙에 의해서 자치단체가 독점적 권한을 가지고 선임하여야 한다고 주장한다(양영철, 2005: 361; 신봉기, 2006: 31).

반면에 후자는 이를 강력하게 반대한다. 자치경찰은 기술한 바와 같이 국가경찰의 한 분류이기 때문에 일부 공무원, 예를 들면, 간부공무원은 국가공무원이 되어야 하며, 특히 자치경찰 책임자는 국가경찰이 독점하거나 주도하여야 한다고 주장한다. 이들은 그렇게 하여야만이 국가경찰과 자치경찰이 연계가 되어 경찰 업무를 효율적으로 수행할 수 있다고 생각한다(이황우, 1995: 29).

3) 자치경찰사무

전자는 자치경찰사무는 지방자치단체의 능력과 필요에 의해서 결정되어야 한다고 주장한다. 이들은 현재 지방자치단체에서 가장 필요로 하는 경찰 업무가 무엇이냐를 결정하고 이 중에 자치단체의 능력, 즉 행·재정 능력으로 처리할 수 있는 사무에 한정하여 자치경찰사무로 삼아야 한다고 주장한다. 참여정부 안에 자치경찰사무를 지역교통, 지역방범, 지역경비 등으로 한정한 이유도 이 사무가 현재 기초자치단체에서 자치경찰사무화 필요성이 시급한 사무이기 때문이다(양영철, 2005: 356-8).

반면에 후자는 자치경찰사무는 국가경찰의 사무와 명확하게 구분할 수 없기 때문에 자치단체에 국가경찰사무 일부를 이관할 수 없고 위임할 수 있을 뿐이라고 주장한다. 자치경찰사무가 고유사무화되는 것을 반대하는 것이다. 따라서 이들은 자치경찰사무의 범위 결정은 국가경찰과 지방자치단체 간에 협약을 통해서 이루어져야 한다고 주장한다. 현재 제주자치경찰단의 근거 법률인 〈제주특별자치도 설치 및 국제자유도시 조성을 위한 특별법(이하"제주특별법")〉[14]에 자치경찰에 대하여 협약 규정을 명문화한 것도 이들의 주장을 받아들인 것이라 할 수 있다.

4) 자치경찰사무의 처리 방법

전자는 자치경찰은 자치경찰에 대한 사무를 사후 처리보다는 예방적 관점에서 바라본다. 이들은 자치경찰은 막강한 권한과 장비로 무장한 강제력을 가진 경찰관이 아니라 주민과 가까이에서 주민 친화적으로 업무를 처리하는 모습을 보여야 한다고 생각한다. 따라서 이들은 자치경찰은 꼭 수사권을 가져야 한다고 주장하지 않는다. 이들은 심지어 상징적이라 할지라도 자치경찰의 총기 휴대를 반대한다(표창원, 2007).

반면에 후자는 자치경찰도 하나의 경찰이기 때문에 총기 휴대를 비롯한 사법경찰관으로서의 권한을 가지고 자치경찰사무를 처리하여야 한다고 주장한다. 이들은 현재 자치경찰관처럼 일부 경우만 무기를 휴대할 수 있고, 제한적으로 수사권을 행사하는 것에 대해서 매우 부정적이다. 예를 들면, 음주운전 적발시 바로 수사하여 검찰에 송치하지 않고, 국가경찰로 이관한다든지, 교통사고가 발생하였을 때 이를 독

---

14) 제주특별자치도 설치 및 국제자유도시조성을 위한 특별법(이하'제주특별법') 제91조(국가경찰과의 협약 체결) ① 제90조에도 불구하고 같은 조 제1호부터 제3호까지의 사무를 처리할 때 국가경찰과 자치경찰 간의 사무분담과 사무수행방법은 도지사와 제주자치도경찰청장이 협약으로 정하여 공표하여야 한다. 이 경우 도지사는 미리 자치경찰위원회의 의견을 들어야 한다. 〈개정 2020. 12. 22., 2020. 12. 29.〉
② 제1항에 따라 협약을 체결할 때 협약당사자가 의견을 달리하여 협약이 체결되지 아니하는 경우에는 협약당사자의 신청으로 「국가경찰과 자치경찰의 조직 및 운영에 관한 법률」 제7조에 따른 국가경찰위원회(이하 "국가경찰위원회"라 한다)의 심의·의결을 거쳐 행정안전부장관이 조정한다. 다만, 협약이 체결되지 아니하는 상태가 지속되어 공익을 현저히 저해하여 조속한 조정이 필요하다고 인정되는 경우에는 협약당사자가 신청하지 아니하였을 때에도 국가경찰위원회의 심의·의결을 거쳐 행정안전부장관이 조정할 수 있다. 〈개정 2017. 7. 26., 2020. 12. 22.〉
③ 제2항에 따라 행정안전부장관이 협약의 체결을 조정하였을 때에는 서면으로 지체 없이 협약당사자에게 통보하여야 하며, 통보를 받은 협약당사자는 그 내용을 협약에 포함시켜야 한다. 〈개정 2017. 7. 26.〉
④ 제1항에 따른 국가경찰과 자치경찰 간의 사무분담과 사무수행의 방법에 관한 기준 및 협약의 공표에 필요한 사항은 도조례로 정한다. 이 경우 제주자치도경찰청장의 의견을 들어야 한다. 〈개정 2020. 12. 22.〉

자적으로 처리하지 않고 중·경상과 같이 형사사건인 경우에는 역시 국가경찰로 이관하는 등 이렇게 제한된 권한을 가진 경찰관은 심지어 무늬만 경찰관이라고 혹평하기도 한다(문성호, 2004: 2-17). 사법경찰의 관점에서 자치경찰을 바라보고 있는 것이다.

5) 자치경찰의 이념

전자는 민주성을 우선시한다. 지방자치의 최종 결정권은 주민에게 있다. 주민이 지방자치단체의 주인인 것이다. 따라서 주민이 직접 참여하여 정책결정을 하거나 대표자를 통해서 결정하는 것을 민주성이라 한다. 자치경찰도 항상 주민의 통제 속에 있어야 한다. 자치경찰은 주민이 직접 자치경찰을 통제하거나 주민이 뽑은 자치단체장과 지방의회 의원의 통제 속에서 운영되어야 한다. 이들은 이것이야말로 지방자치의 제1 이념인 민주성을 반영하는 것이라고 주장한다. 영국이 그 예다.

반면 후자는 정치적 중립성을 강조한다. 자치경찰은 사법권을 집행하는 경찰의 일부이기 때문에 정치적 중립성이 지켜져서 항상 공정한 법집행이 이루어져야 한다고 생각한다. 자치경찰의 정치적 중립성이 유지되기 위해서는 지방정치의 집단으로부터 멀리 떨어져 있어야 한다. 설령 지방자치단체가 관여하더라도 간접적이거나 소극적인 관여에 그쳐야 한다고 주장한다. 즉, 이들은 경찰의 정치적 중립성을 저해하는 어떠한 조직과 권한도 인정해서는 안 된다는 것이다. 이 사례는 일본의 예를 들 수 있다.

2. 저자의 자치경찰 개념

자치경찰 개념은 학자들마다 그리고 용도에 따라서 다양하게 정의된다. 그러나 저자는 자치경찰은 지방자치단체의 조직이기 때문에 지방자치적 요소로 개념을 정의하여야 한다는 입장이다. 지방자치는 지역 주민들이 스스로 자신들의 힘에 의해서 자신들의 업무를 처리하는 것을 말한다. 이렇게 자치적으로 지역사무를 처리하기 위해서 자치단체는 자치입법권, 자치조직권, 자치인사권, 자치재정권 등을 필수적으로 보유하여야 한다. 자치경찰도 자치단체의 조직이기 때문에 자치입법권, 자치조직권, 자치인사권, 자치재정권 등이 보장되어야 한다. 이러한 관점에서 자치경찰의 개념은 다음과 같은 요소가 포함되어야 한다.

첫째, 자치경찰은 지방자치단체의 조직이어야 한다.

우선 자치경찰조직은 지방자치단체의 조직 내에 있어야 한다는 것이다. 지방자치단체 내의 조직이란 국가기관이나 광역, 혹은 다른 기초자치단체와 상·하 관계로 연계되어 있지 않고 해당 자치단체의 지휘·감독만을 받는 경우를 말한다. 이러한 관점에서 본다면 일본의 자치경찰은 진정한 의미에서 자치경찰이라고 말할 수 없다. 일본의 자치경찰은 실시 단위가 광역자치단체라고 하지만 국가기관인 관구(管區)와 상·하 관계로 연계되어 있고, 더 올라가면 경찰청과 직접 상·하 관계가 형성되어 있다. 따라서 일본의 자치경찰은 해당 자치단체 내만의 조직이 아니라 관구, 국가경찰조직과 밀접하게 연계되어 있으며, 이에 따라 정책결정 과정도 이들과 상·하 관계로 연계되어 있어 독립적 조직이 되지 못하고 있다. 따라서 일본의 지방자치경찰은 해당 자치단체만의 조직이라고 볼 수 없기 때문에 자치경찰이라고 할 수 없다.

둘째, 자치경찰관은 해당 자치단체 공무원이어야 한다.

지금까지 우리나라에서 제시되었던 자치경찰의 모형 중 가장 공통적인 것은 경정 이상은 국가공무원, 경감 이하는 지방자치단체 공무원이었다. 다시 말하면, 간부급 경찰은 국가가 직접 통제하고 간부 이하는 지방자치단체가 통제하는 형태다. 과거 관선자치 시대의 모습이다. 그렇다고 이러한 모형에서는 지방자치단체가 경감 이하의 자치경찰관을 통제할 수 있는 것도 아니다. 경찰 속성상 명령 지휘 계통이 철저하므로 경감 이하 자치경찰관은 자치단체장이나 지방의회, 지역 주민을 바라보고 업무를 수행하기보다는 바로 위에 있는 간부 경찰관인 국가경찰관을 우선시하면서 근무를 할 수밖에 없다. 이 모형은 전형적인 국가 우월, 지방 천시에서 오는 모형인 것이다. 아무리 우수한 자치경찰 모형이라고 해도 자치경찰관이 해당 지방자치단체 공무원이 아니면 자치경찰제라고 할 수 없다. 따라서 자치경찰관은 반드시 자치단체 소속 공무원이어야 한다. 물론 자치경찰의 책임자도 자체에서 임면되어야 함은 물론이다.

셋째, 자치단체의 조직이 되기 위해는 그 조직이 수행하여야 할 사무가 다른 조직과 중복되지 않고 독점적이어야 한다.

노무현 정부에서 국회에 제출했던 자치경찰법은 지역교통·지역방범·지역경비를 자치경찰사무로 하고 있었다. 경찰의 사무는 수사·정보·대공·작전·경호·교통·방범·경비 등이 있다(경찰관직무집행법 제2조). 이 중에 교통·방범·경비는 행정경찰에 속하는 사무다. 이 법안은 지역교통·지역방범·지역 경비를 기본사무로 하고 있다. 그러나 이 사무도 국가경찰과 협약에 의하여 그 범위를 결정하도록 하고 있다. 자치경찰사무가 되려면 협약도 자치경찰이 우선이며, 국가경찰은 지원하는 형식으로 가야만 된다. 그렇지 않고 국가경찰이 현재와 같이 우월적 지위를 이용하여 협약을 주도한다면 자치경찰의 존재 의미는 크게 후퇴할 것이다.

이번 실시되는 문재인 정부안인 일원론에는 자치경찰사무를 나열하고 있다. 그러나 그 사무가 국가사무 내의 분류인지, 국가사무에서 고유사무 또는 위임사무로 전환한 것인지에 대한 명확한 근거는 없다. 다만 고유사무인 경우는 자치단체가 자신들의 경비로 사무를 처리해야 하는데 이에 대한 언급이 없다는 점에서는 일단은 고유사무라고는 할 수 없다. 이렇게 고유사무가 없는 경우는 자치경찰의 개념 확대가 불가능하다.

넷째, 자치경찰 운영은 자치단체 능력에 의하여 이루어져야 한다.

자치경찰은 자치단체 주민의 생명과 재산을 보호하기 위하여 운영되는 제도이다. 따라서 자치경찰사무는 자치단체가 가장 우선시하는 사무인 것이다. 이렇게 중요한 사무를 다른 자치단체나 국가에 위탁하거나 의존하는 것은 지방자치의 의의를 저버리는 것이라 할 수 있다. 자치경찰의 사무를 자신들의 행·재정적 능력에 걸맞게 처리할 수 있을 때 진정한 자치경찰이 되는 것이다. 노무현(참여)정부가 국회에 제출했던 자치경찰법은 자치경찰 도입을 해당 자치단체의 의무 사항으로 하지 않고 선택제였다. 자신의 힘으로 자치경찰을 운영할 수 없다고 판단할 때는 현재와 같이 국가경찰이 그대로 수행하도록 한다는 것이다. 이 때는 그 지역에 자치경찰은 없다고 말하게 된다.

이를 고려하여 저자는 이 책에서는 자치경찰 개념을 지방자치의 정신에 근거하여

"자치단체가 자신의 능력과 조직 및 인력으로 자치단체에 속한 자치경찰사무를 처리하는 제도"라고 정의하고자 한다.

3. 우리나라에서 자치경찰의 필요성

자치경찰이 항상 만능은 아니다. 즉, 자치경찰 제도는 다른 제도와 마찬가지로 장점뿐만 아니라 단점 또한 가지고 있다. 학자들이 주장하는 자치경찰 제도의 장·단점을 다음과 같이 요약할 수 있다(심익섭, 1999: 14-15; 이주희, 2003: 2-3; 김영환, 2004: 103-7; 신상은, 2007: 42-5). 자치경찰 제도를 도입해서 얻을 수 있는 장점은 지역 실정에 맞는 다양한 치안 서비스의 제공, 주민 참여에 의한 지역사회 경찰 실현, 민주적 통제, 분권에 의한 효율적인 운영 등을 들 수 있다. 반면에 국가경찰 제도를 그대로 유지하면서 취할 수 있는 장점으로는 규모의 효과, 통일성, 광역적 범죄에 대한 대응력이라고 할 수 있다. 이 두 가지 장점은 동시에 상대방의 단점이 되기 때문에 따라서 두 제도의 적정한 분권을 통하여 각자의 장점을 최대화하는 노력이 필요하다. 즉, 우리나라도 이제는 국가경찰 독점 시대를 마감하고 자치경찰 제도의 도입을 논의가 아니라 실천할 때라고 생각된다.

그러면 왜 우리나라에서 자치경찰 제도를 조속하게 도입하여야 하는가에 대하여 구체적으로 살펴보자.

1) 지방분권의 완결

자치경찰제를 도입하려는 가장 중요한 의미는 자치경찰제 실시가 한국 지방자치를 완결시키는 지름길임과 동시에 전통적인 국가 권력기관의 중립화 내지 분권화로의 정부조직 개편이라는 점에 있다(김만기·심익섭 외, 1998: 55). 또한 지방화 시대에 따라 권력의 중앙 집중으로부터 지방분권의 이념을 달성하고, 지역의 특수한 사정에 맞는 경찰행정을 펼치기 위하여 경찰의 사무를 자치경찰화하여야 할 것이다(김원중, 2004: 201). 특히, 최근의 민주주의는 자신의 이익을 직접 참여하여 지키는 강한 민주주의(strong democracy)가 새로운 패러다임으로 자리잡아 가고 있다. 그 때문에 주민의 참여 없는 치안행정은 지방자치에 아무런 의미가 없는 것이라 할 수 있다(Barber, 2003: 117). 이러한 의의에도 불구하고 우리나라는 국가경찰 독점 체제를 70여 년간 유지해 왔다. 역대 정부나 지방자치 학자들은 자치경찰이 없는 지방자치는 큰 하자가 있다는 점을 인식하면서도 정치적·행정적 장애 때문에 실시하지 못한 것이다. 이에 참여정부는 지방화와 균형 발전을 국정개혁의 핵심 정책으로 삼고 지방자치경찰을 지방화를 실천하는 데 가장 중요한 분권 과제 중에 하나로 설정하여 추진하였다. 참여정부는 지방분권의 실천 전담기구로 정권이 출범하자마자 2003년 4월에 정부혁신지방분권위원회를 출범시켰다. 이 위원회에서는 지방분권을 위하여 총 47개의 과제를 선정하여 추진하였다. 이들 47개 과제는 다시 위원회가 직접 추진하는 위원회 주관 과제 7개, 위원회가 중점적으로 관리하는 위원회 역점 과제 9개, 각 해당 부처에게 추진하도록 하는 부처 주관 과제 31개로 분류되었다(정부혁신지방분권위원회, 2004a: 111). 이 중 자치경찰은 위원회 주관 과제 7개 과제 중 하나일 정도로 위원회에서 중요하게 다루어 추진해 왔고, 2005년 11월 3일에 자치경찰법안을 국회에 제출하였다.

그러나 이 법안은 제17대 국회가 만료되므로서 결국 자동 폐기가 되었다. 이 법은 성공적으로 입법화되지 못했지만 우리나라 자치경찰의 불씨가 되었다. 이 법안의 모형 등 중요내용은 2006년에 국회에서 통과된 제주특별법으로 고스란히 옮겨 졌고, 결국 제주자치경찰단이 발족되었다. 우리나라 최초의 자치경찰이다. 제주자치경찰은 지난 15년 여간 많은 격려와 비판 속에 외로운 길을 걸었고, 근 15여 년 동안의 경험과 자료가 문재인 정부의 자치경찰전면 실시에 밑거름이 되었다.

2) 지방자치단체의 종합행정 실현

지방자치단체는 주민의 복리 증진, 주민의 생명과 재산의 보호를 위한 종합행정 실천 단체임에 틀림없다. 이러한 종합행정을 실현하기 위해서는 일반 행정 수단에만 의존할 수 없다. 그러나 현재 우리나라의 지방자치단체는 자치경찰제 미실시로 종합행정을 실천하는 데 필수적인 강제력을 확보하지 못하여 종합행정의 실천력과 집행력이 매우 떨어지는 것이 현실이다. 심지어 불법 영업, 불법 주차 단속하러 나간 공무원이 오히려 피의자에게 폭행을 당하는 경우가 종종 있을 정도다. 따라서 자치경찰제 실시는 이러한 종합행정의 실천력, 집행력을 강화하여 지방자치단체로서의 종합적 기능을 수행할 여건을 조성하여 줄 것이다.

3) 민생 기초질서 확립

현재 교통, 방범을 비롯한 민생 기초질서가 매우 위험한 수준에 도달해 있다. 하루가 멀다 하고 유괴 및 살인 등 흉포한 범죄가 증폭되고 있다. 이러한 현상은 국가경찰이 민생 치안 등 주민 보호보다는 중앙정부 보호에 중점을 두어 온 중앙집권적 경찰 제도의 부작용 중 하나라고 할 수 있다. 이러한 부작용을 바로잡기 위해서는 기존의 경찰관서나 치안정책 등의 개선만으로는 불가능하다는 증거와 자료가 명확하게 나타났다. 그래서 거의 모든 나라가 치안 행정에 주민들이 직접 참여하여 정책 결정에 관여할 수 있는 통로로서 자치경찰 실시는 물론이거니와 주민들과 함께 하는 지역사회경찰제(community policing system)를 도입하고 있다. 지역의 치안행정이 주민을 중심에 두고 실시하는 환경이 조성되고 있다.

주민의 생명과 재산과 관련된 5대 범죄를 중심으로 한 경찰 업무와 주민의 생활과 관련이 되어 있는 분야의 경찰 업무를 분업화하여 집중시키는 방법이 가장 적합하다고 생각한다. 즉, 5대 범죄와 관련된 부분은 국가경찰이 수행하고, 주민 생활과 관련된 교통, 생활 안전은 자치경찰이 수행함으로써 국가경찰은 국가경찰로서의 경쟁력을 강화하고, 자치단체는 집행력을 강화하는 방향으로 가는 것이 노무현 정부의 자치경찰제 방향이었다.

4) 체감치안 개선

과거 경찰법(경찰법 제2조) 지방경찰청은 시·도지사에 속한다고 되어 있었다. 그리고 현행 법령(국가및자치경찰법 제28조)도 시·도에 시·도 경찰청을 두도록 되어 있다. 이는 지역치안은 지방자치단체별로 실시하도록 하라는 의미다. 때문에 지방경찰은 지방자치단체와 연계하에 치안행정을 수행해야 한다. 그러나 이는 명목에 불과할 뿐 실제로는 지방경찰청은 중앙정부에 예속되어 있다. 왜냐하면, 지방경찰에 대한 지휘와 감독권 일체가 시·도지사가 아닌 경찰청장에게 부여되어 있기 때문이다.

따라서 지방경찰에 대한 주민참여와 통제가 불가능하기 때문에 국가경찰은 체감치안에 중점을 두지 않고 있으며, 이로 인하여 주민들의 과거 경찰에 대한 나쁜 이미지는 개선될 가능성이 매우 희박하다. 이러한 상황에서 주민으로부터 사랑받는 경찰이 되기 위해서는 주민 통제 속에서 경찰이 운영되어야 한다.

그러나 모든 경찰이 지역 주민들의 통제 속에 있기는 불가능하다. 실제로 이러한 나라는 없다고 해도 과언이 아니다. 경찰서장을 주민들이 직선으로 뽑는 미국의 경우에도 중앙경찰(FBI 등)은 중앙정부의 통제 속에 있다. 특히, 우리나라와 같이 남·북한의 긴장된 관계가 상존하는 경우 경찰은 치안뿐만 아니라 국가 방위의 업무를 수행할 수밖에 없기 때문에 중앙정부가 지휘하는 국가경찰이 필요하다는 점에 대해서는 이의가 없다. 다만 주민 생활, 특히 자치단체가 집행력을 강화하고 지역 주민들에게 치안 체감도를 확실하게 높이기 위해서는 주민들의 통제 속에 있는 경찰, 즉 자치경찰도 필요하다는 것이다. 이와같이 지역 주민과 기초자치단체가 가장 필요로 하는 부분에 대해서는 자치경찰이 필요하다. 이에 대한 운영 방법은 지역 주민의 직·간접 통제 하에 두어야 한다는 점이 자치경찰 설치의 주요 요인이라고 할 수 있다.

이번 개정된 국가 및 자치경찰법은 지방자치단체인 시·도와 시·도 경찰청 간에 시·도자치경찰위원회라는 조직을 두어 자치경찰제를 실시하게 된다. 이로 인한여 지역치안에 배제되었던 지방자치단체가 지역 치안의 한 축이 되는 통로가 마련되었고, 지방경찰청은 역시 지역치안에 주민의 의사를 반영할 수 있게 되었다. 과제는 시·도와 시·도 경찰청 두 기관이 이러한 입법취지를 얼마나 살려 가느냐 정도에 달려 있다. 그 정도에 따라서 지역치안에 대한 주민체감의 정도가 결정될 것이다.

제 4 절 | 자치경찰의 모형

자치경찰의 모형은 분류의 기준에 따라서 다양하게 말할 수 있다. 여기서는 세 가지 관점에서 분류하고자 한다.

첫째, 지방정부의 유형과 관련한 분류다.

자치경찰의 조직이 어떠한 지방정부의 유형에 속해 있는가에 따른 분류다. 기관 구성과 업무 성격에 따른 지방정부의 유형 분류를 통하여 자치경찰의 모형을 분류하고자 한다.

둘째, 국가경찰과의 관계와 관련한 분류다.

자치경찰은 국가경찰과 밀접한 관계를 가진다. 대륙법 체계를 지닌 우리나라는 국가경찰과 자치경찰과의 관계가 더욱 밀접할 수밖에 없다고 볼 수 있다. 여기서는 국가경찰과의 권력적 관계에서 어느 정도 자치권을 가지고 있는지, 그리고 조직의 형태로 보면 국가경찰조직과 일치하는지, 아니면 완전하게 독립적으로 운영하고 있는지에 따라서 자치경찰 모형을 분류할 것이다.

셋째, 이 책의 분류다.

상기의 분류를 종합해서 이 책의 모형을 제시하고자 한다.

1. 지방정부 유형과 자치경찰 모형

지방에서 자체의 행정조직을 가지고 독립적으로 공공 업무를 처리하는 것을 지방정부라고 칭했을 때 자치경찰은 지방정부로 분류하면 어떠한 지위를 얻을 수 있을 것인가? 지방정부의 종류를 구분하는 모형은 업무의 성격과 대표성 여부를 변수로 하여 다음과 같이 구분할 수 있다(Humes & Martin, 1969: 28-31). 업무의 성격은 일반적 업무와 특수적 업무로 나눈다. 일반적 업무는 지방자치단체들이 일상적으로 처리하는 사무를 말한다. 반면에 특수적 업무는 교육, 경찰, 소방 등 특수한 업무를 말한다. 대표성 여부는 선출직 여부를 말한다. 각 업무를 수행하는 대표자와 의결기관 구성원들이 주민들이 선출하여 구성하였느냐 여부에 따라서 달라진다. 즉, 선출직으로 구성되었으면 대표성이 있다고 할 수 있고, 반대로 임명직이나 일반공무원이 이 사무를 수행하는 책임자이면 대표성이 없다고 분류한다. 이러한 분류에 의해서 지방정부를 분류한 내용이 〈표 1-3〉이다.

〈표 1-3〉 지방자치단체의 분류

구 분		업무의 성격	
		일반적	특수적
대표성 유무	대표성 있음	일반 지방자치단체	특별 지방자치단체
	대표성 없음	관선 지방자치단체	특별 지방행정기관

이 표에 따라서 지방자치단체를 분류해 보면 다음과 같은 네 유형의 지방정부가 나타난다. 각 유형에 따라서 자치경찰의 개념을 정의할 수 있다.

1) 일반지방자치단체 모형

기관 구성이 주민들이 선출한 대표자로 구성되어 있고 업무 처리는 일반사무를 처리하는 지방정부를 일반지방자치단체라고 한다. 우리가 일반적으로 말하는 '지방자치단체' 혹은 '자치단체'라고 부르는 지방정부가 여기에 속한다. 여기서는 "자치경찰은 일반 지방자치단체 내의 자치경찰조직이 일부 경찰사무를 수행하는 것"이라고 정의할 수 있다. 참여 정부안의 자치경찰이라고 할 수 있다. 물론 현재 제주특별자치도에서 실시하고 있는 자치경찰도 이 분류에 속한다고 볼 수 있다.

2) 특별지방자치단체 모형

기관 구성은 일반지방자치단체와 마찬가지로 주민들이 선출한 대표자로 구성되었지만 처리하는 업무 성격은 일반적인 것이 아닌 특수적인 것을 말한다. 즉, 자치단체의 일종이지만 담당 구역과 기능이 한정되어 있다(이달곤, 2004: 174-5). 일부 학자들이 주장하는 경찰자치 형태가 바로 특별지방자치단체인 것이다(이주희, 2003). 미국의 경우에 흔히 볼 수 있는 지방정부로서 경찰, 소방, 교육, 교도소, 항만, 공항 등이 있다. 영국의 자치경찰 모형이 이 분류에 속한다. 아직 우리나라에는 존재하지 않는 지방정부다(Stouffer, Opheim, & Day, 1991: 17). 우리나라도 지방자치법을 개정하여 특별지방자단체를 설치할 수 있도록 하고 있다.(지방자치법 제2조 제3, 4항)

특별지방자치단체의 유형으로 자치경찰 제도가 시행된다면 여기서는 "자치경찰제란 주민대표로 구성된 특별지방자치단체가 자치경찰사무만을 처리하는 것"이라고 정의할 수 있다.

3) 관선자치단체 모형

과거 지방자치단체를 실시하기 전에 우리나라에서 실시되었던 지방정부 형태다. 1971년 4월 지방의회와 1995년 7월 민선자치가 다시 부활하기 전에 우리나라 지방자치단체는 시·도지사를 비롯한 시장·군수·구청장은 모두 대통령이 임명하는 임명직 공무원이었다. 각급의 의결기관은 시·도의회는 행정안전부장관(당시는 내무부)이, 시·군·구의회는 해당 시·도지사가 대행하였다. 또한 일정 직급 이상의 간부 공무원은 국가공무원으로 보하였다. 자치단체가 이렇게 일반적인 업무는 처리하지만 책임자가 중앙정부에서 임명하여 운영하는 정부를 관선자치단체라고 한다. 여기서 자치경찰 제도가 도입된다면 "자치경찰이란 국가가 임명한 공무원으로 구성된 자치단체 내의 조직이 경찰사무 일부를 처리하는 것"이라고 정의할 수 있다(조철옥, 2007: 122-3; 정진환, 2006: 105-15).

4) 특별지방행정기관 모형

조직책임자도 임명직이며 수행하는 업무도 특수적인 경우의 지방정부를 특별지방행정기관이라고 부른다. 이 형태는 중앙정부가 지방에 있는 자신의 업무 처리를 지방자치단체에 위임하지 않고 독자적으로 처리하는 방식을 말한다. 우리나라의 특별지방행정기관은 무려 2천 7백 여 개가 있을 정도로 보편화되어 있다. 지방경찰청과 경찰서, 지방세무서, 지방관세청, 지방중소기업청, 지방체신청, 지방해운항만청 등이 대표적인 특별지방행정기관이다. 여기서는 "자치경찰이란 국가경찰의 일선지방조직이 경찰 업무를 수행하는 것"을 말한다(이시철, 2006: 6).

5) 우리나라 지방경찰 조직의 모형

가. 2021년 이전

2021년 이전까지 우리나라 지방경찰 조직은 그 위상이 명확하지 않다. 경찰법 제

2조 제2항에 "경찰청의 사무를 지역적으로 분담 수행하기 위하여 서울특별시장·광역시장 및 도지사 소속 하에 지방경찰청을 두고 지방경찰청장 소속 하에 경찰서를 둔다"고 규정하여 지방경찰청이 광역자치단체장의 소속기관임을 명백히 규정하고 있다. 그러나 광역자치단체장이 지방경찰청 등 경찰에 대한 명령·지휘·감독권을 가지고 있는 것은 아니다. 왜냐하면, 경찰법 제14조 제2항에서는 "지방경찰청장은 경찰청장의 지휘·감독을 받아 관할 구역 안의 경찰사무를 관장하고 소속 공무원 및 경찰기관을 지휘·감독한다고 규정하고 있기 때문이다. 다만, 시·도지사는 그 소속 하에 '치안행정협의회'를 두고 경찰에 대하여 상당한 영향력을 행사할 수 있는 지위를 인정하고 있다. 그러나 실제로 '치안행정협의회'는 형식적으로 운영될 뿐이다. 따라서 2021년 이전까지 우리나라 지방경찰청 조직은 조직 형태로 보면 자치단체의 조직 중에 하나로 되어 있으나 실제로는 자치단체와 전혀 관계 없이 운영되는 조직인 것이다. 이를 기술한 지방정부 유형과 연계하면 조직 형태는 일반자치단체 내의 조직 유형에 속하나 실제로는 특별지방행정기관의 유형에 속한다고 할 수 있는 매우 특이한 조직이다.

그러나 자치경찰이 실시되면 이 때부터는 그 나라의 입법정책에 따라시 조직 형태가 달라진다. 미국에서는 자치경찰이 일반자치단체의 보조 또는 직속기관으로 운영하는 경우가 많지만 지역에 따라서는 특별지방자치단체로 운영하는 경우가 종종 있다. 이는 자치단체가 소규모이기 때문에 자치경찰을 단독으로 운영하는 것이 적절치 않아 다른 자치단체와 연합하여 자치경찰을 만드는 경우다. 또 다른 경우는 대도시에 광역적 자치경찰이 필요할 때 자치단체 간에 협력하여 만드는 경우도 있다. 이 경우 자치경찰은 운영하는 의결기관과 집행기관을 주민들이 직접 선거로 구성하거나 아니면 각 자치단체들의 대표로 구성하기도 한다.

영국의 경우는 2011년도 까지는 지방자치경찰청마다 의사결정기관인 지방경찰위원회를 지방의원, 지방판사, 주민들로 구성하여 자치단체와 독립적으로 운영하는 경우도 있다. 이 경우도 굳이 분류한다면 특별지방자치단체라고 할 수도 있지만 주민들이 직선으로 위원들을 선출하지 않기 때문에 준(準)특별자치단체라고 할 수 있다. 그러다가 2011년 제정되고 2012년부터 시행되고 있는 경찰개혁 빛 사회책임법은 지방경찰청 관리를 내무부장관·지역치안위원장·지역치안평의회·지방경찰청장의 4원

책임체제로 정립하였다. 또한 지역치안의 자율성 보장을 위해 내부무장관의 권한을 대폭 축소하고 지역치안에 대한 권한을 선거로 선출되는 지역치안위원장에 대폭 이양하였다. 따라서 영국의 자치경찰조직은 '준 특별자치단체'가 아니라 온전한 의미에서 특별지방자치단체로 재탄생하였다고 할 수 있다.

우리나라도 현재 교육만 제외하고 일반자치단체사무로 편입되어 있다. 교육은 헌법에 정치적 중립성, 전문성 등의 임무를 부여받고 있기 때문에 특수 영역으로 분류하여 교육자치를 실시하고 있는 것이다. 그러나 2007년부터 지방교육자치법이 개정되면서 교육위원회가 일반자치단체의 의회로 편입되어 교육도 준(準)일반자치단체화되고 있다.

이를 종합해 보면 참여정부의 자치경찰법안 대로 시범적 차원에서 실시되고 있는 제주자치경찰단은 업무의 특성으로 보면 특별지방자치단체의 사무이나 운영은 일반지방자치단체에 의하여 수행되는 형식이다. 따라서 제주자치경찰단의 자치경찰 모형은 일반자치단체 모형이라고 할 수 있다.

나. 2021년 이후의 자치경찰

문재인 정부에서의 자치경찰모델은 국가경찰이 자치경찰사무를 설정하여 수행하는 '일원형'이다. 자치경찰조직이 지방경찰청의 보조기관 중에 하나일 뿐이다. 뿐만 아니라 자치경찰사무를 수행하는 경찰공무원도 국가공무원 신분 그대이다. 심지어 자치경찰 사무 담당 경찰관들이 선발에서 충원, 훈련 등에서 여타 국가경찰관과 차별화가 되어 있지 않다. 시·도지사(경우에 따라서는 원고작성 편의상 "시도지사"로 사용할 것임)에게 위임한 자치경찰담당 공무원에 대한 인사권도 복잡한 규정에 의하여 결국 경찰청장 또는 시·도경찰청(이하 "시도경찰청")이 실질적으로 행사할 수 있도록 하여 시도지사 또는 시·도자치경찰위원회(이하 "시도경찰위원회")의 인사권을 원천적으로 제한하고 있다. 시도지사가 자치경찰사무 담당 공무원인 국가경찰관에 대한 인사권을 행사하는 자체가 정상적인 관계는 아니니다. 다만 자치경찰제 도입하였다는 그 자체는 인사권도 자치단체장에게 이관되는 것은 당연하다는 점에서 자치단체장이 자치경찰사무 담당 경찰관에 대한 인사권 배제는 논란이 커질 수 밖에 없다.

이를 종합하면, 2021년에 실시하는 자치경찰제 모형은 위의 4개의 모형 중에 하나로 평가할 수 없다. 굳이 평가한다면, 관선형에 가깝다고 할 수 있다.

2. 국가경찰과의 관계에서 본 자치경찰 모형

경찰 제도는 그 국가가 형성하고 있는 일반행정 제도, 국민의 전통적 가치관이나 정서, 교통통신의 발달 정도, 치안 상태 등에 의하여 결정되고 유지된다(정진환, 1998: 478). 따라서 자치경찰 제도의 유형은 다양하다. 이미 기술한 경찰의 유형은 자치경찰과도 유사하다. 다만 자치경찰은 국가경찰과 지방자치단체와의 관계에 따라 성격이 큰 차이가 나기 때문에 이에 대한 분류가 의미 있다 하겠다.

1) 자치경찰과 국가경찰 간의 권한·권력 관계에 의한 분류

국가경찰과의 권한·권력 관계에 의한 분류는 자치경찰의 활동에 국가경찰의 관여 정도에 의한 분류다. 우리나라는 중앙집권국가이기 때문에 중앙정부가 지방자치단체에 대한 관여는 그 폭과 깊이가 매우 광범위하다. 중앙정부는 이러한 관여 외에도 감사의 형태로 지방자치단체에 대한 통제를 하고 있는 실정이다(홍준현, 2003). 이러한 중앙정부의 지방정부에 대한 관여와 감독의 관계 정도와 수평적 협력 관계를 변수로 중앙정부와 지방정부와의 관계(inter-government relations)의 모형을 밝혀 내고 있다. 로드스(W. Rhodes)는 대리인 모형(agent mode)과 동반자모형(partnership model, 그리고 제3의 모형으로 교환모형(exhcange model)으로 구분하고 있다(Rhodes, 1982: 3-7). 정부간 관계 연구의 원조라고 할 수 있는 라이트(Deil S. Wright) 교수는 정부간 관계를 종속형 모형(inclusive authority model), 중첩형 모형(overlapping authority model), 독립형 모형(separated authority model)으로 구분하였다. 종속형 모형은 상위정부가 하위정부를 철저하게 지배하는 모형이며, 중첩형 모형은 정부 간의 일부 사무는 중복되나 각각의 고유영역 사무가 있는 모형을 말한다. 독립형 모형은 두 정부 간에 연계고리가 없이 독자적으로 운영하는 모형을 말한다. 정부 간 관계를 연구하는 학자들 대부분이 약간의 차이만 있을 뿐 정부 간 분류는 대체로 이 맥락과 대동소이하다. 이 밖에 집권과 분권을 기준으로 하여 지방분권 체제, 중앙집권 체제, 절충(통합)형 체제로 나누는 학자들도 많다(이황우, 1995: 11-23; 심익섭, 1999: 7).[15)]

자치경찰과 국가경찰과의 관계를 이 모형을 적용하여 기술한 학자도 있다. 최종술 교수는 국가경찰과 자치경찰과의 관계를 종속적 관계, 병렬적 관계, 독립적 관계로 분류하고 있다. 이를 약술하면 다음과 같다(최종술, 2004).

가. 종속적 관계

종속적 관계는 경찰에 관한 권한을 완전히 국가가 독점하는 경찰 체제다. 국가경찰 속에 자치경찰이 있는 경우다. 이 경우는 국가경찰이 주이며, 자치경찰은 종속되어 있는 관계라고 할 수 있다. 이러한 관계는 중앙정부가 국가의 모든 경찰권을 행사하는 경우다. 지방경찰 역시 국가경찰의 지시와 통제 하에 경찰활동이 이루어진다. 지역경찰활동은 지방자치단체별로 이루어지는 것이 아니라, 국가경찰의 지시와 통제를 받는 자치경찰에 의해서 수행된다. 국가경찰 체제 하에서 자치경찰은 중앙정부에 소속된 경찰로서 자치적 요소를 전혀 갖고 있지 않거나 있다고 하여도 형식적인 경우의 경찰 제도다. 이와 같은 자치경찰 제도를 가진 대표적인 나라가 일본이라고 할 수 있다. 그리고 이번 도입된 문재인 정부의 자치경찰 모형도 지방자치단체가 자치경찰위원회를 통하여 자치경찰사무 조직과 운영에 관여할 수 있다. 하지만 자치경찰조직이 시·도경찰청의 내부 조직인 보조기관[16)]이라는 점과 자치경찰사무 담당 공무원의 신분과 인사권 등이 실제로 국가경찰에 있다는 점을 고려하면 종속적 자치경찰에 가깝다고 할 수 있다. 어느 학자는 이를 국가경찰중심의 자치경찰제라고 평가하였다.[17)]

---

15) 심익섭은 경찰 제도의 분류를 이렇게 설명하고 있다. 민주경찰 제도를 채택하고 있는 국가의 일반적인 경찰 제도는 이처럼 세 가지 유형으로 나뉘는데, 이를 다른 말로 표현하면 지방분권화 체제(fragmented systems), 중앙집권화 체제(centralized systems), 통합형 체제(integrated systems)로 구분할 수도 있다. Thomas Baker, R. D. Hunter, J. P. Rush, *Police Systems & Practice: An Introduction*(Englewood Cliffs, N.J. : Prentice Hall. 1990), p.29. 이를 자치경찰형, 국가경찰형, 그리고 위임경찰형으로 나누기도 한다. 이상안, 신경찰행정학(서울: 대영문화사, 1995), p.154.

16) 이달곤 외, 지방자치론, 박영사, 2012, p.265 보조기관은 지방자치법 제3관 제2절의 기관을 말한다. 보조기관은 행정청의 내부기관으로서 기관장을 보조하는 권한과 ocrdla을 갖는 행정기관을 말한다. 부지사, 부시장, 부군수 등과 그 아래의 국장이나 과장까지도 보조기관에 포함된다. 보조기관은 행정청인 수장의 권한을 대리·보조하는데 그 역이 국한이 된다는 점에서 직속기관과 다르다. 유사한 용어로 보좌기관이 있는데, 보좌기관은 전문적 지식을 활용하여 정책의 기획, 계획의 입안, 연구 등에 관하여 행정기관 장이나 그 보조기관을 보좌하는 기능이 필요할 때 설치하는 기관이다.

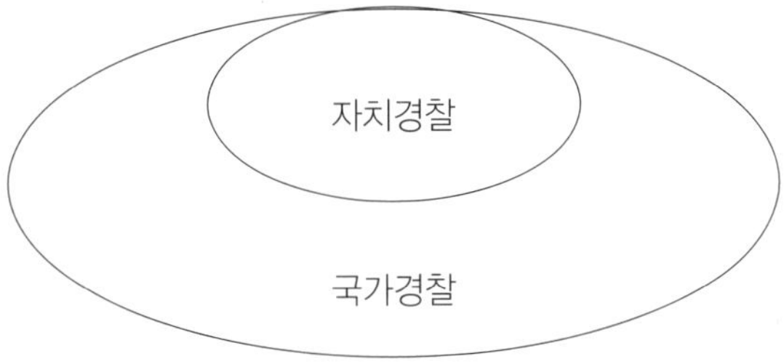

[그림 1-1] 종속적 자치경찰제

나. 대등적 자치경찰제(절충형 또는 혼합형)

대등적 자치경찰제는 국가경찰과 자치경찰이 병존해 있는 경찰 체제다. 이 경우 국가경찰과 자치경찰 관계는 국가위임사무를 제외하고는 종속적이거나 상하적인 관계가 아니라 대등한 관계를 형성하게 된다. 다시 말해서 국가경찰과 자치경찰 관계가 상하 관계가 아닌 병렬적 관계를 유지하는 것이다.

이 유형은 경찰사무의 성격을 기준으로 사무가 구분된다. 경찰사무를 국가경찰사무와 자치경찰사무로 구분할 때, 자치경찰사무로 분류된 것은 지방경찰이 수행하고, 국가경찰사무로 분류된 것은 국가경찰이 그 업무를 수행하는 것을 원칙으로 한다. 다만, 국가경찰은 그 조직의 특성상 직접적으로 수행하기 어렵거나 비효율적인 일부 국가경찰사무를 자치경찰에 위임하여 업무를 수행하도록 하고, 국가경찰 위임사무에 대한 감독과 통제권을 가지게 된다. 따라서 국가경찰과 자치경찰 간의 관계는 국가위임사무를 제외하고는 종속적이거나 상하적인 관계가 아니라 대등한 관계를 형성하게 된다. 즉, 국가위임사무에 대해서는 상하 관계이지만 고유사무에 관해서는 독립적인 관계를 유지하는 것이다. 이와 같은 자치경찰 제도를 가진 가장 대표적인 나라로 이태리, 스페인 등을 들 수 있다. 김대중 정부의 정부안은 대등적 자치경찰 제도의 형태로 분류되기는 하나, 실질적으로 보면, 국가경찰 우위의 절충형 경찰 체제로 분류된다. 경찰사무의 분류, 조직 체제상의 형태 등의 측면에서 보면, 대등적 자치경찰제로 간주될 수 있겠지만, 실제 운용의 측면에서는 종속적 자치경찰제의 성격을 그대로 가지고 있다.

17) 황문규, 개정 경찰법상 자치경찰에 과한 법적 고찰-자치경찰사무를 중심으로, 한국지방자치학회, 동계학술대회, 2021.2.18. 별쇄본, p.1.

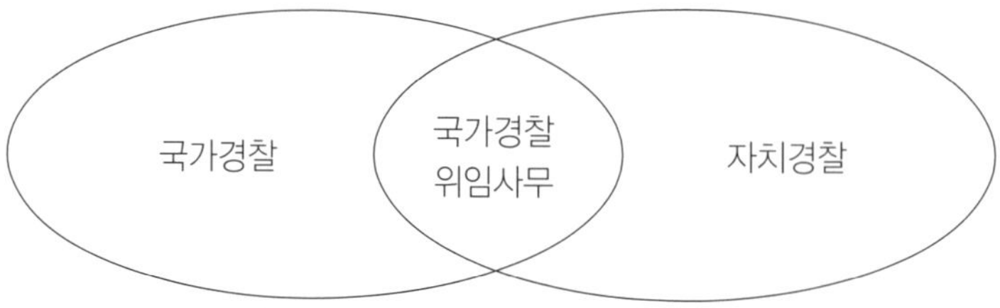

[그림 1-2] 대등적 자치경찰제

다. 독립적 자치경찰제

독립적 자치경찰제는 국가경찰과 자치경찰 체제를 완전히 분리하여 운영하는 경찰 체제다. 국가경찰은 중앙정부의 소속 하에 국가경찰에 관한 권한을 행사하나, 자치경찰사무로 분리된 업무에 대하여는 어떠한 영향력도 행사할 수 없다. 반면 자치경찰은 지방정부 소속 하에 자치경찰에 관한 권한을 행사하고, 지방정부의 책임 하에 독자적으로 경찰 업무를 수행함으로써 국가경찰의 영향력은 미치지 못하게 된다. 일반적으로 자치경찰 제도라 함은 이를 말한다. 다만 자치경찰의 설치 위치를 독립된 기관으로 운영하느냐, 아니면 지방정부의 직속기관으로 하느냐에 따라 차이가 있다. 이와 같은 지방경찰 제도를 가진 가장 대표적인 나라로는 미국의 경우를 들 수 있다.

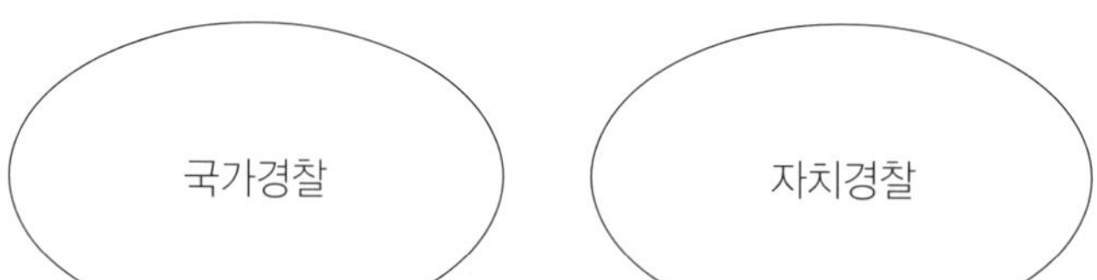

[그림 1-3] 독립적 자치경찰제

라. 우리나라 자치경찰에 대한 평가

2020년까지 우리나라 경찰은 경찰법에 의해서 운영되었고, 국가경찰 중심이었다. 즉 자치경찰이 실시되고 있지 않았다. 때문에 이 분류에 의해서 평가할 수가 없다. 만약 평가를 한다면 자치경찰의 부재, 국가경찰의 독점 체제이기 때문에 완전한 종속 관계 모형(totally inclusive authority model)이라고 할 수 있다.

현재 제주특별자치도에서 실시하고 있는 자치경찰 모형과 2005년 11월 3일에 국회에 제출되었던 자치경찰법에서의 자치경찰모형은 독립적 자치경찰제 모형이라고 할 수 있다. 현재 제주특별자치도의 자치경찰단은 국가경찰이 운영하고 있는 주체와 자치경찰을 운영하는 주체가 별개이기 때문에 독립적일 수밖에 없다.

다만 미국의 경우와 우리나라가 다른 점은 미국은 경찰사무 전반에 걸쳐서 독립적이지만 현재 제주특별자치도에서 실시하고 있는 자치경찰인 경우는 교통·방범·경비 등 일부 사무에서만 독립적인 관계를 형성하고 있다는 점이다.

2021년부터 우리나라는 자치경찰제가 전국적으로 실시되고 있다. 현재의 일원모형은 국가경찰이 자치경찰사무까지 처리하는 두 가지 기능을 다하고 있기 때문에 당연히 종속적 모형에 속한다고 할 수 있다.

2) 조직 형태에 의한 분류

조직 형태에 의한 분류는 국가경찰의 조직과 어느 정도 연계되어 있느냐에 의한 분류다. 즉, 국가경찰 조직과 완전히 분리되어 있느냐, 아니면 중복되거나 국가경찰 조직 내의 조직으로 있느냐에 의한 분류다. 이 분류는 앞에서 분류한 국가경찰과의 분류와는 다르다. 앞의 분류는 사무와 권력 관계 측면에서 분류한 것이다. 권력과 사무에 의한 분류와 조직 형태는 일치할 것이라고 생각할 수 있으나 결코 그렇지 않다. 예를 들면, 앞에서 분류한 대로 종속적인 자치경찰이라고 해서 조직 형태가 일원적이지 않은 경우가 있다는 점이다. 일본의 자치경찰인 경우에 조직 형태는 일원적 형태로서 국가경찰 조직과 자치경찰 조직은 일치된다. 같은 조직선상에 국가공안위원회와 지방공안위원회가 있으며, 같은 조직 내에 국가공무원과 지방공무원이 함께 근무한다. 그렇다고 일본의 자치경찰이 국가경찰에 완전히 종속되었다고 분류하지 않는다. 따라서 조직 형태에 의한 자치경찰 분류와 국가사무와 권력에 의한 자치경찰 분류는 다르다고 하겠다.

가. 이원론

이원론이란 자치경찰 조직과 국가경찰 조직이 완전히 별개라는 의미다. 자치경찰 조직 내에 어디에도 국가경찰 조직이 설치되거나 국가경찰관이 배치되어 있지 않은 경우다. 이와 같은 제도를 도입한 나라는 미국, 유럽, 그리고 참여정부의 자치경찰 제도에서 볼 수 있다. 이 제도는 자치경찰은 국가경찰 조직의 일환이 아니라 자치단체의 조직임을 분명하게 하는 이점이 있다. 단점으로는 국가경찰을 비롯한 자치단체 간의 연계와 통일성 부족으로 오는 혼란과 비효율성을 들 수 있다. 이원론 조직 체계 국가인 이태리의 경우를 보자. [그림 1-4]에서 보는 바와 같이 이태리 경찰 체제는 국가·주·기초자치단체 경찰로 각각 분류되어 있다(정부혁신지방분권위원회·경찰청 경찰혁신위원회, 2004: 232). 제주특별자치도 자치경찰의 모형도 이원적 모형이라고 할 수 있다.

[그림 1-4] 이태리 자치경찰 조직 체계도

* 로마도(道) 자치경찰의 경우를 예시함.

** 로마시 자치경찰의 경우를 예시함(http://www.comune.roma.it/info_cittadino/schede/carte/cartapm/ pm_cs_01.htm).

나. 일원론

일원론은 이미 기술한 바와 같이 일본의 경우가 대표적이다. 국가경찰의 조직 내에 자치경찰이 존재하는 것을 말한다. 일본의 국가경찰과 자치경찰은 별개로 조직되고 운영되지 않고 한 조직 내에 설치 운영된다.

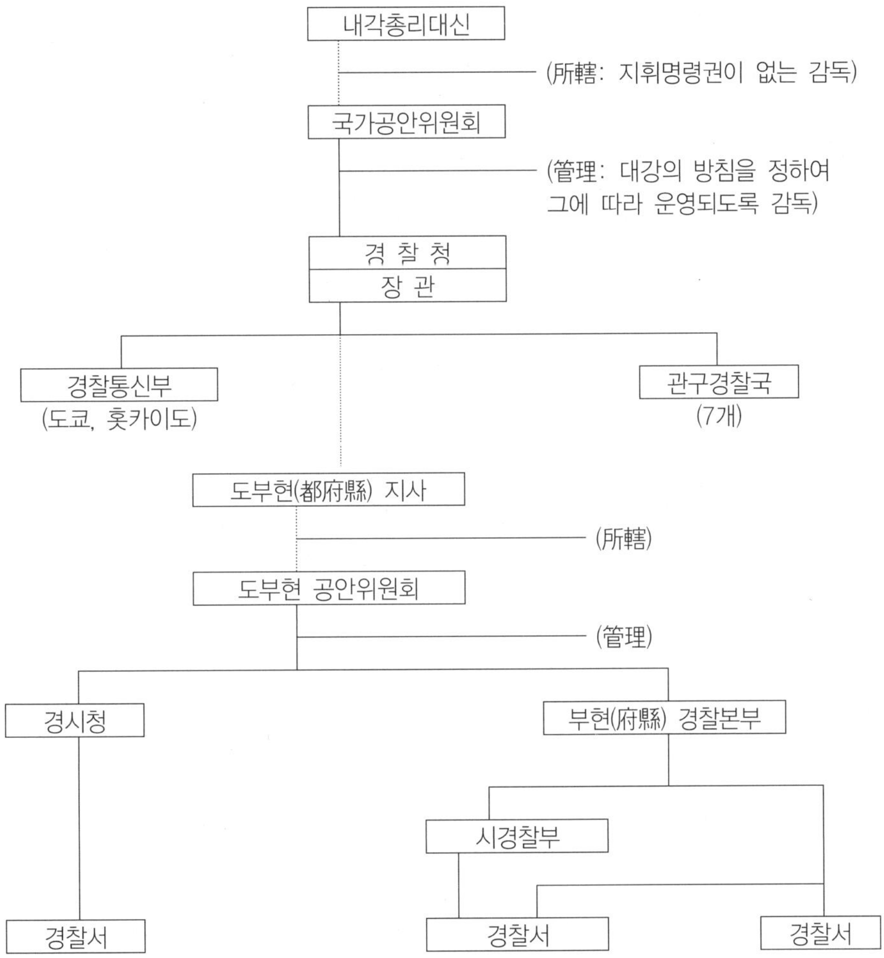

[그림 1-5] 일본의 경찰 조직도

자료: 경찰혁신기획단 자치경찰추진팀(2003: 7).

일부 학자들은 일본의 경찰 체제를 통합형 제도(integrated systems of policing)라고 부른다(이황우, 1995: 20).[18] 국가경찰과 자치경찰이 적당히 분권화되어 있다는 점을 강조하기 위함이다. 그러나 일본의 경찰은 조직 자체는 일원적으로 되어 있되, 다만 일부 기능 일부만 자치단체에 위임해 있는 조직일 뿐이다. 그렇다고 위임된 권한도 자치단체가 독자적으로 행사할 수 있는 것이 아니라 '소할(所轄)', '관리(管理)'라는 명칭으로 다시 자치단체가 국가경찰에게 재위탁 관리를 해 준 형태라고 할 수 있다. 따라서 일본의 자치경찰은 두 개의 조직이 상호간에 일정한 관계를 유지하면서 운영하는 관계가 아닌 하나의 조직에서 모든 경찰활동이 이루어지고 있기 때문에 일원론으로 분류하였다([그림 1-5] 참조).

2021년에 시작하는 문재인 정부의 자치경찰 모형도 일원형에 속하다고 할 수 있다. 다만 일본과 다른 점 중 가장 큰 것은 일본의 지방공안위원회가 형식적인 위원회와 거의 가까울 정도이지만 한국의 자치경찰위원회는 의결기관뿐만 아니라 실질적인 집행기관의 역할도 한다는 점에서 큰 차이가 있다.

다. 절충형

절충형 모형은 완전히 일원적 모형 또는 이원적 모형이 아니라 이 둘을 절충한 모형이다. 즉, 국가도 자치경찰에 대한 중요한 부분을 관여하지만 집행적 업무는 자치단체에게 이양한 모형을 말한다. 대표적인 절충모형이 [그림 1-6]이다.

영국의 자치경찰이라고 할 수 있다. 영국의 자치경찰은 사전·사후통제를 정부가 하지만 집행적 업무는 자치단체에게 완전하게 권한을 부여하고 있다. 그림에서 보는 바와 같이 영국의 경찰 체제는 일단은 경찰 업무 대부분이 자치경찰로 이관되어 있고, 이관을 받은 지방은 독립적으로 자치경찰을 운영하고 있다. 다만 운영하는 과정에서 국가는 감독, 경찰위원회는 의결, 지방경찰청장은 집행 등 각기 고유한 역할을 수행하면서 견제와 균형을 맞추어 나가고 있는 것이다(경찰혁신기획단 자치경찰추진팀, 2003: 147).

18) 오승은, 일본의 통합형 경찰제도에 관한 연구, 한국지방자치학회보, 제29권 제3호, 2017.9.
신현기. (2017). 일본 광역단위 자치경찰제도에 관한 연구. 자치경찰연구, 10(1), 25-51.

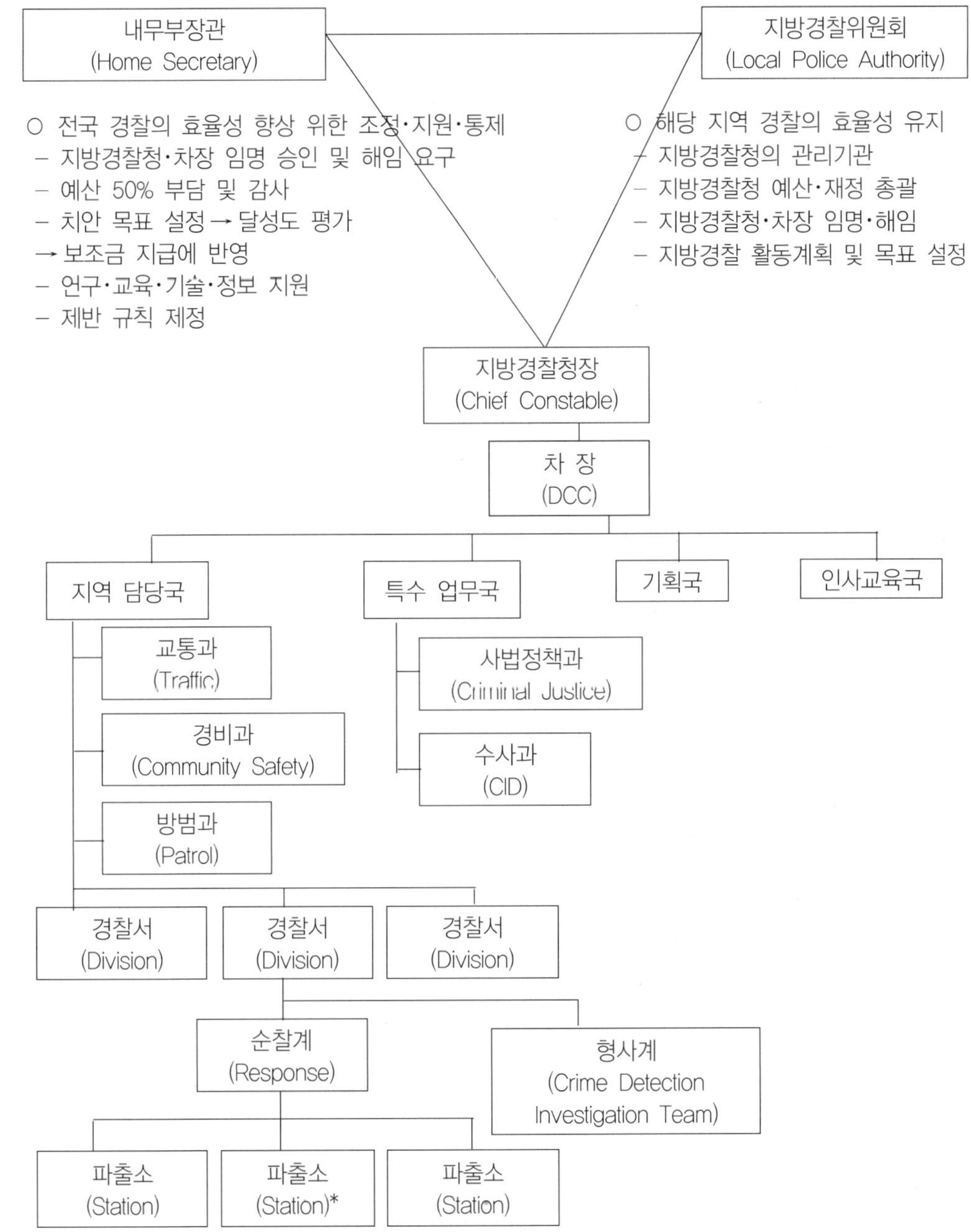

[그림 1-6] 2011이전의 영국의 지방경찰 조직도

* Sector, Beat 등의 명칭으로도 불린다.

3. 이 책의 분류

이 책에서는 자치경찰의 조직, 인사, 국가경찰과의 관계, 사무 등을 종합하여 자치경찰의 유형을 다음 세 가지 모형으로 분류하였다(양영철, 2007: 42-3).

1) 제1 모형: 국가경찰 주도형 자치경찰

이 모형은 자치경찰은 국가경찰의 지류라는 개념 인식에서 출발한다. 자치경찰은 경찰의 한 부분이기 때문에 모든 조직 운영의 기저는 국가경찰과 함께 가야 한다고 주장한다. 따라서 자치경찰은 국가경찰에서 분리될 수 없으며 최종적으로는 국가경찰의 통제와 관여 여지가 남아 있어야 한다고 주장한다. 이러한 주장은 국가경찰과 독립되어 운영되고 있는 스페인, 이태리 등에서 볼 수 있는 국가경찰, 군인경찰, 자치경찰, 재정경찰 등 다원적 경찰은 있을 수 없는 것으로 인식하게 된다. 이 주장은 1999년 경찰청이 제시한 안이다. 이 내용은 지방경찰위원회의 구성에 국가경찰위원회에 1명의 추천권을 부여하고, 지방경찰청장과 경찰서장의 임면권을 경찰청장이 행사하며, 경정 이상의 자치경찰 공무원은 국가공무원으로 보하는 등 국가경찰이 자치경찰의 구성과 운영에 주도권을 가지는 것은 당연하다고 생각한다(허경미, 2003).

또한 이러한 자치경찰에 대한 인식은 자치경찰의 사무와 집행 방법, 조직의 형태, 자치단체와 국가경찰과의 관계에도 크게 영향을 미친다. 이 개념을 주장하는 사람들은 자치경찰의 사무를 국가경찰과 분리해서 생각할 수 없다고 본다. 따라서 자치경찰의 사무는 고유사무가 아니라 국가경찰의 위임사무가 되어야 한다. 자치경찰은 해당 자치단체와는 간접적인 느슨한 관계(관리)만을 유지하고 운영은 국가경찰 조직의 운영 방침에 따라서 행해져야 하기 때문에 국가경찰과 직접적인 연계가 되어야 한다고 생각한다. 자치경찰에 대한 감독과 관여는 해당 자치단체보다 국가경찰이 주가 되어야 한다는 것이다. 결론적으로 보면 이 모형은 자치경찰은 국가경찰에 종속되어 있는 모형이라고 할 수 있다. 우리나라에서 이번 실시하는 문재인 정부의 자치경찰 모형이 여기에 속한다고 할 수 있다.

2) 제2 모형: 지방자치단체 주도형 자치경찰

이 모형은 자치경찰은 자치조직 내의 하나의 조직으로 보는 것이다. 따라서 자치경찰의 조직 운영은 전적으로 지방의회의 통제와 자치단체장의 지휘를 받도록 하여야 한다는 것이다. 참여정부안처럼 자치단체의 장 산하에 보조기관으로 있거나 아니면 소방본부와 같이 직속기관 형태로 하는 방안이다.

인사도 마찬가지다. 지방자치의 원리인 기관의 자기 선임의 원칙에 의하여 자치경찰의 장도 당연하게 자치단체에서 독점적으로 행사해야 한다고 주장한다. 그리고 자치경찰관이 지방공무원이 되는 것은 당연한 것으로 받아들인다. 감독과 통제도 지방자치법에 의하여 국가가 지방자치단체에 하고 있는 수준에 한할 뿐 따로 국가경찰에 의하여 감독과 통제 건수가 늘어나는 것에 대해서는 철저하게 반대하는 입장이다.

이 모형은 자치경찰의 사무도 경찰의 본래 기능과 관계 없이 자치단체 주민들이 가장 필요로 한 것이 무엇인가와 이 사무를 처리하는 데 필요한 강제력은 어느 정도여야 하는가를 결정하면 된다고 생각한다. 지역교통, 방범, 경비 등이 지역 주민과 자치단체들이 강제력을 가지고 처리해 주어야 할 우선 순위가 큰 사무이기 때문에 이 사무를 자치경찰사무로 선정되기를 바라는 것이다. 또한 특사경 업무가 자치단체에 가장 필요한 사무 중에 하나임에도 불구하고 강제력과 수사 기술력이 부족하기 때문에 이를 전문적으로 다룰 수 있는 기관인 자치경찰이 필요하다는 것도 자치경찰의 범위를 결정짓는 데 중요한 역할을 한다.[19)]

결론적으로 자치경찰은 자치단체의 일부 조직으로서의 독자적인 역할과 책임을 가져야 한다는 원칙의 이 모형은 자치경찰과 국가경찰의 관계는 독립적 관계라고 할 수 있으며 현재 제주자치경찰단이 이 모형에 속한다고 볼 수 있다. 20대 국회에

---

19) 서울시, 서울시 특별사법경찰, 식품위생·보건·환경 안전 책임진다. 2008.2.22. 행정법규 위법 사항에 대한 단속·수사 활동을 전담하는 특별사법경찰(특사경) 인력 82명 현장에 투입, 3월부터 법질서 확립 활동을 본격적으로 전개한다. 서울시 광역자치단체에서는 처음으로 특사경 전담 조직(특별사법경찰지원과) 가동으로 위법 사항을 추적, '뿌리 뽑는' 활동 전개로 법질서 확립 및 고품질 안전 서비스를 제공하려 하고 있다. 금번 지명받은 특사경 인력 83명은 위법 사항에 대한 단속활동을 전담하여 수행하는 인력으로 지명받은 분야(식품위생·보건·환경)에 대하여 기획단속 활동을 시의성 있게 전개하고 적발된 위반 사범에 대하여는 관할 지검의 검사의 지휘를 받아 추적 수사 활동을 통하여 원천을 뿌리 뽑는 식의 활동을 전개할 계획이다. http://www.seoul.go.kr/seoul/citynews/newsdata/125 3955_8736.html

서의 홍익표 안인 이원론, 경찰개혁위원회 안 등은 여기에 속한다고 할 수 있다.

3) 제3 모형: 자치경찰 주도형 경찰자치

이 모형에서는 자치경찰과 국가경찰은 완전하게 분리하여 운영한다. 이 모형은 자치경찰은 해당 자치단체 구역의 경찰사무를 총괄하며, 국가경찰은 마약, 테러, 출입국사무, 세금 등 국가사무를 처리하는 것으로 국가와 자치경찰 간에 업무가 중복되는 일이 없다. 다만 협조만 있는 대등한 관계가 성립된다.

이 모형은 자치경찰이 지방자치단체에 속하지만 운영의 형태에 따라서 다음과 같이 두 가지 형태로 나눌 수 있다.

첫째, 직속기관형이다.

이 형태는 현재 지방자치법에 규정한 바와 같이[20] 직속기관으로 하되 운영을 독자적으로 할 수 있도록 보장하는 안이다. 자치경찰대장의 임기제를 실시하며 자치단체장이 자치경찰대장의 임면권만 가질 뿐 나머지는 자치경찰대장에게 위임하는 형식이다. 현재 미국의 일부 자치경찰이 이러한 형태를 취하고 있다. 현재 제주자치경찰단이 이 형태를 지니고 있다.

둘째, 특별지방자치단체의 유형이다.

이 모형은 자치경찰을 경찰이라는 특별한 사무를 처리하는 자치단체 종류로 인정하여 주민들이 자치경찰의 집행기구 책임자(대장)와 의결기관을 선거로 선임하여 일정 임기 동안 자치경찰을 스스로 운영하게 하는 방안이다. 영국과 미국의 일부 자치단체에서 수행하고 있는 모형이다.

이 세 가지 모형에서 제1 모형은 국가경찰과 주로 경찰행정학자들이 주장하여 왔고, 제2 모형은 자치단체와 지방자치 전공학자들이 선호하고 있다. 제3 모형은 극히 일부 학자들이 주장하였을 뿐 대세는 아니었다(이주희, 2004: 55-7).

---

20) 지방자치법 제113조 (직속기관) 지방자치단체는 그 소관 사무의 범위 안에서 필요하면 대통령령이나 대통령령으로 정하는 바에 따라 지방자치단체의 조례로 자치경찰기관(제주특별자치도에 한한다), 소방기관, 교육훈련기관, 보건진료기관, 시험연구기관 및 중소기업지도기관 등을 직속기관으로 설치할 수 있다.

제 5 절 | 우리나라 자치경찰 도입 정책의 역사

1. 지방자치경찰 도입 논의의 주요 약사(略史)

우리나라에서 지방자치경찰에 대한 논의는 1980년대까지는 활발하게 논의되지 못하였다. 지방자치경찰에 대한 논의를 차단하였던 군사정부의 지속과 지방자치 미실시, 남북 간의 긴장 지속 등에서 그 주된 원인을 찾을 수 있을 것이다. 간단하게나마 참여정부 이전까지 진행되었던 지방자치경찰에 대한 논의 과정을 정리하면 다음과 같다(최기문, 2000: 45-7; 양영철, 2005; 김영환, 2004: 114-7; 정균환, 1996: 236-9).

- 1948. 7. 17. 정부조직법 제정 시 미군정과 민정 당국 사이에 경찰의 정치적 중립을 위한 지방자치화를 논의하였으나 국립경찰 형태로 결정
- 1955. 9. 11. 국무회의에서 자치경찰적 요소를 도입한 경찰법안을 상정·심의(폐기)
- 1960. 5. 24. 제4대 국회는 4·19혁명에 따라 경찰중립화 기초특별위원회를 구성하고 경찰중립화법안에 기초, 국립경찰과 자치경찰로의 이원화 여부를 검토
- 1985. 12. 치안본부는 "2000년대를 향한 경찰 발전 방향"이란 기획안에서 자치경찰제 도입안 마련(시·도 단위 자치경찰제 도입, 시·도경찰위원회 관리 하에 지방경찰청 설치, 경정 이상은 국가직, 경감 이하는 지방직으로 이원화)
- 1988. 11. 25. 정균환, 최낙도, 오탄 국회의원 등 6인이 제안한 경찰법안에서 일본식 중앙·자치 이원화 경찰제 도입 주장(폐기)
- 1989. 2. 25. 내무부는 "내무부의 새로운 위상과 기능"이란 기획안 중 '경찰에 대한 지휘·감독 추진 방안'에서 경찰의 지방조직 개편 방안으로 지방자치경찰 체제를 도입하는 방안 검토
- 1989. 7. 행정개혁위는 경찰개편안에서 경찰 체제는 국가경찰제를 유지하되, 자치경찰 도입 문제는 지방자치제 정착 후 검토할 것을 건의
- 1990 행정쇄신위원회의 "경찰행정 쇄신 방안" 중 '경찰조직 개편안'에서 상기적 접근 방법으로 자치경찰제 도입 검토

- 1992. 7. 7. 한국개발연구원(KDI)은 경찰이 용역 의뢰한 “2000년대 경찰행정 발전 방안” 중 경찰의 중립성 확보 방안으로 기초자치단체 중심의 자치경찰제 도입 건의
- 1994. 6. 17. 민주당 정책위원회에서 고려대 김남진 교수 등 7인의 정책토론회 개최, 경찰의 정치적 중립을 위한 자치경찰제 도입 방안 논의
- 1994. 12. 1. 정균환, 박실, 장영달 국회의원 등 10인이 제안한 경찰법개정법률안에서 자치경찰제 도입(폐기)
- 1995. 2. 2. 민주당 조세형 최고위원은 서울시장 출마 선언과 관련, 시민단체 지원 강화, 자치경찰 제도 도입, 재정 확충 등을 공약으로 제시
- 1995. 9. 29. 새정치국민회의 정균환 의원은 전북도 내 공무원 2천 명을 대상으로 실시한 설문조사 결과, 지방자치 시대를 맞아 자치경찰제 도입을 지지한 공무원은 1,415명으로 전체 조사 대상자의 74%를 차지하고 있다고 주장
- 1996. 10. 15. 정균환, 이건개 국회의원 등 16인은 국민회의·자민련 공동안으로 자치경찰제 도입을 위한 경찰법 개정법률안 제안(국회 임기 만료로 자동 폐기)
- 1997. 12. 대선에서 국민회의는 자치경찰제 도입을 공약하였으며 김대중 대통령 당선자는 당선 소감으로 자치경찰제 도입 천명
- 1998. 3. 31. 기획단을 발족, 우리 실정에 맞는 모델 연구 시작(단장 경찰청 차장·교수 등 각계 11명 참석)
- 1998. 7. 국민회의 ‘지방자치경찰제기획단’(단장 추미애 국회의원)과 공동 연구
- 1998. 9. 29. 기획단을 경찰개혁위로 확대 재편, 경찰개혁안 마련(위원장 최인기·각계 전문가 및 시민대표 31명으로 구성)
- 1998. 12. 7.~12. 9. 경찰개혁위 시안을 토대로 공청회 개최
- 1999. 1. 18. 경찰청 내부 검토를 거쳐 ‘경찰법개정안’ 마련
- 1999. 4. 27. 경찰개혁 방안(자치경찰제 도입 방안을 포함) 대통령에게 보고
- 1999. 5. 『자치경찰의 이해』 홍보책자 10만 부 인쇄·배포
- 1999. 3. 18.~6. 23. 4차(3. 18, 5. 4, 5. 10, 6. 23)에 걸쳐 당·정 협의
- 1999. 8. 경찰제도개혁위원회의 자치경찰제 도입 시안 마련
- 2002. 12. 12. 중앙선거관리위원회·한국정책학회 공동 주최, 제16대 대통령선거 정책공약 비교(여기서 노무현 후보의 자치경찰제 실시에 대한 공개 토론이 이루어짐.)

• 2003. 1. 15. 경찰청이 대통령직인수위원회 보고 자료에서 수사권 독립 및 자치경찰제 도입 방안 발표
• 2004. 9. 16. 정부혁신지방분권위원회 국정과제회의에서 기초자치단체 중심의 자치경찰 모형 발표
• 2005. 11. 3. 자치경찰법안 국회에 제출

2. 자치경찰 논의의 특징

1) 김대중 정부까지

김대중 정부까지 자치경찰에 대한 논의는 정책 차원에서 30여 차례 이루어져 왔다. 그 내용을 정리해 보면 다음과 같다.

첫째, 김대중 정부 이전까지는 정부·여당이 주도가 되어 자치경찰안을 도입하려는 경우는 없었다. 심지어 지방자치가 실시되었던 1950년대와 1990년 초·중반까지도 정부·여당은 자치경찰 실시에 대하여 관심이 높지 않았다. 정부·여당의 입장에서 국가경찰은 정권 보호에 가장 중요한 조직으로 인식하여 경찰의 분권화에 반대하였던 것이다. 이렇게 국가경찰과 정부·여당과의 밀월 관계는 결국 이승만 정권, 유신정권, 전두환 정권 등 독재정권의 파수꾼이라는 경찰 역사의 오명을 낳는 결과가 되었다(장기붕, 2005: 180).

둘째, 국가경찰은 항상 소극적이었다(김성호·안영훈·이호, 1998: 10).
국가경찰은 자치경찰의 실시에 대해서 마지못해 방안을 만드는 등 항상 소극적이었다. 오히려 국가경찰은 1948년 미군정 시절에 자치경찰안을 무력화시키고 경찰 독점 시대를 열기 시작한 후에 자치경찰의 논의를 봉쇄하려는 노력을 기울여 왔다고 해도 과언이 아니다. 1980년대 후반부터 민주화 진행 후에 국가경찰은 자치경찰의 도입 필요성이 불가피하다는 점을 인식하여 자치경찰안을 만드는 작업에 적극성을 보이기 시작하였다. 그러나 여러 가지 정황으로 볼 때 국가경찰이 자치경찰에 적극성을 보인 이유는 수사권 독립과 자치경찰 제도를 국가경찰에 유리하게 하도록

하려는 의도, 즉 자기 방어적 차원에서 자치경찰제 도입에 동의하고 있음을 알 수 있다.

셋째, 자치경찰 제도의 도입을 가장 적극적으로 주장한 주체는 야당이었다.

자치경찰 제도의 도입을 구체화한 것은 야당 국회의원이라고 할 수 있다. 야당 국회의원들은 1990년대 지방자치제 실시와 민주화 시대의 개막을 기회로 자치경찰 도입을 줄기차게 정부에 요구하기 시작하였다. 당 차원에서 구체적인 안을 만들어 정부와 국회에 제출하기도 하였다. 1995년 지방선거에서 야당인 조순 서울시장 후보가 자치경찰제 도입을 공약으로 제출하였고, 1997년 12월 대통령 선거에는 야당인 김대중 후보는 자치경찰 도입을 대통령 주요 공약으로 제시하였다. 야당이 자치경찰제 도입을 계속 주장하는 것은 국가경찰이 항상 여당 편에 있다는 생각이 강하였기 때문이라 사료된다. 야당 이외에 자치경찰제에 대해서 적극적으로 지지한 기관은 감사원,[21] 예산부처, 그리고 한국개발연구원[22]이라고 할 수 있다. 감사원은 경찰의 부패 방지 차원에서, 예산부처는 재정 부담의 지방 이전을 목적으로, 한국개발연구원은 연구 차원에서 자치경찰제를 지지하였다.

넷째, 김대중 정부부터 자치경찰의 도입 주체는 정부·여당이 중심이 되었다.

김대중 정부가 들어서자 여당 의원을 중심으로 자치경찰법안을 만들면서 정부가 주도적으로 나서기 시작하였다. 김대중 정부가 들어서자마자 여당 의원들이 자치경찰법안 마련에 나선 것은 이들이 야당 시절에 자치경찰도입을 계속 요구하였던 주역이기 때문이다. 참여정부에 들어서서는 여당이 아니라 대통령이 주도하는 정부 주도형 자치경찰 도입이 이루어지기 시작하였다. 대통령은 자치경찰 도입을 지방분권의 주요 주제로 선정하게 하고 대통령자문위원인 정부혁신지방분권위원회로 하여금

21) 감사원 부정방지대책위원회, 경찰부조리 실태 및 방지대책, 보고서 제3집, 1993.7.

22) 주학중 편, 2000년대 경찰행정 발전 방안, 한국개발연구원, 1992, pp.377-391. 이 보고서는 경찰청이 한국개발연구원에 용역을 의뢰하여 작성한 것으로서 이 내용 중에는 자치경찰을 도입하되 단기와 중·장기 계획에 의해서 실시할 것을 건의하고 있다. 단기안으로는 현행 국가경찰 체제 속에서 지방적 요소인 치안행정협의회의 강화, 지방경찰청의 권한 확대를 통한 지방치안 여건의 반영을 추천하고 있다. 중·장기 방안으로서는 미국식 자치경찰, 시·군 기초자치단체 자치경찰, 광역자치단체 자치경찰 등 3개의 대안을 제시하면서 이 중에 제2안인 기초자치단체인 시·군에 자치경찰제를 도입할 것을 건의하고 있다.

자치경찰 제도 도입 방안을 조속하게 만들도록 지시하였다. 그뿐만 아니라 대통령은 위원회에서 만든 자치경찰 도입안을 직접 보고받았고, 관련 부처와 여당 의원을 설득하는 데 앞장설 정도로 자치경찰 도입에 적극성을 보였다. 노무현 대통령이 자치경찰에 대한 이런 적극성이 자치경찰법안을 정부안으로 확정짓고 국회에 제출할 수 있었던 가장 중요한 동인이 되었다.

2) 노무현 정부 – 박근혜 정부에서의 자치경찰 논의의 특징

첫째, 대통령위원회가 주도

노무현 정부부터 자치경찰제는 대통령위원회가 주도를 하였다. 대통령위원회가 주도를 하였다는 이야기는 곧 청와대, 대통령이 주도를 하였다는 의미다. 실제로 노무현 정부에서는 대통령위원회 국장 이상은 청와대 비서관이었다.

대통령위원회는 노무현 정부에서는 정부혁신지방분권위원회, 이명박 정부에서는 지방분권촉진위원회, 박근혜정부에서는 지방자치발전위원회, 문재인 정부에서는 자치분권위원회로 이름은 정부마다 변경되지만 자치경찰제 도입 추진은 이 위원회에서 주도를 하였다.

둘째, 특별법에 의해서 추진되었다.

현재 자치경찰추진은 지방자치분권 및 지방행정체제개편에 관한 특별법 제12조[23]에 근거하고 있다. 특별법은 노무현 정부에서부터 제정이 되어 시행하고 있으며 일부 조의 내용은 변경이 되었지만 자치경찰의 도입과 추진에 대한 규정은 그대로이다. 특별법 자체가 갖는 의미는 자치경찰제 도입에 따른 장애물을 넘어 신속하게 처리하는 것임에도 불구하고 추진과정은 항상 험난하고 불발이 되는 경우가 허다했다.

---

23) 제12조(특별지방행정기관의 정비 등) ① 국가는 「정부조직법」 제3조에 따른 특별지방행정기관이 수행하고 있는 사무 중 지방자치단체가 수행하는 것이 더 효율적인 사무는 지방자치단체가 담당하도록 하여야 하며, 새로운 특별지방행정기관을 설치하고자 하는 때에는 그 기능이 지방자치단체가 수행하고 있는 기능과 유사하거나 중복되지 아니하도록 하여야 한다.
② 국가는 교육자치와 지방자치의 통합을 위하여 노력하여야 한다.
③ 국가는 지방행정과 치안행정의 연계성을 확보하고 지역특성에 적합한 치안서비스를 제공하기 위하여 자치경찰제도를 도입하여야 한다.
④ 교육자치와 자치경찰제도의 실시에 관하여는 따로 법률로 정한다.

자치경찰제 도입이 권력기관 중에 하나이기 때문에 이해당사자와 기관들이 난마처럼 엮어 있기 때문이다.

셋째, 도입단위 기초자치단체와 이원화 모형

노무현 정부에서 박근혜 정부까지 도입단위는 기초자치단체 모형이었다. 이 시기에 제주자치경찰단이 발족하여 시행되고 있었기 때문에 도입단위가 기초자치단체인 것은 당연한 것으로 받아드렸다. 또한 모형도 이원화 모형으로 국가경찰과 자치경찰은 분리된 조직에 의해서 운영되는 것이며, 조직의 소속은 해당 자치단체인 시·군·구였다.

3) 문재인 정부의 자치경찰 논의 특징

첫째, 자치경찰실시를 대통령 공약으로 발표하였다.

문재인 정부는 다른 정부와 달리 자치경찰제 도입을 대통령공약으로 선언했다. 뿐만 아니라 대통령 공약에는 광역단위 도입, 제주자치경찰보다 좀더 권한이 많은 자치경찰사무, 그리고 점진적인 실시 등 매우 구체적으로 밝혔다.

둘째, 도입단위 광역자치단체·일원화 모형으로 회귀

도입단위가 다시 광역자치단체로 회귀되고 모형도 일원화 모형이 채택된 것은 문재인 정부이다. 문재인 정부는 처음부터 광역자치단체를 도입단위로 하였다. 처음에는 제주자치경찰단이 권한과 기능이 너무 약하다는 평가를 수용하여 광역자치를 도입단위로 하였다. 그리고 이원화 모델을 채택하여 제주자치경찰단, 제주지방경찰청이 함께 2년간 시범실시까지 하였다. 그러나 문재인 정부의 자치경찰제 도입은 검찰개혁과 연계되면서 복잡해지기 시작했고, 결국은 도입단위는 광역이지만 채택된 모델은 일원화가 되었다.

셋째, 지방분권차원이 아닌 권력기관 개혁차원에서 논의

노무현 대통령은 대통령 선거 3일전에 서울북부경찰서를 찾아가 경찰에 대한 공약을 발표하였다. 수사권 독립, 자치경찰실시, 경찰복지 향상 등 3가지 공약이다. 수사권 독립은 경찰의 숙원 정책이다. 경찰은 자치경찰과 수사권 독립을 한 묶음으로 가기 때문에 적극적이지 않을 수 없었다. 이 기조는 지방분권을 적극적으로 실시하겠다는 차원에서의 공약이었다.

그러나 문재인 정부는 검찰을 개혁하는 차원에서 자치경찰도 대안의 하나로 제시되었고 결국 실시하게 된 것이다. 또한 수사권은 검찰로부터 경찰로 이관되었고, 자치경찰제도 그 내용이야 어쨌든 도입이 되었다.

3. 자치경찰 도입 논의의 시대 구분

자치경찰에 대한 논의를 구분하는 방법은 시대별로 구분하는 방법과 내용을 중심으로 구분하는 방법으로 나눌 수 있다. 시대별로 구분하는 방법은 역사적 접근 방법으로 시대의 특징과 연계하여 자치경찰 논의 내용을 분석하는 방법이다. 지방자치가 실시되었던 시대인 1950년대, 지방자치가 실시되지 않았던 1960년대에서 80년대, 지방자치가 부활한 1990년대 이후 등으로 구분하여 기술하는 방법이 시대 구분별 접근 방법이라고 할 수 있다. 저자는 자치경찰에 대한 논의 정도를 시대의 변천과 연계하여 다음과 같이 정리하고자 한다.

1) 발아기: 미군정부터 1960년까지

발아기는 자치경찰에 대한 논의가 공식적으로 시작한 시기를 말한다. 이 시기는 정부 수립 당시였기 때문에 거의 모든 정부조직의 발아기였다고 해도 과언이 아니다. 더군다나 정부 수립 후 2년도 되지 않아서 6·25전쟁이 발발하였기 때문에 정부조직은 정착되지 못하고 발아기에 머물 수밖에 없었다. 그러나 이러한 혼란 중에서도 1952년도부터 지방자치가 실시되는 등 분권화는 그 범위가 협소하기는 하지만 실시중이었다. 따라서 자치경찰도 이러한 지방자치 실시 등 중앙집권에 대한 반발 분위기가 상존하기 때문에 논의될 수 있었다.

첫 번째 자치경찰을 논의하였던 때는 미군정 시절이다.

미군정 당시 자치경찰 도입은 기정 사실이었다. 1945년 8월 15일 일본으로부터 독립하고 승전국인 미국은 휴전협정에 따라서 남한을 임시 통치할 미군정을 실시하였다. 미군정은 10월 21일 군정청에 경무국을 설치하고 도지사 밑에 경무부를 설치함으로써 군정경찰의 발족을 보게 되었다(이황우, 2007: 73). 미군정은 정부 수립 후 경찰의 모형으로 미국과 같이 기초자치단체에 자치경찰을 도입하려 하였다. 미국은 기초자치단체를 도입 단위로 한 자치경찰을 패망한 일본에도 똑같이 도입하였다. 그러나 정부 수립을 주도하는 민정 당국은 국토의 협소, 좌우 사상의 대립으로 공산주의의 남침 가능성, 지방재정의 빈약, 업무의 통일성과 신속성을 이유로 내세우며 국립경찰 체제를 선택하였다. 다만 지방자치적 요소를 가미하기 위하여 해당 지역 국립경찰인 각 관구경찰청장은 경찰의 업무를 수행할 때 도지사 또는 시장에 대해서 책임을 지고 지역에서 발생한 중요 사건을 도지사 또는 시장에게 통보할 책무가 있도록 하여 자치경찰의 논의 씨앗을 뿌려두었다(최종술, 2001: 354-5).

두 번째로 자치경찰에 대한 논의가 공식화된 것은 1955년 9월 11일 정례 국무회의에서 의결된 경찰법안이다.

이 시기는 전쟁이 끝난 후 2년이 지나 정국이 어느 정도 안정화를 찾아가는 시기였다고 할 수 있다. 그뿐만 아니라 이 당시에는 지방자치가 한창 실시되었던 시대였다. 따라서 자치경찰에 대한 관심과 지지는 매우 높았다. 이러한 시대적 분위기를 반영하듯 자치경찰에 대한 논의가 그 전보다 훨씬 활발하게 이루어졌다. 정부안으로 마련된 경찰법안의 특색은 중앙경찰기관으로서 대통령 직속으로 3인의 경찰위원회를 두어 경찰행정과 운영을 관리케 하며 집행기관으로서 경찰청을 두는 것이었다. 지방경찰기관으로서는 특별시장과 도지사 소속 하에 특별시·도경찰위원회를 두는 것이다. 시·도 경찰위원회는 대통령이 임명하는 2인과 당연직인 시·도지사 1인으로 구성되었으며 해당 지역의 경찰청을 관리하도록 하였다는 점에서는 자치경찰적 요소가 약간 가미되었다고 할 수 있다. 그러나 위원 과반수의 대통령 임명, 국가경찰위원회의 지방경찰청장 임명 등을 볼 때 국립경찰 독점 형태는 지속되고 있다고 볼 수 있다. 이 법안은 결국 국회에 회부되지 못하고 사장되었다. 자치경찰의 씨앗은 여전히 싹을 틔우지 못하였다(김보환, 2006: 7).

세 번째로 자치경찰에 대한 논의는 4·19혁명이 일어난 뒤 1960년 5월 제4대 국회에서의 경찰 중립화 법안이다. 이승만 정권의 유지를 위하여 맹목적으로 충성하였던 국립경찰은 4·19혁명 이후 국민으로부터 정치적 중립 방안을 강하게 요구받게 되었다. 이에 제4대 국회는 경찰중립화기초특별위원회를 구성하여 경찰중립화 법안을 만들었다. 이 안에 따르면 국립경찰인 경무청을 관리하기 위하여 국무총리 산하에 중앙공안위원회를 두고, 지방에는 국립경찰청 소속으로 지방경무청을 두되 각 시·도에 각각 지방공안위원회를 두어 지방청장의 보직에 대한 동의와 경무관, 총경 및 경감에 대한 해임건의권을 이 위원회에 부여하였다(경찰청, 2006b: 1273-8). 그러나 이 법안도 제4대 국회가 해체됨에 따라 폐지되고 말았다.

그 후에 과도정부가 1960년 6월 1일 경찰행정개혁심의회를 구성하여 경찰중립화 법안을 입안하였다. 그러나 이 안 역시 출발은 자치경찰 제도를 전면 실시하는 안으로 출발하였지만 결국 용두사미로 끝나버렸다.

2) 논의 중단기: 1961년에서 1980년대 중반까지

논의 중단기는 자치경찰에 대한 논의가 전혀 이루어지지 않은 시기임을 뜻한다. 1961년 5·16 이후 집권한 박정희 정부는 집권을 시작하자마자 지방자치에 관한 임시조치법을 선포하고 지방자치를 잠정 중단시켰다. 박정희 정부는 강력한 중앙집권 방식으로 국정을 운영해 나갔다. 그 때문에 지방분권의 한 가지인 자치경찰에 대한 논의는 전혀 이루어질 수 없었다. 박정희 정부는 정권 발족 직후에 경찰 정풍운동의 일환으로 군인 간부 120명을 경찰간부로 특채하여 이들로 하여금 경찰 운영을 주도하도록 하였다(이황우, 2007: 82-3). 이들은 상관에 대한 절대 충성이라는 군대문화에서 성장하였기 때문에 임명권자인 대통령에 대한 충성심이 다른 경찰간부보다 더 철저할 수밖에 없었다. 따라서 경찰조직은 더욱 중앙집권화로 갈 수밖에 없었다. 전두환 정부에서도 마찬가지다. 정권 초기부터 정권의 정당성이 부족하였기 때문에 시국은 연일 민주화 데모로 불안한 상태에 있었다. 경찰의 주요 업무는 민생 치안보다 데모 진압 등 시국 치안에 더 집중되어 있었다. 경찰이 다시 한 번 정권의 수호자 역할을 할 수밖에 없었고 이는 결국 경찰의 중앙집권화를 더욱 강화하는 계기가 되었다. 두 군사정부 입장에서 보면 경찰은 군인과 더불어 중요한 정권 수호자이기 때문에 이를 분산시키는 자치경찰 제도 도입은 논의조차 이루어질 수 없었다. 다만 이 시기에는 특이하게 경찰 자체 내에서 자치경찰에 대하여 검토된 바 있다.

그 첫 번째가 1972년 내무부 치안행정기획단의 보고서다(내무부 치안본부, 1972). 이 보고서에 의하면 현재 우리나라는 남북 대치 등의 여건상 자치경찰 실시는 시기상조이지만 안보 위해가 사라지고 자치재정 능력이 향상되면 자치경찰 제도 도입을 검토할 여지가 있다고 조심스럽게 피력하고 있다.

두 번째는 1985년에 치안본부가 자체 발간한 『2000년대를 향한 경찰발전 방향 연구』에서 자치경찰의 필요성을 강조하였다(내무부 치안본부, 1985). 이 연구의 원래 목적은 경찰의 오랜 숙원인 치안본부를 내무부 소속에서 독립하여 외청으로 가기 위한 안을 마련하는 것이었다. 이 보고서에 따르면 앞으로 경찰은 전문화와 능률화를 위해서 외청으로 독립하고 다가오는 지방자치를 대비하기 위하여 시·도 단위로 자치경찰 제도를 도입하여야 할 것이라고 주장하고 있다.

그러나 이러한 논의는 경찰이 자신들의 조직 확대를 위한 논리 차원에서 자치경찰을 언급하였을 뿐 민주화의 과정인 지방분권 차원에서 자치경찰에 대한 논의가 이루어진 것이 아니라는 점에서 큰 의미가 없다 하겠다.

3) 재발아기: 1980년대 중반에서 1990년대 중반까지

이 시기는 우리나라 민주 발전에 큰 이정표를 남긴 기간이라고 할 수 있다. 철권정치로 일관하던 전두환 정부가 국민들의 민주화 요구에 굴복하는 소위 1987년 6월 10일 민주항쟁이 있었던 시기다. 이 민주항쟁은 우리나라 국정 운영의 방향을 크게 변화시켰다. 오랫동안 유지해 왔던 군사정부의 잔재가 급속도로 사라지고 각 분야마다 민주적 요소에 의하여 운영되기 시작한다. 지방자치가 부활한 것도 바로 이 시기다. 국민들은 이러한 민주화 분위기에 맞추어 경찰도 과거 군사정부에서 정권의 시녀라는 오명에서 벗어나라는 큰 압력을 가하기 시작하였다.

이러한 국민들의 요구는 국회에서 받아들여져 경찰의 정치적 중립화 방안으로서 자치경찰제 논의가 재발화되기 시작한다. 그러나 민주화를 주도했던 야당과 민주 세력은 1989년 민주화를 주도해서 한국의 민주화를 이룩하는 데 크게 기여하였다고 평가받았지만 정권 쟁취에 실패하였다. 다시 야당이 된 통일민주당과 평화민주당은 경찰의 중립화 방안과 자치경찰제 도입에 관한 법안을 각각 만들었다. 그리고 또 다른 야당인 신민주공화당이 1989년에 이와 유사한 법안을 만들었다. 이에 3 야당은 합의를 하여 단일안을 만들어서 1989년 11월 30일 제13대 국회에 제출하였다(박희방, 2005: 34-6). 그러나 이 단일화 법안도 결국 여당의 반대와 제13대 국회 마감으로 폐기되었다.

4) 활성화기: 1990년대 후반에서 2000년도 초반까지

이 시기는 김대중 정부 전·후 시절이라고 할 수 있다. 김대중 정부가 정권 초에 발표한 100대 정책 과제 가운데 하나가 자치경찰 실시였을 정도로 정권 초기부터 자치경찰에 대한 관심이 많았다. 김대중 정부가 자치경찰에 대한 관심이 많은 것은 오랜 야당 생활을 하면서 경찰에 의한 핍박 등의 경험과 함께 이전 정부 시절 야당으로 있을 때 자치경찰 실시를 줄곧 요구한 정균환(1998), 최인기, 추미애 의원 등이 김대중 정부와 함께 여당 국회의원이 되었기 때문이다.

이 당시에는 여당만 자치경찰에 대하여 관심과 지지를 보내는 것이 아니었다. 야당 또한 자치경찰에 대한 관심이 매우 커져 있던 상태였다. 각종 학회에서 자치경찰에 대한 세미나와 공청회가 열리고 정당에는 자치경찰제 도입과 관련된 특별위원회나 정책기획단이 설립되었다. 정부나 경찰청 자체 내에서도 자치경찰에 대한 연구가 본격적으로 실시되었다. 자치경찰에 대한 관심과 논의가 어느 시기보다 활발하였던 때라고 할 수 있다. 그러나 자치경찰제 도입은 실패하였다(신현기, 2005: 57).[24)]

5) 실천기 및 시범실시기: 2006년 7월 1일 – 2020년 12월 31일

자치경찰에 대한 실천기는 아무래도 노무현 정부 시절이라고 할 수 있다. 이 시기를 실천기라고 하는 이유는 김대중 정부 때 자치경찰의 논의가 매우 활발하였으나 결국 실현되지 못하였고, 노무현 정부 때 자치경찰에 대한 논의가 정착되어 법안이 만들어져, 2005년 11월 3일에 국회에 제출되었으며, 이 법안은 국회에서 통과되지

---

24) 양영철, 참여정부에서의 자치경찰제 도입 실패에 관한 연구, 한국지방자치학회보, 제21권 1호, 2009.

못하여 현재 전국적으로 실시되고 있지는 않지만 제주특별자치도에서는 이미 자치경찰이 실시되고 있기 때문이다. 그러나 제주자치경찰단은 전국실시가 무산되지 명맥을 이어가자는 취지에서 실시하는 시범실시이다. 제주자치경찰단의 실적 및 실시과정에서의 자료는 기존 정부들이 자치경찰제 도입에서 중요한 정책자료가 되었다. 노무현 정부는 최초로 단독법안인 자치경찰법을 성안하여 국회에 제출하였다는 점에서 자치경찰 논의의 실천기라고 해도 무리가 아니라 하겠다. 이어서 이명박 정부와 박근혜 정부에서는 노무현 정부에 이어서 대통령소속 지방분권추진기구에서 자치경찰을 중요 국정과제로 추진하였다. 그러나 이 정부에서는 모형을 만들고 입법화를 추진했지만 결국 실패했지만 제주자치경찰단은 인원과 조직, 기능이 확대되면서 활발하게 시행되고 있다.[25]

6) 전면실시기: 2021년 이후

문재인 정부에서는 초창기에 자치경찰 모형을 이원론으로 채택하여 여당의원인 홍익표의원이 대표발의하여 자치경찰법안을 국회에 제출하였다. 그러나 이 법안은 20대 국회내에서 처리하지 못하여 폐기되었다. 문재인 정부는 21대에서도 초창기에는 20대때 폐기된 이원화 모형을 채택하였다가 2020년 8월에 일원론으로 변경하여 국회에 제출하였고, 이 법안은 경찰법과 통합이 되어 '국가경찰과 자치경찰의 조직 및 운영에 관한 법률'로 2020년 12월 9일에 국회를 통과되었고, 2021년 6월까지 시범실시를 하다가 7월부터 본격적으로 그리고 의무적으로 전국에서 실시하게 되었다.

이를 정리하면, 역대정부에서 자치경찰정책이 국정과제로 선정이 되어 법률안 만드는데 성공했던 정부는 김대중, 노무현, 문재인 정부 뿐이다. 본 책에서는 이 세 정부의 자치경찰에 대해서는 상술할 것이다. 나머지 정부는 우리나라 자치경찰의 추진내용을 추진동기, 추진내용, 추진주체, 쟁점, 결과를 중심으로 정리할 것이다. 물론 여기서도 앞에서 말한 김대중, 노무현, 문재인 정부의 내용도 포함시킬 것이다.

---

25) 양영철, 제주특별자치도의 이해, 대영문화사, 2008.

제 2 장
외국의 자치경찰

제 2 장
외국의 자치경찰

제 1 절 | 미국의 자치경찰[1)]

1. 개 요

미국은 연방국가답게 매우 다양하게 지방자치를 운영하고 있는 나라다. 자치경찰의 조직이나 운영 또한 매우 다양하다. 따라서 자치경찰에 대한 모형을 찾기가 매우 어렵다. 다만 미국의 연방헌법 수정 제10조에 "합중국에 위임되지 아니하거나 각 주에 금지되지 않은 권한들은 각 주나 국민이 보유한다"라는 규정에 의하면 자치경찰 운영 권한은 지방자치단체에 그 책임이 있다고 할 수 있다(Saffel & Basehart, 2005: 40). 또한 미국의 전통적인 경찰 자치사상은 모든 주민이 치안 유지 임무에 종사할 기본적인 책임이 있다는 '보통법(common law)' 전통에 의하고 있다. 이러한 전통은 영국의 세 가지 전통에 기인한 바 크다(한국형사정책연구원, 2005: 110).

---

1) 미국의 자치경찰 제도에 관한 내용은 아래 문헌을 참고하였다.
국내 서적 및 논문: 김웅기, 미국의 지방자치(서울: 대영문화사, 2001); 김형만 외, 비교경찰제도론(제1, 2판)(서울: 법문사, 2003, 2007); 이황우, 비교경찰제도(1)(서울: 법문사, 2005); 신현기, 자치경찰론(서울: 웅보출판사, 2005); 정균환, 자치경찰(서울: 신유영사, 1996); 고문현, 자치경찰제에 관한 연구(울산: 울산대학교 출판부, 2005); 행정자치부 자치경찰제 실무추진단, 외국의 경찰제도 비교, 2006.12.; 경찰혁신기획단, 자치경찰추진팀, 자치경찰제 용역 연구, 1003.12; 경찰혁신기획단 자치경찰추진팀, 선진 외국의 경찰제도, 2003.12; 이황우, "지방화 시대에 따른 자치경찰제 도입 모형에 관한 연구," 한국공안행정학회보, 제4호, 1999.1., 한국공안행정학회; 경찰계혁위원회 실무연구팀, 자치경찰제의 이해, 1999; 이상원, "한국 경찰의 자치경찰화를 위한 소고," 한국공안행정학회보, 제4호, 1999.1, 한국공안행정학회; 이관희, "한국 경찰의 자치경찰제 도입 방안," 한국공안행정학회보, 제9호, 2001, 한국공안행정학회; 조성택, "한국의 자치경찰제 모형에 관한 이론적 탄생," 한국경찰학회보, 제9호, 2005.1, 한국경찰학회; 최종술, "바람직한 자치경찰제 모형에 관한 연구," 한국행정학회보, 제33권 제2호, 1999, 한국행정학회; 지방자치발전위원회, 자치경찰 사무범위 조사 및 재원 확보 방안연구, 2014.6, 기타 정부혁신지방분권위원회 지방자치경찰특별위원회와 행정자치부 자치경찰추진단, 경찰청 혁신기획단 자치경찰추진팀에서 나온 각종 회의 자료와 보고서 등을 참조하였다.

첫째, 제한된 경찰 권한(limited police authority)의 전통이다.

영미의 법적 전통(Agnlo-American legal tradition)은 개인의 자유를 보호하는 데 우선권을 두었기 때문에 정부의 권한을 제한한다. 미국의 경우 이러한 한계는 권리장전(Bill of Rights)에 의하여 구체화되었다. 반면에 유럽의 대륙계 국가들은 법 집행기관에 더 광범위한 권력을 준다. 예를 들면, 독일의 시민들은 신분증을 소지할 것을 요구받으며, 경찰기관에 주소 변경을 보고하여야 한다.

두 번째의 특징은 법집행기관에 대한 지방 통제(local control)의 전통이다.

반면 유럽, 아시아, 아프리카, 남미 국가들은 중앙집권화된 국가경찰력을 보유하고 있다.

세 번째 특징은 지방통제는 매우 분권화되고 분절된 형태의 법집행 시스템을 낳았다.

미국은 19,000개의 법 집행기관을 갖고 있으며, 최소한의 조정과 함께 국가의 통제와 규제가 매우 적다. 미국의 자치경찰은 기능이나 규모면에서 보면 자치경찰의 중심은 주경찰이 아니라 기초자치단체다. 미국의 자치단체는 공동의 적으로부터 자신을 방어하기 위한 사회공동체를 만든다는 발상에서 탄생하였다. 이와 같은 전통이 기본적으로 지역사회에 경찰기관이 설립되어야 한다고 주장할 수 있고 또한 일선 자치단체인 기초자치단체에 자치경찰을 설치할 근거가 주어졌다고 할 수 있다.

미국 자치경찰은 여러 가지 특징이 있는데, 주요한 것만 나열하면 다음과 같다.

첫째, 다양성이다.

미국은 다인종, 다문화, 다원사회, 인종 차별, 넓은 영토, 개인주의, 개인의 자유와 권리 존중, 자유로운 총기 소유 등 지구상에 어떤 나라보다도 다양성을 가지고 있다(김형만 외, 2007: 287-96). 이러한 다양성은 자치경찰에도 그대로 반영될 수밖에 없다. 미국의 자치경찰은 때로는 읍면에, 때로는 시와 군에, 때로는 주에 그리고 위원회나 특별자치단체 형식 또는 보조기관 형태로, 때로는 극히 예외이지만 사기업에 위탁하여 운영하기도 한다. 자치경찰관 인원도 뉴욕같이 37,000 여 명의 자치경찰관이 있는 곳이 있는가 하면 단 한 명의 자치경찰관이 있는 경찰서도 있다. 전체 경찰관서 수의 1%도 안 되는 76개의 대규모 경찰서가 전체 경찰관의 39%를 차지하고 있기도 하다(Walker, 1999: 50). 반면에 2,200개의 경찰서는 단 한 명의 경찰관만이 있으며, 1,200개 경찰서는 완전히 파트 타임 경찰관을 채용하고 있는 것이 현실이다. 좋은 장비를 갖추고 있는 재정이 풍부한 경찰서도 많지만 심지어 제대로 된 무전기 하나 갖추지 못한 경찰서도 많은 실정이다(McCamey, Scaramella, & Cox, 2003: 2).

자치단체장이나 지방의회가 자치경찰의 장을 임명하기도 하지만 주민들이 직접 선출하기도 한다. 시장이 직접 책임을 지기도 하지만 위원회 조직으로 운영되기도 하는 등 세계 어느 나라와 비교해도 가장 다양성 있는 자치경찰 제도를 운영하고 있다고 할 수 있다.2)

둘째, 도입 단위가 기초자치단체라는 점이다.

미국 전체 경찰관의 수를 보면 연방경찰관이 8.3%, 주경찰관은 14.7%이지만 기초자치단체 소속 자치경찰관은 77%나 된다.

물론 광역자치단체에도 자치경찰이 있지만 설치되어 있는 주는 현재 50개 중에서 21개 주에 불과하다. 그리고 그 업무는 일반경찰 업무보다는 고속도로 순찰과 같이 극히 일부의 광역적 업무나 아니면 기초자치단체의 자치경찰에 대한 재정 지원 정도에 그치고 있다. 범죄의 예방과 수사 등 주요 경찰사무는 기초자치단체 수준에서 이루어진다.

셋째, 정치적 중립보다 민주성, 대응성을 중요시하고 있다.

미국의 자치경찰은 일본과 같이 정치적 중립성보다도 주민들이 무엇을 원하고 있느냐에 대한 민주성을 주요 이념으로 삼는다. 이러한 민주성을 실현하기 위하여 주민들이 자치경찰의 장을 직접 선출하거나 아니면 시장이 직접 지휘 감독을 받는 시장 직속기관으로 설치하는 경우가 대부분이다.

---

2) 이황우, “지방화시대에 따른 자치경찰제 도입 모형에 관한 연구,” 한국공안행정학회보, 제4권, 1995, 한국공안행정학회, p.13; 이상원, “한국 경찰의 자치경찰화를 위한 소고,” 한국공안행정학회보 제4호, 1999.1, 한국공안행정학회, p.183.

넷째, 가장 순수한 자치경찰의 형태라고 할 수 있다.

미국의 자치경찰 제도는 앞에서 기술한 바와 같이 영국의 영향을 받아 고도로 분권화·독립화되어 주민의 의사가 직접적으로 반영될 수 있다는 점에서 가장 순수한 자치경찰의 형태라고 할 수 있다. 미국의 자치경찰은 철저하게 해당 자치단체가 독자적으로 운영할 뿐 주나 연방정부로부터 관여받지 않는 것을 원칙으로 운영된다.

다섯째, 국가와의 관계에서 독립적이다.

초기의 미국 경찰 기능은 공식적인 조직에 의하여 이루어진 것이 아니라 영국의 전통처럼 자원봉사 형태로 이루어졌다. 이는 당시에 주민 중 약 90%가 영국에서 이주해 온 사람들이었기 때문에 영국의 전통을 따라가지 않을 수 없었다. 건강한 사람들은 밤에 지역을 지키는 일에 봉사하였다. 부자들은 건강한 사람을 고용하여 자신의 임무를 대신하게 하는 등 경찰은 처음 출발부터 철저하게 마을 중심으로 출발하였다. 이러한 전통은 급격한 도시화로 인하여 공식적인 경찰조직이 만들어졌고 이것이 자치경찰의 효시가 되었다. 따라서 자치경찰은 마을에서 주민들 스스로 만들었기 때문에 연방정부로부디 독립적으로 운영될 수밖에 없었디(McCamey, Scaramella, & Cox, 2003: 7).

모든 범죄는 기초자치단체인 카운티, 시 단위에 설치된 자치경찰이 수사권을 행사하는 것이 통상 관례다. 따라서 일본 자치경찰처럼 중앙정부인 연방정부나 광역자치단체인 주정부가 자치경찰에 대해서 관여하거나 지휘 감독하는 경우는 없다고 해도 과언이 아니다. 물론 주정부가 기초자치단체에 대하여 통제할 수 있는 권한을 가진다는 점에서 자치경찰에 대한 주정부의 관여가 있을 수 있지만 자치경찰사무 모두가 고유사무적 성격을 지니고 있기 때문에 주정부가 자치경찰사무에 관여하는 경우는 매우 드물다. 설령 범죄가 연방법, 주법에 동시에 연계되었을 때도 협치적 차원에서 합동으로 수사권을 행사할 뿐 상하 관계가 이루어지는 것은 아니다. 따라서 미국의 자치경찰은 어느 나라 자치경찰보다 고도의 독립성을 유지하고 있다고 할 수 있다.

2. 연방경찰

지방자치의 전통으로 보면 경찰 기능은 연방정부 관할 밖으로 간주되었다. 그러나 우편물 사취와 같은 연방 범죄의 발생에 따라 그 대응책으로 연방경찰기관이 창설되었다. 연방경찰은 일반적으로 수사와 조사에서 한정된 임무를 수행한다. 그리고 연방법 집행관은 연방법만을 집행, 즉 국가적 범죄나 주간(州間)의 범죄 단속에 한정하고 있다. 미국 연방경찰 조직은 [그림 2-1]과 같다(행정자치부 자치경찰제 실무추진단, 2006: 46). 미국의 연방경찰은 우리나라와 같이 국가경찰이 한 조직이 독점하는 것이 아니라 필요한 곳에 경찰조직이 있는 복수 이상의 경찰조직이 있음을 알 수 있다. 테러를 방지하기 위해서 국토안보부에 경찰조직이 있으며, 연방 수준의 범죄를 처리하기 위한 FBI 등이 법무부에 설치되어 있다. 알코올·세무 등 재정에 관련된 범죄 처리를 위하여 재무부에도 경찰조직이 있다. 이 밖에도 인디언 보호국 경비, 공원 경비를 위한 경찰이 내무부에, 운수부에는 항공·열차 등의 범죄를 다루기 위하여 경찰조직이 설치되어 있다.

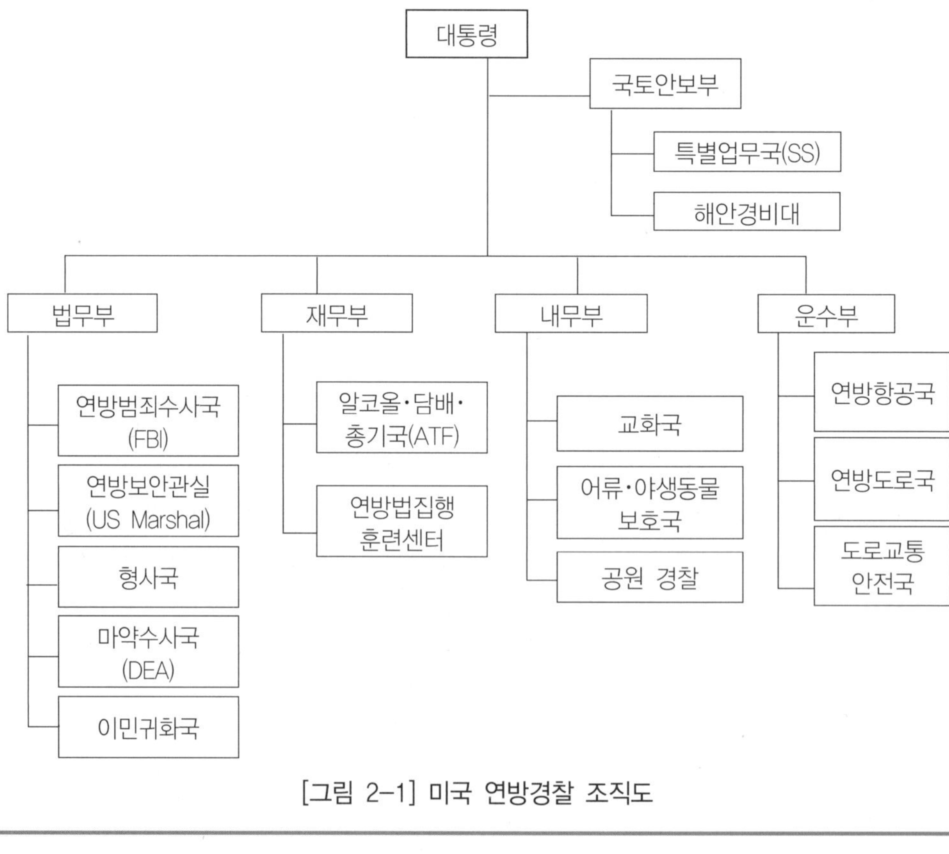

[그림 2-1] 미국 연방경찰 조직도

3. 자치경찰 조직

기술한 바와 같이 미국의 자치경찰 조직은 일정한 모형이 없다. 각 자치단체의 조직 자체가 의회 중심, 위원회 중심, 시장 중심, 시지배인 중심 등 다양하게 운영되고 있기 때문에 자치경찰도 이에 따라서 다양한 조직모형이 나타날 수밖에 없다. 우선 자치단체 수준에서 분류하면 주(州)경찰과 기초자치단체 경찰로 나눌 수 있다.

1) 주경찰

주경찰은 그 범위와 설치 수를 보면 매우 한정되어 있다. 주경찰의 임무와 권한은 개개의 주 법률에 의해서 정해지기 때문에 주에 따라 상이하다. 일반적인 주경찰의 임무는 고속도로 순찰, 교통 단속, 주 내의 자치경찰 관할 구역 이외의 각 지역에 대한 범죄 수사 등을 담당한다. 주경찰의 기능을 중심으로 분류하면 주경찰의 운영은 다음과 같다(경찰청혁신기획단 자치경찰추진팀, 2003: 200-34).

가. 주경찰청

미시간 주, 뉴욕 주, 버지니아 주 등 21개 주에 설치되어 있으며 그 활동은 대체로 미약한 기초자치단체의 자치경찰을 보완해 주는 역할을 한다. 주경찰청은 폭넓은 일반적 경찰권을 가지고 주 전역에 걸쳐 법을 집행하며, 특수범죄·중요 범죄만 담당한다. 물론 통상의 범죄는 기초자치단체에 설치되어 있는 자치경찰이 담당한다. 주경찰청은 고속도로 순찰대가 설치되어 있지 않은 지역에서는 교통경찰 업무를 담당한다.

나. 고속도로 순찰대(Highway Patrol)

일반적으로 차량의 운행을 규제하는 각종 교통 관계 업무와 법규의 집행을 담당한다. 자치단체가 아닌 지역의 유일한 경찰조직으로 일부 주정부는 범죄 수사의 권한을 부여하기도 한다.

다. 주경찰국(Department of Pulblic Safety)[3]

제2차 세계대전 후 범죄가 급증하고 마약 단속, 조직범죄 수사의 필요성이 대두함에 따라 각종 법 집행기관의 난립으로 각 법 집행기관을 종합·조정할 필요성이 나타나면서 주경찰국이 설치되기 시작하였다. 현재 애리조나, 조지아, 뉴저지, 텍사스 등 9개 주에서 채택하고 있다.

2) 기초자치단체의 자치경찰

미국에서 자치경찰이라고 하면 기초자치단체의 자치경찰이라고 할 수 있다. 미국은 연방정부와 주정부를 제외하고 약 8만 7천 여 개의 지방자치단체가 존재하는 나라다. 대표적인 기초자치단체는 시(city), 읍·면(borough, village)이며, 이보다 더 적은 곳인 타운·타운십(town, township)도 기초자치단체로 분류한다(Straayer, Wrinkle, & Polinard, 1994: 18). 군(county)은 광역자치단체냐 기초자치단체냐 논란이 있을 수 있지만 카운티도 엄격하게 말하면 기초자치단체라고 할 수 있다. 왜냐하면 카운티는 기능에 따라서 기초자치단체들이 합종 연횡하여 만들어진 조직이지 주정부처럼 상위 조직은 아니기 때문에 기초자치단체로 분류할 수 있다. 카운티와 시에 설치된 자치경찰이 우리가 말하는 미국 자치경찰의 기능을 수행하고 있다. 미국 경찰의 출발은 이미 기술한 바와 같이 영국의 영향으로 지역 주민들이 이웃에 범죄가 발생하면 고함을 지르면서 연락하고 합심하여 처리하는 소위 '친척 경찰(kin policing)'에서 출발하였다(Wallace, Roverson, & Stechler, 1995: 5). 바로 이 점이 미국이 기초자치단체 수준의 자치경찰이 얼마나 오랜 역사와 전통을 가지고 있느냐 하는 것과, 자치경찰은 기초자치단체가 중심이 될 수밖에 없다는 것을 말해 준다.

4. 자치경찰 기능

미국 경찰조직의 특성은 크게 두 가지로 설명할 수 있다. 첫째, 미국 경찰조직은 고도로 지방분권화되어 있으며 경찰기관들끼리 상호 독립적이라는 점이다. 둘째, 경찰조직을 종적으로 보면 연방수사기관, 주경찰, 그리고 기초자치단체 경찰(시 및 군

---

3) State Police를 주경찰청, Department of Public Safety를 주경찰국이라고 번역하는 것은 의미를 전달하는 것일 뿐이다. 이들은 각 주의 경찰 고유명이기 때문에 우리나라와 비교하여 명확하게 번역하기가 어렵다.

등)로 구분할 수 있다. 그러나 미국은 우리나라의 경찰청과 같은 중앙경찰기관이 없다. 그렇기 때문에 중앙경찰에 의한 일사불란한 명령 체계를 가지고 있지 않으며, 각 지방경찰은 각자의 자율성을 가지고 업무를 처리한다. 사실 미국에서는 연방수사기관에 '경찰(police)'이라는 명칭을 쓰지 않는다. 미국에서는 경찰(police)이라고 하면 대체로 기초자치단체인 시(city)와 군(county) 경찰을 의미한다(김형만 외, 2003: 387). 따라서 미국의 기초자치경찰은 경찰사무 대부분을 처리하며 경찰의 중심이라고 할 수 있다. 도시 규모에 따라 약간씩 다르지만 대도시나 카운티의 자치경찰은 일반범죄에서부터 조직폭력, 청소년, 마약, 매춘 등 특수범죄까지 다룬다. 우리에게 널리 알려진 뉴욕시 경찰국(New York City Police Department)는 인구 약 800만 명의 생명과 안전을 돌보는 역할을 하고 있다. 뉴욕시 경찰국은 정규 경찰관 약 4만 명이며 하부조직으로는 5개 카운티와 59개 커뮤니티로 구성되어 있다. 이 경찰국에는 순찰부, 조직범죄단속부, 수사부를 두고 있다. 순찰부는 8개 지역을 나누어서 관리하고 있으며, 순찰과 교통 통제가 주목적이다. 조직범죄단속부는 마약, 매춘, 차량절도 등 조직범죄를 수사하는 부서로서 비행단속과, 수사지원과, 조사반, 차량범죄과, 조직범죄 수사과, 마약과, 갱 수사과 등 7개 과로 구성되어 있다. 수사 분야에는 4개소에 수사분소와 5개의 과를 두고 있다(김형만 외, 2003: 393; 경찰혁신기획단 자치경찰추진팀, 2003: 203-4). 미국의 자치경찰은 이와같이 경찰의 모든 업무를 대부분 수행하고 있다. 기능 중 연방법이나 주법에 의하여 연방경찰 또는 주경찰의 기능일지라도 상호 협력하면서 수행하고 있다(Bureau of Justice Statistics, 2002: 10).

5. 자치경찰 운영

1) 조 직

여러 차례 기술하지만 미국의 자치경찰은 지역의 특성에 따라서 매우 다양하다. 이러한 다양성에도 불구하고 조직 형태의 흐름은 크게 두 가지로 대별할 수 있다. 위원회형과 독임제형이다.

가. 위원회형

위원회형은 합의제로 자치경찰을 운영하는 것을 말한다. 예를 들면 로스앤젤레스 경찰국은 경찰위원회(Board of Police Commissioners)가 경찰의 최고관리기관이다.[4] 이 위원회는 임기 5년의 위원 5명으로 구성되며 임기는 중임이 가능하다. 위원은 시장이 의회의 승인을 받아 임명한다. 로스앤젤레스 경찰위원회는 시 헌장에 의하여 경찰국장에게 부여된 권한을 잘 수행하도록 임무를 부여하며, 이에 따라서 경찰국장을 매년 평가하고 시의회가 정한 지침 내에서 경찰국장의 보수도 결정한다. 경찰국장은 시장이 임명하나 경찰위원회와 시의회의 승인(subject to the approval)을 받아야 한다. 경찰국장은 임기 5년이며 중임이 가능하다. 경찰국장 해임은 시장뿐만 아니라 경찰위원회와 시의회도 청구권이 있으며, 이 경우에는 시의회 의원 과반수 출석과 출석 의원 2/3 이상 동의가 있어야 한다.

위원회형이라고 하지만 일본의 지방공안위원회와는 큰 차이가 난다. 일본의 지방공안위원회는 지방경찰본부와의 관계에서 직접적인 지휘통솔권이 없는 매우 간접적인 관계인 '관리' 관계이나 로스앤젤레스 경찰위원회는 직접적인 관계다. 경찰국장에게 명령권을 행사할 수 있으며, 경찰국장의 해임건의권, 민간감사관의 임명과 해임 등 경찰 최고 관리기관으로서의 역할을 이름에 걸맞게 수행하고 있다(경찰청 혁신기획단 자치경찰추진팀, 2003: 218-23). 그럼에도 불구하고 자치경찰은 자치단체장의 지휘 통솔에서 자유롭지 않다. 시장이나 시지배인은 자치단체의 운영에 대한 전반적인 책임을 지고 있기 때문에 자치경찰은 당연하게 시장이나 시지배인의 지휘 통솔을 받도록 되어 있다. 다만 위원회형의 자치경찰은 자치단체장의 자치경찰에 대한 전횡을 방지하기 위한 일차적 견제 장치라고 할 수 있다.

나. 독임제형

독임제형의 자치경찰은 지방경찰국장에게 경찰에 대한 모든 권한을 집중시키는 조직 유형이다. 즉, 시장이 직접적인 경찰관리기관이 되고 경찰국장은 시장에게만 책임을 지는 조직 운영 체제다. 경찰국장은 시장의 지휘 하에 시의 경찰 전체를 관리·운영하게 된다.

독임제 방식으로 운영하고 있는 워싱턴 DC 경찰국(Metropolitan Police Department)

---

4) Los Angeles City Charter, code 570-575.

의 경우를 보자(김성수, 2002: 170-1).[5] 시장이 경찰관리기관이며 시장은 시의 법률에 의거 능률적인 경찰활동을 위하여 필요한 규칙, 계획, 방침, 예산을 결정한다. 시장이 경찰국장 후보자 12명을 시의회에 추천하고, 시의회는 2/3 이상의 동의를 획득한 후보자를 연방의회에 회부하여 연방의회 재정위원회의 동의에 의하여 임명한다. 수도경찰국이기 때문에 연방의회가 관여하고 있다. 경찰국장의 임기는 5년이며 해임도 임명과 동일한 절차를 거친다. 경찰국장은 경찰 전체를 지휘 감독하며 직무집행의 방침을 정하고, 경찰 예산과 경찰 법령·규칙의 제정에 관하여 시장에게 조언한다. 워싱턴 DC 경찰국은 수도의 특수성으로 인하여 경찰국장의 참모조직인 특수업무부(Special Service Group) 소속 특수과(Special Operation Division)에서 대통령 경호실의 지휘를 받아 VIP 경호 업무를 수행한다(권지관, 2000: 224-5). 경찰국장은 시 매니저(city manager) 제도인 경우에는 시 매니저에 의해서 임명되고 해임된다(오스틴 시, 피닉스 시, 샌디에이고 시 등).

2) 인 사

인사관리는 우리나라처럼 경찰공무원법 또는 지방공무원법을 적용하여 전국적으로 획일적으로 적용하는 것이 아니라 각 자치단체마다 가지고 있는 인사 관련 법령에 의하여 독자적으로 운영하고 있다. 특히, 미국은 공무원 분류에서 계급제를 채택하고 있는 우리나라와는 달리 직위분류제를 채택하고 있어 지역의 치안 수요에 따라 다양해질 수밖에 없다(Wilson, 1994: 260-2). 그러나 공통점은 신체 조건을 구체적으로 열거하고 이를 강력하게 시행하는 것이 일반적이다. 채용은 대체로 우리나라와 비슷하게 필기시험, 심리 테스트, 신원 조회, 거짓말 탐지기를 이용한 조사, 면접시험, 건강검진 등에 의해서 이루어진다(김형만 외, 2003: 396). 채용 후 신임교육은

5) 미합중국의 수도 워싱턴 DC의 경찰. MPD라고도 하는데 다른 M으로 시작하는 도시의 경찰[1]과 헷갈릴 수 있기 때문에 MPDC라는 이름을 더 많이 쓴다. 후술할 DC자치법에서 명시한 예외적인 경우가 발생하지 않는 한 MPDC는 시정부 소속이며 직속상관은 시장이다. 연방경찰이 아니다. 워싱턴 DC의 치안을 최일선에서 관리하며, DC에 있는 연방정부 소속의 다른 경찰들과는 평소에는 수평적인 협력관계이다. 수도경찰이기에 형식적으로는 지방경찰청이지만 연방 차원의 업무도 담당하고 있으며 대통령이나 연방의회의 입김을 많이 받는다. DC자치법(District of Columbia Home Rule Act)에 따라 대통령이 '비상조치가 필요한 특별한 경우'라고 판단하면 48시간 이내로 MPDC를 연방정부의 목적 달성을 위해 부릴 수 있으며 의회의 동의가 있으면 더 장기간도 가능하다. https://namu.wiki/w/MPDC

4~6개월 동안 학교 내 교육과 현장교육을 받는다. 신임 교육 후에는 시보 기간으로 6개월 내지 3년 동안 선배 경찰관에 의한 개별 지도를 받는다. 경찰국장은 경찰관 중에서 임명되는 지역(디트로이트 시)[6]이 있는가 하면 민간인 중에서 임명하는 지역(뉴욕시 경찰국) 등 다양하다.

3) 재 정

재정은 원칙적으로 해당 지방자치단체가 주로 부담하고 때에 따라서 연방정부나 주정부로부터 지원을 받는다. 연방정부로부터는 주로 '법집행 지원 프로그램(Law Enforcement Assistance Administration: LEAA)'을 통해서 이루어지며, 종종 자치경찰국이 연방정부에 프로그램에 대한 제안서를 제출하여 채택되면 예산을 지원받기도 한다(행정자치부 자치경찰제 실무추진단, 2006: 62). 주정부는 지역에 따라서 보조금을 차등적으로 지원하기도 한다. 최근 연방정부의 예산 지원은 점점 줄어들고 있는 편이다. 특히, 레이건 정부가 들어선 이후 연방 예산의 축소 및 자치단체의 재정 책임 확대라는 신연방주의 정책에 의하여 연방이나 주정부로부터 교부금이나 보조금이 축소되어 자치단체의 재정 부담은 커지고 있다.

자치단체는 지방세 또는 경찰세가 주 수입원이며, 세외수입으로서는 지역 주민의 기부금, 사용료와 수수료로 충당된다(박성수, 2001: 315).

4) 국가경찰과의 관계

미국은 경찰사무 중 일부 사무에 대해서 연방경찰(FBI)과 자치경찰 간의 상호 협력 관계가 이루어진다. 마약, 총기, 조직범죄, 재정범 등 국가적 차원에서 중요하고 특수한 사무를 담당하는 별도의 기구를 설치하여 국가에서 담당하고, 나머지는 모두 자치경찰에 분장하는 형식 등 다양하게 이루어진다. 연방경찰은 헌법상 명문화된 경찰권은 갖지 않으나, 조세권, 주간(州間, inter-state) 통상규제권, 대외통상권 등을 통하여 실질적인 권한을 행사하고 있다.

---

6) City of Detroit Carter, Article 7.ch.11 참조, 경찰혁신추진단 자치경찰팀, 선진 외국의 경찰제도, pp.220-223.

주정부는 고속도로 순찰, 교통 단속, 주 내의 다른 지방정부 경찰의 관할구역이 아닌 지역에 한정하여 경찰권을 행사하지만, 지방정부의 요청이 있을 경우 소요 진압 등의 지원 기능을 수행하기도 한다. 주경찰의 순찰은 (기초)자치경찰과 관할 구역을 중첩적으로 공유한다. 시와 같은 지자체 지역 내에서 발생하는 통상의 범죄는 (기초)자치경찰이 담당하고, 주경찰은 대개 특수범죄·중요 범죄에 한해서만 처리하는 것을 원칙으로 한다. 최근 주경찰의 임무는 단순 순찰 업무에서 마약거래상 등을 대상으로 한 특수한 전문성을 요구하는 조사 업무로 전환되는 추세에 있다(김웅기, 2001: 368).

소도시에 소속된 자치경찰은 연방수사국(FBI), 주경찰, 카운티 경찰 등의 협조를 통하여 경찰권을 행사한다. 카운티 보안관은 지역에 따라서 지자체 경찰과 중첩적인 경찰권을 행사한다. 중첩될 때는 시경찰이 일차적으로 경찰권을 행사하고, 보안관은 카운티 관련 시설에서의 범죄 수사, 시경찰이 없는 지역에서의 경찰활동, 구치소 관리 및 법정 질서 유지를 주요 임무로 한다(행정자치부 자치경찰제 실무추진단, 2006: 51-2).[7]

제 2 절 | 일본의 자치경찰

1. 개 요

일본은 1871년 프랑스 및 독일의 경찰 제도를 모형으로 제2차 세계대전까지 국가경찰제를 유지해 왔다. 이 당시 일본 경찰조직은 중앙에 내무성, 지방에는 경시청 및 부·현 경찰부가 치안 유지를 담당하였다. 경시총감과 부·현지사는 천황에 의하여 임명되고 이들은 내무대신의 지휘감독을 받다 직무를 수행하는 완전한 중앙집권형 경찰조직이었다.[8] 그러나 제2차 세계대전에서 패전 후 미군정 맥아더 원수는 일본

7) 일본의 자치경찰에 대한 자료는 우리나라에는 자치경찰 연구 논문과 저서 중에서 가장 많은 부분을 차지한다. 일본의 자치경찰 제도에 관한 내용은 아래 문헌을 참고하였다: 국내 서적 및 논문: 이황우, 비교경찰제도(1)(서울: 법문사, 2005); 김형만 외, 비교경찰제도론(제1, 2판)(서울: 법문사, 2003, 2007); 정진환, 경찰행정론(서울: 대영문화사, 2006); 신현기, 자치경찰론(서울: 웅보출판사, 2005); 정균환, 자치경찰(서울: 신유영사, 1996); 고문현, 자치경찰제에 관한 연구(울산대학교 출판부, 2005)

정부 총리에게 경찰의 지방분권화를 요망하는 서한을 보냈다. 이 서한에 따라서 1947년 일본 정부는 경찰 제도의 근본적인 '개혁의 법전'이라고 하는 경찰법을 제정하였고, 이에 따라서 1948년 3월 공안위원회 제도와 함께 미국식 자치경찰제를 시·정·촌 단위에 도입하였다.[9] 이를 구 경찰법 시대의 경찰모형이라고 한다. 그러나 시·정·촌 단위 자치경찰제는 자치단체의 재정 부족 및 자치단체 경찰 간 공조 부재 등 문제점으로 인하여 1954년 광역자치단체인 도·도·부·현 단위의 자치체 경찰로 일원화하여 지금에 이른다(경찰개혁위원회 실무연구팀, 1999: 11).

일본은 내각제를 실시하는 국가다. 따라서 모든 조직은 내각이 운영하고 책임을 진다. 최근에 일본은 대대적인 행정개혁을 단행하여 과거 22개 부서에서 1부 10성 2청으로 대폭 부처 수를 축소하였다. 경찰청은 2청 중 하나의 조직이다. 일본 경찰은 다른 나라 경찰에 비하여 다음과 같은 큰 특징을 지닌다.

첫째, 정치적 중립을 조직 운영의 기본 원리로 삼고 있다(경찰혁신기획단 자치경찰추진팀, 2003: 24). 일본의 경찰조직은 다른 정부조직이 수상의 직접적인 지휘·통솔을 받고 있는데 반하여 매우 독립적으로 움직인다. 일본 경찰은 패전 이전에 지나친 정치권 개입으로 인하여 많은 국민들로부터 지탄의 대상이 되었다. 이를 극복하기 위하여 패전 이후에 일본 경찰은 철저하게 정치적 중립이라는 원칙을 지키는 선

---

8) 지방자치발전위원회, 외국 자치경찰제도 비교, 2016.7, pp.90-111 참조.
자치경찰제에 관한 연구(울산: 울산대학교출판부, 2005); 행정자치부 자치경찰제 실무추진단, 외국의 경찰제도 비교, 2006. 12; 경찰혁신기획단, 자치경찰추진팀, 자치경찰제용역연구, 2003. 12; 경찰혁신기획단 자치경찰추진팀, 선진 외국의 경찰제도, 2003. 12; 이황우, "지방화 시대에 따른 자치경찰제 도입 모형에 관한 연구," 한국공안행정학회보, 제4호, 1999. 1, 한국공안행정학회; 경찰개혁위원회 실무연구팀, 자치경찰제의 이해, 1999; 이상원, "한국 경찰의 자치경찰화를 위한 소고," 한국공안행정학회보, 제4호, 1999. 1, 한국공안행정학회; 이관희, "한국 경찰의 자치경찰제 도입 방안," 한국공안행정학회보, 제9호, 2001, 한국공안행정학회; 조성택, "한국의 자치경찰제 모형에 관한 이론적 탐색," 한국경찰학회보, 제9호, 2005. 1, 한국경찰학회; 최종술, "바람직한 자치경찰제 모형에 관한 연구," 한국행정학회보, 제33권 제2호, 1999, 한국행정학회; 기타 정부혁신지방분권위원회 지방자치경찰특별위원회와 행정자치부 자치경찰제 실무추진단, 경찰청 혁신기획단 자치경찰추진 팀에서 나온 각종 회의자료와 보고서 등을 참조하였다.

9) 정진환, 비교경찰 제도(서울: 학문사, 1996), p.194. 맥아더 원수의 서한 내용은 다음과 같다.
1. 자치경찰과 그 자치체의 공안위원회의 창설 2. 중앙기구로서의 공안위원회의 창설, 3. 자치체의 관할구역 외는 국가지방경찰이 치안 유지를 담당하되, 각 '도도부현'에 공안위원회를 설치하여 지휘권을 장악하고, 중앙정부는 국가지방경찰에 대해서는 행정적 권한만을 보유한다. 4. 경찰력은 12만 5천 명으로 한다.

에서 국가경찰이나 자치경찰을 운영하고 있다.

둘째, 일본의 자치경찰[10)]은 국가경찰과 통합하여 운영하고 있다. 일본 경찰조직은 형식적으로 보면 다른 나라 경찰조직과 같이 국가경찰과 자치경찰을 따로 구성·운영되는 것처럼 보인다. 그러나 일본의 경찰은 실제로는 한 조직 내에서 국가경찰과 자치경찰이 동시에 존재하는 조직 형태를 띠고 있고, 국가경찰제적 성격이 강하여(허경미, 2003a: 247) 자치경찰이라고 보기 어렵다는 평가를 받는다.

셋째, 도입 단위가 광역자치단체다. 일본의 지방자치단체 조직은 광역자치단체인 47개의 도·도·부·현과 기초자치단체인 시·정·촌 등 2,300개가 있다. 그러다가 최근에 더욱 구역을 통합하여 지방자치단체도 1999년 3,232개에서 2008년 3월 21일에는 1,437개가 줄어든 1,795개로 축소되는 등 대대적인 행정개혁이 일어나고 있다.[11)] 일본의 자치경찰은 처음에는 기초자치단체로 출발하였으나 1954년부터 광역자치단체로 도입 단위가 변경되었다.

넷째, 위원회 제도다. 일본의 경찰조직은 위원회에 소속되어 있다. 국가경찰은 국가공안위원회, 자치경찰은 지방공안위원회 소속으로 되어 있다.

다섯째, 진정한 의미에서 자치경찰이라고 볼 수 없다. 일본의 자치경찰은 자치단체 소속이라고 하지만 형식적일 뿐이다. 일본 내의 비판 내용을 살펴보자(이강종, 2004: 143). 일본의 현행법상 경찰조직은 지방자치의 장점을 거의 잃어 버림으로써 중앙집권적 경찰로 회귀하고 있고, 그 임무 수행도 민주화보다는 능률화에 비중을 두고 있다는 비판을 받고 있다(大野達三, 1995: 163-5). 또한 국가공안위원회 제도는 일견 막강한 조직인 것처럼 보이지만 실제적으로는 아무것도 할 수 없는 무책임 체제로 전락하였으며 그 독립성이 약화되고 민주성을 감소시켜 실질적으로는 정치기관화, 자문기관화하고 있다고 폄하하고 있다(日本辯護士會 編, 1995: 242-3). 지방

---

10) 이 책에서 일본의 자치경찰은 지방경찰은 자치를 강조하기 위하여 동일 개념으로 사용한다. 따라서 일본 지방경찰, 자치경찰, 지방(도도부현 등) 경찰본부는 같은 의미다.

11) 일본 총무성 자치행정국, 시정촌합병 관계 자료, 2007. 10.

(자치)경찰본부의 상위 조직인 자치단체장이나 지방공안위원회는 아무런 권한이 없는 '소할(所轄)'과 지휘통솔권이 없는 '관리(管理)' 관계일 뿐이며 실질적인 지휘 감독은 국가경찰의 수장인 경찰청장관의 권한에 속한다. 따라서 일본의 자치경찰은 '무늬만 자치경찰'이며 국가경찰 일선조직인 특별지방행정조직일 뿐이다. 이러한 조직 형태로는 지방자치의 최고의 이념인 민주성을 담보하기가 어렵다는 평가다(윤태범, 1998: 235).

2. 국가경찰

국가경찰은 [그림 2-2]에서 보는 바와 같이 내각총리대신 산하에 있는 국가공안위원회 소속으로 되어 있다. 그러나 내각총리대신 산하라고 하지만 경찰청과 내각총리대신(수상)과의 관계는 지휘명령권이 없는 소할(일본용어로는 '所轄'이라고 함) 관계다(이관희, 2001: 10). 또한 국가경찰 조직이 비록 국가공안위원회 소속이라고 하지만 이 관계도 국가공안위원회가 경찰청의 운영 방침에 대해서 대강의 방향만 결정할 수 있을 뿐 직접 지휘 감독 관계는 아니다(이를 일본 용어로는 '관리(管理)'라고 함).[12] 따라서 국가경찰은 형식만 총리와 국가공안위원회 소속으로 있을 뿐 경찰청 장관이 경찰청의 직무를 총괄하고 직원을 통솔하는 권한이 있으며, 심지어 자치경찰인 도·도·부·현 경찰에 대한 지휘감독권도 경찰청장관의 권한으로 되어 있다(고문현, 2005: 41-2).

국가공안위원회는 총리가 양원의 동의를 얻어 임명하며 위원은 5명이다. 위원회의 위원장은 국무대신으로 하고 있으며, 위원은 양원(참의원, 중의원)의 동의를 얻어 임명되나 정치적 중립을 보장하기 위하여 3인 이상이 동일정당 소속이 되어서는 안 된다.[13]

경찰청장관은 총리의 승인을 받아 국가공안위원회가 임명하도록 하고 있다. 국가경찰 조직인 경찰청은 국가공안위원회의 관리 하에 그 권한을 행사하는 행정청으로서 국가행정조직법상 특별한 기관에 해당된다. 따라서 경찰청은 국가공안위원회와

12) 일본 경찰법 제15조(장관).
13) 일본 경찰법 제7조(위원의 임명).

동일한 국가경찰기관이나 국가공안위원회는 경찰사무의 관리·의결기관인데 반하여 경찰청은 그 사무의 집행기관이라고 할 수 있다(김형만 외, 2003: 188). 경찰청은 국가 공안에 관계된 사항, 전국 관점에서 대처할 사항, 기술적·능률적 측면에서 전국적 통일이 필요한 사항인 경찰교육·경찰통신·범죄 감식·범죄 통계·경찰장비 등에 관한 사무만 관장한다. 그리고 경찰청의 중요한 의무로서 자치경찰인 도·도·부·현 경찰행정에 대한 조정 역할을 한다.14) 국가경찰인 경찰청 산하에는 도쿄(東京)와 홋카이도(北海道) 경찰통신부와 7개 지역에 관구경찰국, 경찰대학교, 과학경찰연구소가 있다(경찰혁신기획단 자치경찰추진팀, 2003: 98-103).

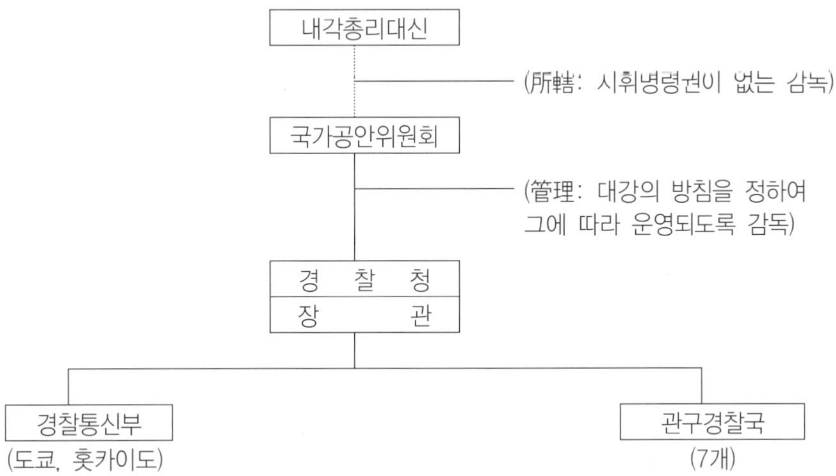

[그림 2-2] 일본 국가경찰 조직 체계도

3. 자치경찰 조직

일본의 자치경찰은 도쿄에는 수도경찰인 경시청이, 부·현(府縣)에는 부현경찰본부, 홋카이도(北海道)에는 도경찰본부와 방면본부가 있으며 이들 산하에 경찰서가 있다. 일본의 자치경찰은 광역자치단체인 도·도·부·현의 자치단체장인 지사의 산하에 설치된 '도·도·부·현공안위원회' 소속으로 되어 있다.15) 자치경찰 조직도 국가경찰 조

14) 일본 경찰법 제5조(임무와 권한).

직인 경찰청처럼 조직 운영에 상당한 독립적 지위를 가지고 있다. 도·도·부·현공안위원회는 지방자치단체의 장의 소할 하에 있으나 권한 행사에 대해서는 지방자치단체의 장의 지휘 감독을 받지 않으며, 도·도·부·현 경찰도 도·도·부·현공안위원회의 관리 관계일 뿐 직접 지휘 감독을 받지 않는다. 도·도·부·현공안위원회는 도·도 및 지정도시[16]를 포괄하는 부·현은 5인, 지정부현 이외의 현과 방면공안위원회는 3인의 위원으로 조직되며(정진환, 2001: 199) 임명은 해당 의회의 동의를 얻어 자치단체장이 임명한다. 위원의 임기는 3년이며 2회까지 연임이 가능하다. 위원장은 위원들 간에 호선으로 선출한다.[17] 일본 자치경찰 조직을 보면 [그림 2-3]과 같은 체계도를 지니고 있다(행정자치부 자치경찰제 실무추진단, 2006: 28).

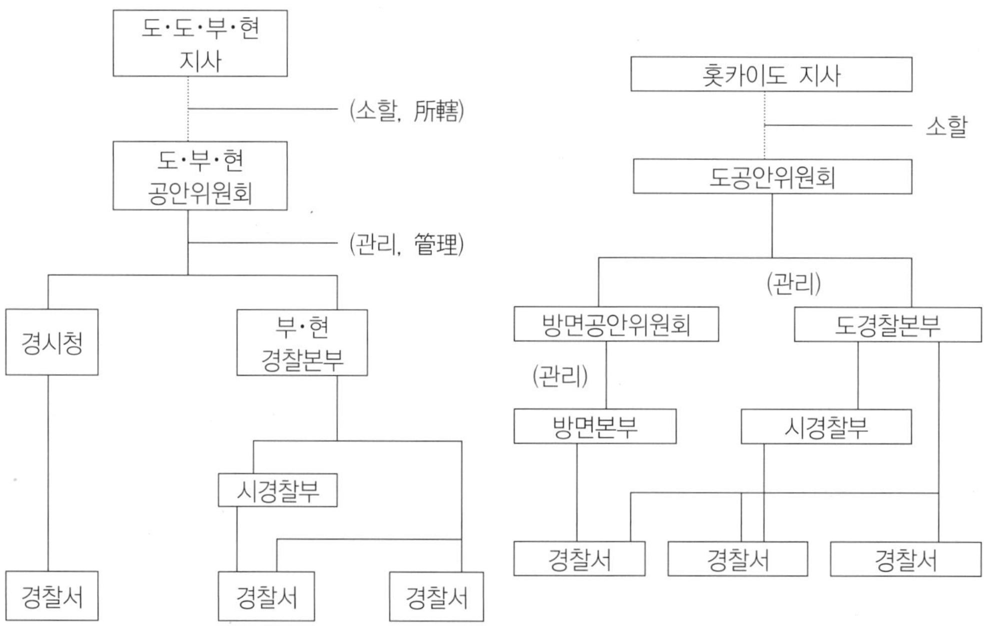

[그림 2-3] 일본 자치경찰 조직 체계도

15) 일본 경찰법 제36조(도도부현 경찰의 설치 및 책무).

16) 일본자치단체 중 지정도시란 인구 50만 이상의 도시를 말하며 현재는 오사카(大阪), 교토(京, 都), 요코하마(横濱), 고베(神戸), 기타큐슈(北九州), 삿포로(札幌), 가와사키(川崎), 후쿠오카(福岡), 히로시마(廣島) 시를 가리킨다.

17) 일본 경찰법 제38조(조직 및 권한, 제39조(위원의 임명), 제40조(위원의 임기).

4. 자치경찰 기능

일본 자치경찰의 기능은 국가경찰이 수행하는 전국적 사무 이외에 경찰의 일반적 업무를 전부 수행한다고 해도 과언이 아닐 정도로 광범위하다. 즉, 개인의 생명·신체 및 재산의 보호와 공공의 안전과 질서의 유지에 관련된 사무는 전부 처리하고 있는 것이다. 이는 다른 어느 나라보다도 자치경찰의 기능이 광범위하다고 할 수 있다. 구체적으로 말하면 범죄의 예방·진압, 범죄의 수사, 교통 단속뿐만 아니라 기타 공공의 안전과 질서 유지를 위한 활동을 수행한다.[18]

5. 자치경찰 운영

1) 조 직

앞서 기술한 바와 같이 도도부현 지사와 산하 공안위원회 관계는 조직상 상하 관계에 있기는 하지만 권한 행사에 대하여 지사의 지휘 감독을 받지 않는 관계인 '소할' 관계에 있다. 다만 도도부현 지사는 소속 공안위원회 위원의 임면권, 지방의회에 조례 등 의안의 제출권, 예산의 편성·집행·지출명령권을 가지고 있다.[19] 지사 산하의 각종 위원회는 지사와 위원회 간의 협의로 사무의 일부를 위임·수임할 수 있으나 공안위원회는 정치적 중립성의 확보 견지에서 이와 같은 관계는 불가능하다.

공안위원회와 산하 지방경찰본부와의 관계는 관리기관과 운영기관의 관계이지만 지방경찰본부 운영에 대한 대강의 방침만을 정하여 그 대강의 방침대로 이루어지도록 사전·사후 감독을 하는 관계일 뿐이다. 공안위원회는 자치경찰 본부조직을 산하기관으로 두고 있지만 이를 직접 지휘 감독하는 것은 불가하며 자치경찰 책임자인 경시총감 또는 경찰본부장을 통해서만 지휘·통제가 가능하다(정진환, 2006: 139). 그러나 실제 상황을 보면 공안위원회는 그 권한 행사를 공안위원들이 하는 것이 아니라 경찰본부 등이 행하고 있다. 또한 지방공안위원회의 심의 실태도 지방경찰본부 등이 작성한 원안을 그대로 승인하는 등 형식화되어 있다. 심지어 지방경찰관이 안

---

18) 일본 경찰법 제36조 제2항(책무).

19) 일본 경찰법 제38조(조직 및 권한).

건을 직접 지참하여 각 위원들을 찾아다니면서 승낙을 얻는 일도 종종 있을 정도다(김형만 외, 2007: 150). 그래서 일본의 지방경찰은 자치경찰이라고 할 수 없다는 평가를 받고 있다. 이는 지방공안위원회가 자체의 조직을 가지고 있는 것이 아니라 관리 대상인 지방경찰본부 내에 있다. 그 때문에 위원회 운영은 지방경찰본부 경찰 공무원에 의해서 이루어질 수밖에 없다. 따라서 지방자치경찰의 운영은 주민이 아닌 경찰 중심으로 될 수밖에 없다.

반면 국가경찰인 경찰청이 자치경찰인 도·도·부·현 경찰본부에 대한 지휘 감독은 매우 구체적이고 직접적이다. 일본 경찰법 제16조 제2항에는 국가경찰 총책임자인 경찰청장관에게 도·도·부·현 경찰에 대한 지휘감독권을 부여하고 있다. 자치경찰인 경시청 및 도·도·부·현 경찰본부는 자치경찰 업무 일체를 직접 당해 경찰본부 명의로 수행하는 권한을 보유하고 있기 때문에 결국 경찰청장관이 자치경찰의 사무를 지휘 감독하고 있는 것과 마찬가지라고 할 수 있다. 실제로 도·도·부·현 경찰본부는 국가경찰 조직의 지방조직인 관구경찰국을 통하여 경찰청의 지휘 감독을 받고 있다. 특히, 도쿄(東京)의 경시청과 홋카이도의 경찰본부는 관구를 거치지 않고 경찰청이 직접 지휘 감독을 하고 있는 실정이다.

2) 인 사

일본 경찰법에 의하여 설치된 기관에 근무하는 직원을 경찰직원이라 하며, 경찰직원의 인사에 대해서는 다음 세 가지 특징이 있다(김형만 외, 2003: 139-40).

첫째, 경찰관 신분을 국가와 지방으로 나누는 이중구조로 되어 있다.

둘째, 공무원 조직 중 경찰과 자위대만이 조직의 통일성을 위하여 계급조직화되어 있다.

셋째, 경찰관의 승임(승진)의 특수성이 있다. 즉, 다른 공무원은 승진시에 직제를 따르지만 경찰관은 계급제에 따른다는 점이 특징이다.

도쿄도(東京都) 자치경찰의 장인 경시총감은 수도경찰의 중요성을 감안하여 국가공안위원회가 도(都)공안위원회의 동의와 내각총리대신의 승인을 얻어 임면한다. 도쿄도 이외의 도·부·현 경찰본부장은 국가공안위원회가 당해 도·부·현공안위원회 동의를 얻어 임면하고 있다.

도·도·부·현 경찰직원(경찰관[警視 이하, 우리나라의 경정], 사무직과 기술직은 일반직 지방공무원으로서 지방공무원법의 적용을 받는다. 그러나 도·도·부·현 경찰 중 과장급인 경시정(우리나라의 총경) 이상인 지방경찰관은 신분상 일반직 국가공무원으로서 봉급 등도 국고에서 지급되고 인사관리에 관한 사항도 국가공무원법의 적용을 받는다.[20] 일본의 경찰관 교육훈련 과정을 보면 [그림 2-4]와 같다(김형만 외, 2003: 203).

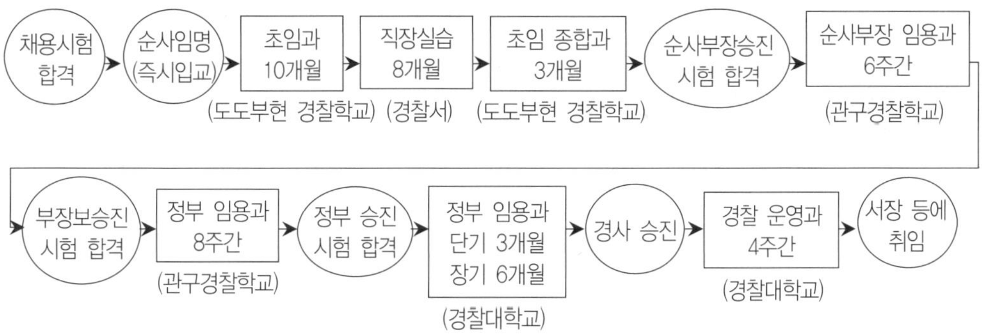

[그림 2-4] 일본경찰관 교육훈련 체계도

주: 이외 계급, 직종에 따라 각각 경찰학교에서 전과, 연구과 등의 교육훈련이 실시되고 있다.

3) 재 정

일본 자치경찰의 재정은 해당 자치단체인 도·도·부·현이 부담하는 것을 원칙으로 한다. 경찰예산을 보면 국가예산에 계상되는 경찰청 예산과 각 도·도·부·현 예산에 계상되는 도·도·부·현 경찰 예산으로 구성되어 있다. 경찰청 예산에는 국가경찰인 경찰청, 관구경찰국 등 국가기관에 필요한 경비뿐만 아니라 자치경찰인 도·도·부·현 경찰이 사용하는 경찰용 차량 및 헬리콥터의 구입비, 경찰학교 등의 증·개축비, 특정의 중요 범죄 수사비 등 도·도·부·현 자치경찰이 필요로 하는 경비와 도·도·부·현 경찰에 대한 보조금이 포함되어 있다(김형만 외, 2003: 205).

20) 일본 경찰법 제55조(직원), 제56조(직원의 인사관리).

경찰청 예산 중 국가 부담 예산은 도·도·부·현 경찰에 소요되는 경비는 국가가 100% 부담하는 국고지급 경비와 국가가 50%만 부담하는 보조금으로 구성된다. 실제로 도·도·부·현 경찰 예산의 98%는 도·도·부·현의 재원이며, 2% 정도가 국고보조금으로 충당된다(허경미, 2003a: 251). 국고지급 경비는 대체로 전국적 통괄 조정이 요구되는 교육, 감식, 통신, 장비의 구입과 유지관리, 공안 업무인 특수범죄 수사 및 경비 업무 수행에 따른 경비에 충당된다. 국고지급 경비는 보조금 등과 달리 도·도·부·현의 재원에 계상되지 않고 도·도·부·현 경찰본부에서 직접 계상·집행하므로 도·도·부·현의 예산 조정과 집행과는 관계가 없다. 보조금은 경찰법에 의거한 것으로서 국가사무 성격이 강한 사무로서 자치단체 등이 집행하는 경우에 부담한다.[21] 일본의 자치경찰은 실제로 지방에서 국가경찰사무를 처리하고 있기 때문에 국가가 이에 소요되는 비용을 부담하는 것은 당연하다 하겠다.

4) 국가경찰과의 관계

일본은 자치경찰사무의 처리는 국가 전체의 이해에 관계되고 전국적 관점에서의 조정 등이 필요하다는 특성을 고려하여 법률 등에 의하여 지휘 감독을 통한 국가의 관여 폭을 넓게 인정하고 있다. 국가경찰이 자치경찰에 관여하는 주요 사항을 정리하면 다음과 같다(행정자치부 자치경찰제실무추진단, 2006: 31-2).

가. 긴급사태 시 조치

내각총리대신은 대규모의 재해·소란 기타 긴급사태 시 치안 유지를 위하여 특히 필요하다고 인정될 때는 국가공안위원회의 권고에 따라 전국 또는 일부의 구역에 대하여 긴급사태를 포고(布告)할 수 있고, 긴급사태를 수습하기 위하여 필요한 한도에서 국가공안위원회의 관리권을 정지시켜 경찰청장관을 직접 지휘·감독할 수 있도록 하고 있다. 경찰청장관은 포고구역을 관할하는 경시총감 또는 경찰본부장에 대하

---

21) 오승은, 일본의 통합형 경찰제도에 관한 연구, 한국지방자치학회보, 제29권 제3호, 2017, p.291.
일본 경찰법 제37조(경비).경찰법 제37조에 정한 국고지원 대상경비는 다음과 같다.
1. 경시정 이상 계급의 봉급 기타급여, 지방공무원공제조합부담금 및 공무재해보상 필요경비
2. 경찰교양시설의 유지관리 및 경찰학교의 교육훈련에 필요한 경비
3. 경찰통신시설의 유지관리 기타 경찰통신에 필요한 경비

여 사태 수습에 필요한 한도에서 도·도·부·현공안위원회의 권한을 정지시켜 필요한 명령 또는 지휘를 하고, 포고 구역 이외의 도·도·부·현 경찰에 대하여 포고 구역 등에 파견을 명할 수 있도록 하고 있다.

나. 업무관리면

일본 경찰법은 도·도·부·현 경찰에 대한 국가 관여의 방법으로 개개의 사무 집행에 대한 강력한 지휘감독권을 설정하지 않고 '통달(通達: 훈령, 일반적 지침 및 지시의 성격)'에 의하여 지휘·감독하거나, 구체적 사안에 대하여 보고하게 하거나 조정·통제 권한을 부여하고 있다.

다. 인사관리면

국가공안위원회에 경시총감·도·도·부·현경찰본부장·지방경무관 임면권을 부여하고 있다.

라. 재정관리먼

국고지급금 제도 및 경찰보조금 제도 등을 통하여 간접적으로 국가의 관여를 인정하여 국가 치안 유지에 관한 책무를 담보하고 있다.

마. 규칙 제정 등

경시청·도·도·부·현 경찰본부의 내부조직, 경시(경정) 이하 경찰관의 정원 등을 정하는 조례는 정령(政令: 대통령령)으로 정한 기준에 따르도록 하고, 일상적 사항에 관해서는 기준 설정을 통하여 간접적으로 통제하고 있다.

바. 도도부현 경찰의 직무 집행에 대한 통제

공안위원회는 소속 경찰직원의 비위에 관한 감찰에 대하여 관리권의 행사로서 개별적이고 구체적인 사항까지 지시가 가능하도록 하고 있다. 경찰본부장은 징계 사유에 해당한다고 의심되는 경찰직원에 대해서는 신속하게 사실을 조사하여 공안위원회에 조사 결과를 보고하여야 한다.

6. 일본자치경찰의 특징[22)]

1) 절충형 자치경찰제

일본의 자치경찰제는 절충형 자치경찰제라고 불어도 좋을 정도로 사무, 조직, 통제 등에서 국가경찰과 자치경찰요소를 절충하여 운영하고 있다.

첫째는, 민주성과 지방자치의 이념에 기초한 자치경찰제의 기본틀을 유지하고 있다는 점이다. 모든 경찰사무는 원칙적으로 지방자치경찰조직인 도·도·부·현 경찰이 처리하고 국가경찰은 법령의 규정에 의해서만 관여를 하고 있다.

둘째는 일정범위내에서 도·도·부·현경찰에 대한 국가경찰의 지휘를 인정하고 있다는 점도 또 하나의 절충형의 모양이다. 국가차원의 공안, 전국적 이해가 걸린 사무, 기술적으로 전국적 통일을 요하는 사항에 대하여 국가경찰이 직접 관여를 하고 있으며, 도·도·부·현경찰은 자치경찰이면서 국가적 이해와 결부된 경찰사무에 대해서는 국가경찰기관의 성격을 동시에 가지고 있다.

2) 영·미식 위원회 제도

일본 경찰제도에서 특이한 조직이 공안위원회이다. 이는 영국과 미국의 위원회 제도를 참조하여 설립한 것으로 보인다. 일본경찰운영은 중앙에는 국가공안위원회를, 도·도·부·현에서는 도도부현 공안위원회를 두고 해당 경찰기관을 관리한다. 이로서 경찰에 대한 정치권력과 중앙정부의 직접적 영향력을 차단하려는 점이다.

3) 형식은 자치경찰, 실제 운영은 국가경찰

일본 자치경찰은 형식적으로는 자치경찰이다. 조직이 지방자치단체인 광역자치단체 산하에 있을 뿐만 아니라 의결기관도 지방자치단체 장과 지방의회가 공동 구성한 지역 공안위원회가 그 역할을 하고 있다. 그리고 경감이하는 지방공무원이다. 그러나 운영의 실제를 보면 전혀 다르다. 지방경찰청은 물론 경찰서장 등 간부급인 총

---

22) 지방자치발전위원회, 외국의 자치경찰제도 비교, 2016년 7월, pp.110-111.

경이상은 국가경찰관이며, 지방경찰청장과 경찰서장의 임명도 지방자치단체의 직접적 관여를 금하고 있다. 국가공안위원회와 경찰청장관이 전적으로 그 권한을 행사하고 있으며, 특히 경찰정장관이 국가경찰은 물론 자치경찰도 통솔하도록 경찰법(제6조)에 규정하고 있다. 실제 운영은 국가경찰이라는 증거이다. 이 때문에 일부 학자들은 일본경찰제도를 통합형이라고 칭하기도 한다.

4) 내가 본 일본자치경찰

[사진 2-1] 동경경시청방문
(오른쪽이 저자)

[사진 2-2] 일본 국가공안위원회 방문
(왼쪽에서 5번째 저자)

경찰개혁위원회 자치경찰분과위원회는 일본 경찰 운영체계를 보고 우리나라 자치경찰제 도입시 시사점을 찾기 위하여 방문하였다. 방문단(단장, 양영철위원장)은 2018년 2월 19일에서 2월 22일까지 3박 4일 일정이었다. 방문지는 일본 경찰청, 국가공안위원회, 경시청, 나고야 경찰관과 면담, 아이치현 경찰본부·공안위원회, 나카경찰처, 나카경찰서 미나미히사야 코반이었다. 이번은 일본의 경찰제의 전과정을 살피고자 경시청을 비롯한 국가공안위원회, 관구, 지방공안위원회, 지방경찰본부, 경찰서, 파출소까지 방문하고 관계자와의 간담회를 가졌다. 이러한 과정을 거치면서 일본 경찰제 면모를 살펴 보는데 큰 도움이 되었다. 일본 기관을 방문하기는 매우 쉽지 않다. 특히 경찰청이 더욱 그랬다. 보안에 대한 부분도 있지만 외국인이 관청을 방문한다는 그 자체를 달갑게 여기지 않은 일본 관료문화도 그 원인 중에 하나다. 또한 일본 자치경찰제를 살펴보기 위하여 일본 경찰청에 방문요청을 하는 한국의 방문단이 한 둘이 아닌 것도 그들로 하여금 방문에 대한 거부감을 키운 것 같다. 또한 일본 관료들은 매우 경직되었다고 할까. 사전에 질문을 받고, 대답해 줄 수 있는 질문만 대답을 하고 그 이외는 일체 대답을 하지 않은 경향이 이번에도 확인할 수 있었다. 2달 전에 한국 경찰청에서 일본 경시청 등 방문 경찰기관에 사전 질문지를 보냈다. 방문한 결과 그들은 그 질문지 이외는 결코 대답을 하는 일이 없었다.

여기서 다시 확인한 것은 일본의 자치경찰은 결코 자치경찰이라고 할 수 없다는 점이다. 경시청 자치경찰담당 경찰관(총경급)이 경시청에서부터 지방의 파출소까지 동행하였다. 이 담당관은 우리를 안내하려고 같이 가는 것이 아니라 질문지 대로 답을 하고 있는지, 그리고 법령을 근거로 대답을 하고 있는지에 대한 감시차원에서 동행 의미가 더 컸다. 지방경찰관들은 담당관의 눈치를 매우 민감하게 받아 드리고 어려운 질문이 나오면 그 담당 총경에게 답을 구하였다. 전형적인 중앙집권적 경찰제 도임을 확연하게 알 수 있었다.

제 3 절 | 영국의 자치경찰

1. 개 요

영국의 자치경찰 제도는 유구한 역사를 지니고 있다. 로마제국 멸망 이후 앵글로 색슨족이 몇 가구씩 모여 마을을 형성하면서 자치치안의 전통을 형성하기 시작하였다. 1066년 경, 영국은 마을 치안에 10인조 제도(frank- pledge police system)를 도입하였다. 이 제도는 20세 이상 모든 남자는 이웃의 다른 아홉 사람과 한 단위를 이루어 지역 치안에 참여할 의무를 부여받았다. 이와같이 10명을 1개 조로 구성한 조직을 10호반(tything)이라고 한다. 이들은 범인을 체포하기도 하고 법정에 호송하는 책임을 맡았지만 무료인 자원봉사다. 다시 이 10호반은 10개 조를 하나의 집단으로 하는 100호반(hundreds)이 되었으며 이 때부터 자경대장에 의하여 지휘가 이루어진다. 자경대장은 처음에는 그 마을의 귀족(nobel man)에 의하여 임명되었다. 초기에 각 조는 자신의 구역 내의 치안 상황을 자경대장에게 보고하고 지시를 받았으며, 자경대장은 이 상황을 종합하여 임명권자인 귀족에게 보고하는 체계를 유지하였다.[23)]

이 자경대장은 범죄자 추적·체포 및 마을 전체의 말과 무기 관리자 역할을 담당하는 최초의 경찰관이라는 칭호를 받고 있다. 후에 자경대장은 마을에서 선출하기도 하였다. 이렇게 영국의 경찰은 자치경찰의 출발점이라는 것을 알 수 있다. 이 후 영국의 경찰은 자치경찰을 중심으로 확대되었다. 1835년의 도시운영법(the Municipal Corporation Act)에서는 인구 2만 명 이상의 도시와 자치구(borough)에 주민의 세금 부담으로 경찰을 창설할 수 있도록 하여 자치경찰의 제도화가 시작되었다. 이 법에 의하여 1850년대에는 영국 전역에 자치경찰 조직(constabulary)이 설치되고, 정복을 입고 거리를 누비는 이들 '신경찰(new police)'의 활약으로 범죄율의 급격한 감소와 사회 안정에 대한 일등공신으로 평가받기도 하는 등 자치경찰의 황금기라고 할 수 있다(Wall, 2000: 13-25). 심지어 20세기 초까지는 국가경찰 창립에 대하여 대대적인 반발이 있을 정도로 치안의 중심은 지치경찰이었다. 그리다가 갱 문화로 인한 청소년 범죄의 급증 등 각종 범죄가 증가하고광역화되면서 국가경찰의 창설에 대한 논의가 무르익었다. 결국 1964년 경찰법이 제정되고 이 법률에 의하여 국가경찰이 창설됨과 동시에 자치경찰에 대한 국가 관여가 강화되었다. 현재 자치경찰은 지역 치안의 책임자로 여전히 자리잡고 있지만 국가 개입이 강화되었다는 점과 중앙정부, 지방정부, 지역 주민들로 구성된 거버넌스(governance)적 위원회인 지방경찰위원회가 운영 중심 주체라는 특징을 지니고 있다(경찰혁신기획단 자치경찰추진팀, 2003: 122-5).

영국의 자치경찰은 지방자치단체 소속이 아닌 별도의 독립된 기관이다.[24)] 그러나 지방자치단체로부터 강한 통제를 받으면서도(문성호, 2004: 5) 정당정치와 분리되어 정치적 중립을 제도화하고 있다는 점(손봉선, 2006: 142)이 다른 나라 자치경찰과

23) Wallace , Roverson, & Stechler(1995: 4). 이에 대한 문헌은 Reith(1956), Klockers(1985)를 참조할 것.

24) 영국 경찰법, part 1-4-(2)에서는 해당 지역 경찰위원회는 법인격(body corporate)을 갖는다고 규정하고 있다.

또 다른 점이라고 할 수 있다. 그러나 이러한 자치경찰의 모습은 여러 차례의 제도 변화를 통하여 중앙정부의 통제가 점점 강해지면서 주민우선인 전통적인 영국자치경찰의 모습이 살아지고 있었다. 자치경찰은 주민들의 안위보다 중앙정부의 지시사항에 더 많은 예산과 인원이 배정되는 중앙정부 중심의 자치경찰이라는 비판이 고조되었다. 이러한 비판은 자치경찰을 비롯한 경찰조직의 일대 개편을 가져왔다. 2011년에 제정되고 2012년 1월 1일부터 시행된 〈경찰개혁과 사회책임법(Police Reform and Social Responsibility 2011〉은 영국자치경찰을 근본적으로 바꾸어 놓았다. 즉, 자치경찰을 전통적인 영국의 모습으로 되돌려 놓았다. 주민들이 자치경찰책임자를 직접 선출하고, 중앙정부의 관여를 대폭 축소시켰다. 전국적인 범죄는 국립범죄청을 설립하여 전담하도록 했고, 지역범죄는 지역의 다양성을 살릴 수 있도록 지역치안위원장 및 지역치안위원회, 지방경찰청장에게 자율권을 부여하였다. 명실공히 자치경찰이 주민에 의하여 운영되게 된 것이다.

2. 국가경찰

1) 2012년 이전의 국가경찰

2012년 전에는 영국은 한국과 같은 독립된 경찰조직인 경찰청과 같은 조직이 없으며, 내무부가 경찰 및 범죄 관련 업무를 담당하였다. 내무부(the Home Office)의 주요 업무가 국가 법질서 관련 업무를 총괄하기 때문에 경찰 업무는 내무부에 속하게 된다.[25] 그러나 내무부는 우리나라 경찰청 이전의 치안본부 시대처럼 경찰 업무를 직접 집행하는 것이 아니라 기획과 정보 수집 및 분석, 과학 수사 지원 등 고도의 기획성 업무를 주 업무로 하고 있다. 물론 집행 업무는 자치경찰에서 전적으로 처리하고 있었다. 국가경찰의 조직도 [그림 2-5]를 보면 이를 이해할 수 있다(행정자치부 자치경찰제 실무추진단, 2006: 42-3).

---

25) 영국 경찰법 제2편(part 2)의 36조에 따르면 내무부장관은 경찰의 효율성과 효과성을 가장 증진시킬 것이라고 판단되는 방침과 범위 내에서 국가경찰과 자치경찰에 관련된 규정들을 행사할 수 있는 권한을 지닌다고 하여 내무부장관이 국가경찰은 물론이거니와 자치경찰에 대한 관여의 범위가 매우 넓다는 것을 알 수 있다.

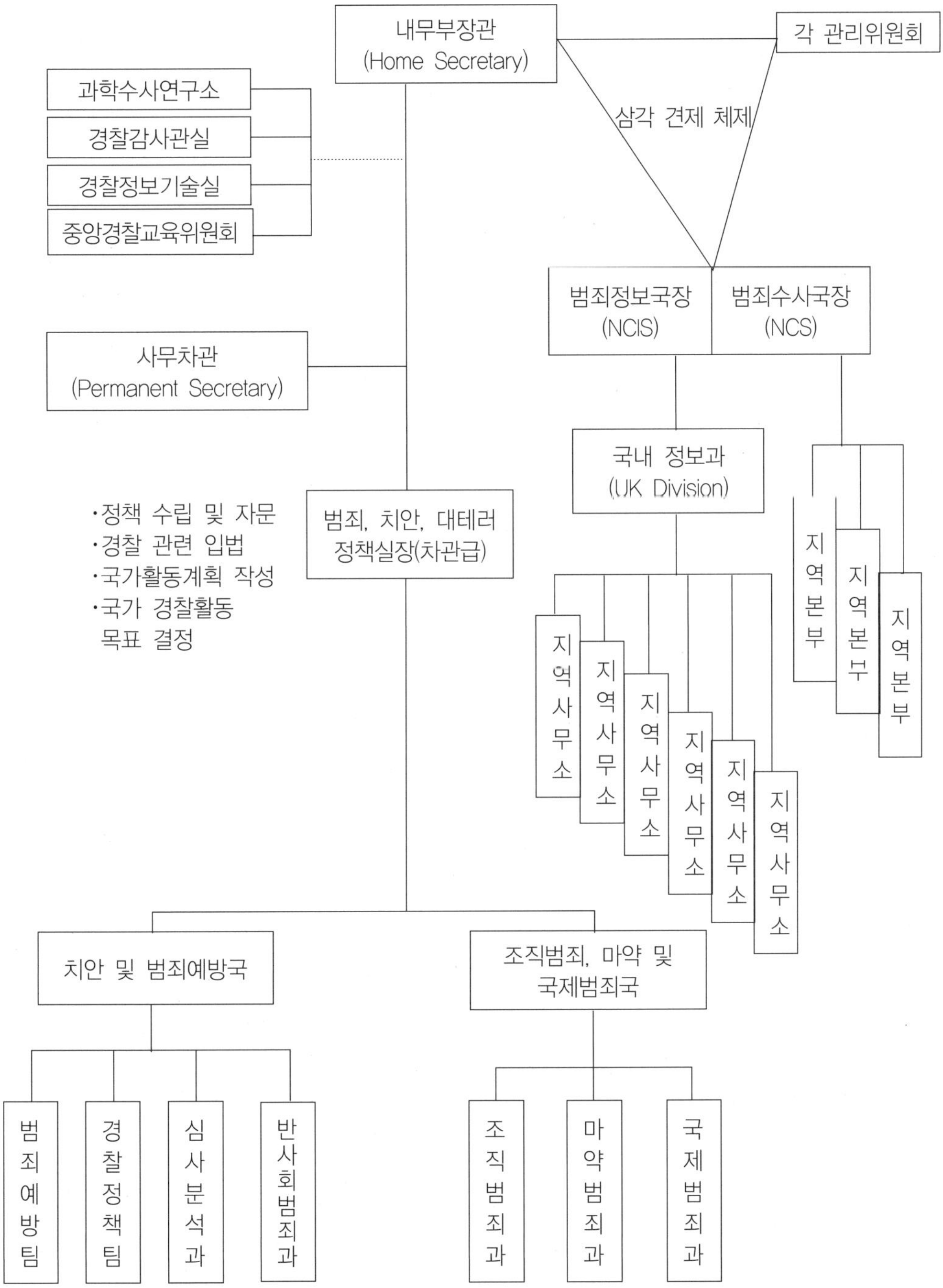

[그림 2-5] 2021년 이전 영국의 국가경찰 조직도

2) 2012년 이후의 국가경찰[26)]

그러나 앞에서 언급했던 〈경찰개혁 및 사회책임법〉이 2012년부터 시행되면서 영국의 국가경찰도 크게 변화되었다. 물론 이전에도 국가는 광역범죄와 국제적 범죄 중 강력범죄와 같은 조직범죄에 대응하기 위해 2006년 중대조직범죄청(SOCA)이 창설 되었다. 그러나 영국사회는 마약, 불법이민, 인신매매, 사이버 범죄 등은 줄어들지 않았다. 이러한 조직범죄에 대하여 국가적 차원의 대응을 통합하기 위하여, 보다 더 큰 권한과 조직을 가진 국립범죄청(National Crime Agency)을 설립하였다. 국립범죄청은 국가적 또는 국제적 조직범죄에 대응하는 기관으로 조직범죄담당, 국경담당, 경제범죄담당, 아동학대 및 온라인보호센터의 4개의 집행기관으로 구성되었다. 조직도를 보면 [그림 2-6]와 같다.

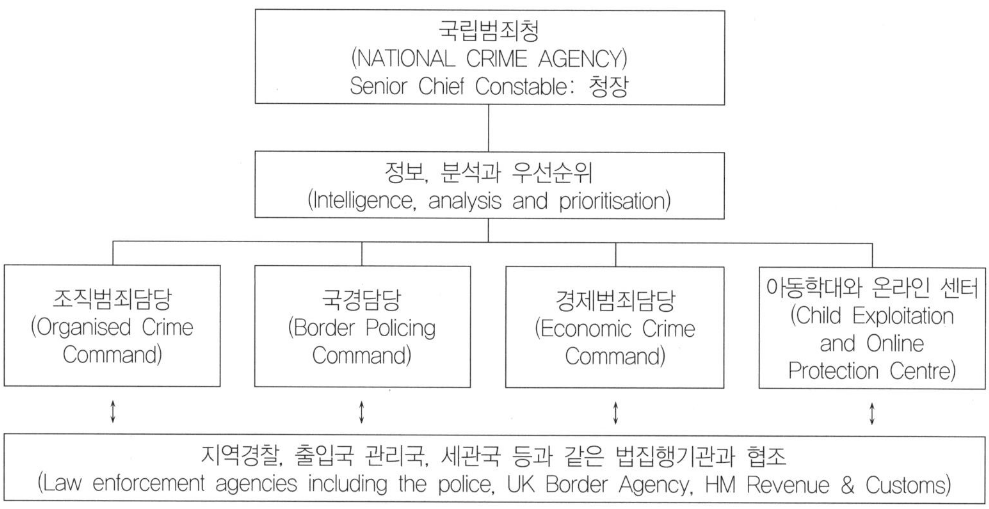

[그림 2-6] 영국 국립범죄청 조직도

자료: 지방자치발전위원회, 2014년, 7월 자료

26) 제3절의 영국의 자치경찰에서 2011년 이후의 자치경찰변화에 대해서는 다음의 논문을 많이 참조하여고 인용하였음. 김학경, 이성기, 영국지방자치경찰의 새로운 패러다임: '2011 경찰개혁 및 사회책임법'과 '국립범죄청', 경찰학연구 12(1), 2012.03, pp.147-174.
본인이 직접 방문한 자료인 지방자치발전위원회, 지방자치제도 해외 사례조사 결과보고서, 2014.2.
이외에 참고한 자료는 지방자치발전위원회, 외국의 자치경찰, 2017.7, 행정안전부 자치경찰실무추진단, 세계50개국의 경찰제도 비교, 자치경찰을 중심으로, 2009.

3. 자치경찰 조직

1) 2012년 이전 자치경찰 조직 - 3원체제

[그림 2-7]은 2012년 이전의 영국의 지방자치경찰 조직도이다.

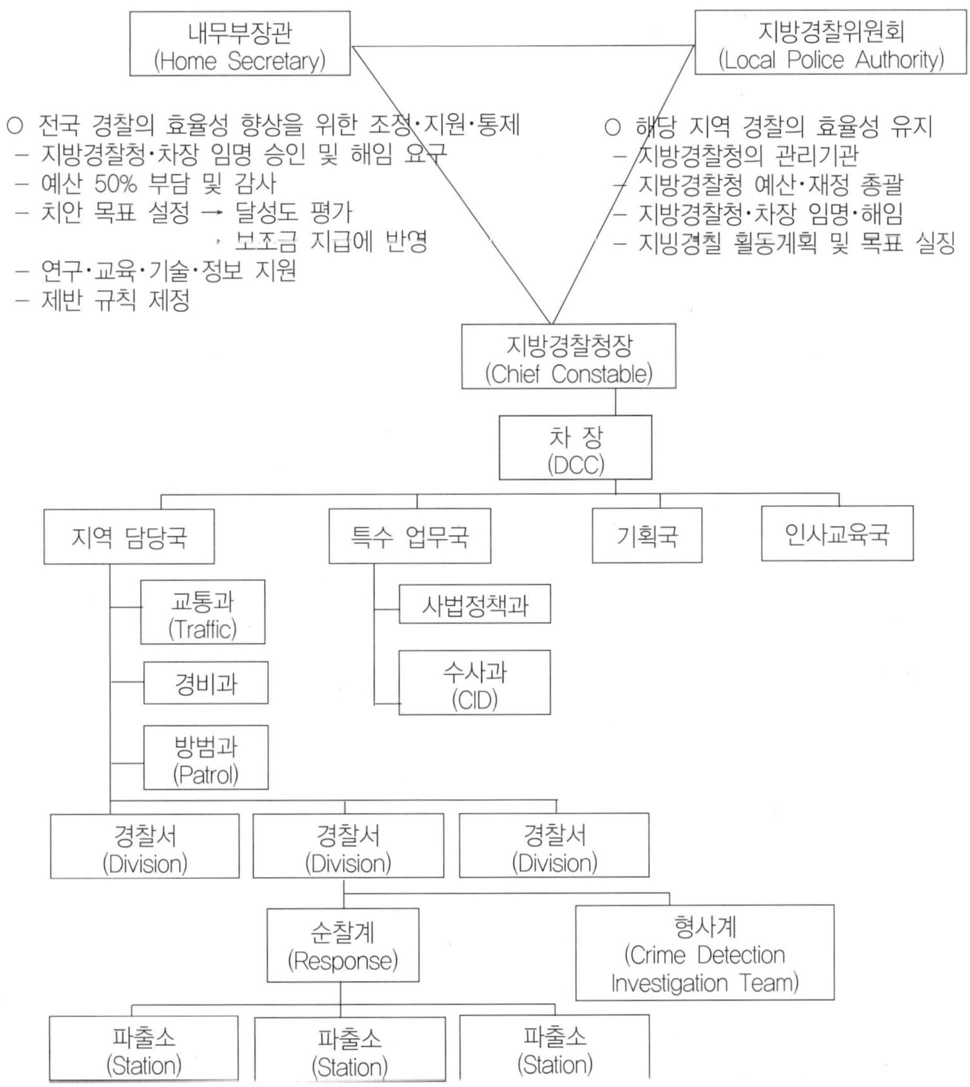

[그림 2-7] 영국의 지방자치경찰 조직도

영국의 자치경찰은 미국의 자치경찰과는 매우 다르다. 미국의 자치경찰은 자치단체가 전반적인 자치경찰에 대한 책임과 권한을 가지고 운영한다. 그러나 영국의 지방자치경찰은 내무부장관의 관여 범위가 매우 넓고 실제적이다. 내무부장관은 [그림 2-7]에서 보는 바와 같이 전국 지방자치경찰의 효율성 향상을 위한 조정·지원·통제할 수 있는 권한을 가지고 있다. 이 권한에 따라 내무부장관은 지방경찰청장과 차장의 임명승인권과 해임요구권을 가지고 있다. 그뿐만 아니라 자치경찰의 실적을 평가하여 예산에 반영하기도 한다.[27]

이러한 점에서 보면 영국의 자치경찰은 미국의 자치경찰에 비하여 자치적 요소가 적고 국가 개입 범위가 넓다고 할 수 있다. 그러나 일본의 자치경찰에 비하면 자치적 성격이 훨씬 강하다. 일본의 자치경찰은 지방경찰위원회인 지방공안위원회가 매우 형식적인 관계(관리)를 유지할 뿐 조직 운영에 대한 실질적인 권한은 거의 없다고 해도 과언이 아니다. 대신에 국가경찰이 실질적인 조직운영권을 가지고 있다. 그러나 영국의 지방경찰위원회는 구성부터 다르다. 영국의 지방경찰위원회는 지방의원이 과반수다. 영국은 기관통합형이기 때문에 지방의원들이 집행권을 가지고 있다는 점에서 영국의 지방경찰위원회는 실질적으로 지방자치단체 소속이라고 할 수 있다. 그리고 지방경찰위원회는 지방자치경찰청의 실질적인 관리기관으로서 예산·재정을 총괄할 뿐만 아니라 지방경찰청장과 차장에 대한 임명권과 해임권을 가지고 있다.[28] 결론적으로 말해 영국의 자치경찰은 지방자치단체 소속이면서 영국의 경찰 업무를 실질적으로 담당하는 중추 조직이지만 국가의 강한 일부 통제를 받는 조직이라고 할 수 있다.

2) 2012년 이후의 자치경찰 조직 – 4원 체제

2012년에 영국자치경찰의 현황을 보면 52개 지방경찰청이 독립된 광역단위 자치

---

27) 영국 경찰법 제2편 36A조에 의하면 내무부장관은 국가경찰뿐만 아니라 자치경찰에게도 경찰활동계획, 성과지표, 교육훈련, 고충처리 등 전반적인 분야에서 관리와 감독(supervision and direction)을 하도록 하고 있다.

28) 영국 경찰법 제1편 11조에 따르면 지방경찰청장은 지방경찰위원회가 임명하나 내무부 장관의 승인을 받아야 하는 등 내무부장관은 지방경찰청장은 물론 차장까지 임면의 승인권과 면직요구권을 행사하도록 하고 있다.

경찰을 운영하고 있으며 우리의 경찰청과 같은 조직이 없이 내무부가 경찰 및 범죄 업무 담당하고 있다. 지방경찰청의 수를 보면 잉글랜드 및 웨일즈 43개(수도경찰청, 런던시경찰청 포함), 스코틀랜드 8개, 북아일랜드 1개 등이다. 2011년에 제정된 경찰개혁 및 사회책임법에 의하여 지방경찰청 관리는 내무부장관·지역치안위원장·지역치안평의회·지방경찰청장의 4원 책임체제로 운영되고 있다. [그림 2-8]이 영국경찰의 현재 조직도인 4원 체제이다.

자자는 2014년에 대통령소속 지방자치발전위원회 자치경찰특위 위원장을 맡고 있었던 때에 유럽의 자치경찰을 보기 위하여 네덜란, 벨기엘, 영국 등을 방문했다. 방문했던 런던인 경우에는 선출직인 런던시장이 지역치안위원장을 맡고 있었다. 이 당시 런던시는 강시장·약의회 제도를 도입하고 있었다. 시장실이 있는 7층에는 12개의 정책보좌관실이 있는데 이 중에 하나가 '치안정책실(Mayor's Office of Policing and Crime)이었다. 사진은 이 방문했던 날에 치안정책실 책임자와 회의를 갖고 영국과 런던의 경찰조직과 운영을 심층있게 보았다.

2012년부터 시행되고 있는 자치경찰제도는 주요 내용을 보면 다음과 같다

지방경찰청장은 주민으로부터 직선에 의해서 선출된 지역치안위원장이 내무부장관의 승인을 얻어 임명된다. 다만 런던광역시 경찰청장은 런던시장, 내무부 장관의 요청으로 국왕이 임명하여 차별화되고 있다. 지역치안평의회는 지방경찰청장 임명에 대해 거부권 행사가 가능하다. 지방경찰청장은 경찰 지휘, 내무부 장관은 국가적 범죄대응과 관련 지역경찰에 대한 임무 부여 등이 기본 기능이다. 일반적인 경찰사무는 원칙적으로 자치경찰이 담당하고 있다. 자치경찰 경비는 중앙정부가 85% 예산부담, 15%는 지방세로 징수[29]하고 있다.

이 회의에서 책임자는 런던시의 최근 집행부 강화 위주의 개혁 내용도 상세하게 설명하여 주었다.

29) 지방자치발전위원회, 지방자치제도 해외사례조사결과보고서, 2014.2. pp.27-30 저자가 런던시를 직접 방문하여 런던시장 정책실장을 만나서 런던시 지치경찰 운영현황을 듣고 도론하였음. 저자는 당시 대통령 소속 지방자치발전위원호 위원 및 자치경찰분과위원회 위원장이었음. 위 사진이 그 당시 방문했던 사진임

[사진 2-3] 런던광역시 치안정책실 방문

(영국 런던광역시 치안정책실장(오른쪽 4번째)와 회의전 기념촬영, 오른쪽 3번째가 저자)

[사진 2-4] 런던광역시 치안정책실 방문

(사진, 영국 런던광역시 치안정책실장(중간)회의 장면, 실장 왼쪽이 저자)

현재 영국에서 운영되고 있는 4원체제는 다음 [그림 2-8]과 같다.

지역치안평의회
(지역치안위원장 견제)
- 관할구역 내 각 지자체에서 파견된 1인의 선출직 대표 및 2명의 독립위원 포함 최대 20명으로 구성
- 지역경찰의 예산지출에 대한 감사
- 지방세, 예산안, 지방경찰청장 임명에 대한 거부권
- 지역치안위원장에 대한 정보 및 출석요구권
- 조사의뢰 및 주민소환투표 실시

↔

지역치안위원장
(지역치안의 대표자)
- 지역주민의 선거에 의하여 선출
- 지방경찰청장 및 차장의 임명 및 해임권
- 예산 및 재정 총괄권
- 지역치안계획 수립 (전략적 경찰활동 요구조건 참조 필수)

↔

내무부 장관
(국가적인 조직범죄 대응 조율)
- 예산 50% 부담 및 이에 따른 감사
- 전략적 경찰활동 요구조건 작성 및 배포
- 국가적인 범죄대응과 관련 지역경찰에 대한 임무 부여 및 조정 (전략적 경찰활동 요구조건 및 국립범죄청을 통하여)
- 국립범죄청장 임명 (지방경찰청장 중에서)

↕

지방경찰청장
(지역경찰의 독자적 운용)
- 지역경찰에 대한 독립적인 지휘 및 통제권
- 차장이외의 모든 경찰관 인사권
- 일상적인 예산운용권

[그림 2-8] 영국경찰의 4원체제(Quadripartite System

자료: 김학경, 이성기 위 논문, p. 164.

이에 대한 설명을 하면 다음과 같다.30)

가. 지역치안위원장(Police and Crime Commissioner)

경찰개혁 및 사회책임법에서 가장 상징적인 조직이 지역치안위원장이라고 할 수 있다. 지역치안위원장은 이전 3원 체제일 때의 경찰위원회의 기능을 비롯한 자치경찰조직 전반을 결정하는 역할을 한다. 특히, 지역치안위원장은 주민들이 직접 선출하는 4년 임기의 정무직 공무원이다. 지역치안의 자율성 보장을 위해 내부무장관의

30) 김학경, 이성기, 영국지방자치경찰의 새로운 패러다임, 경찰학연구, 제12권 제1호, 2012, pp.159-164.

권한을 축소하고 지역치안에 대한 권한을 선거로 선출되는 지역치안위원장에 대폭 이양 했다. 우리가 방문했던 런던광역시만 영국에서는 유일하게 시장이 지역치안위원장 겸직하고 런던의회가 지역치안평의회 역할하고 있었다.

지역치안위원장은 지역의 자치경찰에 대한 목표와 전략을 수립하고, 예산과 재정을 총괄하며, 지방경찰청장의 임명과 해임의 권한까지 행사한다. 때문에 지역치안위원장은 과거처럼 중앙정부에 의한 통제가 아니라 주민에 의한 민주적 통제를 받기 때문에 전통적인 영국 자치경찰제로 돌아왔다고 할 수 있다.

나. 지역치안평의회(Police and Crime Panel)

지역치안평의회는 자치경찰조직에서 가장 강력한 권한과 책임을 지고 있는 지역치안위원장에 대한 일종의 감시기구라고 할 수 있다. 이렇게 감시기구를 두는 이유는 자치경찰사무가 국가치안사무도 포함하고 있으며, 자치경찰의 예산 중에 85%가 국가보조금이기 때문이다. 지역치안평의회는 광역자치단체 내의 자치단체들이 각 1명씩 보낸 대표와 2명의 독립위원으로 구성된다. 총 인원은 10명이상 되어야 하며 자치단체 수가 부족할 때는 각 지방자치단체가 협의하여 충원한다. 지역치안평의회도 구성이 지역대표들로 구성되었기 때문에 이들에게 부여된 권한도 만만치 않다. 지역치안평의회는 앞에서 언급한 예산에 대한 권한 이외에 지역치안위원장을 주민소환에 안건에 부의할 수 있으며, 지역치안원장이 임명하는 지방경찰청장 임명과 일부 예산안에 대한 거부권을 행사도 할 수 있다.

그러나 지역치안평의회가 이러한 큰 권한에도 불구하고 지역주민들이 직접 선출한 지역치안위원장의 권한 행사에 대한 견제는 쉽게 이루어지지 못하게 하고 있다. 예를 들면, 예산안이나 지방경찰청장 임명에 대한 거부권 행사는 위원 3분의 2가 찬성하도록 하고 있다. 런던 광역시의 경우는 지역치안평의회를 아예 런던광역시 의회가 하고 있는 점도 특이한 경우다.

다. 내무부 장관

내무부 장관이 자치경찰에 대한 권한은 2012년 전후가 매우 다르다. 내무부 장관은 3원체제에서는 자치경찰에 대한 가장 큰 권한과 책임을 가지고 있었다고 할 수 있다. 내무부 장관은 지방경찰청장과 차장의 임명 승인권 뿐만 아니라 해임요구를 할 수 있었다. 또한 전국의 치안계획을 수립하여 각 지방경찰청이 이를 따르도록 하였고, 치안목표를 설정하여 이를 평가하였다. 내무부 장관은 자치경찰에 대한 제반 규정도 제정하였다. 2002년에 제정된 경찰개혁법은 내무부 장관이 지방경찰위원회에 직접적인 통제를 강화할 수 있도록 하여 자치경찰의 중앙집권화를 기하였다. 지방경찰청의 의결기관인 지방경찰위원회가 내무부 장관의 명령과 요구를 거절 할 수 없는 것은 내무부가 자치경찰예산의 최소한 50%이상을 부담하기 때문이다. 즉, 내무부 장관은 지역의 성과에 따라서 보조금을 결정하기 때문이다. 이렇게 내무부 장관이 행사하는 권한이 매우 클 뿐만 아니라 자치경찰의 중앙집권화로 인하여 지역 치안이 더욱 악화되었다는 평가가 여러 곳에서 나왔다. 특히, 2010년 5월에 출범한 보수당과 자유민주당의 연합정권은 기존 노동당이 자치경찰을 과도하게 중앙집권화시켰다는 평가를 하였다. 그래서 연합정권은 경찰개혁의 출발점으로서 집권하자 마다 2개월 후에 '21세기 경찰활동 : 경찰과 지역주민의 연결(Policing in the 21st Century : Recommecting police and the people)'이라는 백서를 발간하였다.

이 백서는 현재 영국경찰이 직면하고 있는 문제를 다음과 같이 제시하고 있다.

① **국민이 아닌 중앙정부에 책임을 지고 있는 영국경찰:** 자치경찰은 지역사회의 관심사가 아닌 중앙정부가 제시한 성과지표와 목표 달성에 집중해 있을 뿐만 아니라, 지역주민들이 지역치안에 대한 요구를 경찰에 직접적으로 전달할 수 있는 통로가 없다.

② **전문가적인 권한을 상실한 영국경찰:** 영국정부는 자치경찰에 대한 각 100페이지 이상되는 지침서와 메뉴얼만 52개 이상 작성하여 이를 실행하도록 자치경찰에 하달하였다. 자치경찰관들은 범죄와 싸우는 투사(crime fighter)의 역할은 살아지고 서식작성자(form writer)에 충실하는 일반 행정관료로 전락시켜다.

③ **가시성과 가용성이 저하된 영국경찰:** 영국경찰의 상징인 정복입은 경찰관이 도보와 자전거 순찰을 통한 가시성과 가용성을 드러내는 상징이었다. 그러나 이 보고서에 따르면 시민의 요구에 즉각 응답할 수 있는 현장 경찰관은 전체 경찰관의 11%에 불과하다고 혹평을 하고 있다.

④ **예산사용의 비효율성:** 2000년 이후 경찰 예산은 24%가 증가한 약 130억 파운드(한화 약 23조원)으로 큰 규모이나 예산사용은 투입이나 경찰관 수에 초점을 맞

추었지 결과물(output)에는 큰 관심을 두지 않으므로서 경찰예산의 비효율성을 초래하였다.

이러한 평가는 결국 내무부 장관의 책임과 권한이 과다하기 때문이라는 결론을 내렸고 내무부 장관의 권한을 대폭 축소하였다. 내무부 장관은 보조금 감사이외에 국가범죄에 대한 대응에서 전국적 조율권을 행사하되 이것도 국립범죄청을 통하여 하도록 규정하여 내무부 장관의 직접적 관여를 제거하였다.

라. 지방경찰청장

일선 법 집행 책임자인 지방경찰청장은 지역치안위원장에 의하여 임명된다. 지방경찰청장은 임명받은 후에는 상당한 자율권을 가지고 지역경찰을 지휘하고 통제함에 있어서 지역치안계획 뿐만 아니라 전략적 경찰활동 요구사항 둘다 참조할 의무가 있다. 지방경찰청장은 차장을 제외한 전 직원에 대한 인사권을 가지며 예산에 대한 집행권도 가지고 있기 때문에 지방경찰청장의 자율권은 매우 넓다고 할 수 있다.

제 4 절 | 스페인의 자치경찰

1. 개 요

스페인은 입헌군주 국가이면서 내각제를 채택하고 있는 나라다. 지방자치단체는 주정부와 도정부, 시정부 등 3계층이 있다. 이 중에 실질적인 지방자치단체는 주정부와 시정부다. 도정부는 특정한 국가 업무를 수행하는 특별지방행정기관 형식으로서 도지사는 중앙정부가 임명한다. 스페인은 오랫동안 민족 간 갈등이 지속되고 있는 다민족 국가이기도 하다. 특히, 바로셀로나를 중심으로 하는 카탈루냐, 바스크, 나바라 지역 등의 민족은 아직도 스페인 민족에 동화되기를 끈질기게 거부하고 있다. 이러한 영향은 자치경찰에도 큰 영향을 미친다. 스페인 역사에서 카탈루냐 지방이 1690년 처음으로 전문직 경찰 인력을 채용하여 치안 업무를 시작하였다. 이것이 자치경찰 역사의 출발이다(안영훈, 2005: 80). 또한 스페인은 자주 내전과 외침을 받았으며, 이슬람에 의하여 수백 년 동안 통치를 받았던 기억도 있는 나라다. 이렇게 내·외란을 오랫동안 겪다 보니 경찰과 군인을 뚜렷하게 구분할 수 없었다. 그래서 군인경찰이라는 특이한 제도가 있다. 유럽에서 군인경찰은 이태리와 프랑스에도 있다. 이들 국가도 스페인과 마찬가지로 내·외란을 많이 겪은 나라들이라는 공통된 특징을 지니고 있다. 군인경찰은 왕의 경찰이다. 왕이 전국을 통치한다는 과시와 함께 오지의 내·외란을 막기 위하여 군인경찰을 창설한 것이다.[31] 스페인의 경찰 종류와 관할 지역·역할을 정리하면 다음 〈표 2-1〉과 같다.

〈표 2-1〉 스페인 경찰의 국가사무

구 분	주 경 찰	국가 경찰	
		국립 경찰	군인 경찰
관할	도시지역	도시지역	인구 2민이하 지역 및 해양
사 무	- 법률수호 및 요인경호 - 위험상태에 있는 개인의 구조·보호 및 재산보존 - 공공건물 및 시설물의 경계와 보호 - 용의자 발견과 검거를 위한 범죄쑤사 및 범죄도구와 증거 등의 확보 등 - 공공안전과 질서유지를 위한 자료 확보, 수집·분석 - 범죄예방 대책 수립·시행 - 중대한 위협이나 전재지변 발생시 시민보호기관의 협조 등	- 신분증과 여권이 발급 - 내·외국인의 출·입국 관리 - 거류 외국인, 법인 인도·추방, 이민자에 대한 조사 - 사행위 감독 - 약물과 관련된 범죄 조사 - 국제경찰공조 - 사설 경비 단체의 구성원, 장구·활동상황의 통제	- 범죄예방 및 수사 - 요인 보호 - 공공건물·시설물 보호 - 무기, 폭약 관련 법 준수 - 세관업무, 밀수 방지 및 수사 - 도시간 공용도로 대중교통 관리 - 육로, 해안가, 국경, 항구, 공항, 주요 공ㅇ공시설 등 보호 - 자연자원, 환경 및 수자원 보호 - 도시간 범죄자 수송 등

자료: 경찰청, 내부자료, 2017

위 스페인의 자치경찰 특징은 다음과 같다.

첫째, 자치경찰은 국가경찰과 병행해서 실시하고 있다.

스페인은 1986년의 경찰조직법(Ley Organica De Fuerzas Y Cuerpos Del Estado De La Seguriadad) 제정을 통하여 경찰조직을 중앙정부 소속 경찰(국가경찰), 지방광역자치단체 소속 경찰(주 자치경찰), 기초자치단체 소속 경찰(기초자치경찰) 등 세

31) 저자가 현지 방문(2004. 5) 시 자치경찰 책임자와의 면담 내용 참조.

가지로 구분하였다(한국형사정책연구원, 2005: 210, 경찰청,2017:23).

[그림 2-9]에서 보는 바와 같이 국가경찰은 내부부장관 산하에 있으며, 국립경찰과 군인경찰로 나뉜다(정부혁신지방분권위원회, 경찰청 경찰혁신위원회, 204: 144). 국립경찰은 2만 명 이상의 도시에 설치되어 있고, 군인경찰은 2만 명 이하의 지역에 설치되어 있다. 소인구 중심의 도시가 훨씬 많기 때문에 국립경찰보다 군인경찰관의 수가 많을 수밖에 없다.

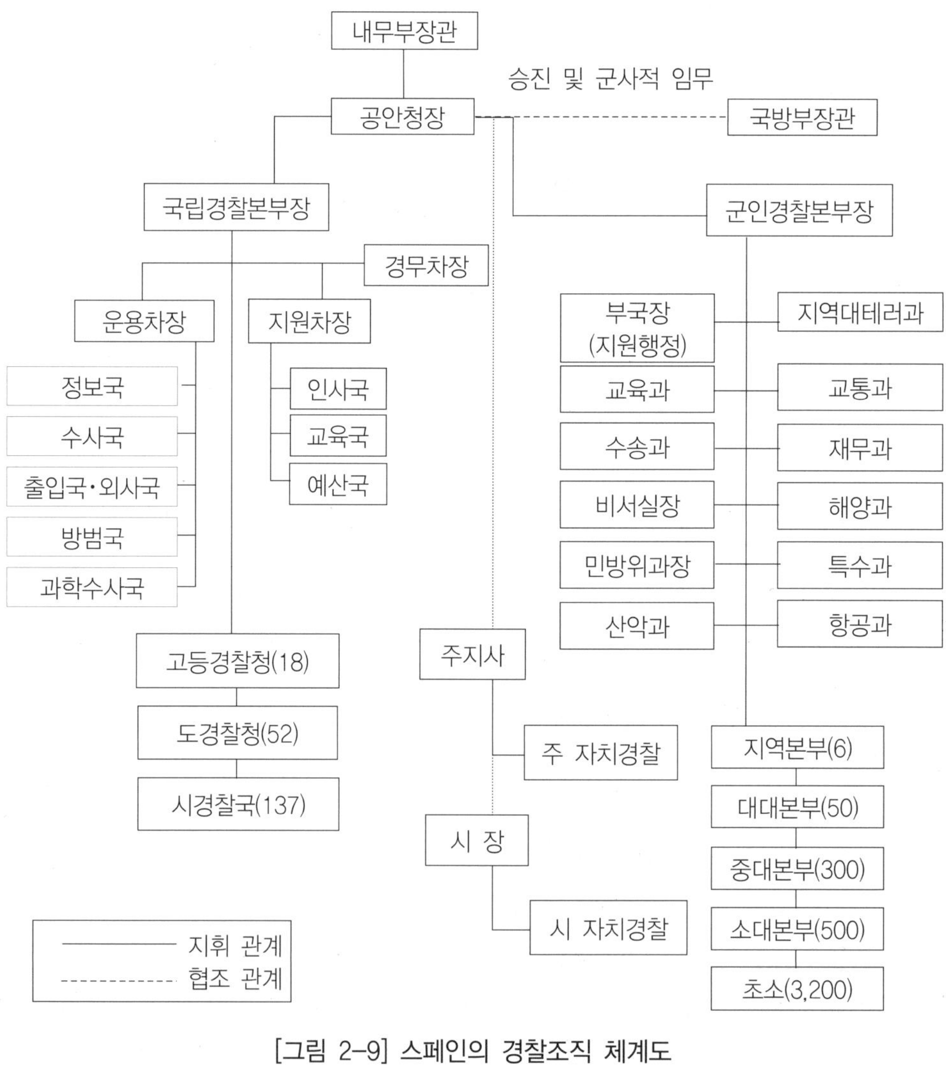

[그림 2-9] 스페인의 경찰조직 체계도

둘째, 자치경찰의 실시는 선택제다.

스페인 경찰 운영의 큰 특징은 선택제라는 점이다. 스페인은 총 17개 주로 구성되었지만 이 중 까딸루나, 바스크, 나바라 세 개 주만이 광역자치단체 수준에서 자치경찰을 도입하고 있다. 이 세 곳 모두가 소수 민족으로 이루어진 주다. 기초자치단체인 시도 마찬가지다. 스페인에는 기초자치단체가 약 8,100개 정도가 있는데 자치경찰이 실시되는 곳은 약 5,500개 정도다. 자치경찰이 실시되지 않는 곳은 국립경찰이나 군인경찰이 자치경찰의 역할을 대행하고 있다

셋째, 실시 단위는 주정부와 기초자치단체에서 실시하고 있다.

스페인의 자치경찰 도입 단위는 광역과 기초자치단체 둘 다다. 광역자치단체는 17개 중 네 곳이었다가 최근에 발렌시아(Valencia) 주 경찰이 폐지되어 지금은 세 개 주에서만 실시되고 있다. 기초자치단체는 약 5,500개 도시에서 실시하고 있다. 여기서 주목하여야 할 점은 기초자치단체는 소속 광역자치단체의 자치경찰 실시 여부에 상관없이 자치경찰을 실시하고 있다는 점이다. 따라서 스페인의 자치경찰은 철저하게 해당 자치단체의 책임 하에 실시하고 있음을 알 수 있다. 엄밀한 의미에서 스페인 자치경찰의 중심 도입 단위는 기초자치단체다(안영훈, 2005: 98). 주정부는 국가경찰 사무의 일부를 이관받아 처리하는 등 국가적 사무가 주를 이루고 있으나 기초자치단체의 자치경찰사무는 자치행정과 관련이 깊은 사무를 처리하고 있기 때문이다.

2. 국가경찰

기술한 바와 같이 스페인은 두 개의 국가경찰을 운영하고 있다. 내무부장관 소속 하에 국립경찰본부와 군인경찰본부를 운용하고 있는 것이다. 국립경찰은 경찰청에 11개 국(局)을 두고, 지방조직으로 광역지방경찰청, 도(道)지방경찰청, 경찰서로 구성한다. 각급의 경찰청장은 우리나라와는 달리 민간인으로 임명하고 있다. 군인경찰은 관구사령부와 지역대로 구성되어 있고, 인구 2만 이하의 소도시나 농촌에 주로 배치되어 있다. 현재 인력 규모는 국립경찰이 약 46,000명, 군인경찰이 72,500명으로 군인경찰의 수가 많다.

국가경찰의 조직 편제를 보면,[32] 민간 성격의 무장기관으로 내무장관 소속의 국

립경찰(Cuerpo de Policía Nacional)과 군사적 성격의 무장기관으로 평소에는 내무장관의 지휘 하에 치안 업무를 담당하나, 전시와 계엄 하에서는 국방장관의 지휘를 받는 군인경찰(Guardia Civil)로 구성된다. 결국 국가경찰 조직은 내무장관 책임 하에 공안청장의 지휘를 받는 국립경찰본부, 군인경찰본부, 치안행정국[33]으로 구성된다. 이들에 대하여 약술하면 다음과 같다.

1) 국립경찰본부[34]

국립경찰본부(Dirección General De Policía)에는 고등경찰청과, 도 경찰청, 시 경찰국, 지국 경찰국이 있다. 이들의 역할은 다음과 같다.

고등경찰청(Jefatura Superior De Policía)은 17개 주(州)의 수도에 위치하며 해당 주에 속하는 도 경찰청의 업무를 관장한다. 하부기관은 감사관실, 경무관리관실, 보좌관실으로 구성된다. 도(道)경찰청(Comisaría Provincial)은 주의 수도가 위치한 도를 제외한 지역의 도청 소재지에 위치하며, 예하 경찰국·서를 감독한다. 도 경찰청에 대해서는 도지사의 관리 하에 있는 경찰청장이 직접적인 지휘권을 갖는다. 도 경찰청은 관할의 규모에 따라 두 개의 그룹으로 나뉘고 있다.[35]

시 경찰국에는 대도시 경찰국과 중소도시 경찰국으로 구분된다. 대도시 경찰국(Comisaría De Distrito)은 대도시에 위치하며 도 경찰청의 지시를 받아 국립경찰의 최일선 하부기관인 지구경찰서의 업무를 지휘·감독한다. 중소도시 경찰국(Comisaría Zonal)은 도지사와 도경찰청장 예하에 속하여 경찰국장이 직접적인 지휘권을 행사하며, 규모에 따라 두 개의 그룹으로 구분된다.[36]

---

32) 스페인 내무부 직제에 관한 왕령(Real Decreto 765/1996, De Mayo, De Estructura Básica)에 의하여 규정.

33) 1997년 3월 7일 왕령 제341호에 의하여 창설되었으며, 2004년 내무부 조직 개편으로 폐지된 것으로 사료된다. 추가 연구가 필요하다.

34) 국가경찰의 사무를 처리하는 기관이지만, 자체의 경찰을 보유하고 있는 광역 단위 자치경찰(주경찰)과 구분하기 위하여 위의 용어로 번역한다.

35) A그룹은 감사실(Inspeccíon Provicial De Servicios), 경무관리실(Secretario General), 정보과장(Brigada Provincial De Información), 사경과장(Brigada Provincial De Policía Judicial, 사법경찰과장), 보안과장(Brigada Provincial De Deguridad Ciudadana, 시민안전과장), 외사 및 문서행정과장(Brigada Provincial De Extranjería Y Documentación), 과학경찰과장(Brigada Provincial De Policía Científica)의 직제로 구성되어 있으며, B그룹은 실무과장(Brigada Operativa)과 경무관리과장의 직제로 구성되어 있다.

일선 경찰조직으로는 지구경찰서가 있다. 대도시를 행정상 편의를 위하여 여러 구역으로 구분해 단위 구역의 치안활동을 수행하는 국립경찰의 최일선 하부기관을 말한다. 지구경찰서는 대민 봉사, 범죄 예방, 고발 접수·처리, 문서 처리, 위임된 범죄사건을 수사한다. 조직은 상황실, 방범과, 수사과, 민원실로 구성되며, 13개 대도시에 설치되어 있다.[37] 지구경찰서 조직 중에는 내외국인의 출입국 통제와 공항 내부의 안전 업무를 담당하는 출입국 분실(Puesto Fronterizo)이 있다.

2) 군인경찰본부

군인경찰본부(Dirección General De La Guardia Cívil) 산하에는 관구사령부와 지역대가 있다. 이들의 역할을 보면 다음과 같다. 관구사령부(Comandancia)는 통상 도(道)의 행정구역과 일치하나, 예외적으로 1개 도에 2개 사령부가 설치된 경우도 있다. 참모회의(Plana Mayor), 중대본부(Companías), 병참부(Servicios), 정보본부(Jefatura de Información) 등의 경찰 업무 처리기관으로 구성된다. 대민 접촉기관으로 총포통제부(Intervenció de Arma)가 폭발물과 무기의 통제 및 관리를 담당하고 있다. 지역대(Puesto)는 군인경찰국의 기본 단위로 하나 또는 여러 시에 걸쳐 설치되어 있다. 민원실을 두고 범죄 피의 사실의 신고 접수와 지역 주민의 협력을 얻고 있으며, 특공대 임무도 수행한다(정부혁신지방분권위원회·경찰청 경찰혁신위원회, 2004: 146-8).

3) 치안행정국

치안행정국(Dirección General de la Administración de la Seguridad)은 행정조직으로서 국가경찰 조직에 공통된 지원 업무를 담당하고 국가경찰의 근무 방법상의 난점들을 행정 절차를 통하여 보완하는 역할을 수행한다.[38]

지휘는 두 국가경찰 조직은 내무부장관이 최고 지휘권을 가지고 공안청장(Secretaría

36) A그룹 경찰서는 감사과, 경무과, 정보과, 사법경찰과, 외사 및 문서행정과, 과학경찰과로 구성되며, B그룹은 실무과장과 경무과장으로 구성된다.

37) Madrid, Barcelona, Valencia, Granada, Zaragoza, Valladolid, La Coruña, La Palmas, De Gran Canaria, Palma De Mallorca, Badajoz, Alicante, Córdoba의 13개 대도시에 설치되어 있다.

38) 집행조직(국립경찰, 군인경찰)의 임무 수행을 위한 순수한 일반 지원부서라 할 수 있다.

de Estado de Seguridad)이 직접 지휘권을 행사한다. 지방조직은 국가에서 임명한 도지사가 당해 도(Provincia)에 속한 국가경찰의 지방조직을 직접 지휘한다. 두 국가경찰 간 권한 배분 현황은 다음과 같다.

국립경찰은 도(Provincia)의 도청 소재지와 시(Municipio) 가운데 정부가 정하는 인구 2만 이상 도시지역[39]을 담당하고, 군인경찰은 그 이외의 지역과 영해(Mar Territorial)를 담당한다. 국립경찰은 전국적인 치안 문제와 관련된 자료 조정 및 범죄 수사 기능을 수행한다. 군인경찰은 고유 권한의 행사를 위하여 필요한 경우에 한해 전국 지역에서의 수사 기능을 행사한다. 한 조직이 관할구역을 벗어나 상대 관할구역에서 활동하는 경우는 해당 조직에 통보하여야 한다. 사법 당국의 명령이나 검찰부장관의 명에 의하여 또는 예외적으로 관할지역 외에서 활동하는 경우에는 즉시 도지사와 해당 지역 책임자에게 통보하여야 한다. 양 조직 사이에 권한의 충돌이 있는 경우 먼저 업무에 착수한 기관에 우선권이 있으며, 내무부장관이나 도지사의 조정을 통하여 해결하도록 하고 있다. 내무부장관은 양 기관 중 하나가 일정한 지역에서 모든 또는 일부 권한을 독점적으로 행사하도록 명할 권한을 보유하고 있다(정부혁신지방분권위원회·경찰청 경찰혁신위원회, 2004: 30).

3. 자치경찰 조직

스페인 헌법은 17개 광역자치단체와 행정의 기초 단위인 시(Municipio)에 자체적으로 경찰력을 보유할 수 있는 권한을 명시하고 있다.[40] 스페인 자치경찰은 기술한 바와 같이 광역자치경찰인 주경찰과 기초자치경찰이 있다. 주경찰(광역 단위 자치경찰) 창설의 권한은 해당 주에 위임하고 있으나, 강제성을 부여하지는 않는다.[41] 단,

---

39) 1977년 6월 2일 왕령(Real Decreto)으로 2만 이상의 시(Municipio)를 담당하도록 규정되었다.

40) 스페인 헌법 제149조 제1항 29호에서 '공공의 안전'을 국가의 배타적 권한으로 규정하면서 국회가 정하는 법률(Organic Law; Ley Organica)의 테두리 안에서 각 자치단체(Autonomous Communities)는 경찰력을 창설할 수 있다고 규정하고 있다. 또한 헌법 제148조 제1항 22호에서는 각 자치단체는 자치단체의 건물과 시설물의 보호와 경계, 국회가 정하는 법률 범위 내에서 자치경찰(local police)의 조정 및 기타 권한을 가진다고 규정되어 있다.

41) 스페인 헌법 제148조 제1항 22절 참고. "자치주의 건물과 시설물의 보호와 경계, 국회가 정하는 법률 내에서 기초 자치단체 경찰의 조정과 그 밖의 권한"을 인정하고 있어, 각 주가 시경찰에 대한 일련의 권한을 가질 수 있도록 규정하고 있다.

사전에 법률로 국회의 승인을 받도록 규정하고 있다. 현재 총 17개 주 가운데 7개 주의 자치규약[42]에 주 경찰의 창설이 규정되어 있으며, 그 중 3개 주[43]만이 자체 경찰력을 보유하고 있다.[44] 현재 주 경찰 인원을 보면, 바스크 주 자치경찰 7,500명, 카탈루냐 주 자치경찰 6,200명(증원 중이라고 하였음), 나바라 주 자치경찰 600명 정도다(정부혁신지방분권위원회, 경찰청 경찰혁신위원회, 2004: 30).

스페인의 기초자치경찰 설치는 헌법 규정에 이어서 지방자치기본법 및 각 지방자치단체의 법률과 시의 조례규약 등에 근거하여 창설·운영한다. 특히, 1986년 4월 18일 국회시행령(지방자치 관련법)에서 주민 5천 명 이상의 기초자치정부는 자치경찰(Policia Municipal)을 조직할 수 있다고 규정하였고, 자치경찰 조직이 없는 자치정부에 대해서는 지방공무원이 자치경찰 기능을 수행할 수 있다는 점도 명기하고 있다(안영훈, 2007: 72).

1) 기초자치단체의 경찰

기초자치단체 자치경찰은 시장과 시의회의 지휘를 받는다. 자치경찰은 시장 지휘하의 시민적 무장조직으로 계급적 구조와 조직을 가지고 있으며, 시장이 임명하는 본부장(Jefatura)이 직접 지휘를 한다. 복장은 지역조정위원회의 사전보고서를 토대로 주 당국이 정하는 동종화 표준에 의하여 만든 '복장규정'에 따라 동일한 복장을 착용하도록 하고 있다.[45] 검은 제복과 흰 셔츠를 착용하는 국가경찰과는 달리 기초자치경찰은 청색과 흰색의 제복을 착용한다.

광역 자치경찰은 무기를 소지할 수 있으나, 모든 경우 중앙정부의 소지허가를 받아야 한다.[46] 기초자치경찰의 장은 무기 사용에 대한 자격 요건을 충족하는 자에 대하여 무기를 소지할 수 있도록 한다. 기초자치경찰 조직의 경찰관은 예외적인 경우를 제외하고 근무 중에는 정해진 무기에 규정 탄약을 장전하여 근무하며, 기초자치경

42) 안달루시아, 카나리아, 카탈루냐, 갈리시아, 나바라, 바스크, 발렌시아 등 7개 주의 자치규약에 규정되어 있다.

43) 바스크, 카탈루냐, 나바라 등 3개 주는 자체 경찰력 보유.

44) 스페인 치안조직법 제38조 참고.

45) 마드리드 주 지역경찰조정법 제7조 제2항에 따르면 복제는 모든 마드리드 주 지역경찰 조직이 동일하며, 자치주와 시의 표지장 및 경찰관 인식 번호는 통합한다로 되어 있다.

46) 치안조직법 제41조 제4항 참고.

찰의 장은 무기의 보관을 책임지며, 보관을 위한 무기고를 설치·관리하여야 한다.

최근의 조사에 의하면, 전체 시 중에 20% 이상이 자치경찰을 보유하고 있으며, 시 자치경찰은 총 5만 여명이며, 인력규모는 주민수, 행정구역 크기, 범죄 발생유형 등에 따라서 1-2명에서 2,000명이 넘는 시까지 상당한 차이가 있다. 전국의 8,087개의 자치시 중 인구 5,000명 이상의 시는 법률·조·례경찰 조직법 등에 의거 시 자치경찰를 보유, 자치경찰이 없는 시에서는 경비원, 순찰대원 등을 두고 자치경찰 업무 수행을 하고 있다.[47)]

2) 광역자치단체의 경찰 예: 카탈루냐 주경찰(분리독립 추구형 자치경찰)

가. 역사적 배경

카탈루냐 주경찰은 1719년 4월 21일 교역로와 시장 등을 보호하기 위하여 발스(Valls) 시장에 의하여 최초로 창설되었다. 그러나 프랑코 정권 때 폐지되었다가 재창설되는 우여곡절을 겪었다. 카탈루냐 주정부는 주에 배치된 국가경찰 대부분이 주 공용어인 카탈루냐어를 알지 못하고, 카탈루냐 주 근무를 기피하여 치안 서비스의 질적 저하를 초래하자 자체 경찰력을 통한 주 관할구역 치안 유지의 필요성을 지속적으로 제기하였다. 그러한 필요성과 분리 독립운동의 영향으로 광역자치경찰력의 강화가 요구되어, 1994년 중앙정부와 협정에 의하여 국가경찰이 수행하는 일부 기능을 제외하고 카탈루냐 주 관할 구역에서 광역 자치경찰이 국가(중앙)경찰의 기능을 수행할 수 있도록 하였다. 1994년 협정을 통하여 2008년 이후부터 카탈루냐 주경찰이 관할 지역 내에서 국가경찰의 역할을 수행하게 된다. 현재 카탈루냐 주경찰관에 지원하기 위해서는 방언인 카탈루냐어 시험에 통과하여야 할 정도로 카탈루냐 주경찰은 역사적 맥락을 같이하고 있다.[48)]

나. 조직도

[그림 2-10]에서 보는 바와 같이 스페인 카탈루냐 주 자치경찰은 주 내무부장관

---

47) 경찰청, 공무국외(영국·스페인 자치경찰 연구) 시찰 결과 보고서, 기획조정관, 2017, p.25.

48) 저자가 2004년 5월 18일 바로셀로나 소재 카탈루냐 주 자치경찰 본부에서 본부장과의 간담회 자료 참조.

의 보조기관으로 되어 있다. 주 자치경찰은 시민안전국장 산하에 있으며, 주 자치경찰의 조직은 수사과, 행정 지원, 지역경찰과 등으로 구성되어 있다(한국형사정책연구원, 2005: 222-3).

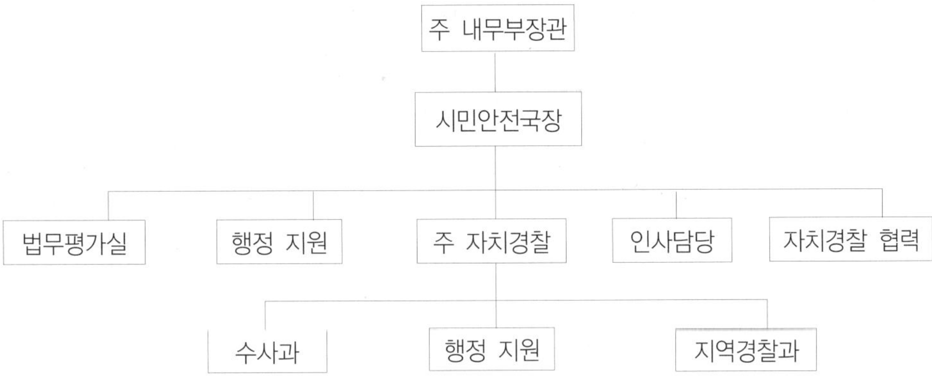

[그림 2-10] 스페인 카탈루냐 주 자치경찰 조직도

다. 1994년 협정의 내용

1994년 중앙정부와 주정부 간의 협정으로 협정 이전의 국가경찰의 기능을 광역자치경찰로 인계하도록 하였다. 저자는 2004년 5월에 바르셀로나 주정부를 찾아 자치경찰대장으로부터 주 자치경찰 운영 현황에 대한 설명을 들을 기회가 있었다. 이 때 그들은 2008년까지 광역자치경찰의 기능을 확장하여 국가경찰의 기능을 점차 인수할 예정이며, 인수 작업이 완료되면 국가경찰은 국가 차원의 최소한의 치안 업무만을 수행하고 대부분의 치안활동은 주 자치경찰이 수행할 것이라고 설명하였다.

라. 1994년 협정 이후 주 자치경찰의 역할

앞으로 카탈루냐 주경찰은 다음과 같은 국가경찰의 영역을 제외하고는 지역 치안을 총괄하게 된다.[49]

- 공항 및 항만의 감시

49) 정부혁신지방분권위·경찰혁신위 합동시찰에서의 브리핑 내용 중.

- 국가기관 건물의 보호·감시
- 지역사회를 초월한 수감자 지도
- 출입국 감독
- 테러 관련 범죄 및 위폐사범 수사
- 범죄조직에 의한 마약사범 수사

마. 카탈루냐 주 광역자치경찰과 기초자치경찰의 관계

현재 카탈루냐 주 관할구역 내 900여 개의 기초자치단체 가운데 200여 개가 자체 예산으로 자치경찰을 운영하고 있다. 기초자치경찰이 없는 지역은 주 자치경찰이 치안 유지 활동을 수행하고 있다. 주 자치경찰이 국가경찰의 기능을 인수한 지역은 기초자치경찰과의 협약을 통하여 각기 역할을 수행한다. 즉, 기초자치경찰이 범죄자를 추적할 경우 주 자치경찰은 그에 따른 정보를 제공해 주고 있다.

현재 주 자치경찰과 기초자치경찰은 각자의 독립성을 유지하면서 운영 시스템, 복무 방법, 근무 조건, 공조 체제 등을 일관되게 관리할 수 있는 법안을 마련하고 있다. 또한 기초자치단체 시장협의체 하에 치안조정위원회를 두고, 각 기초자치단체의 치안 역할과 방향을 규정하는 지침서(Local Security Plan)도 마련하고 있다.[50)]

4. 자치경찰 기능

1) 주 자치경찰[51)]

스페인의 광역자치경찰(주경찰)의 기능은 다음과 같이 분류할 수 있다.[52)]

① 고유 기능

스페인 주경찰은 고유 기능으로서 광역자치단체가 제정한 법령 및 규칙 위반행위 감시와 법령에 따른 강제 집행을 하며 광역자치단체 소속 요인 및 시설물을 보호하

---

50) Local Security Plan과 함께 무기 사용에 대한 조례를 마련할 예정이다.
51) 각 주의 규약에 정한 자치경찰의 기능에 의하여 주 별로 경찰의 기능과 권한이 차이가 날 수 있다.
52) 스페인 치안조직법 제38조.

는 지역 경비 업무를 고유사무로 하고 있다.

② 국가경찰과의 공조 기능

법령에 의하여 주경찰은 다음과 같은 기능에 대해서는 국가경찰과 반드시 공조하도록 하고 있다.

- 중앙정부가 제정한 법령의 이행 여부 감시와 주요한 공공 서비스의 제공
- 사법경찰에 대한 협력자로서의 기능 수행
- 공공장소 감시, 시위 보호, 다중 운집 장소의 질서 유지[53]

③ 국가경찰과의 공통 기능

천재지변 등 시민안전보호법에 따른 활동, 자연환경 보호와 관련된 법령의 준수 여부 감시 등은 국가경찰과 공통으로 수행할 수 있도록 하고 있다.

2) 기초자치단체의 자치경찰

기초자치단체의 자치경찰의 대표적인 기능을 보면 다음과 같다.[54]

① 공공장소에서의 안전 유지

- 중요 인사의 신변 보호 및 시(市) 소유물의 보호
- 범죄 예방 활동 및 집회 시위의 질서 유지를 위하여 국가경찰과 협조·활동

② 도로상의 안전 유지 활동

- 도심 지구 내의 교통 관리
- 시(市)의 영역 내에서 발생하는 교통사고 사범 처리

③ 시(市)의 법령 수호

- 법규, 명령 등 시 권한 내의 강제처분 수행과 관련한 행정 경찰 업무
- 시 당국을 대표하는 행사에의 협력

④ 국가 경찰조직과의 협력

- 법이 정하는 바에 따라 사법 당국에 협력하며 사법경찰 업무 수행
- 기타 법이 위임하는 모든 경찰 기능

---

53) 이 경우 국가경찰은 자치경찰의 사전 요청이 없어도 필요하다고 판단하는 경우 개입할 수 있다.

54) 스페인 치안조직법 제53조.

3) 국가경찰과 자치경찰의 역할 배분[55)]

다음과 같은 업무는 국가경찰과 자치경찰 간에 업무 분담을 하고 있다.

① 교통 업무

- 교통사고나 교통법규 위반 단속은 자치경찰이 처리
- 단, 교통사고가 일반범죄와 관련 있다고 의심되는 경우에는 국가경찰이 담당
- 음주운전 단속은 자치경찰이 수행하고, 해당 차량과 운전자가 수배자인지 여부를 확인하는 업무는 국가경찰이 담당
- 환경·식품·위생 등의 영업 단속은 자치경찰이 담당하며, 시청 공무원은

② 환경·보건·위생 등 행정 단속 업무일반적 규제 업무 수행

- 국가경찰은 자치경찰의 능력을 벗어나는 문제에 대해서 보충적으로 개입

③ 국가경찰과 자치경찰의 공동 병력 동원

- 동원되는 장비 및 인원에 대한 경비는 국가에서 부담하며, 자치단체는 바리케이드 설치 비용 등 부담
- 단, 시의 일로 국가경찰이 동원되는 경우의 동원 수당과 시간외 수당 등은 휴무의 부여 등으로 대체
- 병력에 대한 전체적인 지휘는 국가경찰이 담당

5. 자치경찰 운영

1) 조 직

스페인의 자치경찰 설치의 법적 근거 내용을 정리해 보면 다음 〈표 2-2〉와 같다.

스페인에서 자치경찰은 헌법 규정되어 있다. 스페인 헌법은 광역·기초자치단체의 경찰력 보유 권한을 명시하고 있다. 또한 '경찰(치안)조직법'에도 주경찰의 창설 권한을 주정부에게 부여하고 있다. 기초자치경찰은 이 밖에도 지방행정 체제 기본법 및 각 주의 자치규약에 따른 시의 조례에 근거하여 자치경찰을 창설할 수 있다.

55) 정부혁신지방분권위와 경찰혁신위 합동시찰 자료와 면담 내용 참조.
경찰청, 영국·스페인 자치경찰 시찰 보고자료, 2017, p.24.

〈표 2-2〉 스페인 자치경찰 설치의 법적 근거

헌법 제148조 제1항 22절 "각 자치주는 자치주의 건물과 시설물의 보호와 경계, 국회가 정하는 법률 내에서 기초자치단체 경찰의 조정과 그 밖의 권한을 가진다."

헌법 제149조 제1항 "자치주는 법률의 범위 내에서 경찰조직을 둘 수 있다." **경찰조직법 제1조 제2항** "광역자치단체는 자체 법규(Estatuto, 조례)가 정하는 목적과 이 법의 범위 내에서 공공 안녕의 유지에 참여한다."

경찰조직법 제2조 "경찰조직은 다음과 같다. (a) 중앙정부에 속하는 국가경찰, (b) 광역자치단체에 속한 광역자치경찰, (c) 기초자치단체에 속한 기초자치경찰" **지방행정체제기본법 제21조 제1항** I "시장은 협의체의 의장이 되며 시 경찰본부의 운영 임무를 수행한다."

지방행정체제기본법 제25조 제2항 "시는 모든 국가와 자치주가 정한 법령의 범위 내에서 아래의 사안들에 대한 권한을 가진다. a. 공공장소의 치안 유지, b. 도시지역에서의 차량과 주민의 교통 질서 유지"

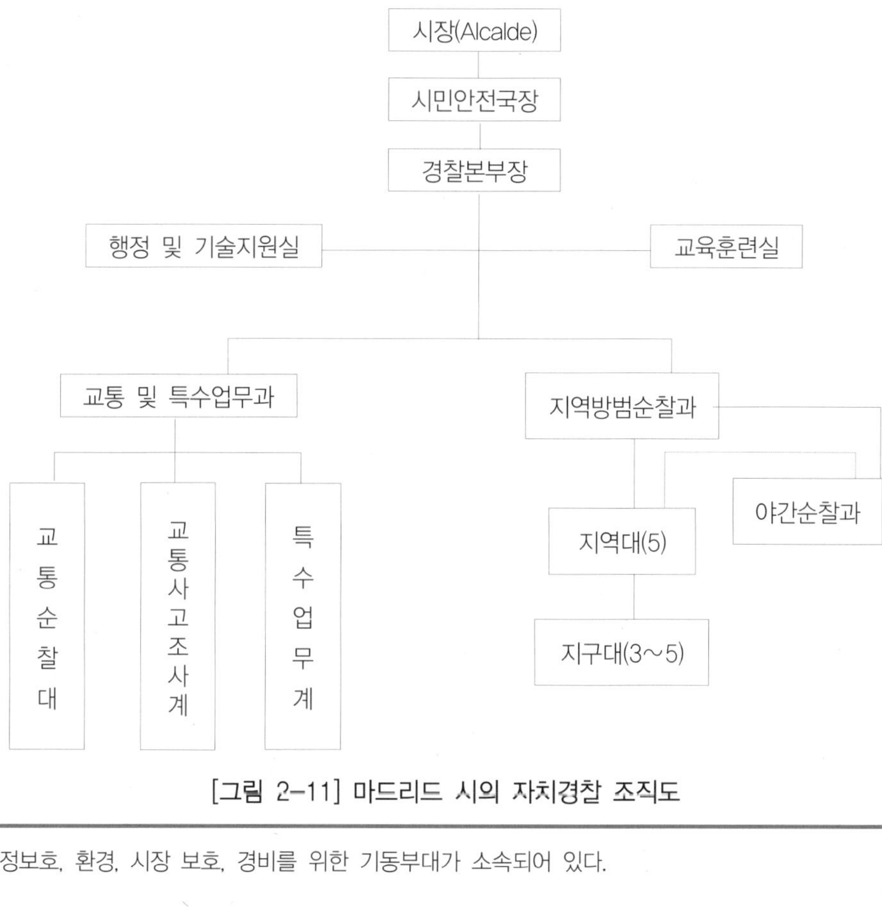

[그림 2-11] 마드리드 시의 자치경찰 조직도

주: 가정보호, 환경, 시장 보호, 경비를 위한 기동부대가 소속되어 있다.

자치경찰 조직은 [그림 2-11]의 마드리드 시의 자치경찰 조직에서 보는 바와 같이 자치단체장이 직접 지휘 통솔을 한다. 시장이나 주지사의 보조기관으로서 자치경찰본부장을 두어 관리하고 있다. 스페인의 지방자치단체 조직은 통합형이다. 즉, 주 의회와 시의회에서 주지사와 시장을 선출하고 주 의원과 시의원이 각각 집행부의 책임자가 되어 지방정부를 움직인다. 따라서 자치경찰은 의결기관과 집행기관의 통합된 지방정부 산하에 있기 때문에 업무의 일관성과 추진력이 매우 강력하다고 볼 수 있다(정부혁신지방분권위원회, 경찰청 경찰혁신위원회, 2004: 151).

2) 인 사

스페인 자치경찰은 주지사 또는 시장의 자율적 책임 하에 자치경찰을 임명 및 지휘·감독한다. 이에 대하여 살펴보면 다음과 같다.

가. 주 자치경찰

주 자치경찰장은 민선 주지사가 임면권을 가진다. 임명된 자치경찰청장은 내무부의 전문화 과정을 이수하여야 한다.[56] 그러나 고위직은 의무적으로 국가경찰 간부중에서 임명해야 하는 제한 규정을 두고 있다. 고위직을 맡은 국가경찰관은 본인의 요청에 의하여 언제든지 원소속 기관으로 복귀가 가능하다. 광역자치단체인 주정부는 주 자치경찰관의 선발, 승진 및 교육을 책임진다.

나. 기초자치경찰

① 채용 및 승진

스페인 자치경찰의 책임자인 경찰본부장(Jepatura)은 시장이 최고 계급인 관리계급(Escalatécnica)[57] 중에서 선발하여 지명하도록 하고 있다.[58] 시 경찰관의 채용은

---

56) 치안조직법 43조 참고.

57) 마드리드 시의 경우, 총경, 경정, 경감, 경위를 관리계급이라 하며, 준위, 경사, 경장, 순경을 집행계급이라 한다. 그리고 임시직 보조계급으로 고용경비원이 있다. 또한 경감 이상의 계급은 인구 10만 명 이상의 시에만 둘 수 있도록 하였다.

58) 마드리드 지방경찰 조직에 관한 왕령(Reglamento-Marco de Organizacion de las Policias Locales de la Comunidad de Madrid) 제18조 1항.

최하위 계급인 순경(Policia)의 일반채용과 간부계급인 경위, 경감, 경정 계급의 특별채용에 의하여 실시한다.[59] 간부계급 승진 대상 인원의 최대 25%를 특별채용을 통하여 선발하며, 나머지는 내부승진을 통하여 선발하고 있다. 기타 계급의 승진은 전원 내부승진에 의한다.

② 인사 교류[60]

각 주의 자치경찰조직의 경찰관은 동일 자치주 내에서 상호 인사 교류 신청이 가능하며,[61] 동일 자치주 내의 다른 자치경찰 조직의 공석인 상위 계급에 지원하는 방식에 의해서도 인사 교류가 가능하다.

③ 교육훈련

자치단체 경찰관의 교육훈련은 각 자치주의 지방경찰학교와 시립 경찰학교에서의 훈련과 보수교육이 기본이다. 마드리드 주의 경우 마드리드 주 치안연구소(과거 지방경찰학교)와 마드리드 시립 경찰학교가 그 역할을 담당한다.

3) 재 정

자치단체에서 전적으로 재정을 부담하고 있다. 다만 필요에 따라 중앙정부가 주에 재정 지원을 할 수 있도록 하고 있다.

4) 국가경찰과 자치경찰과의 관계

국가경찰과 자치경찰 간의 협력과 지원을 협의하기 위하여 다음과 같은 조직을 두어 운영하고 있다(정부혁신지방분권위원회, 경찰청 경찰혁신위원회, 2004: 156-8).

① 국가와 광역자치단체와의 (국가 차원) 치안 협력 장치: 치안정책심의회

59) 마드리드 시는 총 4,816명(2000. 12. 31 현재)의 자치경찰력을 보유하고 있으며, 바르셀로나 시는 총 2,501명(2001년 통계)의 경찰력을 보유하고 있다.

60) 마드리드 지방경찰 조직에 관한 왕령(Reglamento-Marco de Organizacion de las Policias Locales de la Comunidad de Madrid) 제62조~제64조 참고.

61) 마드리드 주 지역경찰조성법 제38조 (인사이동) "내부승신의 경우와는 별도로 지역경찰관은 다른 지역의 경찰관서에 결원이 발생할 경우 매년 최대 20%의 범위 내에서 다른 경찰관서의 공석에 지원할 수 있다." 참고.

국가와 광역자치단체와의 협력을 강화하기 위하여 치안정책심의회를 두어 운영하고 있다. 상호 갈등이나 분쟁 발생을 대비하여 국가 차원에서 국가와 광역자치단체 간의 치안정책을 조율하는 치안정책심의회와 그를 기술적·전문적으로 보좌하는 전문가위원회(Comité de Expertos)를 두고 있다.

치안조직법은 양 경찰조직의 상호 원조와 정보 교환에 대한 협조의 원칙을 규정하고 있고, 치안 상황이 양 경찰조직 모두에 해당하는 구체적인 경우에는 국가경찰이 지휘권을 가지도록 하고 있다. 또한 내무부장관이 주재하며, 주정부의 내무 또는 정무분과 위원장들로 구성하는 치안정책심의회(Consejo de Política de Seguridad)를 구성하여 운영하고 있다. 심의회 구성 비율은 중앙정부를 대표하는 인사와 주정부를 대표하는 인사가 같은 수로 참여하게 하고 있다. 치안정책심의회의 기능을 보면 다음과 같다.62)

- 치안 및 경찰시설물의 조정계획 승인
- 광역경찰의 정원 결정
- 일반적 성격의 지도 원칙 및 권장 사항 승인
- 광역경찰의 창설 등 광역자치단체 법령의 타당성 검토
- 국가와 광역단체의 치안 문제에 관한 협조·협약의 검토
- 기타 법령이 정한 권한

② 국가와 주정부와의 치안 협력 : 지역치안위원회

자체 주경찰을 운영하는 3개 주에서는 양자 간 업무의 계속적인 조정과 상호 원조, 정보 교환을 위하여 치안위원회(Junta De Seguridad)를 설치하고 있다. 치안위원회의 기능은 다음과 같다.63)

- 치안위원회는 자문기관 성격이지만 업무 조정 문제와 관련하여 주정부는 그 의견에 반하는 결정을 할 수 없다.
- 위원장은 경찰관 임명 시 제청할 권한
- 경찰 업무 관련 법 제정

62) 치안조직법 제48조 제2항.
63) 마드리드 주 지역경찰조정법 제29조.

- 경찰력의 철수, 경찰관의 임명, 해임의 문제 등을 판단

③ 국가와 기초 단위 자치경찰과의 관계: 지역치안위원회

국가경찰과 자치경찰 간 협력 체제를 위하여 1996년 중앙정부의 내무부와 기초자치정부 간에 경찰협력협약(convenios de Colaboracion)을 체결하고 있다. 이 협약은 국가경찰과 기초자치경찰 간의 협력을 주요 내용으로 한다. 국가경찰과 자치경찰 간 협력 방식은 주로 정보 및 자료 교류, 091과 092 전화선을 통한 상호 통화 연결, 국가경찰 및 자치경찰 소속 경찰시설의 공동 사용, 공동 작전, 지역안전위원회 활동 참여, 대도시 자치정부와 총 67건의 상호 협약 체결을 통한 경찰 기능의 조정 등을 통해서 협력 체제를 유지하고 있다. 자치경찰을 보유한 시 당국과 시 관할 내의 국가경찰기관의 책임자의 협의 하에 지역치안위원회(Junta Local de Seguridad)를 설치할 수 있다. 지역치안위원회의 구성은 시장(Alcalde)이 의장직을 수행하며, 도지사(Gobernador Civil)가 참석할 경우 공동 의장이 된다. 위원은 국가경찰기관의 시 책임자(국립경찰, 군경찰 포함), 시경찰 본부장, 주립경찰의 시 담당관으로 구성되며, 시상이 시청 공무원 중 1명을 간사로 임명하도록 하고 있다. 지역치인위원회의 주요 기능을 보면 다음과 같다(한국형사정책연구원, 2005: 206).

- 시의 치안 상황을 분석, 평가하며 여러 치안기관의 효율적인 조정과 협력을 위하여 필요한 제안과 계획 수립
- 범죄행위의 예방을 위한 계획 수립
- 각 치안기관에게 부여된 임무와 권한을 온전하게 수행할 수 있도록 적절한 정보와 자료의 공유를 위한 방식 결정
- 시의 치안에 관하여 공공 혹은 사설기관 또는 개인들에 의하여 만들어지는 각종 보고서와 제안에 대한 연구, 평가
- 시의 영역 내에서 시민의 안전에 종사하는 경찰 구성원 간의 협력 추진
- 직무 수행을 가능하도록 관련된 결정을 하고 그의 추진을 실효화
- 채택된 협약이 준수되도록 하며 법과 위원회에서 정한 경찰의 기능이 행사되도록 독려

5) 광역 단위 자치경찰과 기초 단위 자치경찰의 관계

각 주는 시 경찰규칙의 근거법, 장비·복장 등의 규정 제정, 지방경찰교육, 시경찰의 분쟁에 대한 지역조정위원회(Comisión Regional de Coordinación de Policía Local)를 통한 조정 등 각종 권한을 통하여 감독 권한을 행사한다. 단, 시경찰의 운영은 시 당국의 자치적 운영을 보장하고 있다(한국형사정책연구원, 2005: 158-9).

마드리드 주 지역조정위원회의 구성을 보면 의장은 마드리드 주의 협력분과위원장이 담당하며, 부의장은 마드리드 자치도 경찰국장, 마드리드 도시간 연합회장, 마드리드 시청의 치안 분야 책임자인 내무분과 위원장이 담당한다. 위원으로 마드리드 주 지방협력국장, 치안연구소장(과거 지방경찰학교장), 마드리드 시경찰 본부장과 마드리드 자치도 대표 2명, 마드리드 시 대표 4명, 그 외 자치주 내 시의 대표 5명, 시경찰 노조 대표 3명으로 구성하고 있다. 이 위원회는 반기 1회 정례회의와 필요시 5인 이상 위원의 발의로 임시회의를 개최한다. 마드리드 주 지역조정위원회의 기능을 보면 다음 [그림 2-12]와 같다.[64)]

[그림 2-12] 스페인의 경찰조직 협력 체계도

주: 바스크 주, 카탈루냐 주, 나바라 주 등 3개 주의 자체 주립경찰.

64) 마드리드 주 지역경찰조정법 제22조, 제25조.

- 마드리드 주 및 예하 시청에서 작성한 기초 경찰의 활동에 관한 각종 처분에 관한 지침을 시달
- 기초자치단체 경찰의 자재 및 장비, 제복, 급여에 관한 통일을 위한 기준 설정
- 기초자치단체 경찰의 선발시험, 승진 및 교육훈련 방식을 통지
- 기초자치단체 경찰들의 공동 업무 수행 활동 기준 마련
- 각 시청에 의하여 작성되는 기초 경찰의 직제에 관한 지침 시달
- 경제적 이해와 밀접한 사안을 제외하고 직무상 분쟁 해결을 위한 중재
- 법에 의하여 위임된 그 밖의 사항

6) 자치경찰 상호간의 관계(마드리드 주의 경우)

자치경찰은 다음 경우 관할 구역 이외에서도 활동이 가능하다.[65]
- 주무관청의 요청에 의한 경우와 위급한 상황인 경우
- 지역치안위원회 또는 시장의 승인을 얻은 경우
  시 관할 외에서 행해지는 직근 상급자의 명령 및 당해 시장의 명령이 있는 경우

제 5 절 | 이태리의 자치경찰

1. 개 요

이태리는 양원제의 내각제 정치 체제를 운영하고 있는 국가다. 그러나 양원에서 대통령을 선출하여 대통령이 총리·장관임명권, 국군통수권, 전쟁선포권을 가지고 있는 등 대통령 중심제를 가미하고 있는 국가이기도 하다. 이태리의 지방조직은 20개 주(Region), 103개 도(Province), 8,102개 시(Commune)로 구성되어 있다(정부혁신지방분권위 해외실무연수단, 2006: 53). 주지사는 국회에 의한 간접선거 방식으로 선출되며, 도지사와 시장은 주민 직선으로 선출된다. 주, 도 및 시의회 의원은 주민 직선으로 선출되며, 주의회 의원(5년)은 겸직 금지, 도·시의원(4년)은 겸직을 허용하

65) 마드리드 주 지역경찰조정법 제27조 참고.

고 있다. 각 주에는 중앙정부의 조정관(Commissioner)이 주의회 제정 법안에 서명함으로써 법안은 발효된다. 도에는 중앙정부에서 임명한 도지사가 있는데 임명 도지사(Prefetto)는 지방행정기관에 대한 통합·조정 기능 대신 긴급한 상황일 때 자치단체를 통할할 수 있는 지휘권을 부여받고 있다. 헌법상 아래 5개 주는 역사적 배경, 민족, 언어의 특성 등을 감안하여 자치권을 강화한 특별주로서 관리하고 있다.[66)]

- 도서지역인 시칠리아(Sicilia), 사르데냐(Sardegna)
- 북부 국경지역인 발레 다오스타(Valle d'Aosta), 프리울리 베네치아 줄리아(Friuli-Venezia Giulia), 트렌티노 알토 아디제(Trentino-Alto Adige)

중앙정부는 시(Commune)에 주민 서비스와 관련한 권한 대부분을 이양하였으나, 인구가 적은 시(市)는 도(道)와 기능을 분담하거나 다른 시와 통합·운영하기도 한다. 도(Province)와 시에는 자체 조례를 제정할 수 있는 조례제정권이 보장[67)]되고 중앙정부와 지방정부 공무원의 신분은 동등한 지위를 보장[68)]받고 있다. 이태리의 지방자치의 특징은 모든 행정 권한은 보충성 원리에 따라 기초자치단체를 중심으로 이양[69)]하고 있다는 점이다. 이태리 경찰도 분권적으로 이루어지고 있다고 볼 수 있다. 국가경찰은 국립경찰, 군인경찰, 교도경찰 뿐만 아니라 재무(정)경찰도 운영하고 있다. 자치경찰법에 "모든 자치단체는 관할지역마다 자체 경찰력을 보유한다"[70)]는 규정에 따라 모든 자치단체, 특히 시는 자치경찰을 모두 보유하고 있다.

2. 국가경찰

기술한 바와 같이 이태리 국가경찰은 내무부 소속의 국립경찰, 산림경찰, 국방부

66) 조정관은 중앙정부의 재정 부담 관련 사항을 통제한다.

67) 헌법 제114조 제2항 "시와 도, 대도시, 주는 헌법에 의하여 부여된 자체 법령(statute)과 권한 기능을 가진 자치체다."

68) 헌법 제165조 참고

69) 헌법 제118조 제1항 "보조, 차별 그리고 적당의 원리에 따라 권한의 균등한 행사를 위하여 도, 대도시, 주 그리고 국가에 주어진 경우를 제외하고 모든 행정 기능들은 시에 배정된다."

70) 자치경찰법(Legge quadro sull'ordinamento della Polizia Municipale, LEGGE 7 marzo 1986, n. 65) 제12조 제1항 참조.

소속의 캐러비니에리(Carabinieri: 군인경찰), 재무부 소속의 재무경찰, 법무부 소속의 교도경찰 등 다양하게 운영된다. 지방에는 특별지방행정기관 형태로 내무부의 조정 하에 경찰 업무를 수행하는 시·읍·면 경찰(Polizia Municipale)이 있다. 국가경찰 조직에 관련하여 2000년 3월 31일에 제정된 법률 제6조 제78항에 의거하여 2001년 3월 22일 이태리 공화국 대통령령 제208조에 따라 경찰의 중앙기관 및 지방기관의 조직들이 대대적으로 개편되었다(이황우, 2006: 343-4).

국립경찰 운영 상황을 보면, 중앙조직은 내무부 소속의 경찰총국이 있고 중앙조직의 통할 및 각 경찰기관 간의 조정 임무를 맡고 있다. 국립경찰의 지방조직으로 도에 도지사와 그 소속 하에 경찰본부가 설치되어 있다. 임명직 도지사는 공공 질서 유지의 일반적 책무만 갖고 있으며 경찰본부장이 경찰 업무를 총괄 지휘 및 조정하고 있는데 임명직 도지사 상당수가 경찰 출신이다. 경찰본부 아래 시·읍·면에 경찰서가 설치되어 있고, 경찰서가 설치되지 않은 시·읍·면에서는 시·읍·면의 장(자치단체장)이 국가기관 위임사무로서 경찰 임무를 수행하고 있다.

이태리 국가경찰 조직 체계도는 [그림 2-13]과 같다(정부혁신지방분권위원회, 경찰청 경찰혁신위원회, 2004: 228).

국립경찰은 국가의 행정경찰 기능으로 신분증, 면허증 등 발부 업무 등을 하며, 공공 질서 및 시민 안전 유지 기능으로서 공공 안전을 위한 순찰 등과 사법경찰 기능을 수행한다. 군인경찰은 국방부장관 소속 하에 있으나, 자율적 운영을 보장받으면서 군인과 헌병으로서의 역할을 수행한다. 군인경찰은 업무상 보건부, 환경부, 노동부 등 여러 부처와 연계되어 있어 사법경찰 및 행정경찰의 지위를 부여 받고 있다. 전체 군인경찰의 80%가 지방조직에 소속되어 있다.

재무경찰은 재무장관 소속의 경찰기관으로 군인경찰대의 일부에서 발전되었다. 지방조직으로는 지구사령부(Comandi Interregionali, 6), 주 사령부(Comandi Regionali, 20), 특수대(Reparti Speciali),[71] 특별업무수사대(Comando Unitá Speciali)[72] 등으로 구성되어 있다. 업무는 모든 영역의 경제사범 수사, 특히 세금 포탈 및 관세사범 수사, 위조지폐 사범, 마약사범 수사 및 출입국 업무를 담당하고 있다(한국형사정책연구원,

71) 해상 및 항공수사대, 기업 및 조직범죄수사대로 구성.

72) 위폐사범, 공정거래 위반사범 등을 담당.

2005: 191-4).

[그림 2-13] 이태리의 국가경찰 조직 체계도

3. 자치경찰 조직

이태리 자치단체는 자치경찰법에 의해서 모두 자치경찰을 보유할 수 있다. [그림 2-14]은 로마를 중심으로 한 자치경찰 조직표다. 로마 시와 로마 도는 광역자치단체인 라치오(Lazio) 주정부 산하다. 라치오 주 자치경찰은 주지사 산하에 있으며 국가 긴급사태시에 자치단체를 조정하기 위하여 설치되어 있기 때문에 집행적 성격보다 기획적 업무를 수행하는 기관이다. 그 때문에 주 자치경찰은 조직 규모가 매우 작다. 로마도 자치경찰(Polizia Provinciale)은 [그림 2-14]에서 보는 바와 같이 290명의 경찰관이 있으며, 경찰본부(Comando Centrale)와 4개 지역대(Distaccamenti Territoriali)[73]로 구성된다. 로마에 위치한 경찰본부는 본부장(Comandante)과 Co-ordinamento Operativo), 총무국(Affari Generalie Logistica), 교통국(Servizi di Polizia Strale)으로 조직되었다.

이태리의 자치경찰 규모는 시 단위가 주나 도보다 훨씬 크다. 로마 시 자치경찰(Polizia Municipale, Vigili Urbani)[74]인 경우에 조직 규모를 보면 6국 1실의 경찰본부와 19개 지구대로 소식되어 있으며, 7계층의 계급[75]에 약 6,800여 명의 경찰관으로 구성되어 있다. 그 규모가 도 자치경찰의 20배 이상 크다.

이태리 자치경찰은 전술한 바와 같이 보충성의 원칙에 의해서 시 단위 자치경찰이 자치경찰의 중심이라고 할 수 있다. 그리고 주, 도, 시의 자치경찰은 각각 독립적으로 업무를 처리하기 때문에 상하 관계가 아닌 수평 관계를 형성하고 있다. 따라서 상급단체인 주, 도 자치경찰이 시 자치경찰을 지휘·감독할 권한과 책임이 없는 점도 이태리 자치경찰의 특징이라고 할 수 있다.

---

73) Brace, Colleferro, Fiumicino, Tivoli.

74) 정부혁신지방분권위원회, 현지시찰보고서, p.232, 로마시 홈페이지. (http://www.comune.roma.it/info_cittadino/schede/carte/cartapm/pm_cs_01.htm) 참조

75) Agente e Istruttore di Polizia Municipale(순경) - Istruttore di POlizia Municipale "Anziano"(경사) - Instruttore Direttivo(경위) - Istruttore Direttivo "Anziano"(경감) - Funzionario Direttivo(경정) - Drigente(총경) - Comandante del Corpo(경찰본부장)

[그림 2-14] 이태리 자치경찰 조직 체계도

주: * 로마 도(道) 자치경찰의 경우를 말함.
** 로마 시(市) 자치경찰의 경우를 예시함.

4. 자치경찰 기능

이태리 자치경찰은 이태리 지방자치단체 간의 사무배분에 따라서 보충성의 원칙, 즉 일단 모든 자치단체사무는 기초자치단체 소관으로 하고, 이 사무 중 기초자치단체인 시(市가) 할 수 없거나 시가 수행하는 것이 적절치 않은 사무는 도(道)사무로, 도가 할 수 없거나 적절치 않은 것은 주정부에 배분하는 방식으로 하고 있기 때문에 시 자치경찰의 사무가 가장 광범위하다고 할 수 있다. 이태리 자치경찰의 사무배분 내용을 보면 다음과 같다.

1) 주 자치경찰(Polizia Regione)

주 자치경찰의 주요 기능을 보면 다음과 같다(행정자치부 자치경찰제 실무추진단, 2003: 103).

- 주 법령의 집행 및 보호
- 비상사태나 재해에 따른 구호 업무
- 기타 지역경찰 업무(예: 사법경찰, 교통경찰, 행정경찰 등)

2) 도 자치경찰(Polizia Provinciale)

도 자치경찰의 주요 기능을 살펴보면 다음과 같다(신현기, 2005: 225).

- 관할 내의 대기, 동물, 삼림, 하천, 호수 등 환경 보호
- 고속도로 순찰 업무
- 관할 구역 내 범죄 예방 및 운전학원 관리
- 관광객 보호 등

3) 시 자치경찰(Polizia Municipale, Vigili Urbani)[76]

기초자치단체인 시 자치경찰은 다음과 같은 기능을 수행한다.

- 시(市) 법령의 준수 여부 감시, 자치경찰에 위임된 행정법규 집행, 위반 사범 단속
- 교통 소통의 관리 및 공공 질서 유지, 범죄 예방 순찰

76) 로마시 시경찰법규집(2002. 5. 7, N. 249) 제5조 및 제8조 참조.

- 공공시설의 보호 및 관리
- 시민들의 안전 상태와 시민 생활의 질에 대한 감시
- 자연재해 및 재난, 개인의 사고에 대한 구호 조치
- 법에 의하여 위임된 범위에서 사법경찰의 업무 수행
- 사법부의 책임 하에 범죄 소탕·수색, 범죄 상황 보고 등 사법경찰 보조 기능 수행
- 자치경찰관은 사법경찰의 지위를 가지며, 자치경찰의 각급 책임자는 사법경찰 관리자의 지위를 가짐[77]

5. 자치경찰 운영

1) 조 직

이태리의 각 자치경찰별 조직 운영 상황을 살펴보면 다음과 같다.

가. 주 자치경찰

지방정부의 긴급한 업무에 효과적으로 대처할 필요가 있다는 새로운 시대적 요구에 의하여 설치되었고 최소 7명 이상의 경찰관을 보유한 주(州)는 자체 경찰조직을 보유할 수 있다.[78]

나. 도 자치경찰

관할 내의 대기, 동물, 삼림, 하천, 호수 등 환경 보호에 관한 조직적 조정의 필요성으로 인하여 기존 경비조직을 재구성하여 자치경찰을 조직하여 운영하고 있다(행정자치부 자치경찰제 실무추진단, 2007: 33). 최근에는 교통법(Codice della Strada, Legge n.214, 2003. 8. 1)의 개정으로 도(道) 관할의 고속도로 순찰 업무가 도 자치경찰로 이관되었다.

---

77) 자치경찰제도법 제5조에 의하면, 형사소송법 제221조 제3항에 따라 자치경찰관에 사법경찰의 자격이 주어진다고 되어 있다.

78) 주 자치경찰법(Disciplina delle funzioni di polizia locale) 제2조 2항 참조.

다. 시 자치경찰

지역 주민의 수, 유동 인구의 수, 지역의 특성 등을 고려하여 경찰관의 수를 결정하고, 인구 밀집도 및 지역 형태 등을 고려하여 조직을 구성하여 운영하고 있다. 기본적으로 경찰 책임자와 운용관리와 지원 부서로 구성된 경찰본부와 지구대를 구성하여 운영하고 있다.[79]

2) 복장과 무기

각 자치경찰은 자체 규정에 따라 국가경찰기관의 경찰관과 다른 형태의 복장을 착용[80]하도록 규정하고 있으며, 로마 시 자치경찰의 경우, 흰색 셔츠와 청색 제복을 착용한다.

자치경찰법 제5조와 자치경찰의 무장에 관한 내무부시행령(n.145, 1987. 3. 4)에 근거하여 자치경찰에게 무기 소지에 대한 최소한의 자율권을 보장하고 있다. 무기의 종류, 관할하는 총기의 수, 사격훈련장 등에 관하여는 자치경찰 법규로 규정하고 있다. 지역의 도지사(국가 임명직)가 범죄율이나 시민 안전 등과 관련한 문제점이 노출될 경우, 관할 시장에게 자치경찰에 대한 총기 사용을 요구할 수 있도록 하고 있다.[81]

3) 인 사

자치경찰은 완전하게 지방자치단체의 조직 중에 하나이기 때문에 주·도·시가 소속 자치경찰에 대해서는 독립적인 인사권을 행사한다. 로마 시의 경우에도 로마 시장의 지휘와 감독 하에 로마 시 자치경찰서장은 조직 구성원의 교육 및 업무 수행에 대한 제반 책임을 지고 있다. 로마 시 자치경찰의 경찰관 채용은 자체 자격 요건 및 시의 공무원 채용 방식에 따르고 있다.[82]

---

79) 자치경찰법(Legge quadro sull'ordinamento della Polizia Municipale, LEGGE 7 marzo 1986, n. 65) 제7조 제2항 참조.

80) 자치경찰법(Legge quadro sull'ordinamento della Polizia Municipale, LEGGE 7 marzo 1986, n. 65) 제4조 제1항 참조.

81) 치안정책연구소, 유럽형 자치경찰제도 모델분석, 연구보고서, 2005.12, pp.162-3.
도시 경찰특별 법규칙에 따르는 부록 A, 제복 및 장비에 관한 규정.

82) 로마 시 경찰법규집(Regolamento del Corpo di Polizia Municipale, N. 249 del 7 Maggio 2002)

교육 분야를 보면 시 자치경찰의 경찰관은 채용 당시 경찰 업무의 기초교육 과정을 이수하여야 하며, 정기적인 재교육을 받아야 한다. 정기적인 재교육에는 연간 교육과 재교육 과정이 있어 자기 방어 및 업무 수행 기술면이 강조되도록 교육이 이루어지고 있다.

4) 재 정

자치경찰은 해당 자치단체의 고유조직이기 때문에 자치경찰의 운영에 대한 재정부담은 국가 예산의 부담 없이 각 자치단체의 자체적인 예산에서 충당하고 있다.[83] 단, 국가가 모든 자치경찰에 1년에 500만 유로(약 70억)씩을 지원하여 시설 및 차량의 구입에 사용하도록 하고 있는 것이 유일한 국가지원금이다.[84]

특이한 것은 주정부가 시정부에 대한 재정 지원의 한계를 정하고 있다는 점이다. 주정부는 자치시에 지방자치경찰 업무를 강화할 목적으로 하는 필수장비의 구입 비용 일부에 대한 지원을 할 수 있다. 그러나 이 때 총 지원비는 총 예상 비용의 60%를 초과할 수 없다. 연합 형태의 지방자치 경찰대를 보유하는 자치시에는 90%까지 보조가 가능하도록 하고 있다.[85] 어쨌든 이태리 자치경찰은 경비의 자체 충당의 원칙을 철저하게 지키고 있으며, 만약에 지방자치단체가 자치경찰 재정을 충당할 수 없을 정도로 재정 상태가 빈약하면 자치경찰제 도입을 포기하고 국가경찰에 치안을 의존하도록 하고 있다(신현기, 2006: 286-302).

5) 국가경찰과의 관계

이태리의 국가경찰과 자치경찰의 역할 배분 현황을 보면 다음과 같다.[86]

제29조 참조.

83) 자치경찰법(Legge quadro sull'ordinamento della Polizia Municipale, LEGGE 7 marzo 1986, n. 65) 제14조 참조.

84) 정부혁신위와 경찰혁신위 합동시찰시 면담에서.

85) 이태리 주 지방자치법 중 지방자치경찰(Polizia Locale)의 직무에 관한 강령(1) 제16조.

86) 정부혁신지방분권위와 경찰혁신위 합동 시찰시 면담에서.

① 집회시위 관리

시 관할지역 시위 관리지역에 대한 교통통제는 자치경찰이 담당하며, 시위대를 직접 통제하고 집회를 관리하는 것과 자치경찰을 포함한 전체 경찰력의 통제는 국가경찰에서 수행한다.

② 교통 사망사고 처리

스페인과 마찬가지로 자치경찰이 현장 상황을 파악하여 국가경찰에 사건을 인계하여 종결하고 있다.

③ 환경·건설 분야 업무 처리

무허가 건물에 대한 행정처분은 시 당국에 허가 여부 확인 후, 자치경찰이 몰수 조치한다. 즉, 위법 사실의 확인은 자치경찰이 하고 사후 조치는 담당 행정 부서에서 수사

제3장

역대 정부의 자치경찰 추진 정책

제 3 장
역대 정부의 자치경찰 추진 정책[1)]

제 1 절 | 미군정 시대의 자치경찰

1. 자치경찰 추진 동기

해방이후 남한에서 3년 동안 실시된 미군정(1945.8.15.-1948.8.14.)은 비록 실패했지만 지방자치를 통하여 분권화된 민주주의와 대의기구를 통한 미국식 민주주의 제도를 도입하려고 노력하였다. 미군정의 기본정책은 지방자치제의 도입·육성을 표방하고 이 방향으로 지방행정체제의 개혁을 시도하였다.[2)] 미군정은 이 방향에 의하여 자치단체장과 지방의원 선거를 주민의 직선에 의하여 선출하여 지방자치단체를 구성하고 심지어 교육 자치까지 실시하는 등 획기적인 지방분권을 추진하였다(김운태, 1992: 141-2). 자치경찰 도입도 역시 이 맥락에서 추진되었다. 미군정은 당초 계획은 미군정하의 일본처럼 기초자치단체에 자치경찰을 도입하려고 하였다. 미군정이 한국에서 기초자치단체 중심의 자치경찰을 실시하려는 근본적인 동기는 다음과 같다.

첫째는 일본 점령기의 산물인 국가경찰을 해체하여 경찰 이미지를 개선하려는 의도였다.

---

1) 제3장은 저자의 역대정부의 자치경찰도입정책추진과 함의에 관한연구, 제14권 제1호, 2015에서 인용한 것임. 본 연구는 역대 정부들이 자치경찰도입 정책을 추진동기, 추진기구, 추진모델, 쟁점사항, 결과 등을 중심으로 작성되었다.

2) 이에 대한 자세한 내용은 김운태, 우리나라 지방자치의 회고와 과제, 지방자치연구, 제4권 제1호, 한국지방자치학회, 1992, p.141 참조. 이 논문의 각주에서 인용하였음. Foregn Relations of the United States, 1945. vol.6, p.1074. part 1. C. Basic objectives of military Occupation of Korea, "To Foster the establishment of local self-government and the Restoration of a free and independent nation which will conform with the principles expressed in the charter of the United Nations." 김운태, 아래 논문, 각주, p.141.

해방이 된 후 1945.8.15.-25일 이 10일 동안 조선 내 사고 발생건수가 778건인데 이 중에 조선인 경찰관에 대한 폭행과 협박이 111건이며, 경찰관서 대한 습격이 149건 일 정도로 국민들이 경찰에 대한 반감이 극에 달해 있었다(김재호, 1989: 17-9). 기존의 중앙집권적 경찰체제로는 경찰에 대한 국민의 반감을 가라앉히기가 불가능하기 때문에 분산형태인 자치경찰을 도입 하려는 것이었다.

둘째는 미국이 기초자치단체의 자치경찰을 중심으로 지역치안을 유지하고 있기 때문에 이를 답습하려는 의도가 있었다고 할 수 있다.

미군정은 독립된 한국은 '임자 없는 땅'이기 때문에 군정청 자체가 주권정부의 역할을 수행한다고 생각하여 그들에게 익숙한 미국 방식을 도입하려 했다고 볼 수 있다(조기안, 1997: 39). 그러나 당시 국내치안사정은 매우 불안하고 특히 남북간에 이념논쟁이 위험수준에 있었다. 경찰력 분산을 할 여유가 없었다. 이에 미군정은 당초의 계획을 버리고 국립경찰이라는 단일 경찰체제를 발족하였다. 미군정은 후술하겠지만 경찰의 정치적 중립을 지키는 것을 가장 큰 관심사로 삼았다.[3] 미군정은 근대적 민주주의와 정부체제에 대하여 거의 무지였던 우리나라에서는 고도의 경찰체제인 자치경찰제를 도입하기 위하여 논의할 대상이 없었기 때문에 내부가 중심이 되어 추진한 내부접근형을 자치경찰추진동기라고 할 수 있다.

2. 추진 기구

해방 후 3년 동안 한국을 통치했던 미군정의 정책과정은 미국정부가 기본 방침을 보내면, 군정청 군사령관이 그 틀 내에서 현지 사정을 감안하여 독자적인 판단을 내렸다. 미국 정부기관 가운데에서도 군정청의 정책에 관한 실질적인 권한은 삼성조정위원회(SWNCC, State-War-Navy Coordinating Committee) 하부 기관인 극동소위원회가 가지고 있었다(김석준, 1996: 214-5). 그러나 이러한 중앙집권 식 조직구조임에도 불구하고 현지 기관인 미군정의 자유 재량권은 매우 강하였다. 미국 정부는 기본적인 방향만 정하여 주면 미군정이 한국에 대한 일체의 정책결정을 하였다.

3) 내무부 치안국, 한국경찰사(1948.8-1961.5), 1972, pp.53-59.
박근순, 자치경찰제도 도입에 관한 연구, 중앙대학교 행정대학원, 석사논문, 1999, pp.63-64.

때문에 한국경찰의 재편은 미군정이 주도를 했다고 볼 수 있다. 경찰조직의 구성에 대한 주도권은 미군정 행정조직 중에 경무부가 맡았다. 이를 정리하면, 비록 실현은 되지 않았지만 미군정의 자치경찰 추진 실무는 경무부가 하였기 때문에 행정형이라고 할 수 있다.

3. 추진 모델

미군정은 정부 수립 후 경찰의 모형으로 일본과 같이 기초자치단체에 자치경찰을 도입하려 하였다.(최종술, 2001: 354-5) 이는 일본 미군정이 일본 자치경찰 도입과정을 살펴보면 이해가 갈 것이다. 일점령 책임자인 맥아더 원수는 일본 정부 총리에게 경찰의 지방분권화를 요망하는 서한을 보냈다. 이 서한에 따라서 1947년 일본 정부는 경찰제도의 근본적인 '개혁의 법전'이라고 하는 경찰법을 제정하였다. 이에 따라서 1948년 3월 공안위원회 제도와 함께 미국식 자치경찰제를 기초자치단체인 시·정·촌 단위에 도입하였다. 미군정이 한국에서 그리는 경찰제도도 일본과 같은 기초자치단체 중심이었다(경찰개혁위원회 실무연구팀, 1999: 11). 그러나 이것은 하나의 구상에서 끝이 났다.

앞에서 언급한 것처럼 미군정시절에 실질적으로 이루어졌던 경찰도입모델은 기초자치단체 중심의 자치경찰이 아니라 강력한 국가경찰모형이었다. 이 모델은 국립경찰산하에 경찰국장이 있으며, 도 산하에는 경찰부장이 있고, 시 산하에는 경찰서가 있다. 경찰부장과 경찰서장은 경찰국장의 지휘를 받도록 되어 있으며, 인사와 재정도 모두 지방행정책임자와는 분리되어 있는 형태이다. 다만 관할 구역 내의 치안책임은 도지사와 시장에게 있기 때문에 경찰부장과 서장은 도지사와 시장에게 협력하고 상황 보고를 하여야 할 의무를 부과하여 지방자치요소를 가미한 점이 특이하다(이형우, 1979: 27-8). 이를 종합하면, 미군정시대의 자치경찰은 구상으로 끝났으며, 지방자치행정과 경찰과의 연계 고리는 있지만 매우 미미한 국가경찰중심의 조직인 종속형이라고 할 수 있다.

4. 추진 쟁점

상기의 내용을 종합해 보면, 미군정시대의 자치경찰 쟁점은 도입단위와 정치적 중립이라고 할 수 있다. 일본의 미군정은 초창기에 도입단위를 기초자치단체로 하였다. 그러나 1952년에 일본 정부는 자치경찰 도입단위를 광역으로 바꾸었다. 한국의 미군정도 도입단위를 기초에서 광역으로 바꾸었고, 이 또한 국가경찰이 주도하는 체제로 전환하였다. 이 당시의 쟁점 사항 중에 또 다른 하나는 경찰의 정치적 중립이었다. 일제 강점기에 국가 경찰에 대한 폐해가 워낙 심하였기 때문에 경찰을 정치에 관여하지 못하도록 하는 방안이 쟁점이 될 수 밖에 없었다. 미군정 초기 안은 경찰과 지방자치단체장과 연계하여 일정 부분은 해당 자치단체장의 명령에 따르도록 하였다. 그러나 미군정은 최종에는 도 경찰부를 폐지하고 관구를 설치하여 국가 경찰이 지방경찰을 지방행정과 완전하게 분리하여 지휘하도록 하여 경찰의 지방정치로부터 중립을 지키도록 하였다(김석준, 1996: 259-260).

5. 추진 결과

미군정 당국이 최초 설계한 자치경찰 도입은 무산되고 국가경찰 독점체제가 이루어졌다. 국가경찰독점체제를 선택한 이유는 국토의 협소, 좌우 사상이 대립으로 공산주의의 남침 가능성, 지방재정의 열약, 업무의 통일성과 신속성의 필요 등 때문이다. 다만 국가경찰독점체제에 지방자치 적 요소를 가미하기 위하여 노력한 흔적이 있다. 국립경찰인 각 관구경찰청장은 경찰의 업무를 수행할 때 지역에서 발생한 중요 사건을 도지사 또는 시장에게 통보할 책무가 있도록 하여 자치경찰의 씨앗을 미약하나마 뿌려두었다(최종술, 2001: 354-5).

제 2 절 | 장면 정부 시대

1. 추진 동기

장면 정부시대(1960-1962)의 자치경찰 추진 동기는 4·19 혁명이라고 할 수 있다. 국립 경찰은 이승만 정권의 유지를 위하여 맹목적으로 충성하였다. 국립 경찰을 진두지휘하였던 최인규 내무부 장관은 64명의 비밀경찰을 내부 직원조차 모르게 특채하여 선거부정용으로 활용했을 정도로 경찰은 선거부정과 인권유린 등 정치의 소용돌이 중심에 있었던 것이다.[4] 그러나 4·19 혁명과 이승만 대통령의 하야는 역으로 국립경찰을 사면초가로 만들었다. 국민들이 경찰에 대한 분노가 얼마나 심했으면 제5대 국회에서는 경찰법이라 하지 않고 공안법이라고 이름을 바꾸었을 정도이다.

이에 장면정부는 이러한 비판을 받은 경찰을 정치적 중립 장치를 철저하게 하여 경찰이 다시금 정권의 하수인이라는 오명을 받지 않게 하라는 국민적 요구를 받아 국립 경찰에 대한 대대적인 수술에 들어갔다. 장면정부도 민주당을 중심으로 진행된 국가경찰의 재편에 대한 정책을 어느 정책보다 빠르게 진행시켰다. 이를 정리해 보면, 장면정부에서 자치경찰은 국가경찰의 정치적 중립 장치를 마련하는데 하나의 대안으로 나타났다. 또한 추진 동기는 정치권 밖인 국민으로부터 시작되었기 때문에 외부주도형이라고 할 수 있다.

2. 추진 기구

장면정부의 자치경찰 추진 기구는 국회였다. 제4대 국회(1958년 5월 31일-1960년 7월 28일)에서는 4·19가 터지고 이승만 대통령이 하야하면서 허정 임시정부가 들어섰다. 허정 임시정부는 과도기 정부이기 때문에 아무것도 할 수가 없었다. 대신 이승만 정부에서 야당이었던 민주당이 국회를 비롯한 정부를 주도하였다. 경찰에 의해 많은 고초를 겪었던 야당은 경찰개혁에 대하여 과감한 조치를 할 수 밖에 없었

4) 국회 임시회의 제35회 제6차 내무위원회, 민심수습대책에 관한 건의록, 1960.5.15., p.20.

다. 국회는 경찰중립화안기초위원회를 구성하여 이 위원회로 하여금 경찰법 개정안을 만들도록 하였다. 이 위원회는 경찰의 정치적 중립을 중심 내용으로 한 경찰법 개정안을 만들어서 국회에 제출하였고, 국회는 1960년 6월 9일, 제35회 임시회의에서 제1차 독회를 가졌다. 그러나 제4대 국회는 1960년 7월 28로 막을 내림으로 해서 이 경찰법개정안은 자동적으로 소멸되었다. 그러나 자치경찰과 정치적 중립을 중심으로 하는 경찰법 개정 작업은 제5대 국회에 들어와서도 계속하여 진행되었다. 국회는 1960년 9월 21일 민의원 제35차 본회의에서 "경찰중립화를 위한 법률안기초특별위원회"를 구성하여 분권적인 경찰제도인 자치경찰도입을 추진하였다.5) 결론적으로 말하면, 장면정부(제2공화국)의 자치경찰제 추진기구는 경찰과 행정부가 아닌 국회가 주도하는 정치형이었다고 할 수 있다.

3. 추진 모델

제2공화국의 추진했던 경찰모형은 이원제 형이다. 즉, 중앙공안위원회와 지방공안위원회를 구성하여 경찰을 운영하는 안이다. 이 당시 중앙과 지방 공안위원회는 다른 정권에서 제시되었던 경찰위원회 기능, 즉 단순한 의사결정기구하고는 다르다. 이 당시 안은 경찰을 정치적으로 중립시키기 위하여 행정 수반과 지방자치단체장으로부터 분리하되 대신에 중앙과 지방공안위원회 산하에 두는 것으로 되어 있었다. 이 공안위원회가 국가 및 지방경찰책임자를 임명하는 인사권뿐만 아니라 예산 등 일체의 운영에 관한 권한을 행사하는 혼합형이라고 할 수 있다(경찰청, 2006; 1273).

4. 추진 쟁점

이 당시 자치경찰도입의 쟁점은 운영체제라고 할 수 있다. 장면정부의 경찰개편 중심기준은 민주성과 정치적 중립이라고 할 수 있다. 민주성은 주민이 직선한 자치단체장과 의회가 자치경찰운영에 깊게 관여하는 것이며, 정치적 중립은 자치경찰을 자치단체장과 지방의회로부터 분리하는 것이다.

5) 국회 제37회 민의원 본회의 회의록, p.22.

장면정부는 경찰의 정치적 중립을 확보하기 위한 방안으로 경찰운영에 대한 정책 결정을 주도하는 공안위원회를 이원제, 즉 중앙과 지방에 두었다. 장면정부에서 자치경찰은 지방공안위원회 산하의 지방경찰이라고 할 수 있다. 제5대 국회(1960.07.29.-1963.12.16.) 제38회 내무위원회 회의에서 이 점이 큰 쟁점이 된다. 경찰의 민주성을 확보하기 위해서는 주민의 대표인 지방자치단체장과 지방의회로부터 자치경찰을 분리시킬 수 없는 반면에 정치적 중립을 유지하기 위해서는 이들 기관으로부터 분리시켜야 되는 해결하기가 쉽지 않은 딜레마가 있었다. 결국 공안위원회 구성에서 여당과 야당, 지방자치단체장과 지방의회 등 다양한 분야에서 추천을 하도록 하여 민주성을 확보하고, 대신에 집행부와 분리하여 정치적 중립을 유지하는 것으로 가닥을 잡았다. 중앙공안위원회 위원 구성은 위원장은 집행부에서 나온 무임소 장관으로 하되, 위원을 5명으로 하여 여당과 야당이 각각 1명, 대법원장 1명, 변호사협회에서 1명을 추천하고, 임명은 국무총리가 하는 것으로 하여 행정수반와 분리하였다.[6] 이 형태는 지방공안위원회 구성도 마찬가지다. 지방공안위원회는 위원은 3명으로 하되, 중앙공안위원회가 1명, 자치단체장, 지방의회가 각각 1명을 추천하도록 구성하였고 역시 자치단체장과 지방의회로부터 분리하였다.

5. 추진 결과

장면정부에서 경찰의 민주성과 정치적 중립을 규정하기 위한 공안법 제정은 국회를 중심으로 많은 노력을 했지만 결국 성공하지 못하였다. 국회는 본회의에서 경찰법안심의촉구에 관한 결의안을 채택하면서 까지 적극성을 보였다. [7]그러나 이 법안도 1961년 5·16 군사 쿠데타로 인하여 제5대 국회가 종료되면서 자동 폐지가 되어 결국 빛을 보지 못하였다. 이 시기는 내외부로부터 경찰의 정치적 중립과 국민으로부터 통제에 대한 지지를 가장 많이 받았던 시기였기 때문에 자치경찰 도입이 무산된 일은 아쉬운 점이라고 할 수 있다.

6) 제5대 국회38회내무위원회 회의록, 제37호, pp.1-11.
7) 제5대 국회 제38회 본회의회의록, 1961.3.20., p.14.

제 3 절 | 노태우 정부 시대

1. 추진 동기

노태우 정부(1988.2-1993.2)의 자치경찰 추진 동기는 민주화와 지방자치 실시라고 할 수 있다. 전두환 정권의 독재정치가 민주화의 바람, 특히 1987년 6·10 항쟁에 의해 무너지고, 여권 내부의 반란이라고 할 수 있는 6·29선언으로 중앙집권적 압제 정치시대는 종곡을 고하였다. 이어서 당선된 노태우 정부는 국민의 환심을 얻기 위하여 민주화 추진을 가속화 시킬 수밖에 없었다. 특히 이 시기는 여소야대의 시절이기 때문에 정치는 야권(소위 야3당으로 평화민주당, 통일민주당, 신공화당)의 손에 넘어 가 있었다. 야권은 경찰을 전두환 정권의 압제에 수문장 역할을 했다고 평가를 하여 대대적인 개혁의 대상으로 삼았다. 당시 야권 단일화 안을 국회에 제출하면서 제안자 157명을 대표하여 제안 설명을 한 심완구(통일민주당)는 "국민의 자유와 권리를 보호하고 사회질서를 유지하기 위해 창설된 경찰이 그 본래의 사명을 망각하고 권력의 시녀로 전락하여 집권세력의 정권유지를 위한 전 방위 역을 담당함으로써 공권력에 대한 국민의 신뢰를 크게 저해하고 이 나라 민주주의 발전에 커다란 장애요소가 되었던 불행한 과거를 갖고 있으며, 이 과거는 현재에도 청산되지 않고 있다"고 설파했다.[8] 이러한 인식이 야당뿐만 아니라 대다수 국민들도 가지고 있기 때문에 경찰체제의 대대적인 개편은 이루어질 수밖에 없었다. 여기에 다가 노태우 대통령은 후보 시절에 국민들의 강력한 민주화 열기에 굴복하여 민주화와 지방자치를 대대적으로 실시하겠다는 선언까지 포함한 6·29 선언을 한 당사자이기 때문에 자치경찰은 경찰의 개혁 대안으로 추진할 수밖에 없었다(김성수 외, 2000: 281).

결론적으로 말하면, 노태우 정부의 자치경찰 추진은 민주화에 대한 열기와 여소야대에 의한 야당의 정치 주도로 이루어졌기 때문에 외부주도형이라고 할 수 있다.

---

8) 제147회국회 내무위원회 회의록 제13호, 1989.12.14., p.5.

2. 추진 기구

노태우 정부의 자치경찰에 대한 추진은 기술한 바와 같이 야당 손에서 이루어졌다. 당시 정치권은 통일민주당(총재 김영삼), 평화민주당(총재 김대중), 공화당(총재 김종필) 등 야3당이 여당인 민주정의당(총재 노태우)보다 국회의원석을 더 많이 가지고 있기 때문에 이 야당 연합이 정치를 주도하고 있었다. 여당인 민정당은 전 정권인 전두환 정권을 이어 받은 정부라는 인식이 강하였기 때문에 정치의 운영 폭이 매우 제한적일 수 밖에 없었다. 경찰법 개정도 이 3 야당이 경쟁적으로 개정안을 국회에 제출하였다. 경찰법 개정안은 1988년 10월 24일에 통일민주당이, 1988년 11월 25일에는 평화민주당이, 1989년 5월 10일에는 신공화당이 제출하였다. 그러다가 1989년 11월 30일에 야당들은 대 타협을 하여 야당 단일안으로 국회에 제출하였다. 제13대 국회에서는 국회 자체 내에 민주발전을 위한 법률개폐특별위원회, 제도개선특별위원회를 설치하여 전두환 정부 시절에 경찰이 인권유린이나 정치적 중립을 침해했던 규정들을 정리해 나갔다. 이 과정에서 자치경찰이 포함되어 추진되어 나갔던 것이다. 이를 보면, 노태우 대통령의 자치경찰 추진은 야당이 중심 되는 정치 형 기구였다고 할 수 있다.

3. 추진 모델

이 기간에 제출된 경찰법 개정안은 역대 정부와 마찬가지로 경찰의 정치적 중립에 초점을 맞춘 자치경찰 안이었다. 이 안은 경찰기구의 독립성을 확보하면서 국가경찰 체제를 기초로 하는 자치경찰체제의 절충 형태를 채택하였다. 조직 면에는 중앙과 지방조직으로 이원화 하였다. 중앙경찰조직은 국무총리산하에 국가경찰위원회를 두고, 이 산하에 경찰청을 두도록 하였다. 지방경찰조직은 광역자치단체인 시·도에 지방경찰위원회를 두고 그 산하에는 지방경찰본부를 설치하여 지방 자치적 요소를 가미하였지만, 실제 명령체계는 경찰청이 하도록 하고 있다. 지방경찰조직인 시·도 경찰위원회 조직은 시·도지사 산하에 둘 뿐 지방경찰 집행부는 국가경찰 소속으로 되어 있는 조직모델이다. 지방 자치적 요소는 의사결정기구인 시·도 경찰위원회가 구성된 정도뿐, 운영체제는 국가경찰 독점체제였다. 전형적인 일본 형이다. 그러나 이 안도 야당인 통일민주당과 신공화당이 여당인 민주정의당과 통합하여 여소야대가 여대 야소로 정치지형이 바뀐 뒤에는 시·도경찰위원회도 폐지되는 경찰법개정안이 국회에 제출되어 통과되었다. 따라서 노태우 정부에서의 자치경찰 최종 모델은 지방 자치적 요소가 거의 없는 강력한 중앙집권적 경찰 모델인 종속 형이라고 할 수 있다.[9)]

4. 추진 쟁점

이 당시의 최대 쟁점 사항은 정치적 중립을 확보하는 일이다. 더 이상 경찰이 정치권에 의하여 오염되지 않기 위해서는 행정수반인 대통령으로부터 얼마나 독립하느냐가 정치적 중립의 관건이었다. 이를 위하여 의사결정기구인 경찰위원회의 구성 및 운영체제가 쟁점이 될 수 밖에 없었다. 일단은 이원제로 하여 지방자치적 요소를 확보하였지만, 지방의 경찰위원회 구성을 누가 추천하느냐도 쟁점이었다. 이와 더불어서 지방경찰을 국가경찰이 지휘하느냐, 아니면 시·도에 설치된 지방경찰위원회가 지휘하느냐 하는 지휘체계도 쟁점이었다. 경찰청장의 임명과 지방경찰청장의 임명 방법, 그리고 지방청에 근무하는 경찰공무원의 소속 등 인사문제도 쟁점 사항 중에 하나였다. 이러한 쟁점은 야당이 정권을 주도하였던 시절에만 활발하게 논의되었을 뿐 일부 야당과 여당이 통합하여 여당이 다수당이 된 이후에는 과거와 크게 다르지 않은 국가중심의 경찰체제로 회귀되는 안이 국회에 통과되었다.

5. 추진 결과

여소 야대에 의하여 정치와 행정을 야당이 주도하는 분위기속에서 야 3당이 합동

---

9) 제2조(국가경찰의 조직)제2항은 ② 경찰청의 사무를 지역적으로 분담하여 수행하게 하기 위하여 특별시장·광역시장 및 도지사(이하 "시·도지사"라 한다) 소속으로 지방경찰청을 두고, 지방경찰청장 소속으로 경찰서를 둔다고 하여 자치적 요소를 가미한 모향을 취하고 있다. 그러나 14조(지방경찰청장) 제2항은 ② 지방경찰청장은 경찰청장의 지휘·감독을 받아 관할구역의 국가경찰사무를 관장하고 소속 공무원 및 소속 국가경찰기관의 장을 지휘·감독한다.고 하여 실질적으로는 지방경찰조직은 중앙경찰조직인 경찰청 소속으로 되어 있음을 알 수 있다.

으로 제출한 자치경찰제도가 가미된 경찰법 개정안은 매우 순조롭게 추진될 것으로 생각하였다. 그러나 돌연 통일민주당 김영삼 총재와 신공화당 김종필 총재가 노태우 대통령의 민정당과 합당하면서 이 법안은 물 건너가게 된다. 3당 합당으로 국회의원 의석수가 과반수를 차지하게 된 민자당(통합된 이후의 여당 당명)과 정부는 국가경찰 일원제를 골자로 하는 경찰법 안을 국회에 다시 제출하여(1990월12월), 1991년 5월 여당 단독으로 통과시킴으로서 자치경찰제도의 도입은 무산되고 말았다(김보환, 2006: 9). 이에 반발하여 야당인 평민당도 자치경찰을 강력하게 추진하는 안인 경찰법개정법률 안을 국회에 제출했으나 국회임기만료와 함께 자동 폐기 되었다(한동효, 2012: 186). 또 한번 자치경찰제도 도입이 무산된 순간이었다.

제 4 절 | 김대중 정부[10] 시대

1. 추진 배경

이미 기술한 바와 같이 김대중 정부에서의 자치경찰에 대한 논의 배경은 두 가지로 요약된다.

첫째, 오랫동안 야당 생활을 해 오면서 한국의 민주화 운동을 전개해 왔던 김대중 대통령과 여당 인사들은 그동안 경찰이 "지나치게 독재·군사정부를 수호하는 데 앞장섰다"는 생각을 해 왔다(이종수, 2000: 3). 따라서 한국의 민주화를 위해서는 지나치게 중앙집권화된 국가경찰을 분권화시켜 정치적 중립 및 주민들의 직접적인 통제를 받도록 하는 것이 중요하다고 생각하고 있었다. 이러한 영향은 김대중 대통령이 자치경찰을 대통령 공약 100대 과제 중의 하나로 선정하는 결과를 낳았다(이상환, 1996: 49-61).

10) 김대중 정부는 역대 정부와 달리 추진기구에서부터 시작하여 국회에 법안까지 제출하였다. 법안이 제출과정에 대한 이해가 우리나라 자치경찰도입전반을 이해하는데 도움이 된다고 판단하여 김대중정부의 자치경찰 추진과정은 저자의 자치경찰론, 2008에 실린 부분을 그대로 옮겨 놓았다.

둘째, 국민의 정부 여당이 자치경찰에 대한 논의의 경험이 풍부하다는 점이다. 국민의 정부 시절 여당은 새정치국민회의다. 새정치국민회의의 전신은 평화민주당, 국민회의였다. 평화민주당은 1988년에 11월 25일에 자치경찰을 실시하는 안이 포함된 경찰법을 국회에 제출하였다(이강종, 2000: 54-5). 그러나 이 안은 당시 야당인 통일민주당과 신민주공화당의 안과 통합되어 단일안으로 13대 국회에 제출되었지만 여당인 민정당의 저지 때문에 무산되었다. 그 후 평화민주당은 당명을 국민회의에서 새정치국민회의로 변경한다. 김대중 후보가 김영삼 후보에게 대선에서 패하여 다시 야당이 된다. 야당인 새정치국민회의는 김영삼 후보가 1995년 7월 1일부터 자치단체장까지 민선으로 하는 지방자치를 본격적으로 실시하자 다시 자치경찰 실시를 줄기차게 주장하였다. 이러한 자치경찰에 대한 새정치국민회의 경험은 김대중 정부가 탄생하여 여당이 되자마자 새정치국민회의는 1998년 7월에 당 내에 '자치경찰제정책기획단'을 설치하여 그 해 말까지 6개월 동안 활동하면서 자치경찰제 도입안을 만들었다(박희방, 2005: 37). 이 안은 후에 경찰청에서 만든 자치경찰제 도입안과 절충하여 단일안으로 만들어졌다. 김대중 정부 탄생까지 야당에서 제출한 자치경찰안들을 살펴보자.

1) 제13대 국회 야3당 단일 경찰법안[11)]

제13대 국회에서는 1988년 10월 24일 통일민주당이 발의한 경찰법안과 동년 11월 25일 평화민주당이 발의한 경찰법안, 1989년 5월 10일 신민주공화당이 발의한 경찰법안이 있었다. 이 세 가지 안을 놓고 야3당(통일민주당, 평화민주당, 신민주공화당)은 단일안을 만들기로 협의하였고, 1989년 11월 30일에 단일안을 국회에 제출하였다(박희방, 2005: 35). 이 단일안은 경찰기구의 독립성을 확보하면서 국가경찰체제를 기초로 하는 자치경찰 체제의 절충 형태를 채택하였다. 조직면에서는 중앙과 지방조직으로 구분하고 ① 중앙경찰 조직은 국무총리 소속의 국가경찰위원회를 두고 그 집행기관으로 경찰청을 두고 있다. ② 지방경찰 조직은 특별시·직할시·도 산하에 수도경찰위원회와 직할시·도 경찰위원회를 두고 있으며 그 관리하에 경찰청의 지휘감독을 받는 특별시·직할시·도 경찰본부를 두고 그 관할하에 구·시·군경찰서를 두

11) 최종술, "우리나라 자치경찰제 도입의 갈등 요인에 관한 연구," 고려대학교 정부학연구소, 정부학연구 제8권 제2호, 2002, pp.303-4.

는 것으로 하고 있다.

조직관리 형태는 합의제(위원회제)를 채택하였다. 국가의 공안에 관계되는 경찰 운영을 관장하기 위하여 국가경찰위원회를 국무총리 산하에 두도록 하였다. 국가경찰위원회는 위원장을 포함한 7인의 위원으로 구성하며, 위원 중 4인은 국회에서 선출한 자를 대통령이 임명하며, 위원장을 포함한 3인의 위원은 국무총리의 제청으로 대통령이 임명한다. 이 때 위원장은 국무위원으로 보하도록 하고 있다. 경찰청장은 국가경찰위원회가 제청한 자를 국무총리를 경유하여 대통령이 임명하는 것으로 하였다(정균환, 1996: 240-71). 지방경찰은 서울특별시장 소속 하에 수도경찰위원회를 두고, 직할시·도지사의 소속 하에 지방경찰위원회를 두며 7인의 위원으로 구성된다. 이 중 4인은 시·도의회에서 선출하면 시·도지사가 임명하고, 나머지 위원장을 포함한 3인은 시·도지사가 시·도 의회의 동의를 거쳐 임명하는 것이었다. 지방경찰의 집행부는 지방경찰위원회가 시·도지사 산하에 둔 것과는 달리 국가기관인 경찰청 소속으로 하였다.

경찰청 관할 하에 특별시·직할시 및 각 도에 시·도 경찰본부를 두도록 하였다.[12] 수도 경찰본부장은 국가경찰위원회가 수도 경찰위원회의 동의를 얻어 국무총리에게 제청한 자를 대통령이 임명하며, 직할시·도 경찰본부장은 경찰청장이 시·도 경찰위원회의 동의를 얻어 제청한 자를 국가경찰위원회가 임명하는 것으로 되어 있었다. 시·도 경찰본부장은 시·도 경찰위원회의 관리 하에 경찰청장의 지휘 감독을 받아 관할구역 내의 경찰사무를 통할하고, 그 소속 직원을 지휘 감독하도록 하였다. 시·도경찰본부의 직제는 대통령령으로 정하였다. 또한 일선 경찰조직인 경찰서는 시·도 경찰본부 관할 하에 두며, 경찰서장은 당해 시·도 경찰본부장의 제청으로 경찰청장이 임명하도록 하였다(최기문, 2000: 43).[13]

2) 국민회의·자민련 공동경찰법 개정법률안[14]

3당 합당으로 집권한 문민정부(김영삼 정부)가 지방자치단체장의 직선 등 본격적

---

12) 야 단일 경찰법 개정안 제34조.

13) 야 단일 경찰법 개정안 제36조.

14) 국민회의 정책기획단, 경찰법 개정 법률안 시안.

인 지방자치를 실행에 옮기자, 1996년부터 새정치국민회의와 자유민주연합(자민련) 두 야당이 경찰의 자치경찰화 방안을 제시하고 추진하였다. 드디어 두 당은 여당이 되었고 이 두 당은 '국민의 정부' 출범 직전인 1998년 1월에 '자치경찰제 도입 방안'이 포함된 경찰법안을 제시하게 된다.

위 법률안은 자치경찰의 도입 형태를 국가경찰제에 자치경찰제를 가미한 절충형으로 하며, 중앙경찰 조직은 국무총리 소속 하에 국가경찰위원회를 두고 그 관리하에 집행기관으로 경찰청을 두고 있다. 국가경찰위원회는 위원장과 17인의 위원으로 구성하며, 위원은 국회가 9인을 추천하고, 국무총리가 9인을 제청하면 대통령이 임명하는 것으로 한다. 경찰청장은 국가경찰위원회의 제청으로 국무총리를 거쳐 국회의 동의를 얻어 대통령이 임명하며, 임기 2년으로 한다. 지방경찰 조직은 특별시장, 광역시장, 도지사 소속 시·도지방경찰위원회를 두고 위원장을 포함해 10인의 위원으로 구성한다. 시·도 지방경찰청장은 경찰청의 관할 하에 둠으로써 자치단체의 장으로부터 독립하여 중립성을 보장하는 것으로 한다. 또 위 법률안은 시·도지방경찰청 소속 경찰 직원 중 경정 이상은 국가공무원이며, 시·도 지방경찰청장의 제청으로 시·도지방경찰위원회와 국가경찰위원회의 동의를 얻어 대통령이 임명하는 것으로 하고 있다. 또한 경감 이하의 지방공무원은 경찰청장이 시·도지방경찰위원회의 동의를 얻어 제청하고, 시·도지사가 임명하는 것으로 하고 있다.

2. 추진 일정

위에서 보는 바와 같이 김대중 정부는 자치경찰제 도입에 대해서 역대 어느 정부보다도 적극적이었다. 특히, 김대중 대통령 자신이 어느 누구보다도 적극적이었다.[15)]

15) 김대중 대통령의 자치경찰제 도입 관련 발언 내용
1996. 3. 새정치국민회의는 '96 국민과의 약속' 제하의 제15대 총선 300대 공약으로 지방경찰제 설치를 제시
1997. 12. 2. 김대중 대통령 후보는 여의도 공동선대기구 사무실에서 기자 회견을 개최 '지방자치 경찰제 실시' 등 170개 항목의 대선공약 발표
1997. 12. 19. "지방경찰을 창설하는 등 지방화 시대에 걸맞은 명실상부한 지방자치를 실현하겠다"(국회 앞에서 가진 당선 기자 회견)
1998. 3. 23. "지역특수성에 입각한 효율적인 치안을 확보할 수 있도록 지방자치경찰제의 도입을 적극 검토하고 있다"(경찰대학 14기 졸업식)
1998. 6. 27. "지방자치 활성화를 위하여 지방정부로 넘길 것은 과감히 넘기되, 특히 인사 교육,

또한 김대중 정부는 자치경찰 제도에 대한 논의 경험이 많기 때문에 별다른 준비 없이 안을 쉽게 만들 수 있었다. 이러한 분위기 때문에 자치경찰제 도입에 대하여 소극적이었던 경찰도 자치경찰 실시를 더 이상 피할 수 없는 점을 인정하기 시작하였다. 이에 경찰은 김대중 정부가 출범한 지 1개월이 지난 1998년 3월 31일에 경찰공무원 11인으로 한 '경찰제도개선기획단'을 발족하게 된다. 경찰은 이 기획단을 통하여 자치경찰제 실시안을 작성하였다. 이렇게 대통령을 비롯한 당·정이 자치경찰제 도입에 대해서 적극적이었기 때문에 자치경찰제 도입은 일사천리로 진행될 수 있었다. 김대중 정부와 경찰청이 주도가 되어 지방자치 경찰을 준비하였던 일정을 요약하면 다음과 같다(최기문, 2000: 46-8).

- 1998. 3. 31. 기획단을 발족, 우리 실정에 맞는 모델 연구 시작(단장 경찰청 차장). 교수 등 각계 11명 참석
- 1998. 7. 국민회의 '지방자치경찰제기획단'(단장 국회의원 추미애)과 공동 연구
- 1998. 9. 29. 기획단을 경찰개혁위원회로 확대 재편, 경찰개혁위 심의 마련(위원장 최인기). 각계 전문가 및 시민대표 31명 구성
- 1998. 12. 7. ~ 12. 9. 경찰개혁위 시안을 토대로 공청회 개최

치안 등은 도지사가 책임을 지고 추진할 수 있도록 권한을 대폭 이양하여 그 결과는 선거를 통해서 심판을 받도록 해야 한다"(국정과제 점검회의)

1998. 7. 8. "올 정기국회에서 인사·세제(稅制)·지방경찰 등의 분야에서 지방행정을 강화하는 방향으로 법을 개정하겠다"(2기 민선 시·도지사 초청 오찬)

1998. 10. 21. "경찰의 치안 능력을 강화하고 업무의 효율을 높여 나가기 위하여 지방자치경찰제 도입을 추진할 것이다"(경찰의 날 기념식)

1999. 3. 15. "지방자치경찰제를 추진, 지역별 특성과 수요에 맞는 치안행정이 이루어지도록 하겠다"(경찰대학 15기 졸업식)

1999. 3. 23. "경찰개혁위원회는 늦어도 5월 말까지 자치경찰 제도 등 개혁 방안을 마련해 주어야 한다"(국무회의)

1999. 3. 25. "경찰개혁위원회에서 지방자치경찰제 도입안을 3월 말까지 마련하기로 하였으나 늦어지고 있다. 자치경찰제 도입 방안 등 획기적인 경찰개혁 방안을 마련하여 5월 말까지 보고하라"(행자부 국정개혁 보고회의)

1999. 4. 24. "머지 않아 지방경찰제가 실시될 것이므로 준비를 철저히 하라. 성공 대책을 연구하라"(경기도청 행정개혁 보고회의)

1999. 4. 27. "자치경찰제는 당과 협의 조정하여 원칙과 현실적인 문제 등을 감안, 합리적으로 결정토록 하라"(경찰청장 경찰개혁위원장의 자치경찰제 도입 방안 등 보고시)

1999. 5. 1. "내년 중 지방경찰제를 실시하려 하며 교육자치도 지방자치와 연계하거나 통합해 2001년 시행할 것이다"(전국지방의회의장단 초청 오찬)

- 1999. 1. 18. 경찰청 내부 검토를 거쳐 '경찰법개정안' 마련
- 1999. 4. 27. 경찰개혁 방안(자치경찰제 도입 방안을 포함) 대통령에게 보고
- 1999. 5. 『자치경찰의 이해』 홍보책자 10만 부 인쇄·배포
- 1999. 3. 18. ~ 6. 23. 4차(3. 18, 5. 4, 5. 10, 6. 23)에 걸쳐 당·정 협의

3. 추진 모델

김대중 정부에서 자치경찰제 도입안은 여당인 새정치국민회의와 경찰청 두 곳에서 나왔다. 두 안의 주요 골자를 보면 다음과 같다.

1) 새정치국민회의 안

당시 여당인 새정치국민회의는 자치경찰제를 김대중 정부의 '100대 정책과제' 가운데 하나로 정하고 새 정부 출범 해인 1998년 7월에 자체 내에 자치경찰제 정책기획단을 설치하여 6개월 작업 끝에 자치경찰제 도입안을 발표하였다. 주요 내용을 보면 다음과 같다(최종술, 2001: 359-60).

- 국가경찰 조직은 경찰행정에 관한 기본 방침과 처리 기준 등을 심의·의결할 국가경찰위원회를 국무총리 산하에 두고 7인의 위원으로 구성한다. 위원 구성은 국무총리가 위원장을 포함한 3인, 국회의장과 대법원장이 각각 2인씩 추천케 하며 이는 국무회의 의결을 거쳐 대통령이 임명하도록 한다. 국가경찰위원회 산하에 집행기관인 경찰청을 두며, 경찰청장은 국가경찰위원회의 제청으로 국무총리를 거쳐 대통령이 임명하되 임기는 2년으로 하였다.
- 자치경찰 조직으로서는 시·도지사 산하에 위원장과 상임위원 1명을 포함한 4인 위원으로 구성된 시·도지방경찰위원회를 두며, 그 관리 하에 집행기관인 시·도 경찰청을 둔다. 지방경찰위원은 시·도의회 추천 2인, 국가경찰위원회가 추천한 2인을 시·도지사가 임명한다. 시·도경찰청장은 국가경찰위원회가 경찰청장의 의견을 듣고 시·도지방경찰위원회의 동의를 얻어 제청하면 대통령이 임명하도록 하고 있다. 시·도경찰청 산하에 경찰서를 두며, 시·도 경찰청 소속 경찰공무

원 중 경정 이상은 국가공무원, 경감 이하는 지방공무원으로 한다.

- 재정은 해당 자치단체가 부담하는 것을 원칙으로 하되 부족분에 한하여 국가가 부담할 수 있도록 한다.

새정치국민회의안은 1996년 야당 당시에 제출한 자치경찰제안에서 약간 개정한 안이다. 1996년 당시의 안은 국가경찰위원회 위원 수를 18인으로 하고 이 중 9인은 국회에서, 나머지 9인은 국무총리가 제청하여 대통령이 임명하도록 하였다. 경찰청장은 국가경찰위원회의 제청으로 국무총리를 거쳐 국회 동의를 얻은 후에 대통령이 임명하도록 하였는데 이번 안에는 위원 수를 7인으로 줄이고 국회의장과 대법원장이 각각 2명을 추천하도록 한 점이 다르다. 그리고 1996년안은 시·도경찰청을 시·도경찰위원회 관할로 두지 않고 자치단체장으로부터 정치적 중립을 유지하기 위하여 국가경찰인 경찰청 관할에 두도록 하였지만 1998년안은 이를 변경하여 지방경찰청은 시·도지사 산하에 있는 지방경찰위원회 관리 하에 두도록 하고 있다(신현기, 2005: 294-5).

2) 경찰청안

가. 경찰청 제1안

대통령과 여당이 자치경찰제 도입을 기정 사실화하자 당사자인 경찰청도 자체안을 만들기 시작하였다. 경찰청은 학계, 법조계, 언론계, 시민단체 등 각계 각층의 인사 30인으로 구성된 '경찰개혁위원회'를 구성하여 자체안을 작성하였다. 물론 경찰청이 자치경찰제에 대해서 이렇게 민간위원으로 구성된 위원회에서 작성하게 하는 것은 자치경찰제 도입과 동시에 수사권 독립을 위한 광범위한 지지를 얻기 위한 목적 때문이었다. 여기에서 마련된 주요 안은 다음과 같다(경찰개혁위원회 실무연구팀, 1999: 24-30).

- 국가경찰 조직은 여당안과 마찬가지로 국무총리 산하에 국무총리 3인, 대법원장과 국회의장이 각각 2인 추천으로 대통령이 임명한 7인 위원으로 구성된 국가경찰위원회를 두며, 이 관리 하에 경찰청을 두되, 경찰청장은 국가경찰위원회

의 제청으로 대통령이 임명하도록 하였다.

- 지방경찰 조직은 여당안처럼 시·도지사가 3인, 시·도의회가 2인을 추천하고, 시·도지사가 임명한 이들 5인 위원으로 구성된 시·도경찰위원회를 두고, 이 산하에 시·도경찰청을 둔다. 시·도 경찰청장은 경찰청장이 시·도의회의 동의를 얻어 제청하며 대통령이 임명한다. 경찰서장은 시·도경찰청장의 제청하면 경찰청장이 임명하도록 하고 있다.

경찰청안은 여당안과 대체로 별 차이가 없지만 시·도 경찰위원회의 구성과 시·도 경찰청장 임명은 크게 차이가 난다. 여당안은 지방경찰위원회의 구성에 국가경찰위원회가 2분의 1, 지방의회가 2분의 1의 추천권을 부여하고 도지사는 임명권만 갖도록 하고 있다. 반면에 경찰청안은 시·도지사에게 위원 추천권을 과반수인 3인을, 지방의회에게는 2인의 추천권을 부여하고 국가경찰위원회에게는 추천권을 부여하지 않았다. 경찰청장 임명 방법도 두 기관은 차이를 보인다. 여당안이 국가경찰위원회가 주도하고 시·도경찰위원회의 동의를 거쳐 대통령이 임명하는 것으로 한 반면에 경찰청안은 경찰청장이 주도하고 시·도경찰위원회의 동의를 얻어 대통령이 임명하는 것으로 하고 있다. 즉, 지방경찰청장 임명을 여당안은 위원회가, 경찰청안은 경찰청장이 주도권을 행사하겠다는 것이다.

나. 경찰청 수정안

이 두 안은 여러 차례의 당정 협의 등을 통하여 조정하였다. 수정된 주요 내용은 여당인 새정치국민회의안이 최대한 반영되었다. 이 중에 경찰청안에서 가장 중요하게 변화된 것은 시·도경찰위원회 구성과 시·도경찰청장 임명 방식이다. 즉, 시·도경찰위원회 구성시에 국가경찰위원회에 위원 1명을 추천할 권한을 부여하였고, 시·도경찰청장 임명시 국가경찰위원회가 주도하고 시·도경찰위원회가 동의하는 형식으로 하여 경찰청장이 지방경찰청장 임명에 관여하지 못하도록 하였다. 두 안은 결국 당·정 간의 협의를 거쳐 1999년 5월 4일 경찰청이 경찰법안 수정안을 발표하면서 확정되었다. 경찰청 수정안을 요약하면 다음과 같다.

위원장과 상임위원 1인을 포함한 위원 7인으로 구성된 국가경찰위원회를 설치한다. 수정안은 위원 7인은 국무총리가 위원장과 상임위원 포함 3인을, 대법원장과 국회의장이 각각 2인을 추천하면 국무총리가 제청하여 대통령이 임명하는 것으로 하였다. 그리고 국회의장과 대법원장이 추천한 위원을 해임할 때는 추천권자에게 통지하도록 단서 조항을 두고 있었다. 시·도에도 5인의 위원으로 구성하는 시·도 경찰위원회를 두며, 상임위원을 포함한 위원 2인은 시·도지사가, 2인은 시·도의회가, 1인은 국가경찰위원회가 각각 추천하고 시·도지사가 임명하도록 개정되었다. 지방경찰의 수장인 시·도 경찰청장은 국가경찰위원회가 경찰청장의 의견을 듣고 시·도 경찰위원회의 동의를 얻어 제청하고 국무총리를 거쳐 대통령이 임명하도록 개정하였다. 이 개정안은 새정치 국민회의의 안을 따른 것이다.16)

지금까지 소개된 안을 쟁점별로 정리한 내용이 〈표 3-1〉이다.

〈표 3-1〉 경찰법 개정안별 쟁점의 비교 분석

	'96국민회의·자민련 공동안	국민회의 수정안	경찰청 수정안
국가경찰위원회	제5조 국무총리 소속으로 설치 *위원장과 17인의 위원 *위원 중 9인은 국회 추천, 9인은 총리 제청→대통령 임명 *위원 자격 제한: 현역 군인, 검찰, 경찰, 안기부 근무자로 퇴직 후 3년 경과하지 아니한 자; 국가공무원법 제33조 제1항에 해당하는 자 *위원의 임기는 4년이며, 정치활동 불가 *정당 및 기타 정치활동 불가	제5조 국무총리 소속으로 설치 *위원장과 6인의 위원(상임1) *위원 중 2인은 국회의장 추천, 2인은 대법원장 추천→국무회의 의결 후 대통령이 임명 *위원 자격 제한: 현역 군인, 검찰, 경찰, 안기부 근무자로 퇴직 후 3년 경과하지 아니한 자; 정당 당적 이탈 후 3년 미경과자; 국가공무원법 제33조 제1항에 해당하는 자 *위원의 임기는 3년으로 1차 연임 가능 *정당 및 기타 정치활동 불가	제5조 국무총리 소속으로 설치 *위원장과 6인의 위원(상임1) *총리 제청 후 대통령이 임명 *위원 자격 제한: 현역 군인, 검찰, 경찰, 안기부 근무자로 퇴직 후 3년 경과하지 아니한 자; 정당 당적 이탈 후 3년 미경과자; 국가공무원법 제33조 제1항에 해당하는 자 *위원의 임기는 3년으로 1차 연임 가능 *정당 및 기타 정치활동 불가
지방경찰위원회	제21조 특별시장, 광역시장, 도지사 소속 하에 지방경찰위원회를 둔다. *위원장 포함 10인의 위원으로 *위원장 및 위원으로 정무직 지방공무원으로 보함. *위원 중 5인은 시도의회가 임명하고, 5인은 시도지사가 임명 *위원 임기는 4년	제21조 특별시장, 광역시장, 도지사 소속 하에 지방경찰위원회를 둔다. *위원장과 상임위원 1인 포함 4인 위원으로 구성 *위원장과 위원은 명예직으로 하고, 상임위원은 지방경찰청장 계급에 상당하는 정무직 지방공무원으로 보함.	제21조 특별시장, 광역시장, 도지사 소속 하에 지방경찰위원회를 둔다. *위원장과 6인 위원으로 구성하되, 위원 중 1인은 상임으로 *위원장은 위원 중 호선하며, 상임위원은 정무직 지방공무원으로 하되, 지방경찰청장에 상당하는 직급으로 함.

16) 국민회의 정책기획단, 경찰법 개정법률안, 제5조, 제9조, 제18조, 제26, 1999. 5.

	'96국민회의·자민련 공동안	국민회의 수정안	경찰청 수정안
		*시도지사가 위원을 임명하되 2인은 시도의회가 추천한 자를, 2인은 국가경찰위원회가 추천한 자를 임명 *위원 임기는 3년, 1차 연임 가능	*시도지사가 위원을 임명하되 2인은 시도의회가 추천한 자를, 2인은 국가경찰위원회가 추천한 자를 임명 *위원 임기는 3년, 1차 연임 가능
인사	*시도지방경찰청의 경정 이상 경찰관은 국가공무원으로, 경감 이하 경찰관은 지방공무원으로 *시도지방경찰청 소속의 경정 이상 경찰관은 지방청장의 제청으로 지방/국가경찰위원회의 동의를 얻어 대통령이 임명한다. *시도지방경찰청 소속의 경감 이하 경찰관은 지방청장의 제청으로 지방경찰위원회의 동의를 얻어 시도지사가 임명한다.	*시도경찰청 소속 경찰관 중 경정 이상은 국가공무원으로 하며 인사에 관하여는 경찰공무원법 또는 국가공무원법을 적용한다. *시도경찰청 소속 경찰관 중 경감 이하는 지방공무원으로 하며 인사에 관하여는 경찰공무원법 또는 지방공무원법을 적용한다.	*시도경찰 소속 경정 이상 경찰공무원은 국가공무원으로 하고, 시도경찰청장의 추천과 경찰청장 제청으로 국무총리를 거쳐 대통령이 임명하며, 경감 이하의 경찰공무원은 지방공무원으로 하였다.
예산	*국고지급경비를 제외하고 시도지방경찰에 소요되는 경비는 당해 시·도가 부담 *시도 필요경비 중 대통령령으로 정하는 부분은 국고에서 보조	*시도경찰에 소요되는 경비는 당해 시·도에서 부담 *시도경비의 일부는 대통령령으로 정하는 기준에 의하여 국가 예산범위 안에서 보조	*시도경찰에 소요되는 경비는 당해 시·도에서 부담. 그 재원은 시도 일반회계 전입금, 대통령령이 정하는 범칙금 등 *시도경찰 경비 일부는 국가교부

자료: 이종수(1999: 63).

4. 함의

김대중 정부[17]는 자치경찰제 도입을 민주주의의 근간을 세우는 중요한 일로 여겨 강력하게 추진하였다. 김대중 정부 시절에 논의된 안의 특징을 몇 가지로 요약하면 다음과 같다.

첫째, 도입 단위는 광역자치단체였으며 자치경찰제 관리는 합의제 기관인 위원회 조직이었다.

둘째, 자치경찰제는 국가경찰 조직의 하나로 인식하여 형식은 분권화된 모습을 취하고 있지만 집행은 국가경찰이 주도하도록 하고 있다. 지방경찰청장의 임명은 항상

17) 여기서 말하는 김대중 정부란 김대중이 대통령 되기 직전 새국민회의 총재 시절부터 대통령 재임 기간까지로 하였다.

국가경찰위원회나 경찰청장이 주도하고 있으며 경찰서장을 비롯한 경정 이상 간부공무원들을 국가공무원으로 보하도록 한 점 등이 국가경찰 주도의 자치경찰임을 보여주는 실례라고 할 수 있다.

이러한 점을 고려할 때 김대중 정부 시절의 자치경찰은 점진적 형태인 자치경찰로서 국가경찰의 틀 속에서 자치경찰의 요소를 가미한 형태라고 할 수 있다. 그럼에도 불구하고 김대중 정부 시절의 자치경찰 논의는 자치경찰에 대한 국민적 인식과 공감을 높였다는 데 크게 기여하였으며, 노무현 정부에서 자치경찰 논의를 정착시키는 데 큰 역할을 하였다고 평가할 수 있다. 이러한 의의에도 불구하고 김대중 정부의 자치경찰제 도입은 실패하였다. 김대중 정부는 자치경찰의 도입과 관련하여 많은 논의를 진행했음에도 불구하고 실시를 중단하게 된 가장 중요한 원인은 결국 자치경찰 제도의 도입으로 인하여 직·간접적으로 영향을 받는 관계 기관의 이해관계 문제가 정리되지 못한 점과 이로 인한 각 주체들의 의욕 상실로 요약될 수 있다(최종술, 2001: 373-8).

5. 김대중 정부까지의 자치경찰 도입안의 특징

우리나라에서는 김대중 정부 이전까지는 기술한 바와 같이 자치경찰제의 필요성에 대해서는 독자적인 논의가 별로 이루어지지 못하였다. 국립경찰 발족 이후 반세기 동안 주로 경찰의 정치적 중립을 위한 경찰기구의 독립에 초점이 맞춰져 왔을 뿐, 자치경찰제 도입은 여기에 부수하여 부분적인 논의만 있었다. 참여정부 이전까지 자치경찰제 도입의 필요성을 논의한 것 중 중요한 것을 정리하면 다음과 같은 특징들을 내포하고 있음을 알 수 있다(양영철·이기우, 2004).[18)]

1) 도입단위는 광역자치단체

자치경찰 실시 단위에 대한 논란은 비교적 없었다. 즉, 광역자치단체가 실시 단위

18) 다음 내용의 일부분은 양영철, “참여정부의 자치경찰 창설과 운영 방안,” 한국 사회와 행정연구, 제15권 제4호, 2005. 서울행정학회에서 인용하였다.

가 되어야 한다는 주장에는 이의 제기가 없을 정도로 당연시되었다. 1948년도 정부가 수립되기 전에 미군정에서 마련하였던 기초자치단체에서 자치경찰을 도입하는 안이 정부 단위에서 공식적으로 만들어진 안으로서는 처음이자 마지막이었다. 특히 일본이 1954년에 기초에서 광역으로 도입 단위를 전환함으로써 기초자차단체에서의 논의는 아예 상정조차 하지 못하였다. 왜 이렇게 한국의 자치경찰 실시 단위에 대한 논란은 광역자치단체로 고착화되었을까? 저자는 다음과 같은 몇 가지 원인이 있다고 생각한다.

첫째, 일본의 영향 때문이다.

이웃 나라 일본의 자치경찰의 도입 단위가 광역자치단체가 된 것은 우리나라의 학계와 관계에 미친 영향이 매우 크다. 학계의 논문을 보면 자치경찰에 대한 소개는 일본 자치경찰이 항상 중심을 이루고 있으며 또한 이에 대한 평도 매우 우호적이다. 경찰의 입장에서도 마찬가지다. 일본 자치경찰은 국가경찰에 종속되어 있는 형태이기 때문에 국가경찰로서는 선호할 수밖에 없다. 여기에다 일본 치안 수준이 매우 좋다는 것을 연계하여 주장하기 때문에 일본 자치경찰 모형이 아무런 비판 없이 최고 모형으로 어느새 자리잡고 있다.

이에 반하여 도입 단위가 기초자치단체인 유럽의 자치경찰, 특히 스페인, 이태리 등에 대한 연구는 전무하다시피 빈약하다. 이들 국가의 자치경찰에 대한 본격적인 연구는 2003년 11월, 정부혁신지방분권위원회가 이들 나라를 방문하면서부터라고 할 수 있다.[19] 때문에 기초자치단체 도입 단위에 대한 연구 자료가 빈약할 수밖에 없었다. 따라서 항상 도입 단위 논의 과정에서 배제될 수밖에 없었다고 생각한다. 설령 기초자치단체에 모든 경찰 기능을 집중시켜 놓고 자치경찰을 실시하는 나라인 미국 자치경찰은 연방정부라는 이유로 소개만 할 뿐 이를 벤치마킹하여야 한다는 주장도 또한 전무한 실정이다.

---

19) 정부혁신지방분권위원회는 유럽의 지방분권 현황을 연구하기 위하여 두 차례 유럽을 방문하였다. 제1차의 방문은 2003. 11. 25~12. 8일간 스페인, 그리스, 이태리를 방문하였고 이 때 유럽 자치경찰의 모형을 집중 분석하였다. 제2차는 경찰청의 자치경찰 연구위원회인 경찰혁신위원회와 함께 기초자치단체 중심의 자치경찰제를 실시하고 있는 나라인 프랑스, 스페인, 이태리를 2004. 5. 15~24일간 방문하였다.

둘째, 국가경찰이 통제하기가 쉽다.

우리나라 지방자치단체는 광역 16개, 기초 230개로 구성된다. 국가경찰은 도입 단위를 광역으로 하면 16개만 통제하면 나머지 기초자치단체는 자동으로 통제된다는 생각이다. 특히, 이 안들은 광역 단위의 지방경찰청만 광역의회인 시·도의회의 관여만 약간 받을 뿐 기초자치단체 단위에 있는 경찰서는 아예 지방자치단체가 관여할 수 없도록 되어 있기 때문에 국가경찰에게는 큰 부담이 없는 안이다. 그러나 이것은 지방자치에 대한 이해 부족에서 온 생각이라고 할 수 있다. 지방자치단체 간에는 국가행정기관처럼 상하 관계가 엄격하게 이루어지는 조직이 아니다. 광역이나 기초자치단체는 독립된 법인이기 때문에 조직, 인사, 재정에 대한 독립된 권한을 가지고 있다. 따라서 광역자치단체를 자치경찰의 도입 단위로 하면 자치경찰은 기초자치단체는 실시하지 않은 것과 다름이 없다. 자치경찰관이 일단 기초자치단체에 배치되면 자동적으로 기초자치단체의 공무원이 되기 때문에 광역자치단체장이 지휘·감독은 법률상 불가능하다. 자치경찰은 결국 기초자치단체에 의해서 서비스가 주민에게 전달되는데 이렇게 이원적으로 조직이 이루어진다면 자치경찰은 실제로 매우 혼란스러운 상태가 될 것이다.

셋째, 국회의원들이 대부분 이 안을 지지하기 때문이다.

국회의원들은 자치경찰 실시로 우선 자신들의 심의·의결사무 범위가 지방으로 이관되기 때문에 달갑게 생각하지 않는다. 또한, 선거 과정에서 경찰이 직·간접으로 관여하기 때문에 이에 대한 통제는 현역 국회의원들에게는 큰 매력으로 되어 있었다. 특히 국회의원들은 광역자치단체장이나 기초자치단체장들이 항상 자신들의 자리에 도전하는 잠재적 경쟁자로 생각하여 경계하는 대상이기 때문에 이들에게 경찰권을 이관하는 문제에 대해서는 결코 찬성할 수 없는 것이다. 이러한 이유 때문에 지방자치단체의 폭이 가장 미미한 이 안을 경찰청, 중앙정부, 국회가 선호하는 것이다.

2) 조직운영은 위원회 형

정책 과정은 크게 정책결정과 집행으로 나눈다. 크게 보면 정책결정은 국가경찰은 국회가, 자치경찰은 지방의회가 한다. 이렇게 결정된 정책은 집행기관으로 이관된다.

정책결정기관에서 이관된 사무를 집행하는 집행기관의 운영 구조는 다시 두 가지로 나눈다. 여러 사람으로 구성하는 위원회와 한 사람이 운영하는 독임제가 있다(이강종, 2004: 15-35). 위원회는 여러 사람이 참여하여 다양한 의견을 반영할 수 있다는 점에서 민주성이 강하다. 반면에 독임제는 책임과 권한이 분명하게 한 사람에게 집중되어 있기 때문에 업무 집행이 효율적이라는 장점이 있다. 위원회의 장점이 독임제의 단점이고 위원회의 단점이 독임제의 장점인 것이다.

지금까지 우리나라 자치경찰에 대한 조직 형태 논의는 위원회의 형태를 선호하여 왔다. 국가경찰에게는 국가경찰위원회를, 자치경찰에는 지방자치경찰위원회를 두고 그 산하에 집행기관인 경찰청과 지방경찰청을 두는 안이 대세였다. 일반적인 위원회 제도는 의원회가 집행기관의 모든 업무를 결정하는 최고의 의사결정 기구다. 그러나 우리나라에서 자치경찰제 도입 과정에서 논의되었던 안들은 각 위원회에서 집행기관의 기본 방향을 정하고 주요 간부 임명에만 관여하는 매우 제한적인 권한만 가지고 있을 뿐이었다. 이렇게 자치경찰위원회가 매우 제한적으로 자치경찰의 집행사무에 관여하는 모형은 일본 경찰구조와 비슷하다. 일본의 국가공안위원회와 지방공안위원회의 역할과 권한은 국가경찰과 지방자치경찰에 대해서 집행기관의 대상의 방향만 결정할 뿐 집행사무에는 관여할 수 없도록 하는 일본 법률 용어로는 '관리' 수준으로 제한하고 있다. 더군다나 일본이나 우리나라에서 말하는 자치경찰위원회 모형은 지방경찰청 내에 두며 위원들의 신분도 비상근이기 때문에 결국 집행기관의 의도대로 갈 수밖에 없는 구조다(김형만 외, 2003: 212; 이종수 외, 2005: 436-8).

결론적으로 말하면 지금까지 논의해 왔던 우리나라의 자치경찰위원회 제도는 무늬만 민주성의 조직 형태를 띠었을 뿐 집행기관을 보호해 주는 자문기관에 불과하다.

3) 국가경찰 주도의 자치경찰

자치경찰과 국가경찰과의 관계는 자치경찰의 위상을 결정짓는 중요한 요인이 된다. 국가에 따라서 자치경찰과 국가경찰 간의 관계는 종속적인 관계에서부터 병렬적·독립적인 관계로 나눌 수 있다. 종속적인 관계는 국가경찰이 자치경찰 조직, 인사의 권한을 주도하는 경우다. 병렬적 관계는 대등한 입장에서 조직과 인사를 운영하는 경우이며, 독립적인 경우는 상호간에 전혀 관여하지 않는 경우를 말한다. 참여정부 이전 우리나라의 자치경찰은 국가경찰에 종속적 관계였다고 할 수 있다. 그 근거를 보자.

첫째, 국가경찰이 자치경찰의 인사권을 주도하고 있다.[20)]

우선 자치경찰의 간부공무원인 경정 이상은 모두 국가 경찰공무원으로 보고 있다. 이 경우 엄격히 말하면 자치경찰의 간부들은 국가경찰관이기 때문에 자치단체의 공무원이 아니다. 그 때문에 경정 이상의 국가경찰 공무원이 자치경찰사무를 수행하는 것을 두고 그것도 자치경찰이냐라는 비난을 받아도 변명조차 하기 어렵다. 이는 결국 자치경찰 책임자인 지방자치 경찰청장의 임명에서도 나타난다. 각 정부와 각 정당의 자치경찰안마다 차이가 있지만 큰 줄거리는 지방자치 경찰청장과 경찰서장의 임명은 국가경찰청장이 추천 등 결정적인 역할을 하도록 하고 있다. 더욱이 지방경찰청장뿐만 아니라 시·군·구에 있는 경찰서장까지도 국가경찰관이 아니면 임용 후 보군에도 들지 못하도록 하고 있어 국가경찰의 인사권을 독점적으로 행사하고 있음을 알 수 있다.

둘째, 조직운영권이다.

이미 기술하였지만 지금까지의 안에서 지방자치단체는 자치경찰의 운영에 있어 정치적 중립이라는 명분 하에 거의 배제되거나 간접적인 관여만 하도록 되어 있다. 자치단체장과 지방의회는 자치경찰위원회의 위원선출권과 재정 부담의 의무만 갖고 있을 뿐 그 밖의 조직 운영에 대한 권한은 철저하게 배제되어 있다. 이는 지방자치단체에 대한 불신에서 비롯되었다. 무소불위의 자치단체장과 이권 개입에만 관심을 갖는 지방의원들이 자치경찰에 개입하게 되면 정치적 중립을 유지할 수 없을 뿐만 아니라 공정한 업무를 수행할 수 없다는 이유로 지방자치단체의 개입을 원천적으로 막고 있는 것이다. 그러나 자치경찰에 대하여 자치단체의 관여를 봉쇄하는 나라는 일본뿐이다. 나머지 나라는 지방자치단체의 적극적 개입을 제도화하고 있다. 주민들

20) 자치경찰에 근무하는 경정 이상은 국가공무원으로 한다는 안은 1989년 제13대 국회에 제출하였던 야3당 단일경찰법안, 1998년의 국민회의·자민련의 공동경찰법 개정법률안, 1998년 국민회의의 정책기획단의 경찰법 개정법률시안, 1999년의 경찰청 경찰법 개정시안 등 지금까지 제출한 자치경찰 관련 법안에 모두가 그렇게 되어 있다.

의 직선에 의해서 선출된 자치단체장과 지방의원들이 주민을 대표해서 자치경찰을 통제하는 것이 지방자치의 원리이기 때문이다.

상기와 같은 두 가지 면에서 평가를 해도 참여정부 이전에 논의되었던 자치경찰 제도는 자치경찰이 국가경찰에 종속되어 있는 형태였다고 할 수 있다.

4) 자치경찰의 이념은 정치적 중립성과 효율성

논자에 따라 다르지만 행정의 이념에는 민주성, 합법성, 효율성, 정치적 중립성 등이 있다. 그러나 지금까지 자치경찰의 안을 보면 정치적 중립성과 효율성에 지나치게 중점을 두어 왔음을 알 수 있다. 예를 들면, 자치경찰위원회는 정치적 중립을 지키기 위하여 지방정치인인 자치단체장과 지방의원들이 경찰조직 활동에 개입을 막고자 설치한 제도다. 경정 이상의 간부공무원을 국가공무원으로 하여 국가경찰과의 갈등을 차단하려는 장치는 업무의 효율성을 증대하기 위한 것이라고 할 수 있다. 그뿐만 아니라 지방경찰위원회의 권한을 '관리'라는 매우 제한적 관여를 하도록 하는 대신에 집행부에 재량권을 대폭 부여한 것도 업무의 효율성에 중점을 둔 제도라고 할 수 있다.

그러나 이렇게 정치적 중립성과 효율성에 중점을 둔 자치경찰안은 지방자치의 제1 이념인 민주성을 간과하고 있다는 비판을 면하기 어렵다(김현소, 1998: 506). 지방자치는 과거 중앙집권을 하는 이유인 정치적 중립성과 효율성에 지나치게 중점을 둠으로써 나타난 주민 통제의 미비, 획일적인 행정 등의 폐해를 줄이고자 출발한 제도다. 자치경찰도 예외일 수 없다. 지금까지 국가경찰이 지역치안 행정에 대한 독점은 효율성을 기대할 수 있지만 주민 통제의 미비로 민주적인 국가경찰이 되지 못하였다. 우리나라 경찰의 역사를 보면 국가경찰은 늘 독재정권의 파수꾼이라는 오명을 달고 다녔다고 해도 과언이 아니다. 그 때문에 자치경찰의 정치적 중립은 오히려 철저한 주민 통제 장치에 의하여 확보되어야 한다. 정치적 중립은 제도에 의하여 주어지는 것보다 경찰공무원의 문화에 의하여 보장된다고 할 수 있다. 경찰공무원법이 국가경찰공무원의 정치적 중립을 천명하고 있지만 실현되지 못하였던 아픈 역사도 바로 제도가 아닌 문화가 더 중요함을 증명하고 있는 것이다. 따라서 자치경찰은 정치적 중립을 유지하기 위하여 위원회 제도, 자치단체의 직접 관여 배제 등을 도입할 것이 아니라 우선적으로는 주민들에 의해서 자치경찰에 대한 통제가 가능하도록 하여야 한다. 이를 바탕으로 자치경찰이 정치적 중립을 지키지 않으면 안 될 지방정치 문화를 만들어 가는 것이 바람직할 것이다.

5) 소속은 국무총리

국가경찰이 어느 부서에 소속하느냐에 대해서는 자치경찰에게도 중요한 요소다. 왜냐하면 과거 우리나라 자치경찰 모형은 국가경찰에 종속적이라고 할 정도로 국가경찰이 자치경찰에 미치는 영향이 크기 때문이다. 현재 경찰청은 대통령 소속으로 되어 있으면서 정부조직상으로는 행정안전부장관의 관할 하에 있다. 과거 자치경찰의 안은 자치경찰을 하면서 국가경찰도 국무총리 산하의 국가경찰위원회로 이관하여야 한다는 것이다. 그 이유는 과거 우리나라 경찰이 독재정권 하에서 항상 정치적 소용돌이 속에 있었기 때문이다. 특히 대통령이 경찰청장의 임면권을 가지고 있기 때문에 대통령에게 무조건 충성을 할 수밖에 없다는 것이다. 따라서 국무총리 산하에 경찰청을 두게 되면 국가경찰이 정치 소용돌이에 직접적으로 관여하지 않을 수 있다는 기대감에서 국가경찰위원회를 국무총리 산하에 두고 국가경찰위원회 산하에 국가경찰을 두는 것이 바람직하다고 하는 것이다. 이 안은 특히 경찰청이 선호하였다(최종술, 2002: 324).

그러나 우리나라가 대통령 중심 제도를 채택하는 한 이러한 기대가 실현되리라는 것은 난망하다. 국무총리는 대통령이 추천하고 직접 임명한다. 대통령이 해임권도 가지고 있으며 임기도 없다. 다른 나라처럼 국무총리가 대통령 권한과 배타적이면서 독립적인 권한을 가지고 있지 않다. 따라서 국무총리는 대통령의 분신이나 마찬가지다. 때문에 국가경찰은 국무총리 산하에 있으나 대통령 산하에 있으나 정치적 부담은 마찬가지다. 그럼에도 불구하고 매번 정부안이나 학자들이 제시하는 자치경찰제 안은 국무총리 산하인 것도 흥미롭다.

역대 정권들은 이와 같은 특징을 지닌 자치경찰제 도입 방안들은 우선은 집권 여당과 중앙정부가 정부의 집행력 약화와 선거 시에 여당 프리미엄의 소멸을 우려하며 반대하였다. 또한, 지방자치단체도 이러한 자치경찰제 모형들은 자치단체에게 인사권과 조직권을 부여하지 않으면서 오직 재정적 부담만 주고 있기 때문에 반대할 수밖에 없었다. 국회의원들도 마찬가지다. 국회의원들은 자치경찰제 도입으로 자신과의 경쟁 상대인 시·도지사의 권한 비대에 대한 우려 때문에 반대할 수밖에 없었다. 이렇게 우리나라 정책결정 과정에서 주요 참여자들이 반대하였기 때문에 자치경찰제 도입은 당연히 불가능하였던 것이다(양영철, 2004).

제 5 절 | 노무현 정부 시대

1. 추진 동기

참여정부의 자치경찰제 도입은 대통령선거에서부터 시작되었다. 노무현 민주당 대통령 후보는 대통령선거 1주일 전인 2002년 12월 10일에 대선공약으로 자치경찰제 실시를 공약하였다. 노무현 후보는 대통령 당선 뒤 대통령직 인수위원회에서 '지방분권과 국가균형발전'을 12대 국정 과제 중 하나로 정하고, 이를 근거로 합리적인 자치경찰제도 도입을 주요 정책 추진 대상으로 선정하였다. 취임 후 노무현 대통령은 산하에 정부혁신지방분권위원회로 하여금 지방분권로드맵을 작성하도록 하였다. 이 로드맵에 역대 정부들이 제시하지 못한 자치경찰을 비롯한 많은 분권정책들이 포함되었다(김순은, 2003; 118). 이 위원회에서는 2005년 자치경찰법안이 국회 통과, 2007년부터 시범실시, 2008년에 전면 실시하는 로드맵을 작성하였다(양영철, 2008: 153-5). 참여정부는 지방분권 특별법에 지방자치경찰에 대하여 '국가는 지방행정과 치안행정의 연계성을 확보하고 지역특성에 적합한 치안 서비스를 제공하기 위하여 자치경찰 제도를 도입하여야 한다'고 규정함으로써 자치경찰의 추진 근거를 마련하였다.[21] 요약하면, 노무현 정부의 자치경찰추진 동기는 대통령이 주도하는 동원 형으로서 그 근거는 대통령 공약, 인수위원회 안, 국정과제이다.

21) 지방분권특별법 제10조 제3항

2. 추진 기구

노무현 정부에서는 정부혁신과 지방분권을 주도하는 대통령 소속 정부혁신지방분권위원회에서 자치경찰실시 방안을 준비하였다. 정부혁신지방분권위원회는 산하에 지방자치경찰특별위원회를 설치하여 자치경찰실시 방안을 전담하도록 하였다(김보현, 2006: 10-11). 역대 정부는 자치경찰에 대한 위원회는 대부분 경찰연구전문가들로 구성되었다. 그러나 노무현 정부의 지방자치경찰특별위원회는 위원장(양영철 교수)를 비롯한 위원들은 지방자치를 연구하는 전문가들이 대부분이었다.[22]

상기 위원회는 자치경찰의 기본 골격을 만들었을 뿐만 아니라 실무추진단의 실무추진 방안도 심의와 자문을 하였다. 실무는 행정자치부 산하에 자치경찰제실무추진단에서 수행하였다. 노무현 정부에서의 자치경찰제 도입 정책은 국정과제 최우선 과제로 분류하여 대통령이 직접 점검하고 실시를 독촉하였다.[23] 이러한 맥락에서 보면 노무현 정부의 자치경찰실시 추진은 대통령이 주도하는 행정형이라고 할 수 있다.

3. 추진 모델

한마디로 말하면 노무현 정부의 자치경찰 모델은 기초자치단체 중심의 생활관련 치안업무 중심 모델이다. 노무현 정부안은 기존 정부의 모델과는 다음과 같은 면에서 확연하게 차치가 난다(양영철, 2008; 145-152).

첫째, 국가경찰과의 관계에서는 병렬적이라는 점이다. 노무현 정부안을 추진하는 자치경찰제 중심 방향은 자치경찰은 국가경찰내의 또 다른 경찰이 아니라 지방자치단체가 신설하는 새로운 조직이라는 점이다.

둘째, 법안이 독립법이라는 점이다. 역대 정부의 자치경찰제는 항상 경찰법 개정안을 통하여 규정이 되었다. 하지만 노무현 정부는 경찰법과는 별개로 자치경찰법안을 만들어 이에 대한 내용을 규정하였다.

---

22) 지방자치경찰특별위원회 위원구성은 총 10명 중 지방자치전공자 8명, 경찰행정 전문가 2명으로 구성되어 있음. 이에 대한 자세한 내용은 양영철, 자치경찰론(대영문화사, 2008), p.159 참조.

23) 정부혁신지방분권위원회, 참여정부의 지방분권, 2008.

셋째, 도입단위가 기초자치단체였다는 점이다. 역대 정부들이 도입단위를 광역자치단체인 시·도였다는 점에서 기초자치단체 중심의 자치경찰제도는 노무현 정부의 자치경찰제 안중에 가장 큰 특징이라고 할 수 있다.

넷째, 사무가 국가경찰사무와 확실히 구분되었다는 점이다. 이 안은 자치단체와 관련된 사무를 고유사무로 규정하여 처리하고 있다는 점도 특징이라고 할 수 있으며, 이 사무를 처리하는 자치경찰대장과 이하 자치경찰공무원 모두가 지방자치단체 공무원이었으며, 재정도 자치단체의 부담이었다. 자치경찰이 완전한 지방화가 이루어진 것이다.

4. 추진 쟁점

역대 정부들의 자치경찰제 추진 중심은 경찰청이었다. 때문에 자치경찰제 안은 국가경찰제 안에서 운영되는 제도일 수밖에 없었다(허경미, 2003: 258-268). 그러나 노무현 정부 안은 이러한 경찰청과는 별개로 추진되었기 때문에 사안 마다 쟁점이 될 수밖에 없었다. 노무현 정부의 자치경찰 도입단위, 사무, 인사, 재정, 국가경찰과의 관계 등 은 기존 정부의 안과는 반대라고 할 정도로 크게 차이가 났다.(문성호, 2006 ; 최종술, 200). 정치적 중립보다 민주성, 광역자치단체 보다 기초자치단체, 의사결정기관의 2원제보다 단일제, 자치경찰공무원은 국가 직 보다 지방 직, 자치경찰공무원의 임면권은 국가보다 자치단체장에게, 자치경찰제 설치는 의무가 아닌 선택제, 국가경찰과의 관계는 수직이 아닌 수평적 관계 등 전반적인 면에서 대비가 되었다. 이러한 쟁점을 부각시키기 위하여 도입단위에 불만을 가진 광역자치단체인 시·도는 독자적인 법률안을 만들어 국회에 제출하기도 하였다.[24)]

5. 추진 결과

자치경찰제도는 노무현 정부에서 지방분권의 대표 정책 중에 하나였다. 이 안은

24) 전국 시도지사협의회, 자치경찰도입 시·도 공동안, 2004.8, 자치경찰법안, 대표발의 유기준 의원, 의안번호 3625, 2005.12.14.)

대통령에서부터 관련부서의 적극적인 지지를 받아 2004년 9월에 국정과제로 확정되었고, 1년 후인 2005년 11월 3일에는 자치경찰 법으로 국회에 제출되었다. 국회제출 이전에 시범실시 지역도 선정되었고[25])심지어 운영모델[26])까지 마련되었다. 국회에 제출된 자치경찰법 안은 2005년 12월 5일에 국회 행정자치위원회에 상정되었고, 2006년 2월 17일에는 공청회까지 개최하였다. 그러나 이후로는 국회 행정자치위원회에서 한 차례 형식적인 논의만 있었을 뿐 더 이상 진전이 없었다. 그러다가 17대 국회의 만기(2008.5.29.)로 인하여 자치경찰법은 자동적으로 소멸되었다. 역대 정부의 자치경찰실시안과 비교하여 최초로 자치경찰법 안을 만드는 등 확연하게 차이가 많은 노무현 정부의 자치경찰안은 결국 이렇게 빛을 보지 못하고 폐기되었다.

그럼에도 불구하고 노무현 정부안은 자치경찰실시 서막을 알리는데 성공했다고 볼 수 있다. 노무현 정부의 자치경찰실시 안은 비록 전국적으로는 도입이 되지 못했지만 우리나라 최초로 제주자치도에서는 실시되고 있기 때문이다. 뿐만 아니라 노무현 정부 안은 이명박 정부뿐만 아니라 박근혜 정부의 자치경찰제 안에서도 중심 내용이 되어 이어져 내려오고 있다.

제 6 절 | 이명박 정부 시대

1. 추진 동기

이명박 정부는 진보에서 보수 정권으로 회귀를 의미한다. 그럼에도 불구하고 이명박 정부의 자치경찰정책은 진보 정부인 노무현 정부의 안을 거의 수용하였다. 이명박 정부의 자치경찰 추진 동기는 대통령 후보의 공약과 인수위원회 안이라고 할 수 있다. 이명박 대통령 후보는 한나라당 후보경쟁에서 승리하면서 대선공약을 3대 비전, 10대 희망, 43대 과제, 92개 약속을 제시하였다. 3대 비전은 잘사는 국민, 따뜻

---

25) 행정안전부 자치경찰제실무추진단, (행정자치부 자치경찰제실무추진단, 시범실시 자치단체 공무원 교육 - 자치경찰제 관련 예산 질의·답변 자료, 2006.3, 자치경찰관 충원계획 - 자치경찰 인적확충 및 능력개발 방안에 관한 연구, 2008. 이 용역방안은 2007년 초부터 시작되었음

26) 행정자치부 자치경찰제실무추진단, 자치경찰표준운영모델 개발연구, 2007.2.

한 사회, 강한 나라인데 이 중에 자치경찰과 수사권 독립 공약은 따뜻한 사회 공약에 속했다.[27] 이명박 대통령 당선자 인수위원회는 발족하자마자 법무행정분과위에서 자치경찰 T/F를 구성하여 이명박 정부의 자치경찰 도입방안을 폭 넓게 검토하여 인수위 선정 193개 국정과제에 자치경찰실시 방안이 포함되었다. 이명박 정부의 자치경찰 안은 노무현 정부와 같이 기초자치단체를 도입단위로 하되 광역자치단체인 시·도가 조정기능을 갖는 역할을 하는 것으로 보완했다.[28]

이명박 정부는 2008년 2월 25일에 제17대 대통령으로 취임하자마자 자치경찰제 도입을 위하여 박차를 가하였다. 청와대가 주도하여 수시로 전략회의를 하였다. 이명박 정부가 선정한 국정과제가 100개가 있었는데 자치경찰실시는 10대 과제로 선정될 정도로 정책 우선순위의 최상위에 있었다.[29] 결론적으로 말하면 이명박 정부가 자치경찰제를 정책의제로 선정한 동기는 대통령 선거공약에서부터 인수위원회에 이어 정부의 주요 국정과제로 선정되는 일관성을 지니고 있기 때문에 정부가 주도하는 동원형이라고 할 수 있다.

2. 추진 기구

이명박 정부에서 자치경찰제 추진은 초창기는 청와대가 주도하고 실무는 행안부와 경찰청이 맡다가, 후반기에는 지방분권추진기구인 지방분권촉진위원회와 행정체제개편위원회가 주도를 하였다.[30] 이명박 정부 초창기에는 청와대 행정자치비서관을 중심으로 수시로 자치경찰제 도입에 대한 회의를 하였다. 내부 자료를 보면 이명박 대통령이 2008년 2월 25일에 취임한 후에 자치경찰에 대한 청와대 행정자치비서관 주재 회의는 2월 28일, 3월 5일, 4월 16일, 4월 23일, 5월 14일에 개최되었다. 대통령 취임 초기에 매우 분주한 시기임을 감안할 때 자치경찰추진관련 회의가 3개월 내에 청와대에서 5회나 개최되었다는 것은 이례적이라고 할 수 있다. 청와대 회의가

27) 대한민국, 이명박 정부 국정백서 1편, 2012, p.261.
28) 지방자치발전위원회, 자치경찰도입(내부자료), 2013.12. pp.11-12.
29) 대한민국, 이명박 국정백서 1, p.283.
30) 이하 자세한 내용은 내부회의 자료를 참조하였음. 이에 대한 자세한 자료는 지방자치발전위원회, 자치경찰제 도입, 2013.10을 참조

5회였다는 것은 자치경찰 관련 각 부처와 실무추진단 회의는 수십 차례 개최되었다는 의미가 된다. 결국 이명박 정부의 자치경찰 실시 방안은 청와대 주재 마지막 회의인 2008년 5월 14일에 확정되었고, 이 회의에서는 심지어 시범시실시 지역까지 선정하는 등 구체적인 실행계획까지 확정하였다(지방자치발전위원회, 201; 11-16).

이후 이 안은 정부 각 부처와 협의를 거쳐 자치경찰법안이 성안되고 2008년 8월 14일에는 자치경찰법 안은 한나라당 제1조정위에 넘겨지는 등 자치경찰제도 도입은 일사처리로 진행되었다. 그러다가 커다란 암초를 만난다. 2008년 10월 27일에 개최된 한나라당 간사단에서 자치경찰제 도입을 '지방행정체제 개편과 연계하여 실시한다.'로 결정하여 추진에 제동이 걸린다. 이 결정으로 자치경찰제 추진은 대통령위원회인 지방분권촉진위원회와 지방행정체제 개편위원회로 이관된다. 그러나 이후 이명박 정부의 자치경찰의 추진 기구는 매우 혼란 상태에 빠졌다. 지방분권을 주도하는 지방분권촉진위원회와 지방행정체제개편특별위원회가 각각의 상이한 안을 제시하였고, 심지어 여당 국회의원이 정부 자치경찰에 대한 대체 법안을 제출하는 등 누구 안이 정부안인지 모를 정도로 혼동을 키워 나갔다.

3. 추진 모델

이명박 정부의 자치경찰 모델은 노무현 정부안과 마찬가지로 병렬 형이라고 할 수 있다. 도입단위는 기초자치단체이며, 조직은 시·군·자치구 단위에 자치경찰대를 설치하고, 심의기구로서는 기초자치단위에 자치경찰운영위원회, 광역단위에 치안행정위원회를 두도록 하고 있다. 자치경찰인사로는 자치경찰대장은 자치경찰운영위원회의 동의를 얻어 시·군·구청장이 임명하게 하였고, 자치경찰사무는 지역생활안전, 지역경비, 지역교통, 특별사법경찰 17종 등 주민생활과 관련이 있는 사무로 하였다. 재정은 자치경찰 운영에 필요한 경비 일부를 국가가 지원하는 것으로 하였다. 여기까지는 노무현 정부의 자치경찰 모델과 동일하다. 이명박 정부의 안은 이 안에다 광역자치단체에 필요한 경우에 통합 및 조정할 수 있는 권한을 부여하였다(이영남, 2012: 262). 이를 위하여 이명박 정부안은 치안행정위원회의 사무 지원 및 시·도지사의 자치경찰 지원·조정 기능을 보좌하는 '자치경찰지원관'과 지방행정과 치안행정의 업무연계성을 강화하기 위해 시·도지사 소속 하에 '치안협력관'(국가경찰 파견)을 배치하는 규정을 신설하였다.[31] 이명박 정부 안의 특징은 이렇게 노무현 정부 안에 광역단위의 기능을 보완했다는 점이다(신현기, 2012: 43-4).

그러나 이명박 정부안은 앞에서 언급한 대로 추진기구가 실제로 정부(경찰청 및 행안부), 대통령위원회인 지방분권촉진위원회[32], 지방행정체제추진위원회[33] 등 3개 기관이 자치경찰도입을 동시 추진하였기 때문에 어느 것이 정부안인지를 확연하게 말하기 쉽지 않다. 여기에다가 시·도 지사협의회 안인 이철우 의원 안이 동시에 추진되었기 때문에 더욱 혼란스러웠다. 그럼에도 불구하고 이명박 정부의 자치경찰 안은 국회에 제출된 법안 내용이라고 할 수 밖에 없다.

4. 추진 쟁점

이명박 정부 안도 노무현 정부안과 마찬가지로 도입단위, 사무, 인사, 재정, 국가경찰과의 관계가 주요 쟁점사항이라고 할 수 있다. 이명박 정부의 안도 처음에는 도입단위가 기초자치단체로 쉽게 결정되었다. 그러나 이렇게 결정된 도입단위가 흔들리기 시작한 것은 지방분권촉진위원회와 지방행정체제개편위원회가 각각 자치경찰안을 다르게 제출하였기 때문이다. 지방분권촉진위원회는 도입단위를 기초로, 지방행정체제개편위원위원회는 도입단위를 광역과 기초 자치단체 동시에 실시하는 안을 제시하였다. 따로 법안제출이 이루어진 이철우 안은 전국시·도지사협의회 안으로서 광역중심인 자치경찰방안을 제시하였다. 아직도 도입단위가 쟁점이 되고 있음을 알 수 있다. 도입단위가 혼란은 사무, 인사, 재정 등도 모두가 쟁점사항이 될 수밖에 없었다.

5. 추진 결과

이명박 정부가 지방분권 정책 중에 또 다른 관심사항은 지방행정체제 개편이었다. 전국의 227개의 기초자치단체를 경쟁력확보 차원에서 60-70개로 재편한다는 것이

---

31) 자치경찰법안 제25조
32) 지방분권촉진에 관한 특별법 제11조 3항
33) 지방행정체제개편특별위원회, 제42조 제2항과 3항

다(박기춘, 한상연, 2010: 117). 이명박 정부는 각종 여론조사를 비롯하여 주민투표 등을 실시하면서 지방행정체제 개편의 분위기를 주도하였다. 이명박 정부는 정부안대로 지방행정체제를 개편한 지역에 주는 인센티브 하나로 자치경찰제 도입이 선정되었다. 이로 인하여 자치경찰추진은 지방행정체제 개편 성공여부에 달려 있게 되어 버렸다. 그러나 이명박 정부의 지방행정체제 개편은 그 많은 노력에 비해 마산, 창원, 진해만이 통합되었다. 자연히 자치경찰제 도입도 늦어질 수밖에 없었다. 이 과정에서 정부안은 그래도 국회에 제출되었고 행정안전위원회에 넘겨졌다. 그러나 여기에서 논의조차 하지 못하고 18대 국회임기 만료가 된 2012년 5월을 기점을 자동폐기가 되었다(신현기, 2012: 50). 이명박 정부의 자치경찰 안은 출발할 때는 신속하고 왕성했지만 아무런 흔적도 남기지 못하고 말았다. 심지어 행정체제를 성공적으로 이룬 창원시에서 조차도 자치경찰제는 도입되지 못하였다.

제 7 절 | 박근혜 정부 시대

1. 추진 동기

박근혜 정부의 자치경찰 추진동기는 역대 정부처럼 대통령 공약에서 출발한 것이 아니다. 박근혜 대통령의 대통령 선거 공약에는 자치경찰에 대한 공약이 없었다. 박근혜 정부에서 자치경찰은 인수위원회에서 논의가 시작되었다. 통상적으로는 대통령 인수위원회는 이미 발표된 대통령 공약을 구체화하는 작업이 주인데도 불구하고 박근혜 대통령 인수위원회에서는 대통령 공약에 없는 자치경찰이 추가가 되었다는 점은 특이한 현상이라고 할 수 있다. 박근혜 정부 인수위원회 법질서사회안전분과위원회는 박근혜 정부의 지방분권 방향을 국가주도에서 '지방주도, 국가지원' 체제로 전환하기로 하였다. 이에 대한 세부추진계획으로 강력한 지방분권 추진, 자율역량 강화로 생산적 자치기반 확보, 지방재정 확충과 건전성 강화, 근린자치 및 시민사회·지역공동체 활성화로 정하였다. 자치경찰은 이중에 자율역량강화 분야에 속하였다. 인수위원회에서는 자치경찰을 제주에서 실시하고 있는 '생활중심의 자치경찰제'를 전국적으로 확대하여 실시하고, 시·군·구 단위로 실시하되 지방행정체제개편위에서 방안을 마련하고, 2014년에 시범으로 실시하여, 2015년에는 희망하는 지방자치단체에서 실시하는 선택적 모형으로 가닥을 잡았다.[34)]

이와 더불어서 박근혜정부는 지방분권 및 행정체제개편에 관한 특별법(이하 '지방분권특별법')을 제정하여 자치경찰제 도입을 의무화하고 있다.[35)] 따라서 박근혜 정부의 자치경찰제 도입 동기는 정부가 정책과정을 주도하고 확산하는 동원형이라고 할 수 있다.

2. 추진 기구

박근혜 정부의 자치경찰 추진은 인수위원회에서는 지방행정체제개편위가 추진기구라고 하였다. 그러나 이명박 정부 시절 자치경찰을 다루었던 지방행정체제특별위원회와 지방분권촉진위원회가 대통령위원회인 지방자치발전위원회로 통합하여 현재 이 위원회가 자치경찰도입을 주도하고 있다. 지방자치발전위원회는 산하에 자치경찰추진 T/F팀을 10인의 전문가로 구성하여 추진하고 있다. 현재까지 실무지원은 위원회 산하에 자치경찰추진과를 신설하여 총경을 과장으로 3명의 국가경찰공무원과 1명의 사무관 등 4명의 직원이 맡고 있다.[36)] 자치경찰추진 T/F는 그동안 14차례의 회의와 2차례의 현장조사, 1차례의 용역을 수행하였다. 회의는 자체 내의 회의도 있었지만 경찰청을 비롯한 자치경찰제를 실시하고 있는 제주자치도 경찰공무원과의 회의를 많이 했다. 지방자치발전종합계획이 확정된 올해(2015년도)에는 자치경찰추진기획팀을 구성하여 자치경찰제 도입에 따른 자치경찰법안 제정을 비롯한 쟁점 사항들을 정리해 나가고 있다.[37)] 따라서 박근혜정부의 자치경찰 추진기구는 행정 형이라고 할 수 있다.

34) 박근혜 정부 인수위원회, 법질서사회안전분과위원회, 2013.2. pp.3-5.

35) 지방분권 및 행정체제개편에 관한 특별법 제12조
③ 국가는 지방행정과 치안행정의 연계성을 확보하고 지역특성에 적합한 치안서비스를 제공하기 위하여 자치경찰제도를 도입하여야 한다

36) http://www.clad.go.kr/

37) (지방자치발전위원회, 분과위원장, T/F 회의 자료, 2015.1.20.) 자료 참조.

3. 추진 모델

박근혜 정부의 자치경찰안의 모델은 이명박 정부의 안에 약간 보강하는 수준이다. 이 모델의 주요 내용을 보면, 도입단위는 기초자치단체이며, 소규모 시·군·구 등은 필요시 인근 기초자치단체와 통합을 하여 규모의 경제를 살리도록 하고 있다. 처음에는 시범실시 후 지역여건 등을 감안, 자치단체가 도입을 자율적으로 결정하도록 하고 있다. 자치경찰의 사무는 주민 생활 밀착형 사무와 특별사법경찰 사무로 하였다. 구체적인 내용을 보면, 방범·질서유지·교통소통 관리, 학교폭력·성폭력·가정폭력 등 사회적 약자 보호활동에 다가 최근 용역[38]으로 발굴된 식품·환경·공중위생·농축산물 분야 및 지적재산권 침해·무면허 운수사업 단속 등의 사무에 대한 구체적 부여범위 및 시기, 시범실시 방법 등은 관계부처 협의를 거쳐 추가하려고 하고 있다.

기구와 인력(기본조직)을 보면, 시·군·구에 자치경찰단을 설치하고, 단장은 개방형 직위로 인구규모, 업무량 등 고려해 적정 계급을 대우하는 것으로 하고 있다. 주요 현안을 심의·의결하는 기구로 시·군·구에 자치경찰위원회를 설치하며, 광역자치단체에는 인사교류, 분쟁조정 등 위해 시·도 자치경찰위원회 설치하고 있다. 자치경찰단장은 광역자치단체에 단장후보추천위원회를 구성하여 여기에서 후보 3명을 추천하면, 기초자치단체장이 임명하는 것으로 되어 있다. 지방자치경찰을 운영하는데 필요한 재원 확보는 지방소비세 규모 확대, 과태료 징수이관과 징수교부금제 도입, 자치경찰 단속 범칙금 지자체 귀속분 등으로 충당하려고 하고 있다.[39]

4. 추진 쟁점

박근혜 정부의 자치경찰모델의 중심 내용은 노무현정부와 이명박 정부로 이어져 내오고 있기 때문에 쟁점사항은 비교적 적은 편이다. 자치경찰추진 T/F가 속해 있는 지방자치발전위원회 자치제도 분과위원회 자료에 의하면 역대 정부의 쟁점사항과는 달리 쟁점사항이 내부 운영에 집중되어 있다.[40] 즉, 도입단위, 인사, 사무, 재정

38) 한국지방자치학회, 자치경찰사무범위 조사 및 재원확보 방안 연구, 2014.6.

39) 이에 대해서는 지방자치발전위원회, 지방자치발전 종합계획, 2014.12., pp.21-2에 상세하게 나와 있음

등에 대한 쟁점이 거의 사라졌고 이의를 다음과 같은 내용들이 대표적이다.

안행부가 요구하는 사항은 지자체 인구규모에 따라 단장 직급을 자치경무관, 자치총경, 자치경정으로 다양화하고, 단장 후보를 '추천위'에서 복수 추천하면 의회동의 없이 기초단체장이 임명하는 것이 바람직하다는 의견을 제시하였다. 경찰청이 요구하는 쟁점사항은 시범실시를 충분하게 실시할 것과, 전면실시가 아니라 선택적 실시를 요청하고 있었다. 이외에 자치경찰단장의 계급이 너무 높다, 사무는 추가보다는 제주자치경찰 사무와 동일하게, 감사에 참여하게 해 달라는 등이었다. 검찰은 자치경찰에게 즉결심판권 부여에 대하여 반대를 하고 있다.

자치단체들은 경기, 서울, 전북은 아직까지 도입단위를 광역까지 확대하도록 요구하고 있지만 이전처럼 광역자치단체가 독자적인 자치경찰법 안을 제시하지는 않고 있다. 이외에 자치단체들의 요구사항을 정리하면, 자치경찰에 범죄수사권 부여 (경기), 특사경 사무에 대한 별도 전문 인력 충원 (충북), 단장은 추천위원회에서 선정·임명, 의회동의 불필요(제주) 등이다.

5. 추신 결과

박근혜 정부의 자치경찰 안은 2014년 11월 24일 지방자치발전위원회에서 심의·의결되고, 법에 따라서 국무회의를 거쳐 대통령의 재가를 받고 최종 정부 안으로 확정되었다. 이후 자치경찰 추진 기획 T/F 팀을 관련 부처인 행자부와 경찰청 직원과 함께 지방자치발전위원회 위원 2명 등 8명의 위원으로 구성하여 실무를 진행중이다. 향후 일정으로 보면, 2015년도에 자치경찰법 안을 확정하고 법제화를 추진하여 2016년 상반기까지 국회통과, 2017년도에 시범실시를 한다는 계획을 세우고 있다. 2016년 4월에 예정된 국회의원 선거와 동년 5월에 임기를 마치는 제19대 국회를 고려한 일정이라고 할 수 있다.[41]

40) 지방자치발전위원회 자치제도분과위원회 회의자료, 2014.8.29.

41) 지방자치발전위원회 자치제도분과위원회 제17차 자료, 2015.1.22., p.12 참조.

제 4 장

노무현 정부의 자치경찰제 도입 - 기초자치단체 중심

제 4 장
노무현 정부의 자치경찰제 도입[1) – 기초자치단체 중심

제 1 절 | 자치경찰제 도입 배경

1. 정책 의제로서의 선택: 대선 공약과 인수위원회안(案)

참여정부의 자치경찰제 도입은 대통령선거에서 시작되었다. 노무현 민주당 대통령 후보는 대통령선거 1주일 전인 2002년 12월 10일에 대선공약으로 자치경찰제 실시를 제시하였다. 노무현 대통령 후보는 "우리 실정에 맞는 경찰 제도 확립"과 경찰의 정치적 중립을 강화하고, 자치경찰제 도입을 추진하는 등 경찰 제도를 획기적으로 개선하겠습니다"라고 하였다. 이 때 노무현 후보는 경찰과 관련해 다음과 같은 공약을 하였다.

• 경찰청장 인사 청문회 도입 등 경찰의 정치적 중립 강화
• 자치경찰제 도입을 추진하여 지역 주민 중심의 경찰 서비스 제공
• 경찰에게 절도, 교통사고 등 민생 치안 범죄에 대한 독자적인 수사권 부여
• 경찰공무원 사기 진작을 위하여 근무 여건 및 처우 개선

노무현 후보는 대통령 당선 뒤 대통령직 인수위원회에서 '지방분권과 국가균형 발

1) 저자가 처음 자치경찰론(대영문화사)를 저술한 시기는 2007년-2008년 사이다. 이 시기에는 노무현 정부 자치경찰이 무산되고 제주자치경찰단이 막 실시하던 시기다. 저자는 2003년에서부터 2008년까지 대통령 소속 정부혁신지방분권위원회 산하 지방자치경찰특별위원회 위원장을 처음부터 맡아 약 5년간 이 일을 수행하였다. 그동안 위원회 회의, 많은 국가를 방문하고 세미나, 토론회, 정부관계자와의 간담회 등 많은 회의와 설명회를 가졌다. 이 과정에서 자료를 최대한 수집하여 분석하였다. 그 결과 저자는 공식, 비공식 자료들로 구성된 이 내용이 향후 정책사례연구에 좋은 자료가 될 것이라 판단하여 이번 신자치경찰론에도 그대로 옮겨 실렸다. 참여정부의 자치경찰실패에 대한 논문은 양영철, 제1장의 논문 참조 바람.

전'을 12대 국정 과제 중 하나로 정하고, 이를 근거로 합리적인 자치경찰 제도 도입을 주요 정책 추진 대상으로 선정하였다.[2] 이로써 참여정부에서 자치경찰이 주요 정책 의제로 채택된 것이다.

2. 지방분권 로드맵과 지방분권특별법

1) 지방분권 로드맵에서의 지방 자치경찰

참여정부 지방분권 로드맵은 지방분권이 지식정보사회의 도래, 세계화, 시민사회의 성장에 의해서 시대적 요구가 되었다는 전제 하에 분권형 국가 운영 패러다임으로의 전환을 요구하고 있다. 이러한 패러다임에 비추어 현재 우리나라 경찰은 다음의 문제점이 있다고 진단하였다(정부혁신지방분권위원회, 2003: 157).

- 지역 치안 수요에의 효율적 대응 미흡
- 지안행정에 대한 주민 참여 부족
- 지방행정의 종합성 부족
- 지역 치안에 대한 자기 책임성 부족

이러한 문제점을 해결하기 위해서 지방분권 로드맵에서는 다음과 같이 개선 방향을 제시하고 있다.

- 지역 특성에 부응하는 치안 행정
  - 국가경찰, 자치경찰 역할 분담에 따른 조직, 기구 개편
- 치안행정에 대한 주민 참여 확보
  - 주민 친화적 서비스 제공
- 치안행정의 종합적 수행
- 지역 치안에 대한 자기 책임성 확보

---

2) 제16대 대통령직인수위원회, 대화, 2003, p.68.

이를 실현하기 위해서는 자치경찰제 도입이 시급하다고 결론을 내리고 〈표 4-1〉과 같은 일정으로 자치경찰제 도입을 추진하기로 하였다(정부혁신지방분권위원회·한국지방행정연구원, 2004: 787).

〈표 4-1〉 자치경찰 로드맵

	2006년 2월	2007년 초	2008년 초
법안 국회 통과	시범 실시 준비 ·시행령 제정, 조례·규칙안, 표준협약안 마련 등 ·채용·시험·교육 ·시설·장비·복제	시범 실시 ·평가, 문제점 발굴, 개선 등 보완 ·본실시 신청 자치단체 접수	전면 실시

2) 지방분권특별법

노무현(참여)정부는 지방분권특별법에 지방자치경찰에 대하여 “국가는 지방행정과 치안행정의 연계성을 확보하고 지역 특성에 적합한 치안 서비스를 제공하기 위하여 자치경찰 제도를 도입하여야 한다”라고 규정함으로써 자치경찰의 추진 근거를 마련하였다(지방분권특별법 제10조 제3항). 이러한 법률 규정은 과거 정부처럼 정치권의 선언에 의지하던 방식에서 벗어나 시스템화하는 과정이라고 볼 수 있다. 지방분권특별법의 법률적 규정은 안정적이고 예측 가능성이라는 법률의 속성에 의하여 자치경찰을 지속적으로 추진할 수 있는 터전을 마련해 주었다는 데 큰 의의가 있다.

제 2 절 | 자치경찰 도입 추진조직과 활동 내용

1. 추진조직

자치경찰제 도입을 처음 추진한 조직은 경찰청 내에 설치된 경찰혁신기획단 자치경찰추진팀이었다. 경찰청이 자치경찰 제도 도입을 주도하게 된 이유는 참여정부의 혁신 추진 방식 때문이다. 과거 정부는 정부혁신을 추진할 때 항상 하향식이었다.

청와대 또는 청와대가 힘을 실어 주는 부처나 위원회가 주도해 혁신지침을 만들어서 각 부처에 지시하면 각 부처는 이 지침에 의해서 혁신을 추진하는 강제적 방식을 채택하였다. 참여정부는 과거 정부들의 정부개혁이 이러한 하향적·강제적 방식 때문에 정부개혁이 실패하였다고 판단하였다. 이에 참여정부는 정부혁신을 부처 자율적으로 하도록 유도하는 방식을 채택하였다. 개혁 추진기구인 정부혁신지방분권위원회에서는 혁신의 방향과 로드맵만 제시하고, 이에 따라서 각 부처들이 부처 혁신을 하게 되면 그만큼 인센티브를 주는 방식을 채택한 것이다.

이 방식에 따라서 국가경찰인 경찰청은 자치경찰 제도를 도입하게 되면 이로 인하여 경찰청의 숙원사업인 수사권을 부여받게 될 것이라는 기대가 컸다. 경찰청은 자체 혁신 추진조직인 경찰혁신위원회를 설치하고 이 산하에 기획단을 두고 기획단에 자치경찰 추진팀을 운영하면서 자치경찰 제도 도입 방안을 마련하였다. 여기에서 마련된 자치경찰 도입 방안을 정부혁신지방분권위원회에서 심의하여 국정과제회의(정부혁신지방분권위원회, 2004b)에서 대통령에게 보고하고 대통령의 재가를 받으면 정부안의 방향이 정해지게 된다. 이렇게 정해진 방향을 구체화하기 위하여 해당 부처는 다시 실무추진단을 구성하여 법률안 마련 등 제도화를 거쳐서 자치경찰제를 실시하는 것이 자치경찰제 도입 수순이었다.

이 수순에 따라서 경찰청은 자치경찰제 도입안을 만들어서 정부혁신지방분권위원회의 위원장과 위원회에서 지방분권을 담당하는 지방분권전문위원회에 보고를 세 차례 하였다. 보고 때마다 김병준 위원장이 경찰청안은 지방자치에 근거한 자치경찰이 아니라 경찰청 소속 자치경찰이라는 질타를 하였다. 이 안은 정부혁신분권위원회에서 경찰청 독립안이라고 지적하면서 다시 만들어 올 것을 주문하였다. 그러나 경찰청이 다시 보고하는 수정안도 위원장의 지적 사항을 크게 벗어나지 못하였다. 이에 김병준 위원장이 2004년 1월에 지방분권전문위원회에 자치경찰 추진 태스크포스를 만들어서 자치경찰안을 한번 만들어 보도록 하였다. 이에 따라서 자치경찰 태스크포스 팀[3]이 만들어졌다. 자치경찰 T/F 팀은 경찰청이 거듭 제시한안을 여러 차례 검토한 결과 따로 안을 만들기로 결정하였고 여기에서 정부안이 작성되었다. 정부안을 국정회의에서 대통령에게 보고하여 재가받은 후에 이 조직은 다시 지방자치경찰특별위원회로

3) 위원은 이기우 교수, 이승종 교수, 양영철 교수.

확대 개편되고 실무를 추진하기 위하여 2004년 10월, 행정자치부에 자치경찰 실무추진단이 신설되었다.4) 이는 [그림 4-1]과 같은 추진조직 형태를 갖추었다.

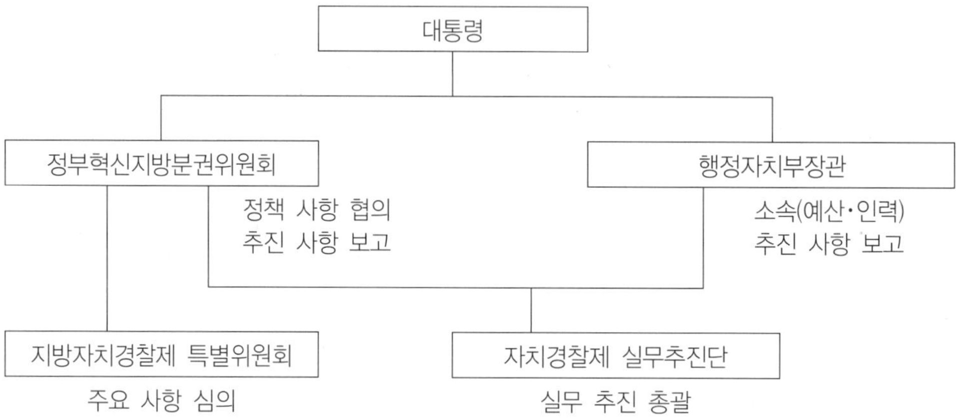

[그림 4-1] 자치경찰 추진조직

2. 정부혁신지방분권위원회의 자치경찰 추진조직

기술한 바와 같이 자치경찰제 도입 일정이 정부 로드맵으로 확정되고 법률에 의하여 국가 의무로 규정됨에 따라 외국의 사례 검토 등 제도 연구를 위하여 대통령 자문 정부혁신지방분권위원회 소속으로 자치경찰 T/F팀을 구성하기로 하였다. 정부혁신지방분권위원회에서는 자치경찰을 지방분권전문위원회 사무로 분류하여 정부안을 만들도록 하였다. 이에 지방분권전문위원회는 2004년 1월 자치경찰 T/F 팀을 구성하여 정부안을 만들기 시작하였다. 이후 '자치경찰 T/F팀'은 경찰청 경찰혁신위원회 자치경찰분과위원회와 함께 심도 깊은 연구와 긴밀한 협의를 거쳐 방안을 마련하게 된다. 당초 자치경찰 T/F 팀의 구성원은 5명이었다. 자치경찰 T/F는 이후 좀 더 깊은 연구를 위하여 전문가를 추가 위촉하였으며 관련 부처 공무원을 T/F 회의에 참여시켜 방안을 조율하였다.5)

4) 자치경찰 실무추진단에 대한 상세한 자료는 www.wgmp.go.kr를 참조.

5) 정부혁신지방분권위원회, 참여정부의 지방분권(2003.4 ~ 2005.12.31), 2005.12.31, pp.86-90. 여기

자치경찰 T/F팀에서는 공식회의 33회, 비공식회의 약 30회 등 일 주일에 약 2회의 회의 과정을 거치면서 정부안을 만들었다. 이 과정에서 관계 부처 장·차관회의를 비롯한 광역 및 기초자치단체 대표와의 회의, 경찰 등과의 많은 회의와 주민공청회 등을 거치면서 정부안을 만들었다. 그동안 이 팀의 활동 중 중요한 것만 간추리면 다음과 같다.

- 2003년 12월 그리스, 스페인, 이태리, 프랑스 자치경찰 자료 수집차 방문
- 2004년 5월 스페인, 이태리, 프랑스의 내무부, 경찰본부, 지방경찰청, 지방경찰서, 파출소 등 9개 지역을 방문하여 의견 교환
- 자치경찰제 도입 방안 대통령에게 1차 보고(2004. 7. 13)
- 관계 부처 실국장회의(8. 13), 장관회의(8. 19)를 통한 의견 수렴
- 시장·군수·구청장협의회 회장단에 설명(8. 17)
- 지방분권 대토론회 개최(2009. 10), 관련 학회, 시·도지사협의회, 시민단체 등 참여·토론
- 2004년 9월 16일 제54차 국정회의에 보고, 정부혁신지방분권위원장(윤성식) 합동 기자 회견

3. 지방자치경찰 특별위원회 구성 현황(2004.10. ~ 2008.2.)

정부의 자치경찰제 도입 방안이 확정된 후 제도 도입을 위한 법제화 등 실무 추진을 목적으로 행정자치부 소속으로 자치경찰제 실무추진단이 구성되었고, 이러한 추진 업무에 대한 자문을 목적으로 정부혁신지방분권위원회 소속에 '지방자치경찰 특별위원회'를 구성하게 된다. 정부혁신지방분권위원회 운영세칙 제10조의 2에 의거하여 '지방자치경찰 특별위원회'가 출범하였다. 자치경찰 T/F팀을 확대 개편한 지방자치경찰 특별위원회는 이후 자치경찰법안 구성과 제도 홍보 등을 중심으로 핵심적 역할을 담당하게 된다. 위원회의 위원 명단은 다음 〈표 4-2〉와 같다.

에는 자치경찰 T/F팀의 구성 과정과 활동 내용 등이 상세하게 기록되어 있다.

〈표 4-2〉 지방자치경찰 특별위원회 위원

성 명	직 위	비 고
양영철	제주대 행정학과 교수	위원장
이기우	인하대 사회교육과 교수	위원
오재일	전남대 행정학과 교수	〃
이승종	서울대 행정대학원 교수	〃
김보환	동국대 경찰행정학과 교수	〃
김익식	경기대 행정학과 교수	〃
표창원	경찰대 행정학과 교수	〃
이행봉	부산대 정치외교학과 교수	〃
강재호	부산대 행정학과 교수	〃
김성호	한국지방행정연구원 수석연구원	〃

자료: 정부혁신지방분권위원회(2005: 86-7).

자치경찰제 실무추진단 구성과 함께 실무 추진에 대한 자문기관으로 설치된 정부혁신지방분권위원회 소속 지방자치경찰 특별위원회의 활동 실적은 다음과 같다(정부혁신지방분권위원회, 2005: 90-1).

- 자치경찰법안의 심의
- 시민단체 등과의 간담회
- 정당 지방분권 토론회에 참여하여 자치경찰 홍보
- 자치경찰제 전국 지역 설명회
- 자치경찰법안 심의
- 자치경찰 계급 명칭 공모
- 자치경찰법안 추진 경과 점검

4. 행정자치부의 자치경찰제 실무추진단

자치경찰 제도는 2004년 9월 16일 제54회 국정과제회의에서 노무현 대통령의 파격적인 지지를 받았다. 당시 국정과제회의는 대통령, 국무총리, 각 부처의 장관뿐만 아니라 여당인 열린우리당 정책위원장을 비롯한 관련 여당 간부들이 참석하여 주요 국정과제를 확정짓는 매우 중요한 회의였다. 물론 국정과제회의에 상정하기 위해서는 관련 부처뿐만 아니라 지방자치단체를 비롯한 시민단체 등과의 업무 협의 및 간담회 등 사전 정지작업을 하여야 한다. 그렇지만 국정과제회의에서 이의를 많이 제기하거나 하면 실시 연기를 결정하는 경우가 허다하였다. 자치경찰제는 국정과제회의에서 대통령뿐만 아니라 많은 부처 장관들의 전폭적인 지지에 힘입어 확정되었다. 확정된 안건을 이제 구체화하는 작업인 입법화, 시범 실시, 실시 등의 순서만 실천하면 되었다.

누가 이 구체화 작업을 주도할 것인가. 이에 대한 논쟁이 정부혁신지방분권위원회와 경찰청, 행자부 간에 일어났다. 정부혁신지방분권위원회는 자치경찰안이 탄력을 받았기 때문에 위원회가 계속 주도하는 것이 바람직하다고 주장했다. 지방자치경찰 특별위원회가 관련 각 부처의 관련 공무원을 파견받아 실무 추진을 하면 된다는 것이다. 다른 부처인 행정자치부나 경찰청이 실무를 추진하게 되면 실무추진단을 구성하는 데 시간이 많이 소요될 것이며, 그리고 부처 간 이기주의 때문에 그 갈등으로 인하여 추진 속도가 지연될 것이라는 우려를 하지 않을 수 없었다. 이러한 우려처럼 실제로 국정과제회의 후 2개월이 지난 2004년 11월 15일에야 자치경찰제 실무추진단 운영규정(대통령훈령 제131호)이 공포되었고, 한 해 건너 2005년 1월 10일에 추진단장이 임명되는 등 실무추진단 구성 자체에 많은 시일이 소요되었다. 그리고 행자부와 경찰청은 법률 소관 부처를 놓고도 첨예하게 갈등을 빚었다. 경찰청은 경찰법을 일부 개정하여 자치경찰 부분을 두어 처리하여야 한다고 주장하였고, 정부혁신지방분권위원회와 행정자치부는 독립법안으로서 자치경찰법안을 만들어야 한다고 주장하였다. 이러한 업무 지연과 부처 간의 갈등으로 인하여 자치경찰법안 마련은 국정회의에서 통과된 지 15개월이 지난 2005년 11월 3일에야 국회에 상정할 수 있었다. 그러나 이 때는 자치경찰에 대한 열기가 많이 식어 있었고, 청와대는 정권 초기의 힘이 서서히 약화되는 시기였다. 이러한 분위기 때문에 당정 협의가 계속 지연되고, 청와대의 간곡한 요청에도 불구하고 여당인 열린우리당은 내부적으로 자치경찰제 임기 내 처리 불가 방침을 정해 놓고 있었다(양영철, 2007b: 49-50). 이것이 결국 자치경찰제 도입 실패로 이어진 원인 가운데 하나였다고 생각한다.

또 하나의 갈등은 실무 추진을 누가 할 것인가다. 행정자치부는 위원회에 법률제출권이 없기 때문에 지방 분권을 담당하는 부처인 행정자치부가 실무추진단을 구성하고 운영하여야 한다고 강하게 주장하였다. 그러나 경찰청이 이에 반대하였다. 경찰청은 자치경찰 제도 도입 과정에 행정자치부는 전혀 관여하지 않았기 때문에 행정자치부가 이제야 관여하겠다는 것은 조직이기주의 때문이라고 주장하였다. 경찰청의 입장에서 보면 행정자치부는 상위 부처이기 때문에 행정자치부가 관여하게 되면 경찰청의 입장이 많이 후퇴될 것이라는 우려 때문이다. 결국 이러한 주장들은 정부혁신지방분권위원회가 조정하여 행정자치부가 자치경찰제 추진실무단의 주관 부처가 되지만 조직 구성에서 행정자치부는 총괄팀, 경찰청을 제도팀, 자치단체가 운영팀을 맡도록 하였다. 이에 대한 조직도는 [그림 4-2]와 같다.

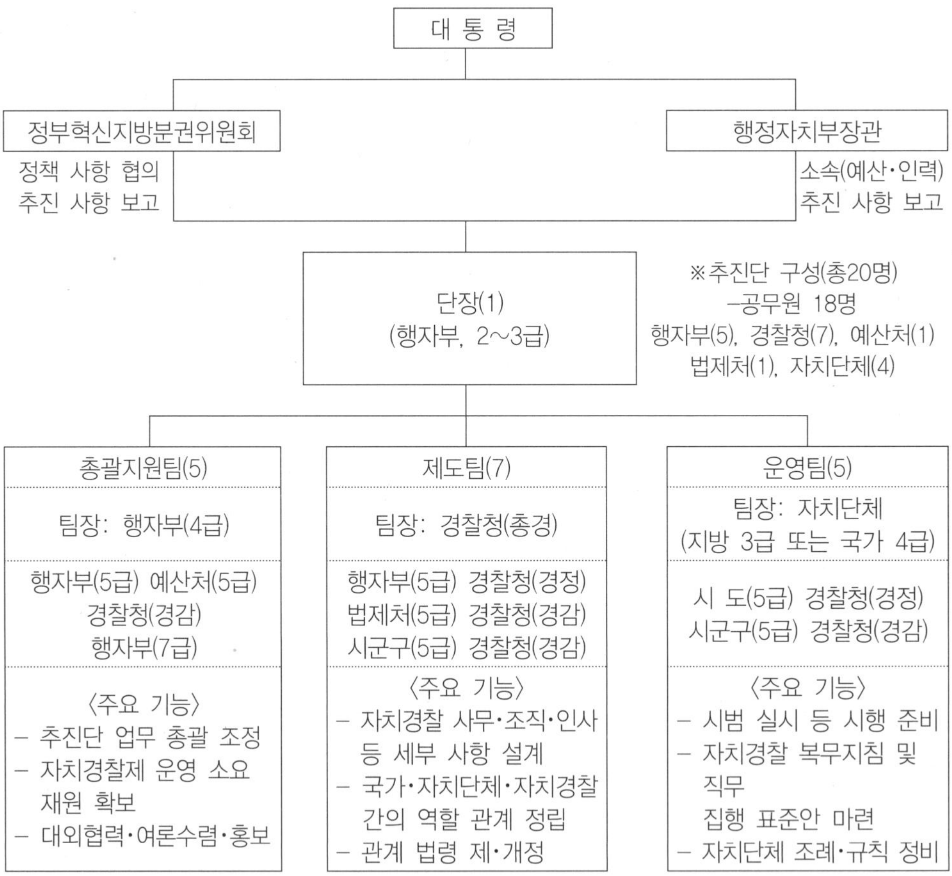

[그림 4-2] 자치경찰제 실무추진단 조직도

자료: 행정자치부 자치경찰 실무추진단(2007b).

실무추진단은 늦게 출발한데다가 초기에는 조직 내의 구성원이 각 부처에서 온 공무원으로 구성되었기 때문에 조직원 간에 갈등이 컸다. 그뿐만 아니라 법안 하나 하나가 행정자치부, 경찰청, 지방자치단체 간에 갈등의 여지가 많았기 때문에 이에 대한 절충이 쉽지 않았다. 대표적인 갈등 내용을 간단하게 열거하면 다음과 같다.

- 자치경찰법안을 단독 법안으로 할 것인가, 경찰법안을 개정하여 그 속에 포함시킬 것인가?
- 법률 소관 부처를 행정자치부로 할 것인가, 경찰청으로 할 것인가?
- 자치경찰의 사무인 지역교통, 지역경비, 지역방범을 자치경찰 단독 또는 주처리 기관으로 할 것인가, 국가경찰과 공동사무로 할 것인가?
- 현재 국가경찰이 수행하고 있는 지방자치단체사무인 교통안전시설 운영권을 자치경찰로 넘길 것인가, 아니면 국가경찰이 계속 수행할 것인가?
- 자치경찰의 감독권을 경찰청에 부여할 것인가, 아니면 지방자치법에 따라서 행정자치부에 부여할 것인가?

이에 대한 확정 과정과 내용은 후술한다. 실무추진단은 이러한 갈등을 신속하게 해결하면서 자치경찰제 추진은 가속도가 붙기 시작하여 2월 초에는 법률안이 만들어지고 축조 심의를 할 정도가 되었다. 이후에 실무추진단은 각 지역 자치경찰제 설명회, 각 부처 및 당정회의 주도, 국회행정자치위원회 소속 국회의원들에게 설명 등 자치경찰 제도 도입 성공을 위해서 혼신 다하였다.

5. 경찰청의 경찰혁신기획단 자치경찰추진팀[6)]

자치경찰의 실시 과정에서 중요한 기관 중 하나가 경찰이다. 경찰은 2003년 4월부터 경찰혁신위원회(위원장 한완상 한성대 총장)를 구성하여 운영하고 경찰혁신안을 비롯한 자치경찰에 대한 연구를 지속적으로 진행하였다. 이 위원회는 업무혁신 분과, 자치경찰 분과(위원장 김익식 경기대 교수), 수사제도 분과로 구성되어 있으

---

6) 경찰청, 자치경찰 추진팀 운영 상황(내부 자료), 2004.3., 참조.

며, 위원장 1인, 위원은 각 분과마다 6명씩 총 19명으로 구성되어 있다. 이 위원회 산하에 자치경찰 추진팀을 구성하여 매월 2회에 걸쳐 회의를 개최하면서 지방자치경찰 도입 방안을 연구하였다.[7] 이 추진 팀은 정부혁신지방분권위원회와 계속적인 협의를 거치면서 정부안을 마련하는 데 많은 기여를 하였다.

제 3 절 | 자치경찰에 대한 각 정책집단의 입장과 딜레마

관계 기관은 정책 과정에 참여하는 정책집단을 말한다. 우선 자치경찰 제도와 관계 있는 정책집단을 들어 보면 청와대, 광역자치단체, 기초자치단체, 주민, 경찰청, 예산 부처, 여·야당 등으로 나열할 수 있다.

청와대는 자치경찰 도입을 주도하는 기관이며, 지방자치단체인 광역과 기초자치단체는 자치경찰 실시 당사자다. 주민은 자치경찰제 실시로 인하여 서비스를 받을 집단이며, 경찰청은 경찰 업무의 독점 시대에서 자치경찰제 실시로 자신의 일부 권한과 인원을 위임 또는 이관해 주어야 한다. 예산 부처는 자치경찰 실시로 중앙부처 예산 부담을 덜 수 있기 때문에 관심을 가지는 기관이 된다. 여·야당은 자치경찰 실시가 자신들과 항상 경쟁자인 자치단체장에게 권한을 더 많이 주는 것이 아닌가에서부터 각종 선거 시에 어떻게 작용할 것인가에 대하여 관심을 많이 가지는 집단이다. 여기에서는 금번 자치경찰제 도입 과정에서 가장 관심이 깊을 뿐만 아니라 결정적인 영향을 미치고 있는 기관이라고 판단되는 광역자치단체, 기초자치단체, 경찰청, 여·야당을 중심으로 찬·반 논쟁을 살펴보고자 한다(양영철, 2007b: 39-58).

1. 국가경찰

경찰은 자치경찰 실시로 인하여 조직·인원·재정에 커다란 영향을 받는다. 자치경

7) 경찰청 경찰혁신기획단 자치경찰 팀에서는 이 기간 동안 많은 연구보고서를 만들었다. 대표적인 것으로는 자치경찰제 용역 연구(2003), 선진 외국의 경찰제도(2003), 프랑스 자치경찰 연구 자료(2004) 등이 있다.

찰이 어떠한 모형을 선택하여도 국가경찰은 자신의 조직·인원·재정과 권한을 자치단체에게 분할하여 이관해 주어야 한다. 그렇다고 국가경찰이 자치경찰 실시를 내놓고 반대할 수는 없다. 왜냐하면 지방자치를 실시하는 국가 치고 자치경찰을 실시하지 않는 국가가 없다는 주민과 지방자치단체의 주장에 대항할 명분을 내놓기가 어렵기 때문이다. 더군다나 남북 대치라는 이유로 경찰력을 분산시키는 자치경찰제 도입을 반대하거나 최소한으로 할 것을 주장하던 지금까지 논리도 최근 남북 간의 평화 분위기가 조성됨으로써 더 이상 이를 주장하기가 쉽지 않다. 특히, 국가경찰은 경찰의 오랜 숙원인 검찰로부터 수사권을 이양받기 위해서는 자치경찰을 마냥 수용하지 않을 수도 없는 입장이다. 왜냐하면, 대통령을 비롯한 국민, 심지어 검찰까지도 수사권이 경찰로 이관되면 현재의 대규모 조직의 경찰력을 분산 내지 분권화시키지 않으면 경찰의 특성상 무소불위 조직이 될 것이라는 우려 때문이다. 노무현 대통령도 자치경찰이 없는 수사권 독립은 없다는 것을 수시로 강조하였기 때문에 국가경찰은 어쩔 수 없이 자치경찰 도입에 찬성할 수밖에 없었다(양영철·이기우, 2004).

이러한 양면성 때문에 국가경찰은 자치경찰에 찬성 입장을 보이면서도 조직 이양을 최소화하려고 항상 노력하여 왔다. 국가경찰은 자치경찰을 거의 권한이 없는 지방경찰위원회 하에 두도록 하며, 지방경찰청장과 일선경찰서장의 임면권의 주도적 행사는 물론이거니와 경정 이상 경찰공무원을 국가공무원으로 보하는 등 자치단체의 경찰인 자치경찰에 대한 통제권을 자치단체가 관여하지 못하도록 하는 안에서 한 발자국도 양보하지 않아 왔다(최종술, 2001). 그러나 자치단체에게 조직과 인사권 없는 이 안에 대하여 자치단체들은 우리는 '돈만 부담하는 봉이냐'라는 한마디로 일축해 버렸다. 그뿐만 아니라 수사권을 이관하여야 하는 검찰도 인사권을 지방자치단체로 이관하지 않은 자치경찰은 자치경찰일 수 없다면서 수사권의 이양을 거부한다. 한마디로 국가경찰은 자치경찰에 관한 한 진퇴양난에 빠진 것이다.

참여정부안은 경찰의 규모 축소를 최소화하였기 때문에 국가경찰이 적극적으로 협조하였다. 그러나 국가경찰 이관 규모가 3천 명에 불과한데다, 치안센터의 구체적 활용 방안에 대해서는 현재까지도 결론을 도출하지 못하고 있다. 자치경찰 모형을 처음 결정한 국정과제회의에서는 자치경찰사무를 지역교통, 방범, 경비 업무로 하되 자치경찰이 중심이 되어 처리하고 국가경찰은 지원한다고 결정하였다. 그러나 이 안은 정부안이 만들어지는 과정에서 다시 수정되어 자치경찰사무는 국가경찰과 공동사무하도록 변경되었다. 공동사무 처리는 규모, 권한 등 모든 면에서 우월적 지위에 있는 국가경찰과의 관계에서 자치경찰이 자치경찰사무를 주도적으로 처리할 수 있을지 여전히 의문이다. 합의되었던 치안센터의 절반 이상 자치단체 이관도 다시 원점으로 돌아가는 등 자치경찰의 모습이 국정과제회의 때보다 훨씬 후퇴한 안으로 만들어진 것이다. 이로 인하여 자치경찰 정부안은 '무늬만 경찰', '청원경찰 수준의 자치경찰' 등이라는 비난을 받게 되었고, 이것이 자치경찰의 추진 과정 내내 장애 요인이 되었다.

국가경찰은 숙원인 수사권 독립 문제가 전혀 해결이 안 된 마당에 자신들의 일부 권한이나마 자치경찰에 무조건 넘겨 준다는 조직 내부의 저항 때문에 쉽지 않았다. 한마디로 국가경찰은 선택하기가 매우 어려운 입장에 서 있었다.

2. 광역자치단체

노무현(참여)정부안의 자치경찰 제도에 대해서 가장 강력하게 반대하는 기관이 광역자치단체다. 광역자치단체가 반대하는 이유는 실시 단위를 광역자치단체로 하여야 한다는 것이다. 광역자치단체는 지금까지 논의되었던 자치경찰제 실시 단위가 모두 광역자치단체인데 왜 참여정부만 기초자치단체로 하느냐는 것이다. 광역자치단체는 16개 시·도지사로 구성된 전국 시·도지사협의회에 자치경찰 제도는 시·도지사 소속 하에 합의제 의결기관인 시·도경찰위원회를 설치하여 시·도경찰청을 관리·운영하도록 하는 안이 바람직하다고 주장한다. 광역자치단체에서 주장하는 주요 이유는 다음과 같다.[8)]

첫째, 경찰사무는 광역적 사항이 많기 때문에 이에 대처하기 위해서는 광역자치단체가 자치경찰의 실시 단위가 되어야 한다. 기초자치단체 단위로 자치경찰제를 실시하게 되면 광역적 업무의 처리가 어렵고, 규모의 경제를 살리지 못하기 때문에 오는 비효율성 문제가 빈번하게 나타날 것이다.

---

8) · 2005. 4. 시·도 공동 의견 제출(국가경찰 조직의 지방 이관, 광역 단위 도입 등)
· 2005. 8. 자치경찰법안 입법 예고에 따른 시·도 공동 의견 추가 제출
· 2005. 6. 시도지사 제주선언문(실질적 자치경찰제 도입 재촉구)
· 2005. 10. 시도지사 공동성명서(실질적 자치경찰제 도입 재촉구)

둘째, 기획과 조정 업무 때문이다. 광역자치단체가 현재 지방자치법에 의해서 기초자치단체에 대한 기획과 조정 기능을 가지고 있기 때문에 자치경찰 제도의 운영에 대해서도 역시 기획과 조정권을 가져야 한다는 것이다. 인사의 교류, 재정력이 약한 자치단체에 대한 재정 지원 등이 광역자치단체에 의하여 이루어지지 않는다면 인사 적체에 따른 능력 개발의 한계와 부패 고리 단절 곤란, 재정력에 따른 치안 서비스의 차이 등 다양한 문제점이 속출할 것이라고 주장한다.

셋째, 자치경찰 도입 취지에 부합되지 않는다는 점이다. 정부법안의 가장 근본적 문제는 현행 국가경찰 체제, 즉 경찰청-지방경찰청-경찰서-지구대(파출소)로 구성된 조직이 그대로 유지된다는 점이다. 자치경찰제의 본질은 국가경찰을 존치시킨 채 새로운 자치경찰제를 추가로 신설하는 것이 아니라, 국가경찰 조직과 기능 중 일부를 떼어내어 지역 주민이 통제할 수 있는 자치경찰로 전환하자는 데 있다고 볼 때, 정부안은 이러한 제도 도입 취지와 배치된다는 주장이다. 이렇게 될 경우 업무 중복에 따른 책임 전가 문제와 국민 부담만 이중으로 가중되는 문제가 우려되며, 이미 정부안대로 제도를 도입한 제주특별자치도의 자치경찰 운영 과정에서 우려가 현실화되고 있다고 비판하고 있다.

넷째, 기존 행정계층 간 역할 배분 및 사무 처리 실태와의 불일치 문제가 있다는 주장이다. 정부법안은 시·군·구 기초 단위로만 자치경찰대를 설치하겠다고 하나, 현행 지방행정의 기능과 사무, 예산 지원과 인사 교류 체제가 광역과 기초의 2층제 행정계층을 취하고 있는 현실에서 경찰이라는 특정 사무 영역에서만 어느 일방의 책임과 역할을 배제할 경우 해당 사무 처리에 혼란과 공백이 발생(광역 차원에서의 교통행정, 재정 지원, 인사·교육 지원 기능 등)할 우려가 있다. 동일하게 주민 안전과 관련된 소방사무가 광역단위의 조정(장비 구입 등 예산, 인사·교육 등)을 통하여 현장인 개별 소방서에서 수행되고 있는 현실을 보면, 경찰 사무도 광역과 기초 간에 합리적인 조직, 기능, 재정 책임 분담 체계를 구축하는 것이 가장 효율적임을 확인할 수 있다고[9] 여러 차례 주장하였다.[10]

---

9) 전국 시·도지사협의회, 보도 자료, 2006.9.14, 참조.

10) 내일신문, 2004.8.30, 시·도지사협의회는 현재 정부가 논의하고 있는 기초자치단체 소속의 자치경찰 제도 도입안을 폐지하고 광역자치단체의 소속으로 자치경찰제를 도입할 것을 강력하게 촉구하였다.
연합뉴스, 2004.10.8, 18:09. 정부가 오는 2006년도에 도입키로 한 시, 군, 자치구 소속 자치경찰제와 관련, 전국 시·도지사들은 8일 "광역자치단체를 배제한 시, 군, 자치구 경찰제는 적절치

[그림 4-3] 초기 시·도지사협회의 자치경찰 도입 모형: 시·도 경찰의 자치경찰화

자료: 전국 시·도지사협의회(2008).

이러한 주장에 따라 시·도지사 협의회가 제시한 자치경찰조직 구조는 [그림 4-3]과 같다. 시·도지사협의회 안은 매우 과감한 안이다. 이 안은 조직 체계로만 보면 과거 국가경찰 측에서 즐겨 내 놓았던 일본 모형과 비슷하다. 그러나 이 안은 운영면에서 보면 자치 경찰의 의결기관인 시·도 경찰청이 모두 시·도지사 산하이며 경찰위원회 임명권을 독립적으로 행사하고 있다. 반면 국가경찰은 자치경찰에 대하여 직접적 감독과 통제를 하지 못하며 협력과 지원만 할 수 있게 하고 있다. 이 안은

않다고 지적하고 독자적인 개선안을 마련해 나가겠다"고 주장하였다. 시·도지사들은 "시, 군, 구 재정 자립도를 감안하면 중앙정부와 시·도가 예산을 지원하지 않을 경우 시, 군, 자치구 독자적으로 자치경찰을 유지할 수 없는 것이 현실"이라며 "자치경찰의 인력과 장비 확보 등 현실적 문제 해결을 위해서는 광역자치단체를 배제해서는 안 될 것"이라고 지적하였다.

YTN, 2005.6.13, 16:54. 시·도지사, 지방분권 촉구 "제주선언" 채택.

전국 시·도지사들은 제주시에서 열린 민선자치 10주년 기념 행사에서 '지방분권을 촉구하는 제주선언'을 채택하였는데 여기에서 광역 단위 자치경찰제 도입을 강력하게 요구하였다.

내일신문, 2005.8.2.에도 광역자치단체의 자치경찰제 도입 단위 배제에 대하여 강한 불만을 나타냈다.

우리나라 자치경찰 논의 역사상 가장 과감한 안이라고 할 수 있다. 그러나 이 안은 여전히 강력한 광역자치단체 중심의 자치경찰 방안이다. 시·도지사협의회 안은 유기준의원 안으로 바꾸어서 국회에 의원입법으로 제출된다. 제출될 때는 이 안은 국가경찰청 산하에 경찰서를 그대로 두었고, 시·도 지방경찰청은 시·도(자치)경찰본부로, 시·군·구에는 자치경찰대 신설로 수정되었다. 또한 유기준 의원안은 현재의 지구대는 국가경찰에서 자치경찰대로 이관하는 것으로 하였다.

3. 기초자치단체

기초자치단체는 자치경찰제 도입 단위가 기초자치단체이기 때문에 당연히 찬성이다. 참여정부의 분권 원리가 보충성의 원칙으로 기초자치단체 우선 원칙에 의해서 자치경찰을 도입하는 것이기 때문에 기초자치단체가 자치경찰 도입 단위가 될 수밖에 없다면서 정부안에 전폭적으로 지지하고 있다. 당사자인 기초자치단체장과 의원들은 수시로 성명서를 발표하거나 간담회 등을 통해서 기초자치단체의 자치경찰제 도입을 찬성하였다.[11] 그러나 기초자치단체들 간에도 자치경찰에 대한 입장은 약간씩 차이가 났다. 가난한 자치단체와 부자의 자치단체 간에 차이가 있었다. 재정력이 풍부한 대도시 중심의 기초자치단체들은 조속한 시일 내에 전면 실시를 주장하였다. 반면에 재정력이 부족한 곳은 국가경찰에서 인원과 재정도 함께 이관해 주지 않으면 자치경찰을 실시하기가 어렵다고 주장한다. 그러나 이러한 주장 차이는 매우 미미할 뿐 자치경찰 실시에 대한 찬성은 매우 높은 것으로 나타났다. 특히, 참여정부안이 자치경찰제 도입을 선택제로 결정하였기 때문에 자치경찰을 반대할 이유가 사실 없었던 것이다.

---

11) 시장·군수·구청장협의회가 주요 중앙 일간지 일면에 실은 광고 예(문화일보, 2006.4.17). 자치경찰제는 조속히 도입되어야 한다!

자치경찰제 도입은 국민과의 약속입니다.

2004년 1월 제정된 '지방분권특별법'을 통하여 정부는 자치경찰제를 도입하기로 약속하였습니다. 그러나 현재 자치경찰법(안)이 국회에서 통과되지 않아 그 시행 여부가 불투명한 상황입니다. 이에 우리는 아래와 같이 자치경찰제 도입을 강력히 요구합니다.

…… 이하 생략

시장·군수·구청장 234명은 지방자치제의 완성을 위하여

자치경찰법(안)의 조속한 국회 통과를 촉구한다!

2006. 4. 17.

전국시장·군수·구청장협의회

4. 정당

1) 열린우리당

17대 국회에서 열린 우리당은 원내 최대 의석을 지닌 여당이었다. 여당인 열린우리당은 자치경찰제 도입에 대해서 처음에는 매우 모호한 태도를 지니고 있다가 결국 차기 정권으로 미루는 것으로 가닥을 잡는다. 열린우리당은 집권 여당으로서 대통령이 우선순위 정책 사항으로 추진하는 자치경찰제 도입을 지지하지 않을 수 없는 입장이다. 특히, 대다수 열린우리당 국회의원들이 2004년 총선에서 노무현 대통령 탄핵사건의 덕을 보고 당선되었다는 평가를 받고 있기 때문에 노 대통령의 정책을 소신껏 반대할 국회의원들도 없었던 시기였다고 해도 과언이 아니다. 그러나 시간이 지나면서 노 대통령에 대한 국민 지지도가 떨어지는 것과 동시에 국회의원들이 대통령이 추진하는 정책에 대한 협력이 눈에 띄게 떨어지는 것을 느낄 수 있었다.[12] 자치경찰제가 당정협의의 주제로 상정되는 것조차 어려웠다. 청와대 정책실장, 행정자치부장관을 비롯한 정부 고위정책자들과 정부혁신지방분권위원회, 실무추진단 모두가 나서서 당의장을 비롯한 열린우리당 간부들을 설득하였지만 협력을 이끌어 내기란 쉽지 않았다. 법안이 상정된 후 국회 행정자치위원회에서 한 번의 공청회를 개최한 것이 유일한 협력이라고 해도 과언이 아니다. 열린우리당 양형일 의원의 경우에는 자치경찰을 국가경찰인 지역 경찰서에서 2~3년간 훈련시켜서 보내자는 인큐베이터 안(案)을 제시하는 등 의견 일치가 전혀 되지 않았다. 열린우리당의 이러한 분위기는 2006년 5월 31일에 치러진 지방선거에서 참패하면서 더욱 깊어갔다. 지방선거에서 열린우리당은 당 소속 기초자치단체장이 34명에서 19명으로 줄어든 반면 한나라당은 전체 230개 기초자치단체장 중 60% 이상인 155명이 당선되었다. 자치경찰 제

---

12) 2005년 4월 20일 자치경찰 도입에 따른 당정 협의가 끝난 후에 열린우리당은 기자회견을 통하여 자치경찰 실시는 현재 자치경찰제에 전제되는 여러 여건 변화, 즉 경찰과 검찰의 수사권 조정 문제, 기초자치단체장의 정당 공천 배제 여부의 문제, 자치경찰제 도입 단계에 대한 논란, 행정 체계 개편에 관한 논란 등의 여건을 감안하여 좀더 여유를 가지고 심도 있게 논의하자고 매듭을 지었다고 발표하였다. 열린우리당이 소극적인 태도가 이후에도 계속되었다. 연합뉴스 보도 자료 2005.4.20.

열린우리당, 임시국회 대비 고위당정 회의 결과 브리핑, 2006년 2월 2일, 임시회의 대비 고위당정회의에서도 열린우리당은 자치경찰제 도입은 검경수사권 독립 문제가 해결되는 과정을 보면서 처리하겠다고 역시 소극적이었다.

도의 실시 단위가 기초자치단체임을 고려할 때 열린우리당은 "한나라당만 좋을 일을 왜 하냐"고 하면서 자치경찰에 대하여 더욱 부정적인 방향으로 돌아서게 되었다.

2) 한나라당

한나라당은 지금은 집권다수당인 여당이 되었지만 자치경찰법안이 국회에 상정되었던 제17대 국회에서는 원내 제2석을 가진 중심 야당이었다. 한나라당은 국회의원 수는 열린우리당보다 적지만 자치단체의 장과 지방의회는 열린우리당보다 훨씬 많은 좌석을 차지하고 있다. 2006년 5월 31일에 치러진 지방 동시선거에서 한나라당은 16개 시·도지사 중 11석, 230개 기초자치단체장 중 155개를 차지하는 대승을 거두었다(중앙선거관리위원회, 2006: 243). 한나라당은 이렇게 자치경찰 실시 당사자인 기초자치단체를 다수 차지하고 있음에도 불구하고 기초자치단체에 실시하는 자치경찰 제도에 대해서 매우 소극적이거나 반대하는 의원이 많았다. 그 이유는 유기준 의원이 단독으로 자치경찰법안을 제출하였기 때문이다. 유기준 의원이 제출한 안은 시·도지사협의회와 협력하여 작성한 안으로서 광역자치단체를 실시 단위로 하는 자치경찰안이었다. 정부안과 제주도 자치경찰, 유기준안을 비교한 <표 4-3>을 보자.

<표 4-3> 정부안·제주특별자치도·유기준 의원안의 자치경찰 조직 운영 비교

구 분	참여정부안	제주특별자치도	유기준 의원안
도입 단위	시·군·구 기초자치단체	특별자치단체	시·도 광역자치단체
조직구조	일원적 집행기관	일원적 집행기관	의결·집행기관 분리
위원회 성격	심의	심의	심의·의결
위원 구조	광역: 치안행정위원회, 기초: 지역치안협의회	치안행정위원회	시·도경찰위원회
위원 수	치안행정위원회 : 11명 치역치안협의회 : 15명	11명	9명
집행기관	자치경찰대	자치경찰단, 행정시에 자치경찰대	시·도자치경찰본부 기초에는 자치경찰대
자치단체장·의회의 관여	직접 지휘·감독	직접 지휘·감독	간접적 관여

출처: 저자 작성.

이 표에서 유기준안은 정부안과 제주도 자치경찰 내용과 비교해 보면 훨씬 확대된 안이다. 그러나 유기준안은 한나라당 내에서도 반대하는 사람이 많았다. 국가경찰을 무기력하게 함과 동시에 시·도지사에게 경찰권이라는 막강한 권력을 부여하는 유기준안은 국회의원에게는 부담가는 안이었다. 한나라당은 일본 모형을 선호하거나 아니면 정부안에다 광역자치단체에 조정 권한을 주는 정도로 타협할 것을 권고하는 의원들이 많았다(국회행정자치위원회, 2006). 그럼에도 불구하고 유기준 의원이 행정자치위원회의 한나라당 간사이기 때문에 드러내놓고 동료 의원이 발의한 법안을 반대하지 못하는 분위기였다.

5. 국회 내에서의 갈등

정부는 자치경찰법안을 2005년 11월 3일에 국회에 제출하였고, 국회는 2005년 12월 5일에 행정자치위원회에 상정하였다. 행정자치위는 근 1년 반이 지난 2007년 4월 13일에야 법안소위 심의위원회에 상정하여 제1회 회의를 하였을 뿐 감감무소식이다. 왜 이렇게 국회가 소극적인가. 앞에서 기술한 바와 같이 각 당이 가지고 있는 속사정이 있기 때문이라고 인정한다. 그러나 국회는 그 이유를 공개하여 당론을 정하고 대안을 제시하여야 하는데도 불구하고 묵묵부답이다. 정부의 입장에서 보면 당론이 없기 때문에 자치경찰법안의 법제화를 위한 대(對)국회 업무 추진이 매우 어려웠다. 그저 개개 의원을 찾아다니면서 설명하여야 하는 정도가 최선의 일이었다. 국회의원들이 자치경찰에 대하여 갖는 의견이 얼마나 다양한지에 대해서 자치경찰 법안을 심의했던 행정자치위원회의 속기록을 보면 알 수 있다.[13] 2006. 2. 17(금) 16:30~18:30 국회 행자위원회 회의실에서 행정자치위원회 주관으로 '자치경찰법 공청회' 주요 발언 내용을 요약하면 다음과 같다.[14]

◈ 원혜영 의원(우) : 야당 단체장이 다수이기 때문에 광역 단위 도입을 하지 않았다는 것은 지나친 비약이다.

◈ 고흥길(한), 김정권 의원(한) : 문성호 소장에게 단체장에 야당이 많아 광역을 배제한 것이 아니냐며 답변 유도

13) 자치경찰실무추진단, 속기록 요약 자료, 2006.

14) 우: 열린우리당, 한: 한나라당.

◈ 이재창 의원(한) : 국가 안전, 광역화된 범죄 등 국가경찰의 필요성도 있다고 보며, 자치경찰로 업무를 이관하면 그만큼 국가경찰이 슬림화되어야 할 것으로 본다. 자율방범대 등 자치경찰 지원 조직을 법제화할 필요는 없는가?

◈ 조성래 의원(우) : 점진적으로 하자는 정부안이 타당하다고 본다.

◈ 유기준 의원(한) : 지방분권특별법에 자치경찰 도입 목적으로 제시한 '주민 생활과 밀접한 치안 서비스'는 수사, 정보도 해당한다고 본다.

◈ 노현송 의원(우) : 자치경찰 권한이 작다. 재고하여야 한다. 그러나 국가 통합 차원의 안전은 훼손하지 말아야 하며, 유기준 의원안은 인사 전횡도 우려된다.

◈ 정진섭 의원(한) : 자치경찰은 자치 및 경찰 모두 이름에 걸맞은 역할이 있어야 하며 큰 틀을 그리고 단계적 접근하여야 할 것으로 본다.

◈ 고흥길 의원(한) : 행정 체제 개편과 맞물려 자치경찰 도입을 늦춰야 하지 않나?

◈ 강창일 의원(우) : 유기준 의원안은 이상적이다. 현 수준에서 급격한 변화는 바람직하지 않다. 점진적으로 가는 것이 바람직하다.

◈ 김정권 의원(한) : 도입 필요성에는 인식을 같이하고 있다. 기초 단위 보다는 광역으로 도입하는 것이 재정 문제를 해결할 수 있을 것 같다.

제 4 절 | 노무현(참여)정부 안의 확정 과정 및 국회 제출

1. 초안의 작성

자치경찰제 도입 초안은 정부혁신지방분권위원회 내의 지방분권전문위원회에 설치된 자치경찰 T/F 팀이 작성하였다. 원래 정부안은 경찰청이 주도하여 작성할 예정이었지만 경찰청은 자치경찰의 당사자이기 때문에 경찰청 위주로 자치경찰안을 작성하자 당시 분권 추진기구인 정부혁신지방분권위원회가 객관적인 입장에서 자치경찰 제안을 작성하기로 하여 자치경찰 T/F 팀을 구성한 것이다. 자치경찰 T/F 팀은 2004년 1월 말에 유럽 자치경찰제 운영 현황을 연구하여 돌아온 후에 1차 초안을 작성하였다. 이렇게 만들어진 자치경찰제 초안은 해당 부서인 경찰청과 여러 차례 조정 과정을 거치면서 정부안을 만들기 시작하였다. 이 때부터 자치경찰제도 도입은 대통령위원회인 정부혁신지방분권위원회가 주도하기 시작하였다.

자치경찰 T/F 팀과 경찰청은 유럽의 제도를 세밀하게 살펴보기 위하여 각국의 대사관과 주한 대사관들의 협조까지 얻어가면서 정부안의 참고 지역인 스페인, 이태리, 프랑스 자치경찰을 10일에 거쳐 방문하였다. 형평성을 갖기 위하여 각국마다 국가경찰, 주 단위 경찰, 기초자치단체인 시 자치경찰 세 곳을 방문하였기 때문에 결국 아홉 곳의 기관을 방문하였다. 각 대사관의 적극적인 협조와 해당 기관의 사전 질문지 배포로 인하여 시찰팀은 각 국가의 경찰 책임 부서인 내무부를 비롯하여 각 자치경찰 지역 책임자와 지방자치단체의 시장과 시의원 등을 만날 수 있었다. 각 국가마다 내무부장관이나 차관, 경찰책임자 등이 나와서 국가경찰의 운영 현황을 자세하게 설명하여 주었다. 지방에는 해당 자치단체장과 의회 의원, 자치경찰대장 등과 면담할 수 있었다.

각 기관마다 간담회를 개최하였는데 미리 1~2개월 전에 미리 배포된 질의서를 중심으로 한 기관에 3시간 내외로 질의·응답·현장 방문 형식으로 진행하였다.[15] 자치경찰 T/F 팀과 경찰청은 귀국 후에 여러 차례 회의를 거친 후에 정부안을 확정하고 대통령에게 보고하기로 하였다. 대통령에 대한 보고서는 자치경찰 T/F 팀과 경찰청이 연구하였던 자치경찰 모형도[16] 모두 보고하여 대통령의 결재를 받기로 하였다.

정부혁신지방분권위원회 자치경찰 T/F 팀이 대통령에게 보고한 자치경찰 방안은 다음과 같다.[17]

1) 방안 1: 주민 생활 중심의 자치경찰 창설 방안

가. 주요 내용

시·군·구 보조기관으로 자치경찰을 창설하고 인사권은 자치단체장이 행사하며 자치경찰 공무원은 특정직 지방공무원으로 한다. 그리고 자치경찰의 주요 사무는 지역교통, 기초 질서, 생활 안전 등 행정 서비스적 치안을 전담하는 것으로 하였다. 이

15) 정부혁신지방분권위원회·경찰청 경찰혁신위원회, 선진국 자치경찰 운영 사례 현지 시찰 결과보고서, 2004.5. 15-24. 이 보고서에 방문 결과에 대한 상세한 내용이 있다.

16) 경찰청 경찰혁신기획단, "자치경찰제 도입 추진 상황," 정부혁신지방분권위원회 보고 문서, 2004. 2.5.

17) 정부혁신지방분권위원회 자치경찰 T/F팀, 자치경찰제 도입 방안(보고 자료), 2004.7.13 및 보고 결과문을 요약한 것이다.

방안은 국가경찰 체제의 장점 유지 및 광역 치안 수요에 효율적으로 대응하기 위하여 현행 경찰 제도의 골격(조직 및 인력)을 유지하면서 만든 안이다. 자치경찰과 국가경찰과의 협력 체제를 강화하기 위하여 현재의 치안행정협의회 운영을 개선하여 치안행정협의회를 설치하되 구성에 지방의회 의원 및 시민 대표들의 참여를 확대하고 치안행정협의회의 결정에 법적 구속력을 부여하며 시·도지사 직속 '지역치안협력관'을 설치하는 방안을 제시하였다.

나. 장·단점

이 안은 지방행정의 법집행력 보강으로 행정의 종합성 구현 및 행정 서비스 위주의 치안행정으로 주민 만족도가 향상되는 장점이 있다. 반면에 자치단체의 재정 편차에 따른 치안 불균형 초래 우려, 국가경찰과 상호 갈등 가능성 및 조직·인력·예산 증가라는 단점이 나타날 수 있다.

다. 예상 조직도

제1안의 예상 조직도는 [그림 4-4]와 같다.

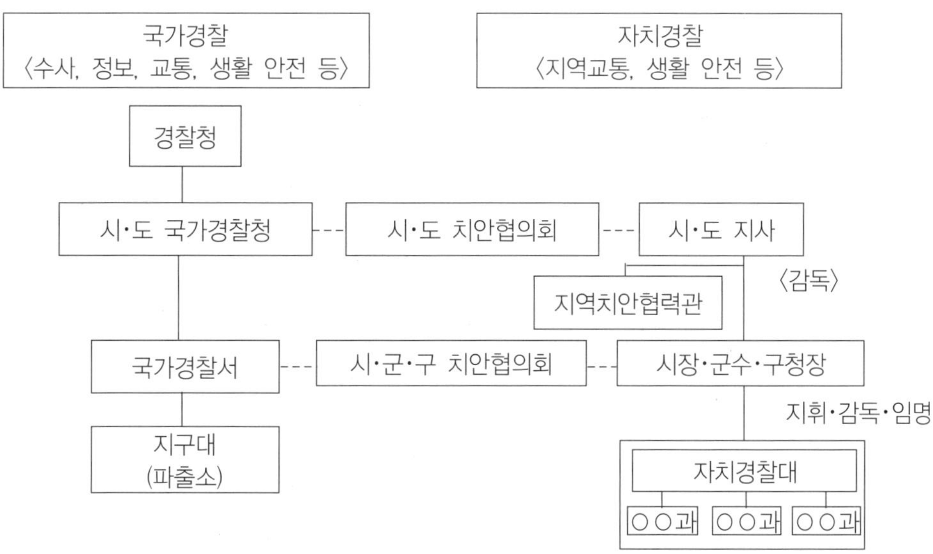

[그림 4-4] 제1안의 예상 조직도

2) 방안 2: 시·도 광역 단위 경찰위원회 설치 방안

가. 주요 내용

이 안은 시·도지사 직속기관으로 시·도 경찰위원회를 두고 이 위원회 산하에 자치경찰을 두는 안이다. 이 안은 지금까지 자치경찰 논의 과정에서 주류의 안이라고 할 수 있다. 이 안에서는 시·도경찰위원은 시·도지사가, 지방경찰청장은 대통령이 임명하도록 하여 자치경찰의 정치적 중립성을 보장하도록 하였다. 시·도 경찰위원회는 자치경찰사무의 일반적 방침을 심의·결정하도록 하되 그 밖의 집행적 업무는 관여할 수 없도록 하였다. 그리고 자치경찰 공무원 중 경감 이하는 지방공무원, 경정 이상은 국가공무원으로 보하도록 하였다. 자치경찰사무는 수사, 정보, 경비, 생활안전, 교통 등 광범위한 경찰사무를 담당하도록 하였다.

나. 장·단점

이 안은 광역 치안 수요에 효과적인 대응 및 최소의 조직 개편·비용으로 자치단체의 치안행정을 수행할 수 있다는 장점이 있다. 반면에 위원회제 운영으로 경찰행정의 책임 소재 불분명 및 기초 단위 지역 특성, 주민 의사 반영이 미흡(치안자율권 제약)하다는 단점이 예상된다.

다. 예상 조직도

제2안의 예상 조직도는 [그림 4-5]와 같다.

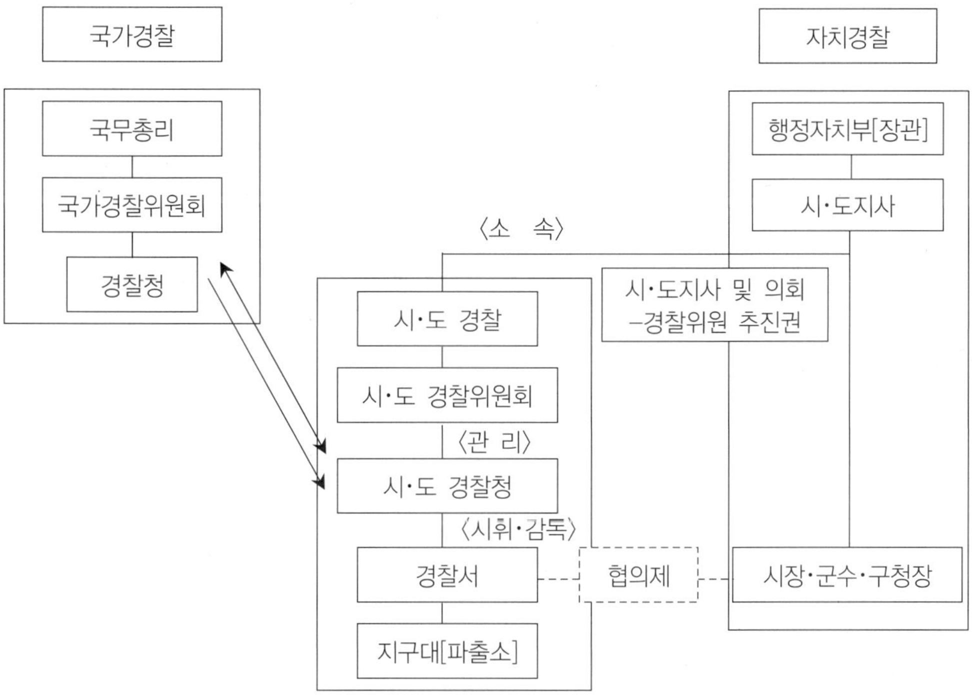

[그림 4-5] 제2안의 예상 조직도

3) 방안 3: 기초자치단체 단독 자치경찰 운영 방안

가. 주요 내용

이 안은 미국의 자치경찰과 같이 현 경찰서를 기초단체장 직속기관으로 이관하여 운영하는 방안이다. 자치경찰사무는 지역교통·생활 안전·기초 질서 유지 등을 고유사무로, 수사·정보·경비 등을 기관위임사무로 하여 거의 모든 경찰사무를 수행하도록 하고 있다. 자치경찰의 책임자는 단체장이 지방의회의 동의를 얻어 직접 임명하며 모든 자치경찰관은 특정직 지방공무원 신분으로 하는 안이다.

나. 장·단점

이 안은 지방의 자기 책임과 권한에 의한 치안행정 기능 및 녹임제 운영에 의한 권한과 책임 소재의 명확화라는 장점이 있는 반면에 자치단체장의 권한 비대화로 제왕적 자치행정 우려 및 광역화·기동화 경향의 치안 수요 대응 미흡(규모의 비경제)이라는 우려가 제기될 수 있다.

다. 예상 조직도

제3안의 예상 조직도는 [그림 4-6]과 같다.

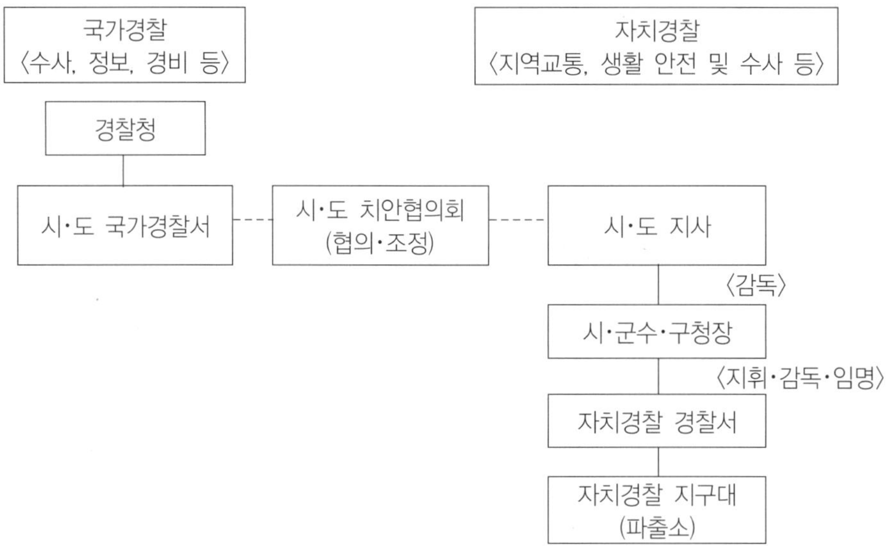

[그림 4-6] 제3안의 예상 조직도

4) 방안 4: 단체장의 경찰기관장 인사 관여 방안

가. 주요 내용

이 방안은 가장 소극적인 자치경찰제 시행안이다. 현재의 국가경찰 조직을 그대로 운영하되 다만 자치단체장이 해당 자치단체구역 내의 국가경찰 책임자인 지방경찰청장과 경찰서장을 임명할 때 관여할 수 있도록 하는 방안이다. 그 과정은 대상자 자기 내신 → 대상자 인사 자료 제공 → 시·도지사 및 시·군·구청장 인사 관여 기회 부여 → 대통령(경찰청장) 임명 순이다. 이 과정에서 자치단체장은 해당 지역 경찰 책임자 임명에 단순 의견 제시 또는 제청권 및 해임건의권을 부여하는 방안이다.

나. 장·단점

이 방안은 자치·치안행정 간 연계성 및 주민 지향적 치안행정 가능, 인력·예산·조직 개편 등 부담 없이 가장 간단한 방법으로 자치경찰제 도입과 유사한 효과를 가져올 수 있다는 장점이 있다. 그러나 '자기 책임과 권한'에 의한 치안행정이라는 자치경찰제의 의미 약화 및 임명권자와 단체장의 의견 상충시 조직 불안정이 야기될 수 있다는 단점도 예상할 수 있다.

5) 종합 검토 결과: 방안 1을 건의

자치경찰 T/F 팀은 대통령에게 참여정부의 분권 원리인 보충성 원칙과 실현 가능성을 고려하여 주민 밀착형 치안 서비스를 제공하기 위하여 일부 행정경찰사무 중심으로, 주민 대응성 제고를 위하여 기초 단위로, 권한과 책임 소재의 명확화를 위하여 독임제 형태의 '방안 1: 주민생활 중심의 자치경찰 창설'을 건의하였다.

6) 대동령의 각 방안에 대한 평가

노무현 대통령은 대통령 당선 전부터 오랫동안 지방자치운동을 전개하여 왔던 경험이 있다. 그 때문에 대통령은 자치경찰 제도에 대하여 많은 연구 경험을 가지고 있기 때문에 각 대안에 대한 이해가 깊었다. 대통령이 각 대안에 대한 주요 다음과 같은 평가 내용을 살펴보면 이를 알 수 있다.[18]

가. 제1안(주민 생활 중심의 자치경찰 창설 방안)

현재의 경찰조직 근간이 크게 흐트러지지 않는 방안으로 상당히 새로운 시각인 것 같다. 이 안은 나 자신도 미처 생각해 보지 못한 방안이었는데 (경찰청의 긍정적 검토 입장을 확인 후) 자치단체장의 권한 비대화 방지 및 주민 생활 중심의 지역 치안을 자치단체가 책임과 자율 속에서 처리할 수 있다는 점에서 현실적으로 가장 적합한 방안으로 생각된다.

18) 정부혁신지방분권위원회 자치경찰 T/F 팀, 자치경찰제도 도입 방안 대통령보고 결과, 내부 자료, 2004.7.15.

나. 제2안(시·도 단위 경찰위원회 설치 방안)

이 안은 경찰책임자(지방경찰청장·경찰서장) 임명과 관련, 제청권자와 임명권자의 의견이 다를 경우 문제가 발생할 수 있으며 자치단체장의 권한이 제한된다는 점에서 문제가 있는 방안이라고 생각한다.

다. 제3안(기초자치단체 단독 자치경찰 운영 방안)

이 안은 자치이론에 충실한 방안이지만, 우리나라 문화와 지방자치 현실에 비추어 볼 때 보고서에서 지적한 것과 같은 여러 가지 문제가 있다고 생각한다.

라. 제4안(단체장의 경찰기관장 인사 관여 방안)

이 안은 자치경찰제에 대한 많은 고민 끝에 경찰조직 체제가 크게 흐트러지지 않으면서 자치단체장들의 요구를 수용할 수 있는 방안으로 생각한다. 그러나 이 경우도 경찰기관장 인사를 둘러싼 청탁 문제, 배치 후 결탁으로 인한 견제 기능 약화, 유임운동, 자치단체장이 국가공무원 인사에 관여한다는 등 많은 문제점이 있다고 생각된다.

7) 대통령의 보강 요구 사항

대통령께서는 자치경찰 T/F 팀이 건의한 대로 제1방안을 선택하였고, 앞으로 제1안(주민 생활 중심의 자치경찰 창설 방안)을 중심으로 다음과 같은 세부 방안들을 검토할 것을 주문하였면서 대통령은 참여정부안으로 제1안을 확정시켰다.

첫째, 이 안이 성사되기 위해서는 정치적으로 자치단체장의 이해·설득이 필요한데 1안에 대하여 자치단체장이 흔쾌히 받아들일 수 있도록 하는 방안을 검토하도록 하였다. 특히 일부 자치단체에서는 제3안을 강력히 요구할 수도 있겠지만 그럴 경우 자치경찰 도입 자체가 무산될 수도 있으므로 잘 이해시킬 필요가 있다고 강조하였다.

둘째, 재정 문제와 관련해서 소요 재정 규모 및 재원 확보 방안에 대한 충분한 연구가 필요하다고 강조하였다. 재원으로서 '교통범칙금' 등을 활용한다고 하나, 관련 세원에 대한 용도가 있으므로 충분히 연구 검토할 것을 주문하였다.

셋째, 인사 문제와 관련해서 국가·자치경찰 간 인사 교류 방안에 대한 검토를 요구하였다. 자치경찰관을 자치단체의 공무원으로 한정함으로써 생길 수 있는 인사벽을 제거하기 위해서는 국가경찰과의 교류가 필요하다고 강조하였다. 자치경찰의 인력 충원과 관련해서는 경찰도 업무 일부가 이관되는 점에 비추어 어느 정도의 인력을 넘겨 줄 필요가 있으며, 처음 선발할 때 일정 규모를 국가경찰에서 선발하는 것이 좋다는 의견을 제시하였다. 노무현 대통령은 경찰청에게 현재의 경찰 인력도 부족하다는 것을 잘 알고 있지만, 일단 넘겨 줄 것은 넘겨 주고 부족한 인력은 새로 요청하여 충원하는 방식으로 갈 것을 요구하였다.

넷째, 광역시에서 본청과 구청 간에 기능 배분에 대하여 연구하도록 강조하였다. 특히, 교통 문제에 대해서 광역과 구청 간에 역할 분담이 합리적으로 이루어질 수 있도록 하는 방안이 강구되어야 한다고 강조하였다.

다섯째, 국가경찰의 역할과 관련해서는 국가·자치경찰 간 협의·조정 방안에 대한 연구가 필요하고, 자치경찰의 선발, 훈련 과정, 자격관리에 국가경찰과 자치경찰 상호간 협력 방안을 검토할 필요가 있음을 요구하였다.

2. 국정과제회의 결과 - 확정 안

자치경찰 도입안이 대통령 보고로 확정됨에 따라 자치경찰에 대한 진행은 급속도로 이루어지기 시작하였다. 대통령 1차 보고시에 대통령의 지적 사항을 중심으로 보강해 나가면서 이해단체들을 차례로 만나 정부안을 설명해 나갔다. 당시 여당인 열린우리당 당 간부를 비롯한 해당 부처인 행자부, 경찰청, 법무부, 검찰청, 기획예산처, 법제처, 차관·실국장회의, 지방자치단체등과 업무 협의를 계속 진행하면서 문제점과 쟁점 사항을 보강해 나갔다.

이러한 과정을 거친 정부안은 2004년 9월 2일에 공청회[19]를 개최함으로써 지상에 나오게 되었다. 정부혁신지방분권위원회(위원장 윤성식 교수)는 각계각층의 요구와 지적 사항, 공청회의 결과 등을 고려하여 정부의 최종안을 만들었고, 2004년 9월 16일에 청와대에서 열린 국정과제 최종 심의기구인 국정과제회의를 통과함으로써 정부안이 확정되었다. 국정회의에서 보고한 내용과 토론 내용 중 주요한 것을 정리하면 다음과 같다.[20]

19) 행정자치부 자치경찰제 실무추진단, 자치경찰법안 공청회 자료집, 2005.9.2, 정부종합청사 별관 2층 강당.

[사진 4-1] 자치경찰제 도입 방안 관련 국정과제회의 모습

1) 도입 방안 개요

첫째, 도입 단위는 시·군·자치구에 자치경찰기구를 창설하는 것이다. 자치경찰은 지역 교통, 생활 안전 등 주민 생활 중심의 치안행정 담당하는 것으로 하였으며, 자치경찰관은 특정직 지방공무원으로서 자치단체장이 인사권을 행사하는 것으로 하고 있다.

둘째, 국가·자치경찰을 이원적으로 운영하도록 하고 있다. '광역치안 수요에의 효율적 대응'이라는 현행 국가경찰 체제의 장점을 유지하기 위하여 국가경찰과는 별도로 자치경찰을 운영하는 방안을 채택하였다. 국가경찰이 운용하고 있는 치안센터(舊 파출소)의 공동 활용 또는 이관 방안을 검토하기로 하였다. 자치단체와 국가경찰 상호간 업무 협조를 위하여 시·도 치안행정위원회 및 시·군·자치구 지역치안협의회를 설치하고 있다.

셋째, 소요 재원은 제도 정착시까지 지방교부세, 국고보조금, 범칙금 등으로 확보하며 국가에서 일정 부분 지원하는 것을 원칙으로 하고 있다.

---

20) 정부혁신지방분권위원회(지방분권전문위원회), 자치경찰제 도입 방안, 제54회 국정과제 회의자료, 2004.9.16, 청와대.

이 방안의 자치경찰의 예상 조직도는 [그림 4-7]과 같다.

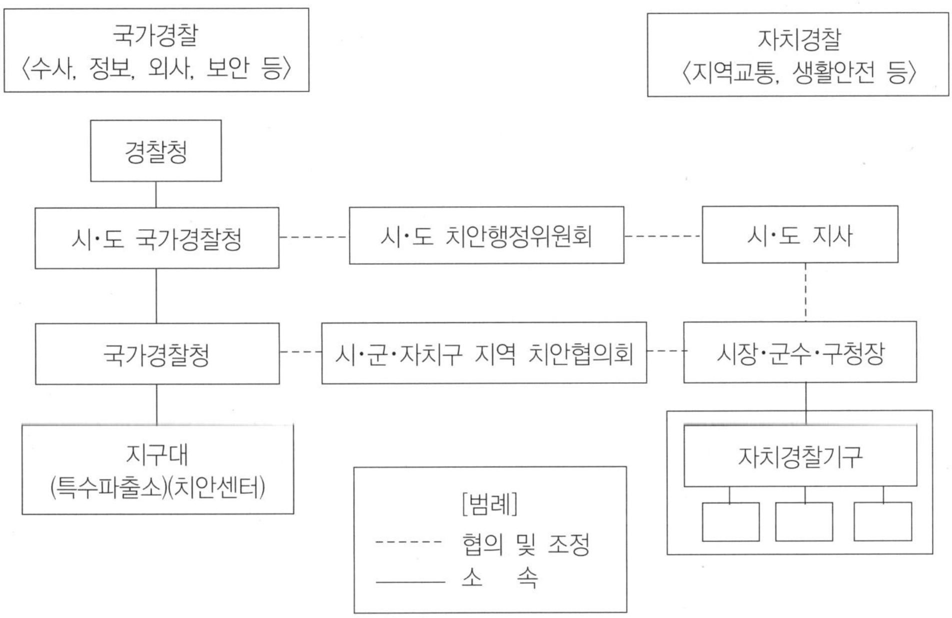

[그림 4-7] 자치경찰 예상 조직도

2) 사무 및 권한

사무와 권한을 보면 다음과 같다.

가. 자치경찰의 사무

국가경찰과 자치경찰의 사무 배분은 생활 안전, 지역교통, 지역경비 등 주민 생활과 밀접한 사무는 자치경찰이 우선 처리하되, 국가경찰은 보완적 역할을 하도록 하였다. 국가와 지방자치경찰 간 사무 배분의 혼란을 방지하기 위하여 이후 국가·자치경찰 간 명확한 사무 처리 방안을 강구하여 각 경찰이 책임성을 확보하도록 하였다. 반면에 수사, 정보, 외사, 보안 등 고도의 전문적 기술 및 전국적 통일성을 요하는 사무는 국가경찰이 수행하도록 하였다. 현재 기초자치단체에서 보유하고 있는 특별사법경찰 사무 등은 자치경찰도 수행하도록 하였다. 자치경찰이 수행할 사무 범위는 다음과 같이 정리할 수 있다.

〈자치경찰의 사무 범위〉

◆ 현 국가경찰사무 중 주민 생활과 밀접한 분야
 – 방범순찰, 사회적 약자 보호, 기초질서 사범 단속 등 생활 안전 분야
 – 교통소통 관리, 교통 법규 위반 지도 단속 등 지역 교통 분야
 – 공공시설 경비, 집회 시위 주변 교통 정리 등 지역경비 분야

◆ 현재 기초자치단체에서 보유하고 있는 특별사법경찰사무 수행 등
 – 보건·위생, 교통, 환경, 경제 등 특별사법경찰 사무(20여 종)

나. 자치경찰의 권한

자치경찰은 직무 범위 및 관할구역 내에서 불심 검문, 범죄 예방 및 제지, 장비 사용 등 경찰관직무집행법에 의한 직무를 수행하며, 법 집행력 확보를 위하여 현재 자치단체가 보유한 특별사법경찰관리 사무 범위에 한하여 사법경찰권을 부여받도록 하였다. 다만 기존 특별사법경찰 권한과의 관계 등에 대해서는 추가 검토하기로 하였다.

3) 자치경찰 기구 운영

조직 규모는 자치단체별 인구 규모, 지역 특성 등을 고려하여 결정하기로 하였다. 구체적 인력 규모는 자치단체의 인구, 면적 등 치안 수요와 지역 특성 등을 고려하여 인력을 산정하되 처음 출범시 소요 인력의 50%는 국가경찰에서 이관하고 나머지 50%는 신규채용으로 확보하도록 하였다. 현재 자치단체에서 기초질서 단속 등에 종사하는 청원경찰, 공익근무요원을 자치경찰 부서로 재배치·활용할 수 있도록 하였다. 자치경찰을 실시하면서 많은 사람들이 우려하는 단체장의 자의적 운영을 방지하기 위하여 국가-자치경찰 간 연계성 및 협력의 강화 등을 위하여 교육·인사 교류의 활성화 방안을 강구하도록 하였다. 자치경찰의 교육훈련은 경찰 업무의 특수성을 고려하여 국가경찰 교육훈련기관 등에 위탁하여 실시할 수 있도록 하여, 자치경찰의 능력을 유지·관리할 수 있도록 하고 있다. 국가·자치경찰 상호간에 인사 교류 할당제, 상호 파견제를 제도화하여 적극적으로 인사 교류를 의무화함으로써 자치경찰의

능력 제고를 위한 방안을 마련하고 있다. 또한 자치경찰 상호간에도 주기적 인사교류제 등 인사 교류를 의무화하는 제도 도입도 검토하기로 하고 있다.

4) 소요 예산 확보

자치경찰 운영에 따른 소요 경비는 자치단체가 부담하는 것을 원칙으로 하였다. 다만, 제도 정착시까지 국가에서 지원할 수 있도록 하였다. 사무 배분에 따라 당연히 이관되는 관련 예산 외에 자치단체 부담분에 대해서도 일정 부분을 국가가 지원하도록 하였다. 소요 재원은 지방교부세, 국고보조금, 범칙금 등으로 확보하되, 추후 관계 부처 협의를 거쳐 확정하기로 하고 있다.

5) 국가경찰과 자치단체 간, 자치경찰 상호간 협력 강화

가. 국가경찰과 자치단체 간 협력 방안

국가경찰과 자치경찰의 이원석 운영으로 인하여 지역 치안을 혼란스럽게 하지 않기 위하여 두 경찰 간의 협력 방안을 마련하고 있다. 우선 광역자치단체인 시·도는 자치경찰 제도는 도입하지 않지만 관내 시·군·구의 자치경찰을 조정할 수 있도록 하기 위하여 시·도지사 산하에 시·도 치안행정위원회를 설치, 운영하도록 하고 있다. 국가경찰과 광역자치단체의 협력 강화 및 행정의 연계성을 확보하기 위하여 현행 치안행정협의회를 확대·개편하는 것으로 하고 있다. 시·군·구 단위에서는 시·군·자치구 지역치안협의회를 설치, 운영하여 국가경찰과 자치경찰의 연계성을 강화하도록 하고 있다. 이 협의회에는 지방의원 및 시민단체의 참여 확대, 협의회 결정에 법적 구속력 부여 등으로 민주성 및 실효성을 제고할 수 있도록 하고 있다.

나. 자치경찰 상호간 협력 방안

자치경찰 실시 지역 간 경계지역, 관할구역외 사안 등의 처리를 위하여 상호 정보·자료의 교환 등 공조와 협력을 의무화하도록 하였다. 이를 위하여 시·도 치안행정위원회에 기초 단위 자치경찰 상호간 갈등의 중재·조정 역할 부여 방안 등을 강구하도록 하고 있다.

6) 주요 토의 과제

국정과제회의는 국정 어젠다(agenda)를 확정하기 위하여 심의하는 자리이기 때문에 주관 부서에서 토론 주제를 제시하여 다양한 토론을 이끌어 내는 것이 관례화되었다. 자치경찰제는 그동안 각계각층에서 제시하는 문제점들을 정리하여 다음과 같은 토론 과제를 제시하였다. 토론 과제 내용과 토론 내용을 요약하면 다음과 같다.[21]

가. 자치경찰에 대한 외부 통제·평가 방안

이 과제를 검토한 배경은 자치경찰의 권한 남용에 대한 정치적 통제 외에 운영 수준에 대한 외부통제의 구체적 방안에 대한 검토가 필요하기 때문이다. 많은 주민은 자치경찰이 실시되어 그 결과가 국가경찰이 독점하였던 시절보다 나은 결과를 당연히 기대한다. 그러나 이와 정반대로 자치경찰이 실시되었을 때 자치단체장의 독점 권력만 강화되거나 국가경찰과의 협력 미비로 치안 공백이 생기는 등 최악의 경우를 방지하기 위하여 자치경찰제에 대한 외부 통제와 평가 방법이 다른 나라에서도 운영되고 있다. 영국은 자치경찰에 최고 가치(Best Value) 평가제도(최종만, 2007: 290, Hutton & McKinnon, 2007: 14-15)[22]를 도입하고 있으며, 프랑스도 대위권(代位權)[23]을 도입하여 외부기관이 자치경찰의 성과를 매년 평가하도록 하고 있다. 그러나 이러한 외부 평가와 통제가 적절한 수준과 기관을 확보되지 못하면 자치경찰을 위축시킬 가능성이 농후하므로 적정한 제도 도입이 필요하다. 이를 위해서 다음과 같은 방안이 제시되었다.

가) 방안 1 : 시·도 치안행정위원회를 통한 평가·감독

이 방안은 시·도 치안행정위원회가 자치경찰 운영 수준을 평가, 일정 수준 미달의

---

21) 정부혁신지방분권위원회, 제54차 국정회의 결과 자료, 2004.9.18.

22) 최고 가치(Best Value)는 영국에서 1999년 지방정부법(Local Government Act 1999) 제3조(Section)에 규정된 사항에 따라서 각 지방자치단체가 자신들이 성취하고자 하는 목표를 정하고 그 달성도를 회계감사위원회에 의하여 감사받고 그 결과를 매년 정기적으로 발간하도록 하고 있다. 따라서 최고가치는 각 자치단체가 최고의 노력을 통하여 얻을 수 있다고 생각하는 목표라고 말할 수 있다.

23) 대위권은 지방자치단체가 원래 행하여야 할 업무를 제대로 수행하지 않을 때 상급기관이나 감독기관이 그 지방자치단체를 대신하여 행할 수 있는 권한을 의미한다. 예를 들면 현재 프랑스에서는 시·읍·면장이 경찰권을 제대로 행사하지 않거나 잘못 행사할 때에 지사가 대위하여 경찰권을 행사하고 있다(배준구, 2004: 66).

자치경찰은 국가경찰에 위탁관리하는 제도다. 다만 자치경찰에 대한 평가 시에는 광역자치단체, 기초자치단체, 국가경찰이 추천하는 인사의 참여를 보장하여야 한다.

나) 방안 2 : 국가경찰에게 평가 및 관리 권한 부여

이 방안은 국가경찰이 자치경찰 운영 수준을 평가하여 일정 수준에 미달될 경우 감독관 파견 등 지도·관리하는 방안이다.

나. 자치경찰의 사법경찰권 행사 범위

이 과제가 검토된 배경은 예방 치안 활동 등을 주임무로 하는 자치경찰에게 범인 검거·처벌을 목적으로 하는 사법경찰권을 부여할 것인가 여부를 토론하기 위함이다. 자치경찰에게 사법경찰권을 부여하지 않으면 법 집행력 저하가 우려되나, 부여할 경우에는 책임성 확보 문제가 제기되므로 토론할 가치가 있다. 이에 대한 대안으로는 다음 두 가지 방안이 제시되었다.

가) 방안 1 : 일정 범위에 한정된 특별사법경찰권 부여

이 방안은 현 자치단체가 수행하고 있는 특별사법경찰관리의 사무 범위에 한하여 사법경찰권을 부여하여 환경, 식품·위생, 수산, 산림 등 특별사법경찰사무와 관련된 범죄 수사 및 범인 검거 등을 할 수 있도록 하는 방안이다.

나) 방안 2 : 국가사법경찰의 보조자로서의 지위 부여

이 방안은 자치경찰에 특별사법권을 부여하지 않고 국가경찰 지휘 아래 일반적 사법경찰권을 행사하게 하는 방안이다. 이 방안은 자치경찰은 현장 보존 등 초동 조치, 국가경찰의 체포 등 수사 활동을 보조하는 역할로 한정하는 방안을 말한다.

다) 방안 3 : 사법경찰권을 부여하지 않는 방안

이 방안은 자치경찰은 자치단체 특별사법경찰사무 집행을 지원하는 역할만 수행하고 현행 자치단체에 부여된 특별사법경찰사무(20여 종)는 현재와 같이 지정된 일반 공무원이 수행하도록 하는 것을 말한다.

다. 자치단체의 자치경찰제 도입 선택권 부여 문제

자치단체가 자치경찰 도입을 선택적으로 할 수 있도록 하는 문제를 다루는 것은 지금까지 모든 제도의 획일성을 탈피하고 다양성을 살리자는 취지에서다. 자치단체별로 인구 규모, 재정 능력 및 치안 여건이 다르므로 자치경찰제 도입에 대한 선택권 부여를 고려해 볼 필요가 있다. 이에는 다음과 같은 방안이 고려되었다.

가) 방안 1 : 자치단체별로 자치경찰제 도입 선택권 부여

이 방안은 자치단체의 능력 및 의지에 따른 다양성을 추구할 수 있는 장점이 있으나 자치경찰을 실시하는 지역과 실시하지 않는 지역 간에 주민 생활 근접 치안 서비스의 격차 발생이 우려되는 단점이 있다.

나) 방안 2 : 모든 자치단체에 최소한도 이상의 자치경찰 운영

이 방안은 자치단체 간 치안 서비스의 형평성 차원에서 바람직하나 자치단체의 경비 부담 등을 고려한 선택의 자율성이 훼손될 우려가 있다.

7) 회의 및 토론 결과

회의와 토론 과제에 대한 논의 결과를 요약하면 다음과 같다.[24)]

참석자 대부분은 정부혁신지방분권위원회에 마련한 '주민 생활 중심의 자치경찰 도입 방안'에 대하여 찬성하였으며, 기초자치단체의 대표로 참석한 서울시 강남구청장은 2005년도에 반드시 실시해 줄 것을 요청하기도 하였다. 토론 과제의 결과를 정리하면 다음과 같다.

첫째 토론 과제인 자치경찰에 대한 외부 통제·평가에 대해서는 국가경찰 안과 시·도 치안행정위원회안을 절충하자는 의견이 있었으나 자치단체 내부통제만으로는 한계가 있기 때문에 전문성을 갖춘 외부 기관의 통제와 평가가 필요하다는 데 공감하여 추후 방안을 더 연구하기로 하였다.

둘째 주제인 사법경찰권은 현재 기초자치단체가 보유하고 있는 특별사법경찰관리

---

24) 정부혁신지방분권위원회, 제54회 국정회의 결과 자료 참조.

의 사무에 한하여 부여하는 것으로 결정하였다. 다만 특별사법경찰사무에 대한 자치경찰의 전문성을 제고하는 방안을 마련하여야 한다는 의견이 제기되었다.

셋째 주제인 선택적 도입은 자치단체의 자율권을 존중하여 자치단체에 도입 선택권을 부여하는 것이 바람직하다고 결정하였다. 대통령은 선택권을 부여하면 지역 주민들이 도입 여부를 놓고 토론하게 되어, 준비가 착실해지고, 수용 가능성이 높아지며, 시행착오를 줄여나가는 학습 기회를 얻을 수 있을 것이라고 찬성하였다.

8) 대통령의 평가와 요구 사항

국정회의를 주재한 노무현 대통령은 마무리 발언으로 다음과 같이 평가와 요구를 하였다. 대통령은 우선 관계 부처 간 조정이 잘 되어서 더 이상의 토론이 필요없으므로 나머지는 실무적으로 해결하기 바라며, 앞으로 자치경찰 관련 회의는 총리 주재 회의에서 논의로 충분히 해결할 수 있을 것이라고 만족을 표하였다. 이제는 더 이상 자치경찰은 대통령이 관여하지 않아도 될 정도로 장애 요인이 없다고 평가하였다. 노무현 대통령은 자치경찰제 도입 확정은 국민 주권과 주민자치 측면에서 국가적으로 굉장히 뜻깊은 결정이며 주민과 가까이, 주민이 참여하고 통제할 수 있는 생활경찰이 만들어져 국민 생활에 큰 진전이라고 평가하면서 자치경찰이 잘 만들고, 잘 운영되고, 성공할 수 있도록 모두 협력해 주기를 희망하였다. 특히, 노무현 대통령은 자치경찰제 도입이 확정되는 오늘은 개인적으로 기쁜 날이며 큰 짐을 벗었다고 감회를 밝혔다. 그 이유는 자치경찰은 임기 내에 꼭 해야 한다고 생각하였는데 공약해 놓고 걱정이 많았다. 그런데 이렇게 좋은 안이 나와서 신기하기도 하고 기쁘다고 언급하였다. 그러면서 노무현 대통령은 향후 자치경찰제 법안을 제정할 때 다음과 같은 방안을 검토할 것을 요구하였다.

첫째, 자치경찰에 범죄 예방 기능이 부각되어야 한다고 했는데, 그 방향으로 추진해 주기 바라며,

둘째, 자치경찰은 자율과 책임 원칙 하에 추진하고, 주민들도 그렇게 도입된 자치경찰을 존중할 수 있는 방안을 마련하여야 하며,

셋째, 자치경찰 선발에서 여성 할당제 도입 가능성에 대하여 지역에서 공무원 채용

시 여성의 비율 제고가 어떻게 이루어지고 있는지와 연계하여 검토해 주기 바라며,

넷째, 자치경찰에 대한 상급기관에 의한 평가와 감독은 전문성이 있는 기관에서 담당하는 것이 바람직하다. 시도치안행정위원회는 조정 기능 담당, 국가경찰은 전체적인 직무감찰과 감사를 하여야 한다. 내부 통제는 한계가 있으므로 사후평가로서의 감사와 감찰 활동을 하는 것과 가장 강력한 감독은 기초 단위 지역치안협의회에서 수행하는 것이 바람직하다는 관점에서 추가 연구를 요구하였다.

3. 자치경찰법안의 작성

2004년 9월 16일, 국정 과제에서 정부안이 확정된 후로 자치경찰제 도입은 탄력을 받기 시작하였다. 이제 가장 중요한 일은 자치경찰제 도입을 제도화하는 자치경찰법안을 제정하는 일이다. 자치경찰법안을 성안하기 위하여 2004년 10월에 두 조직이 신설되었다. 자치경찰제 도입을 주도하였던 정부혁신지방분권위원회에는 자치경찰 T/F 팀을 확대하여 지방자치경찰특별위원회가 신설되었고, 행정자치부에는 자치경찰제 실무추진단(단장 행정자치부 이종배 이사관)이 구성되었다.

운영 방식은 자치경찰제 실무추진단이 법안을 성안하면 지방자치경찰 특별위원회(위원장 양영철 교수)가 심의하는 방식으로 진행하기로 하였다. 자치경찰제 실무추진단은 총괄팀, 제도팀, 운영팀으로 구성되었다. 자치경찰제 실무추진단에서는 법안 성안 책임자를 누가 할 것인가를 두고 갈등이 심하였다. 누가 주도하느냐에 따라서 어느 부처의 유·불리가 결정된다고 생각하였기 때문에 신경전은 계속되었다. 심지어 팀마다 행자부, 경찰청, 지방자치단체 공무원의 배치 비율안을 가지고도 갈등이 심하였다. 결국 총괄팀은 행자부가 주도하고, 제도팀은 경찰청이 주도하였다. 운영팀은 지방자치단체에서 파견 나온 공무원이 책임을 맡았다. 이렇게 구성 단계에서부터 갈등이 심하였기 때문에 쟁점별 갈등은 첨예할 수밖에 없었다. 갈등이 심하였던 쟁점 사항을 정리하면 다음과 같다.

1) 법안의 독립성 여부

자치경찰법안을 단독 법안으로 할 것인가, 역대 정부에서 해 왔던 것처럼 경찰법

을 개정하여 그 속에 자치경찰에 대한 규정을 넣을 것인가에 대한 문제가 큰 쟁점으로 되었다. 경찰청은 경찰법을 고수한 반면에 지방자치경찰 특별위원회와 행정자치부, 지방자치단체는 독자적인 법안을 주장하였다. 결국 법안은 독자적인 '자치경찰법'으로 일단락되었다. 역사상 처음으로 자치경찰이라는 명칭으로 독립된 법률안이 만들어진 것이다.

2) 법률 소관 부처 문제

법률 소관 부처를 행정자치부로 할 것인가, 경찰청으로 할 것인가도 큰 쟁점 사항이 되었다. 행정자치부는 지방과 관련된 법안은 모두 행정자치부 소관이기 때문에 당연하게 행정자치부 소관으로 되어야 한다고 주장하였다. 반면에 경찰청은 자치경찰은 경찰과 밀접한 관계가 있기 때문에 경찰청이 소관 부처가 되어야 한다는 것이다. 두 부처 간의 불신이 갈등의 원인이었다. 경찰청은 만약 행정자치부가 소관 부처가 되면 소방방재본부처럼 결국 나중에는 행정자치부에 자치경찰본부와 같은 조직을 설치하여 자치경찰을 대규모화하면서 국가경찰을 잠식할 것이라는 우려가 강하였다. 두 기관의 주장은 계속 평행선을 그었다. 그러다가 행정자치부장관이 주재한 회의에서 형식적으로는 행정자치부가 소관 부처가 되고, 실제적으로는 경찰청이 소관 부처가 되는 것으로 이상한 모양으로 매듭지었다. 청 단위 부서가 지방자치 조직에 관한 법률 소관 부처가 되는 초유의 일이 발생한 것이다.

3) 자치경찰사무의 처리 방법

자치경찰의 사무인 지역교통, 지역경비, 지역방범을 자치경찰 단독 또는 주 처리 기관으로 할 것인가, 국가경찰과 공동사무로 할 것인가에 대한 것도 큰 쟁점 사항이었다. 국정회의는 자치경찰의 사무인 교통, 경비, 방범 업무는 자치경찰이 주도하고, 국가경찰은 보조와 지원하는 방식으로 결정되었다. 그러나 후에 경찰청은 이에 대하여 강력한 이의를 제기하였는데, 제기한 이의 내용은 다음과 같다.

첫째, 국가경찰이 현재 지구대에 배치해 있는 경찰관이 약 4만 5천 명으로 전체

경찰관의 44%가 배치되어 있고, 이들이 하는 주 사무가 교통, 경비, 방범인데 이를 하지 못하도록 하는 것은 지구대를 유명무실하게 만들어서 결국 지구대를 자치경찰로 하려는 의도라는 주장이다.

둘째, 현재 교통, 방범, 경비 업무 과정에서 수배자를 63% 검거하는데 이 업무를 자치경찰로 이관해 버리면 경찰은 손발이 없는 조직이 된다는 주장이다.

결국 이 쟁점은 국가경찰과 자치경찰 간의 협약에 의해서 관할 범위, 처리 방식을 결정하기로 정리하였다.

4) 교통안전시설 운영권 이관 여부

현재 국가경찰이 수행하고 있는 지방자치단체사무인 교통안전시설 운영권을 자치경찰로 넘길 것인가, 아니면 국가경찰이 계속 수행할 것인가도 큰 쟁점 사항이다. 현재 교통안전시설 운영은 1995년부터 국가경찰이 수행하고 있다. 그러나 이에 대한 운영비는 일 년에 약 2,000억 정도를 지방자치단체가 국가경찰에 지불하고 있다. 결국 국가경찰이 자치단체의 경비로 자치단체의 시설을 운영하는 모순을 범하고 있는 것이다. 그동안 자치단체가 이 모순을 시정해 줄 것을 계속 요구하였지만 해결하지 못했던 쟁점 사항이었다. 청와대 정책실장과 정부혁신지방분권위원회 위원장, 경찰청장이 합의서를 작성하여 교통안전시설의 운영은 자치경찰에 이관한다고 서명하였지만 경찰청 내부의 강력한 반발로 이 문제는 결국 법제화하지 못하였다.

그러나 제주특별자치도 특별법은 교통안전시설 운영 권한은 자치경찰사무로 결정하였다(제주특별자치도 특별법 제138조, 제139조). 앞으로 자치경찰이 진행되면 교통안전시설운영권 이관은 전국화될 가능성을 열어놓은 것이다.

5) 자치경찰에 대한 감독관청 결정

자치경찰의 감독권을 경찰청에 부여할 것인가, 아니면 지방자치법에 따라서 행정자치부에 부여할 것인가에 대한 사항도 큰 쟁점 중에 하나였다. 이 문제도 역시 행정자치부와 경찰청이 대립하였다. 지방자치경찰특별위원회와 지방자치단체는 경찰청이 감독관청이 되는 것에 대해서 반대하였기 때문이다. 결국 이 쟁점은 지방자치법에 규정된 국가 감독 관계에 따르기로 하였고, 대신 감사 시에는 국가경찰청장이 참석할 수 있도록 하는 것으로 매듭지었다.

이러한 쟁점 사항이 정리되면서 자치경찰법안도 쉽게 성사되어 갔다. 2005년 2월에는 법 초안이 만들어졌다. 실무추진단은 총 8장 36개 조문으로 구성된 '치경찰법(안)을 마련, 중앙행정기관과 자치단체 등 관계 기관 의견 수렴[25]과 당정 협의[26]를 거쳤다. 이러한 과정을 거쳐서 입법 과정인 입법 예고가 2005년 8월 4일부터 15일 동안 실시되었다. 이후 2005년 9월 2일에 정부청사에서 공청회를 가졌고 2005년 10월 25일에 국무회의는 자치경찰법안을 의결하여 정부법안을 확정지었다. 확정된 자치경찰법 정부안의 체계는 [그림 4-8]과 같다.

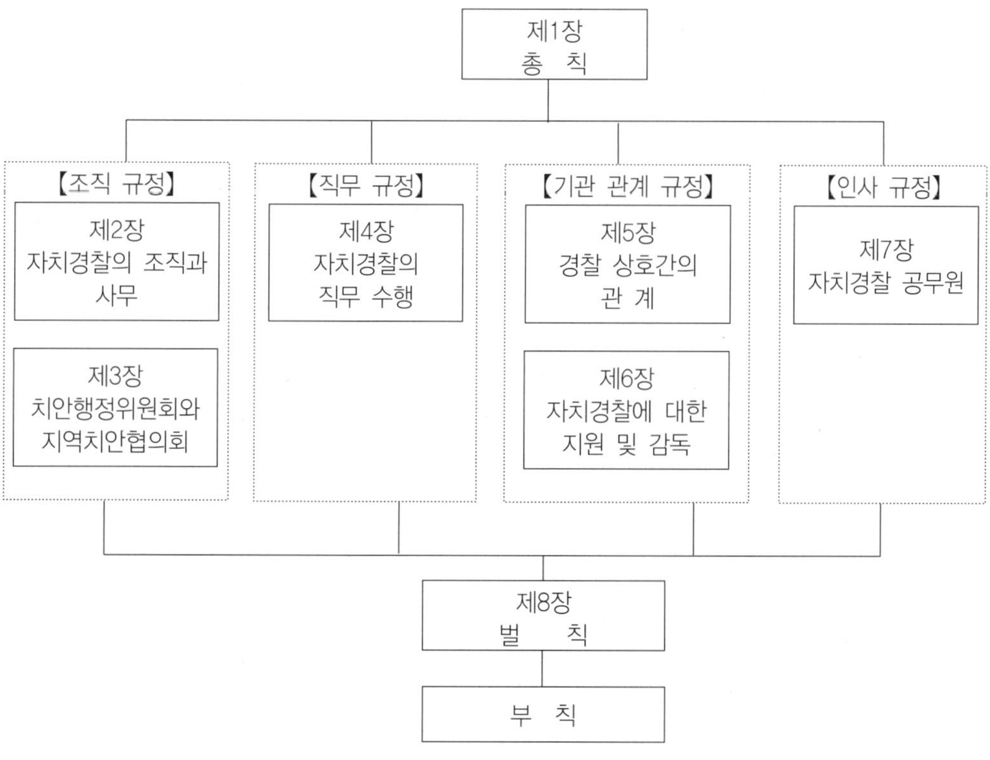

[그림 4-8] 자치경찰법 체계

25) 관계 부처인 47개 중앙행정기관과 250개 지방자치단체 등에 공식적으로 의견 조회를 실시하였다.
26) 2005.4.8과 7.28 2차에 걸쳐 당정 협의를 하여 입법 절차를 추진하기로 하였다.

국무회의 의결이 끝난 자치경찰법안은 2005년 11월 3일에 국회에 제출되었다. 역사상 처음으로 자치경찰법안이 국회에 입성하는 순간이다. 국회에 제출된 자치경찰법안의 주요 내용은 〈표 4-4〉와 같다.

〈표 4-4〉 자치경찰법안 주요 내용(총 36조)

구 분	주요 내용
도입 단위	▶ 시·군 및 자치구에 자치경찰대 설치 〈선택적 실시〉 * 제주는 기초단체 폐지로 도(道)에 '자치경찰단', 행정시(市)에 '자치경찰대' 설치
자치경찰대장	▶ 자치총경·자치경정·자치경감으로 보하거나, ▶ 개방형 직위로 지정 운용 가능 * 제주는 자치경찰단장을 자치총경으로 보함.
수행 사무	▶ 지역 생활안전·교통·경비 사무(국가경찰과 공동 수행/'협약' 체결) ▶ 현 자치단체 보유 특별사법경찰사무(독자적 수행/17종)
직무 수행	▶ 경찰관직무집행법 준용, 제한적 무기 휴대·사용(지방청장 승인) ▶ 일반범죄 수사권은 없음(범죄 발견시 국가경찰에 인계)
소요 예산	▶ 자치단체 부담 원칙 ▶ 제도 정착시까지 국가 지원(2006년 제주특별자치도 22억 5천 여만 원 지원)
인　　사	▶ 특정직 지방공무원으로 시·군·구청장이 임용 ▶ 매년 정원의 5/100 이상 국가경찰 또는 다른 자치단체와 인사 교류 * 제주는 5/100 이내
주민 참여	▶ 시·도 치안행정위원회, 시·군·구 지역치안협의회 등 * 제주는 도(道)에 '치안행정위원회'만 설치('지역치안협의회' 기능 흡수)
상호 관계	▶ 상호 협력, 치안행정위원회와 지역치안협의회에서 상호 협조 및 조정 ▶ 비상사태시 자치경찰 통합 운영 ▶ 자치경찰에 대한 감사시 국가경찰 참여 가능
시행 시기	▶ 법 공포 후 6월의 범위 내에서 대통령령이 정하는 날부터 시행 * 제주는 2006년 7월 1일부터 시행

4. 국회 심의

법안은 2005년 12월 5일 국회 행정자치위원회에 상정되었다. 국회 행정자치위원회는 2006년 2월 17일에 공청회[27]를 개최하여 국회 차원의 의견 수렴을 더 한 바 있다. 정부안이 국회에 제출되고 공청회를 개최하는 등 입법화 과정을 진행하는 동

27) 경찰행정과 지방행정 전공 교수들이 진술인으로 참여하였다.

안 광역자치단체인 시·도의 의견을 반영한 자치경찰안을 유기준 의원이 의원입법으로 2005년 12월 14일에 국회에 제출하였다. 유기준안은 2006년 2월 15일에 국회 행정자치위원회에서 공청회를 개최하였고, 7개월 후인 2006년 9월 15일에 전국시·도지사협의회와 공동으로 공청회를 개최하였다.

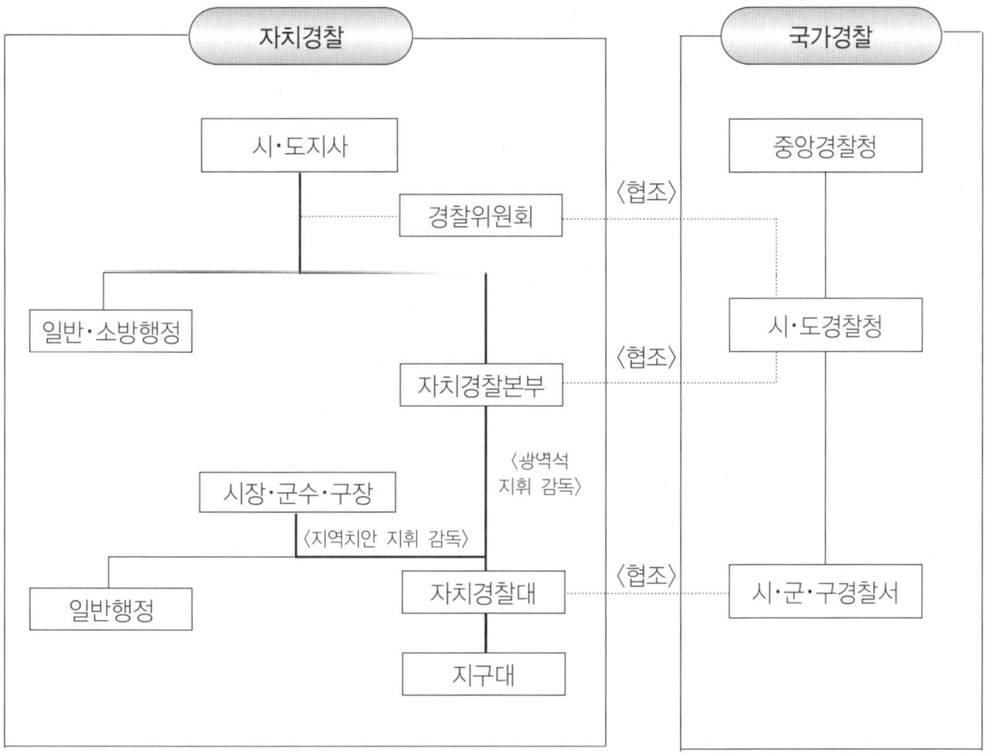

[그림 4-9] 유기준 의원의 자치경찰 제도(안): 시·도

유기준 의원안은 전국시·도지사협의회의 정책연구실과 합동으로 만든 안이다. 이전에 시·도지사협의회에서 발표하였던 안에서 일선경찰서를 그대로 유지하면서, 시·군·구에 자치경찰대를 설치하는 안이다. 유기준 의원안은 [그림 4-9]에서 보는 바와 같이 국가경찰은 현행과 같이 두되, 시·도 단위에 설치한 지방경찰청 및 지구대 및 파출소를 비롯한 시·군·구 경찰서의 조직과 기능을 내폭적으로 자치경찰에 넘겨 주고 국가경찰사무만 수행하도록 하는 안이다. 자치경찰은 합의제 의결기구인

시·도 경찰위원회와 집행기구로서 시·도지사 소속 하에 자치경찰본부, 즉 시·도 경찰본부를 설치하고 그 아래에 시·군·구청장 소속 하에 자치경찰대와 지구대·파출소/치안센터를 설치하도록 한다는 내용으로 되어 있다.

〈표 4-5〉 정부안과 유기준안의 비교

구 분	정 부 안	유기준 의원안
실시 단위	기초(시·군·구)	광역(시·도) 및 기초(시·군·구)
조 직	·현행 경찰 체제의 골격을 유지하면서 국가·자치경찰의 이원적 구조 ·시·군·구에 직속기관으로 '자치경찰대' 신설 ·시·도에 치안행정위원회와 시·군·구에 지역치안협의회를 설치	·명목상 경찰서를 국가경찰로 유지하나, 국가경찰의 반 이상을 자치단체로 이관 ·집행기관으로 시도에 '경찰본부'를 두고, 시군구에 '자치경찰대'를 각각 설치 ·의결기관으로 시·도경찰위원회를 둠.
인 사	·자치경찰에 대한 인사는 시군구청장이 행사 ·국가경찰에 대한 인사는 현행 유지	·시·도경찰본부장 : 시·도경찰위원회 제청→ 시·도지사 임면 ·자치경찰대장 : 시·군·구의회 동의→ 시·군·구청장 임면 ·국가경찰에 대한 인사는 현행 유지
신 분	·특정직 지방공무원(모두 시·군·구 소속)	·특정직 지방공무원(시도 또는 시·군·구 소속)
사 무	·국가경찰 : 수사, 정보, 외사, 보안 등 ·자치경찰 : 국가경찰과 별도 조직, 공동사무 – 방범, 교통, 경비 등 ·특별사법경찰사무 범위에 한하여 사법경찰권 부여(보건·위생·환경·건축 등 17개)	·국가경찰 : 국가적 수사·정보, 외사, 보안 ·자치경찰 : 국가경찰과 별도 조직, 별도 사무 – 시도경찰본부 : 광역적 사무 – 자치경찰대 : 방범, 교통, 수사, 정보 등 ·일반범죄 수사권을 포괄적으로 부여
재 정 부 담	·제도 정착시까지 국가에서 일정 부분 지원	·법률에서 정하는 사항에 대해서는 국가가 부담하도록 의무화

유기준 의원안과 정부안의 가장 큰 차이는 실시 단위가 광역자치단체이며 사무는 국가경찰이 수행하는 광역적 사무와 참여정부가 제출한 자치경찰사무인 교통, 경비, 방범을 수행하는 두 개의 자치경찰을 운영하는 것이다. 그리고 유기준안은 현재 국가경찰관의 약 2분의 1을 자치경찰로 이관하는 과감한 제안을 하고 있다. 이는 정부안이 자치경찰 출발시의 인원 약 1만 명과 국가경찰관 3천 명 이관과 비교하면 매우 전향적인 안이라고 할 수 있다. 참여정부안과 유기준의원안의 내용을 비교한 것이 〈표 4-5〉이다(행정자치부자치경찰 실무추진단, 자치경찰제추진 중간보고서, 2008: 110). 그러나 유기준안은 이러한 과감하고 획기적인 안임에도 불구하고 국가경찰관

대폭 이관에 따른 갈등, 국가경찰과의 업무 배분에 따른 갈등, 광역과 기초에 자치경찰관 설치 운영에 따른 낭비 등을 큰 문제로 지적됐다(신봉기, 2006: 34-9). 유기준 의원과 같은 당인 한나라당 의원들도 지지하는 의원이 적었다.

유기준 의원 자치경찰법안 심사 대체 토론 내용(2. 15)을 요약하면 다음과 같다.[28]

◈ 정진석 의원(국)[29]: 현재 국회 특위를 설치해서 지방행정 체제 개편을 논의하고 있고, 지금의 도와 시·군·구를 통합하려는 안도 검토 중이므로, 자치경찰 제도같이 연계해서 논의하여 한다고 생각한다. 양형일 의원은 어떤 생각인지?

◈ 양형일 의원(우): 아직 지방행정 체제 개편 논의와 자치경찰제를 연계하는 것은 지나치게 방대하므로 논의하기는 어렵고, 현실적인 제반 여건을 감안해야 한다고 생각한다. 신임 경찰청장 취임 후 추진하고 싶은 과제가 많으리라 생각하는데, 인력의 55%나 이관하는 법이 제출되어 마음이 무겁겠다.

◈ 강창일 의원(우) : 자치경찰 업무에 수사권까지 주자는 유기준 의원안에 대한 경찰청장의 생각은?

◈ 정진석 의원(국) : 재정 부담의 경우 충남 연기·공주는 재정지립도가 약 20% 정도이고 서울 강남구와 같이 재정자립도가 좋은 자치단체와는 치안 서비스의 격차가 발생할 것이다. 자치단체가 재정 부담하는 것이 현실적으로 가능한가? 치안 서비스의 양극화도 발생하지 않을까? 재정이 확실히 담보되는 것도 아니고, 좀더 실질적인 고민이 있어야 한다고 생각한다. 유기준 의원안은 치안 서비스의 양극화도 가능하다고 생각하는데?

◈ 이재창 의원(한) : 자치경찰법안을 의원 입법으로 내기는 무리다. 새로운 제도 창설은 정부 기능 각 부문 간 조정을 거쳐서 나와야 한다. 정부에서 오랜 연구를 거쳐 내놓은 정부안이 있는데, 유기준 의원안도 같이 공청회의 대상이 되어야 한다고 생각한다.

◈ 노현송 의원(우) : 평소 유 의원 생각보다는 상당히 파격적인 법안이라고 생각한다. 지방자치단체 단체장 권한 남용 우려 시각에서 볼 때, 유의원안은 광역 자치단체장에게 인사권·사무 이양 등을 통하여 경찰권을 갖도록 하는 것인데 지자체

28) 자치경찰실무추진단, 속기록 요약 자료, 2006.
29) 국: 국민중심당, 우: 열린우리당.

가 지나치게 비대화될 우려가 있다고 생각하는데?

5. 시범실시 지역의 선정

정부는 자치경찰법안의 국회 통과에 대비하여 전국 지방자치단체를 대상으로 시범 실시 희망 지역을 공모[30]하였다. 민간위원 및 지방행정·경찰행정 전문가로 구성된 시범실시지역선정위원회는 신청지역 현지 실사[31] 등을 거쳐 최종적으로 〈표 4-6〉과 같이 17개 시범 실시 자치단체를 선정, 발표(2005. 10. 21)[32]하였다. 이들을 대상으로 여러 차례의 교육을 하는 등 법안 통과 이후 시범 운영 및 본실시에 대비한 준비를 실무추진단에서 하였다.

〈표 4-6〉 시범 실시 선정 자치단체(17개)

1개 신청 자치단체(6개)	대구 달서구, 대전 유성구, 광주 동구 울산 울주군, 강원 정선군, 전남 강진군	
특별 유형(3개)	경남 남해군(해안), 경기 과천시(관광·레저), 충남 서산시(산업)	지역별 특성 반영
일반 유형(8개)	서울 강남구·서대문구, 부산 서구, 인천 부평구, 경기 포천시, 충북 충주시, 전북 전주시, 경북 의성군	조직 형태 및 인구규모에 따라 구분

이어서 2005년 연구 과제의 하나로 자치경찰 기구 및 인력 편성 방안에 관한 연구를 추진하였고(한국지방행정연구원, 2005), 이 연구에서 자치경찰 정부법(안)의 내용을 뒷받침하여 향후 도입 및 운영할 우리나라 자치경찰 관련 기본적인 기구 편성, 인력 배치 및 인사 제도 등을 정리한 바 있다.

30) 2005.4.1 ~ 4.20(1차), 8.29 ~ 9.5(2차)에 걸쳐 전국 지방자치단체를 대상으로 시범 실시 희망 지역을 공모하였으며, 39개 자치단체가 응모하였다.

31) 시범 실시 희망 지역의 치안 수요와 지역적 특성, 자치단체의 추진 의지 및 추진계획의 적정성 등을 평가하였다.

32) 시범지역 선정 규모는 신청 시·도별로 각 1개 자치단체를 선정하는 것을 원칙으로 하되, 서울·경기는 인구 규모, 자치단체 수, 치안 수요 등 특수성을 고려하여 각 2개 자치단체를 선정하기로 하였다.

6. 제주특별자치도 자치경찰단의 출범

참여정부는 주요 분권정책으로 설정한 제주도를 지역 운영의 자율권을 최대한 보장하고 규제를 세계 수준으로 해제하는 제주특별자치도를 추진중에 있었다. 분권 추진기구인 정부혁신지방분권위원회는 2005년 5월 20일에 제주특별자치도 기본 구상안에 제주특별자치도에 지방자치경찰제를 도입할 것임을 발표하였다. 제주자치경찰은 다른 지역과 달리 2006년 2월 21일, 제주특별자치도 설치 및 국제자유도시 조성을 위한 특별법에 제주자치경찰을 설치할 수 있도록 제도화됨에 따라 제주자치경찰 창설 및 출범을 위하여 본격적으로 추진하게 되었다(부만근, 2007: 519-21). 2006년 6월 30일 제주자치경찰 시행과 관련된 법률(6개)이 국회에서 통과됨에 따라 제도적인 틀을 모두 마련하게 된다.

2006년 7월 1일에 대한민국 헌정사상 새로운 통치구조인 제주특별자치도가 출범하면서 정부 수립 이후, 그리고 경찰 역사 60년 만에 전국 최초로 주민 생활 중심의 자치경찰이 탄생되어 오늘에 이르고 있다(제주특별자치도, 2006a). 이에 대한 자세한 내용은 제10장에서 기술할 예정이다.

제5장

문재인 정부의 자치경찰 정책

제 5 장
문재인 정부의 자치경찰 정책

제 1 절 | 자치경찰 추진 동기

1. 추진의 시작

역대 정부와는 달리 문재인 정부의 자치경찰 도입 과정은 검찰 개혁에서부터 시작되었다. 즉, 검찰 개혁이 경찰개혁을 요구하고, 경찰개혁은 자치경찰 실시를 요구하는, 조직이론에서 목표와 수단이 연계 현상(goal-means chain)이 발생하고 있다. 경찰개혁위원회에서 자치경찰 안을 입안하는 과정이 아래 [그림 5-1]이다.

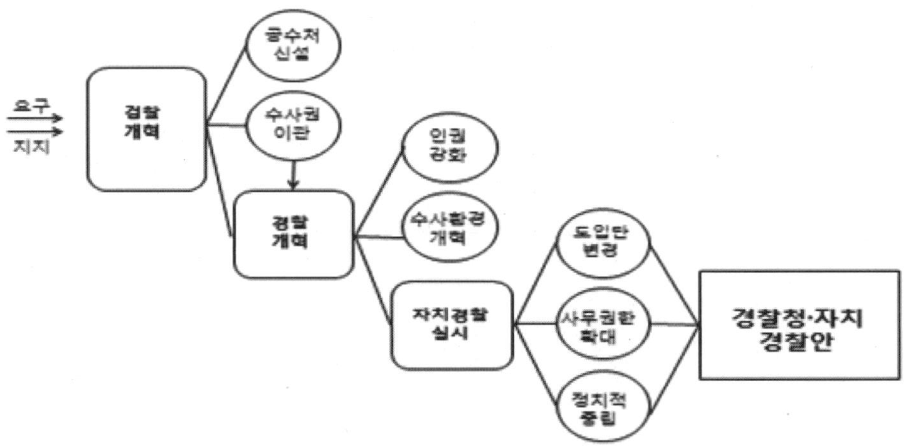

[그림 5-1] 경찰청 자치경찰 안 입안 과정

이 그림을 보면 박근혜 정부의 국정 농단이 일어나게 된 이유 중에 한 축이 검찰이라는 전제하에서 출발하고 있다. 국민은 문재인 정부에서 가장 먼저 개혁을 해야 할 대상으로 검찰을 압도적으로 선택하였다. 국민이 이러한 검찰 개혁에 대한 절대적인 요구와 지지를 받고 출범한 문재인 정부는 참여정부 때 검경수사권 조정을 검찰과 경찰이 자발적 조정에 맡겼다 실패한 사실을 잘하고 있기에(김민호, 2012: 6). 이번에는 검찰 개혁을 국정과제 최고 상위에 올려놓고 추진 중이다.[1)]

문재인 정부의 자치경찰 이원화 모델은 문재인 대통령 후보의 공약에서부터 시작된다. 문재인 대통령은 대통령 후보 시절 권력기관 개혁의 2번째로 "경찰을 민주·안전·민생 경찰로 탈바꿈시키겠습니다"라는 제하에 다음과 같이 공약한 바 있다(더불어민주당, 2017 e 29).

◇ 광역단위 자치경찰제 전국 확대
◇ '경찰위원회' 실질화를 통해 경찰에 대한 민주적 통제 강화
◇ 국가경찰은 전국적 치안 수요에 대응, 자치 경찰은 지역주민 밀착형 치안서비스 제공

공약을 구체적으로 살펴보면, 국정과제와 같이 '광역단위 자치경찰제'를 전국적으로 확대한다고 되어있으나, "국가경찰은 전국적 치안 수요에 대응, 자치경찰은 지역주민밀착형 치안서비스 제공"이라고 하여 국가경찰과 자치경찰의 역할을 분명히 하고 있다. 즉, 경찰 체제를 국가경찰과 (광역단위) 자치경찰로 이원화하는 것을 말하고 있다. 이처럼 자치경찰제를 통해 경찰조직을 쪼개기로 한 것은 또 다른 공약으로서 검찰 개혁의 방안으로 제시된 수사와 기소의 분리, 경호실 개혁방안으로서 경호실을 경찰청 산하 '대통령 경호국'으로의 위상조정, 국정원 개혁방안으로서 국정원의 대공수사권을 국가경찰 산하 '안보수사국'으로 이양하는 경우 등 경찰권이 지나치게 비대해질 우려가 있다는 점을 고려한 것이다. 자칫 권력기관을 '개혁'하려다 '개악'이 될 것을 우려한 것으로 생각된다. 제주 자치경찰 방식의 자치경찰제로는 비대해질 우려가 있는 경찰 조직의 분산을 기대하기 어렵기 때문이다.[2)]

문재인 후보가 당선된 후에 문재인 정부의 인수위원회는 공약을 구체화하기 시작한다. 이를 흔히 국정과제라고 한다. 〈표 5-1〉은 문재인 정부의 국정과제 13번이다.

1) 양영철, 역대 정부와 문재인 정부의 자치 경찰도입과정에 관한 비교연구, 한국행정사학지, 제43호, 2018, p.147
2) 황문규, 문재인 정부의 광역단위 자치경찰제에 관한 고찰, 한국지방자치학회보, 제29권 4호, 2017, p.28.

이 표를 보면 경찰개혁은 광역단위 자치경찰 전국 확대와 민주, 민생, 인권 기능 강화 방향이 주 내용이다.

〈표 5-1〉 국민의 국민을 위한 권력기관 개혁 과제

<table>
<tr><td>주관부처</td><td colspan="2">법무부, 경찰청, 감사원, 국정원</td><td>협조부처</td><td></td></tr>
<tr><td rowspan="5">관련공약</td><td>9</td><td colspan="3">검찰 개혁</td></tr>
<tr><td>10</td><td colspan="3">경찰 개혁</td></tr>
<tr><td>11</td><td colspan="3">감사원 개혁</td></tr>
<tr><td>13</td><td colspan="3">국정원 개편</td></tr>
<tr><td>166</td><td colspan="3">민생치안 역량 강화</td></tr>
<tr><td rowspan="8">실천과제</td><td>연번</td><td colspan="2">실천과제명</td><td>주관부처</td></tr>
<tr><td>1</td><td colspan="2">견제와 균형을 통한 국민의 검찰상 확립</td><td>법무부</td></tr>
<tr><td>2</td><td colspan="2">검찰인사의 중립성 및 독립성 확보</td><td>법무부</td></tr>
<tr><td>3</td><td colspan="2">광역단위 자치경찰 전국 확대</td><td>경찰청</td></tr>
<tr><td>4</td><td colspan="2">경찰개혁(민주·민생·인권 기능 강화)</td><td>경찰청</td></tr>
<tr><td>5</td><td colspan="2">감사원의 독립성·투명성·공정성 강화</td><td>감사원</td></tr>
<tr><td>6</td><td colspan="2">감사원의 전문성 확보 등 감사역량 강화</td><td>감사원</td></tr>
<tr><td>7</td><td colspan="2">해외안보정보원으로 개편 등 국민의 국정원으로 개혁</td><td>국정원</td></tr>
</table>

자료: 청와대, 국정과제, https://www1.president.go.kr/government-projects

이러한 국정과제를 위하여 집권하자 마다 바로 (2017.8.9.) 법무·검찰개혁위원회를 발족시켰고 이 위원회를 통하여 검찰 개혁을 스스로 하도록 하였다. 검찰 개혁은 무소불위로 권력을 남용했던 검찰 조직을 공수처 신설과 수사권의 경찰로 이양을 통하여 축소하는 것이다. 상기 위원회는[3] 다음과 같이 검찰개혁안을 발표하고 있다.

- 2017.8.24. 법무부 탈검찰화 권고안 발표(제1차)
- 2017.9.18. 공수처 설치방안 권고안 발표(제2차)
- 2017.9.29. 검차 과거사 조사위원회 설치
- 2018.1.31. 검찰 내 성폭력 관련 권고안 발표(제7차)
- 2018.2.29. 검·경 수사권 조정방안 권고안 발표(제8차)

3) 법무부, 업무현황, 2018.2.23., 국회 사법개혁특별위원회 업무보고 자료
검찰청, 업무현황, 2018.3.23., 국회상위 위원회 보고 자료

검찰 조직의 약화는 수사권을 이양받은 경찰의 비대화로 이어질 수밖에 없다. 국민은 과거 경찰의 정치적 개입으로 인한 부작용을 너무나 잘 알고 있으므로 경찰 조직의 축소와 조직문화의 개선도 강력하게 요구하고 있다. 검찰과 함께 경찰개혁을 주도하고 있는 청와대 민정수석실은 2018년 1월 14일 검찰과 경찰 등 권력기관 개혁에 대한 기본 방침을 발표하였다.[4]

□ 문재인 정부의 권력기관 개혁의 기본 방침

○ 방침 1: 과거의 적폐의 철저한 단절·청산

○ 방침 2: 촛불 시민혁명의 정신에 따라 국민을 위한 권력기관으로 전환

○ 방침 3: 상호 견제와 균형에 따라 권력 남용 통제

□ 문재인 정부의 권력기관 개혁방안

○ 경찰

- 경찰은 전국에 걸쳐 10만 이상의 인원으로 수사권은 물론, 정보, 경비, 경호 등 치안에 관한 광범위한 권한을 깆고 있고 대공수사권까지 이관될 예징으로 방대한 조직과 거대 기능이 국민의 인권을 침해하지 않고 효율적으로 작동 하도록 개혁하는 것이 매우 중요

(개혁방안)

- ① 수사권 조정 및 국정원의 대공수사권 이관 후 안보수사처(가칭) 신설을 통하여 수사의 전문성·책임성 고양
- ② 자치경찰제 실시, 수사 경찰/행정경찰 분리 등 경찰권한의 분리분산 및 경찰위원회 실질화 등의 견제통제장치를 통하여 경찰 비대화 우려를 불식하고, 수사의 객관성 확보 및 경찰의 청렴성, 신뢰성 강화

또한, 경찰청 자체로 구성한 경찰개혁위원회도 경찰개혁을 강력하게 실시할 것을 권고하면서 자치경찰 전면실시도 함께 권고하였다. (경찰청, 2018)[5] 경찰청은 이 요구를 받아들여서 수사 과정에서 인권 강화, 고답적인 수사 환경개선과 함께 자치경

4) 청와대, 보도자료(작성: 민정수석비서관실), 문재인 정부 권력기관 개혁방안, 2018.1.14.

5) 경찰청, 국민을 위한 경찰개혁, 1년-경찰개혁위원회 권고안을 중심으로, 2018.6.

찰의 실시를 통하여 역시 경찰의 비대화를 예방할 것을 요구하고 있다. 경찰권을 이양받은 자치단체는 도입단위를 광역으로 하고 사무 권한을 확대하되 정치적 중립을 지킬 수 있는 장치 마련을 요구하고 있다. 요약하면 문재인 정부의 자치경찰은 검찰개혁의 일환으로서 이루어지고 있다. 그 때문에 현재 청와대 자치경찰 담당은 지방분권을 담당하는 정무수석이 아니라 검찰 개혁을 담당하는 민정수석실에서 추진하고 있는 점이 역대 정부와 크게 다르다.

2. 추진 목적

문재인 정부의 자치경찰 추진 목적은 다른 정부와 달리 매우 복잡하다. 기술한 바와 같이 문재인 정부의 자치경찰 추진 동기가 역대 정부와 크게 다르므로 추진 목적도 또한 다를 수밖에 없다.[6]

첫째는 검찰을 개혁하기 위함이다.

검찰은 검경수사권 조정, 즉 수사권을 경찰로 이관하기 위해서는 국가경찰의 자치경찰 화되어야 한다고 줄곧 요구하여 왔다. 검찰은 경찰의 과거사로 볼 때 조직비대화로 인하여 인권을 짓밟고 정치개입으로 인하여 국가를 혼란에 빠지게 한 경우가 너무 많은데 수사권까지 이관을 받았을 때 통제할 기관이 없다는 주장이다.[7] 검찰은 그렇게 되면 경찰은 무소불위한 조직이 된다고 경고를 하면서 이를 방지하기 위해서는 경찰의 분권화, 즉 자치경찰제도 도입이 선행되어야 한다고 주장한다.

둘째는, 국가경찰이 수사권 조정에 우위에 서기 위함이라 할 수 있다.

앞에서 검찰이 주장한 바와 같이 경찰의 비대화와 수사권 부여에 대하여 우려하는 국민이 아직도 많다. 이는 경찰이 경찰답게 수사권을 부여받기 위한 오랫동안의 노력에 가장 장애가 되는 요인이다. 경찰이 국민에게 과거 경찰처럼 정권의 수호자

---

6) 정부는 검경수사권의 당사자인 법무부장관, 행정자치부 장관을 입회시켜 국무총리가 검경수사권 조정에 관한 합의문을 대국민담화문 형식으로 발표를 하고 이에 대한 자세한 사항을 조국 민정수석이 발표토록 하였다. 2018.6.21.

7) 양홍석, "수사권 조정안, 경찰국가 우려 커지고 검찰 개혁은 미흡" https://blog.naver.com/skhl/221304915216

가 되어 국민을 탄압하는 경찰이 아니라는 점을 스스로 밝힐 필요가 있다고 생각한 방안이 자치경찰을 과감하게 실시한다는 점이다. 국가경찰이 과거처럼 자치경찰제 도입에 수동적이지 않고 적극적으로 추진하여 스스로 조직과 권한을 축소하는 모습을 보임으로써 검경수사권 조정에서 여론의 우위를 받기 위함이라고 할 수 있다.

셋째는 기존의 자치경찰에 대한 보완이다.

기존의 자치경찰은 제주 자치경찰이 유일하다. 제주 자치경찰은 원래 모델이 기초자치단체 적용이기 때문에 광역자치단체인 제주자치도 와는 부조화를 이루고 있다. 도입단위가 기초자치단체인 경우에는 권한과 조직이 광역자치단체가 도입단위일 때보다 훨씬 적을 수밖에 없다. 이로 인하여 제주자치경찰은 권한이 너무 약하다는 비판, 심지어 경찰도 아닌 경찰이라는 혹평까지 받는 경우도 종종 있다. 이번 자치경찰도입 방향은 현재의 제주자치경찰을 기반으로 하되, 도입단위를 전국의 광역자치단체로 하여 권한과 조직을 대폭 확대하는 것이다.

3. 자치경찰제 도입의 주도자

저자의 경험으로 볼 때, 문재인 정부에서의 자치경찰 도입 과정에서 국가경찰의 역할은 역대 정부와는 판이하다. 역대 정부에서는 자치경찰 도입 시에 국가경찰의 역할은 방관자이거나 소극적 관여자, 최고 적극적인 역할이라고 해도 실무담당 정도였다. 그 때문에 이 과정에서 국가경찰의 역할은 방어적인 역할에 한하였다고 할 수 있다. 그러나 문재인 정부에서의 국가경찰은 자치경찰도입에 있어서 역대 어느 정부보다 적극적이다. 국가경찰은 2017년 6월에 경찰개혁위원회를 전원 민간위원 19명으로 구성하여 발족하였다. 동 위원회에는 인권, 수사, 자치경찰 등 3개의 분과위원회를 두어서 활동하였다. 경찰청 자체 내로는 경찰개혁추진본부를 차장이 단장으로 두어 운영하고 각 분과위원회마다 T/F를 두어 1년간 약 59회의 회의를 하면서 지원하였다. 경찰청이 스스로 자치경찰에 대한 지원을 적극적으로 하였는지를 알 수 있는 증거이기도 하다. 이 중에 자치경찰 분권위원회(위원장, 양영철)는 6명의 전문가를 두어서 자치경찰 도입방안을 입안하였다(경찰청(2018):11-2).

자치경찰분권위원회는 산하에 자치경찰특별위원회를 설치하여 자치경찰방안을 만들어갔다. 위원회는 만드는 과정에서 관련자, 즉 국가경찰, 제주자치경찰관을 비롯한 시도 및 시군구 관계자, 전문가 등과의 공론화 과정을 거치면서 안을 만들었다. 자치경찰특별위원회가 만든 안은 최종적으로 본회의를 거쳐서 2017년 11월 7일에 1차 발표하였다. 이후 여러 차례의 수정을 거치면서 최종안은 2018년 6월에 최종안을 발표하였다. 이 안은 곧바로 문재인 정부의 지방분권을 담당하는 대통령소속 자치분권위원회로 넘겼다. 이 과정에서도 역시 검경수사권 조정 및 권력기관 개혁을 담당하는 청와대 민정수석실은 계속 조정 및 독려 등 관여를 이어나간다. 대통령 자치분권위원회는 경찰개혁위원회의안을 중심으로 의견을 수렴하면서 자체 안을 만들어나갔다. 자체 내에 자치경찰특별위원회를 설치하여 자치경찰 안을 만들었고, 이 안은 정부안이 되었고, 이원형 모델[8]로 발표되었다. 그리고 더불어민주당 홍익표 의원이 20대 국회에 대표 발의하여 입법 과정이 시작되었다. 그러나 국회는 이 법안을 제대로 토의도 못 해 보고 국회는 마감이 되었다. 자치경찰제 도입이 또 한번의 실패를 예고하고 있었다.

그러나 21대 국회는 여당이 압도적으로 승리하면서 권력기관의 개혁은 급물살을 타기 시작하였다. 자치경찰 안도 청와대 민정수석비서관실, 자치분권위원회, 경찰청, 전국시도지사협의회 등이 4단체 협의회를 구성하여 계속 수정하여 나갔다. 이러한 과정은 2020년 6월까지 지속이 되었다. 이 과정에서 일선 조직이 지구대와 파출소가 대체로 이관이 되었고, 이관되는 경찰관도 43,000명으로 확정되었다. 매우 큰 규모가 이관되는 것이다. 정부는 2018년 4월부터 약 2년 동안 정부안인 이원화 모델이 실제로 적용해 보는 확대 시범실시가 제주자치경찰단·제주지방경찰청을 중심으로 이루어졌다. 이를 위해서 제주지방경찰청에 근무하는 국가경찰관 268명이 제주자치경찰단으로 파견이 되었다. 확대 시범실시는 향후 전국적으로 자치경찰이 실시되었을 때 이양될 사무가 적용 과정에서 나타날 문제점들을 사전에 파악하여 수정하려는 목적이었다. 평가는 성공적으로 나타났다. 모든 준비가 순차적으로 진행되고 있었다. 입법화 과정만이 기다리고 있었다고 말할 정도로 순탄한 진행이었다. 당장 이관받을 당사자인 시·도도 반대가 없었다.[9]

8) 본 저서에 모델, 모형 등을 구분없이 같은 의미로 사용하고 있다. 이는 인용하는 저서나 논문 등이 일률적으로 모델, 모형을 구분하여 사용하지 않고 있고, 의미전달이 어느 용어가 적절하지 판단하여 그때 그때 상황에 따라서 사용하고 있다. 따라서 모델이나 모형은 같은 용어로 이해하기 바란다.

그러나 2020년 7월이 들어서면서 지금까지 분위기가 크게 달라지기 시작하였다. 기존 정부안인 이원화 모델이 수정될 가능성이 보이기 시작하였다. 그러나 짐작 가는 정도일 뿐 이를 아는 기관이나 사람들은 극소수였다. 청와대 민정수석실이 주도하여 이루어지고 있기 때문이기도 하였다. 결과적으로 나타난 모델이 현재 정부안이 일원화 모델이다. 2020년 7월 30일에 당·정·청 협의와 의결을 거쳐서 기자회견으로 발표되었다. 그리고 이 안은 5일 후인 8월 3일에 더불어민주당 김영배 의원이 대표 발의하여 국회에 제출되었다. 가칭 "김영배 의원 안"이라는 이름으로 물 위에 올랐다. 그리고 야당인 국민의 힘의 합의로 이 법은 2020년 12월 9일에 "국가경찰과 자치경찰의 조직 및 운영에 관한 법률(이하" 국가와 자치경찰법"으로 함)[10)]"로 국회를 통과하였고, 동년 12월 말에는 경찰공무원 임용령에 관한 법령 등 관계 법령까지 정비되었다. 그리고 시도는 2021년 6월까지 시한인 시범 실시를 하기 위하여 준비에 들어갔고, 2021년 7월 1일부터 전면 실시할 예정이다. 자치경찰제 도입은 이제 루비콘강을 70여 년 만에 건넌 것이다.

이를 정리하면, 문재인 정부에서 지치경찰을 주도한 기관은 전반전은 경찰청, 중반전은 자치분권위원회, 후반전은 청와대 민정수석이라고 할 수 있다.

역대 정부에서 자치경찰 추진과정을 보면 주도자 집단이 다양하다. 미 군정은 미 군정 정부가, 장면과 노태우 정부에서는 국회가 주도자 역할을 하였다. 김대중 정부에서는 대통령과 여당이 주도자 역할을 하였지만, 경찰도 적지만 주도자의 역할을 할 수 있는 공간이 있었다. 노무현 정부에서 대통령이 주도하였고 경찰청은 적극적 협력자였다. 노무현 정부는 자치경찰과 경찰의 수사권독립을 연계하였다. 노무현 정부에서는 지방분권을 위한 자치경찰 도입이 경찰에 수사권을 부여하는 그것보다 더 중점을 두었다. 반면에 문재인 정부에서는 검경수사권이 자치경찰 도입을 하는데 더 유인책으로 작동하고 있다. 그 때문에 국가경찰은 수사권을 검찰로부터 이관받는 것이 가장 큰 희망이기 때문에 자치경찰 도입에 적극적 주도자로 나서고 있다.

---

9) 이에 대한 자세한 내용은 제주지방경찰청과 제주자치경찰단이 공동으로 발행한 확대 시범 실시 백서를 참조.

10) 통상적으로 법률명에는 약자 명이 따르는데 이 법은 약자 명이 없음. 저자는 국가경찰과 자치경찰 둘 다 동등하다는 차원에서 이렇게 약자 명을 정하였음. 일부 학자들은 경찰법이라고 하기도 함.

노무현 정부에서는 대통령위원회가 자치경찰 모델을 만드는 데 주도적 역할을 하였고, 국가경찰은 보조나 실무에 전념하는 형태를 띠었다. 그러나 문재인 정부에서는 대통령위원회가 자치경찰 모델을 만들기도 전에 국가경찰이 사무 배분까지 완성하는 적극성을 보였다. 따라서 이원화 모델 도입단계까지만 보면 자치경찰도입의 주도자 중심 중의 하나는 국가경찰이라고 할 수 있다.

문재인 정부에서 자치경찰제 도입은 역대 정부보다 매우 특이하다.

첫째는 출발 동기가 지방분권이 아니라 검찰 개혁 등 권력기관의 개혁 과정에서 시작되었다는 점이다.

둘째는, 최고의 주도자는 청와대 민정수석비서관실이라는 점이다. 역대 정부에서는 김대중 정부까지는 경찰청이, 노무현 정부에서 박근혜 정부까지는 대통령소속 분권위원회가 주도를 하였다. 그러나 문재인 정부는 청와대가 직접 주도를 하였다. 대통령 중심제하에서 대통령이 직접 주도할 경우 성공확률이 높다는 의미도 된다.

셋째, 청와대가 만들어 놓은 일정한 기준과 방향에 따라서 경찰청이 미리 안을 만들기 시작하였다는 점이다. 경찰청은 권력기관 개혁 대상이기도 하지만 수사권 이관이라는 큰 성과보수가 기다리고 있으므로 그 어느 정부 때보다도 적극적이었다는 점이다. 이원론모델이 구체화가 경찰청에서부터 시작된 이유가 바로 여기에 있다.

넷째, 동일 정부에서 정반대의 정책이 수립되었다는 점도 특이하다. 문재인 정부는 공약에서부터 시작하여 정부가 시작한 후 약 3여 년까지도 이원화 모델이 정책방향으로 확고하였다. 문재인 정부는 이원화 모델을 정부의 도입 모형으로 공식적인 발표도 하였고, 법안이 국회까지 제출되었으며, 그리고 시범 실시까지 마친 상태였다. 그런데 다시 이와는 거의 반대라고 볼 수 있는 일원화 모델이 제시되고, 제시된 지 4개월 만에 국회에서 법제화가 되었다.

이와 같은 특징은 어느 정부에서도, 그리고 다른 나라에서도 보기 드문 사례이다. 이 과정 전체가 좋은 정책연구대상이라고 생각된다. 이러한 특징을 지닌 문재인 정부의 자치경찰을 이해하기 위해서는 세 가지 모델에 대한 이해가 선행돼야 한다. 출발점인 경찰청 안, 초창기 주도했던 이원화 모델을 강화한 자치분권위원회 안, 그리고 김영배 안인 일원화 모델이다.

제 2 절 | 경찰청 안

1. 경찰개혁위 자치경찰분과위원회의 추진 경과

2017년 6월에 출범한 경찰개혁위 자치경찰분과위원회(위원장: 양영철) 주관으로 주요 선진국 사례 등 다양한 모형을 검토하였다. 분과위원회는 그 중 「국가-자치경찰이 공존하는 이원화 안(제주도 형)」과 「국가경찰 대부분이 지자체로 이관되는 일원화 안(일본형)」 2개 모형 선정하여 분석하였다. 자치경찰분과 회의(14회)와 지방청 및 권역별 현장경찰관 간담회(6회), 전문가 간담회(3회), 서울시 여론조사 분석 등 다양한 의견 수렴하였다. 이 과정에서 여론조사도 병행하였는데 이 결과 시민 2,288명 설문 결과, 국가-자치경찰 이원화(49.7%) 〉 현행 국가경찰제 유지(32.3%) 〉 완전자치경찰 도입(9%) / 모름(9%) 등 이원화 모델이 다수였다.

2. 도입안 고려 변수

자치경찰분과위원원회는 다음과 같은 원칙을 고려하면서 안을 만들어갔다.

첫째, 보충성의 원칙

지역 치안 중 지방자치단체에 필요한 사무와 권한 이관에 집중하였다. 국가경찰이 지금까지 수행하고 있는 사무 중 지방자치와 관련된 사무를 선정하여 자치경찰에게 우선 배분하고 자치단체가 할 수 없는 사무는 다시 국가경찰의 사무로 분류하는 과정을 여러 차례 거쳤다.

둘째, 비례성

우리나라 분권 수준을 고려하였다. 자치경찰이 광역단위로 도입이 되면 기초보다 동원해야 할 자원도 많을 뿐만 아니라 도입 시 내부인력, 조직, 재원의 균형도 고려해야 했다. 즉, 현재 우리나라 지방자치단체의 수준으로 보았을 때 4만 명 이상의 자치경찰이 이관되었을 때 충격도 고민하지 않을 수 없었다.

셋째 수직적 분권의 한계

경찰권의 지방화는 검찰, 사법부의 지방화와 병행 실시해야 하는데 또 다른 난제를 고려하였다. 시도지사 산하의 자치경찰은 수사권까지 갖추게 될 때 이를 지휘하거나 기소를 결정하는 것이 검사이다. 이렇게 될 때 국가공무원인 검사가 지방공무원인 시도지사 또는 관련 지방공무원과의 관계가 상하 관계로 변경되는 난제를 고려하였다.

넷째, 실현 가능성

정책과정의 최종 목표는 정책의 실시다. 따라서 아무리 좋은 정책도 국회에서 법률로 통과되지 않거나 지연이 된다면 한마디로 공염불이 되는 경우를 숱하게 보아 왔다. 자치경찰이 70여 년간 논쟁만 하는 이유도 바로 실현 가능성이 약했다는 점도 있다. 다음의 그림을 보면 자치경찰의 실현 가능성이 왜 어려운가를 알 수 있다.

자치경찰 성공을 위한 동력확보는 국민의 지지에서만 나오지 않는다. 자치경찰 자체가 또 다른 권력기관이기 때문에 'zero-sum' 게임 법칙이 적용될 수밖에 없다. 아래 [그림 5-2]는 노무현 정부에서 자치경찰 안을 만드는 과정에서 역학 관계를 나타내 주는 내용이다.[11]

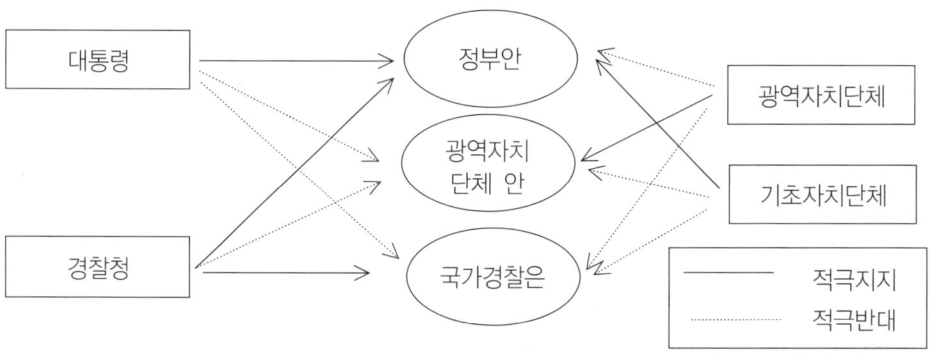

[그림 5-2] 정책집단간의 역학 관계

당시 정부안은 기초자치단체 안이었고, 국가경찰 안은 일본 경찰모형으로 경찰이 주도하는 자치경찰 안이었다. 그리고 광역자치단체 안은 지방경찰청을 모두 시도지사 산하로 이관하는 안이었다. 당시에 광역 자치경찰 안은 대통령, 경찰청, 기초자치단체 모두가 반대하고 찬성하는 쪽은 광역자치단체뿐이다. 정부안은 광역자치단체만

11) 양영철, 역대 정부와 문재인 정부- 앞의 논문, p.147.

반대하였기 때문에 국회에 제출할 수 있었다. 그러나 정부안은 국회에 제출되었지만 결국 국회는 무 의사결정으로 무산시켰다. 따라서 정부안 도출도 중요하지만 국회 통과 여부도 고려를 해야만이 실현가능성이 높다.

3. 도입모형의 확정

1) 주요내용

자치경찰에 대한 경찰청의 안을 중심으로 주요 내용을 살펴보면 다음과 같다.12)

가. 조직

전국 시·도에 자치경찰 조직을 신설하되, 시·군·구와의 연계성을 강화하도록 한다. 경찰청의 자치경찰 조직모형은 총 5개의 모형을 가지고 비교 분석하였다. 이중에 최종적으로 하나 선택된 모형이 다음 [그림 5-3]의 광역중심의 자치경찰 모형이다.

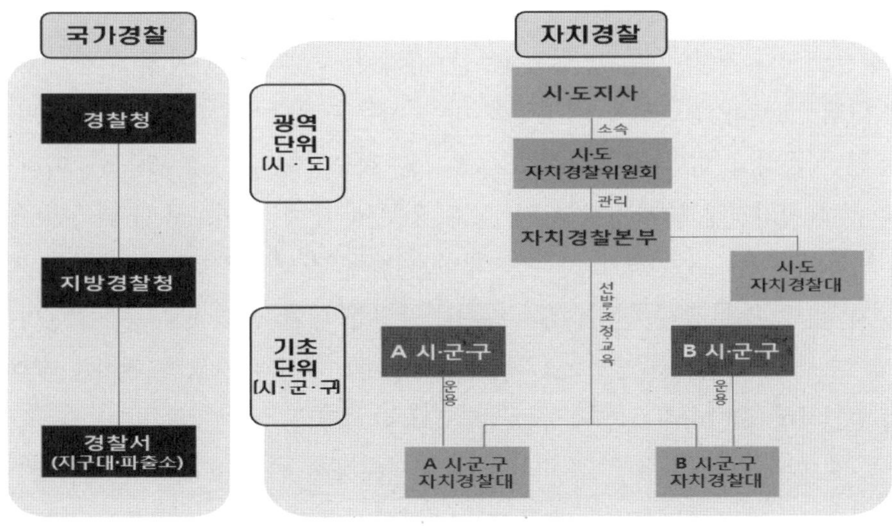

[그림 5-3] 경찰청 자치경찰 모형 확정안

12) 경찰청개혁위원회, 자치경찰실시 방안, 2017.11.7. 기자회견자료와 그간 자치경찰분과위원회 및 개혁위원회에서 논의하고 의결된 자료를 중심으로 정리를 하였음

심의·의결기관으로 시도지사 소속으로 자치경찰위원회를 설치하였다. 자치경찰위원회는 자치경찰의 주요정책 및 업무 발전에 관한 사항을 심의·의결하는 기관이다. 시·도자치경찰위원회는 시·도지사, 시·도의회, 지방경찰청장의 추천을 받아 9~15인(상임 1인 포함)으로 구성하되, 구체적인 사항은 조례로 정한다. 다만, △정당의 당원 또는 지방의회 의원 △지방공무원법 제31조 각호(공무원 결격 사유)에 해당하는 자 △경찰 퇴직일로부터 3년이 지나지 않은 자는 위원이 될 수 없도록 하였다.

집행기구로서는 시·도 자치경찰위원회 산하에 자치경찰의 사무를 총괄하는 자치경찰본부를 설치하였다. 시·도 자치경찰위원회 산하에 자치경찰본부를 두는 이유는 시·도지사가 자치경찰을 직접 지휘함으로서 발생하는 정치적 중립의 논란을 방지하기 위한 것이다. 기초자치단체와의 연계성 강화를 위해 시·군·구 단위로 시·군·구 자치경찰대를 운영한다. 다만, 치안 수요 등을 고려하여 시·군·구 자치경찰대를 통합 운영할 수 있다. 각 시·도에서도 교통안전시설 설치·관리 등 광역적 사무를 직접 집행하는 시·도 직할 자치경찰대를 설치할 수 있도록 하였다.

나. 사무·권한

국가경찰과 자치경찰이 주관하는 사무를 명확히 구분하여 각자의 권한과 책임을 분명히 하되, 상호가 긴밀하게 협력해야 하는 사무는 공동주관사무로 둔다. 위와 같이 구분된 사무라고 하더라도 보충성의 원칙을 적용하여, 지역별 특성에 따라 업무협약을 통해 국가경찰과 자치경찰 간 상호 업무에 대해 지원토록 한다. 위 전제에 따라, 보안·외사 등 순수 국가 사무를 제외한 전체 경찰 사무(특별사법경찰 사무포함) 中 자치경찰에게 생활 안전·교통·수사 등 생활 치안 영역에서 공무집행방해 및 음주운전 수사권, 가정폭력 및 학교 폭력 수사권 등 다수의 사무와 권한을 부여하여 지역 주민밀착형 치안서비스를 제공할 수 있도록 하였다.

경찰청 모형은 권한의 수행 주체와 책임을 명확하게 하려고 자치경찰의 고유사무를 구분하였고, 치안업무 성격상 공동으로 수행하여야 할 사무는 공동사무로 구분하였다. 전체 특별사법경찰 사무 중 관세, 외국환거래법 등 국가 전속관할 사무를 제외한 특별사법경찰 사무를 자치경찰이 수행할 수 있도록 하였다. 환경·보건·위생 등 자치단체가 행정질서벌(과태료) 부과를 위해 단속하는 사무 중 형사 처분 대상에 대해서는 자치경찰이 직접 수사·송치할 수 있도록 하는 등 특사경 사무에 대한 집행력과 범위를 강화하였다. 이외에도 사무에 관한 구체적인 사항은 시·도별로 지역 실정에 맞게 국가경찰-자치경찰 간 업무협약을 통해 결정하도록 하여 사무 구분과 집행에 유연성을 두었다. 신속한 112신고 처리 등을 위해 국가경찰-자치경찰 간 무선통신망·전산망을 공동으로 활용하고, 필요한 경우 112신고를 접수하는 지방경찰청 상황실에 자치경찰을 파견 근무할 수 있도록 하였다.

다. 인사

자치경찰에 대한 적절한 인사권 배분을 통해 지역 치안에 대한 권한·책임을 명확히 하면서도 권한이 일방에게 집중되지 않도록 하며, 지역 주민들의 의견이 적극적으로 반영될 수 있도록 하였다. 우선 해당 시·도의 모든 자치경찰 공무원은 시·도 소속 공무원으로서, 시·도지사가 인사권을 행사하도록 하였다. 자치경찰본부에는 자치경찰본부장을 두는데, 자치경찰본부장(자치 치안감, 혹은 자치 경무관 / 개방형 임용자는 계급 미부여)은, 정치적 중립성과 공정성을 확보하기 위해 시·도 자치경찰위원회가 공모를 통해 2배수의 후보자를 먼저 추천하고, 그중에서 시·도지사가 1인을 임명하도록 한다. 시·군·구 자치경찰대장(자치총경 / 비 개방직)에 대해서는 시·군·구청장의 의사 반영을 위해 시·도지사가 시·군·구청장의 동의를 받은 후에 임명한다.

라. 인력

지방자치단체에서 운영하는 자치경찰 인력 규모는 자치경찰의 사무 범위에 따라 전국적으로 공통적인 기본인력 기준을 마련하되, 그 외에 추가인력은 지방자치단체의 여건에 따라 자율적으로 결정하도록 하였다. 시·도지사가 자치경찰을 일괄 선발하고, 이를 시·도지사가 직접 운용하거나 산하 시·군·구에 배치하게 된다. 출범 초기 자치경찰의 안정적인 정착을 위해, 시·도에서는 자치경찰 계급별 정원의 일부를 국가경찰에서 이직을 희망하는 경찰관 중에서 일정 비율에 따라 선발하고, 나머지 인원은 신규로 채용하도록 하였다. 이관되는 국가경찰관에 대한 인건비와 운영비는 제주자치경찰의 예와 같이 국가가 계속 부담하는 것으로 하였다.

마. 재정

지방자치단체의 재정 부담 완화와 안정적인 자치경찰 운영 및 조속한 제도 정착을 위해 자치경찰 출범 초기에, 국가경찰에서 이관되는 인력 및 관련 장비에 대해서는 국가에서 지원하도록 하였고, 기타 범칙금 이관 등 세원 마련을 위한 방안을 향후 강화하기로 하였다. 또한, 지구대·파출소·치안센터 등 국가경찰 건물에 대해 국가경찰-자치경찰의 공동자원으로 활용하는 방안으로 하여 자치경찰 건물확보를 위한 협력방안을 마련하였다.

바. 정치적 중립성 확보

자치경찰도 정치적 중립성의 확보는 매우 중요한 문제이다. 자치경찰권이 지방자치단체의 권한이 됨에 따라 이를 악용할 소지가 매우 크다는 것이다. 특히, 지방선거를 통하여 선출되는 지방자치단체장은 자치경찰권을 선거에 악용하는 사례가 발생할 수 있다는 우려가 매우 크다. 또 지방 토호세력과의 유착을 통하여 자치경찰권을 남용이나 악용하는 사례, 자치경찰 활동의 공정성을 해치는 사례 등이 발생할 수 있다. 이에 대한 우려로 인하여 자치경찰제 도입을 반대하는 입장이 여전히 존재하고 있다.[13]

이러한 문제를 해결하기 위하여 자치경찰본부장 임명을 시·도지사의 자의적인 인사권 행사를 방지하기 위해, 자치경찰본부장 후보자는 시·도 자치경찰위원회가 공모를 통해 선정한 후 시도지사가 이 중 1명을 지정하도록 하였다. 시·도 자치경찰위원회 위원 구성은 지역 주민들의 의견을 적극적으로 반영하고 균형감을 갖추기 위해 시·도지사, 시·도 의회, 지방경찰청장 추천으로 구성하였고, 정당 소속이 아닌 지역주민, 시민사회 인사, 치안전문가 등으로 구성된 시·도 자치경찰위원회를 통해, 자치경찰의 업무 처리 적정성 등을 전반적으로 감독하도록 하였다.

이렇게 만든 경찰청안은 법령으로 자치경찰 도입을 주도하는 기관인 자치분권위로 넘겨졌다.

---

13) 최종술, 자치경찰제 도입의 조건과 과제, 정책&지식, 제883회, 서울대학교 행정대학원, p.17.

제 3 절 | 제1차 문재인 정부 안: 이원화 모형

1. 논의의 시작

자치분권위원회는 대통령위원회 소속으로 역대 정부처럼 정부의 분권 정책을 총괄한다. 지방 자치분권 및 지방 행정체제개편에 관한 특별법에 따르면[14], 자치분권위원회는 자치경찰 모델을 만들고 실시하도록 하는 역할을 부여받고 있다. 이 법안은 노무현 정부 때 제정된 이후에 역대 정부 모두가 지방분권을 담당하는 위원회를 대통령소속으로 두고 주요 지방분권정책을 진행해 왔다. 문재인 정부도 역시 자치분권위원회(이하 "자분위"이라 함)를 구성하여 지방분권에 관한 정책을 수립하도록 하고 있다. 이에 따라서 자분위는 자체 내 조직으로 자치경찰제도과를 두고 자치 경찰 정책 수립을 지원하고 있다. 자분위는 자치 경찰 정책 수립을 위하여 자체 내 위원을 중심으로 자치경찰 T/F를 구성하여 진행했다. 자분위는 자치 경찰 정책이 경찰청에서 수립하는 등 권력기관 개혁방안이 진행되면서 이를 본격화할 필요가 있다고 생각하여 2018년 3월 9일에 자치경찰특별위원회를 구성하여 본격적인 논의에 착수하였다. 위원은 지방자치, 경찰행정, 형사사법 전문가와 시민단체 활동가 등 9명이며 위원장은 자분위 부위원장이 선임되었다. 자분위는 자치경찰 안으로 경찰청 안을 중심으로 검토하기 시작하였다.

자분위는 자치경찰도입원칙을 다음과 같이 만들었다.

정책 방향	· 경찰권의 민주적 설계 및 정치적 중립성 확보
	· 주민밀착 치안 활동력 증진
고려사항	· 치안력 약화 및 치안 불균형 방지
	· 재정투입 최소화
	·제도 도입에 따른 치안 혼란 최소화

이후에 자분위 특위는 여러 기관 및 자체내의 의견수렴과정을 거치면서 자치경찰

14) ③ 국가는 지방행정과 치안 행정의 연계성을 확보하고 지역특성에 적합한 치안서비스를 제공하기 위하여 자치경찰제도를 도입하여야 한다.

안을 만들어나갔다. 주요 의견수렴은 다음과 같다.

- 경찰청·대검·법무부·지방 4대 협의체 등 관계 기관 의견수렴(3. 16~4. 14)
- TF·특위 회의(18회), 대토론회(5. 3), 워크숍 등 집중 논의
- 치안현장방문, 일본 경찰기관 방문(6. 5~8) 등 진행

그리고 기존의 안들을 비교 검토하였다. 특히, 이 중에 경찰청 자치경찰 안을 중심으로 살펴보았다. 경찰청 안은 다음과 같은 점에서 보완하기로 하였다.

- **민주적 통제 및 경찰권분산 미흡**
- **사무 중복 등의 혼선 우려**
- **신규 재정 부담 유발**

자문위는 위의 경찰청 안의 미흡한 점을 보완하기 위하여 다음과 같은 장치들이 필요하다고 결론을 내렸다.

- 지역 밀착 부서인 지구대·파출소는 사무 배분에 따라 자치경찰 이관
- 정치적 중립장치로 합의제행정기관인 시·도경찰위원회 설치
- 긴급조치가 필요한 사건·사고 현장에서의 현장보존·범인 검거 등 초동조치권 부여
- 급격한 제도 변화에 따른 부작용 방지를 위해 단계적 도입 등

2. 조직 운영

자분위의 제1차 정부안은 이원화 모델이다. 이원화 모델은 지금까지 국가경찰이 단독으로 치안 사무를 처리하던 것을 국가 사무와 자치사무로 나누는 것을 말한다. 이렇게 나눈 사무를 국가치안 사무는 국가경찰이, 자치 치안 사무는 자치경찰이 수행하는 모델인 것이다. 이렇게 처리하는 형태는 국가경찰이 주도하는 때도 있고, 각각이 독립하여 처리하는 때도 있는데 문재인 정부 자치경찰 안은 조직 운영을 각각 독립하여 운영하는 안이다. 이에 관한 내용을 요약하면 다음과 같다.

1) 의결기관

의결기관은 지역 주민들의 대표인 자치단체장과 지방의회가 책임을 지느냐는 민주성과 이들과는 거리를 두고 처리하는 정치적 중립을 강조하느냐에 따라서 조직의 형태와 운영은 크게 차이가 난다. 문재인 정부의 자치경찰 안은 정치적 중립을 강조하는 안이다. 정치적 중립은 지방정치조직인 자치단체장과 지방의회와 일정한 거리를 두고 조직을 운영하는 방식이다. 그렇다고 주민대표인 자치단체장과 지방의회가 전혀 관여하지 않은 것은 아니다.

문재인 정부안은 시·도지사와 시·도의회는 자치경찰의결기관인 시·도경찰위원회의 구성에만 관여하고 운영은 독립적으로 운영하게 하는 방식이다. 시·도 경찰위원회의 주요 기능을 정리하면 다음 〈표 5-2〉와 같다.

〈표 5-2〉 시·도 경찰위원회 주요 기능

구 분		주요 내용
자치 경찰 관련	기본 임무	·자치경찰 활동 목표의 수립 및 평가, 자치경찰 인사, 예산, 장비, 통신 등에 관한 주요정책 심의·의결 및 집행 관리
	인사 추천	·자치경찰본부장(2배수) 및 자치경찰대장 임명 추천
	감찰 징계 요구	·시·도 자치경찰 사무, 국민·자치경찰공무원 민원, 자치경찰공무원 주요 비위사건 등
	개선 권고	·자치경찰에 의한 인권침해, 경찰권 남용 소지 제도·법령·관행 등
국가 경찰 관련	시도 경찰	·자치경찰 직무수행과 관련된 업무협약 체결·변경, 국가·지자체 공동사무 수행 및 분쟁조정 관련 의견제시
	국가 경찰위	·시도 경찰청과 1차 협력·조정 곤란 시 2차 심의·조정 요구 ·시·도 지역 내에서 국가경찰관의 인권침해, 법령위반 등 비위사건에 대한 관련 실태조사 및 감찰 등 개선요청

자치경찰의결기관인 시·도경찰위원회는 시·도지사 소속으로 하되, 구성은 총 5명으로 한다. 위원 5명은 시·도지사 1명 지명, 시·도의회 2명(여·야 각 1명) 추천, 법원 1명 추천, 국가 경찰위원 1명 추천으로 하고 있다. 이 중에 1명의 위원만 상임위원이고 나머지는 비상임이다. 시·도경찰위원회 운영은 합의제행정기관으로서 시·도

지사로부터 독립적으로 직무 수행하고, 사무도 자치단체와는 독립된 조직인 자치경찰본부가 담당한다.

2) 집행기관

문재인 정부의 1차 자치경찰 안인 이원론 조직도는 다음 [그림 5-4]와 같이 확정되었다.

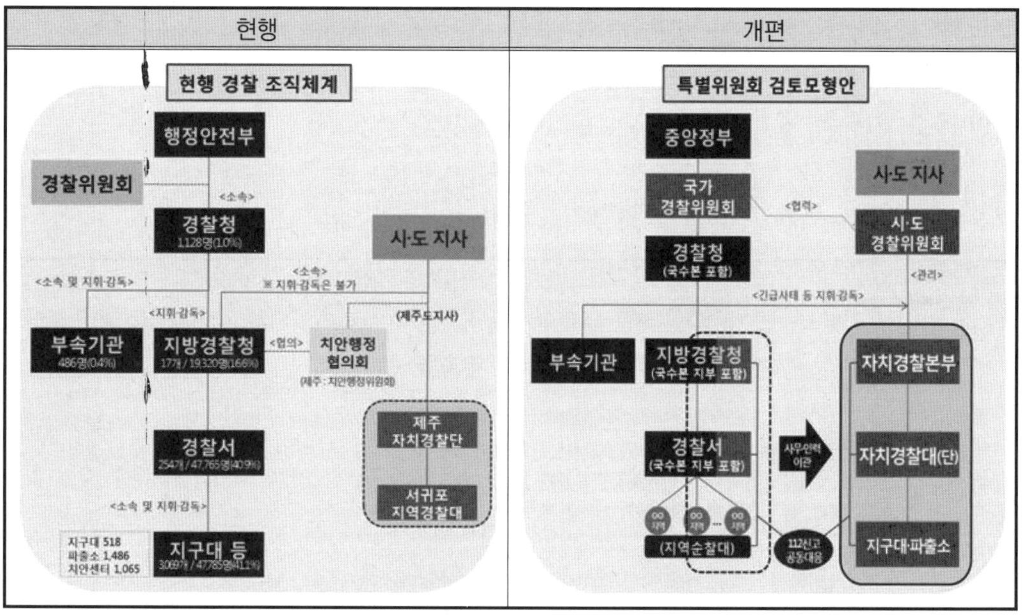

[그림 5-4] 이원론 후 자치경찰제 도입 이후 경찰 조직 변화 예상도

가. 자치경찰 조직체계

시·도에는 자치경찰본부를 두고 시·군·구에 자치경찰대를 신설하는 것이다. 그동안 논란이 되었던 지구대·파출소는 사무 배분에 따라 주민밀착 치안 활동을 위해 자치경찰로 이관하는 것으로 하였다. 경찰청 안이 지구대·파출소는 경찰의 최 일선기관이기 때문에 국가경찰로서도 필수 조직이라는 점을 고려하여 일부 지구대·파출소만 이관하는 것으로 하였다는 점에서 과거보다는 진일보하였다.

나. 국가 지방경찰청

국가경찰은 현행 지방경찰청-경찰서 체계를 유지하는 것으로 하였다. 국가경찰은 경찰의 창설과 더불어 출발했던 파출소, 그리고 현재의 지구대·파출소가 자치경찰조직으로 이관됨으로써 일선 조직 보강이 시급해졌다. 국가경찰은 중대·긴급한 사건·사고 대응에 필요한 지역순찰대를 신설하여 인력과 거점시설은 존치하는 것으로 하였다. 그리고 국민·경찰의 혼선이 없도록 일선 현장조직은 전환과정에서 합동 근무 형태로 유지하도록 하였다. 112상황실은 국가경찰 소속으로 운영하되 역시 자치경찰과 공유 및 협조체제 구축하도록 하였다. 이를 위하여 자치경찰관이 112상황실에 근무하도록 하는 방안이 마련되었다.

3. 인사

1) 인력충원 방법

인력충원에 대한 논의는 두 가지다.

첫째는 규모이다.

규모는 자치경찰 모델을 결정할 때마다 경찰청은 규모를 줄이려고 하고 자치단체는 규모를 늘리려고 한다.

둘째는 충원의 방법이다.

충원은 자치경찰관의 정원을 국가경찰에서 이관하는 방식으로 할 것인가에 대한 논의다. 국민은 국가경찰이 지금까지 수행해 왔던 자치경찰적 사무를 자치경찰에 이관하기 때문에 그 만큼 한 인력과 재정도 함께 이관해야 한다고 생각한다. 국민이 납세자이기 때문에 자치경찰제 도입은 신규사무가 발생하는 것이 아니라 자체 사무를 정리하는 것이기 때문에 재정증가를 허락하기가 쉽지 않다.

셋째, 신규 충원의 방법이다.

자치경찰 사무를 담당할 경찰관을 모두 신규로 채울 것인가, 아니면 국가경찰에서 일부 이관할 것인가에 대한 논의다. 보는 경찰관을 신규로 채용하면, 조직의 전문성이 낮아지고, 또한 국민이 가장 싫어하는 재정증가를 가져온다. 반면에 전부 국가경찰이 이관되어 자치경찰 사무를 담당하게 되면, 자치경찰은 국가경찰의 문화와 행태가 그대로 남아 있게 된다. 제주자치경찰단인 경우 처음 발족할 당시인 2016년 7월 1일에 38명으로 시작했는데 전부 국가경찰에서 이관되었다. 이 당시 이관 희망자는 약 7:1로 예상보다 크게 높았다. 이후에는 모두가 신규로 채용하여 2021년 현재 인원은 151명이다.

문재인 정부의 자치경찰정책에서 인원 충원은 국가경찰관으로 충원하기로 하였다. 이렇게 자치경찰관을 국가경찰관으로 전부 충원하는 이유는 재정증가에 대한 우려와 일선 조직의 안정화를 유지하기 위한 것 때문이다.

2) 충원 규모

앞에서 언급하였지만 문재인 정부에서 자치경찰관은 신규 인력증원 없이, 자치경찰 사무수행에 필요한 인력은 국가경찰로부터 이관한다는 것이 원칙이었다. 이 원칙에 의하여 이관 경찰관을 추정한 결과 지역 경찰·교통 등 국가경찰 총 4만 3천 명 이상을 자치경찰로 이관[15]하는 것으로 나타났다. 이관방식은 사무 이관 범위에 상응한 분야별 국가경찰 인력을 단계적으로 이관하는 것으로 정하였다. 이에 관한 내용이 〈표 5-3〉이다. 총 3단계로 추진하되 기간은 2~3년 사이며, 최종 규모는 4만3천 명으로 계획하고 있다. 이 규모는 경찰청이 추정하였기 때문에 최소한 인원이라고 할 수 있다. 향후 상황에 따라서 신규 또는 더 많은 국가경찰관이 이관될 것으로 예상하였다.

〈표 5-3〉 자치경찰 인력이관 규모

국가경찰 (1천 명/99.9%)				국가경찰
자치경찰 (137명, 0.1%)	7~8천 명 (자치경찰사무 약 (50%)	30~3천 명 (자치경찰사무 약 (70~80%)	4천 명 (자치경찰사무 (100%)	자치경찰 (평가 후 추가확대)
현행 (지역·사무)	1단계 (일부 지역+일부 사무)	2단계 (전국+일부 사무)	3단계 (전국+전체사무)	최종단계

15) 4만 3천명 인력산정 내역은 경찰청 자료 근거임.

4. 자치경찰본부장 및 자치경찰대장의 선발

자치경찰의 최고 책임자는 시·도자치경찰본부장이다. 문재인 정부의 1차 안은 자치경찰본부장의 선발은 항상 시·도지사와의 거리 두기를 통한 정치적 중립확보에 중점을 두고 충원하는 방식이다. 과거는 시·도지사가 2배수를 추천하면 시·도경찰위원회가 이 중에 선택하도록 하는 방식이었다. 그러나 이러한 방식은 자치경찰본부장 후보자가 시·도지사와 친밀한 사람만이 될 수 있다는 단점이 있다. 이러한 단점을 보완하기 위하여, 자치경찰본부장이 시·도지사와의 친분과 관계없이 널리 인력 풀을 활용할 수 있는 방안으로 공개선발을 통하여 선정된 두 사람을 시·도지사가 선택하도록 한 것이다.

시·군·구의 자치경찰책임자인 자치경찰대장은 시·도경찰위원회가 시·군·구청장의 의견을 들어 적임자를 추천하여 시·도 지사가 임명하도록 하여 시군구와의 연계 고리를 만들었다. 원칙적으로 자치경찰은 지방 특정직으로 전환되어야 한다. 그러나 지방재정부담과 신분변동의 혼란을 최소화하기 위해 이관된 국가경찰관은 당분간 국가직을 유지하다가 단계적으로 지방직으로 전환하도록 하였다. 다만 시·도지사가 임명하는 자치경찰본부장 및 자치경찰대장은 시범 운영 단계부터 지방 특정직으로 임명하여 명실공히 자치경찰의 면모를 갖추어 나가도록 하였다. 자치경찰제의 안정적 정착을 위해 이관 인력 및 신규채용 인력은 국가경찰에서 교육·훈련을 담당하고 향후 신분전환에 맞추어 자치경찰 본부 단위로 교육·훈련 실시하도록 하였다.

5. 사무

경찰 사무의 배분은 경찰의 규모를 결정하는 것이기 때문에 양쪽이 늘 긴장한다. 문재인 정부에서 자치경찰과 국가경찰의 사무 배분은 기본적으로 다음과 같이 하였다.

① 자치경찰사무

생활 안전·여성·청소년·교통·지역 경비 등 주민밀착 민생치안 활동 및 이와 밀접한 수사

② 국가경찰 사무

국가의 존립·안위에 필요한 정보·보안·외사 등 사무 및 수사, 그리고 민생치안 사무 중 전국적 규모나 통일적으로 처리해야 하는 사무

③ 공동사무

수사는 원칙적으로 국가 사무이나 성폭력·학교 폭력·가정폭력·교통사고·음주운전·공무 수행 방해 등 수사는 자치경찰도 담당하도록 하였다. 아울러, 긴급하게 조치해야 할 현장성 있는 사건의 현장보존·범인 검거 등 초동조치는 자치경찰·국가경찰의 공동 의무 사항으로 하여 치안의 공백 상태를 예방하고자 하였다.

④ 치안의 형평성을 위한 공조

전국적 균질성·형평성을 유지하면서 지역 특성·여건에 맞는 치안서비스 제공을 위해 구체적 사무 범위는 업무협약으로 결정하는 것으로 하였다. 현재 제주자치경찰단과 제주지방경찰청과의 업무협약에 의한 사무 배분과 비슷하다.

이외에도 초동조치 등 공동의무 사항, 치안계획수립의 상호 협력, 출동단계 협의 등 사무 배분에 있어서 부수적인 사항들을 규정함으로써 일선 현장의 혼란방지를 위한 장치들을 마련하였다.

6. 재정 지원과 시설·장비 운영

1) 재정 지원

자치경찰제 시행에 필요한 예산은 국가부담 원칙으로 하고 기본적으로 사무 이관과 함께 현행 국가경찰 인력도 자치경찰로 이관하여 인건비 관련 추가비용 부담을 최소화하려고 노력하였다. 시범 운영 예산도 국비로 지원하고 이후 단계적·점진적으로 지자체가 부담하되, 재정자립도 등을 고려하여 자치경찰교부세 도입을 검토하는 것으로 하였다.

2) 시설·장비 공동사용

자치경찰은 신규채용 없이 국가경찰로부터 이관되므로, 이관 이후 국가경찰의 여분 시설·장비는 자치경찰과 공동사용 원칙을 결정하였다. 이로 인하여 치안센터 전부, 일부 지구대·파출소, 경찰서·지방청 등 경찰시설을 자치경찰과 공유하여 재정 부담이 대폭 감소하였다. 경찰 장구·차량 등 경찰장비도 인력이관 규모에 따라 이관하되, 불가피한 추가 소요 발생 시 국가에서 장비 비용 지원을 검토하는 것으로 하였다.

7. 종합

지금까지 기술했던 문재인 정부의 제1차 정부안인 이원화 모델과 그 내용을 요약하면 다음 〈표 5-4〉와 같다.

〈표 5-4〉 문재인 정부 이원론 자치경찰제 내용

구 분	내 용
모형	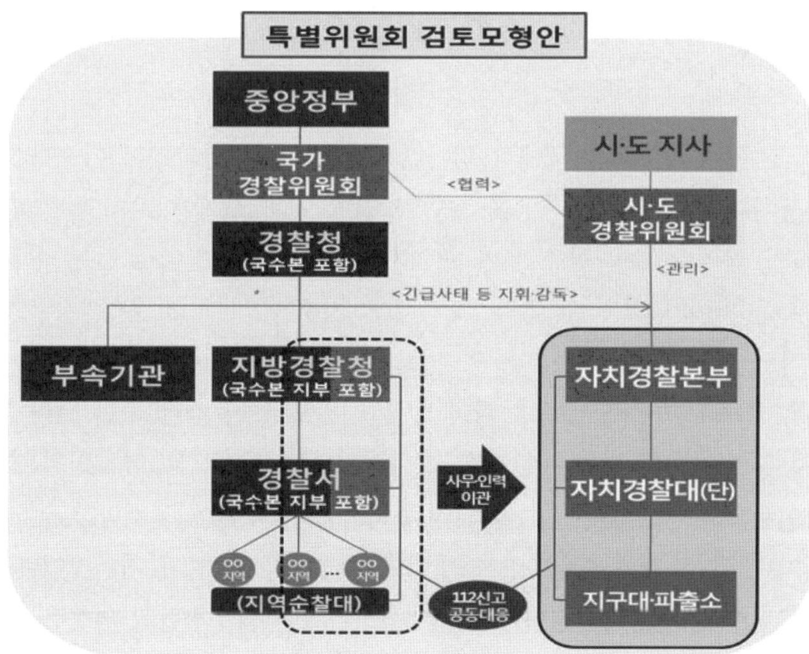

조직	·자치경찰 조직으로 시·도에 '자치경찰본부', 시·군·구에 '자치경찰대' 설치 ※ 지구대·파출소는 자치경찰로 이관, 국가경찰의 지역순찰대 거점시설 존치 ·시·도지사소속으로 '시·도경찰위원회'를 합의제 행정기관으로 설치, 시·도지사로부터 독립적 직무수행
사무	·자치경찰은 생활안전·여성청소년·교통 등 주민밀착 민생치안활동 및 이와 밀접한 수사 담당 ·국가경찰은 정보·보안·외사 등 사무와 수사, 민생치안사무 중 전국 규모, 통일적 처리 필요사무 담당. ※ △성폭력, △학교폭력, △가정폭력, △교통사고 △음주운전, △공무집행 방해 등 수사는 자치경찰도 담당
인사	·시·도경찰위원회는 5인으로 구성, 시·도지사가 임명. ※ 시·도지사 지명 1, 의회 추천 2〈與野 각 1〉, 법원 추천 1, 국가경찰위원회 추천 1명 ·자치경찰본부장은 시·도경찰위원회의 2배수 추천을 받아 시·도지사가 임명 ·자치경찰대장은 시·도경찰위원회가 시·군·구청장 의견을 들어 적임자를 추천하여 시·도지사가 임명
인력	·자치경찰 사무이관 범위에 상응하는 인력 단계적 이관, 총 43천명이상 이관 ※ 1단계 7~8,000명 → 2단계 30,000~35,000명 → 3단계 43,000명
신분	·자치경찰은 원칙적으로 시·도 소속 특정직 지방공무원 ·단, 지방재정 부담과 경찰관 신분변동의 혼란 최소화를 위해, ①초기에는 국가직 유지 (시·도지사 임명 자치경찰본부장·대장은 지방직) → ②단계적 지방직 전환
재정	·자치경찰제 시행필요 예산은 '국가부담' 원칙 ·①시범운영 예산은 국비지원 ②단계적으로 지자체 부담 및 '자치경찰교부세' 도입 검토
상호관계	·긴급사태 등 발생 시, 국가경찰청장은 시·도자치경찰에 대한 직접 지휘·감독 가능 ·국가경찰위원회와 각 시·도경찰위원회는 상호 긴밀한 협력관계 유지

자료: 자치분권위, 2018.

〈표 5-5〉는 자분위 자체에서 평가한 앞의 경찰청 안과 자분위 안의 차이를 정리한 내용이다. 여기에서의 내용을 보면 경찰청 안과 크게 다르지 않음을 알 수 있다. 정부 1차 안과 경찰청 안 모두가 광역자치단체를 도입단위로 하는 이원화 모델이기 때문에 큰 차이가 있을 수 없다. 조직체계, 자치경찰위원회 운영, 사무 배분 등은 거의 같다고 해도 과언이 아니다. 약간 차이가 있다면:

첫째, 지구대·파출소 대폭 이관이 일부 이관으로 한 경찰청 안 보다 진일보하였고

둘째, 자치경찰의 인원수를 대폭 상향시켰다는 점과 함께 이 인원은 모두 국가경찰관 이관으로 충원하여 일선을 안정화하고 재정 부담을 최소화하려 하였다는 점은, 일부 이관, 일부 자체 충원방안을 채택했던 경찰청 안 보다 적극적이다.

셋째, 시·도자치경찰위원회가 합의제행정기관이지만 경찰청 안은 심의·의결기관이라는 점도 차이가 있다.

〈표 5-5〉 경찰청 안과 자분위 안의 비교

경개위안의 주요 문제점	특위 검토안의 차이점(해결 방안)
민주적 통제 및 경찰권 분산 미흡	·시·도에 **합의제 행정기관**으로 **'시·도경찰위원회'** 신설 – 시·도자치경찰 관리 및 정치적 중립 보장 – 시·도국가경찰에 대한 협력 및 견제 기능 수행 ☞ (경개위안) 심의·의결기구인 '시·도자치경찰위원회' 설치 ·국가경찰 인력 중 약 43천명을 단계적으로 자치경찰로 이관함으로써 경찰 조직 분산 ☞ (경개위안) 총27,600명(특사경 제외) 자치경찰 소요인력 추산 ·'교통사고 조사' 중 주민밀착형 사무도 추가로 자치경찰로 이관
사무 중복 등의 혼선 우려	·국가경찰은 정보·보안·외사 등 국가 존립·안위 관련 및 수사 담당 ·자치경찰은 생활안전·여성청소년·교통 등 민생치안사무 중 주민밀착형 사무 담당 ·양측간 업무혼선 방지를 위해, **사건현장 초동조치 권한·의무는 국가·자치경찰 양측 모두에 부여** – 초동조치 후 소관 기관에 인계 ☞ (경개위안) 각각의 사무범위는 유사하나 급박한 현장에서의 초동조치 권한이 없어 일선의 업무 혼선 예상
신규 재정부담 유발	·전체적인 경찰 인력의 증원없이 현행 국가경찰 인력을 자치경찰로 이관하므로 추가 인긴비 부담 없음 ·국가경찰이 사용하는 **시설·장비 등 인프라도 자치경찰과 공동활용**하여 신규 재정부담 요소 최소화 ☞ (경개위안) 당초 27,600의 자치경찰 소요인력 중 50%~70%(13,800~19,320명)를 자치단체가 부담하는 신규채용 인력으로 검토, 자치단체 추가 인건비 부담 발생

제 4 절 | 문재인 정부 자치경찰 실시 모형: 일원화 모델

1. 시작

문재인 정부의 제2차 정부안인 일원화 모형의 도입은 한마디로 전격적이었다고 할 수 있다. 2020년 6월까지 문재인 정부의 공식적 정부안은 이원화 모델이었다. 홍익표 인이라고 불렀던 이원화 모형은 제주자치경찰단에서는 제주지방경찰청과 합동으로 이원화 모형을 확대 시범 시행을 계속하고 있었다. 그간 문재인 자치경찰제도 도입은 실제로 주도하는 기관인 청와대 민정수석실, 자분위, 경찰청, 시도지사협의회(이를 그들은 '4단체 협의회'라 부른다)이다. 이 4단체 협의회에 참석한 인사들의 전언을 들어보아도 일원화 모형의 등장은 전혀 예기치 않은 일이었다. 그리고 이들의 공통된 이야기는 이 안은 민정수석실에서 만들었다는 것이다. 민정수석실이 이원론에서 일원론으로 갑자기 전환하게 된 이유는 3가지다.

첫째, 재정 부담이다.

현재 재정 상황이 코로나로 인하여 세수는 대폭 줄고, 세출은 많이 늘어나는 대대적인 재정적자가 지속하고 있다. 그리고 이 재정 악화는 쉽게 끝날 것 같지 않다는 점에 대해서도 정부뿐만 아니라 일반 국민도 동의하고 있다. 이렇게 재정 상황이 엄중한 시기에 자치경찰의 이원화 모델 실시로 추가 소요되는 3조 5천억 원은 정부에게는 너무나 큰 부담이라는 점이다.

둘째, 일선 기관의 혼란이다.

문재인 정부는 이원화는 새로운 조직에 새로운 사람들에 의하여 자치경찰사무를 수행하는 것이기 때문에 일시적인 혼란이 불가피하므로 기존 국가경찰 조직과 경찰관이 자치경찰사무를 수행하게 된다면 일선 기관의 혼란은 최소화할 수 있다는 점 때문이다.

셋째는 대대적인 경찰승진 인사가 연쇄적으로 이루어지기 때문이다.

자치경찰은 43,000명이 국가기관에서 자치단체로 이관되기 때문에 많은 자리가 생겨날 수밖에 없고, 이에 따른 경찰승진이 대대적으로 일어날 것은 명확하다. 소위 말하는 승진잔치가 크게 일어날 것이다. 이는 코로나로 인하여 다른 부처는 고군분투하는데 경찰만 승진 바람이 대대적으로 일어난다는 것도 국정운영에 큰 부담이라는 것이다.

이러한 이유로 정부·여당은 2020년 7월에 권력 개혁을 위한 당·정·청 협의회에서 자치경찰제를 일원론 모델로 변경하기 하였다. 당·정·청은 검경수사권 조정으로 과도해진 경찰 권력을 분산하기 위해 광역단위 자치경찰제를 도입하기로 했다. 별도의 자치경찰 조직을 신설하는 기존의 이원화 모델과 달리 일원화 모델은 광역단위 시·도 경찰청과 기초단위 경찰서 조직을 일원화하는 것이 골자다. 여당 정책위의장은 "자치경찰 조직 신설에 따른 비용 과다, 자치경찰 이원화에 따른 업무혼선 우려 해소, 최근 신종 코로나바이러스 감염증(코로나 19) 사태로 인한 대규모 재정투입에 따른 국민적 우려도 고려한 결과"라고 설명했다.[16] 그러나 이러한 표면적이 이유도 있었지만, 권력기관 개혁이 더디게 진행되고, 여기다가 자치경찰제 도입으로 인한 준비도 많은 시일이 소요될 전망이 되던 시점이었다. 청와대는 문재인 대통령 재임 시에 국정과제 핵심인 권력기관의 개혁을 마치기 위해서 자치경찰제 도입을 최소한의 준비로 가능한 일원론 모델을 선택한 것이다. 이러한 의견은 당·정·청이 합의가 신속하게 이루어지고 그래서 2020년 7월 30일에 더불어 민수당 안이 발표된 것이다.

이어서 4일 후인 2020년 8월 4일에 더불어민주당 김영배 의원이 대표 발의하고 25명이 서명한 경찰법 전면 개정법안이 국회에 제출되었다. 당·정·청 회의 4일 만에 법안이 국회에 제출되는, 한마디로 전광석 같은 과정이다. 이것으로 보면, 그동안 청와대와 여당이 일원론 모델을 상당히 오랫동안 준비하였다고 짐작할 수 있는 일정이다.

2. 의견의 수렴

자치경찰제 도입에 관련된 법률안은 여당인 더불어민주당이 주도하였다. 제20대 국회에서는 제출했던 이원론은 더불어민주당의 홍익표 의원 안으로 제출되었다. 그러나 20대 국회는 임기 만료되었기 때문에 이 안은 자동 폐기되었다. 21대 국회에 제출된 일원론은 역시 여당인 김영배 의원 안으로 국회에 제출되었다. 두 안의 내용을 비교하면 다음 〈표 5-6〉와 같다.

이 두 안의 가장 큰 차이는:

첫째, 조직은 홍익표 안은 완전히 분리하고 독립된 안으로 설계되었지만, 김영배 의원 안은 독립된 조직이나 별도의 조직이 없고 현재의 조직인 지방경찰청이 자치사무를 맡는 것으로 되어있다. 이에 따라서 국가경찰의 사무 중 일부가 자치사무로 전환되었다. 그러나 이 자치사무가 시도로 이관 또는 위임되는 것은 아니다.

둘째로 다른 점은 홍익표 안은 자치경찰담당 경찰관이 지방공무원인 데 반하여 김영배 의원 안은 국가경찰관이라는 점 등이다.

16) 아시아경제, 국정원 대공수사 차단, 檢 수사 6개범죄로 제한… 당·정·청 권력기관 개혁 협의, 2020. 7.30., 전 진영기자

셋째, 사무가 국가사무라는 점이다.

홍익표 의원 안은 자치경찰사무가 지방자치단체의 사무로 전환되어 시도로 이관되었지만, 김영배 의원 안은 국가경찰사무 중에 자치경찰사무로 새로 지정되었을 뿐이다. 따라서 김영배 의원 안의 자치경찰사무는 여전히 국가사무이다. 이외의 자세한 내용은 〈표 5-6〉에 실려 있다.

〈표 5-6〉 홍익표 의원(안)과 김영배 의원(안)의 비교

구 분	홍익표 의원안(제20대 국회)	김영배 의원안(제21대 국회)
조 직	• 지방경찰청과 경찰서 존치, 자치경찰본부와 자치경찰대 신설(이원화)	• 지방경찰청을 시·도지사 소속으로 설치 • 국가경찰 내 자치경찰 사무 운영(일원화)
인 사	• 자치경찰에 대한 모든 인사권 시·도 경찰위원회(시·도지사)가 행사	• 경찰공무원 신분은 국가직 유지 • 총경이상 경찰청장 추천 대통령이 임용 • 경정이하 임용권 시·도지사에게 위임 가능
사 무	• 생활안전·여청·교통·지역경비 등 민생 치안 사무 및 이와 밀접한 수사 사무 – 자치경찰 사무에 국가경찰 관여 가능	• 국가사무–자치사무–수사사무로 분리 * 자치사무 : 홍익표 의원안 + 일부 수사사무 – 자치경찰 사무 국가경찰 관여 불가 – 사무별 지휘·감독권한 분리 – 국가경찰 사무 : 경찰청장 – 자치경찰 사무 : 시·도 경찰위원회 – 수사 사무 : 국가수사본부장
위원회	• 합의제행정기관으로 시·도경찰 위원회 설치 – 5인 구성 : 시·도의회 2, 대법원 1, 국가경찰위원회 1, 시도지사 1명 • 자치경찰 주요 정책 사항에 대한 심의·의결	• 합의제행정기관으로 시·도경찰위원회 설치하고 자체 사무기구 운영 • 7인 구성 : 시·도의회 2, 국가경찰위원회 2, 시도경찰위원회 추천위원회 2, 시·도지사 1명 • 자치사무에 대한 지방경찰청장 지휘·감독
재 정	• 국가부담 원칙, 단계적 지자체 부담 (자치경찰 교부세 도입 등)	• 자치경찰 사무의 인력, 장비 등 소요되는 비용 국비 지원 • 자치경찰 사무에 필요한 예산은 경찰청장의 의견을 들어 시·도지사가 수립
도 입	• 「경찰법」 등 통과 6개월 후 시행 – 1단계~3단계로 구분하여 추진(2단계부터 전국 확대 실시)	• 2021. 1. 1. 전국 전면시행, 사전 시행에 필요한 준비행위 및 시범 운영 가능

자료: 박동균, 이형준, 논문

법률안이 발표된 후에 여러 방면에서 의견수렴을 거쳤다. 11월 3일에는 국회에서 당사자인 김영배 의원실, 경찰청, 전국 시도지사협의회 공동으로 세미나를 개최되었다. 여기서서 본 저자가 경찰청과 시도지사협의회 관계자들과의 면담, 내부자료 등

을 수집하여 정리하여 발표한 내용이 다음 〈표 5-7〉이다.17)

〈표 5-7〉 국가 및 자치경찰법안에 대한 경찰청·시도시자 협의회 반영요구사항

국가경찰 요구사항	시·도 요구사항
1. 생활안전·경비사무 범위가 다음과 같은 자치단체사무까지 확대됨 – 노숙자, 주취자, 행려병자에 대한 보호 – 공공청사 경비, 축제시 질서유지 – 재난시 주민보호, 사회질서유지 2. 자치경찰수사사무의 범위 명확화 필요 – 수사사무는 생활안전·교통 등 일반정책과 연계 및 해당 범죄의 성격(중대·광역성) 등을 종합적으로 검토하여 결정될 필요가 있음 – 학교폭력을 학교폭력 등 소년범죄로 – 실종은 실종아동등 관련 수색·수사로 – 성폭력범죄는 공연음란 등 성폭력범죄로 한정 3. 정치적 중립 확보가 어렵다 – 자치경찰사무 경찰관에 대한 감찰 폐지 – 자치경찰사무 경찰관의 승진임용권을 제외한 기타 인사권은 시도 경찰청장· 경찰서장에게 재위임하여 인사권의 일원화로 혼란 방지 – 자치경찰위원회 위원 연임 반대 4. 위원 자격 및 경찰에 대한 배려 – 위원회 구성에서 판사, 검사 출신 이외에 경찰관 출신도 배정 요망 – 자치경찰사무 담당 경찰관에 대한 처우 개선(자치사무 수행은 추가 사무이기 때문에) – 근속승진, 직급, 보수 등에서 처우개선 5. 제주자치경찰 존치 – 시도 주장에 반대하지 않음 6. 단계적 실시 – 제도가 원활히 운영될 수 있도록 시범운영 등을 거쳐 문제점을 사전에 발굴·개선하고, 전국 확대 필요	1. 자치경찰사무 집행기관에 대한 시·도지사의 권한 강화 – 시·도경찰청장과 경찰서장 임용에 대한 협의권 강화 – 자치경찰사무 담당 공무원 중 경무관 이하에 대한 인사권을 시도지사에게 이관 – 자치경찰위원회 위원 추천권 1명 추가 2. 조례의 범위를 확대해야 – 시도자치경찰위원회· 동 위원회 사무소, 동위원회 위원추천 위원회 구성과 운영은 조례사항 – 자치 경찰 사무를 열거식이 아닌 포괄식으로 하여 구체적인 사무는 조례로 결정 – 자치경찰사무 수행 부서 및 하부조직, 공무원 정원 등도 조례사항 3. 지방분권 차원에서 접근 필요 – 시도지사 법률안 의견제출권 보장 – 자치경찰사무의 확대 및 고유사무화 – 자치경찰담당 경찰관의 지방 공무원화 – 소관부서는 경찰청을 제외한 행안부로 단일화 – 국가경찰위원회 위원에 자치경찰전문가로 충원 – 교육은 자치경찰사무 담당 경찰관은 시·도 교육원에서 교육을 받아야 4. 국가의 재정지원 확대 보장 – 소요비용 및 주민참여 협력 비용 부담을 명시화 – 지원 규모, 방법 등을 5. 제주자치경찰단 존치 – 제주자치경찰실시는 역사가 15년 – 2018년 이후 국가경찰관 268명이 이관되어 추가된 자치경찰사무를 수행하고 있음 – 역사적 의미와 시범실시의 의미에서 존치 6. 단계적 실시 – 주장은 국가경찰과 거의 동일

자료 : 저자가 시도지사협의회, 경찰청 관계자와의 면담, 내부 자료를 통하여 정리하였음

17) 양영철, 전면개정 경찰법개정안의 의의와 과제, 2020년 11월 3일 국회 세미나 자료집, 행안부, 경찰청, 시도지사협의회 공동 개최

두 기관이 일치된 요구는 제주자치경찰단은 그간 2년 동안 시범 실시 시 했던 수준(현재 제주자치경찰단 + 268명(파견 국가경찰관))을 유지하여야 한다는 것뿐이었다. 국가경찰에서 요구했던 생활안전, 경비 사무 범위 축소에 대한 요구는 일선 경찰관들이 반발을 반영한 것이고 나머지는 경찰 상층부의 의견을 많이 반영한 그것으로 생각한다. 경찰청은 이중에 자치 경찰 수사사무의 범위를 명확화, 자치경찰사무 담당 경찰관에 대한 인사권을 경찰청으로 단일화 등을 좀 더 강하게 요구하였다.

시·도지사협의회 주장내용은 자치경찰에 대한 시도지사의 권한과 책임을 일치해 달라는 의견과 함께 분권적 요소인 조례의 범위 확대, 자치경찰 사무의 고유 사무화 및 지방 공무원화, 소관부서를 경찰청에서 행정안부로 변경 등이 핵심이었다.

이러한 요구는 국회 법제화 과정에서 경찰청의 요구는 그런대로 반영되었다. 생활 및 경비 사무 범위의 축소, 자치 경찰 수사사무 범위의 명확화, 자치경찰위원회의 연임 불가 등이 반영되었다. 그러나 시·도지사협의회가 요구한 안은 거의 반영되지 않았다. 굳이 반영되었다고 한다면, 시도경찰청장에 대한 협의권, 여러 조건을 전제로 자치경찰사무를 조례로 결정할 수 있도록 하는 정도였다.

물론 두 기관이 공동으로 요청했던 제주자치경찰단 시범 실시 수준의 유지와 단계적 실시 등은 역시 받아 드려지지 않았다. 청와대는 처음에는 제주자치경찰단도 폐지하여 전국을 통일화하고자 하였으나 도민들의 반대가 크고, 제주자치경찰단 설치가 경찰법에 근거가 있는 것이 아니라 제주특별법이라는데서 쉽게 결정하지 못하였다. 특히, 제주자치경찰단 설립 근거인 제주특별법은 우리나라 분권의 확대를 위한 제1호 특별법이라는 역사적 의미가 크기 때문에 결국 그대로 유지하는 것으로 하였다. 다만 그 규모와 사무는 시범 실시 이전, 즉 문재인 정부 이전 그대로 유지하는 것으로 하였다.

3. 법안 통과 과정

국가와 자치경찰의 조직 및 운영에 관한 법률은 〈표 5-8〉과 같다. 총 8장과 부칙으로 되어있다. 제1장 총칙은 이 법의 목적과 국가경찰과 자치경찰의 사무 구분을 규정하고 있다. 제2장과 제3장, 제5장, 제6장, 제7장은 국가경찰에 관한 규정으로 총 26개 조로 이루어졌다. 제4장이 자치경찰에 관한 규정으로 총 10조가 해당한다. 규정의 비율로 보아도 이 법은 국가경찰의 중심 법이라고 할 수 있다.

〈표 5-8〉 국가경찰과 자치경찰의 조직 및 운영에 관한 법률

<table>
<tr><th>구분</th><th>주요 조항</th><th>구분</th><th>주요 조항</th></tr>
<tr><td>제1장
총칙</td><td>제1조 목적
제2조 국가와 지방자치단체의 책무
제3조 경찰의 임무
제4조 경찰의 사무
제5조 권한남용의 금지
제6조 직무수행</td><td>제5장
시도경찰청 및
경찰서 등</td><td>제28조 시도경찰청장
제29조 시도경찰청 차장
제30조 경찰서장
제31조 직제</td></tr>
<tr><td>제2장
국가경찰
위원회</td><td>제7조 국가경찰위원회의 설치
제8조 국가경찰위원회 위원의 임명 및 결격사유 등
제9조 국가경찰위원회 위원의 임기 및 신분보장
제10조 국가경찰위원회의 심의·의결사항 등
제11조 국가경찰위원회의 운영 등</td><td>제6장
비상사태 등
전국적
치안유지를
위한
경찰청장의
지휘·명령</td><td>제32조 비상사태 등 전국적 치안유지를 위한 경찰청장의 지휘·명령</td></tr>
<tr><td>제3장
경찰청</td><td>제12조 경찰의 조직
제13조 경찰사무의 지역적 분장기관
제14조 경찰청장
제15조 경찰청 차장
제16조 국가수사본부장
제17조 하부조직</td><td>제7장
치안분야의
과학기술진흥</td><td>제33조 치안에 필요한 연구개발의 지원 등</td></tr>
<tr><td rowspan="2">제4장
시도자치
경찰
위원회</td><td rowspan="2">제18조 시도자치경찰위원회의 설치
제19조 시도자치경찰위원회의 구성
제20조 시도자치경찰위원회의 위원의 임명 및 결격사유
제21조 시도자치경찰위원회 위원추천위원회
제22조 시도자치경찰위원회 위원장의 직무
제23조 시도자치경찰위원회의 위원의 임기 및 신분보장
제24조 시도경찰위원회의 소관 사무
제25조 시도자치경찰위원회의 심의·의결사항 등
제26조 시도자치경찰위원회의 운영 등
제27조 사무기구</td><td>제8장
보칙</td><td>제34조 자치경찰사무에 대한 재정적 지원
제35조 예산
제36조 세종특별자치시자치경찰위원회에 대한 특례</td></tr>
<tr><td>부칙</td><td>제1조 시행일
제2조 자치경찰의 시행을 위한 준비행위 등
제3조 자치경찰사무 수행에 관한 시범운영 특례
제4조 경찰위원회 등에 관한 경과조치
제5조 지방경찰청 등에 관한 경과조치
제6조 행정처분등에 관한 경과조치
제7조 다른 법률의 개정
제8조 다른 법령과의 관계</td></tr>
</table>

자료: 박동규·이행준, 한국 자치경찰제 도입정책의 평가와 과제, 한국지방자치학회 동계학술세미나 발표자료집, 2021.2.19.

제 5 절 | 문재인 정부 일원론에 대한 평가[18)]

1. 법안에 대한 평가

1) 법안의 형태

법안의 형태는 자치경찰의 위상을 결정하는데 중요한 변수 중에 하나다. 자치경찰에 관한 법률이 독자적으로 제정되느냐, 아니면 다른 법률 내에 하나의 부분으로 제정되느냐에 따라서 자치경찰의 중요성, 소관 부처 등이 결정된다. 과거 김대중 정부까지는 자치경찰은 국가 경찰법 내의 장이나 절, 또는 조항으로 추진되었다. 그러나 노무현 정부는 지방분권 차원에서 자치경찰제 도입을 추진하였기 때문에 국가경찰 내의 자치경찰은 처음부터 고려대상이 되지 않았다. 자치경찰은 국가경찰 소속이 아니라 자치단체 소속이라는 관점에서 출발하였기 때문에 법안도 독립적으로 추진되었다. 결국, 노무현 정부는 자치경찰 법명을 〈자치경찰에 관한 법률〉로 정하고 국가경찰의 반대에도 불구하고 이를 국회에 제출하였다.

이번 법안 〈국가경찰과 자치경찰의 조직 및 운영에 관한 법률〉은 경찰법 전면개정으로 시작되었다. 경찰법 전면개정이라고 하지만 결국 국가 경찰법의 전면개정이기 때문에 이 법안에서 자치경찰에 관한 규정을 신설한 것은 국가경찰이 주도하는 법률이 될 수밖에 없다. 자치 경찰 담당 공무원이 국가경찰관이 된다든지, 자치경찰 사무의 운영에 경찰청이나 경찰청장이 관여할 수 있는 분야가 많은 이유도 자치경찰이 국가경찰에 의하여 운영된다는 의미다.

2) 법령 소관

법령 소관은 단지 법령의 개정 등 법령 관리 이상의 의미가 있다. 때로는 정책 주도권을 의미하기도 한다. 김대중 정부의 자치경찰제도는 경찰법 내에 규정되어 있었다. 이

18) 양영철, 앞의 논문

경우는 자치경찰은 국가경찰 내의 한 조직으로 보게 된다. 그래서 소관 부처는 경찰청이 될 수밖에 없으므로, 자치경찰이 국가경찰에 종속되었다고 평가를 받을 수밖에 없다.

노무현 정부의 자치경찰제도는 자치경찰법에 관한 법률이라는 독립법안으로 국회에 제출되었기 때문에 소관 부처는 자연히 지방자치단체에 관련된 법을 총괄하고 있는 행안부가 될 수밖에 없다. 문재인 정부의 일원론은 자치경찰에 관한 규정은 결국 국가 경찰법 내의 규정이라고 볼 수 있으므로 소관 부처도 경찰청이 될 수밖에 없다. 이제부터 자치경찰에 대한 정책 주도권은 경찰청이 갖게 되었다. 그러나 노무현 정부에서 경험에 비추어 볼 때 이에 대한 논란은 계속 일어날 것이다. 전국 시·도지사협의회에서는 경찰청이 왜 자치경찰에 대한 정책을 주도하느냐에 대한 반발은 법 제정 당시부터 있었고 앞으로도 계속될 것이다.

2. 지방분권적 차원에서의 평가

본서에서 개념 정의한 것처럼 "자치경찰이란 지방자치단체 내에서 지방 자치공무원인 경찰관이 자치사무를 처리하는 제도"를 말한다. 이 개념 정의에 의하면, 문재인 정부의 일원론은 "국가경찰 조직 내에서 국가공무원인 국가경찰관이 국가경찰 사무 내의 자치경찰사무를 처리하는 제도"인 것이다. 따라서, 문재인 정부의 일원론 자치경찰제도는 지방분권적 차원에서 보면 전통적인 자치경찰이라고 볼 수 없는 미흡한 점이 많다고 평가할 수 있다. 이를 정리하면 〈표 5-9〉와 같다.

〈표 5-9〉 지방분권적 차원에서의 평가

지방분권 차원의 지방 자치경찰 평가		
구 분	원 칙	현 행 법 안
조 직	지방자치단체 내의 조직	국가조직 내의 조직
자치경찰관	지방공무원	국가공무원
사 무	자치사무	국가 사무 내의 분류

이러한 원인으로 인하여 일부 학자들은 문재인 정부의 일원론을 "타치 경찰제", "자치 경찰공무원이 없는 자치경찰제"이라고 혹평하기도 한다. 그러나 문재인 정부의 일원형은 국가 경찰제 속의 자치경찰이기 때문에 법령 소관은 경찰청이 될 수밖

에 없으며, 운영도 국가경찰이 주도할 수밖에 없는 모델이다는 주장도 충분히 타당하다고 볼 수 있다.

3. 조직원리에 의한 평가

조직의 제1 원리는 명령 통일의 원칙이다. 조직에서 지휘 및 감독체제는 한 곳에서 시작하고 거기서 끝내야 한다는 원리다. 만약에 지휘·감독권이 여러 곳에 있으면 조직 운영에 혼란이 생긴다는 것이다. 그런데 이 법안에서 보면 자치경찰사무담당 경찰관에 대한 지휘·인사 등은 자치경찰위원회 위원장과 시·도경찰청장 또는 경찰서장 등 여러 명이 관여하고 있다. 자치경찰사무 담당 경찰관은 시·도경찰청 소속이기 때문에 형식적이든, 실질적이든 시·도경찰청의 지휘·감독 속에 있을 수밖에 없다. 시·도자치경찰위원회 위원장은 시·도경찰청장의 임명 때 협의권을 가지고 있고, 자치경찰사무 담당 경찰관 중에 경정 이하 경찰관의 지휘·감독권이 있다. 일선 경찰서로 가면 경찰서장이 역시 자치경찰사무 담당 경찰관에 대한 지휘와 감독권을 행사한다. 지휘 및 감독권이 여러 곳에 있음을 알 수 있다. 현장에 가보면, 이렇게 지휘·감독권의 분산으로 자치경찰사무 담당 경찰관들은 매우 혼란스럽다고 벌써 하소연한다. 지구대에 근무하는 한 명의 경찰관은 국가경찰, 자치경찰, 수사 경찰의 책임자로부터 각각 지휘와 통제를 받게 되어있어, 명령 통일의 원칙을 전적으로 위배하고 있다.[19)]

그런데도 자치경찰사무 담당 경찰관들은 자신들에 대한 지휘·감독권이 자치경찰위원회에 있다고 해도 신분에 결정적인 권한인 신규채용과 면직 권한은 경찰청장에 있다는 사실에 더 무게를 둘 것이다.

4. 함의 – 성공과 과제

1) 시작의 반[20)]

---

19) 최천근, 일원적 자치경찰제의 사무배분 연구, 한국지방자치학회 동계세미나 자료집, 2021.2.18., p.470.

20) 평가는 저자가 대통령소속 자치분권위원회, e-뉴스레터에 실린 글로 대신함. 2020.12.21. vol.67.

12월 9일은 자치경찰의 날

자치경찰법안이 올해 8월에 상정될 때만 해도 시행에 대한 기대는 솔직히 하지 않았다. 제출된 모델이 문재인 대통령 공약 사항도, 그동안 논의되어 정리된 이원화 모델도 아닌 일원화 모델이기 때문이다. 일원화 안은 지방자치단체는 물론 분권을 연구하는 학자, 단체들이 반대가 심하였고, 연판장도 수없이 돌렸다. 주도권을 가진 국가경찰의 반대도 만만치 않아 경찰서마다 자치경찰 반대 플래카드가 즐비하게 걸려졌다. 경찰법 전면 개정안이라는 자치경찰 실시법안이 20대 국회에서는 3선 여당 중진이 대표 발의했지만 실패했다. 이번은 초선 의원이 대표 발의했으니 불안은 당연지사였다. 설령 백번 양보해서 실시한다고 해도 올해 내는 불가능하다고 생각했다. 그런데 과거와 달리 8월에 제출된 안이 한 달 만에 국회 행정안전위원회 소위에서 논의되기 시작되었다. 그리고 두 달여 만에 합의안을 만들고 곧바로 행정안전위원회 전체회의에 부의하는 숨 가쁜 순간들이 연일 벌어졌다. 대표 발의한 김영배 의원이 주도하는 국회에서 법안 토론과 공청회 몇 번이 순탄하게 넘어감에 따라 김영배 의원의 리더십이 더욱 빛나는 것을 볼 수 있다. 국회에 제출한 법안이 심의를 기다리는 시간은 1년은 기본이고, 2년은 당연지사이고, 3년은 보통이라는 국회 문화를 생각할 때, 경찰법 전면 개정안이 법안 제출 3개월 만에 처리되었다는 것은 기적이라고 할 수밖에 없다. 행정안전부 소위에서부터 본회의 법안 통과 과정을 조마조마한 마음으로 지켜본 사람은 나만이 아니었을 것이다. 그러나 노무현 정부에서 지금까지 약 17년 동안 자치경찰법 안을 성사시키기 위하여 자치경찰 정책과 함께 보낸 본 필자의 감격은 이날을 '자치경찰의 날'로 마음속에 새겨 놓았다.

지금 실시하는 정책이 좋은 정책

사실 이번에 통과된 자치경찰제에 대한 비판은 나도 동참하는 부분이 많다. 많은 학자는 이번 모델을 지방분권의 원칙에 의해 역 분권, 심지어 '타치경찰'이라고 극언까지 한다. 특히 20대 국회까지 제출되었던 이원화 모델이 올해 6월까지 문재인 정부 공식안이었다. 그런데 이 안이 단지 코로나 상황 때문이라는 말 한마디로 하루아침에 일원화로 전환된 과정은 아무리 변명해도 모자랄 것이다. 그러나 아무리 좋은 정책모델도 실천이 없는 정책은 전혀 의미가 없었음을 숱하게 경험했다. 처음부터 잘 만들어진 모델로 자치경찰제를 시행하면 얼마나 좋은가. 그러나 자치경찰 시행은 다양한 권력기관이 관여하기 때문에 모두가 만족하는 안을 만들기가 불가능에 가깝다. 그러다 보니 미군정부터 논의되었던 자치경찰제가 70여 년 동안 논의만 하다가 실시되지 못하였다. 하여 이제는 가장 좋은 자치경찰제는 "지금 실시하는 안"이라고 명명해 주고 싶다.

이제는 성찰과 협력만이 남아 있다

이번에 실시하는 자치경찰제는 역대 정부처럼 분권에서 출발한 것이 아니라 검경수사권의 조정과정 등 권력기관 개편과 함께 시작되었다. 그 때문에 이번 자치경찰제는 분권 부분에서 취약할 수밖에 없다. 이 취약한 점은 실시과정에서 수정되어야 하는데 이는 관계자, 특히 국가경찰과 광역자치단체의 성찰과 협력이 선결돼야 한다. 승자의 저주라는 말이 있다. 이번 법안은 욕심을 내기 시작하면 한도 끝도 없는 모호한 규정이 너무나 많다. 가보지 않은 모형이기에 당연한 이야기다. 그러나 이러한 모호성을 이용하여 너무 많은 권한을 행사하려 하거나, 과도한 해석을 통해서 상대방에 대해 견제를 하려고 하는 순간 이 제도는 무기력하게 무너질 수밖에 없다. 자치경찰 실시가 실패로 끝났을 때 돌아오는 부메랑은 혹독할 것이다. 더 많은 권한과 조직을 가지면서 더 강한 자치 경찰방안이 도입될 것이다. 이때는 국가경찰과 광역자치단체에 기존 자치경찰 실시 실패의 책임을 물어 주도권에서 제외될 것이다. 이번 검경수사권 조정과정에서 검찰이 철저하게 개혁이 대상이 되고 주도권을 잃었던 모습이 재현될 것이다. 자치경찰제의 성공적 시행을 위해서는 이번 자치경찰제 시행을 주도하는 국가경찰과 광역시도는 자신들의 기관과 조직보다 국민, 주민을 가운데 놓고 생각하는 성찰이 선행되기를 바란다. 이러한 성찰 속에서 구축한 상호협력체제는 논의조차 변변하게 하지 못하고 가보지 않은 길을 출발하는 일원화 자치경찰제 항해에 유일한 등대가 될 것이다.

2) 과제

문재인 정부의 자치경찰제 시행은 거듭 말하지만, 역사의 큰 획을 그었다. 실시했다는 것만으로도 그 효과는 벌써 나타나고 있다. 각 자치단체가 연일 자치경찰실시에 대비하면서 자치경찰의 수요와 공급에 관하여 연구하고 조사하고 있다. 경찰도 역시 마찬가지다. 국가경찰도 처음 경험하는 조직내의 또 다른 사무, 지휘·감독권, 복잡한 인사과정 등에 대한 준비가 한창이다.

그런데도 문재인 정부의 자치경찰은 시행과정에서 다시 한번 모형과 내용에 대한 냉철한 점검이 필요하다. 이 모델이 가능한가에서부터 무엇을 수정해야 하고 보완해야 하는지에 대한 전반적인 평가가 이루어져야 한다.

평가의 방향은 출발 동기에서부터 찾아야 한다. 문재인 정부의 자치경찰은 출발 동기가 검찰 개혁 등 권력기관 개편으로서의 자치경찰제 도입이었다. 노무현 정부부터 역대 정부들이 자치경찰제 도입의 동기는 지방분권이었다. 그 때문에 자치경찰은 지방공무원인 자치경찰관이 자치단체 내의 조직에서 자치단체의 사무를 수행하는 것을 기본 모형 내용이었다. 그러나 문재인 정부의 자치경찰 모형, 특히 일원론은 이와는 정반대라고 할 정도로 지방분권과는 거리가 멀다. 이로 인하여 문재인 정부의 자치경찰제는 시행과정에서 많은 비난을 받을 소지가 있을 것이며, 갈등도 예상보다 많을 것이다.

광역단위에서 자치경찰제 도입은 인원·사무 범위·조직 규모가 기초자치단체 보다 훨씬 클 수밖에 없다. 이렇게 되면, 경찰청의 조직과 인원이 대폭 축소될 수밖에 없다. 경찰의 저항이 만만치 않을 것이다. 그러나 경찰이 이원화 모형에 찬성했던 것처럼 그 수준에서라도 자치경찰제 실시방안을 찾아 가야 한다. 경찰은 그때의 동의 수준을 번복할 수도 있다. 그러면 받을 비난은 감당하기 어려울 것으로 생각된다.

왜냐하면, 경찰은 문재인 정부에서 원하는 것은 모두 얻은 기관이라고 평가를 받고 있다. 수십 년 동안 원하던 수사권을 부여받았고, 대공수사권 등 추가 수사권이 더 해졌다. 그동안 조직을 크게 압박했던 검찰도 협력관계로 재정립되었다. 이렇게 많아진 권한과 책임을 완수하기 위해서는 선택과 집중은 당연한 전략이다. 이 중에 지금의 자치경찰사무는 이원화 모델처럼 자치단체의 자치경찰로 이의 없이 이관시켜 주어야 한다. 왜냐하면, 경찰청 스스로 이원화 모델을 만들었기 때문이다.

수사권 독립 시행이 된 지 몇 개월이 되지 않았는데도 경찰의 공룡화에 대한 우려가 여기저기서 나오고 있다. 언론에서 경찰의 비행에 대한 보도는 더욱 세어졌다. 이러한 경찰에 대한 부정적인 목소리가 커지면 커질수록 결국 경찰의 재편은 국정과정, 정치과제로 올려질 것이며, 현재의 검찰처럼 해부될 될 때로 해부될 것이다. 이러한 환경을 맞지 않기 위해서는 국가경찰은 제대로 된 자치경찰제 실시를 위하여 필요한 인원과 조직을 이관하여 재정비해야 한다. 그렇게 될 때만이 국가경찰 조직은 정예화되고 국민에게 사랑받는 조직으로 남아 있을 것이다. 자치 경찰실시가 국가경찰의 보강이지 대립적 관계가 아니기 때문이다. 1972년은 유신정부때이다. 이 때 치안본부 스스로 KDI에 〈2000년도 경찰의 미래상〉이라는 용역을 발주하였다. 이 때의 제시된 방안 중에 하나가 자치경찰제 실시였다. 그 때 자치경찰을 실시했다면, 박정희, 전두환 정부시절 경찰의 흑역사는 반복되지 않았을 것이라는 교훈을 다시금 새겨 보아야 할 때다.

제 6 장
자치경찰의 도입 단위

제 6 장
자치경찰의 도입 단위

제 1 절 | 도입 단위의 의의

1. 의의

자치경찰의 도입단위는 자치계층과 관련이 있다. 자치계층은 자치단체의 사무와 권한의 전달체제라고 할 수 있다. 자치단체는 계층을 통해서 자원과 사무를 배분하고, 권한을 행사한다.

자치경찰도 창설이 되면 이러한 계층을 통해서 사무와 권한을 배분하고 전달하게 된다. 지방행정에 대한 민주적 통제와 주민참여의 용이 및 공공 서비스의 성격 합리적 공급을 위하여 대등한 법인격을 갖는 지방자치단체 간에 상·하 간 계층구조로 되어있다. 이들 간에는 원칙적으로 독립적이고 수평적인 관계이며 서로 다른 기능과 사무를 처리하는 대등한 관계이다. 바로 이점이 상·하의 수직적 지휘·명령·복종의 관계에 있는 행정계층과 다른 점이다. 이처럼 계층제에는 성격상 차이가 있는 두 가지의 계층이 있다. 하나는 법률상 대등한 위치에 있으나, 일부 경우에 상호 간 계층성이 인정되는 자치계층과 다른 하나는 상·하 계층 간에 수직적인 지휘·감독의 관계를 갖는 행정계층인 것이다.[1)]

자치경찰의 도입단위는 당연히 자치계층에 맞추어진다. 자치계층은 나라에 따라서 단층제(single tier)와 다층제(multi-tier)로 나눈다. 다층제인 우리나라는 자치계층을 16개의 광역과 230개의 기초자치계층으로 나눈다. 따라서 자치경찰에서의 도입단위는 광역자치계층에 도입하느냐 아니면 기초자치단체에 도입하느냐 하는 것이다. 어느 자치단체에 자치경찰을 도입하느냐 하는 정책은 자치경찰의 모습을 완전하게 다

1) 임승빈, 지방자치론(서울: 법문사. 2005), p.62.

르게 만든다. 사무 배분, 행·재정의 규모, 서비스 전달체제, 국가경찰과의 관계 등에서 크게 차이가 난다. 즉, 도입단위가 광역단위이면 사무 배분, 행·재정 규모가 커지고, 서비스 전달체제는 다른 계층이나 조직에 의해서 전달될 것이다. 또한, 국가경찰과의 관계는 모델에 따라서 다르겠지만 지금까지 우리나라에서 주로 논의되었던 일본모형을 따르게 된다면 국가경찰에 종속이 되거나 관여의 범위가 최대화될 것이다.[2] 반면에 기초자치단체가 도입단위가 되면 사무 배분은 생활행정과 밀접한 것에 한할 것이며, 행·재정의 규모는 소규모이고, 서비스 전달체제는 직접 이루어 질 것이다. 국가경찰과의 관계는 현재 기초자치단체 중심의 정부안에 따르면 병렬적 관계나 독립적 관계에 머물 것이다.[3]

이처럼 자치경찰의 도입단위에 따라 자치경찰 내용이 크게 결정되기 때문에 자치경찰에 대한 논의가 이루어질 때마다 자치경찰도입 단위에 대한 논란은 항상 제기되어 왔다. 그러나 이러한 논의는 지금까지는 대부분이 광역단위로 결론이 났다. 더군다나 도입단위가 광역이지만 국가경찰이 인사와 조직 운영을 주도하는 일본모형과 거의 유사했다.[4] 도입단위에 대한 입법화 과정에는 기술한 바와 같이 국가경찰이 주도하였다. 그 때문에 국가경찰에 유리한 모형인 일본형 자치경찰 모형이 도입단위가 될 수밖에 없었다. 따라서 국가경찰의 배제 또는 약화를 가져오는 모형은 자연히 도태되거나 실현 가능성 대안에서 탈락할 수밖에 없었다. 그러므로 우리나라의 자치경찰 도입단위에 대한 논의에서는 항상 국가경찰의 입장이 결정요인으로 작용했던 것이 현실이다.[5]그러나 참여정부의 자치경찰 도입단위는 기초자치단체이다. 지금까지의 논의와 결론과는 완전하게 다른 안이다. 지역 교통·방범·경비를 중심사무로 하

2) 이관희, 한국 경찰의 자치경찰제 도입방안, 한국공안행정학회보,

3) 양영철, 참여정부의 자치경찰 창설과 운영방안, 한국사회와 행정연구, 제15권 제4호, 서울행정학회, p.353.

4) 경찰개혁위원회, 총괄·전체회의(제1권), 경찰청 치안연구소, 1999.

5) 경찰개혁위원회 실무연구팀, 자치경찰제의 이해, 1999. pp.56-57.
도입단위를 광역자치단체로 하자는 의견은 당연하다고 할 정도로 경찰뿐만 아니라 모든 학자의 논문이나 저서에서 주장하고 있다. 최근에 정부안과 같이 국회에 제출된 시·도지사협의회 안(소위 유기준의 원안)도 마찬가지로 도입단위를 광역으로 하고 있으며 이 산하에 기초자치단체에 자치경찰내를 두는 것으로 하고 있다. 유기준의 원인은 모양은 광역과 기초지치딘체에 둘 디 두는 것으로 되어있으나 광역자치단체에 설치된 시·도경찰위원회의 임무와 권한으로 보았을 때 광역단위가 기본이고 기초자치단체는 보조적 위치에 있다고 할 수 있다. (유기준 법안 제6조 참조)

며 국가경찰과는 독립적인 조직 형태로 하는 기초자치단체의 자치경찰 모형이 정부의 자치경찰도입 모형이다. 정부안이 기초자치단체로 결정되자 도입단위에 대한 원초적인 논의가 뜨겁게 이루어졌다. 이에 관한 내용을 살펴보자.

2. 쟁점 사항

도입단위를 광역자치단체로 할 것인가, 아니면 기초자치단체로 할 것인가에 대한 논의는 다음과 같은 쟁점 사항과 밀접하게 관련이 있다.

1) 자치경찰의 사무 범위

자치경찰사무의 범위는 도입단위를 결정하는 중요한 요인이다. 즉, 자치경찰사무를 광역적인 사무까지 포함할 것인가, 아니면 해당 지역에 한정하여 발생하는 사무에 한정할 것인가에 따라서 도입단위가 달라질 수밖에 없을 것이다. 자치경찰사무를 범죄 수사, 정보, 외사, 보안 등이 사무가 대상이 되면 자치경찰은 광역자치단체에서 도입돼야 한다. 왜냐하면, 이 업무들 자체가 광역적 지역에서 발생하며 이를 수행하기 위해서도 많은 인력과 재원이 소요되기 때문에 광역자치단체에 자치경찰이 도입돼야 한다.[6] 반면에 지역에 한정되어 있는 사무인 지역 교통, 지역 방범, 지역 경비 등이 사무가 자치경찰사무로 된다면 자치경찰의 도입단위는 기초자치단체가 되는 것이 바람직하다. 이 사무들은 다른 자치단체와의 연계성이 떨어지고 도심지역에 중점적으로 요구되는 사무이다. 그리고 이를 처리하는데 소요되는 인력과 경비도 과다하게 요구되는 것도 아니다. 따라서 이러한 사무들은 기초자치단의 자치경찰이 충분하게 수행할 수가 있다.[7]

결국, 광역적 사무를 자치경찰이 사무로 할 것인가, 기초자치단체 구역 정도에서

---

6) 심익섭, 미래지향적 지방자치경찰제도의 도입방안, 한국지방자치학회보, 제11권 제4호, 1999.12.
한귀연, 지방자치경찰제도의 도입방안에 관한 연구, 법제연구, 제24호, 2003.6. p.261.
문성호, 정부의 자치경찰 방안의 문제점과 그 대안, 한국지방자치학회 2004년도 추계학술대회, 2004. 10.22. p.107.

7) 김성호, 안영훈, 이효, 자치경찰제의 준거틀과 모형설계, 연구보고서 98-102, 한국지방행정연구원.
이기우, 지방자치경찰제도의 개선방안, 한국지방자치학회보, 제10권 제1호, 1998.4.

발생하는 지역적 한정성이 있는 사무를 자치경찰 사무로 할 것이냐 여부가 자치경찰의 도입단위를 결정하는 데 중요한 역할을 할 것이다.

2) 자치단체 사무 처리의 완결성

자치경찰사무의 완결성이란 사무 처리를 수행하는데 해당 자치단체에서 완결할 수 있는 사무이냐 여부도 자치경찰 도입단위를 결정하는데 주요한 변수가 될 수 있다. 불경합성 원칙과도 연계가 된다.[8] 해당 사무가 여러 지역과 연계되어 있어 그 사무를 어느 자치단체가 혼자 처리하기가 곤란하거나 조정이 필요한 경우는 완결성이 부족한 사무다.

반면에 사무 자체가 지역에 한정되어서 나타나기 때문에 업무 자체가 단순하고 지역적 특성이 있어 지역의 다양성에 맞게 처리하는 것이 바람직 하는 사무도 있다. 지역 교통은 고속도로 등을 제외하고는 다른 지역과 밀접하게 연계되어 있지 않다. 교통단속의 업무나 교통시설의 운영은 지역 특성과 밀접하게 관련되어 있으므로 이에 대한 서비스 수준을 광역적으로 맞출 필요가 없다. 지역 방범도 또한 마찬가지다. 공원의 청소년 선도, 관광지의 관광객 보호, 해수욕장의 질서관리 등은 기초자치단체들이 스스로 처리할 수 있는 수준의 업무이다. 따라서 이러한 업무들이 자치경찰사무로 되었을 때는 기초자치단체가 도입단위가 되는 것이 바람직하다.

3) 자치 경찰 서비스 업무의 형평성

자치경찰이 수행하는 치안서비스가 지역에 따라서 질적·양적 편차를 인정할 수 있느냐도 도입단위에 영향을 미친다. 즉, 다양성 인정 여부다. 우리나라 시·도지사들이 광역자치단체에 자치경찰을 도입해야 한다고 주장하는 중요한 이유 중에 격심한 기초자치단체 간의 행·재정 차이를 들고 있다. 행·재정이 풍부한 곳은 자치경찰관을 많이 둘 뿐만 아니라 재정이 풍족하므로 장비 등 자치경찰사무를 처리하는데 아무

---

8) 지방자치법 제10조 제3항" 시·도와 시·군·자치구는 그 사무를 처리함에 있어서 서로 경합하지 않아야 한다"라고 규정하여 사무배분의 불경합성의 원칙을 천명하고 있다. 이는 사무의 귀속과 권한, 책임의 소재를 명확히 하여 중복행정을 피하기 위한 것이다.

런 문제가 없다. 그 때문에 이 자치단체는 자치 경찰 서비스의 질이 높을 수밖에 없다. 반면에, 재정이 부족한 곳은 질 낮은 자치 경찰 서비스가 주민들에게 제공될 수밖에 없다. 광역자치단체에 자치경찰이 도입되면 이러한 차이를 행·재정 조정 장치를 이용하여 해결할 수 있다는 것이 광역자치단체들이 주장하는 요지다.[9] 그러나 지방자치는 형평성보다 다양성을 더욱 중시하기 때문에 형평성 중시에 대한 광역자치단체들의 주장하는 근거가 취약하다는 비판을 들 수 있다.

4) 보충성의 원칙 적용 여부

지방자치단체와 국가, 지방자치단체 간 사무 배분의 원칙 중에 가장 중요한 것이 보충성의 원칙이 있다. 보충성의 원칙은 개인에게 좀 더 가까이 있는 공동체가 그 구성원의 복리를 충족시키는 것이 원칙이고 그럴 수 없는 때에만 비로서 먼 거리에 있는 공동체가 그 사무의 관할권을 갖게 되는 원칙을 말한다. 즉 공동체 상호 간에 담당을 우선은 개인과 공동체간의 근접성에 의해서 결정된다는 것이다.[10] 따라서 보충성의 원칙에 의하면, 자치경찰의 사무 배분은 주민과 가장 가까운 기초자치단체에 우선 배분하고 배분된 사무 중에 기초자치단체의 능력이나 사무의 성격상 자치단체에서 할 수 없는 것은 차상위 자치단체인 광역자치단체로 배분하여 보충하여야 한다는 것이다. 물론 광역자치단체에서 할 수 없는 사무는 국가로 배분한다. 이것은 역으로 말하면 경찰 사무 중 기초자치단체가 할 수 있는 사무를 추출하여 이를 자치경찰 사무로 한다고 하면 도입단위는 기초자치단체가 된다. 지역 교통·경비·방범 업무를 과연 기초자치단체 수준에서도 능히 할 수 있을 것인가. 저자의 대답은 충분하다는 것이다.

반면에 광역성 경찰 사무를 자치경찰사무로 정하면 도입단위는 당연히 광역자치단체가 되는 것이다. 문재인 정부가 처음부터 광역자치단체를 도입단위로 하였기 때문에 사무가 수사까지 확대된 것이다.

9) 연합뉴스, "시·도지 사업 "시군구 자치경찰제 부적절", 2004.10.8.
전국 시·도지사협의회, 바람직한 자치경찰에 해하여, 2005.2.22.
신봉기, 자치경찰법안의 주요내용, 자치경찰법제정안 공청회, 유기준의원실, 2006.9.15. p.26.

10) 이기우, 하승수, 지방자치법(서울: 대영문화사, 2007), p.166.

제 2 절 | 외국의 자치경찰 도입 단위

자치경찰의 도입 단위는 정답이 없다고 할 정도로 다양하다. 그 나라의 정치와 행정의 역사와 문화가 자치경찰의 도입 단위를 결정하는 데 큰 영향을 미치고 있음을 이미 여러 차례 언급하였다. 다음 〈표 6-1〉은 주요 외국의 자치경찰 도입 단위를 비교한 표다.11)

〈표 6-1〉 외국의 자치경찰 도입 단위 비교

구분	내 용
프랑스	– 국가경찰(국립, 군인경찰)과 자치경찰(시, 농촌경찰) 이원화 – 국립경찰은 진국직 조직을 가지고, 인구 2만명 이상의 도시치안 담당, 군인경찰은 인구 2만명 미만의 소도시·농촌 치안 담당 – 자치경찰은 주로 도시지역에서 운영 ※ 주로 인구 2만명 이하의 기초단체 설치하며, 90%이상이 인구 3,500명 이상 자치단체에서 운영
스페인	– 국가경찰(국립, 군인경찰)과 자치경찰(광역, 기초경찰)의 이원직 구조 – 광역자치경찰(주경찰)은 17개 광역단체 중 현재 3개 지역에 설치 (바스크·카탈루나·나바라 주) – 기초자치경찰(시경찰)은 다양한 형태로 창설, 자치경찰을 조직하지 않은 자치단체에서는 국가경찰이 치안 수행 ※ 모든 기초단체에 의무적인 자치경찰 창설을 규정하고 있지 않으며, 자치주별 다양한 자치경찰 법령이 제정되어 있고, 각 시별 조례 규칙이 다르기 때문에 다양한 형태로 운영
이태리	– 국가경찰(일반, 군인, 재무경찰)과 자치경찰(주·도·시 경찰)로 이분 ·내무부 소속 일반 국가 경찰, 국방부 소속 군인경찰, 재무부 소속 재무경찰, 국립산림경찰, 법무부 소속 교도경찰, 주로 도시에서 활동하는 자치경찰 등 다양한 경찰기관이 공존 ※ 테러·조직적 대규모 범죄 집단의 존재 등 사회적 불안 요소가 상당히 잠재하고 있어, 복잡한 경찰제도 운영
영국	– 전통적 자치치안 체제로서, 독립된 자치 경찰제 정착 ·자치경찰이 먼저 형성되고, 후에 주로 자치경찰이 수행하기 어려운 부분의 역할 수행을 담당하는 국가경찰(런던수도경찰청) 형성 ·형식적 자치경찰과 실질적 중앙집권의 이원적 구조 ·내무장관, 지방경찰위원회, 지방경찰청장의 3자간 권한 및 책임 분담으로 상호 견제·균형을 유지하는 3두체제(Tripartite System) ·런던수도경찰청은 1829년 창설시부터 수도경찰의 특수성을 고려, 내무장관 직속 국가경찰로 운영되었으나, 2000년에 완전 자치경찰화 됨

11) 행정자치부 자치경찰제 실무추진단, 외국의 경찰제도 비교, 2006.12. p.83.

구분	내 용
미국	– 지방의 시·군을 기본단위로 하는 다양한 자치경찰을 중심으로 국가경찰적 요소를 갖고 있는 연방경찰이 가미된 혼합체계 ·각 주 및 자치단체에 따라 경찰의 형태·구조·운영이 상이하나, 자치경찰이 근간 ·경찰은 자치경찰에서 출발하여, 주경찰·연방경찰로 발전 〈미국 경찰관할의 5단계〉 연방(Federal): FBI, DEA, SS, ATF, US Marshals, INS, IRS 등 州(State): State Police, State Highway Patrol 도시(Municipalities): City Police, Municipal Police, Town Police 카운티(County): County Police, Sheriff, Coroner, Medical Examiner 마을(Township): Township Police, Constable
독일	– 연방제하의 州 단위의 지방 분권화된 자치경찰체제 ·각 주의 경찰은 정복경찰(순찰, 교통, 지역방범), 기동경찰(폭동, 시위 진압), 수사경찰(범죄 예방, 수사, 형사소추), 수상경찰(강, 운하 관할 지역) 등으로 구성 ·지역치안은 주경찰이 담당하고, 전국적인 특수상황에 대처하기 위한 연방경찰 병존 형태, 일부 주에서는 국가경찰형태에 시읍면 자치경찰을 가미 (예–Bremen 州는 자치경찰과 국가경찰 병존)
일본	– 중앙에는 정치적으로 독립된 국가공안위원회 소속의 국가경찰을, 지방에는 도도부현 공안위원회의 관리하에 자치경찰을 존속 ·국가경찰인 경찰청과 자치경찰인 도도부현 경찰을 통합·운영, 경찰관리기관으로 국가와 자치단체에 공안위원회를 설치

상기의 표를 보면 다음과 같이 분류할 수 있다.

1. 기초자치단체 중심 도입 국가

도입단위가 기초자치단체를 중심으로 하는 대표적인 국가는 미국과 영국이라고 할 수 있다. 물론 미국은 주 자치경찰이 있다. 그러나 주 자치경찰은 고속도로 관리 등 극히 일부의 업무를 중심으로 활동을 할 뿐 일반적으로 말하는 광역적인 경찰 사무를 처리하는 자치경찰은 아니다. 반면에 미국의 기초자치단체에서 도입된 자치경찰은 거의 모든 경찰 사무를 처리한다. 그렇다고 연방경찰이나 주 경찰과의 상명하복 관계이거나 지휘와 감독대상도 아닌 매우 독립적인 기관으로 활동한다. 지역마다 명칭에서부터 시작하여 조직 운영 형태도 상이하다. 미국의 자치경찰은 다른 나라처럼 전국적으로 적용되는 통일된 법령을 가지고 있지 않고 자치단체의 법령에

따라서 운영되기 때문에 자치경찰을 이렇게 다양하게 운영할 수밖에 없을 것이다.[12)]

영국도 전통적으로 국가로서 독립된 자치경찰제도를 정착시키고 있는 대표적인 나라다.[13)] 미국처럼 대부분의 지역치안업무는 기초자치단체에 도입된 자치경찰이 수행하고 있다. 2000년에는 수도의 특수성을 살리기 위해서 국가경찰이던 런던수도경찰청이 자치경찰이 되면서 모든 지방의 치안업무는 자치경찰이 수행하는 시대가 개막된 것이다.[14)] 다만 영국의 자치경찰은 미국과 달리 국가가 관여하는 폭이 넓다는 점이다. 내무장관, 지방경찰위원회, 지방경찰청장의 3자간 권한 및 책임 분담으로 상호 견제·균형을 유지하는 3두체제(Tripartite System)를 유지하고 있다는 점이다.

이외에 기초자치단체가 자치경찰의 도입단위가 된 국가는 프랑스다. 프랑스는 자치경찰이 도입된지는 그리 오래지 않는다.

2. 광역자치단체 중심 도입 국가

광역자치단체가 도입단위가 되어 자치경찰을 시행하고 있는 대표적인 나라가 일본이다. 일본은 광역자치단체인 도·도·부·현에서 자치경찰을 시행하고 있다. 도·도·부 ·현에 지방공안위원회를 설치하여 그 산하에 경시청(동경도)와 지방경찰본부를 두고 있는 형태다. 도도부현 지사와 도도부현 공안위원회와의 관계는 「소할(所割)」 관계에 있다. 여기서 소할」이라 함은 조직상은 상하 관계에 이나 권한 행사에 대하여 지사의 지휘·감독을 받지 않는 관계를 말한다. 도도부현 지사는 해당 지방공안위원회위원의 임면권, 지방의회에의 조례 등 의안의 제출권, 예산의 편성·집행·지출명령권만을 보유한다. 통상적으로 보면 타 위원회는 지사와 위원회 간의 협의로 사무일부를 상호 위임(委任)·수임(受任)할 수 있으나 공안위원회는 정치적 중립성의 확보 견지에서 독립적인 관계를 유지하도록 하고 있다. 기초자치단체인 시·정·촌에는

---

12) 김형만 외 8인, 비교경찰제도론(서울: 법문사, 2003), pp.379-385.
경찰혁신기획단 자치경찰추진팀, 선진국의 경찰제도, 2003.12. pp.217-228.
Dennis J.Stevens, Applied Community Policing in the 21st centry(boston, Pearson Education, 2003), p.2.

13) Colleen Lewis, Complaints Against Police(Sydney: Hawkins Press, 1999), pp.2-15.

14) 김순은, 21세기를 대비한 대도시 정치행정체제의 개혁: 런던광역시(Greater London Authority)의 탄생을 중심으로, 한국지방자치학회보, 제13권 제3호, 2001.9. pp.262-3.

따로 자치경찰을 설치하지 않고 경시청과 지방경찰본부의 일선 기관인 경찰서가 설치되어 운영하고 있다.[15]

광역자치단체의 중심으로 자치경찰이 운영되는 곳으로는 논란은 있을 수 있지만, 독일이 있다. 대부분 학자는 독일은 다른 지역의 연방제와는 달리 주 정부가 국가나 마찬가지라고 생각한다. 독일의 기본법에 따르면 '경찰의 시설 및 조직은 기본적으로 주 정부의 권한 사항이며'라고 규정하고 일반 경찰행정권은 각 주 정부에 속하는 것이 원칙이다. 독일은 주 자체가 국가의 성격을 지니고 있으므로 따라서 주 경찰은 국가경찰이라고 규정하는 학자도 많다.[16]

그러나 계층의 형식을 빌면 독일은 연방 국가 - 광역자치단체(주, Land) - 중간자치단체(군, Krebs, 특별시, Kreisfreie Stadt) - 기초자치단체(읍면, Gemeinde)로 이루어지고 있다. 따라서 실질적인 내용으로 보면 주가 국가의 기능을 수행하는 하나의 국가라고 볼 수 있지만, 형식적으로 보면 지방의 최고 계층의 자치단체인 것이다. 따라서 주 경찰을 광역자치단체의 자치경찰로 분류해도 무리는 아니라고 본다.

3. 병렬적·선택형 국가

병렬적·선택형 국가란 자치경찰의 설치와 운영이 필수가 아닌 선택적이며, 광역자치단체와 기초자치단체가 서로 종속적인 관계가 아니라 병렬적인 관계를 형성하고 나라를 말한다. 대표적인 국가가 스페인과 이태리라고 할 수 있다.

제2장에서 기술한 바와 같이 스페인은 광역자치단체와 기초자치단체에서 자치경찰을 실시하고 있다. 특징적인 것은 광역자치단체나 기초자치단체나 자치경찰을 도입하는 것은 선택제라는 것이다. 지역의 여건에 따라서 자치경찰을 도입 여부를 결정하되 자치경찰을 실시하지 않는 지역은 국가경찰이 지역 치안업무를 대신 수행한다. 다만 국가경찰도 일반 국가경찰과 군인 경찰로 나뉘어 있어서 인구가 적은 곳은 군인 경찰이, 인구가 많은 도시에는 일반 국가경찰이 지역 치안업무를 담당하고 있다. 이러한 선택제는 지역의 다양성을 고려하였다는 점에서 의미가 있는 안이다. 스

15) 경찰혁신기획단 자치경찰추진팀, 위 보고서, pp.41-54.
16) 신현기, p.146.

페인은 이러한 선택제가 활성화되어 17개의 광역자치단체 중 3곳만이 자치경찰을 설치되었고, 약 8천1백 개의 기초자치단체 중 5천5백 개 정도만 자치경찰을 운영하고 있다. 그러나 이 수도 늘 변동이 있다. 광역자치단체인 경우 4곳에서 3곳으로 줄어드는 등 자치단체의 결정에 따라서 자치 경찰실시 자치단체 수가 변동되기 때문이다.[17] 이태리도 스페인과 크게 다르지 않다.

제 3 절 | 도입 단위별 장·단점

1. 광역자치단체의 자치경찰

1) 광역자치단체의 의의와 기능

광역자치단체(wide area unit of local government)는 기초자치단체와 중앙정부 사이에 있는 자치단체로서 중간자지단제(intermediary unit of local government), 상급 자치단체, 보완적 자치단체라고 한다. 각국의 지방자치단체는 대체로 2층 제를 채택하고 있는 나라가 많으므로 광역자치단체가 보편적으로 설치되어 있다고 할 수 있다. 광역자치단체는 중앙정부와 기초자치단체 사이에 있으면서 대체로 기획, 보완, 연락, 조정 등의 기능을 주로 처리한다. 우리나라 지방자치법에서 규정한 광역자치단체인 시·도 사무를 보면 다음과 같다.[18]

가. 행정처리 결과가 2개 이상의 시·군 및 자치구에 미치는 광역적 사무
나. 시·도 단위로 같은 기준에 따라 처리되어야 할 성질의 사무
다. 지역적 특성을 살리면서 시·도 단위로 통일성을 유지할 필요가 있는 사무
라. 국가와 시·군 및 자치구 사이의 연락·조정 등의 사무
마. 시·군 및 자치구가 독자적으로 처리하기에 부적당한 사무
바. 2개 이상의 시·군 및 자치구가 공동으로 설치하는 것이 적당하다고 인정되는

17) 안영훈, 유럽형 자치경찰제도 모델 분석(연구보고서), 치안연구소, 2005.12. pp.99-100.
18) 지방자치법 제10조

규모의 시설을 설치하고 관리하는 사무

상기에서 보는 바와 같이 우리나라 광역자치단체의 사무는 대체로 광역적 사무, 지역의 통일성을 필요로 하는 사무, 연락·조정사무, 공동사무 등을 처리하는 것으로 되어있다. 다음 [그림 6-1]은 국민의 정부 시절에 광역자치단체를 도입단위로 한 자치경찰 모형이다.[19]

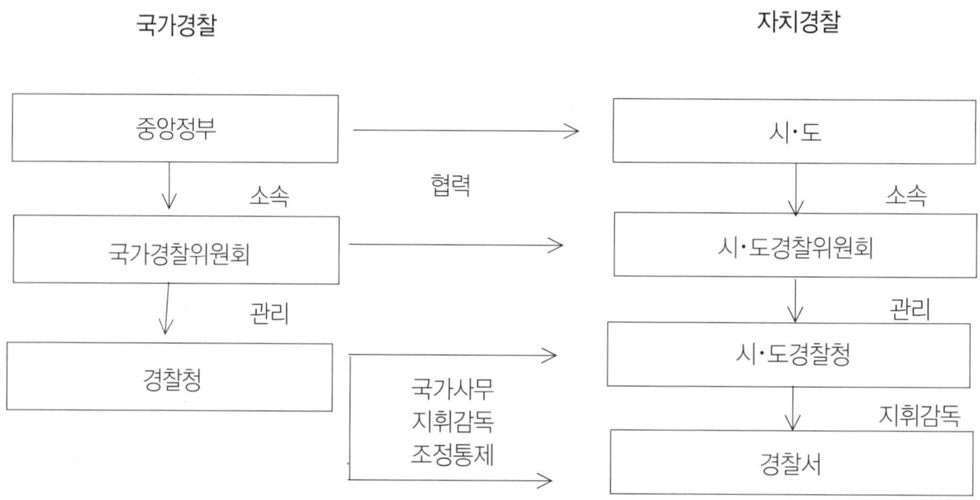

[그림 6-1] 국민의 정부안 모형

2) 광역자치단체 도입 단위의 장·단점

가. 장점

이러한 특징을 지닌 광역자치단체에 자치경찰을 도입한다면 여러 가지 장점이 기대된다. 여러 학자가 제시하는 장점을 살펴보자. 서범규 교수는 다음과 같은 점을 광역자치단체에 자치경찰을 도입했을 때 장점으로 들고 있다.[20]

첫째, 좁은 국토, 교통·통신의 발달, 사건·사고의 광역기동화 등 치안여건에 적합

19) 허경미, 경찰청 자치경찰제안의 문제점 및 대안, 한국공안행정학회보, 제16호, 2003.1. p.259.
20) 서범규(2004), 참여정부 자치경찰도입안의 주요쟁점에 관한 분석, p.46.

한 치안서비스를 제공할 수 있다.

둘째, 지역 토착세력과의 거리 확보가 쉬워 자치경찰의 정치적 중립성을 지키기가 쉽다

셋째, 통일성·균질성을 요구하는 규제행정(경찰)의 특성에 부합하다.

넷째, 조직 내부의 공감대 형성으로 자치경찰제 도입에 대한 저항을 최소화할 수 있다.

문재우 교수는 자치경찰의 모형을 국가 경찰제 분권화 모형, 광역자치경찰제 모형, 기초자치경찰제 모형, 절충제 모형, 행정 경찰제 모형 등 5개의 안을 제시하면서 광역 자치경찰의 모형의 장점을 다음과 같이 열거하고 있다.[21]

첫째, 경찰행정업무를 국가기관과 광역지방기관이 분담함으로써 국가경찰의 업무를 감소시킴은 물론, 독립적인 자치 경찰 기능을 수행할 수 있다.

둘째, 경찰직무의 상황변화에 신속한 대체가 가능하고 특히 국가경찰화가 쉽다.

셋째, 독립된 자치경찰제를 수행함으로써 지역 실정과 민생치안의 수요에 부합하는 자치 경찰행정 업무수행이 가능하다.

넷째, 자주적 예산으로 투명성 확보와 책임 행정을 유도할 수 있다.

나. 단점

반면에 이에 따른 단점도 다음과 같이 나타날 수 있다. 서범규 교수는 광역자치단체에 자치경찰을 설치하면 다음과 같은 단점이 나타날 수 있다고 우려하고 있다.

첫째, 주민 생활과 밀착된 치안 수요에 대응하기가 쉽지 않다.

둘째, 관할 인구 및 면적 과대로 현지 실정에 적합한 치안서비스를 제공하기가 곤란하다.

문재우 교수가 지적하는 광역자치단체의 자치경찰 단점은 다음과 같다.

첫째, 시·도지사의 권력 남용 우려와 자치경찰의 담합으로 부정부패가 우려가 된다.

둘째, 광역적 경찰행정 수행과 전국적인 공조 체제에 신속히 대피하기가 곤란하다.

셋째, 지방경찰과 국가경찰의 이원적 운용으로 경비가 증대되어 주민부담이 가중된다.

---

21) 문재우, 한국의 자치경찰제 모형설정에 관한 연구, 한국 공안 행정학회보, 제15권, 2003.1. p.27.

넷째, 같은 구역 내에서 국가경찰과 지방경찰 간의 갈등과 마찰에 대한 대비책 강구가 어렵다.

다섯째, 조직편성원리 적용의 이원화로 인하여 조직 지휘 상의 문제점이 발생한다.

다. 종합 의견

여러 학자가 자치경찰이 광역자치단체에 도입했을 때 예상되는 효과를 종합해 보면 다음과 같이 정리할 수 있다.

가) 광역적 대응에 적절

경찰 사무와 활동의 특성상 광역적 성격이 많으므로 따라서 광역자치단체에 자치경찰을 설치하는 것이 바람직하다는 주장이다. 특히, 최근에는 교통과 통신의 발달로 각종 범죄가 광역화되고 있으므로 당연하게 광역자치단체가 자치경찰의 도입단위가 되어야 한다고 강조한다. 만약에 기초자치단체가 도입단위가 된다면 광역적 사무는 처리하기가 곤란하거나 자치단체 간에 분쟁이 끊임없이 발생할 여지가 많으므로 광역자치단체가 도입단위가 되어야 한다는 주장이다.

나) 형평성 있는 치안 행정

치안 사무는 주민의 생명과 재산을 보호하는 매우 중요한 일이다. 즉, 치안업무는 주민 생활에 있어서 가장 기초적인 업무라고 할 수 있다. 따라서 치안서비스는 지역주민 간에 지역의 형편, 즉 지역의 재정력 등 기타 여건에 따라서 차별 있게 받아서는 안 된다는 것이다. 주지하는 바와 같이 우리나라의 지방재정은 지역에 따라 크게 차이가 난다. 특히, 기초자치단체 간에 차이가 더욱 심하다. 따라서 자치경찰이 제공하는 치안서비스도 지역의 재정에 따라서 차이가 날 수밖에 없다. 그러나 광역자치단체가 도입단위가 된다면 지역 내의 이 차이를 조정·보충하여 주민 간에 치안서비스가 차등으로 받는 일이 없도록 할 수 있다는 점을 강점으로 주장한다.

다) 효율성의 제고

효율성의 제고는 규모의 경제에 의한 효율성을 기대할 수 있다는 의미다. 경찰은 운영과정에 많은 인원과 장비가 필요하다. 특히, 최근에는 범죄의 흉포화와 국제범죄의 증가로 인하여 우수한 인력과 장비가 더욱 필요한 시기다. 이러한 환경변화에 대처하기 위해서는 기초자치단체별로 인원과 장비를 배치할 것이 아니라 광역자치단체별로 인원과 장비를 운영하는 것이 훨씬 효율적이라고 주장한다.

2. 기초자치단체의 자치경찰

1) 기초자치단체의 기능

기초자치단체(basic unit of local government)는 주민들과 직접 접촉하는 가장 소구역을 기초로 하는 자치단체를 말한다. 이렇게 일선에 있는 자치단체이기 때문에 기초자치단체를 제1차적 자치단체라고 부르기도 한다.

우리나라 지방자치법은 지방자치법에 규정한 시·도가 처리하는 것으로 되어있는 사무를 제외한 사무를 기초자치단체인 시·군·구 사무로 하고 있다. 그뿐만 아니라

시·도와 시·군 및 자치구는 사무를 처리할 때 서로 경합하지 아니하도록 하여야 하며, 사무가 서로 경합하면 시·군 및 자치구에서 먼저 처리하도록 하는 기초자치단체 우선 원칙을 천명하고 있다.

2) 기초자치단체 도입 단위의 장·점

가. 장점

기초자치단체는 행정 서비스를 직접 주민에게 전달하는 마지막 기관이다. 따라서 자치경찰이 기초자치단체에 도입되었을 때는 다음과 같은 장점을 기대해 볼 수 있다. 서범규 교수는 다음과 같은 점을 광역자치단체에 자치경찰을 도입했을 때 장점으로 들고 있다.

첫째, 주민 생활에 밀착된 치안서비스를 제공할 수 있다.

둘째, 현지 실정에 적합한 치안 활동을 전개할 수 있다.

셋째, 경찰서 간 경쟁체제 확립을 통하여 치안의 질이 개선될 수 있다.

넷째, 주민의 참여 및 통제로 치안 행정의 책임성을 높일 수 있다.[22]

문재우 교수는 기초자치단체의 자치 경찰운영을 하였을 때 다음과 같은 장점이

기대된다고 하고 있다.[23]

첫째, 경찰 업무를 국가 경찰기관과 자치 경찰기관과 분담함으로써 전문화를 기할 수 있다.

둘째, 주민과 밀접하고 호흡을 같이하는 경찰로서 더욱 신속하고 명확하게 경찰 서비스가 가능하다.

셋째, 지역 실정에 맞고 주민의 요구에 더 신속히 대처할 수 있다.

넷째, 주민의 애로, 불편사항, 요구사항을 해결해 줌으로써 보다 주민의 생활의 질 향상에 이바지할 수 있다.

다섯째, 자치경찰위원회를 설치 운영함으로써 국가 경찰기구 및 행정기관 간의 직접적인 마찰을 피하고 행정의 독점화, 간섭 화, 통제 등을 최소화할 수 있다.

여섯째, 지역사회 단체 및 주민과의 상호협조 및 지원은 물론 밀접히 생활하기 때문에 각종 범죄를 예방할 수 있는 점이 있다.

나. 단점

서범규 교수는 다음과 같은 점을 기초자치단체에 자치경찰이 도입된다면 나타날 수 있는 단점이라고 지적하고 있다.

첫째, 범죄의 광역화·기동화에 대한 신속한 대응 및 대규모 집회·시위에 효율적인 대처에 곤란하다.

둘째, 지역 토착세력과의 유착 및 지역 정치 영향으로 엄정한 법 집행이 곤란하다.

셋째, 재정 형편에 따른 치안서비스의 '빈익빈·부익부' 현상이 심화할 수 있다.

문재우 교수가 지적하는 기초자치단체의 자치경찰 단점은 다음과 같다.

첫째, 국가경찰 기능과 지방 자치경찰 간의 기능을 명확히 구분하기가 모호하고 마찰이 우려된다.

둘째, 국가경찰과 지방 자치경찰 간 고도의 협조와 공조 지원 체제가 어렵다.

셋째, 국가경찰과 지방자치경찰제 편성으로 경비가 증대되고 주민부담이 우려된다.

넷째, 조직편성원리의 적용의 이원화로 조직 운용상의 문제점이 발생할 가능성이 크다.

---

22) 서범규(2004), 참여정부 자치경찰도 입안의 주요쟁점에 관한 분석, p.46.

23) 문재우, 앞의 책, p.29.

다. 종합 의견

상기 주장들을 고려할 때 참여정부가 제시한 기초자치단위의 자치경찰도입은 다음과 같은 장점을 기대해 볼 수 있다고 생각된다.

첫째, 맞춤형·다양성

기초자치단체가 자치경찰의 도입단위가 된다면 가장 먼저 기대할 수 있는 것이 다양성 있는 자치경찰의 운영과 지역의 치안 수요에 적합한 치안서비스를 제공할 수 있다는 점이다. 현재 우리나라 경찰이 국가경찰의 독점 체제가 오랫동안 유지되어 오면서 가장 큰 문제점은 획일적인 치안서비스를 제공한다는 점이다. 대도시의 치안 수요와 농촌의 치안 수요가 확연하게 차이가 나는데도 불구하고 경찰의 조직과 활동은 차이가 전혀 없다. 그 때문에 주민들이 치안서비스에 대한 체감도가 낮아질 수밖에 없다는 점을 비판한다.

기초자치단체가 도입단위가 되면 이러한 문제점을 해결할 수 있다. 자치경찰이 일선의 치안 수요에 맞추어서 광역자치단체 또는 다른 서비스 전달체제를 거치지 않고 직접 전달할 수 있으므로 주민들로서는 치안 체감도가 높을 수밖에 없는 것이다.

둘째, 주민참여·민주성

광역자치단체는 기초자치단체의 상위 단체이다. 주민이 직접 접촉하는 자치단체는 기초자치단체인 것이다. 따라서 주민들이 치안 행정에 직접 참여하는 길을 광역자치단체가 아니라 기초자치단체에서 더욱 강하다. 치안 행정은 주민들의 재산과 생명에 직접 관계가 있으므로 치안 행정 과정에 주민들이 직접 참여하고 통제하는 것은 매우 중요하다. 기초자치단체는 광역자치단체보다 이러한 면에서 큰 장점이 있다.

셋째, 신속성

기초자치단체는 최일선 자치단체이기 때문에 치안 행정 과정이 신속하게 이루어질 수밖에 없다. 광역자치단체는 단체의 존재 자체가 직접 행정 서비스를 전달하기보다는 기초자치단체 간에 조정, 보완 등의 기능이 주 기능이기 때문에 제공하는 서비스가 전달되기 위해서는 거의 모두가 기초자치단체나 또 다른 조직을 경유할 수

밖에 없다. 치안 행정은 기동성이 무엇보다도 중요하기 때문에 최일선 자치단체인 기초자치단체가 도입단위가 되어야 한다는 주장이 설득력이 있다 하겠다.

제 4 절 | 역대 정부 안의 도입 단위

1. 도입 단위 주장의 유형

정부안에서 도입단위에 관한 주장은 다음과 같이 정리할 수 있다.

첫째, 기초자치단체만을 도입단위로 하는 안을 주장하는 안이다.

이 안은 우리나라의 특수한 여건인 남북긴장 관계 및 지역의 협소, 그리고 현재 치안상태가 세계 최고라는 점을 고려하여 자치경찰은 국가경찰이 하는 일부분인 지역 교통, 방범, 경비, 그리고 이미 자치단체에 부여된 특별사법경찰권을 수행하는 자치경찰제를 기초자치단체에 도입하자는 안이다.[24] 특히, 기초자치단체는 지역 동질성이 강하기 때문에 지방자치 정신에도 부합할 수 있다는 장점 때문에 자치경찰제를 기초자치단체 단위로 도입돼야 한다고 주장한다.[25]

둘째, 광역자치단체와 기초자치단체 동시에 시행하자는 안이다.

광역과 기초자치단체에 동시에 자치경찰제를 도입하되 기능을 적절하게 배분하여 실시하면 된다는 안이다.[26]

셋째, 절충안이다.

우선은 서울특별시와 광역시는 광역단위에서 실시하고, 도 단위에는 기초자치단체인 시·군에서 자치경찰을 실시하자는 안이다.[27]

---

24) 이기우, 양영철, 지방자치경찰의 창설방안에 관한 연구, 2004 서울행정학회 춘계학술세미나 자료, 2004.5.28.
양영철, 참여정부의 자치경찰창설과 운영방안

25) 주학중, 2000년대 경찰행정발전방안, 한국개발연구원, 1992, pp.384-385.

26) 시도지사협의회안(유기준의원안)

27) 이주희, 경찰지방자치제도에 대한 입법론, 한국지방자치학회 2002 동계학술발표회 자료, 2003.2.21. p.9

2. 역대 정부의 도입 단위

역대 정부의 자치경찰 안은 도입단위가 다음과 같이 변천됐다.

1) 김대중 정부까지

김대중 정부까지 여러 차례 자치경찰에 대한 정부안이 만들어졌다. 조직, 인사, 재정 등 여러 가지가 정부마다 다르지만, 정부마다 같은 것은 유일하게 도입단위다. 김대중 정부까지 도입단위는 광역자치단체였다.

김대중 정부까지 광역자치단체에 자치경찰을 도입해야 한다는 논의는 당연한 그것으로 받아들였다. 이렇게 광역자치단체가 도입단위가 당연하다 논거는 찾아보기 어렵다. 다만 본 연구자는 다음과 같은 연유에서 나왔을 것이라 짐작해 본다.

첫째는 일본의 경찰 체제의 영향이다.

일본은 구법에 따라서는 기초자치단체였지만 1954년도의 신헌법에 따라 자치 경찰 도입단위가 광역이 되었다. 우리나라는 일제강점기의 영향과 그리고 인접 국가이기 때문에 정책자료의 접근성의 한계로 인하여 일본제도를 참고하는 경우가 허다했다.

둘째는 기초자치단체에 대한 관점 때문이다.

지금도 약간 그렇지만 그때만 해도 광역자치단체가 기초자치단체보다 훨씬 중요하다고 생각했던 시대였다. 그 때문에 자연히 자치 경찰 조직은 광역에 있어야 한다고 생각했을 가능성이 크다.

셋째는 중앙정부의 통제의 용이성 때문이다.

광역자치단체는 기초자치단체보다 그 수가 적기 때문에 정부가 통제하기도 쉽다고 생각했기 때문이라 짐작한다.

2) 노무현 정부에서 박근혜 정부

그러나 참여정부가 들어서면서 광역보다 기초자치단체의 중요성이 커지기 시작하였다. 광역자치단체는 통합하여 5개로 줄이고 여기서는 국가 사무만을 대행하고, 기초자치단체는 전국적으로 60~70개로 통합하여 여기서는 자치사무를 대대적으로 실시하자는 것이 노무현 정부의 행정체제 개편 방향이었다.

이러한 맥락에서 참여정부는 자치경찰을 기초자치단체만 실시하는 것을 확정하였다. 이렇게 기초자치단체를 도입단위로 한 정부안에 대해서 비판이 많았다.[28] 참여정부안의 가지고 있는 장점에 대해서도 역시 많은 학자가 지적하고 있다. 최종술 교수는 참여 정부안의 장점으로서 주민 생활 관련 치안서비스 제공, 시·군·구 청장과 담당 경찰서장이 협약 체결로 인한 업무 분담의 명확화, 자치경찰에 대한 시·도차원의 지도·감독권 부여로 통일적이고 효율적인 업무수행의 가능 등을 제시하고 있다.[29] 신기현 교수는 맞춤형 치안서비스 제공, 민주성 제고 등을 장점으로 제시하고 있으며,[30] 송건섭, 이태종, 이승철 교수의 사회조사에서는 지방자치단체의 본래 취지와 기초자치단체의 우선 원칙에 부합한다는 차원에서 장점이라고 소개하고 있다.[31]

기초자치단체가 정부안으로 지속은 이명박 정부, 박근혜정부까지였다. 참여정부에서 처음으로 자치경찰 도입단위를 기초자치단체로 입안한 지방자치경찰특별위원회는 자치경찰의 업무 성격상 다음과 같은 원칙에 준거하여 자치경찰의 안을 모색하였다.[32]

가. 보충성의 원칙

보충성의 원칙(principle of subsidiarity)은 하나의 정치체제 내의 권한이나 기능 배분에서 상위단위에 권한을 주어야 할 특별한 사정이 없으면 하위단위에 배분되어

---

28) 국회 행정자치위원회, 지치경찰법안에 관한 공청회, 2006.2.17. 국회 본청 445호실, 회의록 자료에 참조.
문성호, 최종술의 "자치경찰제 도입의 쟁점과 방향", 서울대학교 행정대학원, 143회 정책과 지식 포럼(2004.6.14) 참조, 장기붕, 경찰권력의 분권화 방안, 한국경찰학회보, 제10호, 2006. pp.186-187; 신봉기, 자치경찰법 안의 주요 내용, 자치경찰법 제정안 공청회, 유기준의원실, 2006,9.15., 동 공청회에서 발표한 최종술, 유기준 의원 안과 정부안의 주민의 입장에서 바라본 기대효과 비교 발표문, 그리고 공청회 토론자로 참여한 최응렬 교수의 토론문(자료집, pp.91-103)

29) 최종술, 유기준의 원안과 정부안의 주민의 관점에서 바라본 기대효과 비교·분석, 유기준의원 자치경찰법안 제정 공청회자료집, 2006.9.15. p.67.

30) 신기현, 자치경찰론(서울; 웅보출판사, 2005), pp.361-2.

31) 송건섭·이태종, 이승철, 참여정부 자치경찰제(안)에 대한 비판적 논의, 한국사회와 행정연구, 제16권 제4호, 서울행정학회, 2006. p.203. 이 연구에서는 설문조사 경우 472명의 경찰공무원, 일반공무원, 주민들을 상대로 조사한 결과 광역자치단체가 33.3%, 기초자치단체 42.9%, 기타 23.8%로 나타났으며, 경찰공무원은 50.5%가 광역자치단체를, 일반공무원은 62.8%가 기초자치단체를, 주민은 38.8%가 기초자치단체, 광역은 27.0%를 선호하는 것으로 나타났다.

32) 양영철, 참여정부의 자치경찰 창설과 운영방안, 한국 사회와 행정연구, 제15권 제4호, 2005. pp.355-356에서 재 인용

야 한다는 주장이다.[33] 이 원칙은 기초자치단체 우선의 원칙이다. 지방자치가 나타난 요인을 보면 주민의 생명, 재산, 신체를 보호하고 생활질서를 유지하는 것이 지방 자치경찰의 주 업무이다. 때문에 경찰 업무의 성격상 일선 자치단체 기관인 기초자치단체가 자치경찰제 실시 단위가 되어야 할 것이다. 그러나 경찰 주요업무 중 수사, 형사, 외사, 정보, 경비 등은 현재 우리나라의 남북 간의 대치 상황이나 지방 자치역사의 짧음으로 인하여 이 업무를 기초자치단체 수준에서 처리하기는 많은 문제가 드러날 것이 명확하다. 따라서 보충성의 원리에 의해서 현재 우리나라 기초자치단체가 하기에는 역부족인 분야인 수사, 형사, 정보, 외사, 경비 등은 국가경찰이 그대로 수행하고 기초자치단체가 수행할 수 있으면 기초자치단체에 가장 필요한 기능인 교통, 생활안전 기능 등을 자치경찰의 주요업무로 하는 것이 바람직하다.[34]

나. 민주성 우선의 원칙

민주성은 주민의 요구에 대해 얼마나 신속하게 대응하는 정도를 말하는 것으로 광역 자치보다 기초 자치가 민주성 확보에 더욱 적합하다 할 것이다. 지방분권에서 민주성은 효율성보다 상위의 개념이기 때문에 기초지치단체에 중점을 두어야 할 것이다. 경찰은 다음과 같은 여러 가지 성격으로 보아 정치에 편승할 가능성이 크기 때문에 경찰이나 일부 학자들이 주장하는 정치적 중립 때문에 경찰위원회를 두어 운영해야 한다는 주장도 있다.[35]

첫째, 정치인들이 정치적 목적을 위하여 경찰이 집행하는 형법을 최대한 이용하여 정치적으로 반대편에 있는 사람을 무력화하는데 이용할 수 있다. 둘째, 경찰은 정치적 과정에 영향을 미칠 수 있다. 예를 들면, 평온 유지라는 명목으로 정치인들의 집회나 데모를 허가권 등을 내세워 방해할 수 있다. 셋째, 경찰은 정권 수호의 최일선

---

33) Andreas Follesdal, Survey Article: Subsidiarity. The Journal of Political Philosophy, 6(2), 1998, pp.190-218. 상기논문은 김석태, 지방분권의 그거로서 보충성 원칙의 한국적 적용, 지방정부연구 제9권 제4호, 2005, p.96에서 재인용

34) 김석태, 위 논문, p.166. 김교수는 지방자치법 제10조 제3항은 "시·도와 시·군 및 자치구는 그 사무를 처리함에 있어 서로 경합하지 아니 하도록 하며, 그 사무가 서로 경합되는 경우에는 시·군 자치구에서 우선적으로 처리한다"고 규정하고 있는 것은 "주민의 복리에 대한 모든 사무는 원칙적으로 기초지방자치단체가 처리하고, 이들이 처리하기에 적합하지 않은 경우에만 시·도가 이를 수행하는 것을 보충성 원칙을 규정한 것"이라고 주장하고 있다.

35) Colleen Lewis, Complaints Against Police: the politics of reform(sydney: Hawkins press,1999), pp.16-17.

에 있다는 점에서 정권이 경찰을 인식하지 않을 수 없다. 넷째, 경찰은 일선 기관을 통해서 정치적 동향이나 정치인의 개인 신상 정보를 수집하기 때문에 자연히 정치에 개입할 가능성이 크다. 다섯째, 경찰은 공식적이든 비공식적인 방법을 통해서 여론조작 등을 통해서 정부 정책에 직접 영향을 미칠 수 있다. 여섯째, 경찰은 경찰의 뒷받침을 강력하게 받아야 하는 정부 정책에 대해서는 해당 부처에 충분한 영향력을 행사할 수 있다.

따라서 이러므로 경찰은 독립시켜야 한다는 주장이다. 그러나 이러한 주장은 민주주의의 원리에 비추어 보아도 문제가 많다. 통제받지 않은 큰 권한을 가진 조직은 언제나 부패했다. 절대권력은 절대 부패한다는 점은 동서고금 어느 나라와 관계없이 나타난 진리이다. 따라서 항상 주민대표가 이 큰 권력을 감시하고 통제하지 않으면 안 된다. 결국, 민주국가에서는 정치적 중립은 선출된 주민대표 때문에 보장되지 않으면 아무런 의미가 없다. 따라서 자치경찰도 주민이 선출한 주민대표기관인 자치단체장과 지방의회에 끊임없는 감시와 통제를 받도록 해야 한다.

다. 주민참여·통제와 책임성

지방분권의 주체는 주민들이기 때문에 주민참여와 주민 통제 보장은 가장 기초적인 문제이다. 기존의 지방 자치경찰 안과 같이 국가경찰, 지방자치단체장, 지방의회가 관여하여 위원회를 구성하여 지역 경찰 문제를 결정하게 하는 방안은 주민 대표성에 문제가 있을 뿐만 아니라 경찰행정에 대한 책임성 확보를 위해서도 충분하다고 보기 어려운 측면이 있다. 위원회를 통한 통제방법, 복잡한 추천과 제청 등에 의한 경찰청장의 임면 방안 등은 책임과 권한 소재의 분산으로 책임 부재의 현상이 나타날 가능성이 농후하다 할 것이다. 따라서 경찰청(서)장의 독임제에 의한 책임 명확화, 임명권자의 단순화에 의한 명령 통솔의 명확화가 이루어져야 책임 있는 기관으로 자리를 잡을 수 있을 것이다.

그러나 독임제로 인한 자치단체장과 지방의회 의원의 권한 오·남용을 우려하는 목소리를 귀담아들어야 한다. 지방자치단체장의 치안 책임을 명백히 밝히고 자치 경찰운영에 투명한 권한 행사를 담보할 방안을 마련해야 한다. 현재 지방자치법에 보장된 주민소환, 주민투표, 주민 발안, 감사청구, 주민소송 등을 자치경찰제도와 연계시켜 지방자치단체장과 지방의원 의원들이 자치경찰에 대한 오·남용을 사전에 방지할 수 있도록 해야 한다.

라. 효율성

지방자치에서 자치단체가 사무 배분 원칙에 언제나 고려되는 변수가 효율성이다. 효율성은 투자 대비 산출개념이다. 자치경찰사무를 어느 단위에서 제공하는 것이 효율성을 높일 수 있느냐 하는 개념이다. 효율성이라는 변수가 고려된다면 크면 클수록 이익이라는 규모의 경제가 적용된다. 규모의 경제는 광역자치단체가 유리할 수밖에 없다. 그러나 효율성 개념은 투자보다 산출이 많을수록 선이라는 개념과는 다르다. 즉, 효율성은 능률성과 효과성의 개념이 동시에 포함된 개념이다. 능률성은 양적인 측면에서 투입과 산출의 비율을 의미하지만, 효과성은 사업목표의 달성도, 즉 바람직한 목표의 달성도를 측정하는 질적 개념이다.[36] 따라서 효율성은 단순히 규모의 경제만을 나타내는 개념이 아니라 주민의 만족도도 함께 측정해야 개념인 것이다. 이와 같은 면에서 보면 기초자치단체의 단위에서 더욱 효율성이 높다고 할 수 있다.

3. 문재인 정부의 도입 단위

1) 공약에서 시작

문재인 정부의 자치경찰도입단위는 광역자치단체로 일찍 정해졌다. 대통령 공약에서부터 시작하여 국정과제에서도 도입단위는 광역자치단체였다.

국정과제의 개요를 보면, 광역단위 자치경찰제를 전국으로 확대해 시행하여, 국가경찰은 전국 치안 수요 대응, 자치경찰은 지역 주민밀착형 치안서비스를 제공하며, 도입은 노무현 정부처럼 선택적으로 실시 여부를 결정하는 것이 아니라 의무적 도입으로 결정하였다. 이와 더불어서 의결기관과 집행기관도 광역자치단체에만 설치하도록 하고 있다. 의결기관인 자치경찰위원회와 집행기관인 자치경찰본부와 자치경찰단 모두가 광역자치단체 소속이다. 문재인 정부의 자치 경찰도입단위가 광역자치단

---

36) 안용식 외, 지방행정론(서울: 대영문화사, 2006), p.61.

체인 것은 이원론과 일원론 모두에 적용되었다. 다만 1차안인 이원론에서는 집행기관이 기초자치단체인 시·군·구에도 자치경찰대를 설치하는 것 하나가 차이다.

2) 경찰청과 자분위에서 작성 과정

경찰청 자치 경찰분과에서는 세계적으로 주요하게 통용되는 자치경찰 모형과 국내에서 그간 자치경찰 도입 논의에서 거론된 모든 자치경찰 모형들을 조사하였다. 또한, 지방분권이념 구현, 주민밀착형 서비스 제공, 지방행정과 치안 행정의 연계성 강화라는 자치경찰제도의 취지에 따라 검토하였다. 그 과정에서, 서울시에서 일반 시민들을 대상으로 한 자치경찰제 관련 여론조사결과를 참조하였고, 경찰관들의 의견을 수렴하기 위해서 전국을 4개의 권역별(영남·호남·충청·수도)로 나누어 자치경찰 현장간담회를 개최하였다. 아울러, 법학·행정학 등 관계 분야 전문가를 초빙하여 3차례에 걸쳐 전문가 간담회를 진행하였다.

자분위에서는 전문가들로 구성된 특별위원회에서 의견수렴을 계속하였다. 시민들이나 일선 경찰관들, 관계 분야 전문가들은 공통으로 현재의 국가경찰 중심 치안체제의 근간을 유지하면서, 점진적으로 자치경찰을 도입하여야 한다는 의견을 주로 제시하였다. 이처럼, 경찰 안팎으로 수렴된 다양한 의견을 바탕으로 다양한 모형을 분석하여 「광역단위 자치경찰제 도입안」의 세부 내용을 구체화하게 되었다. 자문위에서 말하는 주요한 특징이나 선정 배경은 다음과 같다.

첫째, 시·도 단위에 자치경찰을 설치하되 소지역별 재정 편차와 상관없이 균질적인 치안서비스를 제공할 수 있도록 실제 운용은 시·군·구 중심으로 함으로써, 주민밀착형 치안서비스 제공에 더 유리하여지도록 하였다.

지방자치는 국가가 전국 단위로 통일적인 행정·서비스를 제공하는 데서 오는 현실적인 한계를 보완하기 위한 제도이다. 즉, 지방자치는 지역 실정에 맞고 주민들에게 적합한 서비스를 제공하는 것을 이념으로 한다. 자치경찰을 시·도 단위로 설치하되, 그 운용은 주민들과 더욱 가까운 시·군·구에 실질적으로 맡겨둠으로써 주민들의 요구사항에 더 즉각적으로 반응하여 치안서비스를 제공할 수 있을 것이다.

둘째, 국민 안전을 위한 국가 전체의 치안력 향상을 가져올 수 있도록 모형을 설계하였다. 자치경찰이 할 수 있는 생활 치안 사무는 자치경찰에게 부여하고, 국가경찰은 전국적인 통일성을 필요로 하거나 광역단위 범죄 수사 등 전문성 높은 분야에 치중할 수 있도록 하여 상호 보완적인 역할을 담당하도록 하였다. 이러한 역할분담을 통해 국가 전체의 치안력을 향상하고, 국민 안전을 도모하고자 하였다.

아울러, 자치단체가 필요로 하는 사무와 권한을 최대한 부여하도록 함으로써 지방자치단체의 법 집행력을 강화하는 실질적인 방안이 될 것으로 기대한다.

셋째, 현실적 적용 가능성을 감안하였다. 우리나라는 제주특별자치도를 제외하고 정부 수립 70여 년 동안 자치경찰을 실시한 경험이 없다. 제주특별자치도에 실시한 자치경찰은 섬이라는 한정된 지역에서 시범적으로 벌이는 임시적 자치경찰의 성격이 강했다. 따라서, 전국 단위로 한꺼번에 자치경찰 도입은 자치단체의 능력 편차, 국가경찰력의 급격한 변화에 따른 국민 불안감 등과 같은 예상 문제점을 충분히 고려않을 수 없다. 또한, 입법 가능성 등 현실적인 이유도 반영하여 더욱 점진적인 방향으로 안을 마련하였다.

제 7 장

자치경찰의 기능

제 7 장
자치경찰의 기능

제 1 절 | 의 의

자치경찰은 무엇을 하여야 하느냐에 대한 논의를 하기 전에 경찰의 기능[1]에 대해서 살펴보는 것이 순서일 것 같다. 경찰의 기능이란 경찰은 무엇을 하여야 하는가에 대한 답이다. 경찰의 기능은 경찰의 사무, 경찰의 역할, 경찰의 의무, 경찰의 권한 등으로 부르기도 한다. 본 연구에서는 경찰의 기능이 이들을 포함하는 넓은 의미라고 생각하여 이 용어를 선택하였다.

일부 학자들은 경찰의 역할은 범죄방지를, 어떤 일부 학자들은 질서 유지를 범죄방지보다 더욱 중요한 경찰 기능이라고 강조한다. 또한, 어떤 학자들은 범법자에 대한 대응에서 사회악에 대한 강력한 대처, 재산과 생명을 보호하고 평화를 지키는 일 등을 경찰의 기능이라고 강조한다. 이들의 주장을 종합해 보면 경찰의 역할은 보호하는 것과 서비스를 제공하는 것으로 요약할 수 있다.(Das & Verma, 2003: 1).

자치경찰의 기능도 이차원에서 논의될 수밖에 없다. 따라서 자치경찰 기능도 주민에게 좋은 서비스를 제공할 수 있는 것이 무엇이냐의 범위 내에서 찾아가는 것이 바람직하다. 근대 경찰 이래 대륙법 체계나 영·미법 체계 또는 절충형 체계나 어느 국가에서든지 경찰의 기본 기능은 사전적·예방적 임무인 질서 유지 기능과 사후적·진압적 기능인 법 집행기능의 두 가지로 이해된다(정진환, 2006: 153). 20세기부터는 지역사회 봉사 기능이 추가되었다(이황우, 1995: 3). 따라서 자치경찰의 기능도 경찰의 기본 기능인 질서 유지와 법 집행기능, 지역사회 봉사 기능 안에서 이루어진다고 볼 수 있다. 다만 자치경찰의 기능은 여러 가지 요인에 따라서 그 범위가 크게 달라진다.

---

1) 지방자치와 관련된 문헌과 논문에는 기능, 사무, 업무는 같은 의미로 사용하고 있으므로 여기서도 같은 뜻으로 사용하였다.

첫째, 대륙법 체계와 영미법 체계에 따라서 달라진다.

대륙법계 경찰과 영미법계 경찰은 크게 차이가 난다. 대륙법계 경찰은 경찰권을 국가의 일반통치권으로 인식한다. 대륙법계의 국가는 경찰 기능을 항상 이렇게 국가적 이해관계에 두고 생각하기 때문에 대부분의 경찰권은 중앙정부가 소유하는 방향으로 행사된다. 그러나 영미법계 국가의 경찰제도는 지방분권의 정치사상에 따라 지방자치단체 자치권을 인정하여 경찰의 설치·운영의 책임이 자치단체에 위임되는 것으로 인식한다. 따라서 영미법 체계의 국가에서는 경찰권 행사 주체가 지방자치단체가 된다. 이 경우 경찰의 기능은 경찰의 기본 임무를 중심으로 하는 소극행정의 수행이 원칙이다.(이상원, 1999: 170).[2] 따라서 대륙법계의 자치경찰은 그 기능의 범위가 영미법계 자치경찰보다 협소할 수밖에 없다.(조철옥, 2003:38).

둘째, 자치경찰의 종류에 따라서 달라진다.

자치경찰은 경찰의 종류에서 어느 범주로 분류하느냐에 따라서 기능이 달라진다고 할 수 있다. 즉, 자치경찰이 경찰 개념 때문에 행정경찰인 경우와 사법경찰, 예방경찰과 진압경찰, 보안경찰과 협의의 행정경찰, 평시 경찰과 비상경찰, 질서 경찰과 봉사 경찰이냐에 따라서 그 기능 범위가 결정된다고 할 수 있다. 예를 들면, 행정경찰인 경우는 실질적 의미의 경찰과 협의의 행정경찰이 포함되기 때문에 자치경찰의 기능은 사법경찰이면 그 기능 범위가 훨씬 넓다고 할 수 있다.(이황우, 2002: 11).

셋째, 도입단위에 따라서 달라진다.

도입단위에 따라서 자치경찰의 기능 범위가 달라질 수 있다. 즉, 광역자치단체가 도입단위가 되면 광역적인 기능이 자치경찰의 주요 기능이 된다. 수사, 정보, 보안, 외사, 고속도로 교통 등이 광역자치경찰의 기능이 되는 이유가 여기에 있다. 반면에 기초자치단체가 도입단위가 되면 좁은 지역에서 자치경찰 기능이 완결되어야 하므로 기능 범위가 좁혀질 수밖에 없다. 지역 교통, 지역 방범, 지역 경비 등은 성격상 기초자치단체 내에서 처리할 수 있는 사무이기 때문에 기초자치단체의 자치경찰 기능으로 하여도 무방하다. 따라서 자치경찰의 기능 범위는 도입단위에 영향을 크게 받

2) 미국과 영국 경찰의 발달사에 대해서는 Harvey Wallace, Cliff Roverson, & Craig Stechler, *Fundamentals of Public Administration*(NJ: Prentice-Hall, 1995), pp.3-10 참조.

는다. 그러나 일본처럼 광역자치단체가 도입단위가 되어도 광역적 성격의 사무만 아니라 지역 교통, 지역 방범, 지역 경비 등 일체의 경찰 서비스를 담당하는 때도 있다. 반면에 미국처럼 기초자치단체가 도입단위가 되어도 수사, 외사, 정보 등 광역적 경찰 사무가 기초자치단체의 자치경찰 기능으로 되는 예도 있다.

넷째, 시대의 변화와 함께 경찰의 기능도 변한다.

미국의 경찰이 시대 변화에 따라서 매우 동태적으로 변화하는 과정을 보자. 미국의 경찰 변화를 시기별로 구분하면 여섯 단계로 나눌 수 있다Gaines et al., 2003: 21-30).

첫째, 정치 시대(political era)다.

정치 시대의 경찰은 1840대에서부터 1930년대의 경찰상(警察像)이다. 지방의 정치가들이 경찰에 대한 모든 정책 결정을 하던 시대다. 이때의 경찰은 범죄에 관련된 활동보다는 표가 많이 나오는 주민들에게 복지 서비스를 제공하는 데 초점을 맞추었다. 심지어 경찰은 범죄를 단속하고 법을 집행하는 기관이 아니라 사회복지기관이라고 할 정도였다(Monkkonen, 1992). 이때의 경찰 개념은 서비스를 제공하는 기관이라고 할 수밖에 없다.

둘째, 개혁 시대(progressive reform era)다.

1920~30년에 해당하며, 이때의 경찰은 정치 시대의 서비스 제공 기관 개념에서 법을 집행하고 범죄와 전쟁을 하는 기관으로 방향을 선회한 시기다. 이 시기는 불법 주류 유통 감독, 경제 공황으로 인한 각종 잡범과 경제사범, 흉악범의 급증에 대한 대처 등이 경찰의 주요업무가 되었다. 이때는 의적이 영웅시될 정도로 경찰에 대한 일반 국민의 불신이 컸지만 확실한 경찰상은 범죄와 싸우는 것이다.

셋째, 전문직업경찰관 시대(professional police era)다.

1940년대 전후의 경찰상이다. 이때의 경찰상은 서비스 제공이나 질서 유지 등 연성(軟性)의 범죄(soft crime)에 관한 관심보다는 범죄에 대해 전문가로서 강력범죄에 대한 억제와 법의 집행에 집중하였다. 즉 전문가의 임무는 범죄와 범법자를 처리하는 것임을 보여주는 시기였다.

넷째, 지역사회 관계 시대(community relations era)다.

시기적으로 보면 1960년대에서 1970년대를 말한다. 이 시기는 미국에서 월남전과 시민권리 운동과 관련된 폭력, 분쟁, 공공질서 파괴 등이 난무할 때다. 이때는 킹 목사, 케네디 대통령 등 유명인사들이 가장 많이 암살을 당했던 시대이기도 하다. 경찰은 이를 진정하기 위하여 강력하게 대응하였지만, 범죄와 사회 혼란은 폭발적으로 늘어만 갔다. 이때 경찰은 경찰만으로는 이 문제를 풀 수 없다는 한계를 인정하였다. 경찰은 지역사회의 지지와 협조 없이는 범죄와 사회질서 문제를 풀 수 없다고 결론을 내리고 지역사회와 협조, 즉 교육과 설명, 홍보 등을 통하여 주민의 협조하에 범죄와의 전쟁을 수행하는 경찰상을 정립한 시대라고 할 수 있다.

다섯째, 법과 질서로의 회기 시대(return to 'law and order' era)다.

1980년대를 이 시기로 분류한다. 이 시기는 레이건 대통령의 시대다. 레이건 대통령은 취임하지미지 법과 질서를 확립하겠다고 선언하여 특히 마약 퇴치에 중점을 둔 시기라고 할 수 있다. 또한, 이 시기에는 경찰에 대한 대대적인 예산을 투입하여 범죄 예방 프로그램을 많이 운영하였다. 그러나 역시 이 시기에도 지역사회의 협조 없이는 이러한 프로그램이 성공할 수 없다는 인식에 따라 범죄 억제와 범인 체포 등은 지역사회에서 해결하는 것이 가장 바람직한 방법이라고 생각하여 지역사회와의 연계를 강화하였다.

마지막으로 지역사회 경찰 시대(community policing era)다.

최근의 경찰상이다. 지금까지 시기에 따라서 경찰 활동이 달라져 왔지만, 결론은 경찰의 전통적 운영 방법인 경찰기관 홀로의 활동 및 사후적 활동으로서는 범죄 예방과 처리 및 법 집행 활동에 한계가 있다는 것이다. 지역사회 경찰은 이러한 방법에서 사전 범죄 예방과 문제 해결을 중심적 경찰 기능으로 정하고 이를 수행하는 데는 지역 주민들과 친숙하고 또한 주민들이 직접 참여하는 방법인 지역사회 지향적 경찰이 이 시대의 경찰상이다(이윤호, 2006: 9).

이 밖에도 자치경찰의 기능은 여러 가지 요인에 따라서 달라질 수 있다. 그 나라의 헌법과 법령에 자치단체의 기능이 어떻게 규정되어 있느냐에 따라서도 자치경찰의 기능 범위가 결정된다고 할 수 있다. 또한, 우리나라와 같이 남북 대치인 경우 등의 국가안보 여건, 자치단체의 능력, 국가와 지방자치단체 간의 기능 배분 방식 등에 따라서 자치경찰의 기능은 달라질 수 있다.

우리는 문재인 정부의 자치경찰 모델 도입 결정에 따라서 자치경찰 기능 내용과 활동 범위, 그 내용이 얼마나 차이가 나는지를 보았다. 자치경찰 추진 동기가 검찰 개혁과 맞물린 권력기관의 개편에 있으므로, 이원론과 일원론이 순식간에 변경이 되었다. 즉, 이원론이 재정, 일선 기관 혼란, 경찰의 무더기 승진 등으로 이원론이 진전되지 않고, 동시에 권력기관 개편도 진행이 늦어지자 일원론이라는 대안이 나 탔고 이를 채택하게 된 것이다. 초점이 노무현 정부처럼 지방자치로 맞추었다면 일원론은 채택 불가였다.

제 2 절 | 외국 자치경찰의 기능

1. 미국

미국 경찰의 기본 기능(primary function)은 미국의 헌법을 수호하고 적법한 절차에 의해서 모든 미국민을 보호하는 것이다. 미국은 영국의 전통을 결정적으로 이어받고 있으므로 지방경찰은 자치경찰을 원칙으로 한다. 따라서 주 경찰을 비롯한 시 이하 지방자치단체의 경찰은 모두 자치경찰이다. 미국 경찰의 주요 기능은 범죄 예방(crime prevention), 질서 유지(order maintenance), 법 집행(law enforcement), 공공서비스(public service), 교통통제(traffic control)라고 할 수 있다(Champion & Hooper, 2003: 130). 미국의 주 자치경찰은 주에 따라 기능 범위가 차이가 있으나, 대체로 주 전역에 걸친 순찰 업무와 범죄 수사·교통 단속 등의 경찰권을 행사한다. 고속도로 순찰, 범죄 예방, 불법 주류 유통 감독, 범죄통제국의 법 집행과 주 법무국의 마약반 등을 통합하여 총체적인 경찰 활동을 수행한다. 또한, 주 경찰은 지방정부의 요청이 있으면 소요 진압, 재난구조, 수사, 교육, 범죄 식별 등을 위한 검색, 일반법 집행 보조, 경찰 보조 활동 등의 기능도 수행한다.

대도시경찰은 연방헌법, 주 헌법, 주 법률, 시 헌장, 시 조례 등을 수호하고, 공공의 안전을 촉진하기 위하여 주(州)가 위탁한 권한을 행사하는 등 종합 치안 기능을 수행한다. 카운티 경찰, 보안관은 질서 유지에서 교통경찰권 행사, 법정 명령 수행까지 종합 치안 기능을 시행한다. 자치경찰관 중의 하나인 카운티 검사관은 사인(死因) 조사·규명, 사체(死體) 처리 등이 주 임무다. 타운십 경찰은 제한된 행정경찰 기능, 경찰서장(constable)은 치안 유지, 법원 업무 보조, 세금징수, 영장 집행, 죄인호송 등 다양한 경찰 기능을 수행하고 있다. 대학 등 특별구역 경찰은 구역 내 경비, 방범, 응급 대처 등 기본 경찰 업무를 수행한다.

이처럼 미국의 경찰은 그 기능이 명확하게 규정할 수 없을 정도로 모호하며 이들 기능 이외에 경찰은 심지어 민간 분야(private sector)인 가족 분쟁, 정신이상자, 알코올 중독자 등과 같은 사항도 처리하여야 할 정도로 경찰의 기능은 무한하다고 할 수 있다.(Das & Verma, 2003: 13).

2. 일본

일본은 광역자치단체가 자치경찰의 도입단위다. 따라서 기본적 자치경찰사무는 도·도·부·현 사무로 분류된다. 도·도·부·현 경찰은 관할구역 내에서의 범죄진압 및 수사, 피의자의 체포, 기타 공안의 유지와 관련된 기능을 수행하며, 필요한 한도 내에 그 관할구역 외에도 권한이 미칠 수 있다. 경찰 사무의 특성상, 국가 전체의 치안 문제와 관련하여 전국적이고 중요한 사무에 대해서는 경찰청이 담당하도록 국가의 일부 관여를 경찰법(일본 경찰법 제37조)에서 인정하고 있다(김형만 외, 2003: 193-4).

3. 스페인

스페인 자치경찰의 주요 기능은 교통단속, 시설 보호, 질서 유지, 사법경찰에 피의자 인계, 국가경찰에의 협조 등이다. 스페인은 전체 17개 광역자치단체 중 3개의 광역지치단체만 자치경찰을 도입하고 있다. 주 자치경찰의 주요 기능은 주에서 제정한 법령 및 규칙 위반행위 감시, 법령에 따른 강제 집행, 주 정부 요인 및 시설물 보호

를 고유 기능으로 정하여 수행하고 있다(안영훈, 2005: 100-1).[3]

스페인의 자치경찰은 시 자치경찰이 중심이다. 기초자치단체인 시 자치경찰은 시 공공시설 보호 및 감시, 교통질서 및 공공질서 유지, 행정경찰 업무, 재난 및 사고 시 지역 주민 지원, 범죄 예방 활동, 민간의 사법적 갈등 해결 등의 임무를 수행한다.[4] 이를 정리한 내용이 〈표 7-1〉이다.

〈표 7-1〉 스페인 자치 경찰별 권한과 임무

경찰의 종류	수행사무
자치주 경찰의 권한 및 임무	1986년 경찰조직법 제5권에서 지방경찰은 다음과 같은 임무를 기본적으로 수행한다고 규정하고 있다. 지방정부의 기관, 시설과 건물의 보호, 관할지역 내의 교통통제 및 신호체계 관리, 교통사고의 처리 및 보고(국가경찰에 보고), 자치정부 관할 내의 행정경찰사무 수행 및 자치정부 조례 및 시장령 집행, 동법 제29-2조에 의거한 사법경찰 활동에의 참여, 천재지변 및 재난 활동과 민방위 활동에 관여, 안전사고 등의 예방 조치(국가경찰에 보고), 집회 및 시위의 경우 공공장소의 감시와 국가경찰 및 지역경찰 활동에 협력, 접수된 사건의 경우 사인 간의 갈등 해결에 협력 등. 위의 기능 중에서 두 가지는 국가경찰에 보고하는 것을 의무적으로 규정하였다.
기초자치경찰의 권한 및 임무	스페인 지방자치기본법에서 자치경찰 관련 조항에 다음과 같이 임무를 규정하고 있다. 즉, 제10조는 "행정 및 기타 공공 행정조직은 당해 권한 행사 범위에서 상호 정보, 협력, 조정 및 존중하여야 한다." 그리고 제21조는 "①시장은 협의체의 의장이 되며 아래 임무들을 수행한다. i 시 경찰본부의 운영." 또한 제25조는 "② 기초자치정부(시)는 국가와 자치주가 정한 법령의 범위 내에서 다음 사안들에 대한 권한을 가진다. a. 공공장소의 치안 유지, b. 도시지역에서의 차량과 주민에 대한 교통질서 유지"에 있다고 규정하였다. 자치경찰의 기능은 기초정부의 공공시설 보호 및 감시와 도심지 내 교통질서, 관할구역의 공공질서 유지, 교통사고 보고, 기초정부의 행정경찰 업무, 재난 및 사고 시 지역 주민 지원, 범죄 활동 예방, 민간의 사법적 갈등 해결 등이다. 이를 세분하면 다음과 같다. 공공장소에서의 안전 유지를 위한 중요 인사의 신변 보호 및 자치정부 소유물의 보호, 범죄 예방 활동 및 집회 시위 시 질서 유지를 위하여 국가경찰과 협력한다. 도로상의 안전 유지 활동을 위해서는 도심지 내 교통 관리, 관할구역 내에서 발생하는 교통사고 사범 처리를 한다.
사법경찰 기능	국가경찰과 협력 기능으로서 사법경찰 업무 수행에 협력하고, 기타 법에서 위임하는 모든 경찰 기능을 수행할 수 있다. 그러나 기본적으로 행정경찰 기능이 자치경찰의 주임무이고, 사법경찰 기능에는 보조적인 역할을 하는 것이 자치경찰이다. 형사소송법 제282조와 283조에 근거한 기초자치경찰의 사법경찰 기능으로는 범인을 체포하고 중범죄의 범행 도구 및 증거를 수집할 수 있으나, 국가경찰과의 협약에 근거해서 체포한 범죄자 또는 관련 증거물 등을 즉시 국가경찰에 보고하고 제출하여야 한다. 그러나 일부 빌바오(Bilbao) 자치시의 경우와 같이 이러한 보조적 역할을 거부하고 자치시 자체의 마약퇴치 특수경찰을 창설하여 국가경찰과 직접 선의의 경쟁을 하기도 한다.

출처: 행정자치부 자치경찰제 추진실무단(2007: 39-40).

3) 스페인 치안조직법 제38조.

4) 스페인 치안조직법 제53조.

4. 프랑스

프랑스는 국가경찰이 중심인 국가다. 국가경찰은 방범·수사·교통·질서 유지 등 일반적 업무를 담당한다. 또한, 국가경찰은 조직범죄, 특별범죄 수사, 국가의 안전을 위협하는 간첩 활동 및 테러 범죄 소탕, 불법 이민 감시 등 기능 범위가 매우 넓다. 이에 비하여 자치경찰의 역사가 오래지 않은 프랑스 자치경찰은 그 기능이 매우 한정적이다. 자치경찰은 범죄 예방 순찰, 기초 질서 유지, 자치법규 집행 등 지역적인 경찰 업무를 담당한다. 또한, 자치경찰은 자치단체장의 경찰령 집행, 주민의 공중위생, 안전, 질서 유지, 공공의 평온과 안전 등 행정경찰 중심으로 운영하고 있다. 일반적인 범죄 예방, 질서 유지에 관련된 사항은 도지사, 지검장, 시장 등이 협의하여 활동 장소와 성격 등을 결정하고 있다(경찰혁신기획단 자치경찰추진팀, 2004: 371). 프랑스 자치경찰의 기능을 세분화하면 〈표 7-2〉와 같다.

〈표 7-2〉 프랑스의 자치경찰 기능

자치경찰의 사무	내 용
행정경찰 기능	–질서 유지 : 군중 집회장소에서의 질서 유지 –공공의 평온 : 주위의 소란 제거 등 –공공안전 : 인명과 재산의 안전과 보호, 주민의 주민 보건, 청결 유지, 장례식, 묘지 정비, 음식 청결 등 기초 질서 확립 –도시계획 분야 : 건축 허가 위반 사항에 대한 감시, 검사에게 위반 사항 보고 –통학로 안전 확보, 주차 위반 단속 –순찰, 경계활동, 범죄 사실 인지의 경우 국가경찰에 즉시 보고 –거동 수상자에 직무 질문, 임의 동행, 신체 수색 –기초정부 축제 감시관리, 기초정부 시설 및 건물 경비 –도로법 규칙상 나열된 도로법 위반에 대한 조서작성권 및 국가 경찰에 보고 –수렵과 낚시 감시 등 동식물 보호와 환경 보호 업무
도로교통사무	기초자치정부가 제정한 자치 법규 집행과 이를 위반한 경범행위를 조서로 작성하며, 도로교통법 위반 행위에 대해서도 조서를 작성한다(지방자치법전 제2212-5조). 형소법 제 21조 2항 규정에 근거하여 자치경찰관이 사법경찰리, 사법경찰리 보조의 자격으로 행정처분할 경우 운전자의 음주 상태 또는 음주 측정 거부 시는 관할 국가경찰 또는 군경찰 소속 사법경찰관에게 즉시 보고한다. 이 때 사법경찰관은 자치경찰로 하여금 해당 운전자를 즉시 연행하도록 명령할 수 있다.
사법경찰리, 사법경찰리 보조의 임무	–범죄 발생 상황 보고 의무: 형사소송법 제21-2조에 따라 자치경찰관은 중죄, 경죄, 경범죄의 발생을 인지한 경우 즉시 국가경찰에게 보고하고, 이와 동시에 피의자의 인적 사항을 조사하여 관련 보고서를 작성해 시장과 관할지역 내 국가경찰 소속 사법경찰관을 경유해서 검사에게 즉시 보고한다. 자치경찰은 법에 명시되어 있는 규정을 제외하고는 일

반적으로 벌금조서를 작성할 권한은 없다. 이 때, 만일 피의자가 신분 진술을 거부하거나 확인 불가능할 경우, 자치경찰관은 국가경찰 소속 사법경찰관에게 즉시 보고하고, 사법경찰관으로부터 즉시 동행명령이 없는 경우에는 피의자를 구금할 수 없다. 사법경찰관이 형소법 78-3항에 규정된 조건 아래 신원 확인을 위한 조치를 할 경우 이에 따른다. -범죄수사 보조 임무: 사법경찰과 관련하여 자치경찰은 범죄 및 관련 정보 수집을 위한 행정조사 시행과 사법경찰의 통제 하에 범죄와 관련한 수사에 보조요원으로서 협조한다.

자료: 치안정책연구소(2005: 39).

5. 영국

영국은 대표적인 영미법 체계를 가진 국가이기 때문에 모든 경찰 사무가 자치사무임을 원칙으로 한다. 영국의 자치경찰은 방범, 교통, 경비, 수사 등 모든 경찰 업무를 독자적으로 수행하고 있다. 따라서 자치경찰의 기능 범위가 가장 넓은 국가 중 하나라고 할 수 있다.

국가경찰은 내무부의 한 조직으로서 국가 법질서 관련 업무를 총괄하고 국가경찰 정책 연구·개발, 경감 이상 간부 교육, 경찰 전산 시스템과 프로그램 개발·관리, 경찰감사관실에서 자치경찰 업무 감사·평가, 그 외 광역·조직·국제범죄 수사 등을 담당할 뿐 지역에서 일어나는 경찰 사무를 직접 수행하는 경우는 매우 드물다. 국가경찰은 직·간접적인 방법을 통하여 지방경찰청을 조정하고 통제하는 역할만 한다(이황우, 2005: 36-8).

6. 독일

독일은 대표적인 대륙법 체계를 가진 국가다. 독일은 지방자치단체와 국가 간의 기능 배분 기준은 기본법(헌법)의 근거 규정으로 구분한다. 이 기본법에 의하면 경찰 기능은 원칙적으로 주 정부의 기능으로 분류된다.[5)]

연방경찰은 연방헌법 보호청, 연방국경수비경찰, 연방수사국이 있다. 명칭처럼 연방경찰은 국경 경비 등 특수한 업무만 맡고 있어 사실상의 지역 치안은 주 경찰이 담당한다(신현기, 2005: 144-66; 장기붕, 2005: 174). 연방경찰은 기술, 정책, 연구 지원, 연방

5) 독일기본법 "경찰의 시설 및 조직은 기본적으로 주의 관할 사항이며……"

차원 범죄 수사, 국방, 국민의 보호 등을 관장한다. 헌법보호, 연방정부 전체의 이익을 해할 목적으로 기도된 행위 및 국제적인 범죄진압은 연방경찰의 기능으로 하고 있다.

자치경찰인 주 경찰의 기능은 범죄 예방, 수사, 경무, 교통, 경비 등 일반적인 경찰 활동을 주요 기능으로 한다. 또한, 주 자치경찰은 주 정부의 공공안녕과 질서, 응급 및 비상 관련 업무, 범인의 소환, 압류, 범죄 조회와 정보수집 등 주(州) 전체의 통일적 집행 등의 사무를 정하여 수행하고 있다(김형만 외, 2003: 361-3). 연방경찰과 주 경찰 간의 병렬사무가 있는데 집회·시위, 외국인 체류 문제 등이 대표적인 병렬사무다.

7. 이태리

이태리에서 자치경찰 하면 도시 경찰이 그 주류를 이룬다(신현기, 2005: 221). 그 때문에 자치경찰의 기능은 도시와 관련된 부분이 많은 편이다. 이태리의 주 자치경찰은 주 법령의 집행 및 보호, 비상사태나 재해에 따른 구호 업무, 기타 사법·교통·행정경찰 등 지역 경찰 업무를 중심으로 처리하고 있다. 도 자치경찰은 관할 내 대기, 동물, 삼림, 하천, 호수 등 환경 보호, 고속도로 순찰, 관광객 보호, 관할구역 범죄 예방 및 운전학원 관리 등을 주요 기능으로 한다. 시 자치경찰은 법령의 준수 여부 감시, 행정법규 집행 위반 사범 단속, 차량 소통 관리, 공공질서 유지, 방범 순찰, 공공시설 보호 및 관리, 자연재해·재난, 개인의 사고에 대한 구호 조치, 사법경찰 보조 기능을 주요 기능으로 하여 수행한다(치안정책연구소, 2005: 158-60). 자치경찰은 사법경찰의 보조 기능도 하고 있는데, 사법부(검사) 책임하에 범죄단 소탕, 범인 수색, 범죄 상황 보고 등의 주요업무를 수행한다.

이에 대한 내용이 〈표 7-3〉이다.

〈표 7-3〉 이태리 시 자치경찰의 주요 기능

자치경찰 사무 분야	내 용
행정경찰 기능	영업규제, 교통단속, 공공안전 등을 기본 업무로 수행한다.
교통경찰 기능	교통사고 예방, 교통범죄 예방, 교통사고 보고 및 교통규범 제정 등의 업무를 수행한다. 공공안전(public security)은 기본적으로 국가경찰의 기능이지만 자치경찰이 이 업무와 관련하여 보조 기능을 수행한다.

자료: 행정자치부 자치경찰제 추진실무단(2007: 41).

제 3 절 | 우리나라 자치경찰의 기능

1. 경찰의 기본 기능

경찰의 역할은 시대와 국가에 따라서 줄곧 변화됐다. 최근에 주민들은 경찰에 대하여 범죄를 예방하는 범죄통제자(watchman style)와 법 집행자(legalistic style) 역할과 더불어 지역봉사자(service style)의 역할을 요구하고 있다. 이러한 요구에 부응하기 위하여 영국의 경찰은 주민을 고객으로 설정하고 주민들의 요구와 관심을 파악하여 이를 중심으로 경찰 활동을 하는 질적인 봉사(quality-of-service)로 방향을 전환하고자 대대적인 개혁 운동을 벌이고 있을 정도로 경찰의 역할과 기능은 급격하게 변화되고 있다(Wilson, 1968; McCamey, Scaramella, & Cox, 2003: 62-3). 그러면 과연 경찰의 기본 기능은 무엇인가? 기술한 바와 같이 국가와 시대에 따라서 많은 변화를 가져왔지만, 범죄통제, 질서 유지, 법 집행, 봉사 등으로 요약할 수 있다. 이 범주 안에서 각 국가는 각 국가의 법률 체계와 전통에 따라서 국가경찰과 자치경찰의 기능을 배분하고 있다.

그러면 우리나라 경찰의 기본 기능은 무엇인가?

경찰청장을 지낸 최기문은 경찰의 기능을 [그림 6-1]과 같이 요약하고 있다. [그림 6-1]에서 보는 것과 같이 경찰의 기능은 국가의 안전과 존립을 유지하고 개인의 생명과 재산을 보호하는 것을 주요 임무로 하여 범죄의 방지, 범인의 체포, 서비스의 공급과 같은 기능을 가진다. 세부적으로는 운용 업무, 일반행정 지원 업무, 전문보조, 기술지원 업무로 나눌 수 있으며, 이러한 하위 기능 중 운용 기능은 경찰 본연의 목표 달성에 필요한 핵심적 기능으로 구성되며, 보통 경찰의 기능이라고 하면 이러한 운용 업무를 담당하는 것이 보통이다. 보조적 기능은 주 기능인 운영에 필요한 전문지식 및 기술 그리고 관련 시설 및 기기와 관련된 것을 보조하기 위한 것으로 구성된다. 행정 지원은 운용 기능과 보조 기능이 원활하게 수행되도록 하게 하거나 때로는 이들 양자가 서로 잘 융합되게 하는 기능으로 체계화되어 있다고 볼 수 있다.(최기문, 2000: 21-3).

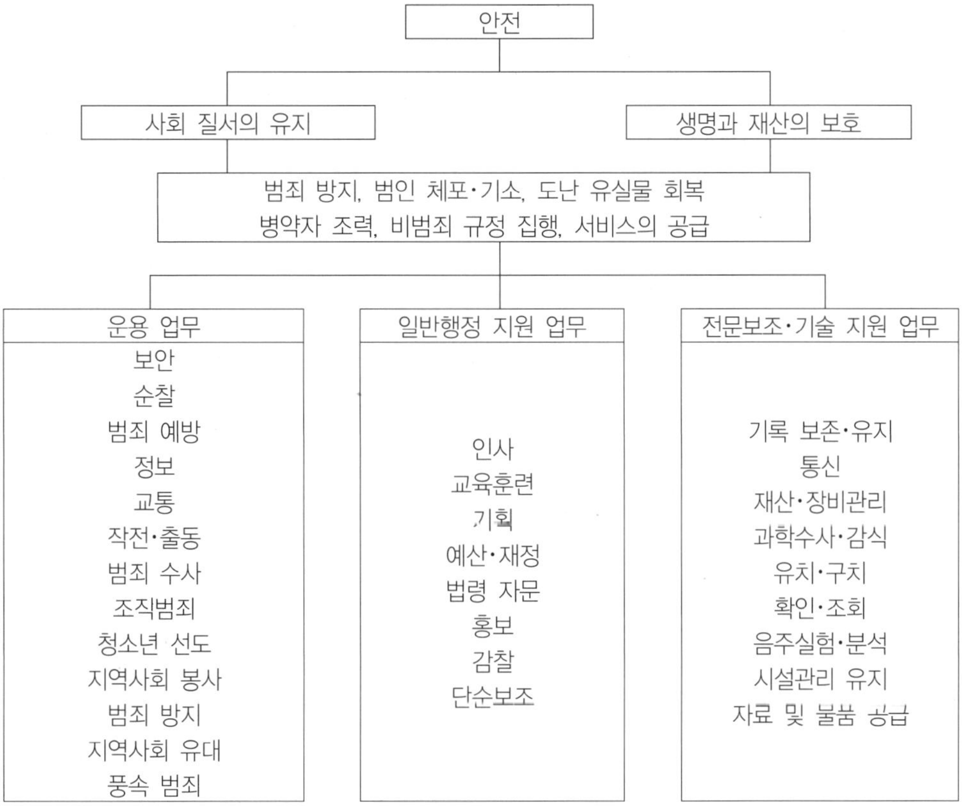

[그림 7-1] 경찰의 기능

한국경찰의 임무(기능)는 경찰관계법에 규정되었다. 우선 1991년 7월에 제정된 경찰법 제3조는 한국 경찰의 임무를 "경찰은 국민의 생명·신체 및 재산의 보호와 범죄의 예방·진압 및 수사, 치안정보의 수집, 교통의 단속 기타 공공의 안녕과 질서유지를 그 임무로 한다"로 규정하고 있다. 경찰법이 여러 차례 개정되었지만 제3조 경찰의 임무 조항은 20여 년 동안 한 번도 변하지 않았다. 그러다가 2011년 8월에 경찰법 일부 개정에서 경비·요인경호 및 대간첩작전 수행의 내용이 추가되었다. 그러나 이 규정은 「경찰법」 제3조에 따른 국가경찰의 임무에는 「경찰관직무집행법」 제2조에서 규정하고 있는 경찰의 직무 중 "경비·요인경호 및 대간첩작전 수행"이 빠져 있고, 반대로 「경찰관직무집행법」 제2조에 따른 경찰의 직무에는 「경찰법」 제3조에서 규정하고 있는 국가경찰의 임무 중 "국민의 생명·신체 및 재산의 보호"가

빠져 있어, 경찰의 임무에 관한 두 법의 규정을 상호 일치시키려는 것이지 새로운 경찰 기능이 보강되거나 감소한 것은 아니다.[6] 그러다가 2020년 12월 9일에 국회에 통과된 경찰법 전면개정 법률인 '국가경찰과 자치경찰의 조직과 운영에 관한 법(이하 "국가 및 자치경찰법")'에서 다음과 같은 내용이 추가된다.

- **범죄피해자 보호**
- **공공안녕에 대한 위험의 예방과 대응을 위한 정보의 수집·작성 및 배포**
- **외국 정부 기관 및 국제기구와의 국제협력**

그러나 위에서 보는 바와 같이 실제로 추가된 내용은 외국 정부 기관 및 국제기구와의 국제협력뿐이다. 공공안녕에 대한 위험의 예방과 대응을 위한 정보의 수집·작성 및 배포는 국가경찰이 그동안 치안정보 수집이라는 근거를 내세우면서 민간사찰 등 불법사찰로 인한 부작용이 너무나 컸다. 때문에 경찰청은 경찰개혁위원회에서 강력한 권고를 수용하여 정보수집은 공공안녕에 대한 것 이외는 금지하였다. 지금까지 우리나라 경찰 관련 법에 따른 경찰의 임무(기능)의 내용을 정리하면 다음 〈표 7-4〉와 같다.

〈표 7-4〉 경찰 관련 법에 따른 경찰의 임무의 변화

경찰법제정 (1991.7.31.)	경찰법 개정(2011.8.4.)	국가 및 자치경찰법 (2021.1.1. 시행)
경찰법 제3조 경찰은 국민의 생명·신체 및 재산의 보호와 범죄의 예방·진압 및 수사, 치안정보의 수집, 교통의 단속 기타 공공의 안녕과 질서 유지를 그 임무로 한다..	경찰법 제3조 1. 국민의 생명·신체 및 재산의 보호 2. 범죄의 예방·진압 및 수사 3. 경비·요인경호 및 대간첩 작전수행 4. 치안정보의 수집·작성 및 배포 5. 교통의 단속과 위해의 방지 6. 그 밖의 공공의 안녕과 질서 유지	국가 및 자치경찰법 제3조 1. 국민의 생명·신체 및 재산의 보호 2. 범죄의 예방·진압 및 수사 3. 범죄피해자 보호 4. 경비·요인경호 및 대간첩·대테러작전 수행 5. 공공안녕에 대한 위험의 예방과 대응을 위한 정보의 수집·작성 및 배포 6. 교통의 단속과 위해의 방지 7. 외국 정부기관 및 국제기구와의 국제협력 8. 그 밖에 공공의 안녕과 질서유지

6) 법제처, 국가법령정보센터, 경찰법 일부 개정안, 2011.8.6. 경찰법개정연혁

2. 자치경찰 기능과 수행방법의 검토

위에서 말한 국가경찰은 일반 경찰 기능 가운데 어떤 분야를 자치경찰기관에 이관할 수 있는가? 이에 대한 해답은 다양하게 제시되고 있다. 설령 자치경찰 체제를 도입하지 않는다고 하더라도 수사, 정보, 대공, 작전, 경호 등을 제외한 교통경찰과 생활 경찰(방범 경찰), 행정경찰(행정법규 위반 단속)에 대해서는 지방자치단체의 위임사무로 배분하여 시·도지사의 지휘 감독을 받도록 하여야 한다는 주장은 오래전부터 있었다. 특히 지방자치가 실시되기 전후에는 이러한 주장이 더욱 강했다(김용래, 1995: 5).

또한, 자치경찰은 교통, 경비, 방범, 일반 수사 등 지역 서비스 분야에 치중하도록 하고, 해당 지방자치단체가 수행하여야 하는 자치사무와 위임사무의 집행을 지원하는 행정경찰 업무도 현재의 관행대로 부가 사무로 수행하여야 한다는 주장도 있다(한국개발연구원, 1992: 370). 따라서 지방자치단체가 경찰 임무를 기관위임사무 내지는 단체위임사무로서 위임받아서 지방 자치경찰은 그 지역의 방범, 교통, 경비, 일반 수사 등 민생치안에 주력하도록 한다. 그리고 중앙경찰은 기획·소성·통제, 치안 관련 기관 및 정부 부처와의 업무 협조, 국가안보와 관련되는 사항, 광역범죄, 대규모 재해 및 소요사태 대처, 전국적인 유·무선 통신 시설의 확보 및 유지, 경찰 중견간부의 교육 훈련 등을 담당하도록 하자는 주장도 있다.(이황우, 1995: 27). 이러한 다양한 주장도 자치경찰의 도입단위 및 누가 주도하는 자치경찰이냐에 따라서 경찰 기능 배분은 달라진다. 참여정부의 자치경찰 안에서 제시된 기능 배분이 어떠한 과정을 거쳐서 추출되었는지를 살펴 보았다.

1) 기능 배분의 준거

국가경찰과 자치경찰 간의 기능(사무) 배분은 일정한 행정구역 내의 주민에 대한 서비스의 공급을 어떤 정부 단위가 수행할 것인지에 관한 문제다. 즉, 각종 행정 기능을 각급의 정부 단위에 분담시켜 그 기능의 처리에 관한 권한 및 책임을 부여하고자 하는 것이나. 기능 배분은 행정 기능의 처리 권한, 비용부담의 주체, 책임의 소재를 명확하게 배분하는 것이다(임승빈, 2005: 158). 참여 정부안은 이러한 인식에

따라 다음과 같은 기능 배분의 기준을 마련하였다.[7)]

① 기초단위 자치경찰 창설 모형에 부합하게 국가경찰 기능은 일반적·포괄적으로, 자치경찰 기능은 제한적·구체적으로 배분

경찰행정은 행정과 사법이 융합되어 있어 일반행정상의 국가·자치 기능(사무) 배분 원칙과 기준을 그대로 적용하기는 곤란하다. 경찰행정에 일반행정상의 기능 배분 원칙을 적용하게 되면 행정과 사법의 분리 현상이 발생하여 경찰행정의 기조가 붕괴할 위험이 있다. 따라서, 자치경찰의 사무 배분은 행정사무에 적용되는 보충성의 원칙과 사법사무에 적용되는 보완성의 원칙(principle of subsidiarity)을 조화시키는 것이 필요하다.

② 국가경찰과 자치경찰 간 치안상 역할분담을 고려하여 기능 배분

국가경찰은 범죄대응, 법질서 확립, 사회안전 확보 사무에 주력하고 자치경찰은 기초자치단체라는 도입단위의 의의를 살려 주민밀착형 치안서비스, 자치행정 법 집행 등 예방경찰 사무와 행정경찰 사무를 수행하는 것으로 하고 있다.

③ 기초자치단체에 보유하고 있는 법 집행 및 특별사법경찰 기능을 강화

자치경찰을 설치하는 목적 중 하나는 자치단체의 법 집행력 향상이다. 우리나라 자치단체는 수행하는 업무량에 비하여 집행력을 담보하는 강제력은 매우 취약한 편이다. 가장 강한 집행력이 과태료 부과라고 할 정도로 자치단체의 집행력은 다른 어느 나라보다도 취약하다. 이러한 취약점을 보강하기 위하여 현재 자치단체가 수행하는 법집행사무와 특별사법경찰사무에 집행력을 보강할 수 있도록 기능 배분의 방향을 잡고 있다.

2) 자치경찰사무의 유형

위에서 기술한 원칙과 기준에 의해서 참여정부의 자치경찰사무는 다음과 같은 사무들이 채택되었다.

---

7) 정부혁신지방분권위원회 자치경찰 T/F팀, 기초단위 자치경찰사무 검토(내부자료), 2004.6.8, p.1.

가. 기초자치단체에서 보유하고 있는 법 집행 및 특별사법경찰사무

기초자치단체에는 법 집행 및 특별사법경찰사무로서 행정경찰 사무와 특별사법경찰사무가 있다. 행정경찰 사무로서는 풍속·공중 접객, 보건·위생, 건설·건축, 산림·공원·하천, 환경, 도로·차량 등 관련 50여 종이 있다. 특별사법경찰사무는 보건·위생, 교통, 환경, 문화, 경제 등 20여 종이 있다. 이를 구체적으로 살펴보면 후술하는 〈표 10-17〉과 같다. 이와 관련하여 지방자치단체는 〈표 7-5〉와 같은 경찰 사무의 일종인 경비 사무가 자치단체의 사무로 되어있다.

〈표 7-5〉 자치단체가 처리하는 경비 사무

분 야 별	근거 법령	권한자	비 고
산림 보호· 국유림 경영	ㅇ산지관리법 제25조, 제27조, 제31조, 제57조 동법시행령 제52조 ㅇ산림자원의 조성 및 관리에 관한 법률 제19조, 제21조, 제36조, 제45조, 제73조, 제74조 등	시·도지사 구청장	채석 허가(7만㎡ ~ 10만㎡) : 시·도지사 채석 허가(7만㎡ 미만) : 구청장 산림, 임산물과 그 수렵에 관한 범죄, 임목 벌채, 임산물 채취 등
식품 단속	ㅇ식품위생법 제17조, 제17조의2, 제20조의2, 제77조	시·도지사 구청장	식품위생관리
의약품 단속	ㅇ약사법 제69조, 제70조 동법시행규칙 제88조 ㅇ마약류관리에 관한 법률 제41조 ㅇ의료기기법 제24조, 제28조	시·도지사 구청장	약국, 의료기관 시설 의약품 보고 및 검사
공원관리	ㅇ자연공원법 제34조	시·도지사 구청장	자연공원에서 발생하는 현행범
계량 업무	ㅇ계량에 관한 법률 제32조, 제34조, 제36조	시·도지사 구청장	계량기 제작업의 등록 등 위반
공중위생 단속	ㅇ공중위생관리법 제9조, 제15조	시·도지사 구청장	위생지도 개선명령 등 위반
환경 단속	ㅇ수질환경보전법, 대기환경보전법, 유해화학물질관리법, 토양환경보전법, 소음·진동규제법 등	시·도지사 구청장	환경보전 위반 등
차량 운행 제한 단속 및 도로시설 관리	ㅇ도로법 제40조, 제47조, 제50조, 제50조의4 제53조, 제54조, 제54조의4 및 제54조의6	시·도지사 구청장	접도구역 내 지형질 변경, 공작물 설치 등 위반 과적 운행 단속
청소년 보호 업무	ㅇ청소년보호법 제35조	구청장	청소년 유해매체물 청소년유해약물, 청소년유해업소 고용 등 위반

분 야 별	근거 법령	권한자	비 고
농수산물 원산지·유전자 변형 농수산물 표시	○농산물품질관리법 제18조 ○수산물품질관리법 제46조	시·도지사 구청장	농산물 원산지 표시 등 위반
대외무역법상 원산지 표시 단속	○대외무역법 제23조, 제50조	시·도지사 구청장	원산지 표시 등 위반
농약·비료 단속	○농약관리법 제24조,제25조 ○비료관리법 제18조	시·도지사 구청장	불법 농약판매업 (구청장)
하천 감시	○하천법 제68조, 제82조 법시행령 제57조	시·도지사 구청장	불법 하천 부속물 점용 유사 사용, 토지 점용 등
가축 방역·검역	○가축전염병예방법 제3조, 제19조, 제20조	시·도지사 구청장	가축 전염병 예방
무등록자동차 정비업 자동차 무단 방치 강제보험 미가입자 자동차운행 단속	○자동차손해배상보장법 제7조, 제38조 2항 제42조 내지 제45조 동법시행령 제28조 내지 제30조 동법시행규칙 제11조 내지 제13조 ○자동차관리법 제26조,제81조 제85조 내지 제88조 동법시행령 제6조, 제21조 제22조 동법시행규칙 제24조, 제158조 내지 제160조	구청장	의무보험 가입 위반 자동차 방치 등
소방에 관한 업무	○소방기본법 제50조 내지 제55조 ○소방시설 설치 유지 및 안전관리에 관한 법률 제48조 내지 제52조 ○소방시설공사업법 제35조 내지 제39조 ○위험물안전관리법 제33조 내지 제38조 ○다중이용업소의 안전 관리에 관한 특별법 제23조 및 제24조	소방방재 본부장 소방서장	소방자동차 운행 방해 등

나. 경찰사무 중 자치경찰도 국가경찰과 함께 수행하도록 권한 부여(창설) 가능한 사무

- 방범진단·순찰, 방범시설·기기 운영, 주민 협력 방법, 안전사고 예방, 미아·가출인·주취자 보호 조치 등 생활안전 활동
- 아동·여성·청소년 등 사회적 약자 보호
- 통고처분 또는 과태료 대상 생활질서사범 단속
- 교통시설 관리, 교통안전 지도, 교통사고 예방, 교통소통 유지
- 지역행사·시설경비 등

다. 경찰 사무 중 자치경찰이 전담 수행하도록 이양 가능한 사무
- 정신착란자·행려병자·노숙자 등 구호 기관 인계 대상 보호 조치
- 어린이 보호구역 지정·관리, 어린이 교통공원 조성·관리, 어린이 통학버스 신고필증 교부, 보행자 전용도로 설치
- 소규모 지역행사·혼잡 경비, 지역 공공시설 경비 등

라. 특별지방행정기관 정비 시 자치경찰에 통합 가능한 사무

지방분권이 확대되면 특별지방행정기관의 다수가 지방자치단체에 이양되기 때문에 이에 따른 사무도 자치경찰의 사무로 될 수 있다. 대표적인 사무가 환경 사범, 식품·의약 사범, 산림 훼손 사범, 경제질서사범 단속 및 처리 등이다. 현재 제주특별자치도에는 7개의 특별지방행정기관이 이관되어 있다.

3) 사무수행 방법

사무수행은 자치경찰사무는 원칙적으로 자치경찰이 수행하되, 국가경찰과 함께 수행하는 사무에 대해서는 국가경찰의 협약 하에 분담 처리하는 방안을 택하고 있다. 자치경찰은 임무 범위 및 관할구역 내에서 경찰관직무집행법에 의거, 경찰관의 직무를 수행하도록 하여 집행력을 국가경찰관 수준을 유지하도록 하고 있다. 전문행정분야에 부수된 단속·특별사법경찰사무는 그 연관성을 고려하여 현행대로 유지하되, 자치경찰에 총괄관리 및 필요하면 동원·지휘권을 부여하고 있다. 또한, 국가경찰과 자치경찰 간에 상호 역할분담 및 공조·협력 체계를 마련하여 원활한 분업·협동 관계를 유지할 수 있도록 하고 있다.

3. 노무현 정부의 자치경찰 기능과 수행방법의 결정(안)

노무현 정부에서는 이와 같은 방법으로 자치경찰 기능과 수행방법을 결정한 후 최종적인 안을 다음과 같이 확정하고 법제화하였다. 이 내용을 기술하면 다음과 같다.

1) 자치경찰의 사무

자치경찰은 다음 각호의 사무를 처리하도록 하고 있다.[8)]

가. 주민의 생활 안전 활동에 관한 사무
가) 생활 안전을 위한 순찰 및 시설의 운영
나) 주민 참여 방범 활동의 지원 및 지도
다) 안전사고 및 재해·재난 등으로부터의 주민 보호
라) 아동·청소년·노인·여성 등 사회적 보호가 필요한 자에 대한 보호 및 가정·학교 폭력 등의 예방
마) 주민의 일상생활과 관련된 사회 질서의 유지 및 그 위반행위의 지도·단속

나. 지역교통 활동에 관한 사무
가) 교통 안전 및 교통 소통에 관한 사무
나) 교통 법규 위반의 지도·단속
다) 주민 참여 지역교통 활동의 지원 및 지도

다. 시·군·구의 공공시설 및 지역행사장 등의 지역경비에 관한 사무

라. '사법경찰관리의 직무를 행할 자와 그 직무 범위에 관한 법률'에서 자치경찰공무원의 직무로 규정하고 있는 사법경찰관리의 직무

2) 업무 배분의 방법

이러한 사무를 처리하면서 국가경찰과 자치경찰 간의 역할분담 및 사무수행 방법 등은 시장·군수·구청장(이하 "시장 등")과 경찰서장의 협약(시·군·구를 담당하는 경찰서가 2 이상이면 시장 등과 경찰서장 전원이 공동으로 체결하는 공동협약을 말한

---

8) 참여정부안 자치경찰법 제6조 제1항

다)으로 정하고 이를 공표하여야 한다. 이 경우 시장 등은 미리 제11조의 규정에 따른 지역치안협의회의 의견을 들어야 한다. 만약에 협약을 체결하면서 시장 등과 경찰서장이 의견을 달리하여 협약이 체결되지 아니할 때는 협약당사자의 신청에 따라 제9조의 규정에 따른 치안 행정위원회의 심의·의결을 거쳐 시·도지사가 조정하도록 하였다. 다만, 협약이 체결되지 아니하는 상태가 지속하여 공익을 현저히 저해하여 조속한 조정이 필요하다고 인정되는 경우에는 협약당사자의 신청이 없는 때에도 치안 행성위원회의 심의·의결을 거져 시·도지사가 이를 조정할 수 있도록 하였다. 시·도지사가 협약의 체결을 조정할 때에는 이를 서면으로 바로 협약당사자에게 통보하여야 하며, 통보를 받은 협약당사자는 그 조정사항을 협약에 포함해야 한다. 국가경찰과 자치경찰 간의 역할분담 및 사무수행의 방법 등에 관한 기준 및 협약의 공표에 관하여 필요한 사항은 대통령령으로 정한다.[9]

3) 활동목표의 수립 및 평가

자치경찰은 오랫동안 논의과정을 기친 제도다. 이렇게 오랫동안 논의과정을 거친 이유 중의 하나는 경찰 사무를 자치단체에 이관하였을 때 국가경찰 때 보다 더 잘 할 수 있을까에 대한 확신에 대한 논란 때문이다. 이를 불식시키기 위해서 자치 경찰법안에는 영국의 자치경찰이 최고 가치(Best of Value)를 공포하여 평가를 받는 것 처럼(최종만, 2007: 290-8) 자치단체장이 매년 해당 자치경찰의 활동목표를 주민들에게 공포하고 이에 대하여 평가받도록 하였다. 이에 대한 참여정부 자치경찰법안의 내용을 보면 다음과 같다.[10]

"시장 등은 매년 지역치안협의회의 의견을 들어 자치경찰 활동의 목표를 수립하고 공표하여야 한다. 시장 등은 제1항의 규정에 따른 목표를 기준으로 매년 지역치안협의회의 의견을 들어 자치경찰 활동을 평가하고 그 결과를 공표하여야 한다. 목표의 수립 및 평가와 이의 공표 등에 관하여 필요한 사항은 대통령령으로 정한다."

9) 참여정부안 자치경찰법 제6조 제2항~5항

10) 참여정부안 자치경찰법 제7조

4. 유기준 의원 안(시·도지사협의회 안)의 자치경찰 기능

유기준 의원은 노무현 정부의 대안으로 시도지사협의회의 안을 의원입법 형식으로 국회에 제출된 안이다. 유기준안은 은 시·도 경찰본부는 법령에 다른 규정이 없는 한 당해 시·도의 관할구역 안에서 광역적 사무의 조정·응원 및 지원을 수행하고, 자치경찰대는 당해 시·군·구의 관할구역 안에서 지역적 민생치안을 담당한다는 것을 원칙으로 하여 다음과 같이 사무를 배분하였다. 시·도지사 협의 회안을 반영한 유기준 의원의 자치경찰 안은 다음과 같은 기능을 자치경찰의 주요 사무로 하였다.[11]

1) 시·도 경찰 본부의 사무

가. 시·도 경찰 운영에 관한 사무

가) 시·도 경찰 운영에 관한 시책의 연구·조사·기획

나) 시·도 경찰 예산의 편성·제출 및 집행

다) 시·도 경찰 및 자치경찰대의 조직·인사·교육·복무·감사·감찰

라) 시·도 경찰 공보

마) 자치경찰대에 대한 지원 또는 평가

바) 시·도 경찰 및 자치경찰대와 관련된 민원처리

사) 시·도 경찰위원회 운영 지원

나. 광역적 범죄의 진압·수사 및 지역경비에 관한 다음 각호의 사무

가) 강력범죄, 마약류 단속 등의 범죄 첩보 수집

나) 피의자 등의 체포, 강력범죄의 진압 및 수사, 지하철 범죄의 예방 및 수사, 증거의 수집·보관

다) 고소·고발 및 진정 사건의 조사·처리

라) 유치장 관리

마) 자치경찰대가 이첩한 범죄의 수사

---

11) 유기준 의원안의 자치경찰법 제14조

다. 광역교통의 안전과 소통에 관한 다음 각호의 사무
가) 광역적 교통 규제 및 교통안전시설의 설치·관리
나) 광역적 교통 안전에 관한 지도·계몽·교육
다) 자동차 운전 면허 관리 및 자동차 운전학원의 지도·육성
라) 중대 교통사고의 조사 및 처리

라. 광역적 지역경비에 관한 다음 각호의 사무
가) 광역적 혼잡경비·시설경비 등 각종 경비 활동
나) 검문소의 설치 및 운영

마. 국가경찰 또는 자치경찰대와의 협력 및 응원에 관한 사항

바. 그 밖에 법령 및 시·도조례에 의하여 시·도 경찰본부의 사무로 정한 사항

2) 자치경찰대의 사무

가. 범죄의 예방 활동·지역경비에 관한 다음 각호의 사무
가) 방범순찰·112신고 처리 및 협력 방범 등의 지역방범 활동
나) 파출소·치안센터 운영·외근 경찰 업무 등의 계획 수립 및 집행
다) 사격장의 지도 및 단속
라) 경범죄의 지도 및 단속과 즉결심판 관련 업무
마) 유실물 처리, 미아·가출인 보호 및 수배
바) 사행행위 및 풍속사범의 지도·단속
사) 총포·도검·화약류 등의 지도·단속
아) 안전사고의 예방
자) 청소년 선도 및 성폭력 범죄의 예방, 소년 범죄의 수사
차) 경비업의 지도 및 육성
카) 지역적 경비·시설경비 등의 각종 경비 활동
타) 청원경찰 관련 업무

나. 지역교통의 안전과 소통에 관한 다음 각호의 사무
가) 교통사고의 방지 및 소통 증진
나) 지역적 교통 규제 및 교통안전시설의 설치·관리
다) 지역적 교통 안전에 관한 지도·계몽·교육
라) 교통 법규 위반자에 대한 지도·단속
마) 교통사고의 조사 및 처리

다. 지역의 일반범죄 진압·수사에 관한 다음 각호의 사무
가) 지역의 범죄 첩보 수집
나) 피의자 등의 체포, 일반범죄의 진압 및 수사, 증거의 수집·보관
다) 고소·고발 및 진정 사건의 조사·처리
라) 유치장 관리

라. 그 밖에 법령 및 시·군·구의 조례에 의하여 자치경찰대의 사무로 정한 사항
유기준 의원안을 보면 국가경찰조직의 최일선 기관은 경찰서이며, 자치경찰 조직은 시·도경찰본부와 자치경찰대로 구성된다. 지금의 지구대는 자치경찰대로 이관하는 조직 체제다. 이러한 체제에 따라서 사무 배분은 국가경찰은 대공, 정보, 보안, 강력범죄 등 국가사무를 수행하며, 자치경찰은 교통 안전, 지역경비, 치역 치안, 일반범죄 수사 등 자치사무를 중심으로 수행하도록 하고 있다(신봉기, 2006: 28-9). 자치경찰이 지역 치안 수요를 거의 수용하여 서비스한다는 안이다.

3) 사무배분의 방법

유기준 의원안의 사무배분에 관한 규정은 특별한 내용이 없다. 위에서 볼 수 있는 바와 같이 유기준 의원안은 사무배분 방식은 열거주의 형식을 띠고 있음을 알 수 있다. 자치경찰의 사무를 열거하였을 뿐만 아니라 광역과 기초자치단체별로 사무 종류도 나열하고 있다. 이와 같은 열거 방식은 사무 구분의 명확화로 권한과 책임의 일치라는 장점이 있지만 자칫 경직성으로 인한 부작용이 예상되는 사무배분 방식이다(정일섭, 2006: 161).

4) 자치경찰 활동의 목표·평가 및 운영

유기준 의원안도 정부와 제주특별자치도 안처럼 자치경찰 활동의 공개를 원칙으로 하고 있다. 시·도지사는 매년 시·도 경찰위원회의 의견을 들어 자치경찰 활동의 목표를 수립하고 공표하여야 한다. 시·도지사는 공표된 목표를 기준으로 매년 자치경찰 활동을 평가하고 시·도 경찰위원회의 의견을 들어 그 결과를 공표하여야 한다.[12]또한 시·도 경찰본부장은 단기 및 중장기별로 치안계획을 수립하여 이를 시·도 경찰위원회에 보고하여야 하며, 치안계획에는 경찰 예산·장비·인력 충원·치안 서비스의 질 제고 등을 위한 방안과 목표 등이 포함되어야 한다.[13]

그리고 업무 수행의 원칙으로는 시·도 경찰본부장과 자치경찰대장은 자치경찰의 조직과 규모의 적정화 및 운영의 합리화에 노력하여야 하며, 시·도 경찰본부장과 자치경찰대장은 자치경찰사무의 처리에 필요한 사무소, 무기고 등의 시설물을 갖추어야 한다. 시·도 경찰본부장과 자치경찰대장은 국가경찰과 항시 긴밀한 연락 체계를 유지할 수 있는 유·무선의 통신망을 갖추도록 하고 있다.[14]

5. 제주자치경찰단의 기능

1) 사무

제주특별자치도의 자치경찰인 제주자치경찰단은 노무현 정부(참여정부)가 제시한 모형을 거의 그대로 수용하였다. 처음부터 제주자치경찰단은 특별자치도의 명칭처럼 제주특별자치도에만 특별한 모형으로 설치하려는 것이 아니라 전국과 같이 설치하려 하였다. 그러다가 노무현 정부의 자치경찰법안이 국회에서 계속 심의조차 하지 않고 계류중이자 정부는 일단 제주특별자치도에서부터 자치경찰을 시범 실시하는 것으로 정하여 정부가 제출한 자치경찰법안 일부를 거의 그대로 제주특별법에 첨부한 것이다. 따라서 제주특별자치도 자치경찰사무도 정부안과 대동소이하다. 제주자치경찰단

12) 유기준 의원안의 자치경찰법 제15조
13) 위 법률 제16조
14) 위 법률 제17조

의 자치경찰사무 종류는 다음과 같다.[15)]

가. 주민의 생활 안전 활동에 관한 사무
가) 생활 안전을 위한 순찰 및 시설 운영
나) 주민 참여 방범 활동의 지원 및 지도
다) 안전사고 및 재해재난 등으로부터의 주민 보호
라) 아동·청소년·노인·여성 등 사회적 보호가 필요한 자에 대한 보호 및 가정·학교 폭력 등의 예방
마) 주민의 일상 생활과 관련된 사회 질서의 유지 및 그 위반행위의 지도·단속

나. 지역교통 활동에 관한 사무
가) 교통 안전 및 교통 소통에 관한 사무
나) 교통 법규 위반 지도·단속
다) 주민 참여 지역교통 활동의 지원 및 지도

다. 공공시설 및 지역행사장 등의 지역경비에 관한 사무

라. '사법경찰관리의 직무를 행할 자와 그 직무 범위에 관한 법률'에서 자치경찰공무원의 직무로 규정하고 있는 사법경찰관리의 직무

상기 업무는 정부안의 사무 종류와 완전하게 일치된다.

2) 사무 배분의 방법

사무 배분도 노무현 정부(참여정부) 안과 거의 같다.[16)] 제주특별법 제108조의 규정에도 불구하고 동항 제1호 또는 제3호의 사무를 처리하면서 국가경찰과 자치경찰간의 사무 분담 및 사무수행 방법은 도지사와 제주자치도 지방경찰청장이 협약으로 정하고 이를 공표하여야 한다. 이 경우 도지사는 미리 제113조의 규정에 따른 치

15) 제주특별자치도 설치 및 국제자유도시 조성을 위한 특별법(이하 '제주특별자치도 특별법') 제108조
16) 제주특별자치도특별법 제110조

안 행정위원회의 의견을 듣도록 하고 있다. 도지사와 제주자치도 지방경찰청장은 제1항의 규정에 따른 협약 체결에 관한 권한을 각각 행정시장과 경찰서장에게 위임할 수 있다.

협약을 체결하면서 협약당사자가 의견을 달리하여 협약이 체결되지 아니할 때는 협약당사자의 신청에 따라 경찰법 제5조의 규정에 따른 경찰위원회(이하 "경찰위원회"라 한다)의 심의·의결을 거쳐 행정안전부 장관이 조정한다. 다만, 협약이 체결되지 아니하는 상태가 지속하여 공익을 현저히 저해하여 조속한 조정이 필요하다고 인정되는 경우에는 협약당사자의 신청이 없는 때에도 경찰위원회의 심의·의결을 거쳐 행정안전부 장관이 이를 조정할 수 있다. 행정안전부 장관이 협약의 체결을 조정한 때에는 이를 서면으로 바로 협약당사자에게 통보하여야 하며, 그 통보를 받은 협약당사자는 그 내용을 협약에 포함해야 한다. 국가경찰과 자치경찰 간의 사무 분담 및 사무수행의 방법에 관한 기준 및 협약의 공표에 관하여 필요한 사항은 도 조례로 정한다. 이 경우 제주자치도 지방경찰청장의 의견을 들어야 한다.

협약 방법은 참여정부 안과 비슷하지만, 협약이 되지 않았을 때 조정 방법은 크게 차이가 있다. 참여 정부안은 시·도지사가 조정권을 갖고 있지만, 제주특별자치도면 국가경찰위원회의 심의·의결을 거쳐 행정안전부 장관이 최종 결정권을 갖도록 하고 있다. 이는 지방자치 원리와 배치된다는 비판을 받을 소지가 많다. 제주특별자치도인 경우 상급 자치단체가 존재하지 않기 때문에 상위 기관인 국가기관이 개입하도록 하고 있다지만 특별자치도라는 취지와는 거리가 멀다 하겠다. 따라서 최종 결정권은 참여정부 안과 마찬가지로 치안행정위원회의 심의·의결을 거쳐 도지사가 결정하도록 하는 것이 바람직하다.[17)]

3) 자치경찰 활동의 목표·평가 및 운영

제주특별자치도 자치경찰은 매년 그 활동에 대한 평가를 받도록 하고 있다.[18)] 도지사는 매년 치안행정위원회의 의견을 들어 자치경찰 활동의 목표를 수립하고 공표

---

17) 협약에 대해서는 최종술, 자치경찰법(안)에 있어서 협약의 성격에 관한 연구: 제주특별자치도 자치경찰의 사례를 중심으로 참조.

18) 위 법률 제111조

하여야 한다. 그리고 지사는 공표된 목표를 기준으로 매년 자치경찰 활동을 평가하고 치안행정위원회의 의견을 들어 그 결과를 공표하여야 한다. 그리고 도지사는 자치경찰의 조직 및 규모의 적정화와 운영의 합리화를 위하여 인력 및 장비 등의 운용계획을 수립하여야 하며 자치경찰사무의 처리에 필요한 사무소, 무기고 등의 시설물을 갖추어야 하고, 국가경찰과 항시 긴밀한 연락체계를 유지하여야 하며, 이를 위하여 유·무선 통신망 등의 설비를 갖추어야 한다.[19]

6. 함의

지금까지 참여정부가 국회에 제출한 자치경찰의 기능에 대해서 살펴보았다. 이 과정에서 외국의 자치경찰의 기능과 유기준 의원이 발의한 자치 경찰법안에 관해서도 기술하였다. 외국의 자치경찰 기능은 나라의 역사와 문화에 따라 매우 다양하였다. 그러나 대체로 영미법 체계 국가의 자치경찰은 그 기능이 매우 광범위한 반면에 대륙법 체계 국가의 자치경찰은 영미법계보다 기능 범위가 협소하였다.

유기준 의원 안은 영미법 체계 국가의 자치경찰만큼 자치경찰 기능이 매우 광범위하였다. 이 안은 자치경찰이 경찰의 예방과 법 집행기능 전반에 걸쳐서 수행할 수 있도록 하였다. 참여정부 안과 제주특별자치도 안은 이에 비해서 매우 범위가 좁다. 지역 교통과 지역 경비, 지역 방범, 특별사법경찰 업무가 자치경찰의 사무다. 이렇게 자치경찰사무의 범위가 좁으므로 정부안은 많은 곳에서 비판을 받아온 것이 사실이다. 이로 인하여 심지어 '청원경찰', '무늬만 자치경찰', '단지 자치경찰 실시만을 하기 위한 국가경찰과의 타협의 산물'이라는 비판까지 받았다. 그러나 사무 배분에서 권한 이양은 양으로만 결정되는 것은 결코 아니다. 자치경찰의 사무 배분에서는 누가 이 서비스를 제공하는 것이 바람직한가도 매우 중요한 사항이다. 참여 정부안의 자치 기능은 주민의 일상생활과 항상 함께 발생하는 사무들이다. 이 사무는 누가 수행하는 것이 바람직한지, 자치사무의 기획, 조정, 보충의 기능을 주로 수행하는 광역자치단체가 수행하는 것이 바람직한지, 아니면 생활 자치사무를 직접 처리하는 기초자치단체가 수행하는 것이 바람직한지를 고려해 보면 해답이 나올 것이다.

---

19) 위 법률 제112조

제 4 절 | 문재인 정부의 자치경찰 기능

1. 이원론에서의 자치경찰 기능

1) 경찰청 안의 자치경찰 기능

경찰청은 경찰청 전체의 사무를 다음 도식처럼 분류하였다.

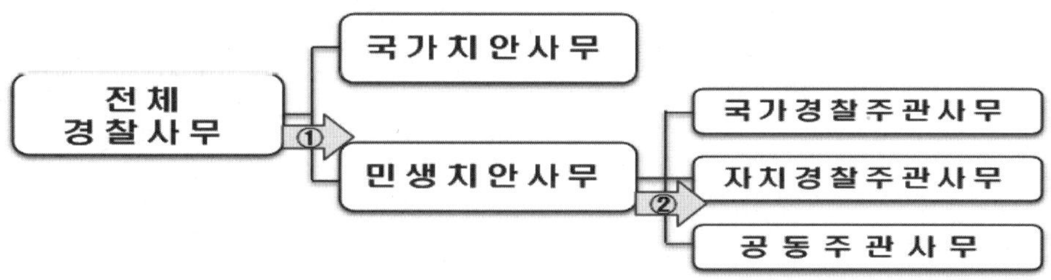

이 분류에 따라 국가경찰과 자치경찰사무의 분류 원칙을 다음과 같이 세웠다.

국가경찰 주관사무	▸국가경찰이 권한과 책임을 지는 사무 ▸국가 존립, 전국적 규모, 통일적 처리, 고도의 전문성 필요 등
자치경찰 주관사무	▸자치경찰이 권한과 책임을 지는 사무 ▸자치경찰이 우선 처리하되, 인력·기술·재정 미비, 장애 요인 등으로 치안 공백이 발생하지 않도록 국가경찰이 지원 가능(업무협약을 통해 보완)
공동 주관사무	▸원칙적으로 자치-국가경찰이 공동으로 권한과 책임을 지되, 중대범죄 여부, 사건 발생 범위, 관련 개별법령 등에 따라 구체적인 처리 방식을 자치-국가경찰 간 업무협약을 통해 결정하는 사무 ▸ex) 음주운전은 먼저 발견한 경찰이 다른 일방에 대한 통보·인계 없이 직접 단속부터 수사, 송치까지 가능

자료: 경찰청 내부자료, 2018.

경찰청 자치경찰분권위원회는 이 원칙에 따라서 이원화 모델에서 민생사무 가능성 있는 사무 모두를 조사하였다. 이 결과 경찰청 자체로 조사한 민생사무는 316개였다. 이 민생치안사무를 사무주관기관에 따라, 「국가경찰 주관사무」와 「자치경찰 주관사무」, 「공동주관사무」로 구분하여 분석하였다. 이에 관한 내용이 〈표 7-6〉이다.

〈표 7-6〉 경찰청 안의 사무분류

구분 계(총 316개)	자치경찰 수행가능 사무 186개		국가경찰주관사무 130개
	자치경찰주관사무 122개	공동주관사무 64개	
생활안전 (33)	◦112로 접수된 질서유지, 교통소통, 서비스요청 등 신고 처리 ◦교통 단속, 경범죄 단속 등 기초질서 확립, 치안서비스 제공 ◦지역 내 각종 축제·행사 질서유지 ◦자율방범대·시민경찰협의회 등 지역협의체 구성·운영 ◦화재, 재난현장에서의 긴급대피, 안전 구역확보 업무 등 21개	◦112로 접수된 무면허·음주운전·일반 교통사고 초동조사 등 신고 처리 ◦일제 검문검색, 수배자 수색 등 특별방범 기획·운영 ◦CCTV 통합관제센터 운영 지원 등 5개	◦범죄예방진단 및 인증 기준·지침 수립 ◦112신고 접수 및 지령 ◦112통합시스템 등 각종 시스템 관리 ◦경비업 등록, 말소 등 각종 신고접수·경비업체 지도감독 등 7개
생활질서 (35)	◦성매매·불법안마시술소·게임장 등 각종 풍속업소 단속·행정처분 ◦가출청소년·치매노인·노숙인·행려병자 등 보호조치 19개	◦즉결심판 법원 청구, 출석불응자 소재수사, 벌과금 징수 등 관리 등 4개	◦사행기구 영업 및 제조업 허가 ◦총포, 화약, 사격장 관리 등 12개
여성청소년·성폭력대책 (27)	◦학교·가정·성폭력 등 가·피해자 상담, 보호기관 연계·지원 ◦미취학·장기결석아동 합동점검 및 시설 내 학대 점검 등 12개	◦학교·가정·성폭력 등 기초생활범죄 수사, 실종자 수색·수사 등 8개	◦실종정책 관련 법령 정비 ◦실종자정보시스템 운영 ◦신상정보등록대상자 관리 등 7개
수사 (84)	◦산림, 식품위생, 약사, 문화재, 자연공원, 수산업, 공중위생, 환경, 도로, 관광, 농수산물, 대외무역, 하천, 자동차, 석유, 다단계·방문판매, 대부업, 저작권, 계량, 재난·안전관리, 부정경쟁 방지 등 특사경 사무 41개	◦성매매범죄·청소년보호·풍속업소 등 지자체 행정처분 관련 수사 ◦공무집행방해, 관공서 주취소란 ◦피의자 인치·구금시설 관리 등 20개	◦강력 범죄 등 수사 ◦마약 범죄 등 수사 ◦공무원직무관련 범죄 수사 ◦신상정보등록대상자 관리 등 23개

경비 (69)	◦지역축제 등 다중운집행사 경비 3개	◦국제행사 경비 ◦청원경찰 배치·임용, 청원주 지도·감독 ◦테러취약지역 시설관리 등 7개	◦테러첩보 분석 및 대테러계획 수립 ◦전국 집회시위 관리 총괄 ◦국·외빈 경호 업무 관리 등 59개
교통안전· 교통관리 (37)	◦교통법규위반 단속 및 통고처분 관리(공익신고 포함), 즉결심판청구 ◦교통법규위반 과태료 부과·징수·체납처분 ◦각종 행사 교통 관리 등 8개	◦음주·무면허 운전 단속 및 수사 ◦운전면허 발급·갱신 및 정보 관리 ◦교통 중·장기계획 수립 등 12개	◦도로교통법령 제·개정 관련 업무 ◦교통사고 조사 ◦운전면허 시험 관리 업무 등 17개
교통운영 (31)	◦교통신호기·교통안전표지·교통노면표지 설치·관리 ◦통행금지·제한 등 일반도로 교통규제 ◦도로공사 신고 및 도로점용허가 관련 위험방지 조치 ◦지방 교통안전시설심의위원회 운영, 교통안전 관련 기관협의 등 18개	◦교통안전시설, 보호구역(어린이·노인) 통계·관리 ◦제한속도 지정·관리 ◦지역교통정보센터 설치·운영 등 8개	◦광역교통정보 사업계획 수립·시행 ◦고속국도 교통규제 (제한속도·선용차로·교통안선시설 등) ◦자율주행차 등 교통신기술 도입을 위한 연구개발 및 표준화 등 5개

자료: 경찰청 내부 자료, 2018.

2) 자치분권위의 안[20)]

문재인 정부의 자치경찰 사무는 국정과제에서는 지역 생활안전·경비·교통 및 특별사법경찰 사무로 한정하고 있었다. 여기에 덧붙여서 제주자치경찰에서 사무 수준보다 확대하는 수준이라고 하고 있다. 이 지침에 따라서 자치경찰은 생활안전·여성청소년·교통·지역 경비 등 주민밀착형 사무 및 지구대·파출소에서 수행하는 지역경찰 활동을 담당하는 것으로 하였다. 그리고 국가경찰 사무는 국가의 존립·안위에 필요한 정보·보안·외사 등의 사무 및 수사, 그리고 민생치안사무 중 전국적 규모나 통일적으로 처리해야 하는 사무를 말한다. 다만, 구체적 사무 범위는 업무협약을 정하도록 하여 전국적 균질성 및 형평성을 유지함과 동시에 지역별 특성과 여건에 맞는 치안서비스를 제공하도록 한다. 이를 정리하면 다음과 같다.

20) 자치분권위원회, 광역단위자치경찰제 도입계획(안), 2018.10, 내부자료

〈자치경찰 및 국가경찰 사무배분〉

구분	자치경찰	국가경찰
주요 사무	·생활안전, 여성·청소년, 교통, 지역경비 등 주민밀착형 사무 및 지역경찰(지구대·파출소) ·민생치안 밀접 수사(교통사고, 가정폭력 등)	·정보·보안·외사·경비 및 112상황실 ·수사(광역범죄·국익범죄·일반형사 등) ·민생치안사무 중 전국적 규모나 통일적인 처리를 필요로 하는 사무(협약으로 규정) 및 지역순찰대

수사의 경우 원칙적으로 국가경찰의 사무로 규정하되, 성폭력·학교 폭력·가정폭력·교통사고·음주운전·공무 수행 방해 등의 수사는 자치경찰도 담당하도록 한다. 아울러, 긴급하게 조치해야 할 현장성 있는 사건의 피해자 보호·현장보존·범인 검거 등 초동조치는 자치경찰과 국가경찰의 공동 의무 사항으로 두어 현장에서의 치안 공백을 방지한다. 다시 말해 사건의 경중을 떠나 현장에 먼저 도착한 (자치 또는 국가) 경찰이 초동조치를 하되, 그것이 국가경찰 소관 사무이면 자치경찰은 국가경찰에 인계해야 한다. 긴급사태 등 비상 상황의 경우 국가경찰청장은 시도 자치경찰에 대해 직접 지휘·감독할 수 있다.[21]또한, 지역치안활동 계획 등도 자치경찰과 국가경찰이 공동수립 수시로 협의하도록 하고 있다. 공동의무 사항을 정리하면 다음과 같다.

〈자치경찰 및 국가경찰 공동의무 사항〉

공동 의무 사항	·지역치안활동 관련 계획 공동 수립 및 수시 협의 ·긴급조치가 필요한 사건·사고현장에서의 초동조치 ※ 순찰 중 우연히 범죄현장을 목격한 경우, 사건 현장 부근에서 관계자나 목격자로부터 직접 신고를 접수한 경우 등 ·112상황실 합동근무 및 상호간 경찰 응원

사무를 처리하는 과정에서 일선 현장에서 상호 간에 혼란을 방지하기 위하여 단계별 사건 처리 절차를 다음과 같이 작성하였다.

21) 황문구, 문재인 정부 자치 경찰 제재 도입방안의 의의와 과제, 경찰법연구, 제17권 제1호, 2019, pp.13-4.

〈단계별 사건 처리 절차〉

<table>
<tr><th colspan="2">구분</th><th>자치경찰 사무</th><th>국가경찰 사무</th></tr>
<tr><td rowspan="2">사건 초기</td><td>현장성 없음</td><td>·자치경찰이 소관 사무 처리</td><td>·국가경찰이 소관 사무 처리</td></tr>
<tr><td>현장성 있음</td><td colspan="2">·국가경찰은 중대·긴급신고, 자치경찰은 일상·비 긴급신고 처리를 원칙으로 하되, 사건 현장 경찰관이 있는 경우 우선 초동조치 후 소관 경찰에 인계</td></tr>
<tr><td colspan="2">중간이후</td><td>·자치경찰이 소관 사무 처리</td><td>·국가경찰이 소관 사무 처리</td></tr>
</table>

2. 문재인 정부 자치경찰 사무 – 일원론

문재인 정부의 자치경찰제 도입은 시범 실시는 2021년 1월 1일에서부터 시작하여 동년 6월 30일까지다. 그리고 2021년 7월 1일부터는 전국적으로 의무적으로 실시하게 되어있다. 문재인 정부의 자치경찰제 실시는 그 근간이 이번에 제정된 국가경찰과 자치경찰의 조직 및 운영에 관한 법(이하, '국가 및 자치경찰법'[22]이라 함)이다. 이 법 제3조에는 경찰의 기능을 다음과 같이 규정하고 있다.

1. 국민의 생명·신체 및 재산의 보호
2. 범죄의 예방·진압 및 수사
3. 범죄피해자 보호
4. 경비·요인경호 및 대간첩·대테러 작전 수행
5. 공공안녕에 대한 위험의 예방과 대응을 위한 정보의 수집·작성 및 배포
6. 교통의 단속과 위해의 방지
7. 외국 정부기관 및 국제기구와의 국제협력
8. 그 밖에 공공의 안녕과 질서유지

동법 제 4조에는 국가경찰사무와 자치경찰사무를 구분하고 있는데 자치경찰사무는 자치경찰사무 경찰의 임무 범위 내 관할 지역의 생활안전·교통·경비·수사로 하고 있다. 이에 관한 내용을 정리하면 다음 〈표 7-7〉과 같다.[23]

---

22) 제3조(경찰의 임무) 경찰의 임무는 다음 각호와 같다.

23) 동법 별표에서 정리함

〈표 7-7〉 자치경찰사무 중 생활안전·교통·경비 사무 범위

자치경찰사무		범위
가. 지역 내 주민의 생활안전 활동에 관한 사무	1) 생활안전을 위한 순찰 및 시설의 운영	가) 지역 주민 안전을 위한 범죄예방 시설 설치·운영 나) 지역 주민 안전을 위한 범죄예방진단 다) 지역 주민 안전을 위한 순찰과 범죄예방활동 시행·관리
	2) 주민참여 방범활동의 지원 및 지도	가) 범죄예방을 위한 주민 참여 지역 협의체 구성·운영 나) 주민 참여형 범죄예방활동 시행·관리
	3) 안전사고 및 재해·재난 시 긴급구조지원	가) 재난이 발생할 우려가 현저하거나 재난이 발생하였을 때에 주민의 생명·신체 및 재산을 보호하기 위한 긴급구조지원 나) 재해 발생 시 지역의 사회질서 유지 및 교통관리 등 다) 그 밖에 긴급구조지원기관으로서의 긴급구조지원 활동 등
	4) 아동·청소년·노인·여성·장애인 등 사회적 보호가 필요한 사람에 대한 보호 업무 및 가정·학교·성폭력 등 예방	가) 아동·노인·장애인 학대 예방과 피해 아동·노인·장애인에 대한 보호활동 나) 아동·청소년·노인·여성·장애인 등 사회적 보호가 필요한 사람의 실종 예방·대응 활동 다) 아동 대상 범죄 예방 및 아동안전 보호활동 라) 청소년 비행방지 등 선도·보호 활동 마) 가정폭력범죄 예방과 피해자 등 보호 활동 바) 학교폭력의 근절·예방과 가해학생 선도 및 피해학생 보호 활동 사) 성폭력 예방과 성폭력 피해자 등 보호 활동 아) 그 밖에 관련 법령에 경찰의 사무로 규정된 아동·청소년·노인·여성·장애인 등 사회적 보호가 필요한 사람에 대한 보호 및 가정·학교·성폭력 등 예방 업무
	5) 주민의 일상생활과 관련된 사회질서의 유지 및 그 위반행위의 지도·단속. 다만, 지방자치단체 등 다른 행정청의 사무는 제외한다.	가) 경범죄 위반행위 지도·단속 등 공공질서 유지 나) 공공질서에 반하는 풍속·성매매사범 및 사행행위 지도·단속 다) 그 밖에 관련 법령에 경찰의 사무로 규정된 주민의 일상생활과 관련된 사회질서의 유지 및 그 위반행위의 지도·단속 업무
	6) 그 밖에 지역 주민의 생활안전에 관한 사무	가) 지역주민의 생활안전 관련 112신고(일반신고 포함) 처리 나) 일반적인 출동이 어려운 특정 지역에서 주민의 생명·신체·재산의 보호를 위한 경찰대(지하철, 내수면 등) 운영 다) 유실물 보관·반환·매각·국고귀속 등 유실물 관리 라) 「경찰관직무집행법」 제4조에 따른 응급구호대상자에 대한 보호조치 및 유관기관 협력 마) 그 밖에 관련 법령에 경찰의 사무로 규정된 지역 주민의 생활안전에 관한 사무

<table>
<tr><td rowspan="6">나. 지역 내 교통 활동에 관한 사무</td><td>1) 교통법규 위반에 대한 지도·단속</td><td>가) 교통법규 위반 지도·단속, 공익신고 처리 등
나) 음주단속 장비 등 교통경찰용 장비 보급·관리·운영 등</td></tr>
<tr><td>2) 교통안전시설 및 무인 교통단속용 장비의 심의·설치·관리</td><td>가) 교통사고 발생·예방, 교통소통을 위한 교통안전시설 설치·관리·운영
나) 도로교통 규제 관련 지역 교통안전시설 심의위원회 설치 및 운영
다) 무인 교통단속용장비의 심의·설치·관리·운영</td></tr>
<tr><td>3) 교통안전에 대한 교육 및 홍보</td><td>가) 교통안전에 대한 교육
나) 교통안전에 대한 홍보</td></tr>
<tr><td>4) 주민참여 지역 교통 활동의 지원 및 지도</td><td>가) 교통활동 지원 협력단체에 대한 운영·관리
나) 주민참여형 교통안전활동 지원 및 지도</td></tr>
<tr><td>5) 통행 허가, 어린이 통학버스의 신고, 긴급 자동차의 지정 신청 등 각종 허가 및 신고에 관한 사무</td><td>가) 차마의 안전기준 초과 승차, 안전기준 초과적재 및 차로폭 초과차 통행허가 처리
나) 도로공사 신고접수, 현장점검 및 지도·감독 등
다) 어린이통학버스 관련 신고접수·관리 및 관계기관 합동 점검
라) 긴급자동차의 지정 신청·관리
마) 버스전용차로 통행 지정신청 처리
바) 주·정차 위반차량 견인대행법인등 지정</td></tr>
<tr><td>6) 그 밖에 지역 내의 교통안전 및 소통에 관한 사무</td><td>가) 지역주민의 교통안전 관련 112신고(일반신고 포함) 처리
나) 운전면허 민원 관련 업무
다) 지역교통정보센터 운영 및 교통정보 연계
라) 정체 해소 등 소통 및 안전 확보를 위한 교통관리
마) 지역 내 교통안전대책 수립·시행
바) 교통안전 관련 기관 협의 등</td></tr>
<tr><td>다. 지역 내 다중 운집 행사 관련 혼잡 교통 및 안전 관리</td><td></td><td>가) 지역 내 다중운집 행사 등의 교통질서 확보 및 교통안전 관리 지원
나) 지역 내 다중운집 행사 안전 관리 지원</td></tr>
</table>

1) 생활안전·교통·경비 사무 범위

지금까지 본 것처럼 생활안전, 교통, 경비는 어느 나라든지 자치 경찰기능인 경우가 대부분이다. 우리나라에서도 역대 정부의 자치경찰 안 기능 중에 생활안전, 지역 교통, 지역 경비는 중심 기능이었다. 특히, 노무현 정부의 자치 경찰 기능은 세 가지

기능이었다. 현재 자치경찰이 실시되고 있는 제주자치경찰단의 기능도 이 세 가지가 중심 기능이다. 문재인 정부의 이원론이나 일원론에서의 자치경찰 중심 기능은 역시 이 세 가지다. 다음 표는 문재인 정부의 일원론의 자치 경찰 기능에 대한 생활안전, 교통, 경비에 속하는 세부적인 기능을 나열한 것이다.

위의 사무는 그 구체적인 사항과 범위는 광역자치단체인 시·도에서 조례로 정하도록 하고 있다. 그러나 이에 대한 대통령 령[24]은 조례로 정하는 경우는 다음과 같은 기준을 따르도록 제한하고 있다.

1. 법 제3조에 따른 경찰의 임무 범위와 별표에 따른 생활안전, 교통, 경비 관련 자치경찰사무의 범위를 준수할 것
2. 관할 지역의 인구, 범죄발생 빈도 등 치안 여건과 보유 인력·장비 등을 고려하여 자치경찰사무를 적정한 규모로 정할 것
3. 기관 간 협의체 구성, 상호협력·지원 및 중복감사 방지 등 자치경찰사무가 국가경찰사무와 유기적으로 연계되고 균형이 이루어지도록 하는 사항을 포함할 것
4. 자치경찰 사무의 내용은 국민의 생명·신체 및 재산을 보호하고 공공의 안녕과 질서를 유지하는 데 효율적인 것으로 정할 것

2) 수사사무 범위

문재인 정부의 자치경찰에서 수사사무 범위는 다음 〈표 7-8〉과 같다.

문재인 정부의 자치경찰사무는 노무현 정부와 제주자치경찰의 기능과 비교했을 때 가장 큰 차이는 수사기능이 추가되었다는 점이다. 수사기능이 국가경찰 전유물이었는데 일부이지만 왜 자치사무로 이관되었을까. 이에 대한 의견은 많지만 가장 중요한 것은 자치경찰의 주요 사무인 생활안전, 지역교통, 지역경비 중에 사법경찰의 기능이 많아졌기 때문이다. 그간 제주자치경찰에 대한 비난 중에 가장 중요한 내용

24) 국가와 자치경찰법 대통령령, 제2조(생활안전·교통·경비 관련 자치경찰사무의 범위 등) 「국가경찰과 자치경찰의 조직 및 운영에 관한 법률」(이하 "법"이라 한다) 제4조제1항제2호가목부터 다목까지의 규정에 따른 자치경찰사무에 관한 구체적인 사항 및 범위 등을 같은 조 제2항에 따라 특별시·광역시·특별자치시·도·특별자치도(이하 "시·도"라 한다)의 조례로 정하는 경우 지켜야 하는 기준은 다음 각 호와 같다.

이 자치경찰단이 직접 수사권한이 없다는 점이었다.

〈표 7-8〉 자치경찰사무 중 수사사무 범위

구 분	사 무
학교폭력 등 소년범죄	▸「형법(학교폭력)」: 상해와 폭행의 죄(제25장), 감금죄(제276조), 협박의 죄(제30장), 미성년자의 약취 유인(제287조), 명예에 관한 죄(제33장), 권리행사를 방해하는 죄 중 강요(제324조) 및 미수범(제324조의5), 사기와 공갈 죄 중 공갈(제350조)·특수공갈(제350조의2)·상습범(제351조) 미수범(제352조), 손괴의 죄(제42장) ▸「형법」: 공문서등의 위조·변조(제225조) 및 위조등 공문서 행사(제229조), 공문서 등의 부정행사(제230조), 공연음란(제245조), 과실치상(제266조), 주거침입·퇴거불응(제319조)·특수주거침입(제320조) 미수범(제322조), 절도(제329조), 야간주거침입절도(제330조), 특수절도(제331조), 자동차등 불법사용(제331조의2), 절도와 강도의 죄 상습범(제332조), 절도·야간주거침입절도·특수절도·자동차등 불법사용·절도와 강도의 죄 상습범 미수범(제342조), 사기(제347조), 사기 상습범(제351조) 및 미수범(제352조), 점유이탈물횡령(제360조) ▸「정보통신망 이용촉진 및 정보보호 등에 관한 법률」: 불법정보의 유통금지 등(제44조의7)〈음란 화상 또는 영상물 배포·판매 등 전시 내용 유통, 사람 비방 목적 타인 명예훼손 내용 유통, 공포심이나 불안감 유발 내용 유통〉
가정폭력, 아동학대 범죄	▸「가정폭력범죄의 처벌 등에 관한 특례법」 제2조제3호에 규정된 "가정폭력범죄" ▸「아동학대범죄의 처벌 등에 관한 특례법」 제2조제4호에 규정된 "아동학대범죄"
교통사고 및 교통관련 범죄	▸「교통사고처리 특례법」: 교통사고로 업무상과실·중과실 치사상(제3조제1항) ▸「도로교통법」: 교통사고 발생시 미조치(제148조), 음주운전(제148조의2), 업무상 과실로 건조물이나 그 밖의 제물 손괴(제151조), 최고속도보다 시속 100킬로 초과한 속도로 3회 이상 운전한 사람(제151조의2), 무면허 운전(제152조제1호), 최고속도보다 시속 100킬로 초과한 속도로 운전한 사람(제153조제2항제2호), 네154조부터 제157조가지 규정된 범죄 ▸「자동차손해배상보장법」: 의무보험 미가입(제46조제2항) ▸「특정범죄 가중처벌 등에 관한 법률」: 위험운전 등 치사상(제5조의11), 어린이 보호구역에서 어린이 치사상의 가중처벌(제5조의13)
기 타	▸공연음란, 성적 목적을 위한 다중이용장소 침입에 관한 죄 ▸경범죄처벌법에 규정된 범죄 ▸「실종아동등의 보호 및 지원에 관한 법률」에 규정된 범죄 및 가출인·실종아동 등 수색

수사사무도 역시 조례로 정할 때는 자치경찰사무에 관한 구체적인 사항과 범위는 대통령령으로 정하고 있다.[25)]

25) 국가와 자치경찰법 대통령령, 제3조,제3조(수사 관련 자치경찰사무의 범위 등) 법 제4조제1항제2호라목에 따른 자치경찰사무에 관한 구체적인 사항 및 범위는 다음 각 호와 같다.

1. 학교폭력 등 소년범죄: 소년(19세 미만인 사람을 말한다. 이하 이 조에서 같다)이 한 다음 각 목의 범죄. 다만, 그 소년이 해당 사건에서 19세 이상인 사람과 「형법」 제30조부터 제32조까지의 규정에 따른 공범관계에 있는 경우는 제외한다.
   가. 「형법」 제225조, 제229조(제225조의 죄에 의하여 만들어진 문서 또는 도화의 행사죄로 한정한다), 제230조 및 제235조(제225조, 제229조 또는 제230조의 미수범으로 한정한다)의 범죄
   나. 「형법」 제257조, 제258조, 제258조의2 및 제260조부터 제264조까지(제262조는 같은 조의 죄를 범하여 사람을 상해에 이르게 한 경우로 한정한다)의 범죄
   다. 「형법」 제266조의 범죄
   라. 「형법」 제276조부터 제281조까지(제281조는 같은 조의 죄를 범하여 사람을 상해에 이르게 한 경우로 한정한다)의 범죄
   마. 「형법」 제283조부터 제286조까지의 범죄
   바. 「형법」 제287조, 제294조(제287조의 미수범으로 한정한다) 및 제296조(제287조의 예비 또는 음모로 한정한다)의 범죄
   사. 「형법」 제307조부터 제309조까지 및 제311조의 범죄
   아. 「형법」 제319조, 제320조, 제322조(제319조 또는 제320조의 미수범으로 한정한다)의 범죄
   자. 「형법」 제324조 및 제324조의5(제324조의 미수범으로 한정한다)의 범죄
   차. 「형법」 제329조부터 제331조까지, 제331조의2 및 제342조(제329조부터 제331조까지 또는 제331조2의 미수범으로 한정한다)의 범죄. 다만, 같은 소년이 본문에 규정된 죄를 3회 이상 범한 사건은 제외한다.
   카. 「형법」 제347조, 제350조, 제350조의2, 제351조(제347조, 제350조 또는 제350조의2의 상습범으로 한정한다) 및 제352조(제347조, 제350조, 제350조의2 또는 제351조의 미수범으로 한정한다)의 범죄
   타. 「형법」 제360조의 범죄
   파. 「형법」 제366조, 제368조(제366조의 죄를 범하여 사람의 생명 또는 신체에 대하여 위험을 발생하게 하거나 사람을 상해에 이르게 한 경우로 한정한다),

제369조제1항 및 제371조(제366조 또는 제369조제1항의 미수범으로 한정한다)의 범죄

하. 「정보통신망 이용촉진 및 정보보호 등에 관한 법률」 제70조제1항·제2항 및 제74조제1항제2호·제3호의 범죄

거. 가목부터 하목까지의 범죄로서 다른 법률에 따라 가중처벌되는 범죄

2. 가정폭력 및 아동학대 범죄: 다음 각 목의 범죄

가. 「가정폭력범죄의 처벌 등에 관한 특례법」 제2조제3호에 따른 가정폭력범죄

나. 「아동학대범죄의 처벌 등에 관한 특례법」 제2조제4호에 따른 아동학대범죄

3. 교통사고 및 교통 관련 범죄: 다음 각 목의 범죄. 다만, 「도로교통법」 제2조제3호의 고속도로에서 발생한 교통사고 및 교통 관련 범죄는 제외한다.

가. 「교통사고처리 특례법」 제3조제1항의 범죄. 다만, 차의 운전자가 같은 항의 죄를 범하고도 피해자를 구호하는 등 「도로교통법」 제54조제1항에 따른 조치를 하지 않고 도주하거나 피해자를 사고 장소로부터 옮겨 유기하고 도주한 경우는 제외한다.

나. 「도로교통법」 제148조(「특정범죄 가중처벌 등에 관한 법률」 제5조의3이 적용되는 죄를 범한 경우는 제외한다), 제148조의2, 제151조, 제151조의2제2호, 제152조제1호, 제153조제2항제2호 및 제154조부터 제157조까지의 범죄

다. 「자동차손해배상보장법」 제46조제2항의 범죄

라. 「특정범죄 가중처벌 등에 관한 법률」 제5조의11 및 제5조의13의 범죄

4. 「형법」 제245조의 범죄 및 성폭력범죄의 처벌 등에 관한 특례법」 제12조의 범죄

5. 경범죄 및 기초질서 관련 범죄: 「경범죄처벌법」 제3조에 따른 경범죄

6. 가출인 및 「실종아동등의 보호 및 지원에 관한 법률」 제2조제2호에 따른 실종아동등 관련 수색 및 범죄: 가목의 수색 및 나목의 범죄

가. 가출인 또는 실종아동등의 조속한 발견을 위한 수색. 다만, 제1호부터 제5호까지 또는 나목의 범죄가 아닌 범죄로 인해 실종된 경우는 제외한다.
나. 「실종아동등의 보호 및 지원에 관한 법률」 제17조 및 제18조의 범죄

3) 함의

문재인 정부의 자치경찰 실시안인 일원론의 사무 배분은 여러 가지 면에서 의미가 있다.

첫째는 사무 범위가 매우 구체적으로 이루어지고 있다는 점이다.

사무 범위를 법령에서 정할 뿐만 아니라 별표로 자세하게 나열함으로써 자치경찰 사무를 수행하는 자치경찰관과 부서들이 자신의 사무를 명확하게 숙지할 수 있다는 장점이 있다.

둘째는 사무를 집행하는 기준도 역시 세밀하게 이루어지고 있다는 점 등이다.

사무 집행 시 자치단체마다 기준이 다르게 될 때의 혼란을 막기 위해서 조례의 기준을 명확하게 하고 있다. 표준조례의 성격이 짙다고 할 수 있다.

이는 자치경찰사무가 집행과정에서 혼란을 방지하기 위한 고육지책이라고 이야기하고 있다.

그러나 이러한 사무 배분 방식은 다음과 같은 점에서 역시 문제점을 가지고 있다.

첫째는 너무나 경직된다는 점이다.

지역 간의 치안요소가 크게 차이가 남에도 불구하고 사무 범위와 집행 방법을 획일적으로 정하고 있다는 점에서 비효율성이 크게 나타날 가능성이 크다.

둘째, 사무 범위와 집행 방법은 표면적으로는 일선에서 혼란을 줄이기 위한 것이라고 하지만 실제로는 지방자치단체나 자치경찰위원회의 관여 폭을 줄이고자 하는데 그 목적이 있다는 비판이 제기될 수 있다.

셋째는 최근의 동향이 금지 또는 제약해야 할 사무만을 정하고 나머지는 집행기관에 자율권을 위임하는 네거티브식 사무 배분이 대세인데 여기서는 그 반대인 포지티브 방식으로 사무 배분을 하고 있다는 점도 비판의 대상이 될 수 있다.

넷째, 반복적으로 지적하는 사항이지만 자치경찰사무가 국가 사무의 한 분류일 뿐이라는 점이 자치경찰의 활동 범위를 위축시킬 것이다. 국가 및 자치경찰법 제4조에 규정한 자치경찰의 사무가 자치라는 명칭과 자치경찰위원회 관여 때문에 위임사무 또는 고유사무로 주장하기도 한다. 그러나 위임사무인 경우에는 처리권자가 자치단체장이다. 따라서 현재 자치경찰의 사무는 처리권자가 국가경찰이기 때문에 이를 위임사무로 분류하기에는 무리가 있다.

다섯째, 자치경찰의 현대적 흐름인 주민과 함께 하는 지역사회경찰, 풀뿌리 치안 등에 대한 규정은 없고, 아직도 주민은 치안 서비스 대상으로만 여기고 있다는 점이다.

제 8 장

문재인 정부의 자치경찰 조직구조와 운영

제8장
문재인 정부의 자치경찰 조직구조와 운영

제 1 절 | 의 의

1. 경찰구조의 개편과 자치경찰의 등장

구조의 일반적인 의미는 어떤 물건이나 조직체 따위의 전체를 이루고 있는 부분들의 서로 짜인 관계나 그 체제를 말한다. 따라서 구조는 부분들이 서로 연결되어 이루는 질서와 또는 배열의 모습을 보여준다. 조직 구조에서 부분은 조직 구성원들이 맡아 수행하는 직무(일, 역할, 권한)이다. 따라서 조직 구조는 직무가 서로 연결되어있는 짜임을 말한다. 이런 직무의 짜임을 가장 잘 보여주는 것이 기관장의 책상 유리판에 놓여 있는 조직도(organizational chart)이다.[1] 조직 구조는 상위층, 중간관리층, 그리고 일선기관층으로 나눈다. 행정으로 보면 기관장, 간부, 일선 공무원을 말한다. 관료제가 강한 국가에서는 기관장의 역할에 초점을 둔다. 기관장이 능력과 역할에 따라서 조직의 성공과 실패가 정해지기 때문에 기관장에게 모든 자원을 활용할 수 있는 권한을 부여한다. 나머지 중간관리층과 일선 기관은 기관장만 따르는 형태가 전형적인 관료 형 모델이다. 그러나 이러한 모형이 낳은 관료제의 병폐는 형식주의 등 열거하기가 힘들 정도로 부작용을 낳았다. 경찰 조직도 다른 행정기관과 다를 수 없었다. 경찰청과 청장에게 집중된 과도한 권한이 정치권의 권력과 연계가 되어 국민보다 정권을 먼저 생각하는 경우가 비일비재하였고, 실제로는 오히려 정권을 무너뜨리는 단조역할한 경우가 많았다. 4·19를 통한 이승만 정부의 붕괴, 6·10 만세 사건을 통한 전두환 등 군부 정권의 퇴진 등이 대표적인 사례이다.

1) 유민봉, 한국행정학, 박영사, 2019, p.398.

경찰은 이러한 조직구조에 대해 대대적인 작업에 나서서 1991년에 경찰법을 제정하여 정치적 중립을 할 수 있도록 조직구조를 바뀌었다. 그러나 그 정도로는 경찰의 관료화 병폐, 즉 지역주민들의 안전에 효율적으로 대체를 하지 못한다는 비난의 소리가 끊이지 않았다. 전국의 사건에는 즉시 대처하지만 지역주민의 일상생활과 관련된 생활안전, 교통의 문제에 대한 경찰의 대처 능력은 주민들의 기대에 못미친 것이다. 때문에 자치경찰제도입 논의가 더욱 활발하게 나타나기 시작하여 정권마다 공약사항이 될 정도로 중요한 국정과제가 되었다. 지방자치가 실시되고 시간이 지나면서 이에 대한 요구는 더욱 커지고 있다.

2. 조직구조의 쟁점

경찰의 조직 구조는 정책 결정의 구조를 어떻게 할 것인가에 대한 쟁점이 우선 나타난다. 경찰의 정책결정 구조를 위원회 제도로 할 것인가 아니면 독임제인 구조를 할 것인가는 자치 경찰를 논할 때마다 가장 먼저 제기되었다. 위원회 제도와 독임제는 위원회 제도의 장점이 독임제의 단점이며, 독임제의 장점이 곧 위원회 제도의 단점이라고 할 수 있을 정도로 전혀 다른 조직운영형태이다. 단순하게 말하면, 독임제는 책임과 권한의 소재가 명백한 반면에 권한집중으로 인하여 정치적 관여를 할 수 있다는 점이 그 단점으로 제기되어 논의에서 배제되어 왔다. 반면에 위원회를 두는 이원화된 조직은 경찰이 독임제 상태였을 때 너무 권한이 막강하여 국민들이 통제를 할 수 없고 특히 정치적 중립을 보장할 수 없다는 것이 가장 큰 문제 중에 하나였다.

경찰 의사결정구조는 독림제가 관행이다시피 오랫동안 유지되어 왔다. 그러다가 경찰법이 제정되면서 위원회 제도가 도입되었다. 국가경찰위원회다. 일본의 국가공안위원회를 원용한 것이다. 국가경찰위원회가 국가경찰에 대한 주요사항을 의결하도록 하였다. 그러나 국가경찰위원회는 내무부 장관(현재는 행정안전부)의 추천으로 대통령이 임명하는 격이 높은 위원회임에도 불구하고 친정부 인사만이 추천될 수 있다는 점과, 사무를 경찰청이 수행한다는 측면에서는 집행부를 견제하기 위하여 설립된 위원회의 역할을 제대로 수행하지 못하고 있다는 비판을 받고 있다.

이에 반하여 자치경찰의 의사결정구조는 처음부터 위원회 제도가 도입되었다. 특히, 자치경찰위원회 구성은 국가경찰위원회와는 달리 다양하게 구성되었다. 위원들은 자치단체장, 지방의회, 사회단체, 교육감 등 다양한 기관에서 추천되어 자치단체장의 독주를 근본적으로 막았다. 다만 위원회의 사무 처리를 자치경찰관들이 주도를 하였던 경우가 많았다. 그러다가 문재인 정부의 자치경찰 모델 중 일원화부터는 독자적인 사무처리 기관인 사무국이 설치되고, 사무국의 책임자도 자치경찰위원회 위원 중에 맡게 됨으로써 위원회의 권한과 책임이 강해졌다.

제 2 절 | 조직구조의 유형

1. 노무현 정부의 자치경찰 조직도

노무현 정부 안은 지방경찰위원회제가 아니라 독임제를 선택하였다. 그 이유는 :

첫째, 지방경찰업무는 생활 행정, 일선 행정이기 때문에 정치적 요인이 개입할 여지가 매우 적고

둘째, 기초자치단체 단위에서 도입되기 때문에 주민들에 대한 책임과 권한 소재를 명확하게 하는 것이 주민 편리성을 비롯한 주민 통제에 용이하기 때문이다.

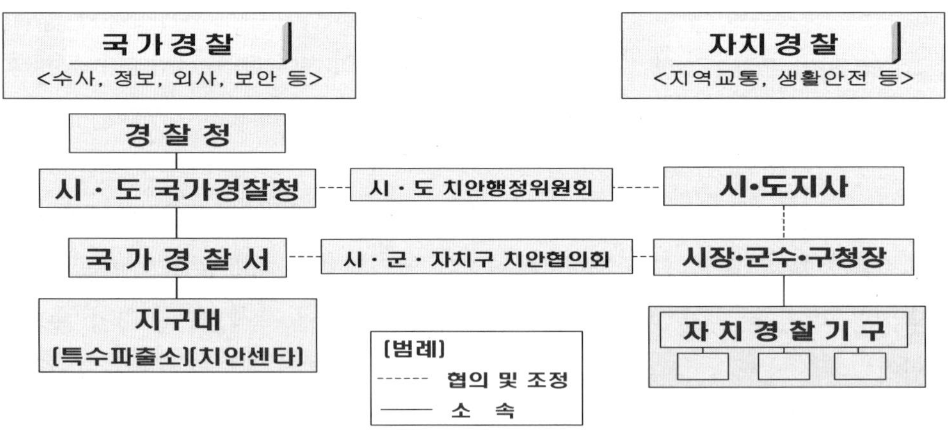

[그림 8-1] 노무현 정부의 자치경찰 예상 조직도

노무현(참여)정부의 자치경찰 조직도가 [그림 8-1]이다. 노무현 정부의 자치경찰

조직도를 보면, 도입단위가 기초자치단체이기 때문에 시·군·구 소속으로 설치되어 있다. 광역자치단체장인 시·도지사와의 관계는 광역자치단체의 기본 기능인 협의와 조정 관계일 뿐이다. 국가경찰과의 관계도 역시 협력관계일 뿐이지 지휘·감독 관계가 전혀 없는 조직도이다. 시장·군수·구청장 산하로 자치경찰 기구를 두게 되었는데, 이 기구의 명칭은 자치경찰대로 정했고, 이 기구의 장은 자치경찰대장이다.

제주자치경찰단의 조직도가 위의 노무현 정부의 조직도를 적용한 대표적인 예이다. 이에 대해서는 제12장 제주자치경찰단에서 상세하게 설명할 것이다.

2. 문재인 정부의 자치경찰 조직도 – 일원론

문재인 정부의 일원론 자치경찰제를 시행해야 하는 조직도에 대해서 살펴보았다. 여러 차례 기술하였지만, 일원론은 현재의 지방경찰 조직을 그대로 두고, 업무를 재편하면서 조직을 내부에서 재설계한 것일 뿐이다. 즉, 조직이 대대적으로 추가되거나 인원이 크게 증가 되지 않고 현재의 조직과 인원을 가지고 재편하는 것일 뿐이다. 다만, 서울시경찰청 등 몇몇 곳에서 치안감과 경무감 등이 소수 계급이 증가하였지만 그 규모는 매우 소규모다.

1) 표준 조직도

[그림 8-2]는 자치경찰제 도입으로 인한 지방경찰청과 경찰서의 조직 개편이 이루어진 후의 조직도이다. 기본적인 조직도이기 때문에 표준 조직도라고 할 수 있다. 시·도경찰청장 산하에 과거는 하나 또는 두 개의 차장 또는 부장이 있었는데 대부분 자치경찰로 인하여 하나씩 더 늘어났다.

자치경찰사무 담당 총책임자는 시·도경찰청장 산하에 있는 자치경찰 차장 또는 자치경찰부장이 맡게 된다. 자치경찰 부장 산하에는 생활안전, 여성청소년과, 교통과 등 대체로 3개과가 있으며 과장은 대체로 총경이 맡게 된다. 경찰서에는 자치경찰사무 담당 부서가 따로 없다. 경찰서장이 직접 자치경찰사무를 지휘·감독하게 된다. 경찰서장 산하에 역시 생활안전과, 여성청소년과, 교통과 등 3개과가 표준인네 이 3개 과가 자치경찰사무 부서라고 할 수 있다.

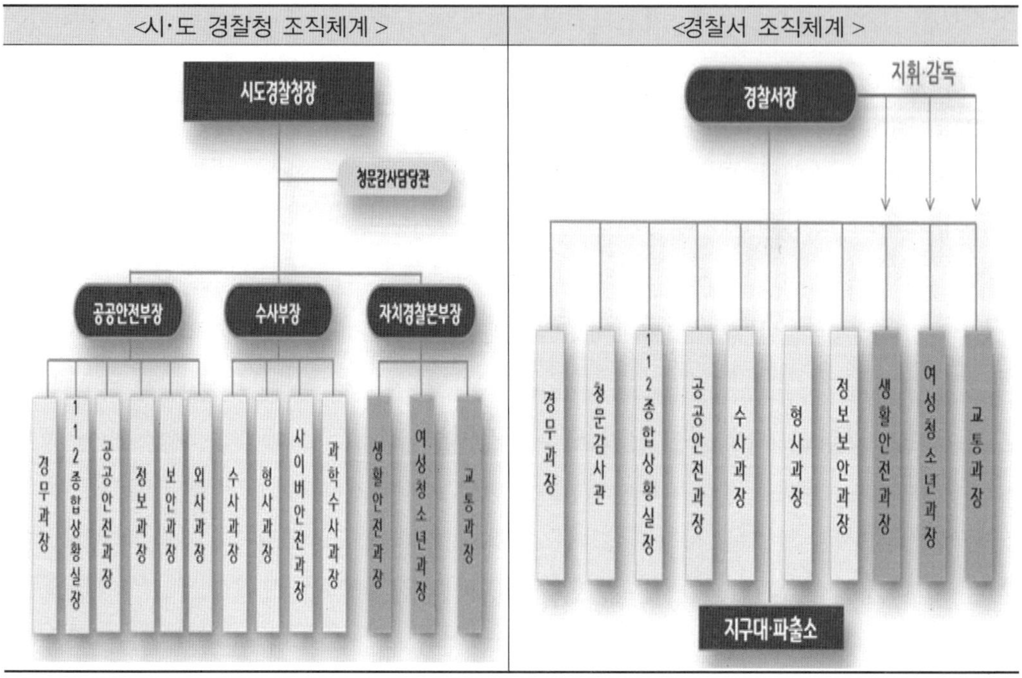

자료: 자치경찰 도입방안 관련 경찰청 작성자료. 박동균, 앞의 논문에서 인용

[그림 8-2] 시·도 경찰청 및 경찰서 조직체계

지구대와 파출소는 오랫동안 생활안전과 소속이었으나 2020년 12월 31일자로 112상황실로 옮겨졌다. 자치경찰제 관련법령이 효력발생하기 하루 전에 일어난 일이다. 이를 두고 경찰청이 자치경찰제를 무력화하려는 처사라는 비판이 제기되고 있다. 그러나 경찰청은 지구대는 경찰의 기본 기능인 자치경찰사무 뿐만 아니라 공공안전, 수사 까지 담당해야 하는 일선종합기구이자, 지방경찰청의 손발이나 마찬가지기 때문에 자치경찰조직만으로 한정할 수 없다고 주장하고 있다.

2) 서울시경찰청 자치경찰조직도

서울시는 수도이기 때문에 여러 가지 요인으로 인하여 경찰을 비롯한 정부조직들이 집중되어 있는 곳 중에 하나다. 행정수도가 서울로 이전하고, 소속부서인 행안부가 세종시로 이전되었지만 경찰청은 그대이다. 청장 소속으로 경찰차장도 공공안전부차장, 수사차장, 자치경찰차장 등 3개의 차장이 있고 모두가 치안감이다. 수사차장 산하에는 안보수사부가 있는 것도 서울시경찰청만이 갖고 있는 조직이다. 서울시 경찰관도 총 경찰관수의 23.2%인 27,001명으로 타 지역에 비해 절대 많다. 다음 [그림 8-3]이 서울시경찰청의 자치경찰 조직에 대한 것이다.

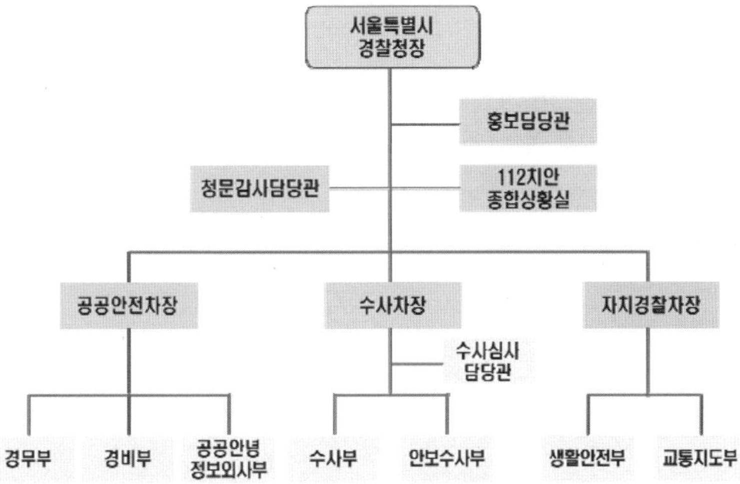

[그림 8-3] 서울시 자치경칠관련 조직도

자치경찰차장이 신설되었고, 이 산하에 생활안전부와 교통지도부가 있다. 생활안전부에는 생활안전과, 생활질서과, 여성청소년과 지하철 경찰대가 있다. 교통지도부에는 교통관리관, 교통안전과 등이 있다.

3) 경기도경찰청(남부) 자치경찰 조직도

경기도는 우리나라에서 인구가 가장 많은 지역이다. 우리나라 총 인구의 24%정도인 1,380만명이 경기도에 거주한다. 경찰은 우리나라 경찰관 20%정도인 2만 2천 2백 여명의 경찰관이 근무한다. 경기도는 31개의 시군이 있기 때문에도 경찰청이 남부와 북부로 나누어져 있다. 남부경찰청이 조직규모나 인원이 북부보다 많다. 경기도자치경찰위원회는 남부경찰청에 설치된다. 북부경찰청도 자치경찰위원회가 설치되어야 한다는 법률개정안이 경기도 북부 지역구 국회의원에 의해서 국회에 제출되어 있다. 경기도 경찰청 조직구성은 [그림 8-4]와 같다. 경기도경찰청장 산하에 경무부,

공공안전부, 수사부, 자치경찰부가 설치되어 있다. 자치경찰부에는 생활안전과, 여성청소년과, 교통과가 소속되어 있다.

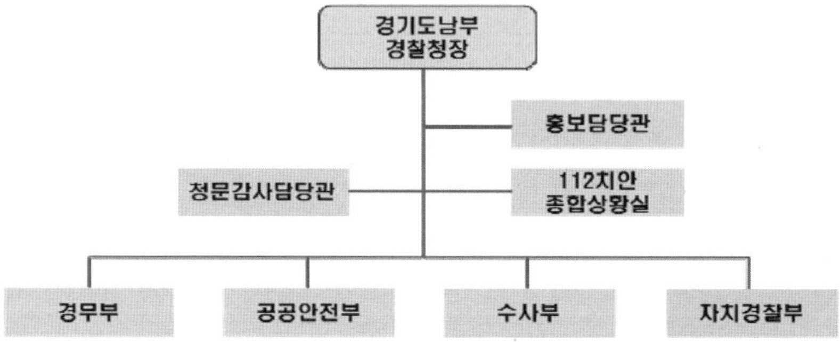

[그림 8-4] 경기도 자치경찰관련 조직도

4) 대구시 경찰청 자치경찰 조직도

대구시는 2019년 현재 인구는 우리나라 인구의 4.7%인 2,429,940명이 거주한다. 광역시 중에는 서울, 부산, 인천 다음 인구가 많다. 대구시 경찰청의 조직도가 [그림 8-5]이다. 대구시 경찰청은 5,478명의 경찰관이 근무하고 있으며, 이는 우리나라 경찰관 4.7%에 해당한다. 인구비율과 일치한다. 대구시경찰청장 산하에 공공안전부, 수사부, 자치경찰부가 있는데 이를 1부, 2부, 3부로 불리고 있다. 자치경찰부에는 생활안전과, 여성청소년과, 교통과가 있다.

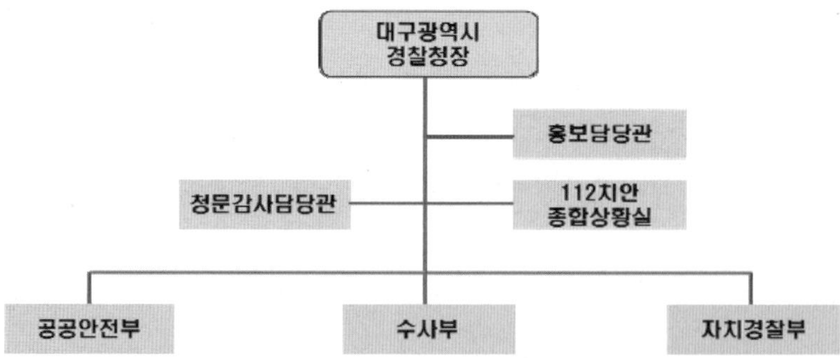

[그림 8-5] 대구시 자치경찰관련 조직도

5) 세종시 경찰청 자치경찰조직도

우리나라에서 가장 작은 도시의 경찰청인 세종시 경찰청 조직도가 [그림 8-6]이다.

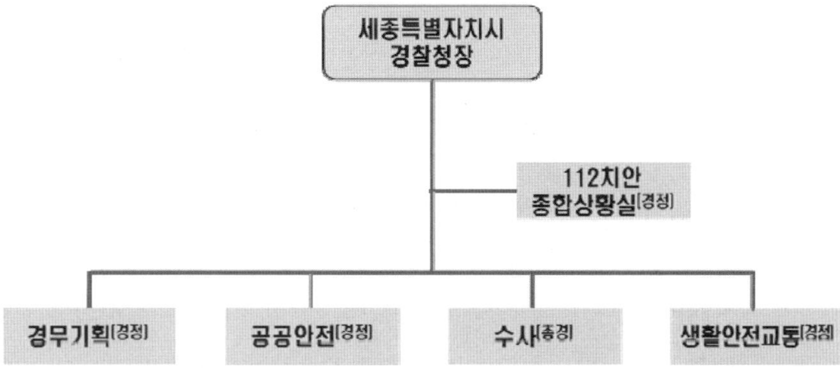

[그림 8-6] 세종시 자치경찰관련 조직도

세종시는 인구가 35만 정도로 작은 광역시지만 행정수도라는 특수성이 있는 도시이다. 어느 나라이든지 행정수도의 경찰은 인구와 관계없이 특수한 기능을 수행하기 때문에 특별한 조직들이 있다. 그러나 세종시경찰청은 특공대이외는 아직까지 일반 경찰청과 마찬가지로 인구 규모 별로 경찰관이 배정되고 있다. 또한 다른 경찰청과 달리 차장이나 부장은 없고 4개의 과가 편성되어 있다. 경무기획과, 공공안전과, 수사과, 생활안전교통과이다. 이 중에 수사과장만 총경이고 나머지는 경정으로 보하고 있다.

세종시는 이렇게 인구와 지역이 좁기 때문에 자치경찰위원회에 대한 예외조항을 두고 있다. 즉, 세종시 자치경찰위원회의 위원장과 상임위원은 다른 지역처럼 상근이 아니고 비상임으로 할 수 있도록 하고 있다. 또한 세종특별자치시자치경찰위원회에는 사무기구를 두지 아니하며 세종특별자치시자치경찰위원회의 사무는 세종특별자치시경찰청에서 처리하도록 하고 있다.[2]

2) 국가 및 자치경찰법, 제36조(세종특별자치시자치경찰위원회에 대한 특례)

제 3 절 | 집행기관의 유형

자치경찰에 있어서 집행기관은 정치적 중립이라는 조직운영의 기본을 유지하면서 성과를 내어야 하는 임무를 지닌다. 때문에 자치경찰에 있어서 집행기관의 장은 임용과정에서 유능함은 물론 정치적 중립을 지킬 수 있는 능력과 가능성을 검증받게 된다. 이를 검증하기 위하여 경력은 물론 과거 정치적 활동 여부, 정치적 중립에 대한 행태 등을 점검하게 된다. 이번 실시되는 일원론은 집행기관의 장이 국가공무원인 시·도경찰청장으로 되었기 때문에 이의 자격과 정치적 성향에 대하여 검증할 근거가 없다. 그러나 향후 집행기관의 장에 대한 논의가 있을 경우를 대비하여 노무현 정부의 자치경찰제 도입시에 고려했던 집행기관의 장, 그리고 현재 실시되고 있는 제주자치경찰단장, 문재인 정부의 이원론에서 자치경찰본부장, 그리고 외국의 사례를 살펴보자.

1. 노무현 정부의 자치경찰대장

노무현 (참여)정부의 자치경찰제에서 집행기관의 장은 자치경찰대장이었다. 자치경찰대장은 기초자치단체장인 시장·군수·구청장이 임명하며, 시장·군수·구청장의 지휘·감독을 받도록 하고 있다. 자치경찰대장은 인구의 규모에 따라서 자치총경·자치경정 또는 자치경감으로 보하도록 하고 있다. 자치경찰대장은 내부승진을 원칙으로 하되, 시장·군수·구청장이 필요하다고 인정하는 경우에는 자치경찰대장을 개방형 직위로 지정하여 운영할 수 있도록 함으로써 능력 있는 인사들이 임용 기회를 확대하였다. 단, 개방형 직위의 자치경찰대장으로 임용될 수 있는 자는 임용 기간 만료일에 60세가 초과되지 아니하는 자로서 다음 사항 중의 어느 하나에 해당하는 자로 하여 능력이 검증된 인사를 자치경찰대장 후보군으로 하였다.[3)]

1. 당해 자치경찰대장에 보할 수 있는 계급에 있거나 차하위 계급에 있는 자로서

---

3) 자치경찰법 제5조

제29조 제5항의 규정에 의한 최저 근무 연수를 경과한 자치경찰 공무원
2. 제1호의 자치경찰 공무원에 상응하는 국가경찰 공무원
3. 제1호 또는 제2호에 해당하였던 자로서 퇴직 후 2년이 경과하지 아니한 자
4. 법관·검사 또는 변호사의 직에 5년 이상 근무한 자

개방형 직위로 지정·운영되는 자치경찰대장의 임용 절차·임용 기간 등 개방형 직위인 자치경찰대장의 임용에 관하여 필요한 사항은 대통령령으로 정하도록 하여 자치단체장의 자의적 임용을 방지하고 있다. 참여정부안의 초기 안은 자치경찰대장은 3년 임기, 개방직을 원칙으로 하였다(이기우·양영철, 2004a: 20). 이렇게 자치경찰대장을 임기제·개방직을 원칙으로 한 이유는 다음과 같다.

첫째, 민주성을 강화할 필요가 있다는 점이다.

현재 경찰은 오랫동안 경찰독점 시대를 지나오면서 정권 유착이 매우 심한 조직이라는 오명을 지니고 있다. 이러한 오명은 그간 국가경찰이 한국을 세계 최고의 치안국기로 만든 한국 국가경찰의 공을 무색하게 만들어 왔다. 항상 주민들에세 군림하고, 주민들의 목소리를 경청하지 않는다는 비난을 받아온 것이 사실이다. 이러한 국가경찰의 관료적 자세는 주민통제, 즉 민주성을 확보할 통로를 만들어 놓지 않았기 때문이다. 이러한 점을 불식시키는 방법으로 자치경찰대장에 대하여 자치단체장이 책임을 지는 개방형으로 하는 것이 바람직하다고 판단한 것이다.

둘째, 원활한 인사를 위해서다.

처음에 자치경찰이 설립되면서 국가경찰에서 약 3천 명이 이관되도록 하고 있다. 이들은 각 계급, 특히 상위직에서 많이 올 경우 상위직을 국가경찰 출신들이 장기간 독점할 가능성이 농후하다. 이를 방지하기 위하여 임기제를 실시하면 어느 한 사람이 대장을 독점하는 폐단을 막을 수 있을 것이라는 판단 때문이다.

셋째, 우수한 인사의 영입을 기대할 수 있기 때문이다.

개방직이 갖는 이점은 무한 경쟁으로 인하여 우수한 경찰 인력을 충원할 수 있다는 점이다. 이렇게 밖에서 영입해 온 우수한 자치경찰대장은 외부의 요구를 자치경

찰 운영에 잘 반영할 것이며, 특히 관료제의 폐단을 혁신시키는 데 유리할 것이라고 기대하였기 때문이다.

그러나 이러한 개방직 원칙 안은 정치적 중립 문제와 연계되어 쟁점이 되었다. 결국 자치경찰대장은 경력직 공무원 임용을 원칙으로 하되 자치단체장의 판단에 따라서 개방형 직위로 임용할 수 있도록 하는 선에서 절충이 이루어졌다.

2. 제주자치경찰단장

제주자치경찰단의 운영 근거는 제주특별법이다.[4] 제89조(자치경찰단장의 임명)에 의하면, 자치경찰단장은 도지사가 임명하며, 자치경찰위원회의 지휘·감독을 받도록 하고 있다. 이전에는 자치경찰단장은 도지사의 지휘·감독을 받도록 하고 있었다. 국가 및 자치경찰법이 개정되면서 제주자치경찰단장도 다른 집행기관의 장과 마찬가지로 자치경찰위원회의 지휘·감독을 받게 되었다. 반면에 다른 지역과 달리 도지사가 자치경찰단장에 대한 임명권을 전적으로 행사하고 있다.

자치경찰단장은 자치경무관으로 임명한다. 다만, 도지사는 필요하다고 인정하면 개방형직위로 지정하여 운영할 수 있다. 도지사는 자치경찰단장의 직위를 개방형직위로 지정하여 운영하는 경우에는 임용기간이 끝나는 날에 60세를 넘지 아니하는 사람으로서 다음 각 호의 어느 하나에 해당하는 사람을 임용하여야 한다. 이 경우 이미 자치경찰단에서 운영하고 있는 시·도 자치경찰공무원 인사위원회의 심의·의결을 마쳐야 한다고 하고 있다.[5] 이 규정에 의하면 자치경찰단장의 자격은 다음과 같다.

1. 자치경찰단장에 임명할 수 있는 계급에 있거나 바로 아래 하위 계급에 있는 사람으로서 승진에서 제112조제5항·제6항[6]에 따른 계급별 최저근무연수가 지난

---

4) 제주특별법은 〈제주특별자치도 설치 및 국게자유도시 조성을 위안 특별법〉의 약칭. 제주자치경찰단 규정은 이 법률 제7장 제87조부터 제119조까지다.

5) 제주특별법,제108조

6) 동법, 제112조(승진)
⑤ 자치경찰공무원의 승진에 필요한 계급별 최저근무연수는 대통령령으로 정한다. 다만, 계급별 최

자치경찰공무원
2. 제1호에 상응하는 경찰공무원
3. 제1호 또는 제2호에 해당하였던 사람으로서 퇴직한 날부터 2년이 지나지 아니한 사람
4. 법관·검사 또는 변호사의 직에 5년 이상 근무한 사람

개방형직위로 지정·운영되는 자치경찰단장의 임용절차·임용기간 등은 도 조례로 정한다.[7] 제주자치경찰단장은 현재까지 6대째이지만 모두가 개방형 공모로 임명되었다. 이중에 5대 자치경찰단장(나승권)은 변호사로 공모에 응모하여 임명되었다. 첫번째 민간인이 자치경찰 수장이 된 경우이다. 민간인 자치경찰단장이지만 역대 어느 자치경찰단장에 못지 않은 성과를 보였다는 매우 긍정적인 평가를 받고 있다.

3. 문재인 정부 이원론의 자치경찰본부장

문재인 정부의 이원론에는 집행기관과 장에 대해서 법령으로 명확하게 규정하고 있다. 집행기관으로는 자치경찰 본부를 시도지사 산하에 두며, 여기에 책임자가 자치경찰본부장으로서 집행기관의 장이 된다. 자치경찰본부장은 관할구역의 자치경찰 사무를 총괄하고 소속 공무원을 지휘·감독한다. 자치경찰본부장은 자치치안정감, 자치치안감 또는 자치경무관으로 보한다. 이 경우 자치경찰본부장을 외부를 대상으로 모집하여 임용할 필요가 있는 때에는 다음 각 호의 자격을 갖춘 사람 중에서 임용한다고 규정하여 자치경찰본부장의 자격요건을 다음과 같이 나열하고 있다.

1. 해당 자치경찰본부장에 보할 수 있는 계급에 있거나 차하위 계급에 있는 사람으로서 승진에 있어 「경찰공무원법」 규정에 의한 계급별 최저근무연수를 경과한 자치경찰공무원

저근무연수의 기간을 계산할 때에는 휴직기간·직위해제기간 및 징계처분기간을 포함하지 아니한다. ⑥ 제5항에 따른 계급별 최저근무연수의 산입에 관한 사항, 승진의 제한과 그 밖에 승진에 필요한 사항은 도조례로 정한다.

7) 제주특별자치도 자치경찰단장 개방형직위의 운영에 관한 조례

2. 제1호에 상응하는 자격 요건을 갖춘 국가경찰공무원
3. 10년 이상 경찰공무원으로 재직하였던 사람 중 총경·자치총경 이상의 계급으로 퇴직한 사람
4. 판사·검사 또는 변호사의 직에 10년 이상 재직한 사람
5. 변호사 자격이 있는 사람으로서 국가기관등에서 법률에 관한 사무에 10년 이상 종사한 사람
6. 공인된 대학의 법률학·행정학 또는 경찰학 분야에서 조교수 이상으로 10년 이상 재직한 사람

자치경찰본부장은 시·도경찰위원회 위원장이 공모를 통해 2배수로 추천한 사람 중에서 시·도지사가 임명하도록 하였다. 다만, 공모를 통한 지원자가 없을 경우 단수 추천을 할 수 있다. 이 조항은 지금까지 통상 임명권자인 시·도지사가 배수 또는 그 이상 추천하면 위원회가 임명하는 방식이었다. 그러나 이러한 방식은 추천된 사람들이 시·도지사와 친밀한 사람들로만 구성될 가능성이 높다. 이렇게 되면 자치경찰의 정치적 중립을 훼손할 가능성이 높다고 보아, 위원회가 먼저 공개적으로 선발한 후보 중에 시·도지사가 이 중에 선택하여 임명할 수 있도록 하였다. 반면에 자치경찰본부장이 될 수 없는 사람, 즉 결격사유를 다음과 같이 규정하였다.

1. 「경찰공무원법」 제8조제2항 각 호의 결격사유에 해당하는 사람
2. 정당의 당원이거나 당적을 이탈한 날부터 3년이 지나지 아니한 사람
3. 선거에 의하여 취임하는 공직에 있거나 그 공직에서 퇴직한 날부터 3년이 지나지 아니한 사람
4. 제2항제3호에 해당하는 경찰공무원의 직에서 퇴직한 날로부터 1년이 지나지 아니한 사람
5. 제2항제4호 및 제5호에 해당하는 사람으로서 판사·검사의 직 또는 국가기관등에서 퇴직한 날로부터 1년이 지나지 아니한 사람

자치경찰본부장의 임기는 2년으로 하고, 1회에 한하여 연임할 수 있다.

4. 문재인 정부 일원론의 집행기관 – 시·도경찰청장

이번 실시하는 문재인 정부의 자치경찰제의 집행기관 장은 법률적으로는 시·도경찰청장이라고 할 수 있다. 그러나 시·도경찰청장은 자치경찰사무만 전담하지 않고, 공공안전, 수사 등 여러 분야를 지휘·감독한다. 그래서 실직적인 자치경찰의 집행기관 장은 시·도경찰청장 산하에 있는 자치경찰사무 담당 차장 또는 부장, 세종시인 경우에는 생활안전여성교통과장이라고 할 수 있다.

그러나 자치경찰사무를 총괄하는 시·도자치경찰위원회는 형식적인 책임자와의 관계만 있을 뿐 실질적인 집행기관 장과의 관계는 이어지지 않고 있다. 따라서 시·도자치경찰위원회는 자치경찰사무를 집행함에 있어서 형식적인 장인 시·도경찰청장을 통해서만이 실질적인 집행기관 장을 지휘 감독할 수 있다. 이렇게 자치경찰사무를 총괄하는 시·도자치경찰청장이나 실질적인 책임자인 자치경찰사무담당인 자치경찰차장 또는 부장에 대한 자격요건이나 결격 요건에 대한 규정은 없다. 현재는 시·도경찰청장의 임명때 경찰청장은 자치경찰위원회와 협의하여 추천해야 한다는 규정이 유일하다.

5. 외국의 예

다른 나라의 자치경찰대장의 임명 방법과 역할을 비교해 보면 〈표 8-1〉과 같다.

이들 나라에서 보면, 프랑스, 스페인, 일본인 경우는 국가 경찰간부 중에서 임명하는 경력직 공무원 임명 방식을 택하고 있다. 영국은 임기제 개방형 방식으로 임명하되 전문경영인이 임명되는 방향으로 운영되고 있다. 미국은 자치단체의 규정에 따라서 선거직, 내부 임명, 개방형 등 매우 다양한 방법을 택하고 있다.

〈표 8-1〉 각국의 자치경찰의 임명 방법과 역할 비교

구분	내 용
프랑스	–자치경찰장(경정급)과 자치경찰부서장(경감급)이 지휘권 행사 –자치경찰부서장 직급에서 10년 이상 경력이 되면 자격시험을 거쳐 자치경찰대장으로 승진 가능 (각 직급별 승진시 필요 근무경력 외에 반드시 자격시험에 합격하여야 하며, 특히 A 직급 승진은 자치단체 주관 면접위원회 면접을 거쳐 최종 승진) ※ 예: 뇌이 시 자치경찰의 경우, 인사위원회는 없고, 자치경찰장 승진 시기에 이른 후보자는 시청이 주관하는 자격시험을 치러야 하며, 자격은 2년, 5년, 12년이 지나면 주어짐.

구분	내 용
스페인	–주 자치경찰장은 민선주지사가 임면권을 가짐. 고위직은 의무적으로 국가 경찰간부 중에서 임명하여야 함. ·주 경찰간부 중 1%만 내부승진 가능 ·고위직을 맡은 국가경찰관은 본인의 요청에 의하여 언제든지 원소속 기관으로 복귀 가능 ·자치경찰장은 내무부의 전문화 과정을 이수하여야 함. –시 자치경찰장은 시장이 집행부의 관리계급(경위~총경) 중에서 임명, 임면권과 징계권 등 지휘권을 시장이 가짐. ※ 마드리드 시의 경우 경감·경정급의 경찰관이 시장의 지휘를 받아 전체 시 경찰을 통제함.
이태리	–주 자치경찰은 주지사, 도 자치경찰장은 도지사 지휘하의 경찰본부장 (도지사는 공공질서 유지의 일반적 책무만 갖고 있으며 경찰본부장이 경찰 업무를 총괄 지휘 및 조정) –시 자치경찰장은 시장 및 시장의 권한 위임을 받은 시의원의 지휘를 받는 경찰본부장 (자치경찰장은 시장을 대신하여 조직 구성원의 교육 및 업무 수행에 대한 제반 책임을 지며, 중요 업무 등에 대해서는 직접 시장 등에게 보고 의무, 자치경찰 훈련 등의 임무 부담)
영국	–런던경찰청장(commissioner)은 내무부장관이 임명 –지방경찰청장(chief constable)은 지역치안위원장이 임명 ·임명된 청장은 독자적인 지휘권 보장, 자율적 경찰행정 실현 ·지방경찰청장은 경찰 서비스의 전문경영인으로서 임기제 계약직, 차장 이외의 모든 경찰관 인사권(내무장관이 정한 규칙 내) 보유 ·지방경찰청 차장을 임명하고 해임할 때에는 이에 대한 청장의 자문을 들어 위원회에서 선임하고, 내무장관의 승인을 얻어 임명 ·지방경찰서장은 지방경찰청장이 임명
미국	–주경찰은 주지사 총괄 지휘 하에 주경찰국장이 최고 집행권자로 주 경찰국을 지휘 통제하며, 공공안전국장 또는 경찰국장(superintendent) 등으로 보직 –대도시 경찰장(chiefs)은 선거에 의하여 결정하는 방식, 합의제인 경찰위원회에 의한 방식(LA), 이사회 방식, 독임제 경찰관리자 방식 중 도시정부의 기관 구성 형태와 관계에 따라 결정 –카운티 보안관 : 주민 직선 또는 주지사·지방의회 임면 등 다양 –타운십 경찰, 컨스터블 : 대부분 선거를 통하여 임명하나, 주지사 또는 주 상원, 주 지방판사, 타운위원회 등에서 임명하는 경우도 있음. –특별구역경찰: 구역책임자 또는 관리위원회에서 임명
독일	–주 내무장관이 경찰을 관리하고, 일반행정가인 경찰청장이 지휘 ·내무장관은 경찰정책에 관해 책임을 지며, 주의회에 출석하여 치안 문제에 관하여 설명, 답변할 의무를 짊. –주 내무부 경찰업무 담당국장(주경찰청장), 도 단위 지방경찰청장, 주 범죄수사국장, 주 기동경찰국장, 주 경찰대학장은 임명직 ·이들은 오로지 내무부장관에 대해서만 정치적 책임을 질 뿐, 의회에 출석하여 치안정책에 관하여 답변하거나 책임을 지지 않음. ·경찰관리자그룹(지방경찰청장급 이상)은 법률가 출신들을 임명 ·도 단위 단체장과 지방경찰청장은 직무감독 관계임. – 주(州) 경찰서장은 후보자 중에서 주 내무부장관이 임명 ·경찰서장은 직업공무원으로 신분 보장 ·시군구 단체장과 경찰서장은 상호 협조 관계

구분	내 용
일본	–경시총감(도쿄): 수도경비의 특성상 국가공안위원회가 도 공안위원회의 동의와 내각 총리대신의 승인을 얻어 임면 ·경시총감은 경찰청장관을 제외한 경찰관 가운데 가장 높은 계급에 해당 –도부현 경찰본부장: 국가공안위원회가 도부현 공안위원회 동의를 얻어 임면 ·도쿄도 경시총감과 도부현 경찰본부장은 경찰활동 전반에 걸쳐 방면 본부, 시경찰부, 경찰서를 지휘 감독, 경시정 이외 도도부현 경찰관 임면권 있음. –경찰서장: 도도부현 실정에 따라 경시정이나 경시의 계급에 있는 경찰관으로 충당, 경시정의 경우 국가공안위원회가 도도부현 공안위원회 동의를 얻어 임면 ·경찰서장은 경시총감·경찰본부장·방면본부장 및 시경찰부장의 지휘를 받아 관할구역 내 경찰사무 처리, 소속 경찰직원을 지휘·감독 ·경찰서장은 법령의 규정에 근거하여 행정청으로서의 여러 가지 권한(도로사용의 허가 등)을 행사함.

자료: 행정자치부 자치경찰제 실무추진단(2006: 90).

제 4 절 | 일선기관의 유형

1. 의 의

자치경찰은 풀뿌리 민주주의라는 지방자치의 제도 중에 하나다. 따라서 자치경찰의 중점은 일선기관에 있어야 함은 당연하다. 주민의 생명과 재산은 일선에 있기 때문에 자치경찰의 일선조직은 자치경찰의 근본인 것이다. 세계에서 가장 존경받는 자치경찰제도를 운영하고 있는 영국이 2012년에 자치경찰에 대한 대대적인 개혁을 한 배경 중에 중요한 것은 다음 두 가지다.[8)]

첫째는 주민들의 시야에 자치경찰관이 보이지 않는다, 즉, 경찰관들이 일선에 너무나 없다.

둘째는, 경찰관들이 상층부에서 머리쓰는 일, 공문작성하는 일에 너무 많은 시간을 허비면서(form writing), 정작 자치경찰의 기본 기능인 범죄와의 싸우는 전사(crime fighter)는 점점 적어지고 있다.

8) 김학기, 이선경, 앞의 논문, p.157.

우리가 향후 자치경찰을 운영하는데 많은 시사점을 주고 있다. 최근에 소방공무원들이 국가직으로 전환되고, 조직도 시도에서 중앙정부로 이관되었다. 물론 아직도 소방공무원들은 시도와 관계가 많이 남아 있어 소방업무를 수행하는데 전혀 문제가 없다고 주장할지 모른다. 그러나 지방분권과 자치가 이제 성숙단계로 들어가는 이 시점에서 주민의 생명과 재산을 지켜야 할 소방과 자치경찰이 여전히 읍면동 또는 시군구로 내려가는 것이 아니라, 지금까지 시도에 있다가, 이도 모자라서 중앙으로 가는 것에 대한 비판은 매우 강하다. 지방자치가 풀뿌리 행정임을 간과하였다는 것이다.

지방분권의 상징적 원칙인 보충성의 원칙이 적용된다면 가장 일선에 있어야 할 조직은 소방과 경찰임은 명약관화하다. 문재인 정부를 비롯하여 역대 정부들은 특별행정기관인 도로, 항만, 노동, 산림, 중소기업 등을 지방자치단체로 이관하기 위하여 무던히도 노력하고 있다. 이 때의 적용 명문도 항상 보충성의 원칙이다. 그러나 이러한 노력과 반대로 소방과 경찰이 중앙정부로 이관되거나 중앙정부의 위치를 굳건하게 지키려는 오래된 행태에는 변화가 없다. 경찰과 소방이 역 지방분권의 상징이 되어서는 지방자치의 앞날은 결코 바람직하지 않다.

자치경찰의 일선조직이 어떻게 구성되고 기능은 무엇인지를 노무현 정부, 제주자치경찰단, 이원론(홍익표안)과 현재 실시되고 있는 문재인 정부의 안을 비교하면서 각 특징들을 살펴보았다.

2. 노무현 정부의 자치경찰 일선조직

노무현 정부의 자치경찰제에 일선기관은 자치경찰대와 이 산하에 있는 지구대와 파출소라고 할 수 있다. 최일선기관으로 보면 지구대와 파출소이다. 자치경찰의 사무인 지역교통, 지역경비, 지역방범을 자치경찰 단독 또는 주 처리기관으로 할 것인가, 국가경찰과 공동사무로 할 것인가에 대한 것도 큰 쟁점 사항이었다. 국정회의에서는 자치경찰의 사무인 교통, 경비, 방범 업무는 자치경찰이 주도하고, 국가경찰은 보조와 지원하는 방식으로 결정되었다. 그러나 후에 경찰청은 이에 대하여 강력한 이의를 제기하였다. 경찰청이 이의를 제기한 내용은 다음과 같다.

첫째, 국가경찰이 현재 지구대에 배치해 있는 경찰관이 약 4만 5천 명으로 전체 경찰관의 44%가 배치되어 있고, 이들이 하는 주 사무가 교통, 경비, 방범인데 이를 하지 못하도록 하는 것은 지구대를 유명무실하게 만들어서 결국 지구대를 자치경찰로 하려는 의도라는 주장이다.

둘째, 현재 교통, 방범, 경비 업무 과정에서 수배자를 63% 검거하는데 이 업무를 자치경찰로 이관해 버리면 경찰은 손발이 없는 조직이 된다는 주장이다.

결국 이 쟁점은 국가경찰과 자치경찰 간의 협약에 의해서 관할 범위, 처리 방식을 결정하기로 정리하였다.

3. 제주자치경찰단

제주자치경찰단은 초기에는 보조기관으로 도지사 산하에 있었다. 이때의 일선기관은 제주시 자치경찰대와 서귀포시자치경찰대가 일선기관이었다. 다음 조직도가 출범 당시 제주자치경찰단 일선조직도다. 일선기관은 자치경찰대였다. 자치경찰경찰대는 제주시와 서귀포시 두 조직이 편성되었다. 각 경찰대는 시청 소속으로 시장이 지휘·감독하였고, 장소도 시청내에 있었다. 조직은 제주시자치경찰대에는 5개의 팀이, 서귀포 자치경찰대에는 3개 팀이 편재되었다.

그러다가 조직개편을 통하여 제주자치경찰단이 직속기관으로 전환되면서 일선기관도 변화가 발생한다. 제주자치경찰단이 독립건물로 이전하면서, 제주시 자치경찰대는 폐지되었고, 서귀포시 자치경찰대는 독립건물로 이전하였다. 그때부터 일선기관은 행정시의 소속이 아니고 제주자치경찰단 소속으로 전환되었다. 지금도 그때의 조직과 기능은 크게 변화하지 않고 유지되고 있다. 폐지된 제주시자치경찰대의 기능은 제주자치경찰단에서 직접 수행하고 있다. 제주자치경찰단 출범 당시의 일선 조직도가 다음 〈표 8-2〉이다.

〈표 8-2〉 '06. 7. 1. 출범당시 제주자치경찰 일선 조직도

자료: 제주자치경찰단, 내부자료

4. 문재인 정부의 1차 시안인 이원론의 일선조직

문재인 정부의 제1차 자치경찰 모델인 홍익표 의원안인 이원론에서는 시·군·구 자치경찰대에 자치경찰대장을 두며, 자치경찰본부장의 지휘·감독을 받아 관할구역의 자치경찰사무를 관장하고 소속 공무원을 지휘·감독하는 것으로 되어 있다. 자치경찰대장은 자치경무관, 자치총경 또는 자치경정으로 보한다. 시·군·구 자치경찰대장은 시·도경찰위원회 위원장의 추천으로 시·도지사가 임명한다. 다만, 시·군·구 자치경찰대장을 추천하는 경우 자치경찰본부장과 해당 시·군·구의 장의 의견을 들어야 한다고 규정하여 일선 자치단체와의 연계를 강화하였다.

자치경찰대 보다 더 일선기관으로는 지구대 또는 파출소를 둘 수 있으며, 필요한 경우에는 출장소를 둘 수 있도록 하였다. 실제로 시범실시 동안은 6개의 지구대와 파출소를 제주자치경찰단 소속으로 변경하여 운영하여 좋은 평가를 받기도 하였다.

5. 문재인 정부 일원론의 자치경찰 일선조직

현재 운영되고 있는 일원론의 자치경찰사무 처리 기관 중 일선기관은 어디일까? 답이 애매하다. 시·도자치경찰위원회의 권한이 미치는 범위까지라면 경찰서가 맞다. 국가 및 자치경찰법은 시·도자치경찰위원회는 정기적으로 경찰서장의 자치경찰사무 수행에 관한 평가결과를 경찰청장에게 통보하여야 하며 경찰청장은 이를 반영하여야 한다.[9] 즉, 경찰서장이 자치경찰사무를 처리한 성과를 자치경찰위원회가 평가하고 그 결과를 경찰청장에게 전달하면, 이 결과를 승진 등 인사에 반영하라는 의미다.

그러나 자치경찰사무가 생활안전, 여성청소년, 교통사무인 점을 고려하면 이를 처리하는 일선기관은 경찰서가 아니라 지구대, 파출소, 센타 등이라고 할 수 있다. 문재인 정부의 자치경찰모델인 일원론에서는 지구대, 파출소, 센타가 초창기 입안과정에서는 생활안전과 소속이었다가, 다시 소속을 112 상황실로 변경시켰다. 따라서 문재인 정부의 자치경찰제도에서 일선기관이 어디냐고 하는 질문에는 정답을 내놓기가 어렵게 되었다. 그러나 문재인 정부의 자치경찰 일선기관은 형식적으로는 자치경찰사무도 담당하고 있는 지구대와 파출소, 센타라고 할 수 있다.

6. 함의

지금의 구조는 너무나 명확하게 권한을 구분하려고 하기 때문에 매우 경직되어 있다. 일선 조직인 지구대, 파출소 소속을 생활안전에서 112상황실로 변경한 것은 지구대, 파출소가 자치경찰의 영역 속으로 전락할 수도 있다는 우려라고 볼 수 있다. 물론 적극적으로 해석하면, 시·도경찰청이 사무 중 공공안전과 수사 부분도 매우 중요하기 때문에 112상황실로 변경하였다고 주장할 수 있다. 그러나 지구대, 파출소의 사무 처리 중 자치경찰사무가 현실적으로 공공안전과 수사 부분에 못지않게 많다는 것을 고려하면 지금의 소속 변경은 재고해야 한다. 지금 방식으로 진행되면, 지구대, 파출소 근무 경찰관들은 자치경찰사무 처리에 대하여 일대 혼란을 가져올 것이다. 112상황실에 신고만 들어오는 사무만 처리할 수도 없고, 그렇다고 지

9) 국가 및 자치경찰법, 제30조 제4항

휘자가 다른 자치경찰사무를 처리하기도 마땅치 않다. 경찰 사무분류 중에 공동사무가 있다. 지구대, 파출소의 업무는 공동사무가 대부분이기 때문에 소속도 공동으로 하는 방안이 되어야 한다. 조직 편 재상 이렇게 공동소속으로 될 수 없다면, 112 등을 공동활용하는 방안을 비롯한 규정이나 업무편람, 매뉴얼 등을 이용하여 공동활용하는 방안을 마련해야 한다. 일원론의 최대 약점 중의 하나가 조직 구조상 자치사무를 처리하는 일선 기관이 아예 없다는 점이다. 따라서 이러한 공동사무처리 방안 식으로 일선 조직인 지구대, 파출소를 운영하지 않는다면 자치사무의 처리는 억지로 하거나, 아니면 외면하는 형상이 반복될 것이다.

제 5 절 | 자치경찰의 설치 및 폐지

1. 자치경찰의 설치

지방분권을 하는 이유는 지방자치단체 마다 환경이 다르기 때문이다. 이 다양함은 다양한 그릇과 제도에 의하여 분류하는 것이 지방자치가 실시하는 이유이다. 그러나 현재 우리나라 지방자치단체 17개의 광역자치단체와 226개의 기초자치단체를 단 하나의 법령인 지방자치법에 의하여 운영되고 있다. 이번 전면개정된 지방자치법은 수십 년에 거쳐서 논의를 거쳐서 겨우 개정되었지만 개정된 내용은 여전히 다양성에 대한 배려가 없었다. 때문에 지방자치법 전면 개정은 크게 평가를 받지 못하고 있다. 지방자치가 이렇게 한 개의 법령에 의하여 전체 자치단체가 운영된다면 중앙집권과 크게 다를 것이 없을 것이다. 세계에서 지방자치를 실시하는 나라치고 일본, 한국 등 극소수 국가만이 이렇게 단일 법률에 의하여 전체 자치단체를 운영하고 있다. 대다수 나라들은 기본법만 있고, 나머지는 자치단체가 선택하여 운영하도록 하고 있다. 스페인 등 남부 유럽국가는 국가경찰, 군인경찰, 주 경찰, 자치경찰, 재정경찰 등이 있다. 이중에 자치경찰은 각 자치단체가 여건에 따라서 선택하도록 하고 있다.

이번 지방자치법 전면개정에서 집행부와 의결기관의 구성을 다양화할 수 있는 통로를 만들었다. 개정된 지방자치법 제4조가 이에 대한 근거 조항이다. 지방자치단체의 기관 구성은 지방자치단체의 운영에 있어서 가장 난제 중에 난제가 기관구성 다양화이다. 그럼에도 불구하고 내각제 형과 비슷한 기관통합형 등 다양한 기관구성을 허용했다는 것은 우리나라 지방자치사에 큰 변혁이라고 할 수 있다. 이러한 변혁에 비하면 자치경찰제 도입에 다양성을 부여하는 것은 그렇게 어려운 일이 아니다. 일원론, 이원론, 기초자치단체 도입, 광역 단위 도입 등 각 자치단체가 선택(option)할 수 있도록 한다면 도입과정에서 이렇게 복잡한 논쟁과 절차가 크게 생략될 것이다.

노무현 정부의 자치경찰 모형에서 가장 특이한 것 중 하나가 자치단체의 다양성을 수용하는 차원에서 자치경찰대의 설치를 선택제(option)로 하였다는 점이다. 지금까지 우리나라 행정기관의 설치는 당연하게 의무적이고 획일적이었다. 다시 말하면 조직 설치에 대한 법령이 제도화되면 설치 대상 기관의 선택 여부에 관계 없이 자동적으로 해당 조직은 설치되었다. 그러나 노무현(참여)정부의 자치경찰제는 선택제를 택하였다. 선택제를 택한 주요 이유는 다음과 같다.

첫째, 자치단체의 다양성을 제고하기 위한 점 때문이다. 지역의 여건에 따라서 자치경찰대를 설치하는 것보다는 국가경찰이 자치경찰사무를 처리하는 것이 합리적인 지역도 있을 수 있다. 그뿐만 아니라 재정이나 인력의 여건상 자치경찰을 설치하는 것이 부담이 될 수도 있다는 점이 고려되었다.

둘째, 자치경찰대의 다양한 운영을 권장하기 위함이다.

우리나라의 기초자치단체인 시·군·구는 2007년도 현재 230개에 달한다. 230개의 자치단체는 지역적 여건, 행·재정 능력 등을 비교해 보면 같은 자치단체가 없을 정도로 다양하다. 그럼에도 불구하고 우리나라 자치단체는 관치(官治) 시대의 지방자치단체의 편제를 그대로 유지하고 있는 실정이다. 이렇게 획일화로 인한 자치단체의 비효율성은 심대하다. 이러한 점을 고려하여 각 자치단체들은 자신들의 행·재정적 여건뿐만 아니라 지역의 특성을 반영할 수 있도록 자치경찰대의 모형을 설정할 수 있도록 하기 위함이다. 〈표 8-3〉은 외국의 자치경찰은 선택제 활용 여부에 대한 내용이다.

〈표 8-3〉에서 보면 프랑스, 스페인, 이태리, 미국은 자치경찰 여부를 자체적으로 결정할 수 있도록 하고 있다.

〈표 8-3〉 각국의 자치경찰 선택제 채택 여부

구 분	내 용
프랑스	–자유로운 선택에 의한 실시 ※ 총 36,763개 코뮌 중 3,150여 개에서만 운영(전체 약 10% 정도) –설치 요건에는 제한이 없고, 시장이 의회의 승인을 받아 창설 여부를 결정, 임명 도지사의 승인을 받아 설치
스페인	–자치경찰의 설치 기준은 없으며, 자치단체 재정 형편에 따라 선택 ※ 주경찰은 17개 주 중 7개 주 자치규약에 창설 규정이 있으나, 3개 주만 자치경찰 보유, 시 경찰에도 창설권 부여, 자치경찰이 없는 곳은 내무부 승인에 따라, 군인경찰이 대리 수행
이태리	–자치경찰법상 자치단체 관할 지역마다 자치경찰을 조직할 수 있다고 규정하여 선택적 실시 보장 ※ 재정자립도에 따라 실시 여부를 도시별로 결정, 주(州) 자치경찰의 경우 최소 7명 이상의 경찰관을 보유하였을 경우 자체 경찰조직 설치 가능, 그 이하일 경우 다른 도시와 연합하여 구성
영국	–내무부 직속의 런던수도경찰청이 2000년 자치경찰로 변경된 후 전국 경찰이 모두 '자치경찰' 형태로 운영
미국	–각 주별로 경찰권 보유, 경찰권 직접 행사 및 지자체에 위임 –시·군·읍 등 지자체가 독립된 경찰 설립 운영 ※ 많은 타운십에서는 적은 치안 수요에 경찰 유지 비용 부담이 어려워 카운티 보안관이나 주경찰에 치안 위탁
독일	–각 주의 법률에 따라 독자적으로 경찰 운영 ·16개 주(州) 모두 고유의 경찰법을 제정, 독자적인 경찰 제도 운영
일본	–시(市)와 인구 5,000 이상의 정촌(町村)에 자치경찰을 둘 수 있도록 한 구(舊) 경찰법 하에서 주민투표로 자치경찰을 임의로 폐지할 수 있도록 하여, 최초 1,605개 자치경찰이 1952년 402개로 감소 –시정촌 자치경찰제 폐지 이후 광역 단위 도도부현 경찰로 완전 일원화

자료: 행정자치부 자치경찰제 실무추진단(2006: 84).

프랑스는 시장이 지방의회의 승인을 받고 국가경찰의 운영책임자인 임명직 도지사의 승인을 받으면 자치경찰을 실시할 수 있다. 2004년도 프랑스 경찰청을 방문했을 때는 약 10% 정도의 시가 자치경찰을 실시하고 있으나 자치경찰에 대한 시민들의 반응이 좋아서 계속 증가 추세에 있다고 했다.[10]

스페인은 따로 자치경찰에 대한 설정 기준이 없이 자치경찰 실시 여부를 완전히

10) 2004년 5월 17일 파리 인근의 뇌이(Neuilly) 시 자치경찰 방문시 뇌이 시 국가경찰 책임자와의 간담회에서.

자치단체에 위임하고 있다. 신설과 폐지 역시 자유롭게 자치단체가 결정하고 있다. 저자가 스페인을 방문하였을 때 광역자치단체 17개 중 4개 지역에서 주 자치경찰을 실시하고 있었으나 1개 주가 폐지를 선언하였다. 기초자치단체도 약 8,100개 중에 5,500개만이 자치경찰을 실시하고 있고 나머지는 국가경찰 또는 군인경찰이 대행하고 있었다. 반면에 카탈루냐 주는 자치경찰을 더욱 확대하여 국가경찰을 철수하도록 할 예정이라고 하였다.[11]

이태리도 스페인과 비슷하다. 특히, 이태리는 중앙정부로부터 자치경찰에 대한 예산 지원이 전혀 없기 때문에 자치경찰의 설치는 오직 자치단체의 권한일 수밖에 없다고 주장하였다.[12]

미국은 유럽의 다른 지역보다 더욱 자치경찰 실시에 대하여 자유롭다. 자치경찰 설치는 물론 활동, 기능까지도 연방정부가 관여할 수 없다. 심지어 지역에 따라서는 다른 지역과 연합하여 자치경찰을 설치하기도 하고 민간업체에게 위탁하기도 한다.

반면에 영국과 일본은 선택제가 아닌 의무적이다. 각 자치단체는 반드시 자치경찰을 실시하도록 하고 있다. 독일도 경찰권은 연방정부가 아니라 주 정부의 고유 권한이기 때문에 자치경찰은 필수적이라고 할 수 있다.

2. 자치경찰제의 폐지

자치경찰대의 설치가 선택제이면, 폐지도 선택 사항이 될 수밖에 없다. 노무현(참여)정부안은 자치경찰대의 폐지는 당해 시·군·구의 조례에 의하되, 미리 지방의회와 지역치안협의회의 의견을 듣도록 하였다.[13] 해당 자치경찰 공무원의 신분 보장과 정치적 상황 변동에 따른 창설과 폐지의 남용을 방지하기 위하여 폐지는 창설을 위한 절차보다 엄격히 규정할 필요가 있다. 이에 따라 지역 치안에 대한 주민 참여기구인 '지역치안협의회'의 의견을 사전에 듣도록 의무화하였다. 폐지의 경우 당해 조례의 공포 후 최소 6개월의 유예 기간을 둔 것은, 폐지에 따른 치안 공백을 해소하기 위

11) 2004년 5월 19일 카탈루냐 주 자치경찰 방문시 카탈루냐 주 내무부장관과의 간담회에서.

12) 2004년 5월 21일 이태리 내무부 경찰본부 간부들과의 면담에서, 자치단체가 외부기관으로부터 유일하게 지원받는 예산은 EU에서 연간 500만 유로일 뿐이며 이 예산도 장비만 구입할 수 있을 뿐 인건비로 사용할 수 없다고 한다.

13) 자치경찰법안 제4조 제3항

하여 국가경찰력의 재배치 등 이에 필요한 준비 기간을 고려한 것이다.

자치경찰대를 폐지한 경우에는 폐지한 날부터 일정기간 이내에는 이를 다시 설치할 수 없도록 하고 있다. 참여정부안은 3년 이내로 한정하였다.[14] 이는 자치경찰대의 설치와 폐지가 잦으면 주민에게 혼란을 주고, 안정적으로 치안 활동을 수행하기 곤란하므로 재 설치 기간을 제한할 필요가 있다. 자치경찰제를 폐지하는 경우에는 자치경찰의 폐지에 따른 지역 치안의 확보 대책을 마련하기 위하여 시·도경찰청장과 경찰청이 미리 협의하여야 하고, 소관 자치경찰의 사무 일체를 경찰청장에게 인계하도록 하였다. 인계를 받은 경찰청장은 자치경찰대가 폐지되는 경우 당해 지역의 치안 역량이 저하되지 아니하도록 국가경찰 인력을 확충하는 등 필요한 조치를 취하도록 하여야 한다.

만약 우리나라에서 이렇게 자치경찰의 설치와 폐지가 선택제로 된다면 이러한 현상이 실제로 나타날 것인가. 처음에는 지역의 자존심, 그리고 자치단체장과 의회의 정치적 판단 등에 따라서 자치경찰제 폐지를 쉽게 결정하지 못할 것이다. 그러나 범죄의 발생 빈도, 강력범죄나 국제범죄 등의 발생정도 등에 따라서는 지역주민들의 요구가 커지면서 자치경찰제를 폐지하고 국가경찰로 위임할 수도 있을 것이다.

이렇게 자치경찰의 설치와 폐지를 허용하는 것 자체가 자치경찰 간 뿐만 아니라 국가경찰과의 경쟁을 유도할 수 있다. 주민들은 자신들 지역의 자치경찰제 업무추진 과정과 실적을 타 지역과 비교하면서 평가를 계속하게 될 것이다. 이 과정에서 주민들로부터 계속 낮은 평가를 받는 자치경찰기관은 폐지에 몰릴 수도 있다. 그러나 지역주민과 경찰서가 다시 개혁을 하여 보다 낳은 자치경찰기관이 되도록 노력할 것이다.

그러나 이보다 더 중요한 것은 지역주민에 의한 자치경찰 운영의 생활화, 지역화하여 자치경찰제가 더욱 확대되는 것이 지방자치의 정신과 맞는 것이다.

14) 자치경찰법안 제4조 제5항, 제6항

제 9 장

문재인 정부 자치경찰의 인사와 재정

제 9 장 문재인 정부 자치경찰의 인사와 재정

제 1 절 | 자치경찰 인사의 특징

1. 인사의 특징

인사정책의 3대 변수는 충원, 능력발전, 사기진작으로 구성된다. 충원은 선발에서부터 시작하여 임용까지 단계를 말한다. 능력발전은 훈련과 교육을 통한 새로운 업무를 숙지하고, 미래의 업무에 대처하는 능력을 향상시키는 과정을 말한다. 마지막으로 사기진작은 승진, 제안제도, 노조 등 직장인으로서의 보람을 향상시켜서 결국 조직의 생산성을 높이는 제도의 운영을 말한다. 문재인 정부에서의 일원론 모델은 인사행정에 관한 한 이전의 자치경찰 인사와는 판이하게 다르다. 이에 대한 요약을 하면 다음과 같다.

첫째는 지방자치단체의 인사대상 신분이 국가공무원이라는 점이다.

자치경찰담당경찰관은 전부 국가공무원이다. 반면에 시·도자치경찰위원회는 시·도지사 소속으로 지방자치단체 조직이다. 지방자치단체 기관인 시·도자치경찰위원회가 국가공무원인 경찰관을 인사대상으로 하고 있다는 점이다. 매우 드문 경우이다. 혹자는 이 경우는 2020년부터 지방공무원에서 국가공무원으로 전환된 소방공무원을 지방자치단체인 시·도지사가 인사를 주관하고 있는 것과 같다고 주장한다. 그러나 국가경찰공무원은 소방공무원과는 국가공무원이라는 것 외에는 다른 것이 너무나 많다. 우선은, 지방의 소방본부가 시·도의 직속기관인 반면에 시·도경찰청은 중앙정부의 특별지방행정기관으로 그 성격 자체가 다르다. 소방의 경우 조직은 여전히 지방자치단체의 소속이라는 점이 자치경찰조직과 크게 차이가 난다. 소방과 비슷한 경우를 찾는 다면, 지방에 있는 공립초중등학교 교사와 비슷하다고 할 수 있다. 전국의 초·중·고 공립학교는 소속은 교육감인 반면에 신분은 국가공무원인데, 인사권은 지방교육자치단체의 장인 교육감에게 있다.

두 번째 다른 점은 자치경찰담당공무원의 소속은 국가기관이라는 점이다.

대체로 인사대상은 기관장의 조직에 속한 구성원에 한하는 경우가 대부분이다. 그런데 자치경찰담당 경찰관의 근무장소는 국가기관인 반면에, 이들에 대한 인사권을 행사하는 기관은 지방자치단체 조직인 시·도자치경찰위원회인 것이다. 이렇게 대상자와 담당기관이 다른 기관에 근무하는 특이한 구조인 점도 특징 중에 하나다. 그래서 어떤 학자는 문재인 정부의 자치경찰제도를 자치경찰사무를 담당하는 경찰관은 있는데 '자치경찰관이 없는 자치경찰제'라고 평가하기도 한다.[1)]

셋째, 인사과정이 매우 복잡하다는 점이다.

위임하고 또 위임하고, 다시 위임할 수 있고 등 인사과정의 고리가 어느 인사과정보다 복잡하다. 경찰청장은 자치경찰사무 담당 경찰관에 대한 인사권을 시·도지사에게 위임한다. 그리면 시·도지사가 이를 행사하는 것이 아니라 반드시 시도자치경찰위원회에 위임을 해야 하도록 의무화하고 있다. 시·도자치경찰위원회는 이렇게 위임받은 권한을 다시 직전 위임자인 시·도경찰청장에게 위임할 수 있다고 하고 있다. 시·도자치경찰위원회는 위임받은 권한을 직전 위임자인 시·도경찰청장에게 위임하지 않고 직접 행사할 경우 추천을 받도록 규정하고 있다. 이를 다음 [그림 9-1]로 보면, 자치경찰담당 경찰관에 대한 인사권 행사가 얼마나 복잡한지를 알 수 있다.

1) 황문규, 일원적 자치경찰에 관한 고찰, 한국경찰연구, 제19권 제4호, 2020, 겨울호, pp.204-5.

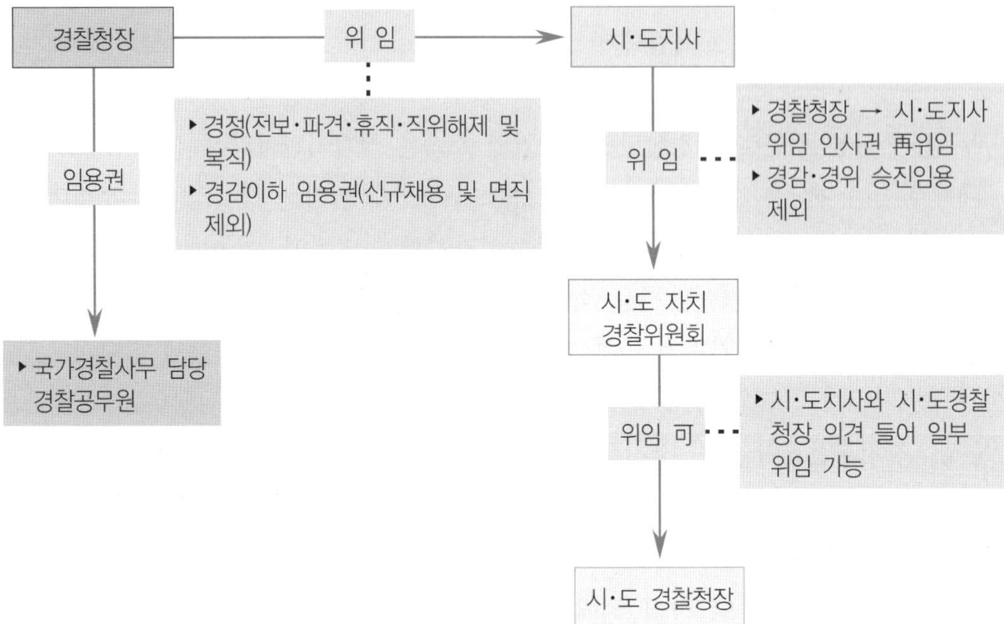

[그림 9-1] 임용권 모형도

자료: 시도지사협의회, 2021.

2. 인사 관련 법령

1) 국가경찰과 자치경찰의 조직 및 운영에 관한 법령

자치경찰에 대한 기본법이 〈국가경찰과 자치경찰의 조직 및 운영에 관한 법률(이하 "국가 및 자치경찰법")〉이다. 따라서 자치경찰사무담당 경찰관에 대한 인사는 이 법령이 적용되는데, 이 법에 의하면, 자치경찰위원회는 다음과 같은 인사사무를 수행한다.2)

- 자치경찰사무 담당 공무원의 임용, 평가 및 인사위원회 운영

2) 국가 및 자치경찰법, 제24조(시·도자치경찰위원회의 소관 사무)

- 자치경찰사무 담당 공무원의 부패 방지와 청렴도 향상에 관한 주요 정책 및 인권침해 또는 권한남용 소지가 있는 규칙, 제도, 정책, 관행 등의 개선
- 자치경찰사무 담당 공무원의 주요 비위사건에 대한 감찰요구
- 자치경찰사무 담당 공무원에 대한 징계요구
- 자치경찰사무 담당 공무원의 고충심사 및 사기진작

실제로 적용되는 규정은 〈경찰청과 그 소속기관 직제〉인 시행규칙이다. 이 규정은 자치경찰담당 경찰관에 대한 인사규정이 아니라 자치경찰위원회 소속 공무원에 대한 인사규정이다. 그 중에서도 정원배정에 관한 규정이다. 이 규정에 의하여 행안부는 〈표 9-1〉과 같이 정원배정을 하고, 경찰청과 시·도에서 공무원을 배정하거나 파견하게 된다. 현재 자치경찰위원회에 배정된 인원은 다음과 같다.[3)]

〈표 9-1〉 시도별 배정(안)

구분	일반직 요청	배정		구분	일반직 요청	배정	
		1차 조정	2차 조정			1차 조정	2차 조정
계	596	395	335	경 기	124	36	32
서 울	49	28	24	강 원	36	24	20
부 산	29	26	22	충 북	27	24	20
대 구	31	24	20	충 남	39	24	20
인 천	28	26	22	전 북	32	24	20
광 주	28	24	20	전 남	24	24	20
대 전	28	24	20	경 북	37	24	20
울 산	30	24	20	경 남	33	24	20
세종	4	4	4	제 주	17	17	11

주: 제주는 6명의 자치경찰을 포함한 수임

2) 경찰공무원 법

이번 실시되는 자치경찰의 자치경찰사무는 실제로는 국가공무원인 자치경찰사무담당 경찰관에 의해서 운영된다. 자치경찰사무담당 경찰관은 국가공무원이면서 경력직

3) 이 안은 행안부에서 시도로 구두로 보낸 공문의 자료임. 따라서 향후 인원배정이 변동될 가능성이 높음

이기 때문에 경찰공무원법을 적용받는다. 또한 자치경찰사무담당 경찰관은 경찰공무원법 시행령과 규칙인 경찰공무원 임용령과 시행규칙의 적용을 받는다. 이 법령에 의하여 자치경찰사무 담당 경찰관에 대한 임용권 위임범위가 결정되고, 지구대, 파출소 근무 경찰공무원의 임용권 행사 방법 등에 대하여 규정하고 있다.[4] 또한 이 시행령에 의한 규정인 경찰공무원 승진임용규정 시행규칙은 승진심사위원 위원으로 시도자치경찰위원회에서 2명을 추천하도록 하고 있다. 이는 자치경찰사무담당 경찰관들이 승진에서 불이익을 당하지 않도록 하기 위한 것이다.

3) 지방자치법

지방자치법은 시·도의 기구와 정원에 대한 규정을 하며, 구체적으로는 지방자치단체의 행정기구와 정원 등에 관한 규정에 의하여 정원 및 신분에 관한 규정을 하고 있다. 자치경찰위원회 지방공무원의 정원을 비롯한, 위원회 위원장과 상임위원의 신분, 상임위원장을 비롯한 과장의 신분 등이 이 규칙에 의하여 결정된다.

상기의 법령을 정리하면 다음 〈표 9-2〉와 같다. 위 법령 중 지방자치법을 제외하고는 자치경찰사무를 담당하는 국가경찰공무원을 비롯한 전체 국가경찰공무원에 적용된다. 자치경찰공무원만을 규정하는 법령은 하나도 없다. 이 자체만 보아도 자치경찰공무원은 없는 것은 확실하다. 자치경찰사무 담당공무원 인사에 대한 법령 소관은 경찰청인 반면에, 정원에 관한 법령 소관은 행안부이다. 또한 지방자치에 관한 법령 소관은 행안부이다. 따라서 이렇게 현행 지방자치제도와 자치경찰제도의 불일치는 두 부처 간의 갈등이 충분히 예견된다.

---

4) 경찰공무원 임용령 제4조 ⑨ 시·도경찰청장 및 경찰서장은 지구대장 및 파출소장을 보직하는 경우에는 시·도자치경찰위원회의 의견을 사전에 들어야 한다. 〈신설 2020. 12. 31.〉

〈표 9-2〉 자치경찰사무 담당 공무원에 적용되는 인사법령 및 규칙 유형

<table>
<tr><th>법</th><th>대통령령</th><th>부령</th></tr>
<tr><td rowspan="2">국가경찰과 자치경찰의조직 및 운영에 관한 법률</td><td>경찰청과 그 소속기관 직제</td><td>경찰청과 그 소속기관 직제 시행규칙</td></tr>
<tr><td>- 시도자치경찰위원회에 두는 경찰공무원의 정원에 관한 규정
- 위원회 사무기구에 두는 경찰공무원의 총정원</td><td>-시도자치경찰위원회에 두는 경찰공무원의 정원에 관한 규정 시행규칙
- 시도자치경찰위원회별 사무기구에 두는 경찰공무원의 위원회별 정원과 계급별 정원
- 시도자치경찰위원회에 두는 경찰공무원의 정원배정기준</td></tr>
<tr><td rowspan="2">경찰공무원법</td><td>경찰공무원 임용령
- 자치경찰사무 담당 경찰관에 대한 임용권 위임 범위
- 지구대·파출소장의 임용권 행사 방법 등</td><td>경찰공무원 임용령 시행규칙</td></tr>
<tr><td>경찰공무원 승진임용규정경찰청
- 시·도경찰청 및 경찰서 승진심사위원회 위원 중 시·도자치경찰위원회 추천 위원(2명) 규정</td><td>경찰공무원 승진임용규정 시행규칙</td></tr>
<tr><td>지방자치법</td><td>지방자치단체의 행정기구와 정원 등에 관한 규정
- 위원회 위원장, 상임위원 신분(정무직 지방공무원)
- 상임위원이 사무국장 겸임, 과장은 4급 또는 총경</td><td>지방자치단체의 행정기구와 정원 등에 관한 규정 시행규칙</td></tr>
</table>

제 2 절 | 자치경찰 인사 담당 기관

1. 문재인 정부의 인사위원회

인사정책의 주도 기관은 어디인가를 판단하는 기준은 인사정책의 주요 내용인 충원, 능력발전, 사기진작 등의 사무를 누가 주도하고 있느냐에 달려 있다. 이 기준에 의하면, 문재인 정부의 자치경찰 정책에 있어서 인사정책을 주도하는 기관은 시·도 자치경찰위원회 또는 시·도 자치단체가 아니라 경찰청이다.

임용을 보자. 경찰공무원법 제 2조 제1호는 "'임용'이란 신규채용·승진·전보·파견·휴직·직위해제·정직·강등·복직·면직·해임 및 파면을 말한다."라고 규정하고 있

다. 시·도자치경찰위원회가 자치경찰사무 담당자에 대한 임면권을 가지고 있다고 하지만, 인사관련법령은 이들에 대한 인사권 대부분은 경찰청에 있다. 우선 인사정책에 있어서 가장 중요한 자치경찰담당 경찰관에 관한 신규채용과 면직에 관한 권한은 경찰청장의 권한이다. 이 권한은 시·도지사 또는 시·도자치경찰원회에 위임해야 하는 권한에서 제외되고 있다.[5] 승진, 전보, 파견 등 그 외의 권한도 시·도자치경찰위원회의 권한이라고 단정할 수 없을 정도로 명확한 규정이 없다. 시·도자치경찰위원회는 자치경찰사무담당 경찰관에 대한 징계권이 있다고 하지만 요구권만 규정되어 있다.[6]

자치경찰사무담당 경찰관에 대한 교육과 훈련에 대한 정책도 모법인 국가경찰과 자치경찰의 조직 및 운영에 관한 법률은 물론 대통령령에도 아무런 규정이 없다. 경찰공무원에 대한 교육훈련을 규정하고 있는 경찰공무원 훈련규정도 자치경찰사무담당 경찰관에 관한 규정은 찾아볼 수 없다. 이는 경찰청에서 지금 시행하고 있는 방법대로 하겠다는 의미다. 다만 사기진작에 대한 언급은 시·도자치경찰위원회 소관사무에 한 호정도로 언급하고 있다.[7]그러나 제주자치경찰단 근무 자치경찰관에 대한 훈련 규정은 제주특별법에 명확하게 나와 있다.[8] 자치경찰사무담당 경찰관은 사실상 지방자치에 대하여 경험도 없지만, 이에 대한 기본적 사항을 접할 기회가 없었기

5) 제4조(임용권의 위임 등) ① 경찰청장은 법 제7조제3항 전단에 따라 특별시장·광역시장·특별자치시장·도지사 또는 특별자치도지사(이하 "시·도지사"라 한다)에게 해당 특별시·광역시·특별자치시·도 또는 특별자치도(이하 "시·도"라 한다)의 자치경찰사무를 담당하는 경찰공무원[「국가경찰과 자치경찰의 조직 및 운영에 관한 법률」 제18조제1항에 따른 시·도자치경찰위원회(이하 "시·도자치경찰위원회"라 한다), 시·도경찰청 및 경찰서(지구대 및 파출소는 제외한다)에서 근무하는 경찰공무원을 말한다] 중 경정의 전보·파견·휴직·직위해제 및 복직에 관한 권한과 경감 이하의 임용권(**신규채용 및 면직에 관한 권한은 제외한다**)을 위임한다. 〈신설 2020. 12. 31.〉

6) 국가 및 자치경찰법,제24조(시·도자치경찰위원회의 소관 사무) ① 시·도자치경찰위원회의 소관 사무는 다음 각 호로 한다. 7. 자치경찰사무 감사 및 감사의뢰
8. 자치경찰사무 담당 공무원의 주요 비위사건에 대한 감찰요구
9. 자치경찰사무 담당 공무원에 대한 징계요구

7) 국가 및 자치경찰법,제24조(시·도자치경찰위원회의 소관 사무) ①10. 자치경찰사무 담당 공무원의 고충심사 및 사기진작

8) 제주특별법 제115조(교육훈련) ① 도지사는 모든 자치경찰공무원에게 균등한 교육훈련의 기회가 부여되도록 하여야 한다.
② 도지사는 치안활동과 관련된 전문지식·기술 및 활용능력을 높이기 위하여 자치경찰공무원이 정해진 교육과정을 이수하게 하여야 한다. 이 경우 자치경찰공무원의 교육훈련을 도조례로 정하는 바에 따라 국가경찰의 교육훈련기관에 위탁할 수 있다.
③ 도지사는 제2항 후단에 따라 자치경찰공무원의 교육훈련을 위탁하려는 경우에는 다음 해의 자치경찰공무원 교육훈련계획을 수립하여 경찰청장에게 제출하여야 한다.

때문에 이들도 자치단체에서 실시하는 교육·훈련 과정을 받을 필요가 충분히 있다.

경찰청이 자치경찰사무 담당공무원에 대한 인사권 행사는 이외에도 경찰공무원 관련 법령에 많은 곳에서 언급하고 있다. 특히, 경찰공무원원 임용령을 비롯한 경찰공무원인사위원회, 중앙 및 보통승진심사위원회 등의 규정을 보면 자치경찰사무담당 공무원을 따로 구분하지 않고 일반경찰관과 같이 규정하고 있다. 이러한 규정은 경찰청이 자치경찰담당 공무원은 경찰청 소속이기 때문에 인사권 행사는 당연하다는 인식의 발로라 할 수 있다.

다만, 국가 및 자치경찰법의 소관 사무 중에 자치경찰사무 담당 공무원에 대한 인사위원회 규정이 있어 법령안에서 이 인사위원회가 인사담당기관 역할을 수행할 가능성이 있다. 그러나 인사위원회의 사무 범위는 매우 제한적일 것이다.

2. 노무현 (참여)정부의 인사위원회

인사주도기관의 역할과 구성에 대한 이해를 위하여 노무현 정부 자치경찰제의 인사위원회 구성과 기능에 대해서 살펴 보자.

인사가 만사라고 할 정도로 인사 문제는 매우 중요하고 전문적 활동이다. 따라서 정부는 인사 활동을 전문적으로 담당할 기관이 필요하며 이를 인사행정기관이라고 한다. 자치경찰도 마찬가지다. 자치경찰은 지방자치단체의 다른 사무와는 달리 전문성과 특수성을 가지고 있기 때문에 이를 다룰 인사기관이 필요하다. 이와 같은 필요에 따라 자치경찰인사위원회가 설치되었다. 시·도자치경찰인사위원회를 독립적으로 설치하느냐에 대한 논란도 쟁점 사항 중에 하나였다. 자치경찰인사위원회의 설치를 반대하는 사람들은 지방인사위원회가 있는데 굳이 또 다른 인사위위원회를 설치하는 것은 실익이 없다는 주장이다. 특히, 자치경찰이 직속기관인 소방직과 달리 보조 기관이기 때문에 더욱 별도의 인사위원회를 설치할 필요가 없다는 점을 강조한다. 반면에 자치경찰 공무원은 특정직으로 일반직과 구별하여 운영할 필요가 있고, 자치단체장의 인사 전횡을 우려하는 여론에 따라 자치경찰공무원 인사위원회를 별도로 설치·운영하는 것이 바람직하다는 주장도 강하였다. 이들은 소방직도 별도의 인사위원회[9]를 두고 있음을 강조하면서 별도의 인사위원회를 설치하여야 한다고 주장하였다. 결국 자치경찰법안은 자치경찰인사위원회를 설치하는 것으로 하고 있다. 자치경찰사무담당 공무원 인사위원회의 구성·운영은 지방공무원법을 준용하되, 위원 중에 경찰공무원을 포함하도록 하여 경찰행정의 특수성을 반영할 수 있도록 하고 있다. 이에 대한 규정을 살펴보면 다음과 같다.

1) 자치경찰공무원 인사위원회의 설치

자치경찰공무원에 대한 인사 전반을 처리하기 위하여 시·군·구에 자치경찰공무원 인사위원회를 두도록 하고 있다(자치경찰법안 제25조). 자치경찰공무원 인사위원회의 구성 및 운영에 관한 사항은 지방공무원법 제7조[10]·제8조 제2항[11] 및 제9조 내지 제11조[12]의 규정을 준용하도록 하고 있다. 이 경우 인사위원회는 자치경찰공무

---

9) 소방공무원법 제3조 "소방공무원의 인사에 관한 중요 사항에 관하여 시·도지사의 자문에 응하기 위하여 시·도에 소방공무원 인사위원회를 둔다."

10) 자치경찰법(노무현정부의 법)제7조 (인사위원회의 설치) ①지방자치단체에 임용권자(임용권을 위임받은 자를 제외하되, 그 중 시의 구청장과 지방자치단체의 장이 필요하다고 인정하는 소속기관의 장을 포함한다)별로 인사위원회를 두되, 특별시·광역시 및 도(이하 "시·도"라 한다)에는 필요한 경우 제1인사위원회와 제2인사위원회를 둘 수 있다. ②인사위원회는 위원 5인 이상 7인 이하로 구성하되, 제3항 각호의 규정에 의하여 위촉되는 위원은 4인(위원이 7인 미만인 경우는 3인)으로 한다. ③위원은 당해 지방자치단체의 공무원(국가공무원을 포함한다) 및 다음 각호에 해당하는 자로서 인사행정에 관한 학식과 경험이 풍부한 자 중에서 지방자치단체의 장이 임명 또는 위촉한다. 다만, 시험위원은 시험실시기관의 장이 따로 위촉할 수 있다. 1. 법관·검사 또는 변호사의 자격이 있는 자 2. 대학에서 법률학·행정학 또는 교육학을 담당하는 부교수 이상의 직에 있거나 초등학교·중학교·고등학교 교장의 직에 있는 자 3. 공무원(국가공무원을 포함한다)으로서 20년 이상 근속하고 퇴직한 자. ④다음 각호의 1에 해당하는 자는 위원으로 위촉될 수 없다. 1. 제31조 각호의 1에 해당하는 자 2. 정당법에 의한 정당의 당원 3. 지방의회 의원 ⑤제3항의 규정에 의하여 위촉되는 위원의 임기는 2년으로 하되, 1차에 한하여 연임할 수 있다. ⑥지방자치단체는 조례가 정하는 바에 따라 위원에게 실비 보상을 할 수 있다. ⑦위원은 그 직무에 관하여 지득한 비밀을 누설하여서는 아니 된다.

11) 동법 제8조 (인사위원회의 기능 등) ②인사위원회는 제1항 제4호의 사무의 처리에 있어 필요하다고 인정할 때에는 사실의 조사 또는 증인의 환문을 하거나 관계 서류의 제출을 요구할 수 있다.

12) 동법 제9조 (인사위원회의 기관) ①인사위원회에 위원장·부위원장 각 1인을 두며, 위원장은 시·도의 국가공무원으로 보하는 부시장·부지사·부교육감, 시·군·구(자치구를 말한다. 이하 같다)의 부시장·부군수·부구청장이 되고, 부위원장은 당해 인사위원회에서 호선한다. 다만, 임용권을 위임받은 기관에 두는 인사위원회의 위원장과 부위원장은 당해 인사위원회에서 호선한다. ②제7조 제1항의 규정에 의하여 시·도에 복수의 인사위원회를 두는 경우 제1인사위원회의 위원장은 제1항 본문의 규정에 의하고, 제2인사위원회의 위원장은 부시장·부지사(지방자치법 제101조 제6항 후단의 규정에 의하여 특정 지역의 사무를 담당하는 부시장·부지사를 말한다) 또는 인사를 담당하는 국장이 된다. ③위원장은 인사위원회를 대표하며, 위원회의 사무를 통할한다. ④부위원장은 위원장을 보좌하며, 위원장이 사고가 있을 때에는 그 직무를 대행한다.
동법, 제10조 (인사위원회의 회의) ①인사위원회의 회의는 위원장이 필요하다고 인정할 때에 이를

원 인사위원회로, 소방공무원법 제7조 제3항 각호 외의 부분 본문 중 당해 지방자치단체의 공무원(국가공무원을 포함한다)은 자치경찰 공무원 또는 국가경찰 공무원으로, 동항 제3호 중 공무원(국가공무원을 포함한다)은 자치경찰 공무원 또는 국가경찰 공무원으로 본다.

2) 자치경찰 공무원 인사위원회의 기능

자치경찰 공무원 인사위원회 기능은 지방공무원법의 지방공무원 인사위원회의 기능을 원용하여 다음과 같은 기능을 수행하도록 하였다.[13]

1. 자치경찰 공무원의 충원계획에 대한 사전 심의
2. 자치경찰 공무원에 관한 각종 임용시험의 실시
3. 시장 등의 요구에 의한 자치경찰 공무원의 보직관리 기준 및 승진·전보임용 기준의 사전 의결
4. 자치경찰 공무원의 승진임용에 대한 사전 심의
5. 시장 등의 요구에 의한 자치경찰 공무원의 징계 의결
6. 시장 등이 지방의회에 제출하는 자치경찰 공무원의 인사와 관련된 조례안 및 규칙안의 사전 심의
7. 법령 또는 조례의 규정에 의하여 그 관장에 속하는 사항
8. 그 밖에 시장 등이 자치경찰 공무원의 인사에 관하여 부의하는 사항

소집하고 위원장은 그 의장이 된다. ②인사위원회의 회의는 재적 위원 3분의 2 이상의 출석과 출석 위원 과반수의 찬성으로 의결한다. ③인사위원회의 위원은 그 친족의 징계 의결에 관여하지 못한다. ④그 밖에 인사위원회의 운영에 관하여 필요한 사항은 대통령령으로 정한다.
제11조 (인사위원회의 사무직원) ①인사위원회에 간사와 서기 약간인을 둔다. ②간사와 서기는 당해 기관의 장이 그 소속 공무원 중에서 임명한다. ③간사는 위원장의 명을 받아 인사위원회의 사무를 처리하며 서기는 간사를 보조한다.

13) 지방공무원법 제8조(인사위원회의 기능 등) ①인사위원회는 다음 각호의 사무를 관장한다.
1. 공무원 충원계획의 사전 심의 및 각종 임용시험의 실시
2. 임용권자의 요구에 의한 보직관리 기준 및 승진·보직임용 기준의 사전 의결
3. 승진임용의 사전 심의
4. 임용권자의 요구에 의한 공무원의 징계 의결
5. 지방지치단체의 장이 지방의회에 제출하는 공무원의 인사에 관련된 조례안 및 규칙안의 사전 심의
6. 기타 법령의 규정에 의하여 그 관장에 속하는 사항

제 3 절 | 문재인 정부 자치경찰 인사정책의 범위와 대상

인사정책의 대상과 범위는 인사권이 미치는 영역을 의미한다. 자치경찰위원회 또는 시·도지사의 인사권이 미치는 범위와 대상은 해당기관이나 조직, 그리고 자치경찰담당 경찰관 인원을 말한다.

1. 인사 범위

문재인 정부의 자치경찰제에서 자치경찰 인사권의 미치는 기관이나 조직은 어디에서부터 어디까지 일까. 한마디로 말하면, 매우 복잡하다. 앞에서도 언급하였지만 문재인 정부의 자치경찰 일원론은 분권정책에서 출발한 것이 아니라 권력기관개편에서부터 시작되었기 때문에 복잡할 수 밖에 없다. 분권은 기존의 조직은 그대로 있고 기존 조직들이 가지고 있는 권한을 주고 받기 때문에 명확할 수 밖에 없다. 지방자치에 있어서 권한 이관은 원칙, 예를 들면, 기초자치단체 우선의 원칙, 보충성의 원칙, 능률성의 원칙 등등이 있기 때문에 이 원칙을 기본으로 하여 권한을 이관한다. 이 경우 그 권한이 미치는 범위가 복잡해질 수 없다. 반면에 문재인 정부의 자치경찰사무 담당 경찰공무원에 대한 인사규정은 매우 복잡하다. 이런 복잡한 인사권 범위를 조직과 부서를 중심으로 살펴보았다.

1) 소극적 의미의 인사권 범위

소극적 의미의 인사권은 그 강도와 관계없이 인사권 법령 및 조례와 규칙에 해당만 되면 인사권 범위에 속하는 것으로 한 것을 말한다. 우선 최상위 조직으로부터 소극적 의미의 인사권을 살펴보자.

가. 시·도경찰청장

국가 및 자치경찰법 제 13조는 경찰의 사무를 지역적으로 분담하여 수행하게 하기 위하여 특별시·광역시·특별자치시·도·특별자치도(이하 "시·도"라 한다)에 시·도경찰청을 두고, 시·도경찰청장 소속으로 경찰서를 둔다고 규정하였다. 2021년 이전의 경찰법[14]에는 경찰청의 사무를 지역적으로 분담하여 수행하게 하기 위하여 특별시장·광역시장 및 도지사(이하 "시도·지사"라 한다) 소속으로 지방경찰청을 두고, 지방경찰청장 소속으로 경찰서를 둔다고 하여 지방경찰청 소속이 시·도지사인 것처럼 보였다. 그러나 경찰법 제14조 제2항에는 지방경찰청장은 경찰청장의 지휘·감독을 받아 관할구역의 국가경찰사무를 관장하고 소속 공무원 및 소속 국가경찰기관의 장을 지휘·감독한다고 규정하여 일본의 지방경찰청처럼 자치단체와의 관계는 단순히 형식적인 관계(소할, 관리)일 뿐이었다. 2020년 12월 국회에서 경찰법 전면개정에서는 앞에서 보는 바와 같이 지방경찰청의 이름은 시도경찰청을 개칭하고 과거 시·도 소속의 규정을 삭제하였다.

시·도경찰청의 최고 상급자가 시·도경찰청장이다. 경찰공무원 임용령에 의하면, 2020년까지는 시·도지방경찰청장은 경찰청장이 추천, 행안부장관이 제청, 국무총리를 거쳐 대통령이 임명하는 것으로 되어 있다. 그러나 2021년 1월 1일 발효되는 국가경찰과 자치경찰의 조직 및 운영에 관한 법률[15]에서는 시·도경찰청장은 경찰청장이 시·도자치경찰위원회와 협의하여 추천한 사람 중에서 행정안전부장관의 제청으로 국무총리를 거쳐 대통령이 임용한다. 이제부터 자치경찰위원회가 시·도경찰청장의 임용에 관여하게 되었다. 이 조항으로 지방자치단체는 해당 지역내의 치안에 대하여 관여를 하게 됨으로서 우리나라 지방자치사에 큰 의미를 주고 있다. 다만 이 협의가 의무적이지만 법률상 동의와는 법률적 구속감이 떨어진다고 보면, 소극적 관여라고 할 수 있다.

나. 자치경찰차장 및 자치경찰부장

시·도 경찰청장의 보조기관으로 차장 또는 부장을 둔다.[16] 차장 또는 부장의 수는 급지에 따라 달리하고 있다. 서울경찰청인 경우는 제3차장을 자치경찰차장으로, 나머지 지역은 자치경찰부장으로 하여 자치경찰사무를 총괄하도록 하고 있다. 자치경찰담당 차장 및 부장이 자치경찰사무를 총괄하기 때문에 자치경찰위원회의 인사권 범위에 당연히 속한 것이 아니냐, 즉 적극적 의미에서의 인사권 범위에 속한다고 할

14) 경찰법, 제2조 2항
15) 국가 및 자치경찰법, 제28조 2항
16) 국가 및 자치경찰법, 제15조

수도 있다. 그러나 경찰공무원 임용령에는 총경이상 임용권자는 대통령으로 되어 있다. 시도경찰위원회는 경찰청장으로부터 자신의 인사권 범위에 속한 경정이하만 위임받았다. 따라서 시·도경찰청장과 자치경찰 차장·부장은 경무관 이상이기 때문에 시·도자치경찰위원회의 실제적인 인사권에서는 제외된다. 다만, 시·도자치경찰위원회는 자치경찰사무에 대해서는 시·도경찰청장을 지휘·감독할 수 있도록 하고 있기 때문에 시·도경찰청장의 지휘 감독을 받는 자치경찰차장과 자치경찰부장도 간접적으로 인사권의 범위에 속한다고 할 수 있다.

다. 일선기관 - 경찰서장·지구대·파출소

경찰의 일선기관은 경찰서, 지구대, 파출소라고 할 수 있다. 특히, 생활안전을 중심으로 하는 자치경찰사무는 대부분 일선기관의 소관이다. 이중에 가장 중심은 경찰서이다. 시·도자치경찰위원회는 경찰서장에 대해서는 경찰서장의 직급이 거의 총경이상이기 때문에 직접적인 인사권은 없다. 그러나 시·도자치경찰위원회는 정기적으로 경찰서장의 자치경찰사무 수행에 관한 평가결과를 경찰청장에게 통보하여야 하며 경찰청장은 이를 반영하여야 한다[17]로 규정하여 인사에 반영하도록 하였기 때문이 간접적인 인사권 범위에 속한다고 할 수 있다.

지구대와 파출소는 경찰청장의 인사권을 시·도자치경찰위원회로 위임하는 범위에서 제외시키고 있기 때문에 역시 직접적인 인사권이 아닌 간접적인 범위에 속한다고 할 수 있다.[18]

2) 적극적 의미의 인사권 범위

적극적 의미의 인사권은 인사정책의 3대 변수인 충원, 능력발전, 사기진작이 모두 적용되는 경우를 말한다. 그러나 문재인 정부의 자치경찰제는 일원론이기 때문에 지방자치단체 조직이 국가공무원인 자치경찰사무담당 경찰관에 대한 인사권은 태생적 한계가 있다. 이러한 전제하에 적극적 인사권 범위는 신규채용, 승진을 제외한 인사권이 적용되는 기관이나 공무원으로 한정하여 정의하고자 한다.

---

17) 국가 및 자치경찰법, 제30조 제4항

18) 공무원 임용령, 제4조(임용권의 위임 등), 제1호

이 정의에 의하면, 적극적 의미의 인사권 범위는 시·도자치경찰위원회와 시·도경찰청 및 경찰서에 근무하는 경찰관 중 경정 이하 자치경찰사무 담당 경찰공무원이 해당된다. 이 근거는 경찰공무원 임용령에 의하며, 시·도경찰청장이 시·도지사에게 위임하고, 시·도지사는 시·도자치경찰위원회에 위임하는 경찰공무원이 바로 이 경찰관들이기 때문이다.[19] 물론 이 중에 경정은 전보, 파견, 휴직, 직위해제 및 복직에 관한 권한과 경감이하의 임용권(신규 및 면직에 관한 권한 제외)만 위임하고 있다.

2. 인사 대상 - 자치경찰 공무원 규모

1) 노무현 정부 자치경찰관 수 추정

적정한 자치경찰 공무원의 인원은 얼마나 되어야 하는가. 자치경찰 공무원의 정원을 산정하는 데는 다음과 같은 여러 가지 요인들이 고려되어야 한다.

첫째, 재정적 측면이다.

공무원의 정원은 재정적 측면을 제1 순위로 고려할 수밖에 없다. 우리나라 지방자치단체 중 지방세 수입으로 인건비를 충당할 수 없는 자치단체 규모가 약 60%에 가깝다.[20] 따라서 인건비 지원은 중앙정부가 지방교부세를 통해서 지원할 수밖에 없기 때문에 국가의 재정 여건을 고려하지 않을 수 없다.

둘째, 국가경찰관의 이관 규모다.

자치경찰은 국가경찰의 일부 사무를 이관받아 처리하기 때문에 국가경찰관 일부도 이관해야 하는 것은 당연하다. 그러나 모든 행정조직은 이른바 '파킨슨 법칙'에 의하여 조직이 늘어나면 늘어났지 줄어들지 않는다. 국가경찰은 국가경찰관의 이관 규모를 최대한 줄이려 할 것이다(양영철, 2007b: 45). 이관된 국가경찰관에 대해서

19) 경찰공무원 임용령, 제4조(임용권의 위임 등) ① 경찰청장은 ----시·도지사에게 해당 시·도 자치경찰사무를 담당하는 경찰공무원, 시·도자치경찰위원회와 시·도경찰청 및 경찰서(지구대 및 파출소는 제외한다)에서 근무하는 경찰공무원을 말한다] 중 경정의 전보·파견·휴직·직위해제 및 복직에 관한 권한과 경감 이하의 임용권(신규채용 및 면직에 관한 권한은 제외한다)을 위임한다. 〈신설 2020.12.31.〉

20) http://lofin.mogaha.go.kr:8100/budget/jipyo/Jipyo_Jarip_01.jsp

는 중앙정부가 인건비를 보전해 줄 것이기 때문에 얼마만한 국가경찰관이 이관될 것인지는 자치경찰관 정원 산출에 중요한 요인이 될 것이다.

셋째, 치안 수요다.

자치경찰의 정원은 지역교통, 지역방범, 지역경비라는 자치경찰의 사무 수요에 따라서 정해질 수밖에 없다. 치안 수요는 도시와 농촌, 산업지역, 관광레저지역, 해안지역 등에 따라서 천차만별이기 때문에 획일화할 수 없다. 참여정부안은 각 자치단체가 해당 지방경찰서와 협약에 의하여 치안 수요를 결정하도록 하고 있기 때문에 치안 수요 결정은 협약의 내용에 따라서 달라진다(행정자치부 자치경찰제 실무추진단, 2007: 112-4).

넷째, 자치단체의 의지다.

자치경찰에 대한 자치단체장과 의원들이 어떠한 자세를 가지고 있느냐가 중요하다. 참여정부가 들어서면서 총액인건비 등 자치단체의 공무원 정원을 해당 자치단체가 결정하는 범위가 넓어져 왔다. 따라서 각 자치단체가 자치경찰에 대한 의지가 얼마나 강하냐에 따라서 자치경찰의 정원 결정에 큰 영향을 미친다고 할 수 있다.

〈표 9-3〉 자치경찰 정원 산정 모형

특징	1. 대규모 도시지역	2. 중소도심 지역	3. 소규모 시군지역	4. 소규모 군지역	5. 산업 지역	6. 관광·레저지역	7. 해안 지역
평균 인구 규모	50만	21만~35만	10만~20만	4만~7만	15만	6만	5만
시행 초기 자치 경찰 (추정 인력: 명)	전북전주시 (103~125), 대구 달서구 (65~82), 인천 부평구 (62~81), 서울 강남구 (72~93)	서울 서대문구 (49~56), 대전 유성구 (24~35), 충북 충주시 (42~59)	울산 울주군 (33~42), 경기 포천시 (35~41) 부산 서구 (19~29), 광주 동구 (16~24)	경북 의성군 (20~32), 강원 정선군 (33~48), 전남 강진군 (15~21)	충남 서산시 (28~40)	경기도 과천시 (18~23), 강원 정선군 (33~48)	경남 남해군 (24 ~28)

자료: 행정자치부 자치경찰제 실무추진단(2007: 151-3).

행정자치부 자치경찰제 실무추진단이 시범지역으로 선정된 17곳의 자치경찰 인원을 한국지방행정연구원에 의뢰하여 산정한 초기 자치경찰 정원을 살펴보면 〈표 9-3〉과 같다. 이 보고서는 17곳의 시범지역을 특징을 중심으로 7개로 분류하고 이에 따라서 인구 규모, 주요 환경적 특징, 자치경찰 중점 활동, 인력 운영, 조직, 직무 수행 필요 장비 등을 고려하여 적정 자치경찰관 정원을 산출하였다.

〈표 9-3〉에서 보면 전남 강진군이 15명에서 21명으로 가장 적고 서울시 강남구가 72명에서 93명으로 가장 많은 인원이 필요한 것으로 나타났다. 제주특별자치도 자치경찰 정원은 144명으로 산출되었다. 이를 총 합산하면 5,920명의 자치경찰관이 필요한 것으로 나타난다.[21]

2) 박근혜 정부의 자치경찰관 추산

박근혜 정부에서 자치경찰정원 산출은 한국지방자치학회와 한국지방행정연구원에서 산출한 결과를 가지고 결정하였다. 조사내역과 정원산출은 다음 〈표 9-4〉와 같다.[22]

〈표 9-4〉 박근혜 정부시 자치경찰관 인원 추정

조사기관	한국지방자치학회	한국지방행정연구원
추정내역	① 국가경찰 사무에서 배분된 62개 사무 유형별 소요인력 : 9,601명 ② 특사경 사무 인력 : 1,920명(〈11년 특사경 사건처리건수176,870건〉 X 접수사건 1건당 적정처리시간〈13년 치안정책연구소 적정업무량 분석 결과21.8시간〉)÷1인당 연 근무시간(2,008시간) ③ 조직운영시 필수인력 : 1,162명(5개 표준모델별 부서당 1명 배치) ④ 광역기능 지원 운영을 위한 필수인력 : 85명 ⑤ 보정인력 : ①+②+③+④÷10% = 1,276명	① 05년 당시 분석 기초인 112신고 건수를 현행화(12년 1,177만건) ② 지구대·파출소 및 교통외근(46,152명) X 112신고건 1,177만건중 자치경찰 사무 해당건수 775만건(65.85%) X 자치경찰 시간적·장소적 비중(59.77%) X 사무강도(30.76%) = 약 5,587명 ③ 現 용역연구진에서 분석한 필요인력을 첨가하여 계산 - 특사경(1,920명)+조직운영인력(1,162명)+광역인력(85명)+보정인력(3,477명) = 6,644명
총정원	14,044명	12,231명

위 두 기관의 연구를 기초로 하여 최종적으로 정원은 12,000명-14,000명으로 정하였다. 이 정원은 자치경찰사무의 성격을 고려했을 때 3교대를 하는 국가경찰 수에 적용하면 약 3만 명 규모이다.

21) 양영철, 자치경찰론, 대영문화사, 2008, pp.300-305.

22) 지방자치발전위원회, 2015, 박근혜정부의 자치경찰도입안, 내부자료

3) 문재인 정부의 이원론 자치경찰관 수 추정

문재인 정부의 처음 안인 이원론인 경우는 정원이 〈표 9-5〉에서 보는 43,000명으로 추산하였다. 이 인원은 3단계로 나누어서 배정하는 것으로 하였으며, 전원이 국가경찰관을 이관하는 것으로 하였다. 3단계를 실시한 후에 필요한 인원을 다시 산정하여 증가와 감소를 결정하는 것으로 하였다.

〈표 9-5〉 문재인 정부의 자치경찰사무 담당 공무원 수 추정

구분	1단계 (일부지역+일부사무)	2단계 (전국+일부사무)	3단계 (전국+전체사무)	최종단계
대상 지역	5개 지역 (서울·세종·제주 외 2개 시·도)	전국	전국	전국
사무	자치경찰 사무 약 50% (일부 수사권 포함)	자치경찰 사무 약70~80% (일부 수사권 포함)	자치경찰 사무 100%	평가 후 추가 확대
인력	7,000~8,000명	30,000~35,000명	43,000명	
시점	2019년	2021년	2022년	정착수준에 맞춰 평가 후 판단

〈표 9-6〉 자치경찰 이관인력(43,000명), 추산내역(민생치안사무인력 기준)

구분	주요내용	사무비중	자치경찰 추산인력
자치경찰사무	범죄예방활동, 지역안전, 생활밀착형 치안서비스 등	102개 (40.6%)	33,000명 (83,259*40.6%)
공동주관사무	경찰권 행사에 수반되는 벌칙적 사무, 민원처리 등	62개 (24.7%)	약10,000명 (83,259*24.7%*0.5)
국가경찰사무	사법 등 국가존립, 종합정책 수립, 전국 광역적 사무 등	87개 (34.6%)	

※ 자료: 경찰청, 『자치경찰관련 자료 요청』, 입법조사 회답자료, 2019. 6. 29.

경찰청 또한 2019년 6월 29일 민생치안사무를 251개로 분류하고 자치경찰사무(102개), 공통사무(62개), 국가경찰사무(87개)로 구분하여 각각 사무이관비율을 산정하여 입법조사 회답 자료로 제출한 내용에 따르면, 이 이관된 인원은 자치경찰사무에 33,000명, 공동주관사무에 약 10,000명이 배치되는 것으로 추산되었다.[23)]

3. 문재인 정부 자치경찰제의 자치경찰사무 담당 경찰관 추계

〈표 9-7〉은 현행 우리나라 경찰조직체제다. 문재인 정부의 자치경찰사무 담당 경찰공무원은 지방경찰청 이하 경찰 조직에 근무하는 경찰공무원 중에 이에 해당된다.

소극적 의미에서 본다면, 자치경찰위원회에 근무하는 경찰관 공무원, 시·도경찰청에서 자치경찰부에 근무하는 경찰관, 경찰서의 자치경찰사무를 담당하는 과에 근무하는 경찰관, 그리고 지구대와 파출소 경찰관이라고 할 수 있다. 그러나 인사권은 권한과 책임을 지는 것이기 때문에 소극적 의미로 추산할 수가 없다.

〈표 9-7〉 현행 우리나라 경찰조직체계 및 인원현황

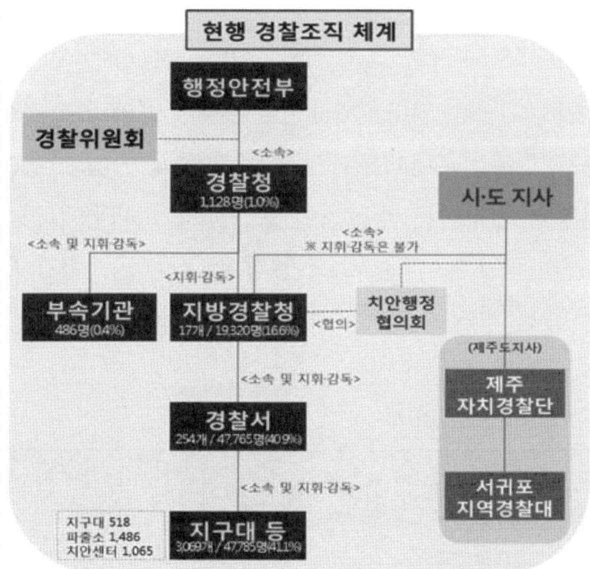

·전국 경찰서 현황

구분	관서수	평균 경찰관수	평균 관할인구
총계	254	376명	20만명
1급지	145	523명	30만명
2급지	40	251명	12만명
3급지	69	130명	5만명

※ 최다관할 : 남양주서(662,154명)
※ 최소관할 : 울릉서(10,001명)

적극적 의미로 추산하는 것이 옳다. 적극적 의미에서 보면, 인사권이 적용되는 대상은 몇 명의 경찰관이 될까. 저자 나름대로 계산해 본 수이기 때문에 다른 연구자나 기관에서 주장하는 것과 차이가 날 수 있다는 전제하에 계산을 추정해 본다.

23) 오광조(제주자치경찰단 경감), 제주자치경찰 인력운영 上 문제점과 해소방안, 서울연구원 발표자료, 2020년 5월 28일, 세미나자료집, p.5.

다음 조직도를 보면, 대상은 시·도경찰청과 경찰서에 근무하는 경찰관 중 생활안전과 교통에 근무하는 경찰관이 이에 해당한다. 당초 지구대 등에 속한 경찰관은 생활안전과 소속이기 때문에 당연히 자치경찰사무 담당 경찰관으로 보았다. 그러나 최근 경찰청은 지구대와 파출소 근무 경찰관들도 국가경찰사무를 처리하는 경우가 많다는 점과 업무자체가 국가경찰사무, 자치경찰사무로 구분하기가 쉽지 않다는 점 등을 들어 이 소속을 생활안전과에서 112 상황실 소속으로 변경하였다. 이로 인하여 지구대(518개소) 및 파출소(1,486개소), 치안센터(1,065개소)에 근무하는 47,785명은 시·도자치경찰위원회의 인사권 대상에서 제외된다. 정리하면, 자치경찰위원회의 인사대상 모집단은 시·도경찰청 자치경찰사무 담당공무원, 경찰서 자치경찰사무 담당 경찰공무원이라고 할 수 있다.

계급별 경찰공무원 정원에 대한 내용이 〈표 9-8〉이다. 경찰공무원 임용령에 의하면 자치경찰사무담당 공무원 인사대상이 한정되어 있다. 우선은 계급별로 한정을 하고 있다. 총경인사는 대통령 소관이기 때문에 우선 제외된다. 일단 계급별로는 경정이하 자치경찰사무 담당 경찰관이 인사대상이 된다. 계급으로 보면, 범위는 경정이하다. 국가경찰관 중 경정이하는 총 경찰관의 99.44%인 117, 375명이 이에 해당한다. 우리나라 경찰관 중 시·도 경찰청에 근무하는 경찰관이 98.7%이기 때문에 경정이하 계급 경찰관이 지방청이나 경찰서(지구대, 파출소 포함)외에 근무하는 수가 워낙 적기 때문에 이들은 고려하지 않았다.

〈표 9-8〉 계급별 정원

구분	총계	치안총감	치안정감	치안감	경무관	총경	경정	경감	경위	경사	경장	순경
현원	118,069	1	6	26	72	559	2,571	8,772	45,695	24,531	15,457	20,379
비율	100%	0.56%					2.18%	7.43%	38.70%	20.78%	13.09%	17.26%

자료: 경찰청 내부자료

자치경찰사무 담당 경찰관은 기능별로 보면 〈표 9-9〉와 같다. 생활안전, 여청, 교통 경찰이 자치경찰위원회의 인사범위다. 이 범위에 속하는 경찰관은 61,041명이 해당된다. 이는 전체 국가경찰 중에 52.4%에 해당한다.

〈표 9-9〉 기능별 정원

구분	경무	생활안전	여청	수사	사이버	과학수사	교통	경비
정원	3,581	7,329	5,827	17,923	1,517	1,161	10,007	10,216
비율	3.1%	6.3%	5.0%	15.4%	1.3%	1.0%	8.6%	8.8%
구분	정보	보안	외사	감사	홍보	정보화장비	지역경찰	기타(부속)
정원	3,357	2,500	1,563	1,708	188	1,336	47,885	486
비율	2.9%	2.1%	1.3%	1.5%	0.1%	1.1%	41.1%	0.4%

그러나 여기에서 지구대, 파출소, 치안센터 근무하는 지역 경찰관 47,885명을 제외하면 13,156명이 된다. 경찰관계자들의 이야기를 종합해 보아도 이 수에 수긍하는 경찰관들이 많았다. 이를 최대화하여 계산한다는 의미에서 15,000명으로 정원을 결정할 경우에 지역별로 자치경찰사무 담당 경찰관은 어느 정도 될 것인지를 현재의 경찰관 수를 기준으로 배치하여 보았다. 〈표 9-10〉은 지역별 배치추정 자치경찰사무담당 공무원수이다. 가장 많은 지역이 서울로서 3,480명이고, 다음이 경기 남·북으로 2,950명, 부산 1,125명이고 가장 작은 곳은 제주로서 210명이다.

〈표 9-10〉 지역별 자치경찰사무 담당 공무원 배정 추계

관서		본청	부속기관	서울	부산	대구	인천	광주	대전	울산
국가경찰관	정원	1,128	486	27,001	8,757	5,478	6,035	3,271	3,031	2,425
	비율	1.0%	0.4%	23.2%	7.5%	4.7%	5.2%	2.8%	2.6%	2.1%
자치경찰관		150	60	3,480	1,125	709	780	420	390	315
관서		경기北	경기南	강원	충북	충남	전북	전남	경북	경남	제주
국가경찰관	정원	5,753	16,444	4,152	3,457	4,729	4,723	5,239	6,235	6,593	1,647
	비율	4.9%	14.1%	3.6%	3.0%	4.1%	4.1%	4.5%	5.3%	5.7%	1.4%
자치경찰관		735	2,115	540	450	615	615	675	795	855	210

자료: 저자가 현재 기능·계급별·지역별경찰관 수와 인사규정을 통하여, 추정한 수이기 때문에 실제로는 차이가 날 수 있음. 사실 본청과 부속기관은 자치경찰사무담당 공무원 배정은 대상이 아니지만 그 비율이 1.4%로 워낙 적었기 때문에 여기서는 비율별로 그대로 배정하여 보았음

지구대, 파출소, 센터의 인원을 자치경찰인사 대상으로 포함하여 산정했을 때는 이 규모가 61,041명(앞의 계산 수 13,156명 + 지역경찰 47,885명=61,041명)이 된다. 이 수는 국가경찰수이 51.7%에 달한다. 이를 역시 지역별로 국가경찰정원 비율과 같이 다음 〈표 9-11〉과 같이 배정될 것이다.

〈표 9-11〉 일선기관 근무 경찰관을 포함한 자치경찰위원회 지역별 인사대상

관서		본청	부속기관	서울	부산	대구	인천	광주	대전	울산
국가 경찰관	정원	1,128	486	27,001	8,757	5,478	6,035	3,271	3,031	2,425
	비율	1.0%	0.4%	23.2%	7.5%	4.7%	5.2%	2.8%	2.6%	2.1%
자치경찰관		610	244	14,162	4,578	2,869	3,174	1,709	1,587	1,282
관서		경기北	경기南	강원	충북	충남	전북	전남	경북	경남	제주
국가 경찰관	정원	5,753	16,444	4,152	3,457	4,729	4,723	5,239	6,235	6,593	1,647
	비율	4.9%	14.1%	3.6%	3.0%	4.1%	4.1%	4.5%	5.3%	5.7%	1.4%
자치경찰관		2,991	8,607	2,197	1,831	2,506	2,503	2,747	3,235	3,479	855

자료: 저자가 추정한 숫자이기 때문에 실제와는 차이가 날 수 있음

그러나 이 비율은 다음과 같은 문제점이 있다.

첫째는 61,041명은 국가경찰의 50% 이상이 자치경찰사무를 담당한다는 것을 의미하기 때문에 여타의 사무인 공공안전과 수사사무와 비교했을 때 지나치게 많다고 할 수 있다.

둘째, 이 수는 지구대, 파출소, 센터 근무 경찰관이 수행하고 있는 공공안전과 수사사무 등의 일선사무 수행을 무시하고 오직 자치경찰사무만 담당하는 것으로 가정한 수라는 점이다. 사실상 지구대와 파출소는 종합치안사무소이기 때문에 근무경찰관을 수사, 공공안전, 자치경찰 사무 담당하는 경찰관으로 구분하는 것은 불가능하다.

그렇다고 일선근무 경찰관들이 자치경찰사무도 담당하고 있기 때문에 이들을 자치경찰위원회의 인사 대상에서 완전히 제외하는 것은 또한 문제점이 많다. 이를 고려할 때, 일선근무 경찰관에 대한 인사권을 경찰청과 자치경찰위원회와 협력하에 행사하는 것이 바람직하다. 자치경찰위원회가 최소한의 인사권 행사, 예를 들면 교육훈련, 근무평정 50% 반영, 순환 근무시 협의 등을 행사할 수 있도록 하는 방안도 이 중에 하나가 될 수 있다.

4. 외국의 자치경찰관 정원

1) 프랑스

프랑스는 현재 약 3,000개 기초자치정부에 자치경찰이 설치되어 있는데 형사소송

법에 따르면 자치경찰은 사법경찰관, 사법경찰관의 보조자인 사법경찰리(agents de police judiciaires adjoints)의 지위를 가진다(형사소송법 제21조).

현재 국가경찰은 국립경찰 13만, 군인경찰 11만 여 명으로 약 24만 명이다. 반면에 자치경찰은 15,500여 명에 불과하다(정부혁신지방분권위원회·경찰청 경찰혁신위원회, 2004: 13). 프랑스는 자치경찰이 도입된 지 10여 년에 불과하다. 프랑스의 자치경찰 정원은 시의 규모, 재정자립도, 시장의 치안정책에 따라 자치경찰 채용 인원, 업무 범위 등이 고려되기 때문에 매우 다양하다. 특별한 기준은 없으나, 최소 1명에서 250명까지 다양하게 운영되고 있다. 〈표 9-12〉가 그 내용이다.

〈표 9-12〉 주민 수에 따른 자치경찰 인력 배분 비율(2003년 기준)

구 분	지방공무원 중 자치경찰 인력 비율 (%)	자치경찰 평균 인력 수
주민 1천 명 이하의 자치정부	1	2
주민 1천 명 ~ 3천 5백 명의 자치정부	9	2
주민 3천 5백 ~ 1만 명의 자치정부	22	3
주민 1만 명 ~ 2만 명의 자치정부	17	7
주민 2만 명 ~ 8만 명의 자치정부	30	16
주민 8만 명 이상의 자치정부	21	73

주: 2003년 4월 자치경찰 통계(reperes statistiques), 프랑스 내무부.
자료: 행정자치부 자치경찰제 실무추진단(2007: 58).

자치경찰 인원별로 1~2명이 4.1%, 3~4명이 15.9%, 5~49명이 19.1%, 50~99명이 0.7%, 100명 이상 되는 곳은 0.2%(5개소: 니스, 리용, 마르세유, 칸, 스트라스부르)이다. 일반적으로 자치경찰 총 인력의 56%가 대도시권 중심으로 근무하고 있으며, 주민 8만 명의 자치정부에는 평균적으로 73명의 자치경찰 인력이 있다. 주민 2만~7만 9천 명의 경우에는 평균 16명의 자치경찰이 근무하고 있다. 이상의 자치경찰 인력 배분 비율을 보면 앞의 〈표 9-12〉와 같다.

2) 스페인

스페인의 국가경찰은 국립경찰 46,000명, 군인경찰 72,500명으로 118,500명이다. 주경찰은 현재 자치경찰제를 도입한 주가 3개 주이며, 이들 자치경찰 수는 바스크

7,500명, 카탈루냐 6,200명, 나바라 주 600명이다. 기초자치단체인 시경찰은 총 5만여 명이며 경찰 인력은 주민 수, 행정구역 크기, 범죄 발생 유형별 등에 따라 1~2명에서 2,000명이 넘는 시까지 상당한 차이가 있다(정부혁신지방분권위원회·경찰청 경찰혁신위원회, 2004: 30).

자치경찰의 총 인력 5만 여 명은 1,700여 개 단위조직으로 구성되어 전체 인구의 90% 이상에 대해 경찰 서비스를 제공하는 상황에 해당한다. 〈표 9-13〉에서 보는 바와 같이, 주민 10만 명 이상의 시 자치정부는 모두 자치경찰 조직을 구성하여 평균 400명 이상의 자치경찰 인력을 고용하고 있다. 법적 최소 기준인 5천 명과 그 이상의 기초자치정부인 경우에는 평균 9명 정도의 자치경찰 인력으로 활동하고 있다.. 예를 들면, 스페인에서 가장 큰 도시인 마드리드 시 자치경찰은 2007년 현재 약 7,000명 이상의 자치경찰이 있다(행정자치부 자치경찰제 실무추진단, 2007: 63).

〈표 9-13〉 스페인 기초자치정부 주민 수에 따른 자치경찰 평균 인력 수

주민 수	자치경찰 조직(설치 비율)	평균 활동 인력
5천 명 ~ 1만 명	92%	9명
1만 명 ~ 2만 명	97%	19명
2만 명 ~ 10만 명	98.5%	54명
10만 명 이상	100%	425명

3) 이태리

이태리 국가경찰은 약 109,144명의 경찰관과 약 5,720명의 민간인으로 구성되어 있다. 이태리에는 20개 주, 103개의 도, 8,000여 개의 시에 자치경찰 조직이 있다. 자치경찰 정원은 도시 규모에 비례하여 책정하고 있으며 대체로 인구 1,000명당 1명을 기준으로 하고 있다. 그러나 실제로는 이 규정이 잘 지켜지지 않고 있다. 경찰관 수는 전적으로 해당 자치단체가 결정한다(신현기, 2005: 233).[24] 현재 로마 도(道) 자치경찰은 경찰본부와 4개 지역대에 290명이 편성되어 있고 로마 시 자치경

24) 실제로 저자가 방문한 티볼리(Tivoli) 시의 경우 자치경찰관은 인구 1,400명당 1명꼴이었다. 이 도시에는 인구가 7만 명 정도인데 자치경찰은 58명, 군인경찰 100명, 국가경찰 100명으로 조직되어 있었다.

찰은 경찰본부와 19개 지구대에는 약 6,800여 명의 자치경찰관으로 구성되어 있다. 이태리도 자치경찰은 선택제를 실시하고 있기 때문에 모든 지역에 자치경찰 조직이 있는 것은 아니다.

4) 영국

영국의 경우 지방에 근무하는 경찰관은 자치경찰관이다. 자치경찰서 규모는 경찰관 50명 이하부터 250명 이상에 이르기까지 다양하게 분포되어 있다. 경감급 서장이 있는 농촌지역 소규모(50명 이하) 경찰서에서부터 경정급 서장이 지휘하는 중간규모(250명 규모), 총경 서장이 있는 450명 정도의 런던경찰청 관할 경찰서까지 다양하다. 현재 영국은 더 나은 질적인 치안 서비스를 제공하기 위하여 자치경찰관이 하는 일 중 덜 중요하고 단순한 일을 도와주는 경찰보조원을 각 분야에서 채용하여 활용하고 있다(Hutton & McKinnon).

제 4 절 | 재 정

1. 비용부담은 누가 할 것인가

국가와 자치경찰의 조직 및 운영에 관한 법령에서 가장 언급이 덜 된 부분이 재정분야이다. 재정은 엄격한 법령에 의해서 이루어지는 것은 재정이 차지하는 비중이 매우 크기 때문이다. 재원은 어떻게 조달할 것이며, 예산과목, 규모 등 결정해야 할 것이 너무나 많은데도 불구하고 법안을 검토할 시간 부족으로 다음과 같은 매우 단순한 규정만 정하지 않았나 생각된다. 그러나 비용부담의 주체를 가장 잘 판단할 수 있는 근거는 사무의 성격을 말한다. 사무성격에 따라서 전부 또는 일부 비용부담자가 결정된다. 그러면 먼저 자치경찰사무의 성격을 재정과 관련하여 살펴보자.

국가 및 자치경찰법 제34조는 (자치경찰사무에 대한 재정적 지원) 국가는 지방자치단체가 이관받은 사무를 원활히 수행할 수 있도록 인력, 장비 등에 소요되는 비용에 대하여 재정적 지원을 하여야 한다고 규정하고 있다. 여기서 사무의 성격이 모호함을 알 수 있다. 지방자치단체가 이관받은 사무라고 칭하는 것은 위임인지, 이양인지에 대한 명확한 규정이 없기 때문에 계속 논란이 되고 있는 것이다. 지방자치에서 국가 사무의 이관은 국가사무를 고유사무화 하는 것을 말한다. 그러나 이 법령의 맥락을 고려할 때 자치경찰사무가 고유사무가 아닌 것은 명확하다. 결국 위임사무인 것이다. 위임사무는 기관위임사무와 단체위임사무로 구분한다. 재정과 관련해서는, 기관위임사무인 경우는 국가가 그 비용을 전부 부담하고, 단체위임사무는 원칙적으로는 50%씩 국가와 지방자치단체가 부담하는 것으로 되어 있다.[25]

좀 더 상술한다면, 기관위임사무는 국가가 직접 추진해야 할 사무이지만 업무의 효율화를 위해서 지방정부 혹은 그 산하기관에 위임하여 처리하는 경우로 그 소요경비 전부를 국가가 부담한다. 각종 투표와 선거, 병사업무, 민방위 업무 등이 있다.

단체위임사무는 지방정부 또는 그 산하기관이 별령에 의하여 처리해야 할 사무이지만 중앙정부와 지방정부 상호이해가 있는 경우 사무를 원활하게 처리하기 위하여 중앙정부가 그 경비의 일부 또는 전부를 처리하는 것을 말한다. 지출대상으로는 생계보호 및 의료보호사업, 전염병 예방, 재해복구사업 등 주로 단체위임사무가 여기에 해당한다.

이를 종합하면, 결국 자치경찰사무는 위임사무가 아닌 국가사무이기 때문에 자치경찰의 예산 대부분은 국비일 수 밖에 없다. 이 국비가 경찰청의 예산 항목으로 설정될지, 아니면 국가보조금 형식으로 시·도자치경찰위원회로 교부가 될지에 대해서는 확실한 규정이 아직까지는 없다.

2. 예산과정

예산과정은 편성, 심의·의결, 집행, 회계·감사 순이다.

첫째, 예산편성의 주체다.

동법 제35조(예산) ① 항은 자치경찰사무의 수행에 필요한 예산은 시·도자치경찰

---

25) 이달곤·하혜수 외, 지방자치론(박영사, 2012), pp.294-305 참조.

위원회의 심의·의결을 거쳐 시·도지사가 수립한다. 이 경우 시·도자치경찰위원회는 경찰청장의 의견을 들어야 한다고 하고 있다. 이례적인 과정이다. 예산의 편성이 먼저인데 반대로 시·도자치경찰위원회의 심의·의결을 거쳐 시·도지사가 수립한다고 하고 있다. 예산편성권이 시·도지사에게 부여하고 있으면서도 시·도 자치경찰위원회 심의·의결한 범위 내에서 편성할 것을 규정하고 있다. 예산 성격이 아직 나오지 않았기 때문에 이러한 선후가 바뀐 이유를 짐작하지 못하겠다. 다만, 시·도지사에게 예산편성권을 부여하지 않은 것은 시·도지사가 예산권을 이용하여 시·도자치경찰위원회를 통제하거나 간섭하지 못하도록 하기 위함인 것은 분명하다.

둘째, 예산 심의·의결

예산의 심의·의결은 시·도경찰위원회라고 되어 있다. 이것은 앞에서도 기술하였지만 예산과정에 비추어 보면 이해하기 어려운 규정이지만 시·도경찰위원회의 특수성을 반영한 것 같다. 즉, 예산 재원이 경찰청 사업비에서 나온다면 시·도경찰위원회도 이에 대한 자율성이 적을 수 밖에 없다.

셋째, 예산의 집행

예산의 집행은 당연히 자치경찰위원회가 된다. 이 때 예산집행 내역이 자치경찰사무담당 공무원의 인건비까지 포함하느냐에 따라 그 규모가 달라진다. 왜냐하면, 경찰예산에서 인건비가 차지하는 비율이 약 72%이상이기 때문이다. 그러나 인건비가 제외되고 사업비만 예산집행 내역으로 된다면 그 규모는 그리 크지 않을 것이다. 왜냐하면, 자치경찰사무 담당 경찰공무원이 시·도 경찰청 소속이기 때문에 인건비가 시·도경찰청 예산으로 있을 가능성도 있기 때문이다.

넷째, 회계·감사

회계·감사는 예산편성대로 예산이 집행되었는지, 예산의 오·남용은 없었는지에 대한 평가다. 여기서는 예산편성의 주체가 시·도자치경찰위원회인지, 시·도지사인지가 분명하지 않기 때문에 회계·감사 주체를 명확하게 말하기는 쉽지 않다. 다만, 재원에 따라서 예산 회계·감사가 결정되기 때문에 재원의 소재를 먼저 아는 것이 우선이다. 재원은 앞에서 기술한 바와 같이 아직은 명확하지 않다.

3. 시·도의 예산 지원

시·도지사는 자치경찰사무 담당 공무원에게 조례에서 정하는 예산의 범위에서 재정적 지원 등을 할 수 있다. 이 때의 예산의 범위란 복지 및 경상비를 보조하는 제한적인 것인지, 아니면 자체 사업까지지도 할 수 있는 폭넓은 범위인지가 확실하지 않다. 만약 사업비까지 지원한다면, 시·도의회가 의결기관이 되기 때문에 지금까지 예산과정은 재편성해야 한다.

시·도의회는 관련 예산의 효율적인 관리를 위하여 의결로써 자치경찰사무에 대해 시·도자치경찰위원장의 출석 및 자료 제출을 요구할 수 있다. 시·도 의회가 지방비에 의한 사업비의 규모가 크면 클수록 자치경찰에 대한 감독과 통제가 커질 수 밖에 없다. 이러한 시도의회의 관여가 크면 클수록 자치경찰제의 이념인 정치적 중립성은 훼손된다고 경찰청이 판단할 가능성이 매우 높다. 지방비를 집행하는 자치경찰사무담당 경찰공무원들은 행정감사를 비롯한 예산에 따른 감사와 회계를 받아야 한다. 그렇게 판단이 되면 지방비에 의한 사업은 하기가 쉽지 않을 것이다.

4. 지방자치단체가 더 적극적 지원해야

자치경찰정책도입과정에서 마지막 산 봉오리가 예산과정, 특히 예산주무부서인 기획재정부를 넘는 것이다. 대통령도 쉽게 넘지 못하는 봉오리다. 최근에 총리도 이나라가 기획재정부 나라냐고 힐책을 할 정도이니 나머지 부서나 정책입안자들은 얼마나 힘든지를 알 수 있다. 기획재정부는 국가사무는 중앙정부가, 지방자치단체의 사무는 지방정부가 재정을 담당해야 한다는 원칙은 결코 굽히지 않고 지금까지 이어져 내려오고 있다. 기획재정부는 이 원칙이 무너지는 날은 국가재정뿐만 아니라 지방재정도 역시 무너진다는 사명감을 갔고 있다. 때문에 기획재정부를 설득해야 하는 것은 당연하지만 자치경찰이 누구를 위한 사무이고 정책인가에 대한 숙고와 함께 이 문제를 풀어나가야 한다. 이러한 점에서 자치경찰재정 문제에는 시·도가 적극적으로 나서지 않고는 다음과 같은 이유로 해결할 수가 없다.

첫째, 경찰청의 입장에서는 예산확보를 위해서 그렇게 노력할 필요가 없다. 현재의 조직에서 현재의 국가경찰들이 하는 일이 자치경찰사무이기 때문에 지금처럼만 하면 된다는 인식이다.

둘째, 경찰청은 자치단체가 중앙정부로부터 또는 자치단체가 스스로 예산을 확보하는 것이 마냥 좋은 것만은 아니다. 자치단체가 확보한 예산은 지방의회를 통과해야 하고 정책과정에서도 지방의회나 자치단체의 집행부의 견제와 감사를 받아야 한다. 경찰청으로 보면 이것이 지방정치의 개입 통로가 될 수 있다고도 생각할 수 있어서 예산의 증가에 반드시 호의적이라고 볼 수 없다.

셋째, '돈에는 끈이 달려 있다(money has string)'는 재정의 격언이다. 누가 돈을 지불했느냐가 그 정책을 주도한다는 의미다. 자치경찰은 지역주민의 생명과 재산, 그리고 사회질서를 유지해 주는 지역개발에서 있어서 가장 기본적인 인프라다. 이러한 인프라를 이제는 자치단체가 주도적으로 운영해야 한다. 그렇기 위해서는 지방자치단체가 예산을 이유로 인프라에 대한 투자를 머뭇거려서는 안된다. 지방자치단체가 예산을 지불할 때 지불된 사업과 정책이 비로소 시억화가 되는 것이다. 따라서, 지역치안에 대한 투자는 오직 지자체에 달려 있다.

넷째, 일원론의 조직구조 때문이다. 일원론은 국가경찰중심의 자치경찰제도다. 일원론은 지방자치단체의 사무까지도 흡수하는 역분권 현상이 발생하였다는 비판도 많다. 때문에 국가경찰은 더 이상의 사업을 확대하면서 위험부담을 안을 생각이 없을 것은 당연하다. 이는 관료주의의 보편적 현상이다. 이러한 분위기를 해당 시·도가 적극적으로 해결하지 않으면 어느 누구도 나서지 않을 것이기 때문이다.

마지막으로, 풀뿌리 치안의 활성화를 위해서다. 이번 국가 및 자치경찰법안은 시·도와 시·도 경찰청과의 관계만을 중심으로 법제화하고 있다. 경찰서, 지구대, 파출소와 이에 상응하는 기초자치단체, 읍·면·동, 리 등 일선기관과의 관계규정은 거의 없다. 특히, 주민과의 관계에 대한 부분은 전무다. 자치단체가 지역주민에 의하여 주민을 위한 치안이 현대 치안 패러다임인데도 이 일원론에는 이에 대한 언급조차 없다. 지방자치단체만이 지역주민과 연대하여 지역의 치안을 안정화할 수 있는 자원과 경험이 많으므로 지자체의 적극성이 어느 때 보다 요구된다.

5. 함의

재정은 정책을 금전(돈)으로 표시한 것이라고 개념 정의하는 학자도 있을 정도로 재정을 분석하면 정책의 내용을 알 수 있다는 의미다. 2021년 3월 현재로 보면, 일원론에서 재정은 불분명하다. 예산 항목, 예산 과정 등이 명확치 않다. 다만, 짐작한다면 예산의 과목은 경찰청 예산에 있을 것이다. 아직까지는 예산이 교부금인지 보조금인지는 불투명하다. 따라서 시도 조직인 자치 경찰위원회의 예산은 경찰청 예산을 인용하여 사용하는 것이 되어 예산에 대한 자율권은 매우 제한적일 수밖에 없다. 특히, 예산과목이 보조금인 경우는 더욱 그렇게 될 것이다. 시·도자치경찰위원회가 예산의 자율성을 가지기 위해서는 기재부가 시·도자치경찰위원회로 바로 보조금이 아닌 교부금을 내려 주는 것이다. 그러나 이러한 방법은 기재부가 시·도자치경찰위원회가 국가사무인 자치경찰 사무를 처리하지만 단지 지방자치 조직이라는 이유로 거부할 확률이 높다. 진퇴양난이다. 이 때문에 시·도자치경찰위원회는 자체 예산을 확보하지 않는다면 제대로운 역할을 하기가 어렵다는 것은 조직 구조상 더욱더 그렇다. 적어도 자치경찰 사무에 대한 범칙금과 과태료 등을 특별회계과목으로 정하여 재원을 마련하는 방법 등을 고려해 보아야 한다.

제주도는 제주자치경찰단에서 확대 시범실시할 때 횡단보도 주변 대대적 시설개선 사업인 '밝은제주만들기' 예산으로 561억 지원하였다. 당시 제주지방경찰청은 이렇게 파격적이고 규모가 큰 예산 지원에 지방경찰청 역사상 최대의 규모라면서 놀람을 표하였다. 이렇게 지역 치안에 대한 독자적인 사업에 드는 예산은 자치경찰위원회의 예산으로 이관하는 방법도 있다.

제 10 장

문재인 정부의 시·도자치경찰위원회 구성과 운영

제 10 장
문재인 정부의 시·도자치경찰위원회 구성과 운영

제 1 절 | 의 의

1. 위상

조직은 대부분 의결과 집행조직을 분리해서 둔다. 이는 상호견제하기 위한 목적이다. 의결기관은 대상과 범위에 따라서 위상이 달라진다. 의결기관은 기관에 있어서 전반적인 안건을 의결대상으로 하느냐, 아니면 일부분만 하느냐에 따라서 위상의 달라질 수 밖에 없음은 당연하다. 또한 의결기관은 조직의 성격에 따라서 달라진다. 즉, 의결기관이 단순 보좌기관이냐, 심의·의결기관이냐, 더 나아가서는 합의제 의결기관이냐에 따라서 역시 그 위상이 달라진다. 단순 보좌기관은 법령이나 조례에 의하여 설치된 것이 아니고, 규칙이나 지침에 의하여 구성되어서 어떤 정책에 대하여 단순히 자문하는 정도를 말한다. 의결기관이 심의·의결권을 가진 경우는 대체로 법령과 조례에 의하여 설치된 경우이며, 특정분야 정책에 한정하여 심의·의결한다. 그러나 대체로는 심의에 그치며 최종적인 판단은 기관장이 한다. 지방자치단체의 위원회가 대체로 이러한 유형이다. 그러나 심의 뿐만 아니라 의결기관이 있다. 윤리위원회와 인사위원회다. 이 위원회의 결정은 최종 결정이 된다.

그러나 이러한 위원회도 구성에 따라서 위상 역시 달라진다. 구성이 조직의 장이 직권으로 임명하는 경우와 그렇지 않고 위원회가 여러 다른 조직의 추천에 의하여 구성되는 경우다. 또한 구성의 비율이 타 기관이 추천한 위원이 과반수가 되느냐에 따라서 위원회의 위상은 달라진다. 여기에다가 의결과 집행이 통합된 경우 그 위상은 더할 나위없이 강해질 수 밖에 없다. 대체로 행정기관에서 의결기관의 역할은 의결되기 까지 역할만 한다. 즉, 의결된 후에 의결된 내용대로 잘되었는지 여부를 검토하거나 평가해서 환류하는 과정이 없다. 설령 있다고 해도 집행된 결과를 변경시킬 장치가 없다. 지방자치단체에서 가장 중요하고 위상적으로 강한 의결기관이 인사위원회다. 그러나 인사위원회는 구성이 해당 자치단체장에 의해서 이루어지고, 인사위원회 위원장은 대체로 부 자치단체장이 맡기 때문에 자치단체장의 의지가 크게 반영되고 있는 것이 오늘날 현실이다. 또한 인사위원회는 의결된 사항이 그대로 적용되었는지에 대한 환류장치가 없이 운영되고 있다. 만약에 인사위원회가 인사정책에 대해서 자체 사무국이 있다면 자치단체의 인사정책은 훨씬 공평하고, 능력자 중심으로 이루어질 것임은 자명하다. 집행기능이 왜 중요한가에 대한 하나의 예이다.

이러한 의미에서 시·도자치경찰위원회는 의결뿐만 아니라 집행기능까지 하기 때문에 자치경찰에 있어서 그 위상은 매우 높다고 하겠다. 시·도자치경찰위원회가 역대 자치경찰제 도입 의결기관과 어떠한 차이가 있는지를 살펴보면 다음과 같다.

첫째는 지방자치단체의 기관임에도 불구하고 국가기관을 지휘·감독한다는 점이다.

국가기관이 지방자치단체의 기관을 지휘·감독하는 경우는 있지만 지방자치조직이 국가기관, 그것도 경찰기관인 지방경찰청을 지휘·감독하는 경우는 매우 드문 현상이다.

둘째, 구성이 매우 복잡 다단하다.

우선 위원회 구성에 다양한 기관들이 관여한다는 점이다. 역대 정부의 자치경찰제 도입에서 의결기관 구성에 시·도지사, 시·도의회가 추천하였다. 그러나 이번 자치경찰제의 의결기관인 시·도자치경찰위원회는 구성에서 시도지사, 시도의회, 교육감, 국가경찰위원회, 시장·군수·구청장 협의회, 시·군·구의장단 협의회, 심지어 법원장까지 추천위원회 구성에 관여하고 있다.

셋째, 중립지대에 서 있는 조직이다.

중립지대라는 것은 시·도지사와 시·도경찰청 사이에 있다는 의미다. 시·도자치경찰위원회가 중립지대에 서야 하는 이유는 자치경찰의 정치적 중립의 유지와 경찰력의 혼선방지와 시·도지사와 연계 고리 차단 등이 그 목적이다. 이렇게 중립지역의 기관이나 위원회는 어느 기관의 눈치도 보지 않고 중립적이고 객관적으로 맡은 바 소관사무를 수행할 수 있다는 장점이 있다.

반면에 시·도자치경찰위원회는 견제를 받을 장치가 많지 않기 때문에 권한의 오·남용의 위험과 무능할 가능성에 대한 우려가 있다. 전자는 견제받지 않는 권력기관에서 나타날 수 있는 일반적인 현상이다. 후자, 즉 시·도자치경찰위원회가 무능할 수 있는 경우는 하나는 시·도지사는 시·도자치경찰위원회에 대한 권한이 없기 때문에 책임도 없다고 방치하거나 무관심할 경우 예상되는 일이다. 또 다른 하나는 반대로 시·도경찰청장이 지나치게 관여를 하기 때문에 발생하는 경우다. 법률에는 시·도자치경찰위원회가 시·도자치경찰사무에 대해서는 시·도경찰청장을 지휘·감독하는 것으로 되어 있지만 이를 수행하는 경찰관은 시·도경찰관 소속하에 있는 국가경찰이다. 따라서 시·도자치경찰위원회와 시·도경찰청 사이에 갈등이 일어난다면 국가경찰관은 그들의 주요 인사권을 행사하고 그리고 현재 근무하고 있는 시·도경찰청 편에서 있을 것임은 당연하다. 이러한 환경하에서 시·도경찰청장이 시·도경찰위원회를 무력화 시키려고 한다면 늘 가능성이 있는 일이다.

넷째, 독자적인 사무국이 있다는 점이다.[1]

시·도자치경찰위원회의 사무는 자치경찰 전반적인 사항임을 서술하였다. 이 사무를 처리하기 위하여 사무국을 두도록 강제화하고 있다. 그리고 중요한 것은 사무국은 소속이 시·도자치경찰위원회 산하이며, 사무국장도 위원 중에 호선으로 선택하게 함으로서 시·도자치경찰위원회와의 연대를 강하게 하고 있다. 사무국이 있다는 것은 의결과 그 의결안건을 직접 집행한다는 뜻이기 때문에 위원회의 위상이 더욱 강화될 수 밖에 없다. 경찰 전반적인 안건을 결정하는 국가경찰위원회는 그 사무를 경찰청이 수행하도록 하고 있다.[2] 이 경우는 의결기관의 사무를 집행기관이 수행하기 때문에 그 효과성이 시·도자치경찰위원회에 비해 약할 수 밖에 없다.

2. 역대 정부의 자치경찰위원회 위상

근대적 의미의 경찰출범은 우리나라의 경우는 미군정시대 부터다. 미군정의 기본

---

1) 제27조(사무기구) ① 시·도자치경찰위원회의 사무를 처리하기 위하여 시·도자치경찰위원회에 필요한 사무기구를 둔다.
2) 제11조(국가경찰위원회의 운영 등) ① 국가경찰위원회의 사무는 경찰청에서 수행한다.

정책은 지방자치제의 도입·육성을 표방하고 이 방향으로 지방행정체제의 개혁을 시도하였다.[3] 미군정은 이 방향에 의하여 자치단체장과 지방의원 선거를 주민의 직선에 의하여 선출하여 지방자치단체를 구성하고 심지어 교육 자치까지 실시하는 등 획기적인 지방분권을 추진하였다(김운태, 1992:141-2). 자치경찰 도입도 역시 이 맥락에서 추진되었다. 미군정은 당초 계획은 미군정하의 일본처럼 기초자치단체에 자치경찰을 도입하려고 하였다.

미군정은 국립경찰을 설치하되 중앙은 국립경찰산하에 경찰국장이 있으며, 도 산하에는 경찰부장이 있고, 시 산하에는 경찰서가 있다. 경찰부장과 경찰서장은 경찰국장의 지휘를 받도록 되어 있으며, 인사와 재정도 모두 지방행정책임자와는 분리되어 있는 형태이다. 다만 관할 구역 내의 치안책임은 도지사와 시장에게 있기 때문에 경찰부장과 서장은 도지사와 시장에게 협력하고 상황 보고를 하여야 할 의무를 부과하여 지방자치요소를 가미한 점이 특이하다(이형우, 1979:27-8). 여기서 미군정의 경찰구조를 소개하는 이유는 미군정에서 만들었던 경찰구조, 즉 중앙과 지방을 나누고 지방은 형식적이든 실질적이든 시·도지사와 연계를 강화하는 구조가 지금까지 내려오고 있기 때문이다. 다른 말로 말하면, 미군정 경찰구조가 우리나라 경찰구조의 원조인 셈이기 때문이다. 이후 역대 정부에서 논의되었다 실시되었던 경찰, 특히 의결기관과 관련하여 조직과 인원, 구성 방법, 중점이념들을 정리해 보았다. 〈표 10-1〉의 내용이다.

장면 정부는 의원내각제이기 때문에 국회가 정치의 중심이다. 민주성은 주민이 직선한 자치단체장과 의회가 자치경찰운영에 깊게 관여하는 것이며, 정치적 중립은 자치경찰을 자치단체장과 지방의회로부터 분리하는 것이다. 장면정부에서 국가경찰의 정치적 중립을 제도화하기 위하여 "경찰중립화안기초위원회"와 "경찰중립화를 위한 법률안기초특별위원회"를 구성하여 분권적인 경찰제도인 자치경찰도입을 추진하였다. 이 때의 의결기관은 시·도공안위원회이며 구성은 중앙공안위원회, 시·도지사, 지방의회가 각각 1명씩 추천하게 하였다. 일본의 모형을 많이 참고한

3) 이에 대한 자세한 내용은 김운태, 우리나라 지방자치의 회고와 과제, 지방자치연구, 제4권 제1호, 한국지방자치학회, 1992, p.141 참조. 이 논문의 각주에서 인용하였음. Foregn Relations of the United States, 1945. vol.6, p.1074. part 1. C. Basic objectives of military Occupation of Korea, "To Foster the establishment of local self-government and the Restoration of a free and independent nation which will conform with the principles expressed in the charter of the United Nations." 김운태, 아래 논문, 각주, p.141.

내용이다. 장면정부의 경찰개편 중심기준은 민주성과 정치적 중립이라고 할 수 있다.[4]

〈표 10-1〉 역대정부의 자치경찰관련 의결기관

<table>
<tr><th colspan="2">정 부</th><th>기구명 및 정원</th><th>구 성</th><th>권 한</th></tr>
<tr><td colspan="2">장면 정부</td><td>시도지방공안위원회
위원 3명</td><td>중앙공안위원회 1명
자치단체장 1명,
지방의회 1명
각각 추천</td><td>해당 지방경찰에 대한 정책결정권</td></tr>
<tr><td colspan="2">김대중 정부</td><td>시도지방경찰위원회
5명</td><td>시도지사 2명
시도의회 2명
국가경찰위원회 1명</td><td>공안, 통일업무, 정책입안 등을 제외한 지역치안사무에 대한 정책결정권</td></tr>
<tr><td colspan="2">노무현 정부</td><td>없 음</td><td>없 음</td><td>없 음</td></tr>
<tr><td colspan="2">박근혜 정부</td><td>시도자치경찰위원회</td><td>시도지사 3명
시도의회 3명
시도경찰청 3명</td><td>시도내 자치경찰간 분쟁 조정
인사교류주관, 법령위반에 대한 시정명령
평가</td></tr>
<tr><td rowspan="2">문재인
정부</td><td>이원론</td><td>시·도경찰위원회
5명</td><td>시·도지사 1명
시·도의회 여·야 2명
지역 법원 1명
국가경찰위 1명</td><td>자치경찰 활동 목표의 수립 및 평가, 자치경찰 인사, 예산, 장비, 통신 등에 관한 주요정책 심의·의결 및 집행 관리</td></tr>
<tr><td>일원론</td><td>자치경찰위원회
7명</td><td>시도지사 1명
시도의회 2명
교육감 1명
경찰위원회 1명
위원추천위원회 2명</td><td>자치경찰운영에 관한 전반적 권한을 의결 및 집행</td></tr>
</table>

자료: 저자 정리

김대중 정부에서 시도했던 자치경찰의 모형도 장면정부와 비슷하게 구성되고 운영되었다. 문재인 정부의 당초 안인 이원론에서는 시·도경찰위원회이고 구성은 시·도지사 2, 시·도의회 여야 각각 1명, 국가경찰위원회 1명으로 정치적 중립성과 함께 민주성도 병행한 안이다. 문재인 정부의 최종안이며 기본법인 국가와 자치경찰의 조직 및 운영에 관한 법률에서는 의결기관을 시·도자치경찰위원회이다. 이에 대한 상세한 사항은 다음 절부터 분석하였다.

---

4) 양영철, 역대 정부의 자치경찰도입 정책 추진과 정책적 함의에 관한 연구, 한국경찰연구, 제14권 제1호, 2015, pp.13-5.

제 2 절 | 문재인 정부의 시·도자치경경찰위원회 특징

1. 합의제 행정위원회

자치경찰위원회는 역대 정부들이 심의·의결기관으로 설계하였다. 심의·의결기관의 위상에 대해서는 이미 기술하였다. 여타의 위원회보다 강하지만 집행에서 제외되었기 때문에 그 위상이 크지 않다. 그러나 문재인 정부의 시·도자치경찰위원회는 역대 정부의 자치경찰위원회 중에서 가장 강력한 형태인 합의제 행정위원회이다. 〈표 10-2〉 심의·의결위원회와 합의제 행정위원회와의 차이점을 말해 주고 있다.

〈표 10-2〉 심의·의결위원회 및 행정위원회 비교

<table>
<tr><th colspan="2">구분</th><th>심의·의결위원회</th><th>행정위원회</th></tr>
<tr><td rowspan="4">법적 지위</td><td>성격</td><td>·행정관청이 아님</td><td>·독립적 행정관청</td></tr>
<tr><td>의사 표시</td><td>·대외적 의사표시 不可</td><td>·대외적 의사표시 可</td></tr>
<tr><td>구속력</td><td>·심의안건에 대한 의결권</td><td>·구속력 있는 처분권 부여</td></tr>
<tr><td>상임 위원</td><td>·설치제한(지방자치법 시행령)</td><td>·설치가능</td></tr>
<tr><td colspan="2">직무수행</td><td>·독자적 집행권 無</td><td>·시·도지사로부터 독립적 직무수행</td></tr>
<tr><td colspan="2">설치요건</td><td>·전문적 의견수렴, 신중한 처리절차 등
* 지방자치법 제116조의2</td><td>·중립적·공정한 집행, 주민의사 반영 및 이해관계 조정 등
* 지방자치법 제116조</td></tr>
</table>

자료: 자분위, 내부자료, 2020.

이 표를 보면 두 위원회의 차이를 선명하게 알 수 있다. 행정위원회는 독립적인 행정관청으로 대외적인 의사표시가 가능하며, 구속력있는 처분권을 부여 받고 있기 때문에 활동범위가 크고 강력하다. 특히, 독자적인 사무소를 설치할 수 있어서 집행부와 별개로 전담사무를 처리할 수 있는 장점이 있다. 반면에 심의·의결위원회는 행정위원회에 비해 법적지위가 매우 약하며, 독자적인 사무를 독립적으로 처리할 수 없다는 약점이 있다.

2. 독립적이다

시·도[5]자치경찰위원회는 소속은 시도지사로 되어 있다.[6] 그러나 이는 형식적인 관계일 뿐이다. 시·도지사로부터 어떠한 통제나 상·하 관계가 있는 것이 아니다. 시·도지사는 위원회 구성에서 위원장과 위원추천위원회에서 위원 한 사람만 추천할 수 있을 뿐이다. 심지어 예산도 시·도자치경찰위원회에서 의결한 범위내에서 시·도지사가 예산편성을 하도록 하고 있다. 시·도지사가 시·도자치경찰위원회 예산에 대한 자율권도 없기 때문에 예산에 의한 통제도 불가능하다. 시·도자치경찰위원회의 사무를 처리하는 사무국에 근무하는 공무원은 시·도산하 공무원이지만 경정이하에 대한 임면권을 비롯한 징계 등 전반적인 인사권도 시·도자치경찰위원회 소관사무이며, 시·도경찰청 소속 국가공무원인 자치경찰사무담당에 대한 인사권도 부여 받고 있다. 심지어 시·도자치경찰청장의 임명도 경찰청장은 시·도자치경찰위원회 위원장과 협의하여 추천한 사람 중에 행안부 장관 제청으로 국무총리에게 거쳐서 대통령이 임명하는 수순을 밟도록 하고 있다.

위원장을 비롯한 위원이 잘못했을 때 징계나 처벌을 받을 수 있는 항목도 없다. 물론 위원장과 사무국장을 겸임하는 상임위원은 공무원이기 때문에 공무원관련규정에 의하여 징계나 처벌을 받을 수 있지만 정책결정의 오·남용에 의한 견제장치는 없다. 시·도자치경찰위원회는 시·도의회의 행정감사나 행정조사 대상이라는 규정도 현재까지는 없다. 시·도자치경찰위원회는 구성이 된 후에는 어떠한 통제나 지시를 받지 않은 독립적인 기관이다. 2011년 이전의 영국 지방경찰위원회와 유사하다.

3. 행정이념은 정치적 중립

시·도자치경찰의 조직과 운영은 정치적 중립이라는 행정이념에 따르고 있다. 정치

5) 시·도를 문서 작성 편리상 시도로 하기도 하고 있음

6) 국가 및 자치경찰법, 제18조(시·도자치경찰위원회의 설치) ① 자치경찰사무를 관장하게 하기 위하여 특별시장·광역시장·특별자치시장·도지사·특별자치도지사(이하 "시·도지사"라 한다) 소속으로 시·도자치경찰위원회를 둔다.

적 중립은 우리나라 경찰역사와 같이 한다고 해도 과언이 아니다. 이미 기술하였지만 미군정에서 시작한 경찰의 정치적 중립은 경찰권력의 오·남용에 기인한바 크다. 미군정이 경찰 조직과 운영에 있어서 정치적 중립을 선택한 것은 일제강점기에 일본경찰의 정권의 수호를 위하여 인권을 무시되고 국민을 심하게 탄압한 잔혹사에 때문이다. 장면정부에서도 역시 정치적 중립방향에서 경찰조직의 개편을 시도한 것도 이승만 정부때 경찰이 부패하고 부정한 이승만 정부를 수호하기 위하여 국민을 탄압한 흑역사 때문이다. 박정희·전두환 정부가 끝난 후에 경찰에 대한 대대적인 개편에 들어갔고, 자치경찰논의가 활발하게 이루어진 동기는 역시 경찰이 정부·여당에 편승하여 국민의 인권을 유린한데서 나온 반작용이다.

그러나 이번 문재인 정부의 자치경찰에서 경찰조직과 운영을 재편하는 과정에서 정치적 중립이 중심적 행정이념이 된 이유는 이전과는 약간 다르다고 볼 수 있다. 즉, 이전에는 직전 정부에서 경찰이 권력을 정권 수호를 위한 오·남용에 대한 단죄적 의미에서 경찰조직의 재편이었다. 그러나 이와는 달리 문재인 정부에서 경찰의 정치적 중립은 예방적 차원이라고 볼 수 있다. 시·도지사의 권한이 지방자치 이후로 막강해졌는데 이제 경찰권까지 시·도지사에게 속한다면 시·도지사의 권력남용을 막을 방법이 없다는 우려 때문이다. 지금도 일부 주민들은 시·도지사를 '소통령'이라고 생각한다. 경찰권이 시·도지사로 이관이 된다면 시·도지사는 절대권력을 행사하게 될 것이라는 우려가 자치경찰의 의결기관과 집행기관을 시·도지사로부터 독립시켜서 정치적 중립을 유지하려고 하는 이유다. 물론 주민의 의견을 존중하는 민주성을 무시하는 것은 아니다. 시·도자치경찰위원회의 구성에 주민이 직접 선출한 주민대표인 시·도지사와 교육감, 시·도의회가 위원 7명 중 4명을 추천하고 나머지 2명도 시·도지사 소속인 위원 추천위원회가 추천한다는 점에서는 민주성이 반영되었다고도 할 수 있다. 그러나 여기서 말하는 정치적 중립은 조직이 구성된 이후의 시·도자치경찰위원회의 조직과 운영은 철저하게 정치적 중립이라는 관점에서 이루어진다는 의미다.

제 3 절 | 시·도자치경찰위원회의 구성

1. 시·도자치경찰위원회 위원

1) 구성[7)]

시·도자치경찰위원회는 위원장 1명을 포함한 7명의 위원으로 구성하도록 하고 있다. 이 중에 위원장과 1명의 위원은 상임으로 하고, 5명의 위원은 비상임으로 하도록 하고 있다. 위원 중 여성의 참여를 확대하기 위하여 위원은 특정 성(性)이 10분의 6을 초과하지 아니하도록 노력하도록 권고하고 있다. 또한 지금까지 경찰이 인권을 경시했다는 비판을 많이 받아 왔기 때문에 위원 중 1명은 인권문제에 관하여 전문적인 지식과 경험이 있는 사람이 임명될 수 있도록 노력하여야 한다고 권고하고 있다.[8)] 여성과 인권전문가에 대한 사항은 지역의 여건을 고려하여 권고사항으로 규정하였지만 자치경찰의 의의를 고려할 때 의무적 규정으로 고쳐 나가야 할 것이다.

2) 임명 및 결격사유[9)]

가. 임명

위원은 다음 각 기관에서 추천한 사람을 시·도지사가 임명하도록 하고 있다.[10)]

1. 시·도의회가 추천하는 2명
2. 국가경찰위원회가 추천하는 1명
3. 해당 시·도 교육감이 추천하는 1명
4. 시·도자치경찰위원회 위원추천위원회가 추천하는 2명
5. 시·도지사가 지명하는 1명

7) 국가 및 자치경찰법, 제19조(시·도자치경찰위원회의 구성)

8) 동법, 제19조

9) 동법, 제20조(시·도자치경찰위원회 위원의 임명 및 결격사유)

10) 동법, 제20조

시·도지사는 시·도자치경찰위원회 위원장은 위원 중에서 임명하고, 상임위원은 시·도자치경찰위원회의 의결을 거쳐 위원 중에서 위원장의 제청으로 시·도지사가 임명하도록 하고 있다. 시·도지사가 추천할 수 있는 위원을 1명으로 축소하되 위원장 임명권을 부여한 것이다. 위원장과 상임위원은 지방자치단체의 공무원으로 하도록 하여 비상근으로 하고 있는 국가경찰위원회와 차별화를 시켰다.

나. 자격조건

시·도자치경찰위원회 위원은 다음 각 호에 적어도 어느 하나에 해당하는 자격을 갖추도록 하여 전문성과 비 정치인이 위원으로 선출될 수 있도록 배려하고 있다.[11)]

1. 판사·검사·변호사 또는 경찰의 직에 5년 이상 있었던 사람
2. 변호사 자격이 있는 사람으로서 국가기관등에서 법률에 관한 사무에 5년 이상 종사한 경력이 있는 사람
3. 대학이나 공인된 연구기관에서 법률학·행정학 또는 경찰학 분야의 조교수 이상의 직이나 이에 상당하는 직에 5년 이상 있었던 사람
4. 그 밖에 관할 지역주민 중에서 지방자치행정 또는 경찰행정 등의 분야에 경험이 풍부하고 학식과 덕망을 갖춘 사람

다. 의무

자치경찰위원회 위원은 그 역할과 권한이 크고 독립적이기 때문에 이들의 복무규정은 공무원에 준용할 것을 요구하고 있다. 우선 위원은 정치적 중립을 지켜야 하며, 권한 남용 금지를 요구하고 있고, 상근직이 아닌 위원도 지방공무원법」제52조[12)] 및 제57조[13)]을 따르도록 하고 있다. 또한 위원장과 상임위원이 아닌 위원은 그 소

11) 국가 및 자치경찰법, 제20조(시·도자치경찰위원회 위원의 임명 및 결격사유

12) 동법, 제52조(비밀 엄수의 의무) 공무원은 직무상 알게 된 비밀을 엄수하여야 한다.

13) 동법, 제57조(정치운동의 금지) ① 공무원은 정당이나 그 밖의 정치단체의 결성에 관여하거나 가입할 수 없다.
② 공무원은 선거에서 특정정당 또는 특정인을 지지하거나 반대하기 위하여 다음 각 호의 어느 하나에 해당하는 행위를 하여서는 아니 된다.
1. 투표를 하거나 하지 아니하도록 권유하는 것
2. 서명운동을 기획·주재하거나 권유하는 것

관 사무와 관련하여 형법이나 그 밖의 법률에 따른 벌칙을 적용할 때에는 공무원으로 본다.

라. 결격사유

다음 사항에 하나에 해당하는 사람은 위원이 될 수 없도록 위원 결격사유를 규정하고 있다. 그리고 위원 재임 중에라도 결격사유가 발행할 경우에는 당연퇴직하는 것으로 하고 있다.[14]

1. 정당의 당원이거나 당적을 이탈한 날부터 3년이 지나지 아니한 사람
2. 선거에 의하여 취임하는 공직에 있거나 그 공직에서 퇴직한 날부터 3년이 지나지 아니한 사람
3. 경찰, 검찰, 국가정보원 직원 또는 군인의 직에 있거나 그 직에서 퇴직한 날부터 3년이 지나지 아니한 사람
4. 국가 및 지방자치단체의 공무원(국립 또는 공립대학의 조교수 이상의 직에 있는 사람은 제외한다. 이하 이 조에서 같다)이거나 공무원이었던 사람으로서 퇴직한 날부터 3년이 지나지 아니한 사람. 다만, 제20조제3항 후단에 따라 위원장과 상임위원이 지방자치단체의 공무원이 된 경우에는 당연퇴직하지 아니한다.
5. 「지방공무원법」 제31조 각 호의 어느 하나에 해당하는 사람. 다만, 「지방공무원법」 제31조제2호 및 제5호[15]에 해당하는 경우에는 같은 법 제61조제1호 단서[16]에 따른다.

---

3. 문서 또는 도화(圖畵)를 공공시설 등에 게시하거나 게시하게 하는 것
4. 기부금품을 모집하거나 모집하게 하는 행위 또는 공공자금을 이용하거나 이용하게 하는 것
5. 타인에게 정당이나 그 밖의 정치단체에 가입하게 하거나 가입하지 아니하도록 권유하는 것

③ 공무원은 다른 공무원에게 제1항과 제2항에 위배되는 행위를 하도록 요구하거나 정치적 행위에 대한 보상 또는 보복으로 이익 또는 불이익을 약속하여서는 아니 된다.

④ 제1항부터 제3항까지에서 규정한 사항 외에 공무원의 정치적 행위의 금지에 관한 한계는 대통령령으로 정한다.

14) 국가 및 자치경찰법, 제20조 제7항

15) 지방공무원법 제31조(결격사유) 다음 각 호의 어느 하나에 해당하는 사람은 공무원이 될 수 없다.
2. 파산선고를 받고 복권되지 아니한 사람
5. 금고 이상의 형의 선고유예를 선고받고 그 선고유예기간 중에 있는 사람

16) 지방공무원법 제61조(당연퇴직) 공무원이 다음 각 호의 어느 하나에 해당할 때에는 당연히 퇴직한다.

그 밖에 위원의 임명방법 등에 관하여 필요한 사항은 대통령령[17]으로 정하는 기준에 따라 시·도조례[18]로 정하도록 하고 있다.

3) 위원추천위원회

가. 구성

시·도자치경찰위원회 위원 추천을 위하여 시·도지사 소속으로 시·도자치경찰위원회 위원추천위원회를 두고 있다. 시·도지사는 시·도자치경찰위원회 위원추천위원회에 각계각층의 관할 지역주민의 의견이 수렴될 수 있도록 위원을 구성하여야 한다.

---

1. 제31조 각 호의 어느 하나에 해당하는 경우. 다만, 제31조제2호는 파산선고를 받은 사람으로서 「채무자 회생 및 파산에 관한 법률」에 따라 신청기한 내에 면책신청을 하지 아니하였거나 면책불허가 결정 또는 면책 취소가 확정된 경우만 해당하고, 제31조제5호는 「형법」 제129조부터 제132조까지, 「성폭력범죄의 처벌 등에 관한 특례법」 제2조, 「아동·청소년의 성보호에 관한 법률」 제2조제2호 및 직무와 관련하여 「형법」 제355조 또는 제356조에 규정된 죄를 범한 사람으로서 금고 이상의 형의 선고유예를 받은 경우만 해당한다.

17) 대통령령 자치경찰사무와 시도자치경찰위원회의 조직 및 운영 등에 관한 규정(대통령령)
제4조(시·도자치경찰위원회 위원의 임명방법 및 절차 등) ① 특별시장·광역시장·특별자치시장·도지사·특별자치도지사(이하 "시·도지사"라 한다)는 법 제18조제1항에 따른 시·도자치경찰위원회(이하 "시·도자치경찰위원회"라 한다)의 위원을 임명하기 위하여 법 제20조제1항제1호부터 제4호까지의 규정에 따른 위원 추천권자(이하 이 조에서 "추천권자"라 한다)에게 위원으로 임명할 사람의 추천을 요청해야 한다.
② 시·도지사는 시·도자치경찰위원회 위원의 임기가 만료되는 경우에는 그 임기 만료 30일 전까지 추천권자에게 위원으로 임명할 사람의 추천을 요청해야 한다.
③ 시·도지사는 시·도자치경찰위원회 위원 중 결원이 생겼을 때에는 지체 없이 결원된 위원을 추천한 추천권자에게 위원으로 임명할 사람의 추천을 요청해야 한다.
④ 시·도자치경찰위원회 위원장 및 상임위원의 신분과 직급은 「지방자치단체의 행정기구와 정원 기준 등에 관한 규정」에 따르며, 위원의 임명절차 등에 관한 구체적인 사항은 시·도의 조례로 정한다.

18) 제주특별자치도 자치경찰사무 및 자치경찰위원회 조직 및 운영 등에 관한 조례(안) (시·도 표준조례)
제4조(위원회 위원의 임명방법) ① 시장은 법 제20조제1항제1호부터 제4호까지의 규정에 따른 위원 추천권자(이하 이 조에서 "추천권자"라 한다)로부터 위원으로 임명할 사람을 추천받은 경우 추천권자에게 위원으로 추천받은 사람의 자격요건 충족 여부 및 결격사유 유무 등을 확인할 수 있는 자료를 요구할 수 있다.
② 시장은 위원으로 추천받은 사람이 법 제20조제2항의 자격요건을 갖추지 못하였거나 같은 조 제7항의 결격사유에 해당할 경우 해당 사실을 추천권자에게 통보하여야 한다.
제5조(위원장 및 상임위원의 임명방법) ① 시장은 법 제20조제1항에 따른 위원 임명과 동시에 위원 중 1명을 위원장으로 임명한다.
② 제1항에 따라 임명된 위원장은 임명일로부터 7일 이내에 회의를 개최하고, 위원회는 해당 회의에서 상임위원 선정을 의결한다.
③ 위원장은 제3항에 따라 선정된 위원을 상임위원으로 제청하고, 시장은 상임위원으로 임명한다.

시·도자치경찰위원회 위원추천위원회 위원의 수, 자격, 구성, 위원회 운영 등에 관하여 필요한 사항은 대통령령으로 정한다.[19] 이에 따라서 대통령 령에서는 시도자치경찰위원회 위원 추천위원회 구성을 다음과 같이 정하고 있다.[20]

우선 국가 및 자치경찰법 제21조제1항에 따른 시·도자치경찰위원회 위원추천위원회(이하 "추천위원회"라 한다)는 시·도자치경찰위원회 위원을 추천할 때마다 위원장 1명을 포함하여 5명의 위원으로 구성한다고 규정하고 있다. 추천위원회 위원(이하 "추천위원"이라 한다)은 시·도지사가 다음 각 호에 해당하는 사람을 임명하거나 위촉하며, 추천위원회 위원장은 추천위원 중에서 호선(互選)한다.

1. 각 시·도별로 두는 시·군·자치구의회의 의장 전부가 참가하는 지역협의체가 추천하는 1명[21]
2. 「지방자치법 시행령」 제102조제3항에 따라 각 시·도별로 두는 시장·군수·자치구의 구청장 전부가 참가하는 지역협의체가 추천하는 1명
3. 재직 중인 경찰공무원이 아닌 사람 중에서 경찰청장이 추천하는 1명
4. 시·도경찰청(경기도의 경우에는 경기도남부경찰청을 말한다)의 소재지를 관할하는 지방법원장이 추천하는 1명
5. 시·도 본청 소속 기획조정실장

시군구가 없는 세종특별자치시와 제주특별자치도의 추천위원은 해당 시·도 의회 및 해당 시·도 교육감이 각각 1명씩 추천하도록 하고 있다. 또한 재척 및 회피사항을 규정하여 위원 추천의 공정성을 확보하기 위한 노력을 기울이고 있다.[22]

---

19) 국가 및 자치경찰법,제21조(시·도자치경찰위원회 위원추천위원회)

20) 국가 및 자치경찰법 규정(대통령령) 제5조(시·도자치경찰위원회 위원추천위원회의 구성)

21) 「지방자치법 시행령」 제102조제3항

22) 국가 및 자치경찰법 규정(대통령령) 제6조(추천위원의 제척 및 회피) ① 추천위원은 자기 또는 자기의 친족이 심사대상자가 되거나 그 밖에 해당 안건의 심사·의결에 공정을 기할 수 없는 현저한 사유가 있는 경우에는 그 심사·의결에 관여할 수 없다.
② 추천위원회는 추천위원에게 제1항의 사유가 있다고 인정하는 경우에는 의결로 해당 추천위원의 제척(除斥) 결정을 해야 한다.
③ 추천위원은 제1항의 사유가 있는 경우 추천위원회 위원장의 허가를 받아 추천위원회 심사 참여를 회피할 수 있다.

나. 운영

추천위원회 위원장은 추천위원회를 대표하고, 추천위원회의 업무를 총괄한다. 추천위원회 위원장이 부득이한 사유로 직무를 수행할 수 없을 때에는 시·도지사가 지명하는 추천위원이 그 직무를 대행하고 있다. 회의는 추천위원회 위원장은 시·도지사 또는 추천위원 3분의 1 이상이 요청하거나 추천위원회 위원장이 필요하다고 인정하는 경우 추천위원회의 회의를 소집하고 그 의장이 되며, 추천위원회는 재적위원 과반수의 찬성으로 의결한다. 추천위원회 위원장은 회의를 소집하려면 회의 개최 3일 전까지 회의의 일시·장소 및 안건 등을 각 추천위원에게 알려야 한다. 다만, 긴급한 사정이나 그 밖의 부득이한 사유가 있는 경우에는 그렇지 않다. 추천위원회의 회의는 공개하지 않는다고 규정하여 익명성을 보장하고 있다.[23)]

다. 추천위원회의 추천

추천위원회는 국가 및 자치경찰법 제20조제1항제4호에 따른 시·도자치경찰위원회 위원 추천을 위한 심사를 하는데 추천위원은 시·도자치경찰위원회 위원으로 적합하다고 판단되는 사람을 추천위원회에 심사대상자로 제시하도록 하고 있다. 각 추천위원이 제시하는 심사대상자의 수는 추천위원회에서 의결로 정하는데, 추천위원회는 심사대상자에게 자격요건 충족 여부 및 결격사유 유무 등의 심사에 필요한 자료의 제출을 요구할 수 있다. 추천위원회는 심사를 거쳐 법령에서 요구하는 자격을 갖추고 결격사유가 없는 심사대상자 중 가장 적합하다고 인정하는 사람을 시·도지사에게 서면으로 추천해야 한다. 추천위원회는 제5항에 따라 위원을 추천하였을 때에는 그 결과를 즉시 시·도자치경찰위원회에 통보해야 하며, 추천위원회는 추천과 통보를 완료한 때에 해산된 것으로 본다.

추천위원 또는 추천위원이었던 사람은 직무상 알게 된 비밀을 누설하거나 심사와 관련된 개인 의견을 외부에 공표해서는 안 되며, 추천위원회는 해산되는 경우에는 지체 없이 심사대상자의 개인정보 등 신상자료를 폐기해야 한다.

시·도지사는 추천위원회에 참석한 위원에게 예산의 범위에서 수당과 여비를 지급할 수 있다. 그리고 법령에서 규정한 사항 외에 추천위원회의 운영 등에 필요한 사

23) 국가 및 자치경찰법 대통령령, 제5조, 제7조

항은 추천위원회의 의결로 정할 수 있도록 하고 있다.[24)]

추천위원회가 추천할 수 있는 위원은 2명이다. 이전에 추천위원은 도지사 1명, 시도의회 2명, 교육감 1명, 국가경찰위원회 1명으로서 해당 분야의 전문가가 대체로 추천될 것이다. 그러면, 여성과 인권전문가의 추천을 강력하게 권고하는 국가 및 자치경찰법은 어느 성이 60% 이상 초과되지 않도록 권고하고 있다.[25)] 위원 7명 중 남성 또는 여성이 적어도 3명은 되어야 한다는 말이다. 또한 인권 전문가도 추천하도록 권고하고 있다.[26)]우리나라에서 성비에 대한 강조는 여성 위원을 추천에 대한 것이다. 따라서, 추천위원회에서 여성과 인권 전문가를 추천하지 않으면 이 법 조항의 취지를 실현하기는 쉽지 않다. 추천위원회는 여성과 인권전문가를 공모를 통하여 널리 인재를 구하고, 이 과정에서 자치경찰에 대한 주민들의 이해와 홍보를 확산시키는 기회를 얻어야 한다.

2. 자치경찰위원회 위원장

문재인 정부의 자치경찰제에서 가장 특이하고 중요한 조직이 시도자치경찰위원회라고 거듭 주장해 왔다. 이 중에서도 위원장의 지위는 자치경찰의 성패를 가름할 정도로 중요하다. 위원장은 시·도와 시·도경찰청과의 연계고리 역할을 근본적인 기능이라고 할 수 있다. 그 연계고리가 얼마나 튼튼하게 유지하고 발전하느냐에 따라서 지역 치안 성공여부를 판단할 수 있다고 할 정도로 위원장의 역할과 기능, 그리고 능력은 자치경찰제에 있어서 가장 중요한 요인 중에 하나라고 볼 수 있다. 다음과 같은 시·도자치경찰위원장의 특징을 보면, 그 중요성을 가늠해 볼 수 있다.

첫째, 위원장은 최초로 지역치안 총수인 시·도경찰청장을 직접 지휘·감독하는 권한을 가지고 있다. 지금까지 경찰관련 위원회에서 민간인(비 현직경찰관이나 공무원)이 경찰 사무를 의결하는 기구나 조직은 국가경찰위원회가 유일하다고 할 수 있다.

24) 동 법령, 제6조, 제8조-12조
25) 동법, 제19조 제2항
26) 동법, 제19조 제2항

그러나 국가경찰위원회는 의결기관일 뿐이며, 경찰청장을 지휘·감독권이 주어지지 않는다. 그러나 시·도자치경찰위원장은 자치경찰사무에 관한 한 시도경찰청장을 지휘·감독하는 역할을 부여 받았다.

둘째, 위원장은 지방공무원이면서도 국가공무원인 시·도경찰청장을 지휘·감독할 뿐만 아니라 경정 이하에 대한 일부 인사권까지 부여 받고 있다. 국가 또는 중앙정부가 지방정부에 비해 늘 우위인 한국의 현실에서 지방공무원인 위원장인 지역 치안의 책임자인 시·도경찰청장을 지휘·감독하고, 자치경찰사무 담당 공무원에 대한 인사권을 부여 받고 있어서, 역대 위원장과는 비교할 수 없는 권한과 책임을 지고 있다.

셋째, 상근과 전용 지원조직을 가지고 있다. 지방자치단체의 위원회 위원장은 거의가 비상근이고 전용 조직이 있는 경우가 거의 없다. 그러나 시·도자치경찰위원장은 상근임과 동시에 사무국이라는 규모가 어느 정도된 조직이 있어서 실제로 집행까지 한다는 점도 큰 특징에 하나다.

넷째, 신분보장을 확실하게 받고 있다. 위원장을 비롯한 위원들은 신체상·정신건강상 직무를 수행할 수 없을 경우를 제외하고는 본인의 의사에 반하지 않고는 면직이 되지 않는다[27]고 하여 신분보장을 강하게 하고 있다. 위원장 및 위원들이 정치적 중립을 지키면서 위원회의 기능을 성실히 수행할 수 있도록 하기 위함이다.

이러한 특징을 지닌 시·도자치경찰위원회 위원장은 추천된 위원 중에 시도지사가 지명하여 임명한다.[28] 시·도자치경찰위원회를 대표하고 회의를 주재하며 시·도자치경찰위원회의 의결을 거쳐 업무를 수행하도록 하여 위원장의 위원회의 대표성을 인정하고 있다. 시·도자치경찰위원회 위원장이 부득이한 사유로 직무를 수행할 수 없을 때에는 상임위원, 시·도자치경찰위원회 위원 중 연장자순으로 그 직무를 대행한다.[29]

시·도자치경찰위원회 위원장과 위원의 임기는 3년으로 하여 임기를 보장하고 있지만, 연임을 할 수 없도록 하고 있다. 이 이유는 위원장과 위원들이 연임을 위한 집행부 또는 추천기관과의 결탁 가능성을 사전에 차단하기 위해서다. 임기 중 사퇴

27) 동법, 제23조

28) 국가 및 자치경찰법 제20조 ③ 시·도자치경찰위원회 위원장은 위원 중에서 시·도지사가 임명하고, 상임위원은 시·도자치경찰위원회의 의결을 거쳐 위원 중에서 위원장의 제청으로 시·도지사가 임명한다. 이 경우 위원장과 상임위원은 지방자치단체의 공무원으로 한다.

29) 동법, 제22조(시·도자치경찰위원회 위원장의 직무)

하거나 사망하는 등 보궐이 발생할 경우는 보궐위원의 임기는 전임자 임기의 남은 기간으로 하되, 전임자의 남은 임기가 1년 미만인 경우 그 보궐위원은 제1항에도 불구하고 한 차례만 연임할 수 있도록 연임 예외 규정을 두고 있다.

제 4 절 | 자치경찰위원회의 권한

1. 소관사무

1) 소관사무의 종류

국가 및 자치경찰법 제24조는 다음과 같이 시·도자치경찰위원회의 소관 사무를 규정하고 있다. 사무배분은 사무의 범위를 명확하기 위하여 열거식으로 하고 있다.

① 시·도자치경찰위원회의 소관 사무는 다음 각 호로 한다.
1. 자치경찰사무에 관한 목표의 수립 및 평가
2. 자치경찰사무에 관한 인사, 예산, 장비, 통신 등에 관한 주요정책 및 그 운영지원
3. 자치경찰사무 담당 공무원의 임용, 평가 및 인사위원회 운영
4. 자치경찰사무 담당 공무원의 부패 방지와 청렴도 향상에 관한 주요 정책 및 인권침해 또는 권한남용 소지가 있는 규칙, 제도, 정책, 관행 등의 개선
5. 제2조에 따른 시책 수립
6. 제28조제2항에 따른 시·도경찰청장의 임용과 관련한 경찰청장과의 협의, 제30조제4항에 따른 평가 및 결과 통보
7. 자치경찰사무 감사 및 감사의뢰
8. 자치경찰사무 담당 공무원의 주요 비위사건에 대한 감찰요구
9. 자치경찰사무 담당 공무원에 대한 징계요구
10. 자치경찰사무 담당 공무원의 고충심사 및 사기진작
11. 자치경찰사무와 관련된 중요사건·사고 및 현안의 점검
12. 자치경찰사무에 관한 규칙의 제정·개정 또는 폐지

13. 지방행정과 치안행정의 업무조정과 그 밖에 필요한 협의·조정
14. 제32조에 따른 비상사태 등 전국적 치안유지를 위한 경찰청장의 지휘·명령에 관한 사무
15. 국가경찰사무·자치경찰사무의 협력·조정과 관련하여 경찰청장과 협의
16. 국가경찰위원회에 대한 심의·조정 요청
17. 그 밖에 시·도지사, 시·도경찰청장이 중요하다고 인정하여 시·도자치경찰위원회의 회의에 부친 사항에 대한 심의·의결

상기 소관 사무 중 가장 중요한 사무를 정리하면 다음 <표 10-3>과 같다.

〈표 10-3〉 자치경찰위원회의 주요 사무

구 분		주요 내용	비고
자치경찰관련	기본임무	·자치경찰 활동 목표의 수립 및 평가, 자치경찰 인사, 예산, 장비, 통신 등에 관한 주요정책 심의·의결 및 집행 관리	
	인사추천	·자치경찰본부장(2배수) 및 자치경찰대장 임명 추천	
	감찰징계요구	·시·도 자치경찰 사무, 국민·자치경찰공무원 민원, 자치경찰공무원 주요 비위사건 등	
	개선권고	·자치경찰에 의한 인권침해, 경찰권 남용 소지 제도·법령·관행 등	
국가경찰관련	시도경찰	·자치경찰 직무수행과 관련된 업무협약 체결·변경, 국가·지자체 공동 사무 수행 및 분쟁조정 관련 의견제시	의견제시
	국가경찰위	·시도 경찰청과 1차 협력·조정 곤란 시 2차 심의·조정 요구 ·시·도 지역 내에서 국가경찰관의 인권침해, 법령위반 등 비위사건에 대한 관련 실태조사 및 감찰 등 개선요청	〃

위의 내용을 보면, 자치경찰위원회가 자치경찰에 관한 한 전반적인 권한을 행사하도록 하고 있음을 알 수 있다.

2) 소관사무의 성격

대통령 소속 자치분권위원회는 문재인 정부의 자치경찰제도를 수립하는 책임을 지니고 있다. 자치분권위원회는 문재인 정부의 자치경찰 모델(일원화)는 다음과 같

은 조직도와 사무구분을 하고 있다. 이 그림에 의하면 자치경찰은 시도지사 산하에 시도자치경찰위원회와 경찰청이 시도경찰청장을 지휘·감독하는데, 경찰청장은 국가(공공안전)사무, 수사사무를, 시도자치경찰위원회는 자치사무 부분을 지휘·감독한다는 것이다. 때문에 자치사무는 국가와 지방자치단체의 공동사무라고 주장한다.

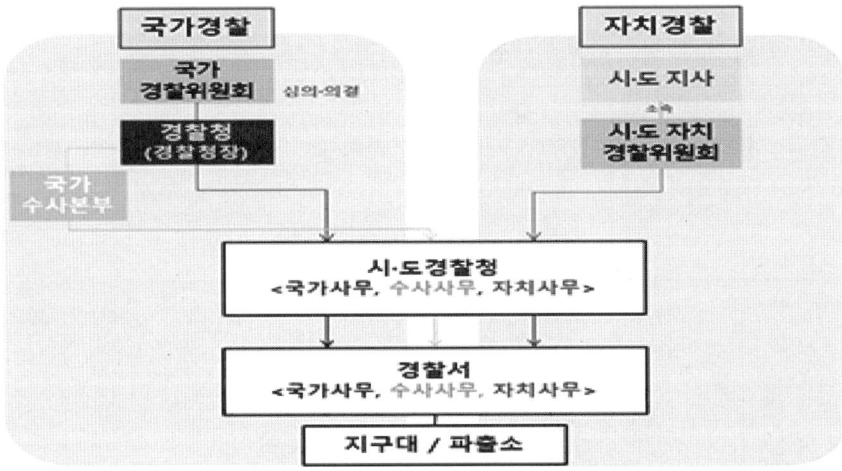

[그림 10-1] 일원론의 사무처리 방식

자료: 자분위, 2021.

황문규 교수는 자치사무를 단체위임사무적 성격이 가미된 자치사무에 가까운 국가와 지자체의 공동사무라고 주장한다. 황교수는 법령에 자치사무라고 명명하고 있다는 점과 조직자체가 반(half)국가– 반 지방이라는 협력적 조직이라는 것을 그 근거로 제시한다. 이기우 교수는 자치사무는 법령상으로는 자치사무인데 국가 공무원과 국가조직만이 집행하는 자치사무는 있을 수 없기 때문에 잘못된 사무체제라고 주장한다. 이렇게 자치경찰사무의 성격에 대한 논란은 분분하다. 그러나 자치사무가 되기 위해서는 자치단체가 일부만이라도 집행에 직접 관여하여야 하는데 지금의 법령으로 보면 이러한 경우는 없다. 또한 자치사무가 집행을 국가기관인 시도경찰청으로 위임한다고 하는 규정도 찾아 볼 수없다. 단체사무는 최소한의 조건이 자치단체장이 집행기관의 장이 되고, 시도의회가 관여하며, 일부 비용도 지자체가 부담한다는 것인데 자치경찰사무는 이 조건과는 거리가 멀다. 기관위임사무는 더욱 아니다.

적어도 지방자치측면에서 보면, 국가 및 자치경찰법령에서 국가경찰사무를 공공안전사무, 수사사무, 자치경찰사무로 분류하였는데 그 중에 하나가 자치경찰사무라고 할 수 있다. 따라서 자치경찰사무는 국가경찰사무의 한 종류일 뿐이다. 치안사무는 지금까지 국가경찰의 독점 사무인데, 이로 인한 문제점이 많이 나타나고 있었다. 문재인 정부는 검경수사권을 비롯한 권력기관 개편시 하나의 대안 중에 하나로 자치경찰제를 도입하였던 것이다. 이러한 맥락에서 보았을 때, 저자는 자치경찰제 정의를 "자치단체가 시도자치경찰위원회라는 조직을 통하여 지역치안에 개입할 수 있는 통로를 만들어 주었고, 그 통로에 시도경찰청을 지휘·감독할 수 있도록 한 시스템이 문재인 정부의 자치경찰제"라 개념정의하고자 한다.

2. 심의·의결 과정[30)]

1) 회의[31)]

회의는 정례회의와 임시회의로 나누고 있다. 정례회는 시·도자치경찰위원회의 회의는 정기적으로 개최하여야 한다. 대통령령에는 정기회의는 특별한 사유가 있는 경우를 제외하고는 월 1회 이상 소집·개최한다고 하여 상시체제를 갖추도록 하고 있다.[32)]임시회의는 필요할 때마다 하는 회의를 말한다. 회의소집권자는 위원장이다. 그러나 회의를 요구할 수 있는 자는 위원 2명이상 뿐만 아니라 시·도지사도 회의를 소집할 수 있도록 하여 지자체의 의견을 반영하도록 하고 있다. 자치경찰 운영에 있어서 간접 당사자인 시·도지사에게는 회의소집권을 부여하면서 직접 당사자인 시·도경찰청에게 회의소집에 대한 권한을 부여하지 않은 것은 문제의 소지가 많다. 이는 시·도자치경찰위원회와 시·도경찰청은 상하 관계이기 때문이라는 지극히 형식논리에 의건한 규정이라고 비판을 받을 수 있다.

2) 개의 및 의결 정족수

---

30) 국가 및 자치경찰법, 제25조(시·도자치경찰위원회의 심의·의결사항 등)

31) 국가 및 자치경찰법, 제26조(시·도자치경찰위원회의 운영 등)

32) 위법 대통령령, 제13조(시·도자치경찰위원회의 회의)

시·도자치경찰위원회가 소관사무를 심의하고 의결하는 정족수는 다음과 같다.

우선 개의 정족수는 위원 7명 중 2명이상으로 되어 있다. 그리고 의결정족수는 재적위원 과반수의 출석과 출석위원 과반수의 찬성으로 의결한다.

3) 재의 및 재 의결

시·도지사는 시·도자치경찰위원회의 의결이 적정하지 아니하다고 판단할 때에는 재의를 요구할 수 있도록 하여 견제장치를 두었다. 또한 위원회의 의결이 법령에 위반되거나 공익을 현저히 해친다고 판단되면 행정안전부장관은 미리 경찰청장의 의견을 들어 국가경찰위원회를 거쳐 시·도지사에게 재의를 요구하게 할 수 있고, 경찰청장은 국가경찰위원회와 행정안전부장관을 거쳐 시·도지사에게 재의를 요구하게 할 수 있다. 이와 같은 경우는 지방자치법에 국가의 감독 규정과 비슷하다.[33]

4) 회의의 진행

회의소집은 시·도자치경찰위원회 위원장이 하되, 회의를 소집하려면 회의 개최 3일 전까지 회의의 일시·장소 및 안건 등을 위원에게 알려야 한다. 다만, 긴급한 사정이나 그 밖의 부득이한 사유가 있는 경우에는 그렇지 않을 수도 있다고 하여 예외조항을 두고 신속하게 대처할 수 있도록 하고 있다.

시·도자치경찰위원회 위원장은 시·도자치경찰위원회의 심의를 위하여 필요한 경우에는 관계 공무원 또는 관계 전문가의 출석·발언이나 자료의 제출을 요구할 수 있다. 시·도자치경찰위원회에 출석한 관계 공무원 또는 관계 전문가에 대해서는 예산의 범위에서 수당과 여비를 지급할 수 있다. 다만, 공무원이 소관 업무와 직접적으로 관련되어 출석하는 경우에는 지급하지 않는다.[34] 시·도자치경찰위원회는 회의

---

33) 지방자치법 제169조(위법·부당한 명령·처분의 시정) ① 지방자치단체의 사무에 관한 그 장의 명령이나 처분이 법령에 위반되거나 현저히 부당하여 공익을 해친다고 인정되면 시·도에 대하여는 주무부장관이, 시·군 및 자치구에 대하여는 시·도지사가 기간을 정하여 서면으로 시정할 것을 명하고, 그 기간에 이행하지 아니하면 이를 취소하거나 정지할 수 있다. 이 경우 자치사무에 관한 명령이나 처분에 대하여는 법령을 위반하는 것에 한한다.

34) 위의 대통령령, 제14조(의견 청취 등)

안건과 관련된 이해관계인이 있는 경우 그 의견을 듣거나 회의에 참석하게 할 수 있고, 시·도자치경찰위원회의 위원 중 공무원이 아닌 위원에게는 예산의 범위에서 직무 활동에 필요한 비용 등을 지급할 수 있다.

3. 실무협의회[35]

시·도자치경찰위원회는 자치경찰사무의 원활한 수행, 국가경찰사무·자치경찰사무의 협력·조정 및 그 밖에 필요한 사항을 협의하기 위하여 경찰청 등 관계 기관과 실무협의회를 구성·운영할 수 있도록 하고 있는데 이에 관한 사항은 시·도의 조례 사항을 하여 시도에 위임하였다. 이번 실시되는 일원형 모델은 3-4개월이라는 단시간에 입법화되었기 때문에 논의과정이 매우 짧았다. 때문에 이 법의 갖는 취지는 고사하고 내용에 대한 부분도 관계자들까지도 이해를 하지 못할 정도로 애매한 부분이 많다. 심지어 예산의 재원, 예산과정, 예산항목 등도 분명하게 규정되지 않아 혼란스럽게 하고 있다. 때문에 실무협의회의 중요성이 매우 높다. 따라서, 실무협의회를 확대하여 운영하여야 한다. 관계자나 관계기관들이 다 참석힐 수 있도록 함과 동시에 지문위원회를 구성하여 전문가들로부터 자문을 받는 방향으로 운영되어야 할 것이다.

제 5 절 | 사무국

시·도자치경찰위원회의 사무를 처리하기 위하여 시·도자치경찰위원회에 필요한 사무기구를 두도로 하고 있다. 사무기구에는 「지방자치단체에 두는 국가공무원의 정원에 관한 법률」에도 불구하고 대통령령으로 정하는 바에 따라 경찰공무원을 두어야 한다. 이 조항은 제주특별자치도에도 적용하도록 하고 있다. 사무기구의 조직·정원·운영 등에 관하여 필요한 사항은 경찰청장의 의견을 들어 대통령령으로 정하는 기준에 따라 시·도조례로 정하도록 하고 있다.[36]

사무기구에 대한 대통령령에 따르면[37]시·도자치경찰위원회 사무기구의 조직에 관

35) 위의 대통령령, 제15조-17조, 제15조(실무협의회)

36) 국가 및 자치경찰법, 제27조(사무기구)

한 사항은 「지방자치단체의 행정기구와 정원기준 등에 관한 규정」에 따르도록 하고 있다. 사무기구의 장은 시·도자치경찰위원회 위원장의 명을 받아 소관 사무를 처리하고 소속 직원을 지휘·감독한다. 사무기구에 두는 경찰공무원의 시·도별 정원과 계급별 정원은 「시·도자치경찰위원회에 두는 경찰공무원의 정원에 관한 규정」에 따르며, 사무기구에 두는 경찰공무원은 경찰청 소속 공무원으로 충원하도록 하고 있다.

최근에 행안부에서 자치경찰제 시행에 따른 사무기구 구성방안을 각 시도에 전달하였다.[38] 이 내용을 중심으로 사무국 구성과 운영방안에 대하여 살펴보고자 한다.

1. 기본 사무

시도자치경찰위원회의 소관 사무는 부서별 분장하면 다음 〈표 10-4〉와 같다.

〈표 10-4〉 시·도자치경찰위원회 소관사무(법제24조)

분류		주요 사무
기획	기획·조정	자치경찰사무에 관한 목표의 수립 및 평가
		국민의 생명·신체 및 재산을 보호하고 공공의 안녕과 질서유지에 필요한 시책 수립
		자치경찰사무와 관련된 중요사건·사고 및 현안의 점검
		제30조제4항에 따른 평가 및 결과 통보
		지방행정과 치안행정의 업무조정과 그 밖에 필요한 협의·조정
	예산·법무	자치경찰사무에 관한 예산, 장비, 통신 등에 관한 주요정책 및 운영지원
		자치경찰사무에 관한 규칙의 제정·개정 또는 폐지
	정책협력	제32조제3항에 따른 비상사태 시 경찰청장의 지휘·명령에 관한 사무
		국가경찰사무·자치경찰사무의 협력·조정과 관련하여 경찰청장과 협의
		국가경찰위원회에 대한 심의·조정 요청
인사	인사	자치경찰사무에 관한 인사, 예산, 장비, 통신 등에 관한 주요정책 및 운영지원
		자치경찰사무 담당 공무원의 임용, 평가 및 인사위원회 운영
		제28조제2항에 따른 시·도경찰청장의 임용과 관련한 경찰청장과의 협의
		자치경찰사무 담당 공무원에 대한 징계요구
		자치경찰사무 담당 공무원의 고충심사
감사	사무감사	자치경찰사무 감사 및 감사의뢰
	비위감찰	자치경찰사무 담당 공무원의 부패 방지와 청렴도 향상에 관한 주요 정책 및 인권 침해 또는 권한남용 소지가 있는 규칙, 제도, 정책, 관행 등의 개선
		자치경찰사무 담당 공무원의 주요 비위사건에 감찰요구

37) 위의 대통령령, 제18조(사무기구)

38) 행안부 내부자료, 자치경찰제 시행에 따른 사무기구 구성방안, 2021.2.22.

사무국 구성의 기본 방향은 현재의 경찰조직 체계와 경찰법 개정안 상 시·도자치경찰위원회 소관 사무를 고려하여 사무기구 구성(안) 마련하였다. 기존 경찰조직과의 연계성 향상을 위하여 홍보·감사 등 공통부서 및 생활안전, 여성·청소년, 교통·지역경비 등 사무별 분류체계 감안 한 것이다. 사무국은 시·도 치안정책 연구·기획 및 평가, 자치경찰사무 담당 공무원의 인사, 자치경찰 사무 및 담당 공무원 감사·감찰기능을 수행을 주 사무로 한다.

2. 정원

정원은 조속한 시범운영 체계 구축(3월중 조례 개정 목표) 위해 필요 최소한의 인력을 조기에 우선 배치할 예정이다. 시범운영 과정상 사무량이 명확해지면 2022년 기준인건비(5~9월 산정)에 추가인력 배정하고, 자치경찰의 안정적 정착을 위해 향후 2~3년 정도 기준인력 추가 반영 검토할 예정이다.

1) 사무별 인력소요 산정

사무분야는 조직운영을 위한 필수 사무(서무·비서·예산·회계·의회 등) 및 법정사무(자치경찰법 제4조 제2항) 수행을 위한 인력으로 나누어서 산정하고 있다. 법 제4조 제2항 열거외 시도지사가 추가로 수행하고자 하는 사무 등 미확정 사무는 제외시키고 있다. 산정방식은 사무를 팀 단위로 분장한 후, 사무량에 따른 인력소요 예측방식이다. 예를 들면, 지방공무원 기준으로 하면 인력산정에서 5개팀이 나오면 20명 규모로 산정이 되는 방식이다.

2) 인력배정 방식

시도별 인원 배정 수는 〈표 10-5〉와 같다.

인력배정 방식은 1개 과당 기준은 12명으로 하고, 2개 과가 설치할 때는 가능인력을 24명을 배정하는 것을 기본으로 하나다. 이외에 치안수요 등이 많을 것으로 예상되는 시·도에는 추가인력 배정하는 것으로 하고 있다. 치안정감이 지방경찰청장인 시·도(서울·부산·인천, 경기)는 인력이 추가 배치하는데 1개 팀 규모인 4명이 추가되고, 2개의 지방경찰청을 관할하는 경기도의 경우 북부 전담 1개과 추가하는 것으로 하고 있다. 다만, 인력 검토과정에서 재배치 인력, 제외사무 등이 확인될 경우 해당 인력을 제외하고 배정하는 것으로 하고 있다.

〈표 10-5〉 시도별 사무국 인원 배정(안)

구분	일반직 요청	배정	
		1차 조정	2차 조정
계	596	395	335
서 울	49	28	24
부 산	29	26	22
대 구	31	24	20
인 천	28	26	22
광 주	28	24	20
대 전	28	24	20
울 산	30	24	20
세종	4	4	4
경 기	124	36	32
강 원	36	24	20
충 북	27	24	20
충 남	39	24	20
전 북	32	24	20
전 남	24	24	20
경 북	37	24	20
경 남	33	24	20
제 주	17	17	11

주: 제주는 6명의 자치경찰을 포함한 수임

3. 사무기구 구성

사무국은 [그림 10-2]과 같이 사무국장 산하 1국, 2과, 5팀 구성하고 있다.

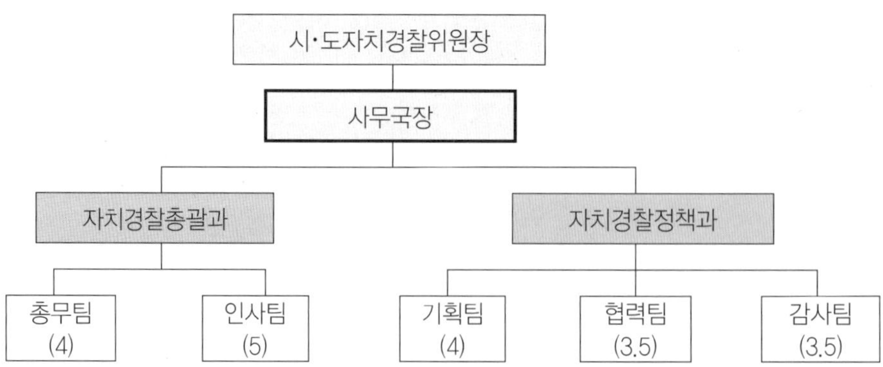

[그림 10-2] 사무국 조직도

부서구성은 자치경찰총괄과(총무팀·인사팀)와 자치경찰정책과(기획팀·협력팀·감사팀)로 과 단위 조직 구성한다. 자치경찰총괄과 : 서무·인사·예산·회계(의회대응 포함) 및 사무국 운영지원 등에 관한 업무 수행하도록 사무분장을 하고 있다.

자치경찰정책과는 자치경찰사무 목표·시책 수립, 국가경찰과의 업무 협의·조정, 부패방지 시책 수립·감사 등 기획·조정·감사업무 수행하고 사무분장을 하고 있다. 다만, 이 안은 사무별 예상업무량 대비 지방공무원 인력 최소기준 표시한 것으로 시·도는 치안수요 및 지역여건 등을 고려하여 기준인건비 범위 내에서 과 단위 이하 조직 추가 운영 및 지방공무원 증원 배정 가능하다. 이 경우 과 및 팀 명칭 변경도 포함한다. 다음 〈표 10-6〉는 사무별 소요인력 산정 내역다.

〈표 10-6〉 사무별 소요인력 산정안

구분	사무내역	기능구분	조직구성(안)	인력소요(안)
			5~6개 팀	20명 + α
공통사무(조직운영 기초사무)	▸서무(총무), 의전(비서)		총무팀(서무)	2
	▸예산, 회계		총무팀(예산·회계)	2
	▸홍보, 의회		협력팀	1
법정사무	〈자치경찰법 제4조 제1항 제2호〉 2. 자치경찰사무: 제3조에서 정한 경찰의 임무 범위 내에서 관할 지역의 생활안전·교통·경비·수사 등에 관한 다음 각 목의 사무 ⇨ 대통령령 기준에 따라 조례로 확정		치안수요 등 연계	+α
	〈자치경찰법 제4조 제2항〉 1. 자치경찰사무에 관한 목표의 수립 및 평가	기획, 평가	기획팀	3
	2. 자치경찰사무에 관한 인사, 예산, 장비, 통신 등에 관한 주요정책 및 그 운영지원	공통	총무팀(예산·회계)	-
	3. 자치경찰사무 담당 공무원의 임용, 평가 및 인사위원회 운영	공통	인사팀	3
	4. 자치경찰사무 담당 공무원의 부패 방지와 청렴도 향상에 관한 주요 정책 및 인권침해 또는 권한남용 소지가 있는 규칙, 제도, 정책, 관행 등의 개선	감사, 감찰	감사팀	1
	5. 자치경찰법 제2조에 따른 시책 수립	기획	기획팀	-

	6. 자치경찰법 제28조제2항에 따른 ○○경찰청장의 임용과 관련한 경찰청장과의 협의, 제30조제4항에 따른 평가 및 결과 통보	대외협력	인사팀	1
	7. 자치경찰사무 감사 및 감사의뢰	감사, 감찰	감사팀	2
	8. 자치경찰사무 담당 공무원의 주요 비위사건에 대한 감찰요구	감사, 감찰	감사팀	1
	9. 자치경찰사무 담당 공무원에 대한 징계요구	감사, 감찰	감사팀	0.5
	10. 자치경찰사무 담당 공무원의 고충심사 및 사기진작	공통(인사)	인사팀	1
	11. 자치경찰사무와 관련된 중요사건·사고 및 현안의 점검	현안점검	기획팀	0.5
	12. 자치경찰사무에 관한 규칙의 제정·개정 또는 폐지	기획(법무)	기획팀	0.5
	13. 지방행정과 치안행정의 업무조정과 그 밖에 필요한 협의·조정	대외협력	협력팀	1
	14. 자치경찰법 제32조에 따른 비상사태 등 전국적 치안유지를 위한 경찰청장의 지휘·명령에 관한 사무	대외협력	협력팀	0.5
	15. 국가경찰사무·자치경찰사무의 협력·조정과 관련하여 경찰청장과 협의	대외협력	협력팀	0.5
	16. 국가경찰위원회에 대한 심의·조정 요청	기획	협력팀	0.5
	17. 그 밖에 ○○시장, ○○경찰청장이 중요하다고 인정하여 자치경찰위원회의 회의에 부친 사항에 대한 심의·의결	자치경찰 사무의 확정과 관련	치안수요 등 연계	$+\alpha$

제 11 장

문재인 정부 자치경찰의 정부 간 관계

제 11 장
문재인 정부 자치경찰의 정부 간 관계

제 1 절 | 정부 간 관계의 의의

1. 정부 간 관계

정부 간 관계(Inter-Government Relations: IGR)에 대한 정의는 다양하다. 어떤 학자는 정부 간 관계를 중앙정부, 광역정부, 기초지방정부로 구조적으로 나누어서 서로간의 관계를 정부 간 관계라고 정의한다. 반면에 이러한 구조적·정태적인 관점보다는 동태적인 관점에서 권력이라는 요소를 중앙정부, 지방정부, 지방정부 간 어떻게, 왜 그렇게 배분되는가의 관계를 정부 간 관계라고 정의하기도 한다(Saffel & Basehart, 2005: 37-8). 물론 이 두 관점을 다 고려하여 정의하는 학자들이 대세를 이루고 있다. 대표적으로 정부 간 연구의 대표적 학자인 앤더슨(William Anderson)은 정부 간 관계란 "미국 연방 체제 내에서 모든 계층과 모든 형태의 정부 간에 일어나는 상호작용과 행위의 총체"라고 정의하고 있다. 이와 비슷한 정의를 한 샤프리츠(Jay M. Shafritz)는 "정부 간 관계는 상급 정부가 하급 정부와 재정을 포함한 여러가지 자원을 나누어 쓰는 재정 및 행정 과정"이라고 정의하고 있다(임승빈, 2005: 134-139).

정부 간 관계를 총 정리하였다고 인정받는 라이트(D. S. Wright) 교수는 권한(authority)이라는 변수를 가지고 정부 간 관계를 등권형 모형(separated authority model), 계층형 모형(종속형, inclusive authority model), 중첩형 모형(overlapping authority model)으로 나누었다(Wright, 1988: 39-55). 등권형은 정부 간에 독립적이라는 점을 강조하는 모형이며, 계층형은 정부 간에 상하 관계가 존재한다는 것을 강조하는 모형이다. 중첩형은 정부 간 관계가 부분적으로는 독립적인 관계, 부분적으로는 상하 관계가 존재한다는 것을 강조하는 모형이다. 위에서 보는 바와 같이 미국의 정부 간 관계는 연방정부, 주정부, 기초지방자치단체, 특별지방자치단체의 구조와 행정인, 주민 등 모든 요소 간에 관계를 종합적으로 평가하고 있음을 알 수 있다.

우리나라 정부 간 관계도 마찬가지다. 지방자치란 국가 및 중앙정부-지방자치단체 및 지방자치단체 간의 자치권 또는 권력을 나누어 행사하는 정치 현상이다. 그러므로 "지방자치의 성격과 규모를 결정짓는 가장 중요한 기준 가운데 하나가 바로 중앙과 지방자치단체 간의 적절한 관계, 즉 어떠한 정부 간 관계가 설정되느냐에 달려 있다"고 할 정도로 정부 간 관계는 지방자치를 이해하는 데 매우 중요한 요소가 된다(김영기, 1999: 272).

자치경찰도 마찬가지다. 자치경찰의 성격은 국가경찰과의 관계뿐만 아니라 중앙정부의 각종 지원과 규제, 평가, 감독 등과 관련이 있으며, 해당 광역자치단체, 해당 지역의 지방경찰청과 경찰서, 기초자치단체 간 등 복잡한 연결 관계에 의하여 결정될 수밖에 없다. 그러나 여기서 우리가 유념할 것은 정부간 관계가 지방자치법을 비롯한 각종 법령과 구조에 의해서만 결정되는 것이 아니라는 점이다. 정부 간 관계는 법률적 상호작용 외에도 경제적·정치적·행정적 상호작용, 비공식적인 공무원의 활동과 인식, 주민들이 정부를 바라보는 인식과 행동 등이 포함된 개념으로 인식하여야 한다(김영기, 1999: 260-70). 때문에, 자치경찰의 권한이 매우 한정되어 있다고 하지만 그 권한을 어떻게 활용하느냐는 법령의 권한 내에서만 논의되어서는 안 된다. 자치단체장의 자치경찰에 대한 인식과 활동, 자치경찰관의 자치경찰에 대한 애정과 신념, 지역 주민들이 자치경찰에 대한 신뢰 등 공식적인 것 이외에 행태적 요인에 따라서 정부 간 관계는 확연하게 변화될 수 있기 때문이다. 특히 문재인 정부의 자치경찰제에서 각자가 이러한 적극적인 인식이 필요하다. 문재인 정부의 일원론적 자치경찰모델은 국가주도의 자치경찰이기 때문에 시·도나 시·도의회가 할 수 있는 일이 없다고 비난하는 소리가 자치경찰이 본격적으로 시작되기 전에 나오고 있다. 그러나 이러한 패배감보다도 이번 실시되는 자치경찰제로 인하여 과거와 달리 지방자치단체와 지역주민이 적어도 시·도자치경찰과 동격으로 자치경찰활동에 참여할 수 있게 되었다는 적극적 사고가 필요하다. 처음 지방자치를 실시했던 나라들, 영국, 미국 등은 허허벌판에서 오직 협동심 하나 가지고 지방자치와 자치경찰을 실시하면서 여기까지 온 것을 기억해 보면, 우리가 실시하려고 하는 자치경찰제는 무궁무진한 자원들로 쌓여 있다. 이러한 사고가 지방자치의 사고라고 할 수 있다.

이 장에서는 자치경찰과 관련된 정부 간 관계를 국가경찰, 광역자치단체, 다른 자치단체와 자치경찰과의 관계를 중심으로 살펴보고자 한다.

2. 중앙과 지방과의 관계

중앙정부와 지방정부 간의 관계는 단방제 국가인지 연방제 국가인지에 따라 기본적인 차이가 존재한다. 단방제 국가일 경우에도 국가에 따라서 적지 않은 차이가 있다. 심지어 한 국가 내에서도 각 지방정부의 정치적·재정적·행정적 측면, 그리고 전문성 및 인적 자원의 측면 등에 미치는 다양한 요인들로 인하여 정부 간 관계를 하나의 모형이나 이론으로 설명하기 어렵다(이달곤, 2004: 336). 그러나 대체로 중앙정부와 지방정부 간의 관계를 분류하는 형태에 따라서 국가경찰과 자치경찰 간의 관계를 조망해 볼 수 있다.

1) 대륙법 체계와 영미법 체계

대륙법 체계는 국가 중심이 강하고 영미법 체계는 지방분권적 사고가 강한 체계다. 따라서 중앙과 지방과의 관계는 대륙법 체계 국가에서는 중앙이 강하고, 지방은 중앙에 종속된 관계로 보는 경우가 강하다. 반면에 영미법 체계는 중앙과 지방과의 관계는 상하 관계가 아니라 대등한 관계로 보는 경우가 강하다. 국가경찰과 자치경찰 관계도 이렇게 중앙과 지방정부와의 관계에 대입해 보면 이해가 될 것이다.

2) 지방을 보는 시각

지방을 보는 시각이란 지방정부를 중앙정부의 대리인으로 볼 것인가, 동반자로 볼 것인가, 아니면 상호 의존적 관계로 볼 것인가에 따라서 중앙정부와 지방정부 간의 관계가 크게 달라진다는 것이다(Elcock, 1982: 2-7). 대리인 모형은 지방정부가 중앙정부의 대리인 역할에 그치고 있음을 부각시킴으로써 지방정부에 대한 중앙의 통제를 강조하는 모형이다. 반면에 동반자 모형은 지방정부가 국가로부터 위임받은 사무를 수행하기도 하지만 고유한 권능도 적지 않게 가지고 있으며, 양자 간의 관계를 규정하는 데는 지방정부의 의지가 중요한 요소라고 주장한다.

상호의존 모형은 중앙정부와 지방정부 간의 관계는 항상 정해져 있는 것이 아니라 사무의 성격이나 상황에 따라서 달라진다고 보는 시각이다. 상호의존 모형에서는 법적 권한, 재정적 자원, 정보와 전문성, 존립의 정당성과 시민의 동의 등의 측면에서 중앙과 지방이 상호 의존적인 양상을 보이게 될 것이고, 이러한 주요 요소끼리도 서로 영향을 주고받는 일종의 교환 관계를 맺게 될 것이다. 이와 비슷한 주장으로서는 자치권 연유설이 있다. 자치권의 연유란 국가와 지방 간의 권력 원천을 파악하는 것을 말한다. 즉, 국가가 지방을 만들었는가, 아니면 지방이 국가를 만들었는가에 대한 논의다. 여기에 대한 주장에는 세 가지가 있다(강용기, 2008: 224-6).

첫째, 국권설이다.

국권설은 국가가 지방정부를 만들었고 지방자치도 국가가 그 권한을 이관하였기 때문에 가능하다는 주장이이서, 국권설은 국가의 지방 통제는 무한하다고 할 수 있다.

둘째, 창조설이다.

창조설은 국권설과는 반대로 지방이 국가를 만들었다는 주장이다. 국가는 원래 만들어진 것이 아니라 부족 시대, 봉건영주 시대를 거치면서 국가가 형성되었다는 주장이다. 이 주장의 대표적인 나라가 미국이다. 미국은 13개 주가 미연방정부를 만들었다. 창조설은 국가는 지방에 의해서 만들어졌기 때문에 국가는 지방이 허락하는 범위 내에서 지방을 통제하여야 한다고 주장한다.

셋째, 절충설이다.

절충설은 국권설을 인정하되 그러나 창조설의 입장을 적극 수용하여야 한다는 입장이다. 즉, 절충설은 국가가 지방을 통제하는 것은 국가의 통일성을 유지하여야 하기 때문에 당연한 일이지만 지방에도 일정한 권한을 부여하고 그 권한은 보호되어야 한다는 주장이다.

그러나 이러한 주장은 어느 한 설이 다수설이 되거나 역으로 소수설이 되어 적용되지 않는다. 나라마다, 지역마다 치안환경이 다르기 때문에 서로 간에 관계는 일정하지 않다. [그림 11-1]은 노무현 정부의 자치경찰모델이 시행되었을 때의 정부 간 관계이다. 노무현 정부 안이 기초자치단체를 도입으로 하는 매우 단순한 모형임에도 불구하고 정부간, 자치단체 내외 간은 이렇게 복잡하다.

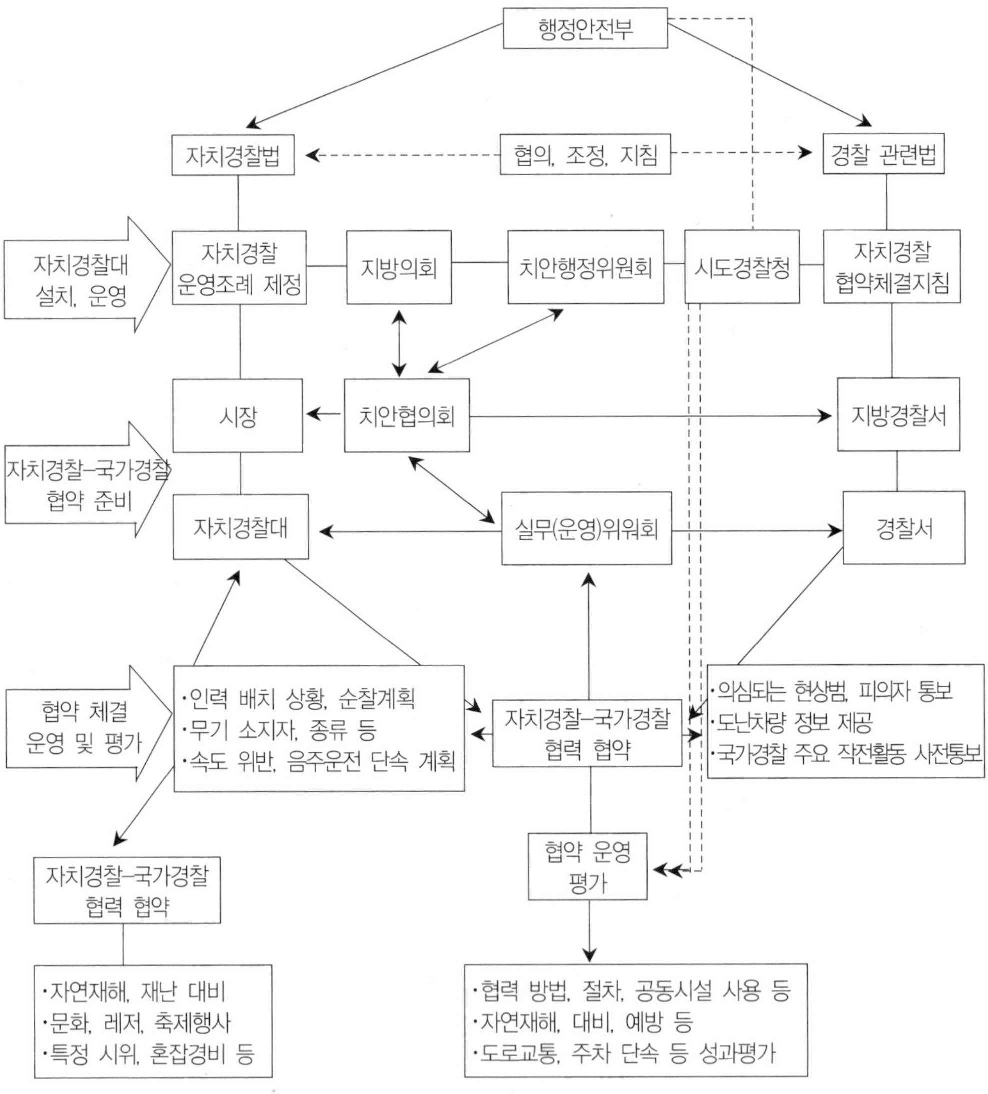

[그림 11-1] 자치경찰과 국가경찰 간 협력협약 절차 및 운영도

출처: 행정자치부 자치경찰 실무추진단(2007).

3. 지방자치단체 간 관계

지방자치가 실시되고 지방분권이 강력하게 추진되면, 가장 우선적으로 나타나게 되는 현상이 개별 정부의 자율성이 강화된다는 것이다. 이는 또한 개별 정부의 공간적 지배력을 높이게 됨으로써 결과적으로는 규범적 측면에서 논의되는 협력적 정부 간 관계가 현실적으로 확보되기 어려워진다. 다시 말해 자율성을 토대로 수평적 정부 간 관계를 구축하는 동시에 업무 처리와 관련하여 상호 협력적 정부 간 관계를 확립하는 것이 규범적인 것은 사실이지만, 지방분권의 강화는 수평적 정부 간 관계는 강화하는 반면 협력적 정부 간 관계는 어렵게 만드는 것이 더 현실적이라는 것이다. 따라서 지방분권이 강력하게 추진되는 상황 하에서도 정부 간 관계를 발전적으로 확립하기 위해서는 정부 간 관계에서 통상적으로 발생되는 문제들을 단계적으로 파악한 후 이를 최소화하기 위한 장치들을 강구할 필요가 있다(한영수, 2005: 10). 특히, 중앙정부의 권한 이양 후에 이를 어떻게 적절하게 배정하고 수행할 것인가에 대한 논의는 결국 광역과 기초자치단체 간의 문제이기 때문에 이 두 정부(자치단체) 간에 협력을 위한 제도적인 장치가 무엇보다도 중요하다.[1)]

자치경찰제도 마찬가지다. 자치경찰은 제한된 행정경찰의 업무에 한하여 각자 독립하여 업무를 수행함을 원칙으로 하나 치안 상황의 돌발성, 기동성, 확산성 등을 감안할 때 자치경찰의 독자성을 침해하지 않는 범위 내에서 필요한 경우 국가경찰의 지도·조정·응원·통제 등의 장치를 마련할 필요가 있다. 기동성 및 광역성을 띠는 치안 수요에 효과적으로 대응하고 2개 이상의 자치단체 상호간 또는 국가경찰과 자치경찰 상호간 갈등이 발생하는 경우 이러한 갈등을 원활하게 조정하고, 치안 서비스의 공백을 최소화하기 위하여 국가경찰과 자치경찰 간 협의·조정이 절대적으로 필요하다. 또한, 자치경찰에서는 지역 주민의 참여를 최대화할 수 있도록 제도화가 필요하다. 이제 지역 주민은 단순한 고객일 뿐만 아니라 정부의 주인, 정책형성자, 정책협력자, 정책평가자로서 역할을 요구받고 있으며 최근 우리나라도 이러한 추세로 가고 있다. 이러한 흐름을 반영하는 측면에서 자치경찰의 운영에 지역 주민들의

1) 광역과 기초 간에 협력적 관계에 대해서는 우양호·강성철, “지방정부 간 생산적 협력 관계 구축의 성공 조건,” 한국지방자치학회보, 제18권 제3호, 2006, p.88에 상술되었다.

참여 폭을 대폭 확대하는 제도화가 필요하다(Ho & Coates, 2002: 29).

문재인 정부의 자치경찰 모델은 지방자치단체 간 관계는 기능적으로 분권화되지는 않았다. 기초와 광역, 광역 간, 기초 간 등의 분업과 협력체제는 없다. 다만, 자치경찰위원회 구성에는 지역 간 협력 체계를 구성하고 있다. 기초자치단체장 협의회, 기초자치단체의장 협의회, 교육청 등이 추천위원회 위원을 각 1명씩 추천할 수 있도록 하고 있다. 이외에 지방자치단체 간 관계는 없다.

그러나 지방자치, 특히 자치경찰은 제도에 의해서만 운영하는 것은 지나간 패러다임이다. 지금의 패러다임은 경찰, 주민, 관료 간의 협력적 차원에서 이루어지는 자치경찰제 운영이다.

제 2 절 | 시·도와 국가경찰과의 관계

1. 시·도지사와 국가경찰과의 관계

다음 [그림 11-2]의 조직도는 자치경찰과 국가경찰이 한 조직에서 실시되는 일원론에서 기관 간에 관계를 지휘·감독 관계 만을 가지고 그린 내용이다.

[그림 11-2]는 경찰청장이 시·도경찰청장을 지휘·감독하고, 또, 외쪽에서는 시·도지사 산하의 시·도경찰위원회가 시·도경찰청장을 지휘·감독하고 있다. 시·도경찰청장은 결국 내부에서는 경찰청장으로부터, 외부에서는 시·도경찰위원회부터 지휘·감독을 받게 된다. 한 지방 두 가족이라는 혼란스러운 관계가 형성되고 있는 것이다. 시·도경찰청장은 이 선상에서 자치경찰 차장(또는 부장)을 지휘·감독한다. 이 조직도는 구조로 보면 매우 간단하지만, 지휘·감독 체계로 보면 매우 복잡하다. 문재인 정부의 조직 모형이 일원론인데 일원론이기 때문에 오히려 더욱 복잡한 면이 있다. 이에 대한 구체적인 내용을 살펴보자.

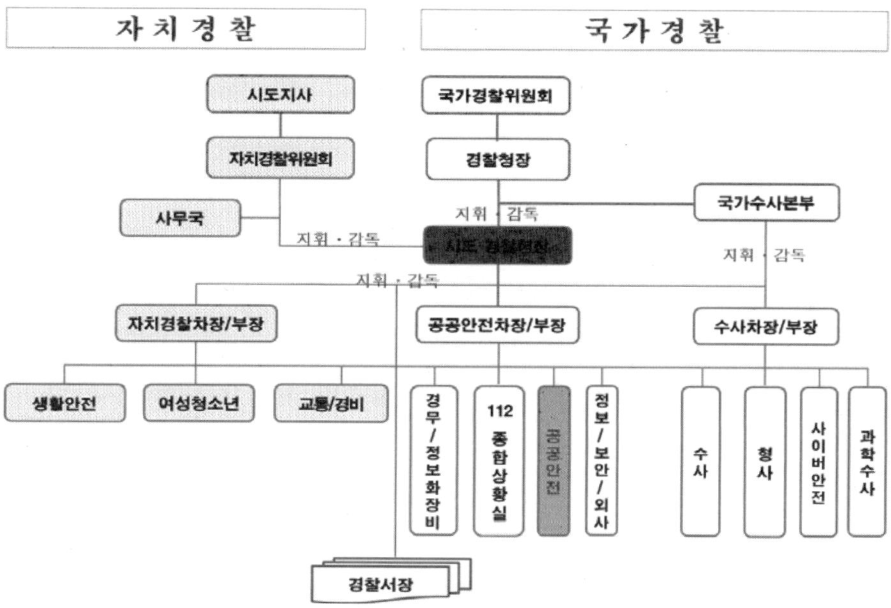

[그림 11-2] 일원론에서의 경찰조직도

1) 시·도지사와 경찰청장

시·도지사와 경찰청장과의 관계는 자치경찰운영에 관한 한은 크게 관계가 없다. 시·도지사는 해당 자치단체의 대표다. 시·도지사는 대외적인 관계에서 자치단체를 대표하기 때문에 경찰청장과 관계가 있다. 국가 및 자치경찰법은 위원회의 의결이 법령에 위반되거나 공익을 현저히 해친다고 판단되면 행정안전부장관은 미리 경찰청장의 의견을 들어 국가경찰위원회를 거쳐 시·도지사에게 제3항의 재의를 요구하게 할 수 있고, 경찰청장은 국가경찰위원회와 행정안전부장관을 거쳐 시·도지사에게 재의를 요구하게 할 수 있다.[2)]

시·도자치경찰운영은 시·도자치경찰위원회가 책임을 지지만 최종 책임은 시·도자치경찰위원회가 소속이 되어 있는 시·도지사에게 있기 때문에 경찰청장은 시·도자치경찰위원회가 아닌 시·도지사에게 수정을 요구하는 것이다.

2) 국가 및 자치경찰법, 제25조 제4항

2) 시·도지사와 시·도경찰청장

시·도지사와 시·도경찰청장의 관계는 매우 간접적인 관계다. 시·도지사는 시·도자치경찰위원회를 산하 기관에 두고 있지만, 시·도자치경찰위원회를 지휘·감독하는 관계가 아니다. 또한 시·도지사는 시·도자치경찰위원회를 통하여 시도경찰청을 지휘·감독할 수 있는 간접적인 통로도 없다. 때문에 시·도지사와 시·도경찰청장과는 매우 간접적인 관계, 즉 시·도 조직인 시·도자치경찰위원회가 시·도경찰청장을 지휘·감독하는 관계에 있다는 명시적 관계일 뿐이다. 일본인 경우 이러한 관계를 소할(所割)이라고 부른다. 그러나 재정적인 관계에서는 직접적인 관계가 형성될 수 있는 가능성이 있다. 시도지사는 자치경찰사무 담당 공무원에게 조례에서 정하는 예산의 범위에서 재정적 지원 등을 할 수 있다고 규정하고 있기 때문이다.[3)]

2. 시·도자치경찰위원회와 국가경찰과의 관계

1) 시·도자치경찰위원회와 국가경찰위원회

시·도자치경찰위원회와 국가경찰위원회는 공통점은 의결기관이라는 점이고, 다른 점은 대상이 자치경찰사무냐, 국가경찰사무냐의 차이다. 문재인 정부의 자치경찰제에서는 자치경찰사무가 국가 사무 성격을 띠고 있기 때문에 두 위원회는 직접적인 관계가 설정될 수 밖에 없다. 국가경찰위원회의 사무 중 자치경찰과 관련된 사무는 다음과 같다.[4)]

- 제주특별자치도의 자치경찰에 대한 경찰의 지원·협조 및 협약체결의 조정 등에 관한 주요 정책사항
- 제18조에 따른 시·도자치경찰위원회 위원 추천, 자치경찰사무에 대한 주요 법령·정책 등에 관한 사항, 제25조제4항에 따른 시·도자치경찰위원회 의결에 대한 재의 요구에 관한 사항

---

3) 동법, 제35조 제2항

4) 동법, 제10조 1항, 5호, 6호

위의 사항 중 중요한 사항은 특히 자치경찰사무에 대한 주요 법령·정책 등에 관한 사항이라고 할 수 있다. 국가 및 자치경찰법의 소관은 경찰청이다. 때문에 국가경찰위원회는 자치경찰에 관한 법령 및 조례까지도 제정, 개정, 폐지 등 심의 및 의결, 즉 승인권을 가지고 있다. 노무현 정부에서부터 박근혜 정부까지는 자치경찰관렵법 소관이 행정안전부였다. 지방자치관련법은 모두 행정안전부 소관인 것은 당연한데 이번 국가 및 자치경찰법만은 경찰청 단독 소관으로 되어 있어서 국가경찰위원회가 자치경찰 전반에 크게 관여하게 되었다.

향후 경찰청은 시·도자치경찰위원회에 대한 관여를 국가경찰위원회의 승인권을 이용하여 할 여지가 있다. 이로 인한 갈등이 예상된다. 그러나 국가경찰위원회가 이 승인권을 잘 활용하여 국가경찰과 자치경찰의 갈등을 조정할 수 있기 때문에 오히려 갈등해결사로의 역할 가능성도 충분히 있다고 본다.

2) 시·도자치경찰위원회와 경찰청장

가. 비상시 지휘권

시·도자치경찰위원회와 경찰청장의 관계는 대체로 간접적인 관계다. 경찰청장은 시·도자치경찰위원회와의 관계를 해당 시·도경찰청장을 통해서만 할 수 밖에 없기 때문이다. 그러나 비상사태와 같은 상황인 경우는 시·도자치경찰위원회와 경찰정장의 관계는 직접적인 관계가 형성된다. 비상사태 등 전국적 치안유지를 위한 경찰청장의 지휘·명령이 필요한 경우에는 경찰청장은 해당 상황이 도래했을 때 자치경찰사무를 수행하는 경찰공무원(제주특별자치도의 자치경찰공무원을 포함한다)을 직접 지휘·명령할 수 있다고 규정하고 있다.[5] 다만 경찰청장이 이렇게 시·도자치경찰위원회를 지휘·감독할 경우에는 매우 엄격한 조건을 달고 있다. 국가경찰과 자치경찰의 조직 및 운영에 관한 법률 제14조제10항은 긴급하고 중요한 사건의 범위에 대해서 나열하고 있다(동 규칙 제2조). 이것은 시·도자치경찰위원회의 시·도경찰청장에 대한 지휘·감독권이 역으로 지휘·감독 대상으로 전환이 되는 것이기 때문에 그 조건이 엄격해야 함은 당연한 일이다.

---

5) 국가 및 자치경찰법, 제32조

나. 협의를 위한 실무협의회 구성

또한 국가경찰사무과 자치경찰사무의 협력·조정과 관련하여 경찰청장과 협의하는 일도 시·도자치경찰위원회의 소관 사무다.[6] 시·도자치경찰위원회는 자치경찰사무의 원활한 수행, 국가경찰사무·자치경찰사무의 협력·조정 및 그 밖에 필요한 사항을 협의하기 위하여 경찰청 등 관계 기관과 실무협의회를 구성·운영할 수 있도록 하고 있다. 국가 및 자치경찰법 제28조제4항 단서에 따라 시·도자치경찰위원회는 자치경찰사무에 대한 지휘·감독이 실시간으로 이루어질 수 있도록 미리 경찰청장과 협의하여 시·도경찰청장에게 위임되는 자치경찰사무에 대한 지휘·감독권의 범위 및 위임 절차 등을 시·도자치경찰위원회의 의결을 거쳐 정해야 한다로 하여[7] 시·도자치경찰위원회의 활동을 제한할 수 있는 과정을 규정하고 있다.

3) 시·도자치경찰위원회와 시·도자치경찰청장

가. 임명시 협의

자치경찰운영에 있어서 시·도자치경찰위원회와 시·도자치경찰청장의 관계가 가장 활발하고 직접적이다. 우선 시·도자치경찰원회는 시·도경찰청장이 임명하는 경우 경찰청장과 협의하도록 하고 있다. 이 규정은 일원론이라는 관점에서 보면, 시·도자치경찰청장은 자치경찰사무 이외에 공공안전, 수사 등 다른 국가사무를 처리하는 시도치안책임자임에도 불구하고 시·도자치경찰위원회의 협의 과정을 거치게 하고 있다는 점은 논쟁이 여지가 많다. 또한 여기서 말하는 협의도 논란의 소지가 많다. 위원이 7인이기 때문에 청장 후보자에 따라서는 협의가 쉽지 않을 경우가 있다. 이렇게 협의가 되지 않았을 경우 임명절차를 어떻게 진행시킬 수 있을 것인가에 대한 규정도 있지 않다. 갈등의 소지가 많은 부분이다.

나. 지휘·감독 관계

시·도경찰청장은 국가경찰사무에 대해서는 경찰청장의 지휘·감독을, 자치경찰사무에 대해서는 시·도자치경찰위원회의 지휘·감독을 받아 관할구역의 소관 사무를 관

---

6) 동법, 제24조 제1항 15호

7) 대통령령, 제15조(실무협의회, 제19조(자치경찰사무 지휘·감독권의 위임)

장하고 소속 공무원 및 소속 경찰기관의 장을 지휘·감독한다고 규정하고 있다.[8] 이 조항들은 형식적으로 해석하면, 시·도자치경찰청장은 시·도자치경찰위원회위원장과 상·하관계를 이룬다.

그러나 실제적으로 이러한 현상이 일어 날것인가에 대해서는 회의적인 시각이 많다. 그 원인으로서는 우선은 시·도자치경찰청장은 시·도경찰청의 기관장인데 반하여 시·도자치경찰위원회 위원장은 시도지사 하의 위원회 위원장이다. 이 관계에서 상·하관계가 실질적으로 발생할 가능성이 얼마나 있을가에 대한 회의감이다. 또한 시·도경찰위원회는 시·도경찰청장을 강제화할 수 있는 자원이 없다는 점이다. 시·도경찰청장은 시도자치경찰위원회의 인사대상에서도 예외이며, 산하 기관은 더욱 아니다. 시도자치경찰위원회의 소관사무는 시도경찰청장 산하의 조직과 경찰관들에 의해서 수행된다. 때문에 시·도경찰청장의 지원과 후원없이는 시·도자치경찰위원회의 소관사무를 수행할 수가 없는 구조이다. 형식적인 측면에서는 시·도자치경찰위원회가 갑이지만, 업무수행면에서는 시·도자치경찰청장이 갑인 위치에 서게 되는 모순된 현상이 나타난다. 이러한 경우를 고려할 때 시·도자치경찰위원회와 시도경찰청장 관계는 형식적인 지휘·감독 관계로 작용될 가능성이 많다. 이렇게 형식적인 관계가 법령에 의해서 실질적인 관계로 복원될 수 있도록 개선되어야 한다.

다. 역 지휘·감독

정상적인 경우에는 시·도자치위원회가 자치경찰위원회의 심의와 의결을 통하여 자치경찰사무에 관하여 시·도자치경찰청장을 지휘·감독하지만, 그러나 예외규정은 시·도자치경찰위원회가 심의·의결할 시간적 여유가 없거나 심의·의결이 곤란한 경우 대통령령으로 정하는 바에 따라 시·도자치경찰위원회의 지휘·감독권을 시·도경찰청장에게 위임한 것으로 본다고 규정하고 있다. 두 기관 관계가 역 지휘·감독 관계로 전환이 되는 경우를 말한다. 이 조항은 일원론이기 때문에 가능한 것이다. 현재 자치경찰위원회의 권한은 위임한 권한일 뿐이라는 것이다. 더 구체적으로 말하면, 권력기관을 개혁을 하는 과정에서 자치경찰을 시행해야 하는데 시간과 재정이 부족하기 때문에 시·도자치경찰위원회를 신설하여 경찰권 일부 권한을 위임형식으로

---

8) 국가 및 자치경찰법, 제26조

부여한 것일 뿐이라는 의미다.

라. 안건 제출

시·도지사, 시·도경찰청장이 중요하다고 인정하여 시·도자치경찰위원회의 회의에 부친 사항에 대한 심의·의결을 하도록 하여 시도자치경찰청장을 안건 제출자로서의 권한을 부여하고 있다.[9] 시도자치경찰위원회는 시도경찰청장을 지휘·감독관계이기 때문에 시도경찰청장의 의견은 내부 과정을 통해서 제출하면 된다. 그러나 시도경찰청장이 바로 회의 안건을 제출할 수 있는 권한을 부여하는 것은 시도경찰청의 대표라는 것 때문이다.

4) 시·도자치경찰위원회와 경찰서장

시·도자치경찰위원회와 경찰서장의 관계는 평가를 통한 관계이다. 시·도자치경찰위원회는 정기적으로 경찰서장의 자치경찰사무 수행에 관한 평가결과를 경찰청장에게 통보하여야 하며 경찰청장은 이를 반영하여야 한다고 규정하고 있다.[10] 자치경찰제 실시 이전에는 자치경찰사무의 주 처리기관은 경찰서였다. 생활안전, 경비, 교통 등은 경찰서와 지구대, 파출소, 센터 등의 연계를 통하여 이루어져 왔다. 이 연계고리에서 가장 중요한 역할은 경찰서장의 몫이다. 그러나 이번 자치경찰실시로 그 중요도가 경찰서장에서 시·도경찰청장으로 옮겨갔다. 풀뿌리 치안행정이 시·도경찰청장 중심으로 이루어지게 된 것이다. 지역치안이 주민과 가까운 경찰서가 아니라 멀리 떨어진 시·도경찰청에 있는 것이다. 이 또한 경찰서 중심의 기존 지역 치안조직문화가 전환될 수 밖에 없다. 보충성의 원칙으로 보면, 이런 현상은 역 분권의 현상이라고 할 수 있다.

9) 국가 및 자치경찰법, 제24조
10) 동법, 제30조

제 3 절 | 자치단체 내의 관계

1. 시·도지사와 시·도자치경찰위원회와의 관계

시·도지사와 시·도자치경찰위원회의 관계는 매우 복잡한 관계이지만 분명한 것은 시·도자치경찰위원회는 형식적이는지, 실실적이든지 시·노지사 소속 하에 있나는 점이다. 이러한 소속관계는 시·도지사가 시·도자치경찰위원회에 갖는 다음과 같은 권한 관계를 쉽게 알 수 있다.

1) 조직권

자치경찰사무를 관장하게 하기 위하여 특별시장·광역시장·특별자치시장·도지사·특별자치도지사(이하 "시·도지사"라 한다) 소속으로 시·도자치경찰위원회를 둔다고 하여 시·도지사의 시·도자치경찰위원회 조직권을 규정하고 있다.[11] 다만 이 조직권은 시·도지사는 시·도자치경찰위원회를 예속적인 조직인 보조·직속 기관이나, 사업소, 일선기관 등이 아니라 합의제 행정기관으로서 독립적으로 운영할 수 있도록 조직을 하여야 한다는 규정도 또한 있다. 여러차례 기술했지만 시·도지사와 자치경찰위원회와의 관계는 정치적 중립을 유지하기 위한 구조이기 때문에 형식적인 상·하 관계일 뿐이다. 그럼에도 불구하고, 시·도지사는 동원될 수 있는 정치적·행정적 자원이 많기 때문에 위원장은 시·도지사와 협력적 관계를 가질 수 밖에 없다.

2) 추천권 및 임명권

시·도지사는 시·도자치경찰위원회 위원의 임명과 추천위원회 임명권을 가지고 있다. 시·도지사는 시도의회, 국가경찰위원회, 교육감으로부터 추천된 위원 4명, 시·도자치경찰위원 추천위원회가 추천하는 2명과 시·도지사가 추천한 1명의 위원을 임명할 권한을 가지고 있다. 시도시자는 특히 이 중에 위원장을 선택할 권한을 부여받고

11) 동법, 제18조(시·도자치경찰위원회의 설치) ①

있다는 점에서 다른 기관장 보다 강한 추천권과 임명권을 가지고 있다.

또한 시·도자치경찰위원회 위원추천위원회의 구성에 대한 권한도 부여 받고 있다. 시·도자치경찰위원회 위원 추천을 위하여 시·도지사 소속으로 시·도자치경찰위원회 위원추천위원회를 두되,[12]시·도지사는 시·도자치경찰위원회 위원추천위원회에 각계각층의 관할 지역주민의 의견이 수렴될 수 있도록 위원을 구성하여야 한다. 시·도지사는 이 위원회에 기획관리실장을 위원으로 추천과 임명을 할 권한을 가지고 있다.

3) 회의 소집권

시·도자치경찰위원회의 회의는 정기적으로 개최하여야 한다. 다만 위원장이 필요하다고 인정하는 경우, 위원 2명 이상이 요구하는 경우 및 시·도지사가 필요하다고 인정하는 경우에는 임시회의를 개최할 수 있다.[13]

4) 재의요구권[14]

시·도지사는 시도자치경찰사무에 관한 시·도자치경찰위원회의 의결이 적정하지 아니하다고 판단할 때에는 재의를 요구할 수 있다. 위원회의 의결이 법령에 위반되거나 공익을 현저히 해친다고 판단되면 행정안전부장관은 미리 경찰청장의 의견을 들어 국가경찰위원회를 거쳐 시·도지사에게 제3항의 재의를 요구하게 할 수 있고, 경찰청장은 국가경찰위원회와 행정안전부장관을 거쳐 시·도지사에게 재의를 요구하게 할 수 있다.

5) 재정수립 및 지원[15]

시·도지사는 시·도자치경찰위원회의 예산에 대한 편성권을 행사한다. 자치경찰사무의 수행에 필요한 예산은 시·도자치경찰위원회의 심의·의결을 거쳐 시·도지사가

12) 동법, 제21조
13) 동법, 제26조(시·도자치경찰위원회의 운영 등)
14) 동법, 제25조
15) 동법, 제35조(예산)

수립한다. 예산편성과정으로 보면 이 과정도 특이한 경우이다. 시도자치경찰위원회가 예산을 집행해야 할 기구인데 편성권자인 시도지사에게 편성의 범위를 미리 정해 준다는 것은 역시 논란이 여지가 많다. 더욱 특히 한 것은, 이 경우 시·도자치경찰위원회는 경찰청장의 의견을 들어야 한다는 조항이다. 시·도경찰위원회의 예산 편성시 시·도경찰청장도 아니고 경찰청의 의견을 들어야 한다는 것은 아마 예산 항목과 관련이 깊은 것 같다. 법령이 발효된지 3개월 째인 2021년 3월 현재도 아직 확실하게 정해져 있지 않고 있다. 하지만 이 예산이 보조금 예산이면서 경찰청 자체의 경찰사업비로 편성되어서 시·도자치경찰위원회의 예산이 되는 경우는 시·도경찰위원회의 예산 편성시 경찰청장과 협의한다는 것은 맞다. 그러나 이러한 과정은 경찰청이 전국 시·도자치경찰위원회를 예산을 통한 통제를 하려한다는 오해를 불러 일으킬 수 있다. 시·도지사는 자신의 소속하에 있는 시·도자치경찰위원회임에도 불구하고 예산에 대한 통제를 일체 하지 못하도록 하면서, 정작 이와 직접적 관계가 덜한 경찰청장에게는 예산을 통한 통제를 할 여지를 남겨 놓았다는 것은 조직원리에 맞다고 볼 수 없다.

또한 시·도지사는 자치경찰사무 담당 공무원에게 조례에서 정하는 예산의 범위에서 재정적 지원 등을 할 수 있다. 자치경찰사무 담당 공무원에 대한 복지 분야를 비롯한 시설, 장비와 장구 등에 대한 예산지원을 말한다. 자치경찰사무 담당 공무원이 자치사무를 수행한다는 측면에서 충분하게 논의될 수 있다. 그러나 자치경찰사무 담당 공무원이 받고 있는 복지 수당이 국가경찰관으로서 받고 있으면 중복이 될 수 있다. 또한, 자치단체공무원의 수당과 비교할 때 이로 인하여 더욱 크게 차이가 난다면 자치단체 공무원들의 사기문제와 연결이 된다. 때문에 복지수당에 예산 지원은 여러 가지 요인들을 고려해야 한다. 지방재정과 관련된 법률규정상 지방재정을 국가공무원에게 지급하는 것이 위법이 아닌지에 대한 검토까지 필요하다.

예산과 관련해서는 전혀 언급하고 있지 않은 부분이 있다. 현재의 규정은 자치경찰위원회의 예산이 보조금인지, 교부금인지, 일부라도 지방재정의 예산이 투입되는지에 대한 언급이 전혀 없다. 예산을 보면, 정책의 성격, 기관의 성격을 알 수 있다.

자치경찰제 실시는 국가와 자치단체가 공동으로 처리하는 일원제임에도 불구하고 지방자치단체가 부담하는 예산에 대해서는 전혀 언급이 없다. 다시 말하면, 지역의 특성상 지역에 맞는 치안행정을 하자고 시작하는 자치경찰제가 지역의 예산 뒷받침 없이 오직 국가재정인 보조금에 의존한다면 자치경찰제 특성을 살릴 수가 없다. 이러한 규정이 자치단체의 예산 부담을 고려하였다고 한다면, 자치경찰과 관련된 교부금 항목을 신설하여 재정의 자율권을 시·도자치경찰위원회에 부여해야 한다. 그래야 자치라는 명칭의 의미가 구현될 것이다. 그러나 그럴 경우 현재의 일원론의 형태가 또한 크게 수정을 할 수 밖에 없는 딜레마가 있다.

2. 시·도의회와 시·도자치경찰위원회와의 관계

1) 추천·지명권

시·도의회와 시·도자치경찰위원회와의 관계 중에 우선은 시·도자치경찰위원회 위원 추천·지명권이다. 총 위원 7명 중 2명의 추천권과 지명권이 의회 몫이다. 추천기관 중에는 가장 많은 인원이 배정되어 있다. 지방의회가 주민의 대표기관이기 때문에 당연하다.

2) 예산의결 및 시·도지사의 조례를 통한 재정적 지원 행위 통제

국가 및 자치경찰법은 자치경찰사무의 수행에 필요한 예산은 시·도자치경찰위원회의 심의·의결을 거쳐시·도지사가 수립하도록 하고 있다. 예산의 심의 및 의결에 대한 규정은 없다. 그러나 지방의회는 "예산의 심의·확정"에 관한 의결권한에 기초하여 자치경찰사무의 수행에 필요한 예산에 관여하는 것은 당연하다. 또한 자치경찰사무 추진시 시·도비 투입가능이 있기 때문에 지방의회는 "조례의 제정·개정 및 폐지"를 통해 재정적 지원 등에 관여하여야 한다. 결국, 지방예산이 많이 투입하면 할수록 시·도의회의 관여는 증대되는 비례적 관계이다.

3) 의회 출석 요구권

시·도의회는 관련 예산의 효율적인 관리를 위하여 의결로써 자치경찰사무에 대해 시·도자치경찰위원장의 출석 및 자료 제출을 요구할 수 있고 규정하고 있다. 지방비가 지출된다는 이야기다. 시·도자치경찰위원장이 시·도의회에 출석하는 것은 이렇게 예산에 관련된 사안에 한하고 있다. 이러한 자세는 매우 소극적이다. 물론 지방의회가 시·도자치경찰위원회의 활동에 관여하는 것은 자치경찰의 정치적 중립이라는 목표에 방해받을 수 있다는 우려 때문이다.

그러나 지방의회는 자치입법권을 헌법으로부터 부여 받고 있기 때문에 자치경찰에 관한 조례제정, 개정, 폐지 등에는 의회에 적극적으로 참여하여 시·도자치경찰위원회의 견해를 밝혀야 한다. 현재 국가 및 자치경찰법에서 주요 조례 위임 사항은 다음과 같다.

- 시·도자치경찰위원회 위원의 임명방법 등에 관한 사항
- 시·도자치경찰위원회의 운영 등에 필요한 사항
- 시·도자치경찰위원회 사무를 처리하기 위하여 필요한 사무기구의 조직·정원·운영 등에 관하여 필요한 사항

이러한 공식적 관계외에도 시·도자치경찰위원장은 시·도지방의회와의 관계를 적극적으로 유지해 나가야 한다. 지역주민들의 대표인 지방의원들은 지역의 여론지도자 일뿐만 아니라, 주민의 대표 등 수많은 공식, 비공식 역할을 한다. 시·도자치경찰위원회가 지방의원들과 협력관계를 유지할 때 지방의원들이 지니고 있는 이러한 공식, 비공식 자원을 활용할 수 있다는 점은 자치경찰실시 성공에 중요한 요인이다.

3. 시·도자치경찰위원회와 교육감·기타 기관과의 관계

시·도자치경찰위원회는 자치단체 내에서는 시·도교육청 등 기타 기관과의 관계는 위원 추천과 위원추천위원회의 구성에 관여하는 것이다. 교육감은 위원을 1명을 추천할 수 있다. 그리고 다음과 같은 기관에서 추천위원회의 추천권을 행사한다.

추천위원회 위원(이하 "추천위원"이라 한다)은 시·도지사가 다음 각 호에 해당

하는 사람을 임명하거나 위촉하며, 추천위원회 위원장은 추천위원 중에서 호선(互選)한다.

1. 「지방자치법 시행령」 제102조제3항에 따라 각 시·도별로 두는 시·군·자치구의회의 의장 전부가 참가하는 지역협의체가 추천하는 1명
2. 「지방자치법 시행령」 제102조제3항에 따라 각 시·도별로 두는 시장·군수·자치구의 구청장 전부가 참가하는 지역협의체가 추천하는 1명
3. 재직 중인 경찰공무원이 아닌 사람 중에서 경찰청장이 추천하는 1명
4. 시·도경찰청(경기도의 경우에는 경기도남부경찰청을 말한다)의 소재지를 관할하는 지방법원장이 추천하는 1명
5. 시·도 본청 소속 기획조정실장

제 4 절 | 외국 자치경찰과 국가경찰과의 관계

외국의 경우 자치경찰과 국가경찰과의 관계는 어떤 형태를 갖추고 있는지에 대한 비교표가 〈표 11-1〉이다.

〈표 11-1〉 외국의 자치경찰과 국가경찰과의 관계

구 분	내 용
프랑스	–시장과 임명 도지사 간에 그 지역 관할 검사의 승인을 받아 협력 협약을 체결(행정대법원령으로 규정한 조정협약, 지방자치법 L2212-6) ·요건: 자치경찰이 5명 이상이고, 무기를 소지하게 될 때 ·내용: 협약에 의하여 국가경찰과 조정된 자치경찰의 개입 방식 결정 ·방식: 자치경찰과 국가경찰이 정기적인 회의를 갖고, 질서 유지, 시민 안전 보호, 평온 유지 등의 목적으로 정기적인 의견, 정보의 교환 등을 함. ·평가: 협약의 내용과 추진 상황에 대한 평가를 위하여 도지사와 시장은 매년 회의를 개최, 필요시 이에 대한 내용을 검사에게 제출 ·효력 : 5년간 유효, 매년 묵시적으로 갱신, 폐기시에는 어느 한쪽 당사자가 6개월 전 사전 통지 필요 –중앙정부 차원에서 경찰권 법령을 제정할 수 있는 수상, 장관, 임명 도지사, 민선 도지사, 시장 등은 경찰 권한의 수행을 규정할 때 서로 협조하거나, 공동경찰령을 제정 ※ 1995년 안전에 관한 기본계획법으로 국가경찰과 자치경찰의 협력적 활동 촉진, 시장은 대민 치안의 협력자로 임명 도지사와 협력하여야 함을 규정

구 분	내 용
스페인	–자치경찰의 기능은 상당히 제한적이며, 국가경찰의 기능을 보완하는 역할 ※ 국가경찰사무는 무기 확인, 항만시설 및 공항시설 감시, 국경과 세관의 수비, 국경출입국 감독, 외국인 출입국 관리, 이민과 외국 이주, 여권관리, 국가재정 보호, 밀수, 외국 경찰과의 협력 등 –주경찰이 국가경찰과 공동으로 수행하는 기능 •천재지변 등 시민안전보호법에 따른 활동 및 자연환경 보호와 관련된 법령의 준수 여부 감시 등 –주경찰이 국가경찰과 협력적으로 수행하는 기능 •중앙정부 제정 법령의 이행 여부 감시와 중요 공공 서비스 시설 보호, 사법경찰에 대한 협력, 공공장소 감시, 시위 보호, 다중 운집 장소의 질서 유지 등 ※ 교통사고의 처리 및 보고, 안전사고 등의 예방 조치 등은 국가경찰에 의무적으로 보고 –시경찰이 국가경찰과 협력하여 수행하는 기능 •공공장소에서의 안전 유지를 위한 중요 인사 신변 보호, 시 소유물 보호, 범죄 예방, 집회 시위 질서 유지 등 •사법 기능으로 범인을 체포하고 범죄의 범행 도구 및 증거를 수집할 수 있으나, 국가경찰과의 협약에 근거해서 체포한 범죄자 또는 관련 증거물 등을 즉시 국가경찰에 보고하고 제출하여야 함.
이태리	–자치경찰은 기본적으로 소속 자치단체 관할 범위 내에서 활동하나, 예외적인 경우 관할 외 지역에서 활동 가능 ※ 예외적 활동 기준 : 관할지역과 연관된 사항 및 관할 지역 대표로서 참여, 관할지역에서 발생한 범죄로 인하여 부득이한 경우, 재해 및 사고의 구호 활동에 관한 관할 외 원조의 경우 –자치경찰과 국가경찰의 상호 협력 관계는 관련 국가경찰기관 또는 국가 일반행정기관과 해당 시(市)가 협력의정서에 서명하면서 협력 체제 공식 구축됨.
영국	–경찰 업무 중에서 그 외부 효과가 큰 교육, 연구개발, 전국적 통일성을 기할 필요성이 있는 통신 업무, 정보관리, 수사 기법, 국가적 차원에서 대처가 요구되는 조직적•광역적•국제적 범죄 처리 등 제한된 업무에 대해서만 국가경찰이 직접 분장, 나머지는 모두 자치경찰사무로 분장하여, 이에 대하여 국가가 간접적으로 통제하는 형식
미국	–경찰사무 중 전국적 활동 영역을 갖는 사무 분배 형식의 FBI 형태와 지방자치단체가 모든 경찰 업무를 완전히 장악하는 주, 군, 읍 경찰 형태가 공존하는 상호 협력 관계 –마약, 총기, 조직범죄, 재정범 등 국가적 차원에서 중요하고 특수한 사무를 분장하는 별도의 기구를 설립하여 국가에서 담당하고, 나머지는 모두 자치경찰에 분장하는 형식 등 다양 ※ 연방경찰은 헌법상 명문화된 경찰권은 갖지 않으나, 조세권, 주간(州間)통상규제권, 대외통상권 등을 통하여 실제 권한 행사 주경찰은 고속도로 순찰, 교통단속, 주내(州內)의 자치경찰 관할이 미치지 않는 구역에 대한 수사권 직접 행사 외에 자치경찰에 임무 위임 등 다양 주경찰은 지방경찰의 관할구역이 아닌 지역에 한정하여 경찰권을 행사하지만, 지방정부의 요청이 있을 경우 소요 진압 등의 기능을 수행하기도 함. •주의 순찰정복 부서는 지방경찰과 관할구역을 중첩적으로 공유 •시와 같은 지자체 지역 내에서 발생하는 통상의 범죄는 지방경찰이 담당하고, 주경찰은 대개 특수범죄•중요 범죄에 한해서만 처리 –소도시에 소속된 자치경찰은 연방수사국(FBI), 주경찰, 카운티 경찰 등의 협조를 통하여 경찰권 행사 •카운티 보안관은 지역에 따라서 지자체 경찰과 중첩적인 경찰권 행사 •중첩 시는 시경찰이 일차적으로 경찰권을 행사하고, 보안관은 카운티 관련 시설에서의 범죄 수사, 시경찰이 없는 지역에서의 경찰활동, 구치소 관리 및 법정 질서 유지를 주임무로 함.

구 분	내 용
독일	–연방경찰과 주경찰은 상호 독자적 지위를 유지하며 대등한 관계로서, 양자 사이에 상명하복 관계는 인정되지 않음. ※ 자연재해, 대규모 시위 발생, 비상사태 시 연방과 개별 주(州)들 간의 직무 응원과 공동 협력 발생 –수사 업무에 관한 연방과 주정부 간의 협력 사항에 관한 내용을 제외한 경무, 교통, 방범, 경비 업무는 전적으로 주경찰 사무 ·연방경찰에 일반적인 경찰행정권을 부여하지 않고, 원칙적으로 주경찰에 대한 지휘권도 행사하지 않음.
일본	–경찰사무를 국가적 이해와 지방적 이해가 동시에 결부된 것으로 보아, 법령을 개개 일부 사무는 국가사무로, 일부 사무는 자치단체에 위임하여 처리하는 절충형 ※ 국가 전체의 이해와 관련되어 있고, 전국적인 관점에서의 조정 등을 행할 것이 필요하다는 점 등에서 법률에 의하여 인사, 예산, 일부 사항에 관한 지휘 감독 등에 국가의 관여 인정 –대부분의 경찰 업무에 대하여 기획/예산의 기능은 물론 기타 전국적이고 중요한 사무에 대하여는 국가경찰이 담당하고, 나머지는 자치경찰이 사무를 분장하되 관구경찰국과 같은 중간관리 및 통제기구를 별도로 두어 운영하는 방식 ※ 경찰청은 경찰 제도의 기획 및 조사활동, 국가예산 및 국가공안에 관련된 사안에 대한 경찰 운영에 관한 사항, 긴급사태에 대처하기 위한 계획의 책정 및 실시, 전국적인 간선도로에서 교통 규제, 국제수사 공조, 국제 긴급원조 활동, 광역조직 범죄, 황궁경찰, 경찰 교육·통신·범죄 감식시설의 유지·관리, 범죄 통계·경찰 장비, 직원의 임용·근무 및 활동 기준, 경찰행정에 관한 조정·지방의 소란 및 공공의 안녕과 질서 유지에 필요한 사항 등의 사무를 처리 ※ 관구경찰국은 국가의 긴급사태로 인하여 광역화되어 가는 범죄나 사무, 큰 재난에 대한 대응, 전국적 규모로 동시다발적으로 발생되는 치안 방해 등에 대한 임무 수행

출처: 행정자치부 자치경찰제 실무추진단(2006: 106–9).

하나의 예를 살펴보자. 스페인의 마드리드 시 자치경찰과 중앙정부의 국가경찰 간의 협약 내용을 살펴보면 〈표 11–2〉와 같다.

〈표 11–2〉 스페인 중앙정부(내무부)와 마드리드 시(자치경찰) 간 업무협약서

내무부 – 마드리드 시 경찰 업무 협력 협약
(Acuerdo de colaboracion entre el ministerio del interior y el ayuntamiento de madrid en materia policial)

2002년 10월 17일 마드리드

체결 당사자

마드리드 시정부 최고책임자인 호세 마리아 알바레스 델 만사노 이 로페스 이에로 시장, 그리고 2002년 7월 19일 왕령 735/2002호에 따라 임명된 이그나시오 아스타를로아 우아르테 멘디코아

치안담당 수석비서관, 양 당사자는 각자에게 부여된 권한 및 직책을 대표하고 본 협력 협약을 법률에 따라 승인하며 체결할 충분한 능력 및 합법적 근거를 상호 존중하여 다음과 같이 정한다.

내무부는 6월 28일 왕령 1449/2000호 제1.1조에 따라 여러 가지 임무 가운데 스페인 헌법 및 이에 의거한 법률에 명시된 조항에 따라 시민 안전의 일반행정과 관련된 정부 정책의 수립 및 시행, 특히 개인 자유 및 안전에 관한 기본적 권리의 행사를 위한 여건의 조성 그리고 국가경찰 조직에 대한 상급명령기관의 책임을 지고 있는 국가행정기관이다.

내무부는 국가경찰 조직에 대한 직접적인 명령권을 행사하고, 1986년 3월 13일 경찰조직법에 따라 정부가 정한 영토 구역 내에서 권리 및 자유의 자유로운 행사를 보호하고 시민 안전을 보장할 임무가 부여된다.

마드리드 시는 경찰조직법 제1.3조에 명시된 바에 따라 경찰조직법의 틀 안에서 1985년 4월 2일 법률 제1985/7호에 명시된 바와 같이 관할 시 구역 내에서 공공안전 유지에 참여한다. 이 기능의 이행을 위하여 위에 명시되어 있는 경찰조직법 2/1986호 제5장에 정해져 있는 바에 따라 자치경찰 조직을 보유한다.

1996년 11월 25일 내무부 및 스페인 지방자치단체연합은 협약의 법적 효력이 끝날 때까지 시민의 권리 및 자유의 자유로운 행사를 보장한 치안정책을 실행토록 한 경찰 관련 협력 기초 협약을 체결하였다. 그러나 2002년 9월 19일에 내무부 및 스페인 지방자치단체연합은 새로운 경찰 관련 협력 기본협정을 체결하였고, 이는 여러 경찰조직 사이에 세워진 조정 및 협력 장치의 운용 기능을 촉진시키며, 그 우선 목적은 동일한 시에서 활동을 하는 경찰조직들 사이의 적절한 조정 및 협력을 위한 활동 절차의 시행을 정의, 강화 및 촉진하는 데 있다.

이 기본협정 조항의 제2조 2항에 명시된 바에 따라 내무부 및 마드리드 시정부는 시민 안전의 보장 및 유지를 위하여 관할 구역 내에서 시 당국의 기여가 나타내는 중요성을 인식하여 공공행정기관 사이의 조정 및 협력의 원칙 하에 시정부 치안 부서를 통하여 실시될 일련의 구체적 조치에 대하여 국가경찰 조직 및 시 경찰조직 간 협력의 총괄적 계획을 수립하는 것이 필요하다고 여기며, 이에 따라 다음과 같은 조항에 의거하여 본 협정을 실행에 옮기는 것에 합의한다.

제1조(목적) 본 협약은 시민 안전 문제에 관련하여 해당 관할 구역 내에서 그리고 2002년 9월 19일 내무부 및 스페인 지방자치단체연합 사이에 체결된 협약의 틀 안에서 국가경찰 및 마드리드 시 자치경찰 간 협력 및 조정을 강화하기 위한 일정 조치의 시행 및 적용을 목적으로 하고 있다.

제2조(정보 및 문서 자료 교환) 마드리드 파견 중앙정부 대표단은 국가경찰의 통계에서 나온 시 범죄 발생 상황에 관한 경찰 자료를 구역, 마을, 발생일 및 시간에 따라 그리고 범죄 행태에 따라 분류하여 정기적으로 마드리드 시에 제공한다.

마드리드 시는 국가경찰에 시 지도전산화 시스템의 최신 지도정보 그리고 자치경찰이 만든 시민 안전을 위한 관련 정보를 제공한다.

일반 또는 특정 치안계획 및 작전의 수립을 목적으로 국가경찰과 자치경찰은 치안 및 협력활동에 관한 각 조직의 전문 업무의 발전을 위하여 필요한 상호 경찰 관련 정보 접근을 촉진한다.

본 협정 제9조에 명시되어 있는 위원회는 경찰정보의 올바른 흐름을 보장할 실행 계획을 수립할 책임을 지니게 된다.

제3조(데이터베이스 정보 교환) 1999년 12월 13일 법 15/1999호 제21조의 개인정보보호 관련 조항에 따라 경찰 데이터베이스의 합동 이용을 위하여 필요한 허가 양식이 제공되고, 자치경찰 데이터베이스 또는 자치경찰이 접근 권한을 갖고 있는 기타 데이터뱅크의 정보에 대한 보호를

강화한다.

위에서 언급된 마지막의 경우, 즉 기타 데이터뱅크의 정보를 사용할 경우 소유자의 사전 승인을 받는다.

데이터베이스의 상호 연결은 이 협약의 부칙으로서 추가될 협약에 따라 조정되어야 할 것이며, 이 협약에서는 장치 및 프로그램의 기술적 특징, 접근 수준, 자료의 기밀 유지에 관한 보안 대책, 개인 관련 자료의 자동 처리에 관한 현행 규정의 준수, 그리고 제3자에 대한 자료 양도의 조건 등이 구체적으로 명시된다.

상기 협약은 본 협약 체결 후 한 달의 기한 안에 지역치안위원회가 지명한 기술위원회가 작성하여야 하고 상기 지역치안위원회의 허가를 받아야 한다.

第4조(지령실 간 상호 연결) 다른 기관과의 협력에서 112 전화 설치를 통한 긴급공공서비스의 발전에도 불구하고, 이것이 전체적으로 구체화되지 않을 경우 다음과 같은 조치가 취해지게 된다.

- 국가경찰 및 자치경찰의 각각 091 및 092 지령실 간 인원 교류 외에, 신고전화 연결 및 통신 기록의 자동 교환을 가능케 하는 기술적 처리 절차를 통하여 이 조직들 사이의 상호 통신이 진행된다.
- 국가경찰 조직 및 자치경찰 조직 사이에서 정상 근무시에는 특정 장치를 설치하거나, 상호 관련이 있을 경우에는 비상장치를 설치하여 공동 주파수를 사용할 수 있다.

본 협약 체결 후 3개월의 기간 안에 시민에 대한 올바른 서비스 공급을 확보할 목적으로 운영협약이 작성되며, 이는 지역치안위원회에 보고되어야 하고 제9조에 명시되어 있는 후속 조치 위원회를 통하여 승인받아야 한다.

第5조(신고 및 시민보호사무소) 신고 및 시민보호사무소 설비의 합동 이용이 강화되고, 그 사무소들 사이에서 활용 가능한 인력 자원을 최적화하고자 서비스의 중복을 피하도록 하는 공동 서비스 운영이 촉진된다.

마지막으로 다음과 같은 것들을 가능케 하는 장치가 시행된다.

- 여러 조직의 경찰 부서가 공공행정 및 공동행정 절차의 사법 제도에 관한 법률 30/1992호에 따라 상호 협력한다.
- 경찰기술 지원에 필요한 양식 및 그 밖의 표준자료의 공동 적용
- 범죄신고법 제266조 및 제267조 규정에 따라 서면 신고 및 시민에 의한 전화신고 실시를 위하여 필요한 절차의 조정

본 규정 조항에 설명되어 있는 실행장치의 이행은 이에 따라 작성된 협약에 포함될 것이다.

이 실행 협약은 지역치안위원회에 의하여 보고되어야 하고, 제9조에 명시되어 있는 후속 조치 위원회를 통하여 승인받아야 한다.

第6조(서비스 목록) 이 협정의 제9조에 명시되어 있는 위원회 차원에서 국가경찰 조직 및 시경찰 조직의 운영 기능 및 관할 구역 기능을 통합하는 각각의 서비스가 구체화되고 정해지는 목록의 작성이 진행되며, 이는 법률에 의하여 정해진 바에 따라 각 경찰조직이 수행하여야 할 공공 서비스를 명시하고 활동 협약의 모델을 정한다.

상기 위원회는 목록의 실행을 책임지게 되고 그 운용 기능을 보장하여야 한다. 이와 마찬가지로 유의 효율성 및 시 전체를 통한 지속적 존속을 보장하는 운영 협력의 기준을 세우게 된다. 또한 혹시 일어날 수도 있는 운영상 가능한 문제점을 분석하고, 때에 따라서 의견 불일치가 생길 경우에는 지역치안위원회의 결정을 받도록 한다.

第7조(지역치안협의회 및 구역치안협의회) 이들 협의회는 민간기관 및 공공행정기관 사이의 협력

증진을 위한 시민 안전과 관련 있는 사회적 수요에 관한 검토 및 조사 그리고 이 분야에서 사회적 문제의 예방 및 처리를 위하여 도움을 준다.
이 협의회의 성격, 관할 구역, 기능 및 구성 등은 1997년 5월 22일 마드리드 주 중앙정부 대표단 및 마드리드 시정부 간 협약에 따라 정해진 것과 동일하다.
제8조(지역치안위원회 및 구역치안위원회) 본 협정에 명시되어 있는 조치의 효과적 적용은 지역치안위원회의 보고서를 통하여 확인된다.
구역 차원에서 또는 특정 문제의 처리를 위하여 합법적이라고 판단될 경우 지역치안위원회 기술위원회의 창설 또는 유지를 촉진시킨다. 지역치안위원회 및 구역 치안위원회의 성격, 관할 구역, 기능 및 구성 등은 1997년 5월 22일 마드리드 주 중앙정부 대표단 및 마드리드 시당국 간 협약에 따라 정해진 것과 동일하게 된다.
제9조(실무위원회(comision de segumiento) 본 협약의 정상적인 진행 및 실행을 보장하기 위하여, 동수로 구성된 실무위원회가 설립된다. 이는 적어도 1년에 두 번 모이게 되고 그 구성은 본 협약 체결 후 두 달 안에 이루어져야 한다.
제10조(유효 기간) 본 협약은 2002년 9월 19일에 내무부 및 스페인 지방자치단체연합 사이에 체결된 기존 협정의 유효 기간 및 기한 연장과 동일하다.
제11조(분쟁 해결) 본 협약은 행정적인 성격을 갖고 있으며 이것의 적용에 따라 발생하여 실무위원회에 의하여 해결될 수 없는 분쟁은 재판을 통하여 해결한다.

출처: 행정자치부 자치경찰제 실무추진단(2006: 214-216).

제 12 장

제주자치경찰제의 도입과 운영

제 12 장
제주자치경찰제의 도입과 운영

제 1 절 | 제주자치경찰 도입 과정

1. 출발 준비

제주특별자치도 자치경찰의 출발은 모호하다. 즉, 제주특별자치도 논의 시작에서 끝날 무렵까지 자치경찰이 제주특별자치도의 주요 제도가 되어야 한다는 주장은 거의 없었다. 제주특별자치도는 행정의 분권과 함께 규제가 없는 특별자치도를 만들어서 관광·교육·의료·청정 1차 산업을 세계 수준으로 육성한다는 내용이 주였다(부만근, 2007: 519).

정부가 자치경찰 제도를 도입하기 위하여 전국적으로 실시하기 전에 모집한 시범실시 지역에서도 제주도 내의 자치단체는 어느 한 곳도 신청하지 않았다(제주일보, 2005.8.3). 정부가 2005년 10월 25일에 자치경찰 시범지역 17개 곳(시 5, 군 5, 구 7)을 선정 발표할 때도 제주도는 포함되지 않았다. 물론 그 당시에는 제주특별자치도에 대한 논의가 활발하게 이루어지고 있기 때문에 이에 대한 관심이 적었을 것이라고 할 수 있을지 모르지만 어쨌든 자치경찰이 제주특별자치도 특별법에 규정된 동기는 우연이라고 할 수밖에 없다.

참여정부의 자치경찰법안이 2005년 11월 3일에 국회에 제출되었다. 그 당시 분위기로 볼 때 자치경찰법안은 당연히 통과될 것으로 예측되었다. 당시 여당인 열린우리당이 과반수 의석을 확보했으며 대통령의 강력한 의지 등 자치경찰의 입법화에 최적 조건이라고 할 환경이 조성되었기 때문이다. 그러나 의외로 자치경찰법안은 여당에서 제동을 걸기 시작하였다. 자치경찰 실시 단위인 기초자치단체장의 수가 절대 열세인 여당의 정치적 입장, 국회의원들의 자치단체장에 대한 견제 심리, 야당 의원인 유기준 의원의 대체법안 제출 등 의외의 복병들이 자치경찰법안을 입법화하는

데 장애 요인으로 작용하기 시작하면서 자치경찰법안 통과에 암운이 드리우기 시작한 것이다. 정부가 모든 노력을 총동원하여 아무리 여당을 설득하였지만 여당은 꿈쩍도 하지 않았다.[1]

이러한 과정에서 제주특별자치도 특별법 성안 과정에 제주특별자치도에서의 자치경찰 실시 문제가 제기되기 시작하였다. 특히, 제주도는 기초자치단체가 폐지될 것이기 때문에 제주특별자치도에 알맞은 모형을 개발할 필요가 있다는 의견이 제기되면서 제주특별자치도 특별법에 자치경찰에 대한 규정을 신설하여야 한다는 방향으로 자리잡기 시작하였다. 이에 행정자치부 내에 설치되었던 자치경찰제 추진실무단이 제주특별자치도 추진실무진에 합류하기 시작하였고[2] 여기에 정부안이 일부만 수정된 채 입안되었다. 〈표 12-1〉은 정부안과 제주특별자치도 자치경찰을 비교한 내용이다. 이 표에서 보는 바와 같이 제주도안과 정부안은 대동소이하나 가장 특징적으로 차이가 난 점은 신설 단위가 특별자치도와 행정시라는 점과 신설 및 폐지가 정부안은 선택제인 반면에 제주특별자치도는 도입 의무화로 규정한 점이다. 이외에 위임 사항은 대체로 참여정부안이 대통령령에 의하여 규정하는 반면에 제주특별자치도는 도 조례로 위임하거나 이관하여 고유사무화하고 있다는 점이다.

〈표 12-1〉 제주특별자치도와 정부안의 비교

구 분	제주특별자치도 특별법	자치경찰법안
시행 단위	광역자치단체(도+행정시)	기초자치단체(시·군·구)
신설 및 폐지	도입 의무화	지방자치단체의 선택 및 폐지 가능(조례)
실시 특례	-	법 시행 후 1년 이내에 기간을 정하여 시범 실시
위임 사항	23건(조례위임 13, 권한이양 10)	대통령령
시행일	2006년 7월 1일	공포 후 6월의 범위 내에서 대통령이 정하는 날부터 시행

결론적으로 자치경찰법이 국회에서 통과되었다면 자치경찰법이 제주특별자치도에

1) 매일경제(2005.7.20), "자치경찰제 도입 물 건너가나," 열린우리당은 7월 19일에 개최한 당 고위정책회의에서 구체적인 내용과 시행 시기에 대해서 추가 논의가 필요하다고 하면서 자치경찰 제도 도입 논의를 잠정 유보키로 했다고 부대변인이 발표하였다. 정부는 그동안 열린우리당의 간부와 행자위원회 위원을 중심으로 많은 실명과 설득을 하였지만 열린우리당은 결국 유보 선언을 발표하였다.

2) 제주특별자치도, 제주특별자치도 추진백서, 2007.7.1. 이 백서에 따르면 제주형 자치경찰제 실시 T/F 팀은 2005년 11월 14일에 처음 구성되어 2006년 3월 31일까지 활동하였다.

도 그대로 적용하게 되었을 것이다. 설령 제주특별자치도 특별법에 자치경찰에 대한 규정은 있다고 해도 몇 조항이 되지 않았을 것이다. 그러나 자치경찰법안이 통과되지 않았기 때문에 이를 제주특별자치도 특별법에 대타적으로 규정함으로써 자치경찰의 역사에 큰 획을 그었다. 제주특별자치도 자치경찰이 자치경찰의 방향을 제시해 줄 뿐만 아니라 시범 실시 역할까지 하였다고 평가받고 있다. 제주특별자치도 자치경찰은 앞으로 자치경찰 실시의 전국화에 중요한 지침 역할을 할 것임은 명약관화하다.[3)]

2. 추진조직 구성 및 운영

1) 제주자치경찰 T/F팀 구성 및 운영

제주도에서는 특별법이 제정·공포되기 전인 2005년 11월 2일부터 2006년 2월 말까지 제주형 자치경찰제의 성공적 추진을 위하여 전문가·경찰공무원 및 행정공무원 등 11명이 참여하는 공동연구팀을 구성·운영하였다. 여기에서는 자치경찰제 시행에 대비하여 자치경찰의 기능 및 목표, 조직 구성 및 사무 수행 방법, 교통안전시설 장비 인수 및 관리 방안, 국가경찰과 자치경찰 간 업무 협조 방안, 특별법안 및 조례안에 반영할 사항 등 자치경찰 창설에 필요한 사항에 관한 로드맵을 준비하였다.

특별법 제정 이후에는 기존 제주자치경찰 공동연구팀을 포함한 T/F 팀을 3개 팀 18명으로 개편함으로써 자치경찰 창설을 위한 본격적인 준비에 들어갔다. 이 팀을 중심으로 하여 2006년 3월 2일부터 6월 30일까지 자치경찰 관련 조례 제·개정, 조직설계, 자치경찰 복제 및 CI 개발, 사무 분담, 인력 채용, 예산 확보 및 교통안전시설 특례 권한 이양에 따른 교통안전시설 인계 인수 등 자치경찰의 창설 및 출범 준비 업무가 진행되었다(제주특별자치도, 2006a: 3-8).

---

3) 동아일보(2008.2.5). 인수위 "자치경찰제 시군구부터 실시," 인수위원회는 이명박 정부 내에 자치경찰을 전면 실시할 것이며 도입 단위는 기초자치단체, 사무는 교통, 방범, 경비 등이며, 선택제, 국가의 일정 범위 내에서 재정 지원, 광역자치단체의 실시는 장기적 과제 등을 발표하였다. 이는 현재 참여정부의 안과 동일한 안이라고 할 수 있다.

2) 제주특별자치도 자치경찰 추진 자문위원회 구성·운영

자치경찰제 시행을 준비하고 도민 참여 분위기를 조성하기 위하여 '제주특별자치도 자치경찰 추진 자문위원회'를 구성·운영하였다. 자문위원은 총 26명으로서 학계·법조계·중앙경찰위원회 위원·자치경찰 실무추진단(행정자치부) 및 교통 관련 단체 임직원 등을 각각 위촉하였으며, 위원장에 양영철 제주대학교 교수, 부위원장에 김영중 제주도 재향경우회장과 강시범 JCI Korea 제주지구회장을 각각 선출하였다. 위원회의 활동 기간은 2006년 4월 10일부터 6월 20일까지이며 자치경찰 출범 지원 및 홍보와 국가경찰과 자치경찰 상호간 협력 방안 검토 등 모두 4회에 걸쳐 자문 역할을 하였다(제주특별자치도, 2006a: 22).

3) 외국의 자치경찰 사례 조사 및 홍보

현재 자치경찰제를 실시 중인 외국의 운영 실태에 대한 사례를 연구하여 운영시 시행착오를 최소화하고, 특별자치도에 적합한 모형을 모색하며 선진외국의 자치경찰제 운영 노하우를 습득하기 위하여 사례 조사를 실시하였다. 2006년 4월 22일부터 5월 3일까지 제주도 기획단 실무자 2명이 이탈리아·스위스·태국 등을 방문하여 지방정부의 자치경찰 업무 담당자를 면담하고 현장 사례조사 및 인터뷰 등을 통하여 자치경찰제 운영 등에 대한 자료를 수집하고 실태를 조사하여 제주형 자치경찰 창설 및 운영에 활용하였다(제주특별자치도, 2006a: 147-227). 제주형 자치경찰제에 대한 도민 공감대 형성을 위하여 각종 위원회 개최 시 홍보(38회 1,917명), 지역 주민과의 간담회 때 홍보 자료 배부, 언론매체 등을 통한 홍보를 추진하였다.

3. 로드맵 작성 및 제도의 정비

1) 로드맵의 작성

자치경찰 제도는 우리나라에서 처음 도입되기 때문에 제주특별사치도 도입 과정에서 고려하여야 할 요인들이 매우 복잡하고 많을 수밖에 없다. 제주자치경찰의 도입 및 창설은 새로운 제도인 만큼 법제 정비, 조직설계, 임용, 예산, 사무 수행, 사무실 및 장비 확보, 복제(服制)·CI 등을 모두 새롭게 할 필요가 있었다. 그리고 기본적으로 '경찰'이라는 고유의 특성은 국가경찰과 유사한 점이 많았으므로 국가경찰과의 긴밀한 협조 체제 하에서 추진하는 문제 등도 매우 중요한 사항이었다. 특히, 앞에서 기술하였지만 자치경찰은 제주특별자치도 논의 과정에서 전혀 다루지 않았기 때문에 제주특별자치도 추진단에서도 준비가 되어 있지 않았다. 결국 2004년부터 정부안을 실무적으로 준비해 온 행정자치부 자치경찰제 실무추진단의 지원을 받을 수밖에 없었다. 자치경찰제 실무추진단은 그간에 수많은 연구와 해외지역 방문, 법제화의 경험 등 노하우가 많기 때문에 제주특별자치도 실무추진단에 큰 도움을 주었다. 제주특별자치도 실무추진단과 자치경찰 실무추진단은 자치경찰 제도를 체계적으로 도입하기 위하여 〈표 12-2〉와 같이 우선 제주특별자치도 자치경찰에 대한 로드맵을 작성하였다(제주특별자치도, 2006a: 7).

〈표 12-2〉 제주자치경찰 추진 단계별 로드맵

1단계		2단계		3단계
2006. 7.~12.		2007		2008
도입·준비기	▶	확산기	▶	정착기
자치경찰 출범, 업무협약, 본격적 시행 준비		주민 치안 서비스 본격 추진		자치경찰사무 수행 정착

제주특별자치도가 2006년 7월 1일부로 출범하였다. 하지만 제주특별자치도 자치경찰은 국가경찰에서 이관된 38명의 자치경찰관만으로 출범식만 가졌을 뿐 정상적인 활동은 할 수가 없었다. 장비를 비롯한 세부 규정이 미비하였기 때문이다. 로드맵에 따라 제주특별자치도 자치경찰은 2006년도를 자치경찰 도입 준비기로 정하고 장비 구입을 비롯, 규정의 정비, 신규 충원 등 기본적인 준비를 하였다. 이러한 준비 과정을 거친 후인 2007년 3월에 비로소 자치경찰은 본격적인 활동을 시작하였다. 제주특별도 자치경찰은 이러한 과정에서 얻은 경험을 바탕으로 2008년도를 자치경찰 정착기로 삼아 한국 최초의 자치경찰로서의 역할을 다하기 위하여 진력하고 있다.

민간 복장 가운데 김태환 도지사, 좌 김영훈 제주시장, 우 김형수 서귀포시장

[사진 12-1] 제주자치경찰단 발대식 장면

자료: 제주의 소리(www.jejusori.net)

2) 법제 정비

제주자치경찰에 관한 법제는 법률로 기본틀을 규정하되 세부적인 사항은 조례로써 정하도록 위임하였는데 제주도에서는 이에 대한 후속 조치로 2006년 5월 제주도 특별자치도 자치경찰 임용 등에 관한 조례 등 조례 6건을 제정하고, 이어서 규칙·고시 4건을 제정·공포하였다.

이 과정에서 제주특별법 부칙 제10조의 규정(최초로 두는 자치경찰단·자치경찰대의 조직·정원 및 자치경찰 공무원의 임용에 관한 도 조례를 제정하려면 제주특별자치도 지방경찰청장과 협의를 하도록 되어 있음)에 따라 제주도와 제주도 지방경찰청 간 수 차례에 걸친 협의와 내용 수정이 이루어졌다. 한편, 중앙정부에서는 자치경찰 제도의 시행에 필요한 후속 법률 개정 작업을 추진하여 경찰법 등 6개의 법률 개정안이 2006년 6월 30일 국회를 통과하였다.

〈표 12-3〉 제주자치경찰 법제 정비 현황

구 분		명 칭	제정일 (개정일)	비고
법령	제정	지방분권특별법	2004. 1. 16	
		제주특별자치도 설치 및 국제자유도시 조성을 위한 특별법	2006. 1. 21	
		제주특별자치도 설치 및 국제자유도시 조성을 위한 특별법 시행령	2006. 6. 30	
	개정	경찰법, 경찰공무원법, 도로교통법, 경범죄처벌법, 자전거 이용 활성화에 관한 법	2006. 6. 30	
		사법경찰관리의 직무를 행할 자와 그 직무 범위에 관한 법률	2006. 7. 19	
조례	제정	1. 제주특별자치도 자치경찰 공무원 임용 등에 관한 조례 2. 제주특별자치도 자치경찰 공무원 인사 교류 조례 3. 제주특별자치도 자치경찰 운영 등에 관한 조례	2006. 5. 10 2006. 5. 10 2006. 5. 10	
		4. 제주특별자치도 지방공무원 정원 조례 5. 제주특별자치도 행정기구 설치 조례	2006. 11. 29 (2007. 1. 8) 2006. 7. 19 (2007. 1. 8)	
규칙 · 고시	규칙제정	1. 제주특별자치도 자치경찰 공무원 인사규칙 2. 제주특별자치도 자치경찰 복제에 관한 규칙	2006. 7. 26 (2006. 10. 18) 2006. 6. 28 (2007. 3. 7)	

자료: 제주특별자치도 자치경찰단(2007).

4. 업무 협약

자치경찰의 사무를 처리할 때 주민생활 안전사무, 지역교통 활동사무 및 공공시설 및 지역 행사장 경비사무는 국가경찰과 자치경찰 간 사무 분담 및 사무 수행 방법은 제주특별자치도 특별법 제110조에 의거 도지사와 제주자치도 지방경찰청장이 협약으로 정하고 이를 공표하도록 되어 있으며, 이 경우 도지사는 미리 치안행정위원회의 의견을 듣도록 하고 있다(제주특별자치도 자치경찰 운영 등에 관한 조례 제3조). 이에 따라 제주특별자치도 자치경찰단에서는 업무협약안을 마련하여 제주지방경찰청과의 협의를 한 후 업무협약안을 확정하여 2006년 12월 27일 제주특별자치도청 2층 회의실에서 제주특별자치도지사와 제주특별자치도 지방경찰청장이 참석한 가운데 제주자치경찰과 국가경찰 간 치안 서비스의 질을 더욱 증대시키기 위하여 상호간에 사무 분담 및 사무 수행 방법 등에 대하여 업무협약을 체결하였다.

가운데를 기준으로 오른쪽 김태환 지사, 왼쪽 제주지방경찰청장

[사진 12-2] 업무 협약식 장면

자료: 제주의 소리(www.jejusori.net)

업무 협약 주요 내용은 자치경찰의 활동 목표, 자치경찰이 수행할 사무, 협약 당사자의 협력에 관한 사항, 협약의 개정 등에 관한 사항으로 규정되어 있다. 자치경찰의 활동 목표는 안전하고 질서 있는 제주특별자치도의 실현, 주민 의사와 제주 특성에 적합한 맞춤형 치안 서비스 제공, 관광 제주의 특성을 감안하여 규제보다는 봉사에 역점을 두고 있다(동 조례 제4조). 자치경찰이 수행할 주요 사무는 제주의 지역·문화적 특성을 반영, 제주국제공항, 주요 관광지, 한라산 등반로, 문화축제 등 지역 행사장을 중점활동 장소로 지정하여 사무를 수행하도록 하였고, 단체관광객 수송 안전에 관한 사무도 국가경찰과 병행 추진하도록 하고 있다. 또한 상호 협력을 증진하고 발전 방안을 모색하기 위하여 자치경찰과 국가경찰 간 실무협의회를 구성하고 매분기 1회 회의를 개최키로 하였고, 협약의 시행은 2007년 3월 1일부터 시행하며 2008년 2월 29일까지 효력을 가지며, 2년간 연장할 수 있도록 하고 있다. 이 과정에서 자치경찰을 처음 실시하기 때문에 이에 대한 근본적인 자료와 경험이 없는 상태로 협약을 추진하다 보니 애로 사항이 속출하였다(제주특별자치도, 2006a: 27-8). 〈표 12-4〉는 제주특별자치도 자치경찰과 국가경찰 간의 제 1차 협약 내용이다.

〈표 12-4〉 제 1차 자치경찰과 국가경찰 간의 사무분담 및 사무 수행 방법에 관한 업무

자치경찰과 국가경찰 간의 사무분담 및 사무 수행 방법에 관한 업무 협약 제주특별자치도지사와 제주특별자치도 지방경찰청장(이하 "협약 당사자"라 한다)은 다음과 같이 협약한다.

제 1 장 총 칙

제1조(목적) 이 협약은 '제주특별자치도 설치 및 국제자유도시 조성을 위한 특별법'(이하 "법"이라고 한다) 제110조와 '제주특별자치도 자치경찰 운영 등에 관한 조례' 제3조 및 제4조에서 위임한 사항과 그 시행에 필요한 사항을 규정함을 목적으로 한다.

제2조(정의) ① 이 협약에서 사용하는 용어는 다음과 같다.

1. "공공시설"이라 함은 제주특별자치도의 본청, 하부 행정기관 및 소속기관 등이 입주 또는 사용·관리하는 시설을 말한다.
2. "지역 행사장"이라 함은 문화축제, 체육 행사, 문화 공연 등 다중이 운집할 수 있는 행사가 개최되는 장소를 말한다.
3. "지역경비"라 함은 운집된 군중으로 인한 무질서 정리와 교통관리를 실시하는 것을 말하며, '집회 및 시위에 관한 법률'에 적용을 받는 행사는 제외한다.
4. "112신고센터"라 함은 제주특별자치도 지방경찰청에 112신고 즉응·적정 처리를 위하여 설치·운영하는 장소를 말한다.
5. "초동조치"라 함은 각종 범죄나 안전사고가 발생했을 때 관계 공무원이 도착할 때까지 피해 확대를 방지하고 범인을 검거하거나 수사 자료의 멸실을 방지하기 위하여 취하는 여러 조치를 말한다.

② 전항에 의한 용어 외에 이 협약에서 사용되는 용어는 다른 법령에 특별한 규정이 없는 한 법이 정하는 바에 따른다.

제3조(자치경찰의 활동 목표) 제주특별자치도 자치경찰의 활동 목표는 다음 각호와 같다.

1. 안전하고 질서 있는 제주특별자치도의 실현
2. 주민 의사와 제주 특성에 적합한 맞춤형 치안 서비스 제공
3. 관광 제주의 특성을 감안, 규제보다는 봉사에 역점

제 2 장 자치경찰이 수행할 사무

제4조(자치경찰 사무의 중점 수행 장소 및 시간) 자치경찰은 법 제108조 제1호 내지 제3호에 규정된 사무를 다음 각호의 장소에서 중점적으로 수행한다.

1. 제주국제공항의 1층 도착장 일반 대합실, 여객주차장, 공항 내 준용도로 등 공개된 장소. 이 경우 사무 수행 시간은 여객항공기 운항 시간에 한한다.
2. 별표 1에 규정된 주요 관광지. 이 경우 사무 수행 시간은 관광지의 개장 시간에 한한다.
3. 문화축제, 체육행사 등이 개최되는 지역 행사장
4. 한라산 어리목, 영실, 성판악, 관음사 등산 코스
5. 별표 2호에 규정된 민속 5일장. 이 경우 사무 수행 시간은 5일장의 개장 시간에 한한다.
6. 제주특별자치도의 본청, 하부 행정기관 및 소속기관 등이 입주 또는 사용·관리하는 공공시설

제5조(단체 관광객 등의 수송 안전에 관한 사무) 자치경찰은 단체 관광객 등의 수송 안전에 관한 다음 각호의 사무를 수행한다.

1. 수학여행단 등 단체 관광객 차량의 에스코트. 다만 국가경찰의 협조 요청이 있는 경우에 한한다.
2. 기타 제주특별자치도지사(이하 "도지사"라 한다)가 안전상의 이유 등으로 필요하다고 인정하는 경우

의 에스코트

제 3 장 협약 당사자의 협력에 관한 사항

제6조(협약 당사자의 협의) 업무 처리시 본 협약서의 업무 구분이 명확하지 않을 경우 협의에 의하여 정하기로 한다.

제7조(인력 및 장비 운영 상황의 통보) 협약 당사자는 익일 인력 및 장비 운영계획을 별지 1호 서식에 따라 전일 20:00까지 각각의 상황실로 통보한다.

제8조(협력) 협약 당사자는 협력이 필요한 경우 별지 2호 서식에 의하여 필요한 날로부터 3일 전까지 요청하고, 요청받은 당사자는 특별한 사정이 없는 한 협력한다. 다만, 긴급한 경우에는 전화 또는 기타의 방법에 의하여 즉시 요청할 수 있으며, 이 경우 추후 서면으로 통보한다.

제9조(신고의 처리) ① 주민의 신고는 신고를 접수한 기관에서 처리함을 원칙으로 한다.

② 자치경찰에서 접수한 신고 사건 중 자치경찰사무에 해당하지 않는 사건은 초동 조치 후 국가경찰에 인계한다.

③ 국가경찰에서 접수한 신고 사건 중 제4조 및 제5조에 따른 자치경찰사무는 초동 조치 후 자치경찰에게 인계한다.

④ 제주특별자치도지사는 제주특별자치도 지방경찰청 112신고센터·치안상황실과 제주시 자치경찰대·서귀포시 자치경찰대 상황실에 전용회선 유선전화를 각 1회선씩 설치한다.

제10조(실무협의회 운영) ① 협약 당사자는 상호 협력을 증진하고 발전 방향을 모색하기 위하여 실무협의회를 운영한다.

② 실무협의회는 제주특별자치도 자치경찰단 주무팀장, 제주특별자치도 지방경찰청장 주무계장 등으로 구성한다.

③ 실무협의회는 분기 1회 개최하며, 필요시 수시회의 개최를 요청할 수 있다.

제 4 장 협약의 개정 등에 관한 사항

제11조(시행일) 이 협약의 발효 중에 그 전체나 부분에 대하여 개정이 필요한 경우에는 협약의 일방 당사자는 개정을 요구할 수 있으며, 이 경우 합의에 의하여 문서에 서명하는 방식으로 한다.

제12조(시행일) 이 협약은 2007년 3월 1일부터 시행한다. 다만, 제4조 제5호 및 제5조의 사무는 2007년 7월 1일부터 시행한다.

제13조(유효 기간) ① 이 협약은 2008년 2월 29일까지 효력을 가진다.

② 협약 당사자는 그 유효 기간의 만료일 60일 전까지 협약의 갱신을 요청할 수 있으며, 이 경우 본 협약 또는 제11조에 따라 개정된 협약은 새로운 협약이 발효될 때까지 유효하다.

③ 제1항의 기간 내에 상호 협약의 갱신 요청이 없을 경우 이 협약은 2년간 연장된다.

2006년 12월 27일

제주특별자치도 도지사

제주특별자치도 지방경찰청 청장

이 협약은 지금까지 계속 이어져 오고 있다. 가장 최근의 협약은 2020년 1월 31일에 맺은 제8차 협약이다.

제 2 절 | 제주자치경찰의 사무

1. 출범시 수행 사무

자치경찰사무의 유형은 이미 기술한 바와 같이 지역교통·지역방범·지역경비와 특사경 업무다. 제주특별자치도 자치경찰의 구체적인 사무 범위는 제주특별자치도(이하 "제주자치도" 설치 및 국제자유도시 조성을 위한 특별법(이하 "제주특별법"이라 한다)에 다음과 같이 규정하고 있다(제주특별법, 제90조).

1. 주민의 생활안전 활동에 관한 사무
   가. 생활 안전을 위한 순찰 및 시설 운영
   나. 주민 참여 방범 활동의 지원 및 지도
   다. 안전사고 및 재해재난 등으로부터의 주민 보호
   라. 아동·청소년·노인·여성 등 사회적 보호가 필요한 자에 대한 보호 및 가정·학교 폭력 등의 예방
   마. 주민의 일상생활과 관련된 사회 질서의 유지 및 그 위반행위의 지도·단속
2. 지역교통 활동에 관한 사무
   가. 교통안전 및 교통 소통에 관한 사무
   나. 교통 법규 위반 지도·단속
   다. 주민 참여 지역교통 활동의 지원 및 지도
3. 공공시설 및 지역 행사장 등의 지역 경비에 관한 사무
4. '사법경찰관리의 직무를 행할 자와 그 직무 범위에 관한 법률'에서 자치경찰공무원의 직무로 규정하고 있는 사법경찰관리의 직무
5. 교통안전 시설관리

제주 특별법에 의거하여 지금까지 국가경찰에서 관리해 왔던 교통안전시설에 대한 관리 권한이 전국에서는 최초로 제주특별자치도로 환원되었다. 이 사무에 대한 소관 부처가 자치경찰단이기 때문에 이 사무도 역시 자치경찰사무라고 할 수 있다.

그러나 지역교통·지역방범·지역경비는 업무 자체가 매우 광범위한 반면에 자치경찰의 경험이나 행·재정 능력의 부족으로 이 사무를 전체 처리하기는 어려운 것이 현실이다. 이러한 현실 인식 하에 제주특별자치도의 자치경찰사무는 제주특별자치도 자치경찰 운영조례와 국가경찰과 제주특별자치도 자치경찰 간 업무 협약을 근거로 구체화된다.

2. 추가된 사무

1) 추진과정

제주자치경찰단은 제주특별자치도 설립 법안인 〈제주특별자치도 설치 및 국제자유도시 조성에 관한 특별법(이하 '제주특별법'〉에 의하여 운영된다. 제주특별자치도는 중앙정부의 권한을 계속 이관받고 있는데, 추진절차는 [그림 12-1]과 같다. 최종 의결기관은 제주특별자치도지원위원회이다. 국무총리가 위원장이다. 위원은 당연직 18명과 민간위촉 위원 8명 등 27명으로 구성된다. 당연직은 제주자치도지사와 법제처장이외는 모두 각 부 장관으로 구성되어 있다.[4)]

제주자치도지원위원회는 최상위 기구로서 제주자치도에 대한 권한이관에 관하여 최종 의결한다. 실무위원회는 제주자치도부지사를 비롯한 각부 차관과 약간 명의 전문가로 구성되어 있다. 위원장은 국무조정실장이 맡고 있다. 제주자치도지원위원회가 정부의 각 부서 장관과 차관으로 구성된 이유는 권한이관이 각 부처에 관련되어 있기 때문이다. 제주자치도와 제주자치도 교육청이 요구한 권한이관 대상을 지원위원회 사무처에 제출하면 사무처는 이를 중앙행정기관과 협의 및 조정을 거쳐서 최종 이관건수를 확정한다. 간혹 여기에는 합의되지 않은 쟁점이 큰 권한도 포함되어 지원위원회 의결을 거치는 경우도 있을 수 있지만 실제로 그러한 경우는 없었다. 선정된 권한은 지원원위원회에서 의결하여 국무회의를 거쳐서 정부안으로 확정되어 국회로 제출한다. 제출된 안은 제주특별법 개정을 거쳐서 확정되는 형식이다. 제주자치경찰단의 사무도 이 과정을 통해서 추가되거나 개정된다.

---

4) 제주자치도특별법, 제17조

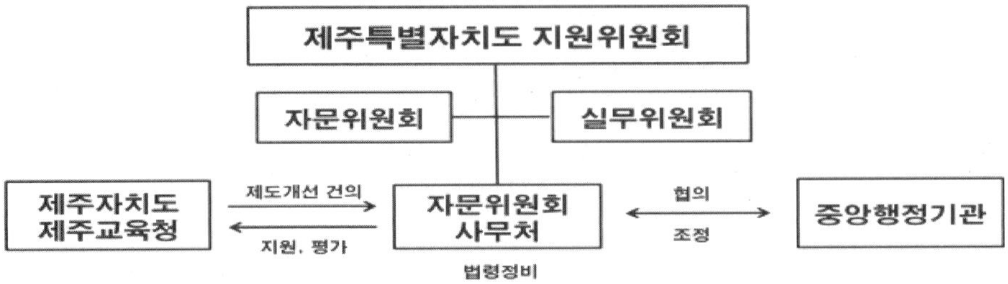

[그림 12-1] 제주자치도권한이관 추진도

그간에 6단계 이관과정이 종료되고 현재 7단계 시작 중이다. 그간에 제주자치경찰단의 사무 이관에 대한 요구가 어떠한 종류였고, 그리고 어떤 사무들이 수용되고 불수용되었는지를 종합한 내용이 〈표 12-5〉이다.

〈표 12-5〉 자치경찰단 소관 제도개선 단계별 주요 내용[5)]

6단계 ('19.12.10. 개정)	5단계 ('15.7.24. 전부개정)	4단계 ('11.5.23. 개정)
♦ 제주도 요구	♦ 제주도 요구	♦ 정부주도 법률 단위 일괄이양
1. 현장대응성 강화를 위한 행정시 자치경찰대 신설 (불수용) ☞ 통합이후 특별한 상황변화 없이 다시 통합 전으로 환원하는 것은 타당성 미약 2. 자치경찰인사위원회 신분 보장 준용규정 명시 (수용) 3. 자치경찰 인건비 및 운영비 일부 국비지원 준용규정 명시 (불수용) ☞ 국가경찰과의 협약사무에 따른 소요 재원은 제주 지방경찰청 등 관련 기관과의 예산 이체가 원칙 4. 자치경찰 수배자 체포 등 긴급시초동조치 권한 부여 (불수용) ☞ 인권침해 및 권한 남용의 부작용, 체포장구 등 근무 여건 고려 수용 곤란	1. 자치경찰 음주측정 및 통행금지 제한 권한 부여 (수용) 2. 자치경찰 즉결심판청구 권한 부여 (수용) 3. 단기체류 외국인관광객 자국 운전면허로 제주 운전허용 특례 신설 (불수용) ☞ 제네바협약 미가입국가 국내에서 국제운전면허로 운전불가 4. 자치경찰 경감 근속 승진 도입 (수용) 5. 자치경찰단장 직급 현실화 조정 (수용) 6. 국가경찰 이체인력 이외 국가경찰과의 업무협약 수행사무에 따른 인건비 및 운영비 지원확대 (불수용)	1. 도로교통법 제6조(통행금지및제한) (불수용) 2. 도로교통법 제12조(어린이 · 노인보호구역 지정 절차 및 기준) (수용) 3. 도로교통법 제34조의2(주정차 금지장소에서의 주차허용권한 일괄 이양) (수용) 4. 도로교통법 제35조(주정차 위반차량의 처분 방법) (수용) 5. 도로교통법 제41조(자동차등의 점검) (불수용) 6. 도로교통법 제44조(자치경찰음주측정권한) (불수용) 7. 도로교통법 제68조(도로에서의 금지행위 등 지정공고) (불수용)

5) 1, 2 단계에서는 자치경찰관련 사무 이관 요청이 없었으며, 3단계때는 제주특별법상 관광·환경분야 권한 부여 1개만 요구되었고, 이 요구는 수용되었다. 이 권한의 주요내용은 미등록 휴양펜션업 경영, 도내 보전자원 도외반출, 보존지구 내 위반행위 등 수사이다.

국회에 계류 중인 「경찰법전부개정법률안」에 영향이 발부된 사람에 대한 체포·구속 권한이 포함되어 있어 7단계 제도개선 미추진 5. 교통시설심의위원회 심의시 교통영향평가사항, 어린이보호구역, 노인 및 장애인보호구역, 교통사고 잦은 곳 개선사업의 경우 심의절차 생략 명시 (수용) 6. 직무집행시 공무집행사범에 대한 수사권한 근거마련 (불수용) ☞ 발생건수가 연2~3회로 많지 않고 현 제도로도 운영상 문제 없어 개정 실익 미약	☞ 자치경찰 인력증가 사유가 국가경찰업무 이관 또는 자치경찰사무 증가인지 여부 불분명 권한이양에 따른 각종 범칙금 및 부담금 수입 등 추가세입 발생	8. 도로교통법 제71조, 제72조 (도로위위법공작물등) (불수용) 9. 즉결심판청구권 (불수용) 10. 자치경찰기구 통폐합 도 직속기관으로 전환 (수용) 11. 자치경찰 직급 개선 (불수용) 12. 초지·농지·건축·국토법·옥외광고물·축산물가공처리법위반·공무집행방해 수사권한 부여 (불수용) 13. 주민봉사대설치근거마련 (불수용) 14. 자치경찰공무원정년 단일화 (수용)
123개 과제	698건 개선 (연관법률 정비)	2,134건 개선
♦ 권한 추가이양, 미비점 보완	♦ 권한추가이양, 미비점 보완 및 징·질 세계 진부개징	♦ 교육·의료·투자진흥 등 국제자유도시로의 도약을 위한 전반적 제도적 기반 정비

자료: 제주자치경찰단 내부자료, 2021.

상기 표를 보면 그간에 추가된 제주자치경찰단 사무 내용을 알 수 있을 것이다. 제주특별자치도는 6단계까지 27건의 자치경찰에 관련된 사무를 자치경찰단에 이관해 줄 것을 요구하였다. 이 중에 16개가 수용되고 11건이 불 수용되었다. 수용된 대부분의 권한은 행정관리에 관한 것이 많았다. 예를 들면, 자치경찰인사위원회 신분 보장, 자치경찰단장의 직급 현실화, 자치경감 근속 승진 도입, 자치경찰기구 통폐합 및 직속기구화 등이다. 그러나 자치경찰의 활동에 대한 권한 이관도 소수이지만 실현되었다. 예를 들면, 자치경찰 음주측정 및 통행금지 제한 권한 부여, 자치경찰 즉결심판청구 권한 부여, 주차장 위반에 대한 처벌 등이다. 그러나 수용보다 수용이 안된 권한들이 제주자치경찰단에게는 더욱 필요한 것이 많다. 권한 이관 중 불수용된 내용이 〈표 12-6〉이다.

저자가 연구한 내용에 의하면 제주특별자치도가 정부에 이관요구한 내용 중 5단계까지 수용과 불수용의 내용이다. 불수용이 175건으로 3.7% 밖에 되지 않지만 내용으로 보면 제주특별자치도 취지를 실현하는데 가장 중요한 권한만 불 수용되고 있다고 할 정도다. 자치경찰도 마찬가지다. 제주특별자치도 출범시에 국방, 사법, 외교만 제외하고는 모두 이관한다는 취지에 비추어 보면 〈표 12-7〉에서 보는 불수용 권한은 경찰청이 지나친 방어적 자세를 보이고 있다.[6)]

〈표 12-6〉 자치경찰관련 이관 불수용 권한

구분	6단계 ('19.12.10. 개정)	5단계 ('15.7.24. 전부개정)	4단계 ('11.5.23. 개정)
추진 근거	◆ 제주도 요구	◆ 제주도 요구	◆ 정부주도 법률 단위 일괄이양
주요 내용	1. 현장대응성 강화를 위한 행정시 자치경찰대 신설 (불수용) ☞ 통합이후 특별한 상황변화 없이 다시 통합 전으로 환원하는 것은 타당성 미약 3. 자치경찰 인건비 및 운영비 일부 국비지원 준용규정 명시 (불수용) ☞ 국가경찰과의 협약사무에 따른 소요 재원은 제주 지방경찰청 등 관련 기관과의 예산 이체가 원칙 4. 자치경찰 수배자 체포 등 긴급시초동조치 권한 부여 (불수용) ☞ 인권침해 및 권한 남용의 부작용, 체포장구 등 근무 여건 고려 수용 곤란 국회에 계류 중인 「경찰법전부개정법률안」에 영장이 발부된 사람에 대한 체포·구속 권한이 포함되어 있어 7단계 제도 개선 미추진 6. 직무집행시 공무집행사범에 대한 수사권한 근거마련 (불수용) ☞ 발생건수가 연2~3회로 많지 않고 현 제도로도 운영상 문제 없어 개정 실익 미약	3. 단기체류 외국인관광객 자국 운전면허로 제주 운전허용 특례 신설 (불수용) ☞ 제네바협약 미가입국가 국내에서 국제운전면허로 운전불가 6. 국가경찰 이체인력 이외 국가경찰과의 업무협약 수행사무에 따른 인건비 및 운영비 지원 확대 (불수용) ☞ 자치경찰 인력증가 사유가 국가경찰업무 이관 또는 자치경찰사무 증가인지 여부 불분명 권한이양에 따른 각종 범칙금 및 부담금 수입 등 추가세입 발생	1. 도로교통법 제6조(통행금지 및 제한) (불수용) 5. 도로교통법 제41조(자동차 등의 점검) (불수용) 6. 도로교통법 제44조(자치경찰 음주측정권한) (불수용) 7. 도로교통법 제68조(도로에서의 금지행위 등 지정공고) (불수용) 8. 도로교통법 제71조, 제72조 (도로위 위법공작물등) (불수용) 9. 즉결심판청구권 (불수용) 11. 자치경찰 직급 개선 (불수용) 12. 초지·농지·건축·국토법·옥외광고물·축산물가공처리법 위반·공무집행방해 수사권한 부여 (불수용) 13. 주민봉사대설치근거마련 (불수용) 14. 자치경찰공무원정년 단일화 (수용)

〈표 12-7〉 권한이양 단계별 기간 및 수용·불수용건수

구분 (일자)	제1단계 (06.2.21)	제2단계 (07.8.3)	제3단계 (09.3.25)	제4단계 (11.5.23)	제5단계 (15.7.24)	합 계
수용 건수	1,062건 (98.0%)	278건 (83.2%)	365건 90.1%)	2,134건 (99.0%)	698건 (95.1%	4,537 (96.3%)
불수용 건수	22 (2%)	56 (16.8%)	40 (9.9%)	21 (1.0%)	36 (4.9%)	175 (3.7%)
합계	1,084(23.0%)	334(7.1%)	405(8.6%)	2,155(45.7%)	734(15.6%)	4,712 (100.0%)

6) 양영철, 중앙정부의 권한이관 거부 근거에 관한 실증적 연구, 제28권 2호, 2017.

3. 현재의 사무와 집행

1) 현재의 사무

현재 제주자치경찰단의 사무는 다음과 같다.[7]

1. 주민의 생활안전활동에 관한 사무
 가. 생활안전을 위한 순찰 및 시설 운영
 나. 주민참여 방범활동의 지원 및 지도
 다. 안전사고와 재해·재난 등으로부터의 주민보호
 라. 아동·청소년·노인·여성 등 사회적 보호가 필요한 사람의 보호와 가정·학교 폭력 등의 예방
 마. 주민의 일상생활과 관련된 사회질서의 유지와 그 위반행위의 지도·단속

2. 지역교통활동에 관한 사무
 가. 교통안전과 교통소통에 관한 사무
 나. 교통법규위반 지도·단속
 다. 주민참여 지역교통활동의 지원·지도

3. 공공시설과 지역행사장 등의 지역경비에 관한 사무

4. 「사법경찰관리의 직무를 수행할 자와 그 직무범위에 관한 법률」에서 자치경찰공무원의 직무로 규정하고 있는 사법경찰관리의 직무

5. 「즉결심판에 관한 절차법」 등에 따라 「도로교통법」 또는 「경범죄 처벌법」 위반에 따른 통고처분 불이행자 등에 대한 즉결심판 청구 사무

2) 사무의 수행

제주자치경찰단은 소관 사무가 위의 내용임에도 불구하고 국가경찰과의 협약에

7) 제주특별법, 제90조

의하여 자치경찰이 수행하기로 한 사무에 한정하고 있다. 문재인 정부의 자치경찰제 실시로 인하여 이전과는 다른 방법으로 사무를 수행하여야 한다.[8] 다음과 같은 협약과정을 통하여 사무를 집행하도록 하고 있다.

제주특별법 제90조에도 불구하고 같은 조 제1호부터 제3호까지의 사무를 처리할 때 국가경찰과 자치경찰 간의 사무분담과 사무수행방법은 도지사와 제주자치도경찰청장이 협약으로 정하여 공표하여야 한다.[9] 이 경우 도지사는 미리 자치경찰위원회의 의견을 들어야 한다. 협약을 체결할 때 협약당사자가 의견을 달리하여 협약이 체결되지 아니하는 경우에는 협약당사자의 신청으로 「국가경찰과 자치경찰의 조직 및 운영에 관한 법률」 제7조에 따른 국가경찰위원회(이하 "국가경찰위원회"라 한다)의 심의·의결을 거쳐 행정안전부장관이 조정한다. 다만, 협약이 체결되지 아니하는 상태가 지속되어 공익을 현저히 저해하여 조속한 조정이 필요하다고 인정되는 경우에는 협약당사자가 신청하지 아니하였을 때에도 국가경찰위원회의 심의·의결을 거쳐 행정안전부장관이 조정할 수 있다. 행정안전부장관이 협약의 체결을 조정하였을 때에는 서면으로 지체 없이 협약당사자에게 통보하여야 하며, 통보를 받은 협약당사자는 그 내용을 협약에 포함시켜야 한다. 국가경찰과 자치경찰 간의 사무분담과 사무수행의 방법에 관한 기준 및 협약의 공표에 필요한 사항은 도조례로 정한다. 이 경우 제주자치도경찰청장의 의견을 들어야 한다.

여기에서 제주자치경찰제와 문재인 정부의 자치경찰제가 다른 점은 제주자치경찰단은 지방분권적 차원에서 설치되었으나 다른 지역은 국가경찰중심의 자치경찰제로 구성되어 있다는 점이다. 때문에 제주자치경찰단의 사무수행은 행정안전부장관이 감독관청이 되지만, 다른 지역은 국가경찰위원회나 경찰청이 된다. 또한 법률소관도 제주자치경찰단은 행정안전부 장관이, 다른 지역은 경찰청장으로 되어 있는 점도 다른 점이다.

---

8) 제주특별법, 제91조(국가경찰과의 협약 체결)

9) 제주특별법, 제91조

제 3 절 | 조직의 운영

1. 조직도

1) 출범당시 – 보조기관[10)]

제주특별자치도 자치경찰제는 제주특별자치도 특별법 제106조에 의해서 전국에서 처음으로 도입되었다. 2006년 2월 21일 자치경찰제 도입 의무화를 포함한 제주특별법이 제정되었으며 후속 조치로 제주특별자치추진단에서는 자치경찰제 운영한 조례와 규칙[11)]을 정비, 전국 경찰관을 대상으로 자치경찰 선발을 공고하였다. 응시인원과 경쟁률을 살펴보면, 38명[12)] 모집에 제주지방경찰청 소속 국가경찰은 118명, 타지방 국가경찰은 129명이 지원을 하였고, 최종 247명이 지원하여 평균 6.7대 1의 경쟁률을 보였다. 계급별로는 모집 정원 4명인 경정에 23명이 지원하였고 8명을 모집한 경감은 41명, 9명을 모집하는 경위는 75명, 8명 모집 경사는 70명, 6명을 모집하는 경장은 38명이 지원을 하였다.

출범 당시 제주자치경찰 정원이 127명으로 책정되었음에도, 준비단 성격으로 이체된 38명으로 조직운영을 해야 했던 제주자치경찰은 자치경찰단과 양 행정시 자치경찰대에 조례·규칙 정비, 장비확보, 신규채용 등 준비에 필요한 단·대 본부 행정운영 인력 위주로 우선 배치함으로써 민생치안 현장인력은 전무한 상태로 출범하였다.

본부인 제주자치경찰단에 18명이 배치되었고, 일선기관인 제주시 자치경찰대와 서귀포시 자치경찰대에는 각각 12명과 8명이 배치되었다. 자치경찰단 중심으로 자치경찰관이 배정된 이유는 준비를 위한 인원이 우선 필요하였기 때문이다.

---

10) 이달곤 외, 지방자치론, 박영사, 2012, p.265. 보조기관은 지방자치법 제3관 제2절의 기관을 말한다. 보조기관은 행정청의 내부기관으로서 기관장을 보조하는 권한과 ocrdla을 갖는 행정기관을 말한다. 부지사, 부시장, 부군수 등과 그 아래의 국장이나 과장까지도 보조기관에 포함된다. 보조기관은 행정청인 수장의 권한을 대리·보조하는데 그 역이 국한이 된다는 점에서 직속기관과 다른다. 유사한 용어로 보좌기관이 있는데, 보좌기관은 전문적 지식을 활용하여 정책의 기획, 계획의 입안, 연구 등에 관한여 행정기관 장이나 그 보조기관을 보좌하는 기능이 필요할 때 설치하는 기관이다.

11) 자치경찰 운영 등에 관한 조례 / 자치경찰 임용 등에 관한 조례 / 자치경찰 복제에 관한 규칙 등

12) 38명(총경1, 경정4, 경감8, 경위9, 경사8, 경장 8)

많은 기대 속에 창설이 되었지만 〈표 12-8〉에서 보는 바와 같이 외근인력 부족으로 기본적인 사무 수행조차 제대로 수행하지 못했던 제주자치경찰은 도민사회는 물론 언론사들로부터 상당한 비난을 감수[13)]해야 했다. 제주자치경찰단은 준비 부족에도 불구하고 조직을 구성하였는데 출범당시 제주자치경찰의 조직도는 [그림 12-2]이다.

〈표 12-8〉 출범당시 제주자치경찰단 인원

구 분	계	자치경찰단	제주시자치경찰대	서귀포시자치경찰대
정 원	127	18	69	40
현 원	38	18	12	8
과부족	-89	-	-57	-32

자료: 제주자치경찰단

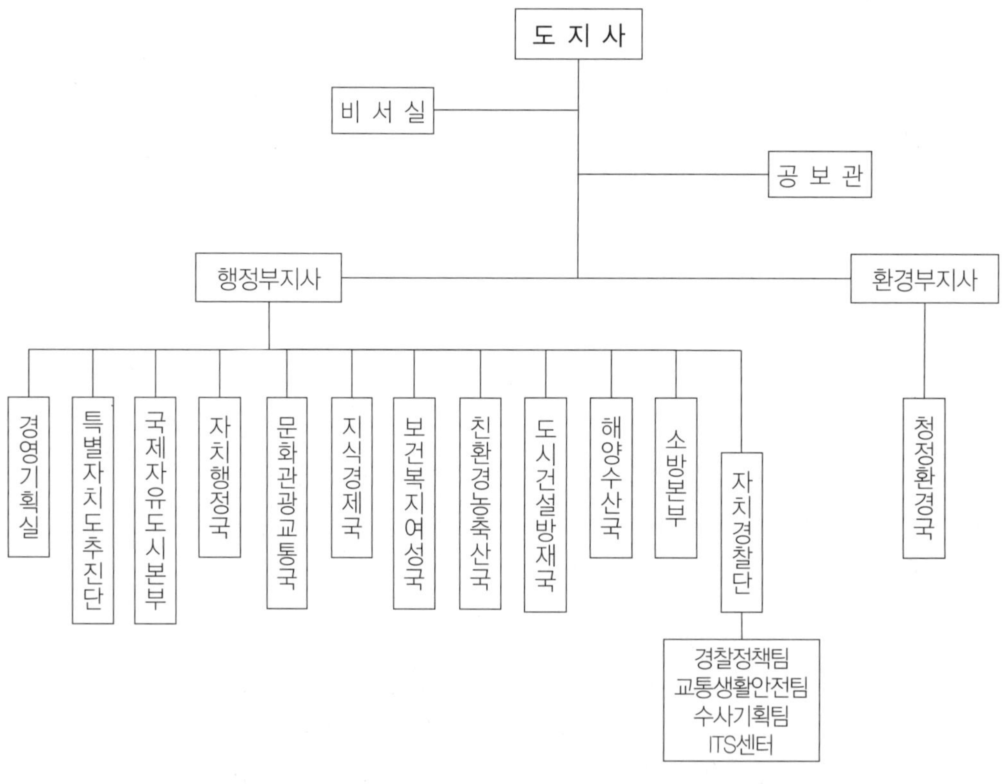

[그림 12-2] '06. 7. 1. 출범당시 제주자치경찰 조직도

13) 2008.1.22. 연합뉴스 〈제주자치경찰제 시행해보니 '시늉만'〉

위의 조직도를 보면, 제주자치경찰단은 실국라인에 있다. 그렇지만 단장 계급이 총경이고, 총경은 행정에서는 3.5급으로 평가하기 때문에 3급인 국장 라인보다 약간 낮은 위치에 있다. 또한 자치경찰단장이 국이 아니기 때문에 과를 설치하지 못하고 팀으로 구성되어 있는 점도 다른 조직편재와 다르다.

제주자치찰단의 일선조직은 제주·서귀포 행정시에는 집행기구 성격의 자치경찰대가 설치되어 있다. 자치경찰단장과 자치경찰대장 산하에는 모두 경무, 생활안전, 관광환경 등 3팀으로 구성되고, 인원이 채용되면서 본격적인 업무시행은 2008년 3월이다. 자치경찰단은 처음 출발할 때 제주특별자치도 출범 이전의 북제주군 청사, 제주시의 자치경찰대는 제주시청 내에 있는 구(舊) 제주시 선거관리위원회 사무실을 그 소재지로 하였다. 서귀포시는 제주특별자치도 출범 이전의 남제주군청 내에 있는 남제주군 의회 건물을 사용하였다. 제주자치경찰단과 제주시 자치경찰대는 지방종합청사 건물이 완공된 이후에 그곳으로 이전한 구 제주세무서 건물을 임대하여 같이 사용하였다. 서귀포시 자치경찰대는 구 서귀읍사무소에 단독 건물을 신축하여 입주하였다.[14] 소재지의 주소를 보면 〈표 12-9〉와 같다.

〈표 12-9〉 제주특별자치도 자치경찰단·대의 주소지

기 구	청 사	소 재	비 고
자치경찰단	제주특별자치도 2청사	제주시 이2동	舊 제주세무서
제주 자치경찰대	제주시청 별관	제주시 이도 2동	舊 제주세무서
서귀포 자치경찰대	서귀포시 2청사	서귀포시 시청로 37	舊 남제주군청

자료: 제주특별자치도 자치경찰단(2007).

제주자치도 특별추진단에서는 제주자치경찰 출범 당시 순차적으로 2006년 하반기에 신규 45명을, 2007년 상반기에 44명을 추가로 모집하여 127명 정원을 충원, 2007년

14) 제주의 소리, "제주 서귀포시 자치경찰대 신청사 11월 착공…… 지상 2층," 2007년 10월 13일 제주 서귀포시 자치경찰대(대장 김동규)가 옛 서귀포시청 부지(서귀동 556-15번지)에 지상 2층 건축 면적 990㎡의 신청사를 짓기로 했다고 13일 밝혔다. 이 날 서귀포시 자치경찰대에 따르면 이번 청사 신축을 위하여 특별교부세 등에서 시설비 명목으로 15억 원을 우선 확보하고 추가 인원 증원시 예산을 추가 지원받아 3층으로 증축할 예정이다. 청사 신축 공사는 오는 11월 착공, 내년 6월 이전에 입주를 마친다는 계획이다. 현재 서귀포시청 별관 3층을 사용하고 있는 서귀포 자치경찰대는 청사 신축으로 부족한 사무공간을 해결하고 무기고, 조사실, 민원실, 순찰차 주차장 확보 등을 통하여 좀 더 시민에게 다가서는 자치경찰 치안 서비스를 강화해 나갈 예정이다.

하반기부터 본격적인 업무수행이 가능할 것이라는 인력 운영 로드맵을 발표하였다. 그러나 2007년 2월 21일 자치경찰공무원 1기 45명(남경 30, 여경 15)을 채용한 후, 추가 채용하기로 한 44명에 대한 인건비와 운영비 예산 문제로 정부와 제주자치도 간 갈등을 빚으면서[15] 2010년 11월 8일 자치경찰공무원 2기 채용 시까지 3년 9개월 동안 기존 국가경찰 이관 38명과 신규채용 45명을 더한 83명 체제로 운영되었다.

〈표 12-10〉 지방공채 1기 채용 이후 제주자치경찰 정현원표

구 분	계	자치경찰단	제주시자치경찰대	서귀포시자치경찰대
정 원	127	18	69	40
현 원	83	18	43	22
과부족	−44	0	−26	−18

자료: 제주자치경찰단

2) 출범이후의 조직도 – 직속기관

[그림 12-3] 직속기관이후 (통합)자치경찰단 조직도 (4과 1센터 1지역경찰대, 11담당)

제주자치경찰단은 보조기관에서 직속기관으로 변경되면서 조직에 큰 변화를 가져온다. 정원대비 부족한 인력문제를 해소하기 위한 자구책으로, 제주자치경찰은 2011년 5월 23일 제주특별법 4단계 제도개선을 통하여 행정인력을 줄이고 현장인력을

15) 2007.2.13. 한겨레신문 〈자치경찰 '인력부족' 운영차질 우려〉

늘리기 위해 주민밀착형 치안서비스 수행에 근간이 되었던 양 행정시 자치경찰대를 폐지하고 2012년 1월 9일 자치경찰단 1단 체제로 통합[16] 운영하게 되었다.

이는 현장인력 증원이라는 긍정적 효과는 있었지만 제주특별법 상 생활안전을 위한 순찰 및 방범활동, 지역교통, 공공시설 지역경비 등 고유 치안활동 사무를 실질적으로 수행하는 자치경찰대 설치 조항이 삭제되면서 일선치안이 취약하게 되었다는 비판을 받았다. 다년간 지속된 인력부족으로 인해 생활안전·지역교통 활동을 수행하기 위한 기본적 치안조직과 역량을 갖추지 못했던 제주자치경찰은 9년이 지난 2015년 12월 7일 공채 5기 채용을 통해서 비로소 출범당시 127명 정원을 맞출 수 있었다. 현재 제주자치경찰단 자치경찰공무원 수는 다음 〈표 12-11〉과 같이 증원되었다.

〈표 12-11〉 제주자치경찰단 경찰관 수 (2020.12.31. 현재)

구 분		계	특 정 직 (정원 151, 현원 148)									일 반 직 (정원 18, 현원 19)					
			소계	자치경무관	자치총경	자치경정	자치경감	자치경위	자치경사	자치경장	자치순경	소계	6급	7급	8급	9급	공무직
계	정원	169	151	1	1	5	17	28	28	38	33	18	1	7	–	2	8
	현원	167	148	1	1	6	18	27	33	37	25	19	1	8	–	1	9
자치경찰단	정원	156	138	1	1	5	14	22	25	37	33	18	1	7	–	2	8
	현원	151	132	1	1	6	14	23	30	34	23	19	1	8	–	1	9
도 본청 및 행정시 등	정원	13	13	–	–	–	3	6	3	1	–	–	–	–	–	–	–
	현원	16	16*	–	–	–	4	4	3	3	2	–	–	–	–	–	–

자료: 제주자치경찰단 내부자료, 2021.

이 중에 16명은 다음과 같은 기관에 파견가 있다.

*	道 내 전보(15)	청렴혁신담당관4, 안전정책과1, 감사위원회1, 세계유산본부4, 행정시5
	道 외 파견(1)	행정안전부1(자치경찰제 원활한 추진을 위한 한시적 파견, 2021. 1. 28. ~ 4.30.)
별도 정원*(10)		휴직자9, 시·도지사협의회파견1

*(대령) 지방공무원임용령 제27조의3 ~ 1년 이상 파견, 공로연수, 6개월 이상 교육훈련 등 5급 이하 공무원의 보충 승인 시·도지사에게 위임

또한 충원된 인력을 기반으로 지속적인 사무영역 확대를 통해 2017년 9월 「제주

16) 자치경찰단은 도 보조기관에서 직속기관으로 전환

특별자치도 행정기구 설치 및 정원 조례 시행규칙」을 개정, 기존 통합자치경찰단 4과 1대 1센터 11팀 조직을 ▸(관광경찰과 신설) 관광제주 특성에 맞는 치안사무를 전개 ▸주정차 단속 업무 행정시 이관 ▸총경 직제 신설로 경찰정책과를 경찰정책관으로 변경, 특사경 수사사무 관장 ▸지역교통 사무역량 강화를 위한 주민생활안전과를 교통생활안전과로 명칭 변경 등을 골자로 1관 3과 1센터 1지역대 11팀 정원 137명 조직으로 확대 개편을 단행하였다.

[그림 12-4] 현행 제주자치경찰단 조직도(2021년 2월 기준)

http://www.jeju.go.kr, 제주자치경찰단 홈페이지

2. 조직의 운영

1) 제주도지사

제주자치경찰단 최고 책임자는 제주도지사다. 제주자치경찰단장은 자치경찰사무를 집행하는 책임자이다. 국가 및 자치경찰법은 정치적 중립을 위하여 시·도지사를 거의 배제한 상태에서 자치경찰제를 운영한다. 그러나 제주도지사는 제주자치경찰단

운영에 적극적으로 개입하도록 되어 있다. 그 주요내용을 보면 다음과 같다.

가. 자치경찰 활동의 목표 수립[17)]

제주도지사는 자치경찰위원회에게 자치경찰활동의 목표를 수립하고 공표를 할 때 의견을 개진하도록 하고 있다. 여기서 말하는 자치경찰활동의 목표는 외국에서 흔히 말하는 first value이다. first value는 영국의 자치경찰청장이 내년의 목표를 구체적으로 정하여 주민들에게 발표를 하고 연말에는 이를 기준으로 평가를 받는 것이다. 예를 들면, 내년에는 교통사고 사망자를 올해의 3명에서 2명으로 줄이겠다든지, 학교 앞 교통사고를 올해는 25건인데, 내년에는 15건으로 감소시키겠다는 매우 구체적인 목표를 제시하는 것을 말한다. 이번 경찰법 전면 개정에서 나타난 조항이다.

제주자치경찰위원회는 제1항에 따른 목표를 기준으로 매년 자치경찰 활동을 평가하고 제주도지사의 의견을 들어 그 결과를 공표하여야 한다. 이러한 규정은 다른 지역에 없다. 다른 지역은 자치경찰사무에서 자치경찰사무에 관한 목표의 수립 및 평가만 나열할 뿐 이것을 어떻게 하느냐에 대한 조항은 없다. 제주자치경찰단은 지금까지 많은 경험이 있기 때문에 가능한 것이다.

나. 인력 및 장비 운영계획의 수립[18)]

제주도지사는 자치경찰의 조직 및 규모의 적정화와 운영의 합리화를 위하여 인력 및 장비 등의 운용계획을 수립하여야 한다. 제주도지사가 조직 운영에 직접 관여하고 있음을 알 수 있다. 다른 지역은 자치경찰위원회가 할 일인지, 아니면 시도경찰청장이 할 일이지에 대하여 결정한 규정이 없다.

다. 통신설비망의 구축[19)]

도지사는 자치경찰사무의 처리에 필요한 사무소, 무기고 등의 시설물을 갖추어야 하고, 국가경찰과 항시 긴밀한 연락체계를 유지하여야 하며, 이를 위하여 유선·무선 통신망 등의 설비를 갖추어야 한다. 도지사가 제주자치경찰단의 활동에 지장이 없도

---

17) 제92조(자치경찰 활동의 목표 설정 및 평가)

18) 제주특별법, 제93조 1항

19) 동법, 동조항 2항

록 시설장비를 구축하고 있다. 역시 다른 지역과는 다른 규정이다.

2) 자치경찰단장

가. 소속

제주자치경찰단장은 도지사가 임명하며, 정치적 중립을 유지하기 위하여 자치경찰위원회의 지휘·감독을 받는다. 2021년 이전에는 자치경찰단장은 제주도지사의 지휘·감독을 받도록 되어 있다. 정치적 중립성보다 민주성을 더 중요시하는 조직편재였기 때문이다. 제주자치경찰단도 2021년부터는 다른 지역의 자치경찰제처럼 제주자치경찰위원회의 지휘·감독을 받게 된다.[20] 계급은 자치경무관으로 임명하고 있다. 다른 지역과 다른 점은 제주자치경찰단은 제주도지사의 소속인 제주자치경찰위원회의 지휘·감독을 받기 때문에 다른 지역보다 갈등이 심하지 않을 것이다. 그러나 같은 사무를 제주자치경찰단과 제주경찰청이 하기 때문에 이로 인한 혼란이 예견된다.

나. 선발

제주자치경찰단장은 두 가지 방법에 의하여 선발된다.

첫 번째 방법은 내부 승진방법이다. 계급 등 일정한 조건이 갖추어진 자치경찰관 중에서 임명하는 방법이다.

둘째는 개방형에 의한 방법이다. 개방형에 의한 임명방법은 노무현 정부 안에서부터 시작하여 지금까지 이어져 내려오고 있다. 지금까지 제주자치경찰단장은 계속 개방형으로 임명하고 있다. 개방형으로 임명하기 위해서는 제주자치경찰단 인사위원회의에서 통과되어야 한다. 제주자치경찰단장은 개방형으로 임명되기 위해서는 다음과 같은 조건 어느 하나에 해당되어야 한다.

1. 자치경찰단장에 임명할 수 있는 계급에 있거나 바로 아래 하위 계급에 있는 사람으로서 승진에서 제112조제5항·제6항에 따른 계급별 최저근무연수가 지난 자치경찰공무원

---

20) 제주특별법, 제89조

2. 제1호에 상응하는 경찰공무원
3. 제1호 또는 제2호에 해당하였던 사람으로서 퇴직한 날부터 2년이 지나지 아니한 사람
4. 법관·검사 또는 변호사의 직에 5년 이상 근무한 사람

다. 자치경찰단장의 직무[21)]

1. 자치경찰행정의 종합기획·조정
2. 자치경찰활동 목표 수립 및 활동상황 평가
3. 치안행정위원회·인사위원회·교통시설심의위원회 운영
4. 자치경찰 인사·임용·평가·징계 등에 관한 사항
5. 자치경찰 제도개선 과제 발굴 추진
6. 자치경찰공무원 교육훈련계획 수립 추진
7. 국가경찰과의 업무협약 체결 추진
8. 국가경찰과 응원 협력체제 유지에 관한 사항
9. 자치경찰 인력·장비 운용계획 수립 및 운영
10. 무기고 및 유무선 통신망 관리
11. 자치경찰단 운영 홍보 및 대외협력 추진
12. 주민의 생활안전 활동에 관한 사무
13. 지역교통활동에 관한 사무
14. 공공시설 및 지역행사장 등 지역경비에 관한 사무
15. 자치경찰공무원의 직무로 규정하고 있는 특별사법경찰관리의 직무
16. 교통정보센터 운영에 관한 사항
17. 교통신호기 설치·관리에 관한 사항
19. 자치경찰기마대 설치 및 운영에 관한 사항
20. 어린이 교통공원 운영에 관한 사항
21. 어린이(노인) 보호구역 개선사업에 관한 사항

---

21) 제주특별자치도 행정기구 설치조례 제41조

3. 직무 수행 방식

제주자치경찰관의 직무 수행 방식은 '경찰관직무집행법'을 준용하며,[22] 일반 범죄 수사권은 없다. 무기를 휴대·사용하기 위해서는 도지사의 신청에 의하여 제주자치도 지방경찰청의 승인을 필요로 한다. 자치경찰 공무원이 직무 수행 중 범죄를 발견한 경우 범죄의 내용 또는 증거물 등을 제주자치경찰단장은 제주자치도경찰청장 또는 경찰서장(해양경찰서장을 포함)에게 즉시 국가경찰에 인계하며, 현행 범인을 발견하여 현장에서 체포한 경우에는 즉시 국가경찰 공무원에게 인도하도록 하고 있다. 그러나 교통질서 위반 사범, 기초질서 위반 사범 등 단속 권한을 행사할 수 있도록 하고 있다. 15여 년전 노무현 정부안 내용 그대로다. 다만, 이번 경찰법을 전면 개정한 국가 및 자치경찰법이 제정되면서, 제주특별법도 개정이 되어서, 단서조항으로 제90조제4호의 직무를 수행하는 중에 현장에서 체포한 현행범인의 경우에는 그러하지 아니하다를 추가하였다.[23]

4. 계급과 표지

계급은 다음과 같다.[24] 처음에는 자치총경이 자치경찰단장이었으나 2015년부터 자치치안감으로 상향되었다. 이는 국가경찰이 제주지방경찰청장 계급을 경무관에서 치안감으로, 그리고 차장이 신설되면서 계급이 경무관으로 상향 조정된 영향 때문이다.

1. 자치경무관
2. 자치총경
3. 자치경정
4. 자치경감

---

22) 제주특별법,제96조, 적용 경찰관직무집행법 내용: 제3조(불심 검문), 제4조(보호 조치 등), 제5조(위험 발생의 방지), 제6조(범죄의 예방과 제지), 제7조(위험 방지를 위한 출입), 제10조(경찰장비의 사용 등), 제10조의2(경찰장구의 사용), 제10조의3(분사기 등의 사용), 제10조의4(무기의 사용), 제11조(사용 등록의 보관), 제12조(벌칙)

23) 동법, 제98조

24) 동법, 제106조(계급구분) 자치경찰공무원의 계급은 다음과 같이 구분한다.

5. 자치경위
6. 자치경사
7. 자치경장
8. 자치순경

자치경찰관의 근무 시간은 주간을 원칙으로 하되, 치안 수요에 따라 야간 및 공휴일에도 탄력적으로 운영할 수 있다. 근무 중에는 원칙적으로 제복을 착용하며, 복제(服制)는 자치경찰관임을 알 수 있는 흉장과 표지장을 패용하도록 하고 있는데, 제주특별자치도 자치경찰의 흉장과 표지장은 [그림 12-5]와 같다.

[그림 12-5] 제주자치경찰의 표지

5. 제주특별자치도 자치경찰 장비와 무기[25)]

자치경찰 공무원이 자치경찰사무를 수행할 때 휴대·사용할 수 있는 경찰장비의 종류를 자치경찰 장구(수갑·포승·호송용 포승·경찰봉·호신용 경봉·전자충격기 및 방

25) 제주특별법, 제97조

패)로 규정하고, 이에 대한 사용과 휴대는 도지사의 신청에 의하여 제주자치도 경찰청의 승인을 필요로 하며 승인된 자치경찰공무원만이 무기를 휴대·사용할 수 있다.

자치경찰공무원이 무기를 사용한 경우에는 무기의 사용자와 사용 일시·장소·대상·경위를 소속 자치경찰단장을 거쳐 즉시 제주자치도경찰청장에게 통보하여야 한다. 자치경찰공무원이 사용하는 경찰장비에는 표지를 부착하되, 국가경찰의 장비와 구별될 수 있도록 하여야 한다. 제주특별자치도 자치경찰 공무원이 무기를 사용한 때에는 무기의 사용자 및 사용 일시·장소·대상·경위를 소속 자치경찰단장은 즉시 제주자치도 경찰청장에게 통보하여야 한다

2021년 현재 제주특별자치도 자치경찰이 소유하고 있는 장비와 무기는 <표 12-12>와 같다.

<표 12-12> 제주특별자치도 자치경찰단 자치경찰 무기·장비 현황

구 분		수량	비 고 (단위 : 대/정)
총 계		541	
장비종류	기동장비	63	순찰차 20대, 싸이카 12대, 승용 12대, 승합 5대, 버스 2대, 화물 5대 전기이륜차 7대
	무기류	85	3·8 권총 75정(실탄 19,579발, 공포탄 150발), 가스발사총 10정(약제탄74발)
	경찰장구	226	수갑 126, 삼단봉 100
	통신장비	167	무전기 103대, 스마트범칙금단속 단말기 64대

자료: 제주자치경찰단(2021)

6. 일반 업무 수행 결과

초창기부터 지금까지 제주자치경찰단 주요 기능과 연결된 실적을 예를 들어 보면 다음과 같다.

1) 업무협약에 의한 인원배치

제주특별자치도 자치경찰단은 제주특별자치도 출범일인 2006년 7월 1일에 출범은 하였지만 준비 시간이 촉박하였기 때문에 이로 인하여 체제 정비가 안 되어 있었다. 특히, 인원도 국가경찰에서 이관된 38명이 고작이었으며, 업무 집행에 가장 필요한 국

가경찰과의 협약도 아직 이루어지지 않은 상태였다. 따라서 제주특별자치도 자치경찰단이 본격적으로 업무를 시작한 해는 2007년이라고 할 수 있다. 이 때 비로소 국가경찰과의 업무 협약이 이루어져서 자치경찰 업무의 내용과 범위도 확실해졌다. 2006년 12월 제주특별자치도지사와 제주지방경찰청장 사이에 업무 협약에 따른 제주특별자치도 자치경찰의 사무 범위는 다음과 같다.

□ 협약사무 주요 내용[26]

- 제주국제공항에서의 사무
- 주요 관광지에서의 사무
- 지역 행사장의 지역경비에 관한 사무
- 한라산 등산객 보호 및 환경 보호에 관한 사무
- 민속 5일장에서의 사무
- 제주특별자치도 본청 등 공공시설의 지역경비에 관한 사무
- 단체 관광객 등의 수송 안전 활동 사무

이 업무를 처리하기 위하여 다음과 같이 자치경찰 공무원을 배치하였다. 〈표 12-13〉은 출범 초기인 2007년에 제주시 자치경찰대에 배치된 자치공무원 인원이다.

〈표 12-13〉 제주시 자치경찰대 배치 인원

구 분		배치 인원	근무 방법	근무 시간
경무팀(4)		4		
생활안전 1팀 (9)	내 근	3		
	한라산	3	3일 근무/1일 휴무	07:00 ~ 17:00
	사이카	3	3일 근무/1일 휴무	09:00 ~ 18:00
생활안전 2팀 (14)	공 항	14	2일 근무/1일 휴무	A팀 07:00 ~ 20:00 B팀 09:00 ~ 22:00 C팀 : 휴무
관광 환경팀 (13)	내 근	2		
	관광지	7	3일 근무/1일 휴무	09:00 ~ 18:00
	특사경	4		

자료: 제주특별자치도 자치경찰단(2007).

26) 자치경찰과 국가경찰 간의 사무 분담 및 사무 수행 방법에 관한 업무 협약 제4조.

서귀포시 자치경찰대에 배치된 자치경찰 공무원 현황은 〈표 12-14〉와 같다.

〈표 12-14〉 서귀포시 자치경찰대 배치 인원

구 분		배치 인원	근무 방법	근무 시간
경무팀(4)		4		
생활 안전팀 (9)	내 근	3		
	한라산	3	3일 근무/1일 휴무	07:00~17:00
	사이카	3	3일 근무/1일 휴무	09:00~18:00
관광 환경팀 (13)	내 근	2		
	관광지	6	3일 근무/1일 휴무	09:00~18:00
	특사경	4		

자료: 제주특별자치도 자치경찰단(2007).

2) 자치경찰 업무 실적

2007년도에 제주특별자치도 자치경찰단의 업무 수행 실적을 분야별로 살펴보면 다음과 같다. 대표적인 사례만 제시하고자 한다.

가. 제주국제공항 관광질서 및 교통질서 확립

제주국제공항은 제주의 관문이다. 현재 제주국제공항은 국내선 11개 노선, 국제선 9개 노선에 일년에 탑승객이 1,200만 명을 상회하고 있는 인천, 김포 다음으로 번잡한 공항이다. 이렇게 번잡한 틈을 타서 각종 호객행위를 비롯한 불법 주정차 등 질서 문란 행위가 수십 년간 이루어져 왔다. 이 점을 고려하여 제주특별자치도 자치경찰단은 공항에 자치경찰사무소를 설치하여 집중적으로 호객 및 교통질서 문란행위를 강력하게 단속하였다. 그 실적은 〈표 12-15〉와 같다.

〈표 12-15〉 제주국제공항 관광질서 및 교통질서 확립 (단위:건)

계	호객 단속	교통 단속	장애인주차 구역 위반	경고장	기 타 형사범	계	관광 안내	유실물 처 리	홍보물 배 포
9,195	14	614	59	8,466	42	30,481	26,260	221	4,000

자료: 제주특별자치도 자치경찰단(2008).

이러한 자치경찰의 실적으로 인하여 제주공항은 오랫동안 고질적인 문제였던 호객과 교통 문란 행위가 사라지는 등 관광 질서가 잡혔다는 평가를 받고 있다. 〈표 12-16〉에 의하면 자치경찰단이 공항 호객행위 단속 등 공항 질서 유지에 기여하고 있다고 생각하는가에 대한 질문에 전체 응답자의 42.8%가 보통 수준이라고 응답하였다. 응답자의 37.0%는 자치경찰단이 공항 호객행위 단속 등 공항 질서 유지에 기여하고 있다는 긍정적 응답을 하였으며, 응답자의 20.2%가 부정적 태도를 보이고 있어 자치경찰이 공항 질서 유지 업무에 긍정적인 평가를 받고 있음을 알 수 있다.[27)]

〈표 12-16〉 질서 유지 현황(건)

【 제주공항사무소 활동 현황 】

구분 / 연도	형사범	호객행위	주·정차	기초질서	교통질서	면허조회	유실물	무사증 검색	행정법규
2021. 1월	–	5	78	3	14	366	–	–	17
2020	1	70	594	3	45	7,779	86	–	110
2019	31	82	484	124	173	12,372	169	127	110
2018	54	30	541	29	182	30,880	182	183	148

〈표 12-17〉 공항 호객행위 단속 등 공항 질서 유지 기여도

구 분	도(명)	비율(%)
매우 긍정	19	3.8
긍정	56	11.2
약간 긍정	110	22.0
보통	214	42.8
약간 부정	61	12.2
부정	33	6.6
매우 부정	7	1.4
합계	500	100.0

27) 한국지방자치학회, 제주특별자치도 추진 1년 민원행정 서비스 만족도 조사 결과 보고서, 2007.12, p.38. 이 보고서는 국무조정실 제주특별자치도 지원위사무처가 한국지방자치학회에 의뢰하여 연구한 보고서다.
한라일보, "자치경찰대 집중단속 공항 호객꾼 사라져," 2006.12.14.
제주공항의 부정적 이미지에 결정타를 가져오던 호객행위가 최근 들어 자취를 감추고 있다. 이는 전국 최초로 탄생한 제주자치경찰이 핵심 업무로 선정, 지난 10월 말부터 집중 단속을 벌이고 있는 데 기인한다.

나. 한라산·관광지 등 관광객 보호 및 위반사범 단속

제주도는 세계적인 관광지임과 동시에 유네스코 세계 자연유산으로 등재될 정도로 자연환경의 보고다. 이에 따라 자치경찰은 한라산을 비롯한 자연환경의 보호 및 관광지에서의 관광객 보호와 관광 질서를 저해하는 위반사범 단속에 집중하였다. 이 결과는 〈표 12-18〉, 〈표 12-19〉에 나타나 있다.

〈표 12-18〉 관광질서 사범 단속 및 안내 실적 (단위: 건)

계	교 통 단 속	경 범 위 반	계	관 광 안 내	유실물 처 리	기 타 (홍보 등)
389	285	104	6,317	2,284	33	4,000

자료: 제주특별자치도 자치경찰단(2008).

〈표 12-19〉 관광·환경·산림 등 위반사범 지도·단속 (단위: 건/명)

계	관 광	환 경	산 림	원산지	공 중 위 생	식 품 위 생	기 타
166/212	6/9	44/64	64/82	14/15	11/12	19/20	8/10

자료: 제주특별자치도 자치경찰단(2008).

위에서 보는 바와 같이 자치경찰은 관광질서 문란사범 등 지도·단속 및 관광객 보호·안내 등 편의 제공으로 편안하고 안전한 관광 이미지 조성을 하는 데 노력하고 있음을 알 수 있다. 관광·환경·산림 등 위반사범 지도·단속은 그간 국가경찰이 부가적 업무로 수행하였기 때문에 개선되지 않았다. 그러나 자치경찰의 출범으로 자치경찰이 관광·환경사범 등을 집중 단속함으로써 청정관광 제주 조성에 크게 기여하였다는 평가를 받고 있다. 특히, 한라산 자연 훼손, 곶자왈 수목 남벌 등 자연환경 저해 사범에 대한 집중적인 단속으로 환경사범에 대하여 큰 경종을 울리고 있다는 평가를 받고 있다.

다. 관광경찰 운영

"국제관광도시"인 제주지역 실정에 맞는 특화 치안서비스 제공 및 동내 곳곳마다 관광경찰 노출 자연과 사람이 공존하는 청정제주 홍보하고 있다. 제주 관광객 매년 증가하고 특히 외국인 입도 및 범죄 급증하여 이에 대한 대처를 자치경찰에서 하고 있고, 성과도 내고 있다.

〈표 12-20〉 주요 관광지 관광사범 적발 (단위: 건)

구 분	계	불법숙박	유상운송	무등록여행업	무자격가이드	기타
2021. 1월	6	6	–	–	–	–
2020	196	187	3	–	–	6
2019	330	192	67	17	11	43
2018	307	104	31	27	33	112

라. 지역경비

지역경비도 자치경찰의 주요 사무 가운데 하나다. 업무협약 및 지역의 요구 등에 의하여 자치경찰은 각종 문화행사에서 교통 정리 및 경비 업무를 수행하고 있다.

2007년도에 자치경찰이 축제와 문화행사에서 지역경비 업무를 수행한 실적은 〈표 12-21〉과 같다.

〈표 20-21〉 축제·문화행사 혼잡 경비 및 교통 정리 실적

동원 횟수	동원 인원	비 고
290회	3,362명	들불축제, 국제 아이언맨 대회 등

자료: 제주특별자치도 자치경찰단(2008).

자치경찰은 290회의 각종 축제·문화·체육 행사에 참여하여 혼잡경비를 전담함으로써 질서 유지 활동을 통한 안전하고 성공적인 행사 지원으로 제주 관광산업 활성화에 기여하고 있다는 평을 받고 있다. 최근에는 지역행사 교통 관리시 기획 단계에서부터 참여 행사장내부에서 외부 일원까지 안전하고 성공적인 지역행사 추진 및 행사종료 이후 주관부서에 피드백 제공하여 기존 행사장 주요 교차로 경력 배치에서 탈피한 후에 다음 〈표 12-22〉와 같은 큰 성과를 얻고 있다.

〈표 12-22〉 지역축제, 문화행사 등 혼잡경비·교통관리 현황

구 분	2011	2012	2013	2014	2015	2016	2017	2018	2019	2020	2021.1
동원횟수	248	276	897	80	322	228	223	207	289	157	6
동원인원	1,909	3,195	5,221	5,614	3,176	2,173	1,782	1,786	2,227	847	12

마. 불합리한 교통 안전시설 개선

교통안전시설에 대한 관리 권한을 국가경찰로부터 이관받은 자치경찰은 관계 기관들과 합동조사, 주민 의견 등을 수렴해 반영으로 사고 예방 및 도로 이용자의 편의 도모와 주민 불편 해소를 위하여 노력하고 있다. 이에 대한 실적은 〈표 12-23〉과 같다.

〈표 12-23〉 교통안전 시설 개선

구 분	2010	2011	2012	2013	2014	2015	2016	2017	2018	2019	2020
횡단보도신설	67	78	99	83	88	520	266	183	165	250	202
좌회전 허용	40	37	46	89	58	79	38	38	69	134	118
신호기 신설	7	3	8	11	18	27	47	88	34	42	40
기 타	20	8	8	2	6	30	33	54	23	68	63

제 4 절 | 특별사법경찰제 운영과 실적

1. 특사경의 의의

특별사법경찰(이하 "특사경")은 사법경찰 종류의 하나로서 전문성과 수사권한을 통합하여 운영하는 제도다. 다시 말하면, 특사경 제도는 사회 환경의 변화와 인구 및 경제규모의 확대, 정부조직의 거대화 등으로 각 행정조직의 사무는 전문화가 되었다. 전문화는 너무 지나쳐서 전문화로 인한 무능력(Trained incapacity)가 대표적인 관료제 병폐될 정도로 행정의 전문화는 이제 관료제에서는 보편적 현상이다. 그러나 관료들이 갖는 전문화는 집행과정에 또 다른 장벽이 있다. 관료들이 집행하는 사무에 위반한 자에 대한 제재나 이에 대한 수사가 쉽지 않다는 점이다. 관료들은 경찰권이 없기 때문이다. 그렇다고 경찰이 수사하기에는 너무나 전문성이 높기 때문에 이 또한 쉽지 않다. 그래서 행정의 전문성에 대한 법집행이 지연되거나 누락 또는 외면받기까지 하였다. 특별사법경찰제도는 이러한 문제점, 즉 행정의 전문분야에 대한 법집행을 강화하기 위하여 해당 사무를 집행하는 전문성을 가진 담당 공무원에게 경찰권, 사법권을 부여하는 것을 말한다. 이를 법률적으로 정의를 하면, "특별사법경찰은 사법경찰의 유형 중에 하나로서 일반적인 모든 범죄의 수사를 담당하는 일반사법경찰과는 달리 특수한 분야의 범죄에 대한 수사를 담당하는 사법경찰"이라고 할 수 있다.[28]

노무현 정부에서 자치경찰도입시 사무의 한 종류로서 특사경을 선정을 준비하였다. 대검찰청에서 검사도 참석하여 이분야에 대한 논의를 줄곧 하였다. 대검찰청은 자치경찰관에게 특사경 권한도 부여하자는 주장에 대해서 처음에는 매우 부정적이었다. 제주자치경찰관에게 비록 특사경에 한정하지만 수사권을 부여하기 시작하면, 결국 경찰에게도 수사권을 주어야 하는 상황이 우려되어서이다. 그러나 대검은 제주자치경찰단이 규모가 적고, 적용범위도 넓지도 않기 때문에 못이기는 척하면서 협조하였다. 제주자치경찰은 예방경찰에 중점을 두고 권한을 배분하였기 때문에 특사경 분야의 수사권은 자치경찰의 집행력에 큰 도움이 줄 것이라 생각하여 특사경 사무범위를 확대하려고 노력하였다. 결국 특사경은 제주자치경찰의 사무가 되었다. 그래서 제주자치경찰단의 사무는 생활안전, 지역경비, 지역교통이외에 특사경 사무가 되었다.

현재 제주자치경찰단에서 행정이나 주민들의 만족도가 가장 높은 분야가 특사경일 정도로 특사경 사무는 제주자치경찰의 핵심사무가 되었다. 특히, 자치경찰이 같은 제주도 소속이기 때문에 제주도 공무원과의 협조의 용이성은 현장성까지 융합이 되어 큰 효과를 보고 있다. 최근에 제주특사경의 효과를 보고 각 자치단체들이 특사경 조직을 대대적으로 하고 있다. 경기도는 제주자치경찰관 수보다 50여명이 많은 200명이나 된다. 그러나 실적은 제주자치경찰단이 훨씬 높다. 이는 행정력과 자치경찰의 융합이 얼마나 큰 효과를 낼 수 있는지를 말해 주는 것이며, 또한 자치경찰제 도입이 왜 필요한가에 대한 하나의 대답이 될 수 있다.

2. 특사경 사무

제주특별자치도 특별법 제95조[29]의 '사법경찰관리의 직무를 행할 자와 그 직무

28) 김친동, 특별시법경찰제도의 장기발전방안(2009 서울연구원), p.14.

29) 제96조(「경찰관 직무집행법」의 준용) ① 자치경찰공무원이 자치경찰사무를 수행할 때에는 「경찰관 직무집행법」 제3조부터 제7조까지, 제10조, 제10조의2부터 제10조의4까지, 제11조 및 제12조를

범위에 관한 법률'에서 자치경찰 공무원의 직무로 규정하고 있는 사법경찰관리의 업무의 규정에 의하여 자치경찰에서 특사경 업무를 수행하고 있다. 이 규정에 의하면 초창기 제주자치경찰이 수행하고 있는 특사경 업무는 〈표 12-24〉와 같다.

〈표 12-24〉 지방자치단체의 특사경 업무

특별사법경찰관 직무 수행자	직무 범위
산림보호·국유림 경영 공무원	산림, 그 임산물과 수렵에 관한 범죄
식품 단속 공무원	식품위생법·보건범죄 단속에 관한 특별조치법 중 식품위생에 관한 범죄
의약품 단속 공무원	약사법·보건범죄 단속에 관한 특별조치법 중 약사에 관한 범죄
계량검사 공무원	계량에 관한 법률에 규정된 범죄
문화재 보호 공무원	문화재보호법에 규정된 범죄, 동법 상 지정구역 내 경범죄처벌법에 규정한 범죄의 현행범
공원관리 공무원	자연공원법에 규정된 범죄, 경범죄처벌법에 규정된 범죄의 현행범
어업 감독 공무원	수산업에 관한 범죄 및 어업자원보호법 위반 범죄
공중위생 단속 공무원	공중위생관리법에 규정된 범죄
환경 단속 공무원	대기환경보전법, 수질환경보전법, 소음·진동규제법, 유해화학물질관리법, 폐기물관리법, 오수·분뇨 및 축산폐수의 처리에 관한 법률, 환경분쟁조정법, 환경범죄의 단속에 관한 특별조치법, 자연환경보전법, 환경·교통·재해 등에 관한 영향평가법(환경영향평가에 관한 범죄에 한정), 폐기물의 국가간 이동 및 그 처리에 관한 법률, 하수도법, 환경기술 개발 및 지원에 관한 법률, 먹는물관리법, 토양환경보전법, 폐기물처리시설 설치 촉진 및 주변지역 지원 등에 관한 법률, 자원의 절약과 재활용 촉진에 관한 법률, 다중이용시설 등의 실내공기질관리법, 수도법(제61조 제1호), 지하수법(제37조 제7호), 보건범죄 단속에 관한 특별조치법(제4조), 야생동·식물보호법, 악취방지법에 규정된 범죄
차량운행 제한 단속 및 도로 시설 관리 공무원	도로법(40, 47, 50, 50의4, 53, 54, 54의4,54의6) 위반 범죄
관광지도 공무원	관광진흥법에 규정된 범죄

준용한다.

② 제1항에 따라 「경찰관 직무집행법」을 준용할 때에는 다음 각 호에 따른다. 〈개정 2017.7.26.〉

1. "경찰관"은 "자치경찰공무원"으로 본다.
2. 「경찰관 직무집행법」 제3조제2항 전단 중 "경찰서·지구대·파출소 또는 출장소(지방해양경찰관서를 포함하며, 이하 "경찰관서"라 한다)"는 "경찰서·지구대·파출소·출장소(지방해양경찰관서를 포함한다) 또는 자치경찰단 사무소"로 보고, 같은 조 제6항 중 "경찰관서"는 "경찰서·지구대·파출소·출장소(지방해양경찰관서를 포함한다) 또는 자치경찰단 사무소"로 보며, 같은 법 제4조제1항 각 호 외의 부분, 같은 조 제3항 및 제7항 중 "경찰관서"는 각각 "자치경찰단 사무소"로 보고, 같은 법 제4조제5항 및 제6항 중 "소속 경찰서장 또는 지방해양경찰관서의 장"은 각각 "자치경찰단장"으로 본다.

청소년 보호업무 수행 공무원	청소년보호법에 규정된 범죄
농·수산물 원산지·유전자 변형 농수산물 표시 단속공무원	농산물품질관리법·수산물품질관리법에 규정된 원산지 표시·유전자 변형 농수산물 표시에 관한 범죄
대외무역법상 원산지 표시 단속 공무원	대외무역법에 규정된 원산지 표시에 관한 범죄
외화 획득용 원료·기재의 수입 및 사용 목적 변경 승인 업무 수행 공무원	대외무역법(55③~55⑤) 규정에 위반되는 범죄
농약 및 비료 단속 공무원	농약관리법, 비료관리법에 규정된 범죄
하천 감시 공무원	하천법에 규정된 범죄
가축방역관·검역관으로 임명된 공무원	가축전염병 예방법에 규정된 범죄
무등록 자동차정비업, 자동차무단 방치 및 강제보험 미가입 자동차 운행에 관한 단속공무원	자동차관리법에 규정된 무등록 자동차 정비업, 자동차 무단 방치에 관한 범죄, 자동차손해배상보장법에 규정된 강제보험 미가입 자동차 운행에 관한 범죄
소방공무원	소방기본법·소방시설 설치 유치 및 안전관리에 관한 법률·소방시설공사업법·위험물안전관리법 위반 범죄

자료: 행정자치부 자치경찰제 실무추진단(2007: 22).

이들 업무는 자치단체에서는 매우 중요한 사무다. 그러나 자치경찰제 도입 이전에는 상기 업무와 관련된 사건이 발생하면 대부분의 해당 부서는 주어진 특사경의 권한을 활용하여 직접 수사를 하지 않고 지역 경찰서에 기관 고발하였다. 그렇지만 기관 고발 이후에 여러 가지 문제가 계속 발생하여 특사경 업무 처리가 매우 어려웠다. 즉, 기관 고발을 하면 기관 고발을 받은 해당 경찰서는 왜 자체 처리하지 않고 우리에게 이관하느냐고 하면서 강력하게 항의한다. 경찰서는 특사경을 두는 자체가 자치단체가 자신의 업무를 자체 처리하겠다는 것이기 때문에 자체 처리를 하라고 하는 것이다. 2005년도에는 경찰청장의 지시로 이러한 기관 고발 사건을 이첩받지 말 것을 예하 경찰서에 지시한 바 있을 정도로 특사경 사건 처리에 지방자치단체와 국가경찰 간의 갈등이 항상 있어 왔다. 기관 고발을 받은 사건은 국가경찰관에게는 업무 자체가 생소하기 때문에 수사를 하기 위하여 담당 공무원에게 도움을 청한다. 도움을 요청받는 담당 공무원은 경찰서에 가면 도움을 요청하는 것이 아니라 책임 추궁에서부터 피의자처럼 취급을 당한다고 불평이 이만저만 아니다. 이러한 모욕을 느낀 자치단체 공무원들은 이후에는 사건이 발생하면 특사경의 권한을 가지고 이 문제를 풀어보고자 한다. 그러나 장벽은 더욱 많다. 우선 사건을 수사하기에는 수사 기술이 부족하고, 더욱 어려운 것은 피의자가 자신들을 경찰관같이 대하는 것이 아니라 매우 만만하게 대하면서 수사 협조를 전혀 하지 않는다는 점이다. 또한 담당 공무원은 직무가 경찰과 같이 수사에만 집중하는 데만 있는 것이 아니라 다른 업무도 수행하여야 하기 때문에 이 사건에 집중할 시간적 여유가 없다. 그래서 결국 특사경 업무를 맡은 자치단체 공무원들은 특사경 재임용을 거부한다. 그러면 그 업무는 어떻게 되는 것인가. 사각지대에 있게 되고 만다.[30] 이러한 이유 때문에 최근에 서울시도 86명의 직원으로 특사경 업무 전담 부서를 만들어서 활동하고 있다.[31] 그러나 자치경찰제 도입으로 이러한 딜레마는 확실하게 달라졌다. 자치경찰관도 특사경 업무에 대한 수사권을 소지하고 있을 뿐만 아니라 담당 공무원들도 자치경찰이 같은 소속 직원이기 때문에 업무 협조에 전혀 문제가 없다. 자치경찰이 인지하여 처음부터 특사경 업무를 처리하기도 하고, 또 담당 공무원이 인지하여 자치경찰관에게 협조 요청하면 함께 가서 동시에 수사한다. 전문성과 수사 경험이 동시에 활용되게 된다는 것이 자치경찰관이나 담당 공무원들이 이구동성으로 하는 얘기다. 이후에 자치경찰에서 처리하는 특사경 사무는 다음 〈표 12-25〉와 같이 증가하였다. 적용법률만도 91개나 된다.

---

30) 서귀포시 특사경 담당 공무원과의 면담에서.

31) 한국일보(2008. 1. 8), “행정사범 단속·수사 특사경이 나선다,” 서울 특별사법경찰 예정자 86명 6주간 교육
피의자신문법 등 45과목 이수 후 지검서 실습 “기초질서 바로잡아 서울을 세계 10대 도시로!”
식품안전과 보건·위생, 환경 등 16개 분야의 행정법규 위반 사범을 수사할 특별사법경찰(특사경) 공무원 교육이 6주 일정으로 7일 서울시인재교육원에서 시작됐다. 교육에는 25개 구청에서 선발된 행정·보건·화공직 75명과 본청 직원 11명으로 모두 86명이 참석하였다. 이번에 선발된 공무원들은 6~9급 공무원 75명과 본청 직원 11명 등 총 86명으로 20~50대까지 연령대도 다양하다. 시는 2월 말쯤 교육이 끝나는 대로 자체 심사를 거쳐 부적격자를 가려낸 뒤 서울중앙지검에 특별사법 경찰관(4~7급)과 경찰리(8, 9급)로 지명해 줄 것을 요청할 예정이다. 이들이 현장에 투입돼 노래방 등을 단속하다 업주의 불법행위를 적발하면 경찰의 도움 없이도 바로 체포해 수사하거나 구속할 수 있다. 시는 이들의 업무 지원을 위하여 ‘특별사법경찰 지원과’를 올해 초 출범시키고 남산에 별도 사무실과 조사실을 마련하였다. 시 관계자는 “지금까지 특사경 공무원이 단속 활동을 통하여 위반사범을 적발하더라도 법이 부여한 수사권을 이용해 사건을 자체적으로 소화하지 못하고, 검찰이나 경찰에 고발 조치하는 수준에서 그쳤다”며 “기초 질서를 확보하기 위한 제도의 입법 취지에 부응하기 위하여 특사경 교육을 실시하게 됐다”고 배경을 설명하였다. 서울시는 지난 해 노점상들이 불법행위를 일삼았음에도 불구하고 현장에 출동한 경찰이 적극적인 대처를 하지 않자, 위법행위를 직접 단속할 수 있는 자치경찰제 도입의 필요성을 주장해 왔다.

〈표 12-25〉 자치경찰 수사 직무범위

〈사법경찰관리의 직무를 수행할 자와 그 직무범위에 관한 법률〉 (20.8.28. 시행기준)

연번	조항(6조)	분 야(19개)	직 무 범 위(91개 법률)
1	5호	산 림	관할 구역 임야에서 발생하는 산림, 그 임산물과 수렵에 관한 범죄 산지관리법, 산림자원조성및관리에관한법률, 산림문화휴양에관한법률, 사방사업법, 소나무재선충방제특별법, 산림보호법, 목재의 지속가능한 이용에 관한 법률 【7】
2	6호	식품·위생	식품위생법, 수입식품안전관리특별법, 보건범죄단속에관한특별조치법(식품위생에 관한 범죄), 건강기능식품에 관한 법률 【4】
3	7호	의약품	약사법, 화장품법, 의료기기법, 식품·의약품분야시험검사등에관한법률, 보건범죄단속에관한특별조치법(약사에 관한 범죄) 【5】
4	11호	문화재	문화재보호법, 매장문화재보호및조사에관한법률, 경범죄 현행범 【3】
5	13호	공원관리	자연공원법, 경범죄 현행범 【1】
6	15호	수산업	수산업법, 양식산업발전법, 어업자원보호법, 수산자원관리법, 어선법, 내수면어업법 【6】
7	18호	공중위생	공중위생관리법, 의료법, 정신건강증진및정신질환자복지서비스지원에관한법률(제84조~제87조 및 이와 관련한 제88조), 사회복지사업법(제53조, 제54조 및 이와 관련한 제56조) 【4】
8	19호	환 경	대기환경보전법, 물환경보전법, 소음진동관리법, 화학물질관리법, 폐기물관리법, 가축분뇨의관리및이용에관한법률, 환경분쟁조정법, 환경범죄등의단속및가중처벌에관한법률, 자연환경보전법, 환경영향평가법, 폐기물의국가간이동및그처리에관한법률, 하수도법, 환경기술및환경산업지원법, 먹는물관리법, 토양환경보전법, 폐기물처리시설설치촉진및주변지역지원등에관한법률, 자원의절약과재활용촉진에관한법률, 실내공기질관리법, 수도법(상수원보호구역오염행위), 지하수법(지하수오염방지명령 위반), 보건범죄단속에관한특별조치법(제4조), 야생생물보호및관리에관한법률, 악취방지법, 건설폐기물의재활용촉진에관한법률, 습지보전법, 독도등 도서지역생태계보전에관한특별법, 대기관리권역의대기환경개선에관한특별법, 환경보건법, 석면안전관리법, 화학물질의등록및평가등에관한법률, 생물다양성보전및이용에관한법률, 환경분야시험검사등에관한법률, 잔류성유기물질관리법, 환경오염피해배상책임및구제에관한법률, 환경오염시설의통합관리에관한법률 【35】
9	21호	도 로	도로법(제40조, 제46조, 제49조, 제52조, 제61조, 제75조~제78조) 【1】
10	22호	관 광	관광진흥법 【1】
11	24호	청소년	청소년보호법 【1】
12	25호	농축수산물	농수산물의원산지표시에관한법률, 농수산물품질관리법, 친환경농어업육성및유기식품등의관리지원에관한법률, 축산물위생관리법, 인삼산업법, 양곡관리법 【7】
13	26호	대외무역	대외무역법(원산지표시에 관한범죄) 【1】
14	28호	농약·비료	농약관리법, 비료관리법 【2】
15	29호	하 천	하천법 【1】
16	31호	질 병	가축전염병예방법, 식물방역법, 수산생물질병관리법 【3】
17	45호		
18	32호	자동차	자동차관리법(무등록자동차정비업, 자동차소유권 이전등록 미신청 및 자동차무단방치) 자동차손해배상보장법(의무보험미가입자동차운행) 【2】
19	41호	석 유	석유및석유대체연료사업법 【1】

20	42호	경 제	대부업등의등록및금융이용자보호에관한법률 【1】
21	43호		방문판매등에관한법률 【1】
22	44호		할부거래에관한법률 【1】
23	46호		자본시장과금융투자업에관한법률 【1】
제주특별법			제주특별법제473조(관광분야벌칙), 제주특별법제473조(환경분야벌칙) 【1】
특정범죄가중처벌법			제9조(「산림자원의 조성 및 관리에 관한 법률」 등 위반행위의 가중처벌) 【1】

자료: 제주자치경찰단 내부자료, 2021.

3. 조직과 실적

1) 조직

[그림 12-6]은 제주자치경찰단 특사경 조직이다. 수사과 3개팀과 서귀포지역대 1개 팀이 특사경 사무를 전담하고 있다. 제주특별자치도 특사경(법정·지명) 현황을 보면, 전체 특사경은 80명이며 그 중 자치경찰(외근수사관)은 17명으로 21% 차지하고 있다.

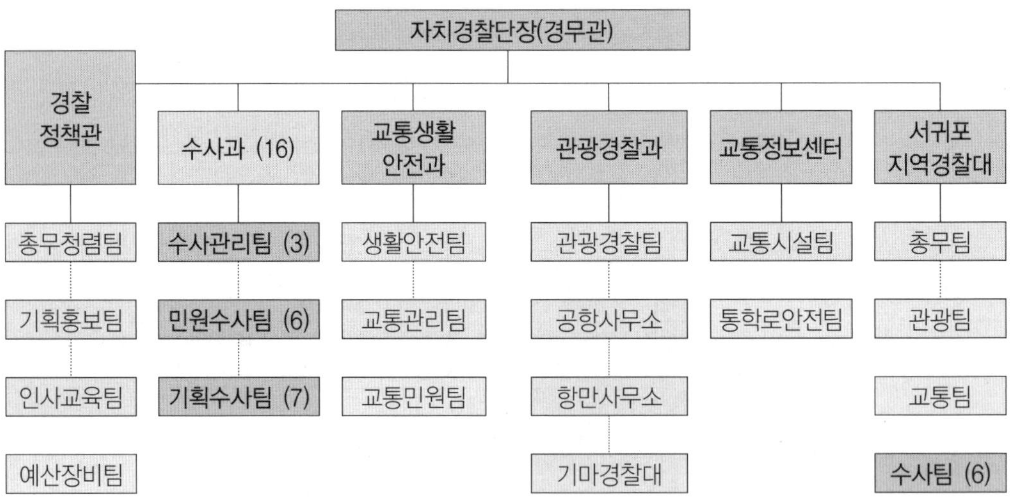

[그림 12-6] 제주자치경찰단 특사경 조직도

그리고 제주자치경찰(151명)은 전원 법정 특사경 신분을 유지하고 있다. 다음 〈표

12-26>은 외근수사관과 지명 특사경의 내용이다.

<표 12-26> 특사경 분야별 인원 현황('21. 1월 기준)

합계	자치경찰 中 (외근 수사관)	지명특사경						
		소계	소방	세무	수산	카지노	원산지	자동차
80명	17명	63명	33명	10명	8명	9명	2명	1명

2) 특사경 실적

가. 초창기 실적

자치경찰이 시작한 후 1년이 지난 시점인 2007년도 특사경 업무 수행 실적은 <표 12-27>과 같다. 이 당시 인원은 국가경찰에서 이관한 38명이었던 때였다.

<표 12-27> 특사경 실적 (단위: 건/명)

계	관광	환경	산림	원산지	공중위생	식품위생	기타
166/212	6/9	44/64	64/82	14/15	11/12	19/20	8/10

자료: 제주특별자치도 자치경찰단(2008).

특사경 업무 총괄 사건 처리 실적을 보면 총 166건에 212명의 사범을 처리하였다. 이 중에서도 환경과 산림에 대한 위반 사범 처리가 가장 높다. 이는 자치경찰이 환경사범에 대한 집중적인 단속을 하고 있다는 의미와 지금까지 활성화되지 못했던 환경 분야가 자치경찰제가 도입되면서 집중 단속하게 되었다는 의미라고 해석된다.

단속 현황을 죄명별로 보면 <표 12-28>와 같다. 가장 많이 적발한 사범은 산지관리법 위반, 산림자원 조성 및 관리에 관한 법률 위반, 식품위생법 위반, 오수분뇨 및 축산폐수의 처리에 관한 법률 위반, 폐기물관리법 위반 순이다. 이는 결국 산림과 환경, 위생 순이라고 할 수 있다.

〈표 12-28〉 특사경 사범 죄명별 단속 현황

죄 명	계
가축분뇨의 관리 및 이용에 관한 법률 위반	1/2
건설폐기물의 재활용 촉진에 관한 법률 위반	2/3
공중위생관리법 위반	11/12
농약관리법 위반	1/2
대기환경보전법 위반	1/1
도로법 위반	2/2
문화재보호법 위반	1/4
비료관리법 위반	2/3
산지관리법 위반	32/37
산림자원 조성 및 관리에 관한 법률 위반	26/31
소나무재선충병방제특별법 위반	1/1
특정범죄가중처벌법(산림) 위반	4/11
수산물품질관리법 위반	14/15
수질환경보전법 위반	5/11
식품위생법 위반	24/25
야생동식물보호법 위반	4/4
오수분뇨 및 축산폐수의 처리에 관한 법률 위반	18/23
자동차관리법 위반	1/1
제주도특별법 위반	1/2
청소년보호법 위반	2/2
폐기물관리법 위반	11/17
환경교통재해 등에 관한 영향평가법 위반	2/3
계	166/212

자료: 제주특별자치도 자치경찰단, 2008.

나. 최근의 실적

최근 특사경이 사건처리 실적을 보면, 자치경찰 19개 분야 91개 법률에 의거 특사경 수사직무범위 관련 최근 3년간 4,837건 사건처리를 하였다. 연도로 보면, '18년 1,479건, '19년 1,676건, '20년 1,682건 등이다. 특히, 관광제주 지역산업과 도민생활에 즉결되는 관광·산림·환경·식품위생 관련 최근 3년간 사건처리는 '18년 406건 57% ⇨ '19년 438건 75% ⇨ '20년 562건 97% 전담처리로 중추적 역할 수행하고 있다. 〈표 12-29〉는 최근에 제주지검에 사건을 송치한 현황자료이다.

〈표 12-29〉 제주지검 사건송치 현황자료

구분	2018년			2019년			2020년		
	자치경찰	국가경찰	기타(해경, 행정시 등)	자치경찰	국가경찰	기타(해경, 행정시 등)	자치경찰	국가경찰	기타(해경, 행정시 등)
계	406 ▲57%	208	93	438 ▲75%	55	91	562 ▲97%	13	4
산림	110 ▲89%	13	-	53 ▲85%	9	0	52 ▲98%	1	-
환경	106 ▲47%	55	63	150 ▲78%	17	25	69 ▲81%	12	4
관광	20 ▲57%	14	1	16 ▲88%	2	0	9 ▲100%	-	-
식품위생	170 ▲52%	126	29	219 ▲70%	27	66	431 ▲100%	-	-

〈표 12-29〉에서 보면, 제주자치경찰단이 특사경에 의한 사건 송치 능력이 어느 기관보다도 탁월함을 알 수 있다. 2018년도 406건으로 제주 전체 건수에서 57%를 차지하였고, 2020년에는 562건으로 전체 건수에서 97%로 크게 증가하였다. 특사경이 시기에 국가경찰은 208건에서 13건으로 오히려 크게 감소하였다. 관광제주 특성에 맞는 관광·산림·환경·식품위생 수사역량에 집중하고 있다.

2020년도 특사경단 또는 국단위로 조직을 대형화하고 있는 서울과 경기도와의 비교를 한 내용이 〈표 12-30〉이다. 제주는 수사관 17명이 625건을 처리하였다. 이중에 송치는 562건이고 내사종결은 63건이다. 반면에 서울은 79명의 수사관이 726건을 처리하고 있고 이중에 송치는 560건으로 제주보다 2건이 적다. 수사관이 가장 많은 경기도는 제주보다 10배가 많은 179명의 수사관이 1,357건을 처리하고 있는데 이중에 송치는 1,179건이며 내사종결은 178건이다. 이를 1인당 처리건수로 보면, 제주는 36.7건, 서울 9.2건, 경기 7.6건으로 제주특사경찰이 서울, 경기보다 4-5배나 많은 건을 처리하고 있다. 이렇게 처리건수 등 실적이 다른 지역에 비해 월등하게 높은 것은 자치경찰관과 전문성을 갖추고 있는 공무원이 한 조직에 있어서 신속성, 현장성, 보안성 등 특사경의 요건을 갖추기가 쉽기 때문이나. 향후 자치경찰 운영과정에서 세심한 설계가 필요함을 말해 주고 있다.

〈표 12-30〉 제주자치경찰과 서울·경기도 특사경 실적 비교

구분	처리건수('20년) (송치/내사종결)	수사관 인원	1인당 처리 건수	사건처리 비율
제주자치경찰단	625건 (562건/63건)	17명	36.7건	100%
서울시 민생사법경찰단	726건 (560건/166건)	79명	9.2건	25%
경기도 특별사법경찰단	1,357건 (1,179건/178건)	179명	7.6건	20%

자료: 제주자치경찰단, 2021. *(각 관할지검 사건송치+각 지자체 내사종결) 현황자료 기준

3) 초창기 특사경 활동 사례

다음은 제주특별자치도 자치경찰이 초창기에 특사경 업무를 수행하는 모습을 사건을 중심으로 살펴보고자 한다.32)

가. 자체 인지를 통한 활동 사례

다음 사례는 자치경찰이 처음부터 사건을 인지하여 검찰 송치까지 하는 경우다.

가) 골프장 사업장 폐기물 무단 투기 사건33)

□ 수사 착수 경위

2007년 8월 한 달간 서귀포시 관내 골프장 11개 업체에 대하여 골프장 폐기물인 잔디예지물(잔디떼)이 여름철에 집중적으로 배출됨에도 적정하게 처리되지 않을 것으로 판단, 사업장 폐기물인 잔디예지물 무단 방치 여부에 대한 점검을 실시하여 C 골프장에서 골프장 부지 내에 폐기물을 무단 방치하고 있다는 첩보를 입수, 수사에 착수하게 되었다.

---

32) 이 사건들은 자치경찰단에서 보관하고 있는 사건일지에서 제공받아 본인이 편집하였다.

33) 제민일보, "골프장 폐기물 무단 투기 하청업자 입건," 2007년 10월 16일.
서귀포시 자치경찰대는 골프장에서 발생한 폐기물인 잔디예지물(잔디떼)을 임야 등에 무단 투기한 혐의(폐기물관리법 위반 혐의)로 골프장 폐기물처리 하청업자 홍모씨(36·제주시)를 입건했다. 자치경찰대에 따르면 홍씨는 지난 6월 20일부터 22일까지 서귀포시 모 골프장에서 발생한 잔디예지물 약 10t을 골프장 부지 내 모래야적장 인근과 골프장 인근 임야에 무단 투기한 혐의를 받고 있다.

□ 수사 진행 사항

잔디폐기물을 무단 투기한다는 내용의 첩보 입수→잔디폐기물 무단 투기 현장 적발→C골프장 폐기물 처리담당 Y모씨 조사→C골프장 잔디예지물 관리대장 사본 확보→피의자 B모씨 신문조서 작성→피의자 B모씨 제2회 신문조서 작성→C골프장 법인 진술서 확보→검찰 수사지휘 건의→ 검찰 사건 송치

□ 범죄 사실

누구든지 시장·군수·구청장이나 공원·도로 등 시설의 관리자가 폐기물의 수집을 위하여 마련한 장소나 설비 외의 장소에 폐기물을 버려서는 아니 되고 보관·처리하려는 자는 대통령령으로 정하는 기준 및 방법에 따라 처리하여야 한다. 그럼에도 불구하고, 2007년 ○월부터 같은 해 ○월까지 서귀포시 ○○면 소재 C골프장에서 골프장 잔디를 관리하면서 발생한 사업장 폐기물인 잔디예지물 100.77톤을 재활용 퇴비화 등 기준 및 방법에 따라 처리하지 않고 골프장 부지인 코스 관리동 남쪽 공터 억새밭에 무단 투기한 것이다.

□ 총 평

이와 같은 사건의 경우에 종전에는 국가경찰이 일반 형사범 중심으로 단속 활동을 벌여 왔다. 위 사건과 같은 위반 사범들의 범행 장소에 대한 관리·감독은 도·행정시 일반 행정부서에서 전담하도록 되어 있다. 그러나 지금까지는 단속의 실효성이 저조했었다. 자치경찰 출범 후 특사경 업무를 수행함으로써 그동안 단속이 소홀했던 제주도 내 환경사범 특히 대형 사업장 폐기물을 무단 배출하는 대형 골프장 등의 지도·점검 활동을 통하여 2007년 6월 세계자연유산으로 등재된 청정 제주의 위상 제고는 물론 제주도 내 대형·중소업체들에게 환경에 대한 경각심을 일깨워 준 계기가 되었다.

나. 다른 부서에서 수사 의뢰 사례

다음은 시청 내 다른 부서에서 자치경찰대에게 수사를 의뢰하거나 공동 수사를 요청하여 사건을 마무리한 경우다.

가) 승마장 조성 목적 임야 무단 훼손 사건[34]

□ 수사 착수 경위

2006년 12월에 자치경찰대가 제주시청 공원녹지과 산림담당 공무원 등과 '산림 내 불법행위 특별단속 계획'에 의거 산림 훼손 예방 합동 단속 활동 중 곶자왈로 추정되는 제주시 ○○읍 소재 일대 임야에 때죽나무 등 수목 2,000여 그루가 벌채되어 있는 현장을 발견하였다. 이에 자치경찰 공무원은 관련 공무원과 임야(토지)대장을 확인한 바, 불법으로 산림을 훼손한 혐의를 인지하고 수사에 착수하게 된 것이다.

□ 수사 진행 사항

제주시청 담당부서와 산림 훼손 현장 발견→수사 의뢰 공문 접수→참고인 확보 조사 및 관련 증빙 서류 확보→담당 공무원 참고인 조사→피의자 신문 및 조서 작성→검찰 수사 지휘 건의→특가법 위반 수배 의뢰→기소 중지로 수배중인 피의자 K모씨 검거→피의자 K모씨 구속→검찰 사건 송치 →공범 피의자 B모씨, J모씨 법정 구속

□ 범죄 사실

피의자는 승마장을 조성할 목적으로 관계 당국의 허가 없이 20○○년 ○월부터 같은 해 ○월까지 지하수 및 생태계 보전지구로 지정되어 어떠한 개발행위도 할 수 없는 중산간 지역인 제주시 ○○읍 소재 임야(총 22,640㎡) 내에 자생하고 있는 20~40년생 팽나무, 때죽나무 등 산림청 고시가격 2,200여만 원 상당의 수목 2,300여 그루를 무단으로 벌채하였다. 자치경찰대는 이에 산림의 형질을 변경한 제주시 ○○동 거주 K모씨 등 3명을 특정범죄 가중처벌 등에 관한 법률(산림) 등 혐의로 구속하였다.

□ 총 평

이번 수사는 그간 환경관리 업무를 경시하였던 제주 중산간 지역의 불법 개발행위자들을 단속 수사하여 경각심을 고취시켰다. 또한 자치경찰과 시청 담당 부서 관

34) www.jejusori.net/news/articleView.html?idxno=35782

련 공무원으로 이루어진 합동단속반 활동을 통하여 양 부서의 미흡한 점을 상호 보완함으로써 사건을 처리하는 데 더욱 신중을 기하게 된 계기가 되었다.

4) 최근 특사경 활동 상황

최근에 특사경 활동은 그동안 경험과 장비 보강 등으로 더욱 활발하게 이루어지고 있다. 이러한 활동들이 널리 알려져서 지자체에서 많은 방문이 이루어지고 있으며, 제주자치경찰단 특사경에 관한 논문들이 계속 나오고 있으며, 박사학위 논문도 여러편 나와 있을 정도로 학계에서도 인정받고 있다. 최근 사례도 앞의 사례와 같이 상세하게 기술하고 싶지만 지면 관계상 요약한 〈표 12-31〉로 대신하겠다.

〈표 12-31〉 최근 제주자치경찰단 특사경 수사 사건의 예

개 요	내 용
토지분할 제한지침 제정에 기여 ('16. 6.)	곶자왈 지역을 훼손하며 토지 쪼개기 수법으로 텔레마케터 고용 수십명에게 되팔아 수십억원상당의 시세차익을 얻은 도외 지역 3개 기획부동산법인 대표 3명을 구속, 제주지역 부동산 투기꾼에 경종을 울리고 부동산 투기와 난개발 방지를 위해 토지분할 제한지침 제정을 이끌어내며 제주지역 투기성 토지 쪼개기 감소
악취관리지역 지정에 기여 ('17. 7. ~ '18. 8.)	수십년 간 제주양돈농가의 저항으로 악취관리지역으로 지정을 못해오다가 가축분뇨 200여톤을 곶자왈 등 지역에 무단 유출한 37개 농가를 특정하고 4명을 구속, 육지부 돼지고기 도내 반입허용 및 악취관리지역 지정을 이끌어 내며 악취저감정책의 변화 이끌어냄
감귤가격 안정화 기여 (감귤생산및유통에관한조례위반)창설이후 ~ 현재까지	제주의 1차 생명 산업인 감귤가격 안정화를 위해 강제착색행위와 비상품감귤 유통 행위에 대해서도 감귤관련 부서와 긴밀히 협조하면서 감귤가격 안정화에 기여함.
고병원성 조류동감 확진된 가금류 신속한 수거 매몰 (가축전염병예방법위반) '17. 6. 당시 전국 모범사례로 농산부장관 치하	고병원성 조류동감 확진된 가금류 제주 반입 유통 상황 발생 자치경찰 수사기법활용(휴대전화통화내역, 차량GPS, CCTV확보 등)수일 내 유통 가금류 특정 및 매몰처분 행정 지원으로 조기 방역에 성공 *타 시·도 방역부서의 경우 단 시일 내 찾아내어 매몰처분 사례 없음
공정 제주 관광산업 저해 불법영업행위 철퇴 (관광진흥법위반) 제주 관광산업의 불공정 행위 파수꾼 역할	중국 등 해외에서 외국인 관광객을 불법으로 모객하여 도내 개별·그룹별 관광 진행 등 불공정 행위로 제주 관광업계의 일자리 침해 등 외국인 활동책을 검거하고 여행사 등록 없이 제주관광객을 골프장 등에 알선해오던 무등록 여행업 경영자 검거, 숙박업 신고(인·허가) 절차 이행하지 않고 화재방지시설 등 설치 없이 불법 영업행위 적발

제 5 절 | 자치경찰의 인사 운영

1. 인사 법령과 기관

제주특별자치도 자치경찰의 기초는 제주특별자치도 특별법[35]이다. 제주특별자치도는 참여정부안의 자치경찰법안이 국회를 통과되기 전에 발족하였기 때문에 제주특별자치도 자치경찰에 대한 규정은 자치경찰법안에서 원용하여 제주특별자치도 특별법에 규정하였다. 제주특별법은 제정시에는 총 363조 부칙 41조로 되어 있는 방대한 법률이다. 이 중 자치경찰에 대한 규정은 제11장에 105조에서부터 139조까지로 되어 있다. 따라서 자치경찰에 대한 인사 규정은 이 안에 포함되어 있기 때문에 제주특별자치도 자치경찰관 인사에 대한 기본법은 제주특별자치도 특별법이라고 할 수 있다. 제주특별법은 특별법이기 때문에 많은 조항들을 제주특별자치도 조례와 규칙에 위임하고 있다. 자치경찰에 관한 사항도 마찬가지다. 이에 따라서 제주특별자치도 자치경찰 인사에 대한 규정은 제주특별자치도 조례와 규칙 제정으로 이루어지고 있다. 자치경찰에 대한 조례와 규칙의 목록을 보면 〈표 12-32〉와 같다. 총 조례와 규칙 10개중에 4개가 인사에 관한 것이다.

〈표 12-32〉 제주특별자치도 자치경찰 인사에 관한 조례·규칙명

일련 번호	조례·규칙명
1	제주특별자치도 자치경찰 운영 등에 관한 조례
2	**제주특별자치도 자치경찰공무원 인사교류 조례**
3	**제주특별자치도 자치경찰공무원 임용 등에 관한 조례**
4	**제주특별자치도 자치경찰단장 개방형직위의 운영에 관한 조례**
5	제주특별자치도 자치경찰 무기·탄약관리 규칙
6	제주특별자치도 자치경찰 복제에 관한 규칙
7	제주특별자치도 자치경찰 운영 등에 관한 조례 시행규칙
8	**제주특별자치도 자치경찰공무원 교육훈련 규칙**
9	**제주특별자치도 자치경찰공무원 인사 규칙**
10	0 제주특별자치도 자치경찰공무원에게 지급하는 물품에 관한 규칙

자료: 제주특별자치도 홈페이지(2021).

35) 정식 명칭은 "제주특별자치도 설치 및 국제자유도시 조성을 위한 특별법"이다. 이하 "제주특별법"이라 한다.

제주특별자치도 자치경찰관의 인사에 대한 결정기관은 자치경찰인사위원회다. 자치경찰인사위원회는 심의·의결기관으로서 다음과 같은 기능을 수행한다.[36)]

1. 자치경찰공무원 충원계획의 사전심의
2. 자치경찰공무원 각종 임용시험의 실시
3. 도지사의 요구에 따른 자치경찰공무원의 보직관리기준과 승진·전보임용기준의 사전의결
4. 자치경찰공무원 승진임용의 사전심의
5. 도지사의 요구에 따른 자치경찰공무원의 징계의결 및 「지방공무원법」 제69조의2에 따른 징계부가금 부과 의결
6. 도지사가 도의회에 제출하는 자치경찰공무원의 인사와 관련된 조례안과 규칙안의 사전심의
7. 자치경찰단장의 개방형직위 지정·운영에 관한 사항
8. 그 밖에 도지사가 자치경찰공무원의 인사에 관하여 회의에 부치는 사항

2. 모집과 임용

모집과 임용, 교육 등에 관한 사항은 제주특별자치도 자치경찰공무원 임용 등에 관한 조례에 상세하게 규정되어 있다.

이 조례에는 총 조문 67개로 구성되어 있다. 이 조례에는 신규임용, 임용시험, 승진임용, 근무성적·경력 및 교육훈련성적의 평정, 승진대상자명부, 승진심사, 승진시험, 특별승진 및 특별승급, 교육훈련, 신분보장, 대우 공무원 등에 대한 상세한 내용이 있다.

---

36) 제109조(자치경찰인사위원회의 기능) 자치경찰인사위원회는 다음 각 호의 사항을 관장한다. 〈개정 2019.12.10.〉

제 6 절 | 자치경찰의 재정 운영

1. 재정 운영 제도

자치경찰 예산의 확보와 함께 안정적 재원 마련을 위한 제도 정비 또한 추진되었다. 제주특별자치도는 자치재정권 확대의 기본 방향으로 안정적인 자치재정 확보와 재정 운영상의 자율성 확대를 중심으로 추진하였다. 국가는 제주자치도가 자치경찰을 설치 · 운영하는 데 필요한 경비를 지원할 수 있다[37]는 규정에 의하여 자치경찰에 대한 재정지원을 의무화하고 있다. 자치경찰에 대한 재정적 지원을 어떻게 하는냐에 대한 방안들이 여러 기관에서 제시되었다.

제주특별자치도를 설치하면서 재정지원에 대한 문제가 막판까지 해결이 되지 않았다. 예산당국은 4시군, 1도에서 제주특별자치도는 1도이기 때문에 이를 기준으로 예산을 배정해야 한다고 주장한다. 반면에 제주특별자치도는 과거처럼 4시군, 1도의 예산을 보장하라고 주장하였다. 최종적으로는 지방교부세(3%)와 지방교육재정교부금(1.57%)의 법정률화를 통하여 안정적인 소요재정을 확보한 정부와 제주도는 좀더 포괄적인 재정 운영으로 지역의 자율성을 살리는 동시에 사업 수행의 효율성을 높이고자 국가균형발전 특별회계 내에 '제주특별자치도 계정' 설치를 추진하였다(제주특별자치도, 2007: 202). 제주특별자치도는 역시 자치경찰 예산도 국가균형발전 특별회계 내 '제주특별자치도'계정으로 지원될 수 있도록 정부 및 국회 등에 제도 개선을 건의하였다.

당초 입법 예고(2006.6.2.~22)된 정부(안)에는 자치경찰에의 지원 사항이 반영되어 있지 않았으나, 제주도가 지속적으로 중앙정부 설득에 나서 정부 법안에 "자치경찰로 이체되는 경찰인력의 인건비 상당액"으로 규정되어 국회에 제출되었다. 이후에도 제주도는 국회 등을 대상으로, 전국 최초로 시행되는 자치경찰의 조기 정착과 성공을 위해서 안정적인 재정 뒷받침이 반드시 이루어져야 함을 지속적으로 설명하였

37) 제주특별법, 제103조(재정지원)

고 그 결과 법안이 일부 수정되어 국회를 통과, 확정되었다. 자치경찰 예산과 관련되어 국가균형발전특별법 개정 추진 과정과 내용을 보면 〈표 12-33〉과 같다.[38]

〈표 12-33〉 국가균형발전특별법 일부 개정안 추진 과정

일 시	구 분	자치경찰 재정 지원 내용	비고
2006. 6. 2~22	개정법률안 입법 예고	해당 규정 없음	
2006. 9. 26	정부 개정안 국회 제출	자치경찰로 이체되는 경찰 인력의 인건비 상당액	
2006. 12. 7	국회 운영위원회 심의·의결	자치경찰로 이체되는 경찰 인력의 인건비 상당액 및 그 운영비 일부	수정 의결
2006. 12. 22	국회 법제사법위원회 심의·의결 및 국회 통과	자치경찰로 이체되는 경찰 인력의 인건비 상당액 및 그 운영비 일부	

2. 재정 현황

재정이 모든 정책의 성패 여부를 결정짓는 것은 재언이 필요없다. 자치경찰도 마찬가지다. 제주특별자치도 자치경찰에 대한 재원 상황은 다음 몇 가지 점에서 복잡하다.

첫째, 제주특별자치도의 입장이다.

제주도는 자치경찰이 경찰의 업무 일부를 이관하여 처리하는 것이기 때문에 이로 인하여 소요되는 인건비 및 운영비용은 정부가 부담해 주어야 한다는 주장이다. 제주특별자치도의 이러한 입장도 이해가 간다. 특히, 대륙법 체계를 지닌 우리나라에서 경찰사무는 국가사무로서 기관위임사무로 보고 있으며, 지방자치법상 자치경찰화하는 것은 국가사무로서의 경찰을 자치단체의 자치사무로서 처리한다는 것이다. 따라서 자치경찰의 사무는 기관위임사무이기 때문에 법체계 원리에 따르더라도 위임기관인 중앙정부가 기관위임사무 처리 비용을 부담하는 것은 당연하다고 생각된다(김원중, 2004: 192). 현재 제주특별자치도는 이러한 입장을 고수하면서 정원 중 잔여 인력인 44명을 중앙재원 지원 없이는 선발하지 않겠다는 입장이다.

38) 이에 대한 자세한 내용은 위의 제주특별자치도 추진백서, pp.200-203에 자세하게 기술되었다.

둘째, 중앙예산 부서의 입장이다.

기획재정부는 자치경찰은 지방의 기관이기 때문에 이를 운영하는 비용은 당연히 자치단체가 부담하여야 한다는 입장을 강하게 고수하고 있다. 특히, 정부가 제주특별자치단체의 자치경찰 운영비용을 일부 보조하여 주기 시작하면 자치경찰이 전국적으로 실시되었을 때 국가가 재정 부담을 감당하기 어렵기 때문에 아예 처음부터 예산 지원을 하지 않겠다는 것이 기획재정부의 입장이다. 설사 지원을 하더라도 균특예산회계 계정에서 이관된 국가경찰인건비와 일부 운영지원예산 이외에는 지원할 수 없다는 것이 기획재정부의 입장이었다.[39] 예산을 담당하는 부서는 어느 나라에서든지 되도록이면 예산 부담을 이전시키고, 재원은 이관받으려고 하는 입장을 취한다. 이러한 관행과 입장을 고수하는 한 제주특별자치도의 재정 상황은 현재의 상태에서 크게 개선될 수 없다고 할 수 있다. 이러한 팽팽한 대립에도 불구하고 국고 지원은 제주특별자치도의 기대에 미치지는 못하지만 〈표 12-34〉에서 보는 바와 같이 꾸준하게 지원되고 있다.[40] 제주특별자치도 재정 현황을 보면 〈표 12-34〉과 같다.

2008년을 기준으로 보면 세입면에서 작년의 20억 1천만 원에서 2008년도에는 29억 8천만 원으로 48% 증가되었다. 재원의 비율로 보면 국비가 29억 6천만 원으로 99%를 차지한다. 이는 전체 자치경찰 공무원에 대한 급여가 계상되지 않았기 때문이라고 할 수도 있지만 자치경찰에 대한 사업 규모가 너무 적기 때문이라고 할 수 있다. 세출은 작년 대비 약 35%가 증가한 24억 원이다. 이 중 국비는 11억 5천만

---

39) 제민일보, "'지역치안'은 자치경찰이[이슈&피플/제주자치경찰 출범 1년 '무늬만 경찰'] 〈3〉'제자리'를 찾아라," 2007년 8월 7일.
제주자치경찰은 '첫 단추'부터 잘못 꿰었다. 재원 조달계획은 물론 국가경찰사무 위임이나 이관, 관할 업무의 책임·권한, 범죄 수사권 이양 문제 등을 명확히 해결하지 않은 채 '밀어붙이기식'으로 추진한 게 화근이었다. 정부는 2004년 1월 제정된 지방분권특별법에 '자치경찰제 도입'을 국가 의무 사항으로 규정했다. 하지만 제주도는 인력·장비와 운영 시스템 등 자치경찰의 정상적 업무 수행을 위한 최소한의 여건도 챙기지 않고, 정부의 '시범 실시' 요구를 받아들였다는 비판을 받고 있다. 이에 따라 제주자치경찰이 제 기능과 위상을 찾기 위해선 국가경찰의 지방 인력과 예산을 대폭 이양받아야 한다는 주장이 설득력을 얻고 있다. 재정 상태가 열악한 상황에서 대폭적인 국고 지원 없이 그 기능을 수행하기는 어렵기 때문이다. 국가경찰의 장비나 통신 시설 등을 활용하고, 치안정보를 공유하는 방안도 강구되어야 할 것으로 지적된다. 탐라대 조철옥 교수(경찰행정학과)는 "국가균형발전특별법에 국가경찰에서 자치경찰로 전입한 인력의 인건비와 운영비 일부만 지원하도록 규정, 정부의 소극적 지원의 빌미를 제공하게 됐다"며 "국가경찰에 지원되는 지방비를 자치경찰로 돌리고, 자치경찰 사무가 지방사무임을 감안한 실질적인 지원이 이뤄져야 한다"고 강조했다.

40) 제주의 소리, "제주 서귀포시 자치경찰대 신청사 11월 착공…지상 2층", 2007년 10월 13일. 각주 4) 참조.

원이며 도비는 12억 5천만 원으로서 도비가 약 1억 원 정도가 많은 편이다. 이것으로 보면 제주특별자치도 자치경찰 예산은 아직까지는 국가 지원이 적은 편은 아니라고 할 수 있다.

〈표 12-34〉 제주특별자치도 재정 현황

연 도	세 입	세 출	비 고
2006년	2,252,976천 원(국비)	1,901,579천 원 (국비 1,365,810, 도비 535,769)	인건비 887,166천 원은 급여 총괄부서에 계상
2007년	2,017,089천 원(국비)	1,811,875천 원(도비)	급여는 제외
2008년	2,986,280천 원 (국비 2,963,000천 원, 도비 23,280천 원)	2,401,867천 원 (국비 1,147,000천 원 도비 1,254,867천 원)	급여는 제외

자료: 제주특별자치도 자치경찰단(2008).

〈표 12-35〉는 제주자치경찰단이 창설된 2006년부터 2021년까지의 운영예산 현황이다.41) 지금까지 총 예산은 1,328억이다. 이 중에 국비가 584억으로 44%이고, 도비가 743억으로 56%이다. 이를 인건비와 운영비로 나누면, 인건비가 933억으로 70.3%이고 운영비는 394억으로 29.7%이다. 인건비 933억 중 국비는 428억으로 45.9%이고 도비는 505억으로 54.1%이다. 국비는 처음 이체한 인원 38명에 대한 인건비는 계속 지급하고 있다. 당초 국가경찰에서 자치경찰로 이체한 38명 중 20명이 퇴임하여 현재 18명만 남아 있지만 여전히 38명에 대한 인건비는 계속 지원하고 있다. 평균적으로 보면, 국비 지원이 44%이지만 해가 지나가면서 계속 감소되어 2020년에는 31%까지 내려갔다가 2021년에는 33%로 상승되었다. 그러나 2017년도까지 국비 지원이 40%를 유지하였다는 점을 고려하면 국비 지원이 계속 감소되고 있음을 알 수 있다.

예산을 보면 정책을 알 수 있다고 한다. 왜냐하면, 예산은 정책을 금전적으로 표시한 장부이기 때문이다. 2021년도 제주자치경찰의 활용 내용을 알 수 있다는 면에서 2012년도 예산현황과 사업내용을 살펴보겠다.

41) 자료, 자치경찰단 내부 자료, 2012.

〈표 12-35〉 2006 ~ 2021년 자치경찰 운영 예산 현황(국비/도비) (단위: 천원)

연 도	구 분	합 계	국비*38명	도비	비고(인원)
합 계	총 계	132,805,028	58,423,196(44%)	74,381,832(56%)	* 이체인원 38명 (20명퇴직) * 채용 140명
	인건비	93,376,826	42,852,981	50,523,845	
	운영비	39,428,202	15,570,215	23,857,987	
2021년 (청사임차)	소 계	13,670,812	4,568,000(33%)	9,102,812(67%)	155명
	인건비	9,131,809	3,367,000	5,764,809	
	운영비	4,539,003	1,201,000(60,000)	3,338,003(35,000)	
2020년 *5명-10차 (청사임차)	소 계	14,140,027	4,413,000(31%)	9,727,027(69%)	156명
	인건비	9,224,080	3,269,000	5,955,080	
	운영비	4,915,947	1,144,000(60,000)	3,771,947(35,000)	
2019년 *9명-9차 *7명-특채 (청사임차)	소 계	12,830,802	4,267,000(33%)	8,563,802(67%)	157명
	인건비	9,016,896	3,123,000	5,893,896	
	운영비	3,813,906	1,144,000	2,669,906(180,000)	
2018년 *9명-7차 *7명-특채 (청사증축)	소 계	11,020,999	4,027,000(37%)	6,993,999(63%)	157명
	인건비	7,130,129	2,986,000	4,144,129	
	운영비	3,890,870	1,041,000	2,849,870(1,230,000)	
2017년 *6명-6차	소 계	9,542,009	3,834,000(40%)	5,708,009(60%)	141명
	인건비	6,981,963	2,857,095	4,124,868	
	운영비	2,560,046	976,905	1,583,141	
2016년	소 계	9,174,999	3,726,000(40%)	5,448,999(60%)	135명
	인건비	6,551,129	2,685,000	3,866,129	
	운영비	2,623,870	1,041,000	1,582,870	
2015년 *9명-5차	소 계	8,551,099	3,547,000(41%)	5,004,099(59%)	
	인건비	6,162,679	2,570,000	3,592,679	
	운영비	2,388,420	977,000	1,411,420	
2014년	소 계	8,112,219	3,225,000(40%)	4,887,219(60%)	126명
	인건비	5,961,742	2,402,000	3,559,742	
	운영비	2,150,477	823,000	1,327,477	
2013년 *18명-4차	소 계	8,771,639	3,014,000(34%)	5,757,639(66%)	
	인건비	6,626,074	2,292,000	4,334,074	
	운영비	2,145,565	722,000	1,423,565	
2012년 *13명-3차	소 계	7,057,723	3,014,000(43%)	4,043,723(57%)	108명
	인건비	5,306,333	2,201,000	3,105,333	
	운영비	1,751,390	813,000	938,390	
2011년 (청사매입)	소 계	6,198,978	2,621,000(42%)	3,577,978(58%)	95명
	인건비	5,083,273	2,001,000	3,082,273	
	운영비	1,115,705	620,000	495,705(1,656,000-도비)	
2010년 *12명-2차	소 계	5,816,853	2,443,000(42%)	3,373,853(58%)	
	인건비	4,841,041	1,943,000	2,898,041	
	운영비	975,812	500,000	475,812	

2009년	소 계	4,779,037	2,283,020(48%)	2,496,017(52%)	83명
	인건비	3,560,036	1,943,000	1,617,036	
	운영비	1,219,001	340,020	878,981	
2008년 (청사신축)	소 계	5,968,962	2,963,000(50%)	3,005,962(50%)	
	인건비	3,648,555	1,816,000	1,832,555	
	운영비	2,320,407	1,147,000(700,000)	1,173,407	
2007년 *45명-1차	소 계	4,455,203	2,017,089(45%)	2,438,114(55%)	
	인건비	3,166,912	1,697,089	1,469,823	
	운영비	1,288,291	320,000	968,291	
2006년 (청사신축)	소 계	2,714,667	2,252,976(83%)	461,691(17%)	*38명
	인건비	985,175	887,166	98,009	
	운영비	1,729,492	1,365,810(741,262)	363,682	

제 7 절 | 확대 시범실시 과정과 결과

1. 의의

문재인 정부의 자치경찰제 도입은 국정과제 중에 하니다. 문재인 정부 국정과제인 '광역단위 자치경찰제' 도입에 앞서, 정부에서는 당·정·청 협의안에 따른 이원화 모형을 제주에서 시범운영 후 개선·보완하여 추진하다는 계획으로 제주자치경찰단에 확대 시범실시하기로 결정하였다. 이 시범실시는 대통령소속 자치분권위원회, 경찰청, 제주도(제주자치경찰단)이 중심이 되어 약 2년간 실시되었다. 이 과정에서 실무추진기구로 제주지방경찰청(대표, 제주도경찰청 차장)과 제주자치경찰단(대표: 단장)으로 구성하였는데 명칭은 제주자치경찰 기관협의체로 하였다. 두 기관은 제주대학교 양영철 교수를 자문위원으로 동시에 임명하여 두 기관의 갈등 해결에 자문을 하여 줄 것을 요구하였다. 이원론 모델 운영을 위한 새로운 사무가 제주자치경찰단에 이관되었고, 이 사무를 위해 필요한 인력이 제3차례 거쳐서 268명이 제주지방경찰청에서 제주자치경찰단으로 파견이 되었다. 제주자치경찰기관협의체는 정기적으로는 매 2주마다, 안건이 있을 때는 임시회의로 하여 새로운 사무의 적용 과정에서 문제점을 해결해 나갔다. 회의만 총 26회를 하였고, 이 과정에서 해결하지 못한 문제는 거의 없을 뿐만 아니라 예상보다 훨씬 효과가 높게 나왔나.

이과정에서 청와대 관계자를 비롯한 국회의원, 시·도지사 및 시·도의원, 전문가 등 수 많은 기관과 사람들이 방문하여 확대 시범실시 과정과 결과를 청취하고 크게 만족하였다. 결론은 문재인 정부의 이원론 모델은 제주지역의 확대 시범실시 결과로 얻은 경험과 자료를 활용하면 성공적으로 실행될 수 있다는 것이었다. 당사자인 경찰청, 제주도 역시 만족하기는 마찬가지다. 그래서 두 기관은 이 기록으로 정리하여 백서까지 발간하였다.

이렇게 확대시범실시가 성공적으로 마무리 할 수 있었던 것은 다음과 같은 요인이 있었다.

첫째, 성공적 요인은 자치경찰제 도입에 지금까지 소극적이었던 경찰청이 매우 적극적이었기 때문이다. 경찰청은 문재인 정부가 추진하는 검경수사권 분리로 인한 수사권을 되찾을 수 있는 마지막 기회로 생각하여 정부의 자치경찰 도입에 매우 적극적일 수 밖에 없었다. 특히, 경찰청은 경찰청이 제시한 자치경찰권고안이 이원론이고, 문재인 정부에서 추진하는 이원론과 크게 다르지 않기 때문에 더욱 적극적일 수 밖에 없었다.

둘째, 제주도와 제주자치경찰단의 적극성과 철저한 준비가 성공 요인 중에 하나였다. 제주자치경찰단은 규모가 커져가면서 처음 도입했던 조직과 인원, 권한을 확대시킬 필요가 있었다. 그러나 이러한 필요가 있을 때마다 제주특별법 개정 과정에서 경찰청의 반대로 진전이 없었다. 자치경찰단은 확대 시범실시가 지금까지 원했던 것보다 더 많은 인원, 조직, 권한이 이관되기 때문에 이를 위하여 적극적으로 준비를 하였고, 진행과정에서도 항상 주도적이었다.

셋째, 정부의 지지와 지원이 있었다. 확대 시범실시는 제주자치경찰단이 시간과 공간, 그리고 장비 등 필요한 모든 것을 제공하기 때문에 실시과정에서 추가 소요비용과 기간이 필요하지 않았다. 때문에 정부, 특히 청와대와 자치분권위원회, 행안부 등이 지지할 수 밖에 없었다.

이러한 요인들이 작용하여 확대시범실시는 신속하게 이루어졌고, 그리고 좋은 평가를 받았다. 본 장에서 이에 대한 상세한 내용을 기록하는 것은 향후 이원론으로 전환될 경우 또는 정책의 시범실시 사례가 될 수 있는 좋은 자료이기 때문이다.

2. 추진 경과

문재인 정부의 1차안인 이원론 모델이 확대 시범실시하는 일정이다.

❍ 경찰청(연구발전과)과 제주자치경찰 확대 시행 방안 논의('18. 3. 8.)
❍ 제주경찰청과 제주특별자치도간 한시적 업무협약 체결('18. 4. 24.)
❍ [1단계 파견발령] 제주동부서 총27명('18. 4. 30.)
❍ 제주자치경찰 기관협의체 구성 총 16회('18. 7. 12.)
❍ [2단계 파견발령] 제주동부서 지역경찰 등 96명 추가, 총123명('18. 7. 18.)
❍ '광역단위 자치경찰제' 문재인 정부 국정과제 포함, 대통령 소속자치분권위에서 이원화 모형을 정부안으로 발표('18. 11. 13.)
  - 자치경찰은 지방행정과 연계하여 주민생활안전과 밀접한 생활안전, 여성·청소년, 교통 등 주민밀착형 민생치안 활동을 수행
  - 국가경찰 중 약 4만 3천명을 '단계적'으로 지방으로 이관하여 자치경찰을 신설
  - 자치경찰 전국 확대를 앞두고, 제주에서 선도적으로 자치경찰에 사무와 인력을 지원, 시범운영 후 개선·보완 추진
❍ 경찰청 정원 이양 승인 및 경찰위원회 동의('18. 12.)
❍ 자치분권위원회 자치경찰 선행모델로서 행안부에 정원 이양 권고('19. 1.)
❍ [3단계 파견발령] 제주 전역 지역경찰 등 137명 추가, 총260명('19. 1. 31.)
❍ 당·정·청 협의회, 자치경찰제 추진방안 발표('19. 2. 14.)
❍ 홍익표의원(민), 경찰법 개정법률안 대표 발의('19. 3. 11.)
❍ 기획재정부 정원 이양 인력 인건비 상당액과 그 운영비 지원 가능 의견 ('19. 6.)
❍ 제주지원위에서 행안부-경찰청간 협의만으로 정원 이양 의견 제시('19. 11.)
❍ [4단계 파견발령] 제주 전역 지역경찰 등 8명 추가, 총268명('20. 1. 31.)
  - 생활안전(112신고처리 사무포함) · 아청 · 교통 사무 수행 중
❍ 자치경찰단-경찰청간 정원이관 관련 지속 협의('20. 1~2월)

- 행안부 + 경찰청, 77명 정원이양을 위한 최종 현장 방문('20. 3. 9.)
  ※ 제주자치경찰단 현안업무·확대시범 운영 현황 및 현장근무자 의견 청취
- 행안부 사회조직과+경찰청, 77명 정원이관 검토 완료('20. 3월말)
- 경찰청, 직제개편 관련 '기재부 예산기준과'와 협의 중('20. 4~7월)
  ※ 이관 인력의 인건비·운영비 등 균특예산 협의는 제주자치경찰단과 '기재부 지역예산과' 旣 협의 완료('20. 6. 2.)
- 당·정·청 협의회, 국가·자치경찰 이원화→일원화 모형 발표 ('20. 7. 30.)
- 김영배의원(민), 경찰법·경찰공무원법 개정법률안 대표 발의('20. 8. 4.)

3. 국가경찰인력 파견 현황

국가경찰은 4단계를 거쳐서 이관이 되었는데 총 이관된 국가경찰관 수는 268명이었고, 형식은 파견이었다. 그러나 268명은 경찰청에서 강제로 파견보낸 것이 아니라 희망자를 모집하여 선발하였다. 이렇게 선발할 때 지원자들 대부분은 자치경찰제가 실시되면 제주자치경찰단으로 이관할 의사를 가진 경찰공무원들이었다.

≪ 4단계에 걸쳐 국가경찰 총 268명 파견 ≫

- ▸1단계 : 제주동부서 생안·여청·교통 ⇨ 27명 파견 ('18. 4. 30.)
- ▸2단계 : 제주서부서·서귀포서 생안·여청·교통·제주동부서 지역경찰 등 96명 추가 ⇨ 123명 파견 ('18. 7. 18.)
- ▸3단계 : 제주서부서 · 서귀포서 지역경찰 등 137명 추가 ⇨ 260명 파견 ('19. 1. 31.)
- ▸4단계 : 지방청 · 동부서 · 서부서 등 8명 추가 ⇨ 268명 파견 ('20. 2. 1.)

※ 연장 229명 (88% 연장 지원), 신규39 3단계 대비 8명 증원 (지구대/파출소 증원)

4. 국가경찰인력 파견 부서 및 사무

국가경찰은 도내 3개의 경찰서에 주로 파견되었다. 총 268명 중 생활안전 사무에 203명이 파견되었는데 전체의 75.7%에 해당한다. 다음으로는 교통이 50명, 여성이 15명 순이다.

〈표 12-36〉 부서별 파견 현황 등

구 분	계 (268)	협력관(1)	생활안전 (203)							112 (9)	여성청소년 (15)		교 통 (40)		
			CCTV 관제 센터	범죄 예방 진단	협력 방범	유실물	치안 센터	지역 경찰	주취자 응급 센터		학교 폭력	실종 아동	외근	싸이카	내근
계	268	1	3	3	1	3	4	183	6	9	12	3	29	7	4
지방청	15	1	3					2		9					
동부서	88			1	1	1	1	63			4	1	10	4	2
서부서	84			1		1	3	56	3		4	1	11	3	1
서귀포	81			1		1		62	3		4	1	8		1

시범으로 운영하는 사무는 이원론에서 이관되는 사무를 중심으로 선정하였다. 이에 대당하는 사무가 12종류이다. 이에 대한 내용이 〈표 12-37〉이다.

〈표 12-37〉 12종 시범운영 사무

구 분 (정원 77명)	이관 대상 사무 (10종) + 지역경찰 · 112 등 (2종) = 12종 사무
생활안전 (5종/24명)	▴CCTV관제센터(3) ▴범죄예방진단(3) ▴치안센터(6) ▴주취자 응급센터(9) ▴유실물(3) ▴지역경찰 ▴112종합상황실
아동청소년 (2종/15명)	▴학교폭력 예방(12) ▴실종·아동안전(3)
교통 (3종/38명)	▴교통외근(28) ▴싸이카(7) ▴교육·홍보(3)

실제로 이관된 사무를 선정하였는데 이는 경찰청 개혁위원회에서 선정된 사무 〈표 12-38〉를 중심으로 하였다. 이 사무들이 현재 자치경찰단 자치경찰관과 파견된 268명의 국가 경찰관들이 따로 따로가 아니라 소속에 관계없이 배치하여 수행되었다. 이원론에서 많이 우려했던 112신고나 지구대 및 파출소에 대한 혼란도 시행과정에서 보완한 결과 이상없이 수행이 되었다.

〈표 12-38〉 이관 사무

구 분	이관 사무
생활안전 사 무	○ 범죄예방 및 취약시설 진단/개선 ○ 신속한 범죄대응을 위한 CCTV 관제 ○ 치안센터 및 협력방범 운영 ○ 주취자 보호조치 및 응급치료 연계, 보호자 인계 ○ 습득물·유실물의 처리에 관한 사무
아동청소년 사 무	○ 청소년 유해환경 단속 등 비행방지 대책 수립 ○ 학교폭력 예방 및 청소년 선도·보호 ○ 청소년단체와의 협력·지원 및 명예경찰소년단 운영 ○ 가출인 및 실종아동 예방·발견 대책 수립 및 수색 ○ 아동안전지킴이 운영
교통사무	○ 교통안전에 관한 주요업무 계획 수립 및 시행 ○ 교통관리·통제, 교통법규 위반자 지도단속 및 교통사고 방지대책 수립 ○ 녹색어머니·모범운전자 등 교통안전협력단체 지도 육성 및 운영 ○ 이륜자동차·순찰차 운영 및 교통경찰 외근 지도 감독 ○ 기타 교통안전 교육·홍보 ○ 위 사무와 관련된 교통민원 처리
112신고 처리 사무	○ 112종합상황실(자치 지역경찰 지령) ○ 자치경찰 출동 사무와 관련된 112신고 출동 처리

5. 추진 방침 ▷ 경찰법 전부개정안 시행 시까지

추진은 경찰법 전부개정안이 국회에서 통과될 때까지로 하였다. 그러나 20대 국회는 홍익표안을 제출된 자치경찰 이원화 모델은 심의과정에서 국회가 임기 만료되면서 폐기되었다. 그렇지만 이원론은 21대 국회가 더블어 민주당이 압승하였기 때문에 당장 홍익표안이 재상정되어 국회에 통과될 것이라고 기대를 하였다.

6. 주요 실적

확대 시범실시는 지방자치단체이면서 행정기관인 제주자치도와 제주자치도의 자치경찰, 그리고 지방경찰청 3원체제가 이원론에서 분류된 자치경찰사무를 처리했을 어떠한 결과, 실적이 나올 것인가를 미리 예측하기 위한 것이다. 제주자치경찰관 156명과 제주지방경찰청 268명이 약 2년간 산출한 결과를 살펴 보자. 이에 대한 전제는 제주자치경찰단만 또는 제주지방경찰청 만 하였더라면 결코 이러한 결과는 나오지 않았을 것이다.

또한 기존 자치경찰 사무와 시범사무를 31개로 지표화하여 체계적 관리체계를 갖추고 국가시범사무와 지방행정을 융합하여 시책발굴을 지속적으로 추진한 결과, 교통·생활안전·아동청소년 등 시범운영 분야 12종42) 사무에서 〈표 12-39〉와 같은 괄목할 만한 성과를 도출하고 있다.

〈표 12-39〉 자치경찰 확대시범 실시 주요성과

구분	시범운영 기간 중 주요성과	단계별
생활안전 분야	▸ 통합유실물센터 개소('19.10.21.) 前 반환율 56.9% → 개소 後 66.7%	3단계
	▸ 주취자응급의료센터 개소 → 한라병원('19.2.13.), 서귀포의료원('19.1.31.)	3단계
	▸ 횡난보노 주변 대대적 시설 개선, '밝은제주만들기' 예산 561억 확보	3단계
	▸ 행복치안센터 개소 → 송당리, 저지리 행복치안센터 개소('20.3.11.)	4단계
	▸ 112신고출동 프로세스 개선으로 8'25" → 6'31" (1'54"단축, 22.5%↓)	4단계
교통 분야	▸ 교통특별회계 신설 추진 → 교통시설 재원으로 활용(年 약 40억 예상)	3단계
	▸ 교통사망사고 종합대책 추진 → 교통사망자수 82명('18) → 66명('19)	3단계
	▸ 어린이교통공원 운영 내실화 추진 → 체험形 안전교육 프로그램 도입	3단계
	▸ 통학로안전사무 자치경찰 일원화 → 제주形 통학로 안전모델 구축	4단계
아동청소년 분야	▸ 학교안전전담경찰관(SSPO) 중심 학교안전 위해요소 해소	1단계
	▸ 도내 113개 초등학교 점검완료, 안전위해요소 92건 中 29건 해소	3단계

7. 활동 총평

저자는 2년동안 경찰청 개혁위원회 자치경찰분과위원회 위원장으로서 이원론을 설계하는데 주도하였다. 이 안은 자치분권위원회에서 수정은 하였지만 틀 자체는 그대로였다. 이 안은 제주자치경찰단에서 확대 시범실시를 하였고, 저자는 확대 시범실시 과정에서 자문위원을 하였기 때문에 이원론에 대해서는 잘 알고 있는 편이다. 다음의 평은 확대 시범실시를 하면서 저자를 포함한 참여 관계자와 경찰 공무원들이 대체로 동의하는 평가이다.

42) 생활안전분야 5종(유실물, 범죄예방진단, 주취자보호, CCTV관제, 치안센터), 아동청소년분야 2종(아동안전, 학교폭력예방), 교통분야 3종(교통외근, 싸이카, 교육·홍보)

첫째, 창설 초기 '무늬만 경찰'에서 진정한 '우리 동네 경찰관'으로 자리매김하는 계기가 되었다. 창설 초기 제한된 인력과 권한으로 성과가 미미했으나, 국가경찰의 사무·인력이 이관된 '18년 4월부터는 제주자치경찰의 업무영역 확장과 일반행정을 융합한 다양한 치안시책으로 진정한 '우리 동네 경찰관'으로 자리매김하였다는 평가를 받고 있다. 특히, 자치지역경찰(지구대·파출소)의 신설로 제주도 전역에서 24시간 자치경찰사무 수행이 가능, 주민들에게 폭넓은 치안서비스 제공할 수 있었다.

둘째, 일반행정과 치안행정을 융합을 통한 '자치경찰제의 롤 모델' 제시하였다.

자치경찰이 교통사무를 주도적으로 수행하며 교통시설의 개선과 시설예산의 즉각적인 투입이 가능, 교통사망사고를 획기적으로 감소하였다. 또한 주민생활불편 112신고(Code 2·3)시 도착시간을 국가경찰의 긴급범죄신고(Code 0·1)에 준하는 수준으로 신속 도착, 112신고처리 만족도 상승하였다. '민식이법' 시행 관련 조례를 개정하여 어린이보호구역 통학로 안전사업을 자치경찰단으로 일원화, 신속하고 체계적인 어린이통학로 개선을 추진하였다.

송당과 저지 등의 중산간지역에 행정복합치안센터 신설하여 일반행정과 치안행정을 융합한 서비스 제공으로 치안·행정사각지대 해소 가능성을 보여 주었다. 기존 학교폭력에만 국한된 학교전담경찰관을 통학로 시설개선·불량식품 및 유해업소 단속 등 학교안전을 총괄하는 '학교안전전담경찰관'으로 발전시켜 향후 학교 폭력의 대응력을 높여 줄 것이다. 기타 전국 최초 '유실물통합센터' 신설로 유실물반환율 향상, '주취자응급의료센터' 신설로 지역사회 음주문화 개선에 단초를 제공하였다는 점도 학대시범 실시에서 얻은 소중한 결과였다.

셋째, 코로나-19 상황에서 신속하고 유연한 경력 지원, 방역 성공에 기여하였다.

코로나-19 상황에서 他시·도의 지자체-경찰 기관협조 단계를 생략, 신속하고 유연한 경력 지원으로 다양한 행정조치의 실효성을 확보할 수 있었다. 해외여행이 제한되자 주말마다 대규모의 관광객이 제주를 찾는 위기 상황에서 △공·항만 발열감시 지원 △격리시설 경비 △신천지교회 관련 시설 점검 △다중밀집장소 합동점검 △마스크 매점매석행위 수사 등 다양한 분야에서 행정조치를 지원, 제주자치경찰단이 제주도의 방역 성공에 결정적으로 기여하였다는 평가를 받고 있다. 사회적 거리

두기가 장기간 지속되자 △아이 안전 응답순찰 △등교개학 지원 △읍·면·동 코로나 협력관 △희망나눔 치안활동으로 도민들의 어려움을 지원하고 있다.

그러나 이러한 성공적인 평가에도 불구하고 이러한 확대 시범 실시는 정부가 일원론을 채택하면서 무용지물이 되었다. 이러한 성공을 활용한 자료와 경험은 일원론에서는 전혀 반영이 되지 않았다. 오히려 제주자치경찰단을 폐지하겠다는 움직임까지 있었다. 제주자치경찰단의 폐지는 온 도민의 반대에 부딪혔고, 결국 원래의 모습대로 겨우 유지하는 선에서 마무리되었다. 제주자치경찰단이 확대 시범 실시과정에서 도민들에게 성공적인 치안서비스를 제공했던 분야를 유지하가 위하여 76명의 파견 인원을 잔류해 달라고 하였지만 결국 수용되지 않았다. 제주자치경찰단과 제주도경찰청은 2년 전 확대 시범 실시하는 과정에서 같은 동료애를 굳혀 가는 과정까지 같다. 그러나 최근에는 업무영역을 두고 두 기관 간에 심한 갈등을 빚고 있는 모습을 보면서 자치 경찰정착이 참 어렵다는 생각을 하게 된다.

제 8 절 | 제주자치경찰제의 기여와 성공을 위한 향후 과제

1. 제주자치경찰단의 기여

제주자치경찰제 도입은 출발부터 많은 사연을 갖고 있다. 제주자치경찰제 도입은 제주특별자치도(이하 '제주자치도')와는 처음에는 아무런 상관없었다. 노무현 정부는 자치경찰제도 도입을 국정과제 중심 중에 하나로 추진하고 있었다. 노무현 정부의 자치경찰 설립은 선택제이다. 따라서 자치단체가 자신들의 역량 등 치안 및 재정 환경을 고려하여 자치경찰도입 여부를 판단하게 된다. 또한, 노무현 정부는 제주의 국제자유도시를 통한 한국의 국제화를 선도하고, 이를 지원하기 위하여 과감한 지방자치를 구축하는 것이 제주특별자치도의 설치하였다. 노무현 정부의 제주자치도 설치 목적은 시범적·선도적 성격이 강하다. 그러다가 노무현 정부에서는 뜻하지 않게 제주자치도는 성공적으로 추진되는데 자치경찰제는 각 정당의 정치적 계산 때문에 추진이 점차 약해졌다. 다수당인 여당이 반대할 정도였다. 노무현 대통령 자신이 자치경찰제 도입에 대하여 정권 내내 관심이 컸기 때문에 전국 실시가 무산되는 자치경찰제를 제주자치도에서 실시하기로 하고 자치경찰법(안)을 거의 그대로 제주특별법에 한 개의 장(**제 7장 자치경찰**)으로 옮겼다.

제주도 자치경찰제는 우리나라 최초의 자치경찰 도입임에도 불구하고 출발부터 환영보다 비난을 더 많이 받았다. 가장 큰 비난은 무늬만 경찰이라는 것이다. 한국에서는 늘 경찰은 사법경찰만을 생각하고 있었다. 때문에 한국은 긴급체포권 등 현행범을 독자적으로 처리할 수 있는 강력한 경찰관만이 경찰관으로 인식하고 있었다. 지금도 그러한 인식이 대세다. 그러나 노무현 대통령 시절 자치경찰특별위원회는 유럽을 비롯한 여러 나라의 자치경찰을 시찰하였다. 이 과정에서 특위는 대부분 국가가 자치경찰이 기초자치단체를 중심으로 실시되고 있으며, 자치경찰사무도 예방경찰사무가 중심임을 알았고, 이를 중심으로 노무현 정부의 자치경찰제 모형을 설계하게 되었다. 노무현 정부 이전까지 자치경찰은 국가경찰 내에 하나의 조직일 뿐이며, 도입 단위도 광역단위로 하는 모형만 논의되었다. 이러한 분위기 때문에 도입 단위는 기초자치단체, 사무는 예방경찰 사무의 노무현 정부의 자치경찰 모형은 비난을 받을 수밖에 없었다.

그러나 제주자치경찰단은 이러한 비난에도 불구하고 계속 유지됐다. 문재인 정부에서 제1차 정부안인 이원화 모델은 제주자치경찰단을 중심으로 확대 시범으로 하였다. 문재인 정부의 2차 모형인 일원화 도입 시에는 도민들은 물론 전국 시·도지사협의회, 분권 관련 단체들이 제주자치경찰은 존속해야 한다고 정부에 강력하게 건의하였고, 정부는 이를 받아드렸다. 제주자치경찰의 의의를 이제야 제대로 평가받고 있다. 제주자치경찰은 좀 더 구체적으로 말하면 다음과 같은 의의와 위상을 지닐 정도로 성장하였다.

첫째, 우리나라에서 최초로 자치경찰을 실시하였다.

여러 차례 기술한 바와 같이 제주자치경찰은 우리나라에서 처음으로 자치경찰을 실시하였다는 그 자체만으로도 우리나라 지방 행정사에 큰 의미를 지닌다.

둘째, 자치경찰의 전면 실시에 많은 자료와 경험을 제시해 주고 있다.

우리나라 자치경찰 도입은 약 70여 년간 논의만 되었지 실시된 적은 한 번도 없으므로 이에 대한 경험이나 자료가 전혀 없는 상태다. 그러나 이번 문재인 정부 자치경찰도입과정에서 약 2년 동안 시범 시행을 제주자치경찰단에서 하였다. 기존의 경험과 자료가 있으므로 가능한 것이다.

셋째, 정치적 중립보다 민주성을 우선시한 모델이었다.

자치경찰 하면 대체로 정치적 중립이 되어야 한다고 강조했다. 그러나 우리나라와 같이 경찰이 부패하고 부정한 정부와 결탁하여 국민의 인권을 짓밟은 역사가 여러 차례 있기 때문에 정치적 중립은 자치경찰 모델 도입에 매우 중요한 기준이 되었다. 그러나 지방자치는 지역 정치를 활성화하여 주민들을 위한 정치와 행정을 한다는 지방자치의 본질을 생각하면 정치적 중립보다 주민들이 선출한 자치단체장과 지방의회의 권한과 책임하에 자치경찰이 운영되는 민주성이 중심이 되어야 한다. 이 논리가 노무현 정부 자치경찰에 적용되었고, 이 역시 제주자치경찰에 적용되어 제주도지사와 제주도의회가 제주자치경찰단을 운영하고 견제하고 있다.

넷째, 문재인 정부의 자치경찰 실시과정에서 또 다른 대안이 되고 있다.

제주자치경찰단은 문재인 정부의 일원론에서 중심 기구인 제주자치도 자치경찰위원회와 제주도지사의 지휘·감독을 받고 있다. 다른 지역의 자치경찰제는 시도지사의 관여를 철저하게 배제하고 있다. 정치적 중립이라는 이유 때문이다. 제주자치경찰단은 정치적 중립과 주민이 선택한 도지사의 관여를 인정함으로써 민주성을 동시에 실현하려 하고 있다. 이 자체가 또 다른 유형의 자치경찰제 모형이며, 제주자치경찰단이 그 중심이다.

2. 제주자치경찰단의 성공조건

저자는 2008년에 본 저서에 앞서 저술한 책이 〈자치경찰론, 대영문화사〉 임을 밝혔다. 저자는 이 책에서 제주자치경찰의 성공조건을 여러 가지 제시하였다. 여기서는 그 당시에 제시했던 조건 중에 현시점에 필요하다는 내용을 포함하여 제주자치경찰단의 향후 방향에 대하여 제시하고자 한다.[43]

---

43) 양영철, 자치경찰론, 대영문화사, 2008, pp.432-444.

1) 제주자치경찰단의 조직 위상에 대한 올바른 인식

제주자치경찰단이 성공하기 위해서는 가장 먼저 제주자치경찰이 위치를 올바르게 인식해야 한다. 현재 제주자치경찰단의 위치는 법률적으로 보면 매우 애매하게 되어 있다. 제주자치경찰단 소속이 2006년 출발에서부터 2020년 말까지, 즉 국가 및 자치경찰법이 제정되기 전과 후가 다음과 같이 다르다.

구 분	법 조문	법 조문 내용	소속
2020년 까지	제주 특별법 제88조	제88조(자치경찰기구의 설치) ① 제90조(자치경찰의 사무)에 따른 자치경찰사무를 처리하기 위하여 「국가경찰과 자치경찰의 조직 및 운영에 관한 법률」 제18조에 따라 설치되는 제주특별자치도자치경찰위원회(이하 "자치경찰위원회"라 한다) 소속으로 자치경찰단을 둔다. 〈개정 2020. 12. 29.〉 ② 자치경찰단의 조직과 자치경찰공무원의 정원 등에 관한 사항은 도조례로 정한다.	제주 도지사
2021년 부터	제주 특별법 제88조	제88조(자치경찰기구의 설치) ① 제90조(자치경찰의 사무)에 따른 자치경찰사무를 처리하기 위하여 도지사 소속으로 자치경찰단을 둔다. ② 자치경찰단의 조직과 자치경찰공무원의 정원 등에 관한 사항은 도조례로 정한다.	제주자치 경찰위원회

2020년 이전과 이후가 제주자치경찰단 소속은 제주특별자치도인 것은 확실하지만 구체적으로 가면 애매하다. 다시 말하면, 제주자치경찰단은 지금처럼 제주자치도 소속의 직속 기관이냐와 아니면 제주 자치경찰위원회의 한 부서이냐라는 점이다. 제주자치경찰위원회의 소속이면서 제주자치도 직속 기관 위치를 유지할 수 있느냐도 제주자치경찰단의 위치를 애매하게 만드는 요소가 될 수 있다. 이에 대한 저자의 견해는 제주자치경찰단은 제주도지사 소속이다. 그 이유는 다음과 같다.

첫째, 국가 및 자치 경찰법에 따라 설치된 제주자치경찰위원회 조항을 보면, 집행기관으로는 오직 사무국만이 있을 뿐이다. 즉, 제주자치경찰단이 위치에 관한 규정이 없다.

둘째, 제주자치경찰위원회의 사무국과 제주자치경찰단의 역할과 기능은 전혀 다르므로 같은 선상에 위치할 요건이 안된다는 점이다. 사무국은 자치경찰위원회의 행정을 담당하는 기구일 뿐 자치경찰사무를 집행하는 조직은 아니다. 반면에 제주자치경찰단은 자치경찰사무를 처리하는 기관이다는 점에서 크게 다르다.

셋째, 제주자치경찰단의 조직과 운영 대한 모든 사항은 제주도지사의 관할이거나 조례 사항이라는 점이다. 다시 말하면, 제주자치경찰위원회 어느 규정에도 제주자치경찰단 조직과 운영에 관한 규정이 없다는 점이다.

넷째, 내용상으로 보아도 알 수 있다. 즉, 제주자치경찰위원회의 지휘조직은 자치경찰사무를 수행하는 제주자치경찰청의 자치경찰부와 제주자치경찰단이라고 할 수 있다. 제주자치경찰청 자치경찰부가 자치경찰위원회 소속이 아닌 것과 마찬가지로 제주경찰청 자치경찰부와 꼭 같이 자치경찰사무를 집행하는 제주자치경찰단도 자치경찰위원회 소속이어서는 비례성의 원칙에 맞지 않는다.

다섯째, 조직이론 측면에서도 보면, 제주도지사의 소속인 자치경찰위원회는 성격상 결코 직속 기관을 가질 수 없다. 즉, 제주 자치경찰위원회는 제주자치경찰단을 직속 기관으로 소속시킬 수 없는 것이다. 그렇다고 보조 기관은 더욱 될 수가 없다.

이를 종합해 보면, 제주자치경찰단은 조직상으로는 예전처럼 제주도지사 소속이며, 다만 운영상 제주경찰청 자치경찰부와 마찬가지로 자치경찰사무를 수행하는 과정에서 제주자치경찰위원회의 지휘와 감독 대상인 것이다.

2) 자치경찰에 대한 올바른 인식 확립

우리나라에서의 자치경찰 출범은 매우 복잡하고 어렵다는 것을 이 책에서 거듭 밝혔다. 가장 어려운 이유 중의 하나는 지금까지 경찰이 항상 권력의 핵심에 있었기 때문이다. 정책결정 참여자들은 국가경찰에서 자치경찰로의 분권은 권력의 분권이라는 차원으로 생각하고 출발한다. 자치경찰을 국회의원은 자신의 맞수인 자치단체장이 권력을 더 갖게 된다는 점을 인식하고, 정부와 여당은 정권의 방패막이를 내준다는 점에서 고민하게 되며, 경찰은 조직을 잃는다는 점에서, 광역과 기초자치단체장은 권력을 더 갖느냐 못 갖느냐에 대한 문제로 인식하게 된다.

다시 말하면, 주민의 생명과 재산을 어떻게 하는 것이 가장 잘 지키는 것인가에 관한 생각은 항상 뒷전이다. 자치경찰은 행정적 제도임에도 불구하고 이렇게 정치적 제도로 인식하는 한 자치경찰은 실시하기가 매우 어렵고, 설령 실시되더라도 진정한 의미의 자치경찰이 아닌 기형적·축소적 형태로 실시될 것이다.

이제 자치경찰은 본래의 모습, 즉 주민의 가까이에서 주민의 재산과 생명을 보호해 주는 제도로 생각해 주어야 한다. 또한, 21세기 경찰이 지역 주민과 함께 지역 주민에게 봉사하는 지역사회 경찰로 가고 있음을 인식하여 자치경찰에 대한 개념을 재정의하여야 한다. 이러한 점에서 보면 다음과 같은 자치경찰에 대한 인식이 이루어져야 한다.

첫째, 자치경찰은 국가경찰 일부가 아닌 또 다른 경찰이라는 점을 인식하여야 한다.

경찰을 비롯한 일부 학자와 시민들은 자치경찰은 자치단체의 조직이기 전에 경찰조직이라는 인식이 강하다. 이렇게 인식하면 자치경찰은 언제나 일본 모형으로 갈 수밖에 없다. 자치경찰이 국가경찰 속에 있는 조직모형이 일본 자치경찰의 모형이다. 이러한 모형은 자치단체나 주민들이 결코 수용할 수 없다는 점을 인식해야 할 때다. 자치경찰은 자치단체의 소속 경찰이기 때문에 자치단체와 주민들의 통제와 참여 속에 운영되는 조직으로 인식하여야 한다. 이 수준에서 자치경찰의 권한, 사무, 운영 방법, 활동 범위 등을 결정하여야 한다.

둘째, 자치경찰은 봉사하는 조직이라는 점이다.

경찰은 항상 무기를 휴대하고 강력한 권한을 가져야 한다는 선입견을 자치경찰에까지 적용해서는 안 된다. 기술한 바와 같이 세계의 경찰 흐름이 봉사를 실천하는 지역사회 경찰로 가고 있음을 고려할 때 자치경찰은 소프트(soft)한 경찰관을 지향하여야 한다. 현재 제주특별자치도 자치경찰들이 요구하는 것은 국가경찰과 같이 즉결심판청구권, 공무 집행 방해 시 체포 및 수사권을 부여하여야 한다고 주장한다. 심지어 현재의 자치경찰은 이러한 권한조차 없으므로 '무늬만 자치경찰', '청원경찰 수준의 자치경찰'이라고 혹평도 한다. 그러나 이것은 또 다른 시각에서 보아야 한다. 공무원도 여러 공무원이 있는 것과 마찬가지로 경찰도 여러 경찰이 있다는 시각으로 보아야 한다. 국가경찰처럼 점점 강한 권한으로 무거워지고 무서워지려고 하는 자치경찰이 아니라 점점 가볍고 친절한 자치경찰상이 진정한 의미의 자치경찰상이라는 인식 전환이 필요하다.

결론적으로 말하면, 국가경찰과 같은 자치경찰이라고 하면 굳이 자치경찰을 만들 필요가 있겠는가.

3) 새로운 자치경찰상을 정립해 나가야

새로운 경찰 또는 자치경찰상은 주민과 함께 하는 경찰, 늘 현장에 있는 경찰을 말한다. 세계 최고의 경찰이라고 자부하던 영국의 경찰이 국민이 계속된 비난 때문에 2012년에 대대적인 개편작업을 할 수밖에 없었다. 주민들은 자치경찰이 길거리에 보이지 않을 뿐만 아니라 예산은 크게 증액되는데 주민들에게 제공하는 서비스는 점점 나빠지고 있다고 비난하였다. 영국에서 자치경찰관이 길거리에 보이지 않은 것은 본부에 근무하는 경찰관은 점점 늘어나는 반면에 현장 경찰관은 줄어들기 때문이다. 본부에 있는 경찰관은 중앙 또는 상급기관에 보낼 공문작성에 시간을 다 보내고 정작 주민들이 필요한 범죄자와 맞서 싸우는 경찰관은 절대 부족하다는 것이나. 제주자치경찰단을 비롯한 국가 경찰기관에도 이와 같은 현상이 일어났지 오래다. 현장 중심의 자치경찰상을 정립하기 위해서는 다음과 같은 방향으로 가야 한다.

가. 방향은 풀뿌리 치안

지금 제주자치경찰단은 국가경찰과 마찬가지로 인력과 재원이 모두 본부 중심으로 운영되고 있다. 조직도 과거 보조 기관에서 직속 기관으로 변경되면서 더욱 본부 중심으로 운영되고 있다. 이로 인하여 현장 감각은 더욱 떨어질 수밖에 없다.

현재 제주자치경찰단은 송당 행복센터와 저지 행복센터를 운영하고 있는데. 송당은 자치경찰관 단 2명이 리 사무소에 같이 근무하면서 주변 마을 6~7개를 커버하고 있다. 주민들로부터 반응이 너무나 좋다. 특히 마을 노인, 장애인, 홀로 가장에 대한 방문순찰은 경찰에 대한 이미지를 완전히 바꾸어 놓고 있다. 자치경찰이 이렇게 현장에 있음으로 인하여 주민들에게 자치경찰의 본질을 말해 주고 있다. 인원과 재정, 조직 등이 이렇게 현장 중심으로 배치될 때 자치경찰이 국가경찰과의 차이를 나타나게 될 것이다.

나. 움직이는 경찰

현재도 국가경찰과의 업무분담에서 쟁점 사항이 파출소 또는 지구대의 흡수 여부다. 이렇게 고정된 장소를 중심으로 경찰 활동을 하는 것은 이미 지난 간 경찰상이다. 기존의 지구대, 파출소, 센터 중심은 인원 등 비용만 너무나 많이 소요되는 반면에 주민들과 접촉 빈도는 훨씬 약하다. 지구대와 파출소 등은 사건이 나거나 신고가 들어간 후에야 주민과 접촉하기 시작한다. 그러나 송당이나 저지 행복치안센터는 수시로 주민과 접촉하기 때문에 통학질서 유지, 환자이송, 치매 환자 위치 확신, 좀 도독 예방, 농산물 도독 예방 등 그 효과가 매우 크다. 지구대 또는 파출소 인력과 장비의 10분의 1을 가지고 그 이상의 효과를 내고 있음을 우리 눈으로 보고 있다. 이러한 성과는 움직이는 경찰, 기동성이 있는 경찰일 때만이 가능한 것이다.

4) 국가경찰과는 동반자 관계가 되어야

이미 기술하였지만, 제주자치경찰단은 타 시도와 비교해서 아주 다르다. 제주자치도에는 자치경찰사무를 수행하는 기관이 하나 더 있다는 의미다. 따라서, 이렇게 중복된 조직은 행정이론에서는 가외성 (redundancy)이라 부른다. 가외성은 자치경찰사무를 이중으로 처리하기 때문에 주민들에게는 보다 낳은 서비스를 제공하게 된다. 그러나 중복성은 기관간에 갈등을 일으킬 가능성도 역시 크다. 현재 제주자치경찰단과 제주경찰청 간의 관계는 이렇게 갈등 관계가 연일 언론에 나오고 있다. 서비스 대상인 국민이나 주민을 가운데 놓고 보면 이러한 갈등은 나올 수가 없다. 국가경찰과 자치경찰의 협력이 절대 필요한 일원론에서 계속되는 갈등은 기관의 이미지만 먹칠할 것은 명약관화하다.

국가경찰은 2021년 후로부터 독립적인 수사권 행사가 가능했고, 추가된 권한도 많아졌다. 과거 국가경찰이 아니므로 제주자치경찰단에 지원하고 권한을 나누어 줄 수 있는 여유가 생겼다. 제주자치경찰단도 제주자치경찰위원회 소속이 되면서 국가경찰과의 협력에 의한 활동영역이 넓혀 질 수 있는 여지가 많아졌다.

따라서 국가경찰이나 자치경찰 모두가 과거처럼 영역 확보 및 영역수호에 진력하기보다 서로 협력을 할 여유가 있으므로 협력체제 구축이 무엇보다 중요하다.

5) 주민과 자치단체의 지원이 강화되어야

자치경찰은 우리 곁에 언제나 있는 생명과 재산의 수호자다. 제주자치경찰단은 제주도민에게는 타 시도의 주민보다 치안서비스를 한 번 더 제공하는 일종의 보너스

조직이다. 따라서, 제주자치경찰단이 성공은 제주도민과 제주도 치안환경이 개선을 의미한다. 그 때문에 제주도민과 제주 도정, 제주도의회가 제주자치경찰단을 응원하고 지원해 주어야 함은 당연하다. 외국의 자치경찰, 심지어 거의 국가경찰과 같이 운영하는 일본도 자치경찰관이 국가경찰관보다 월급도 많고, 복지혜택도 훨씬 좋다. 스페인 경우는 자치경찰이 국가경찰보다 약 30% 정도 보수가 높은 지역도 있다. 자치경찰에 대한 예산 지원 강화, 계급 상향 조정, 장비의 첨단화 등을 통하여 자치경찰에 대한 복지와 사기를 향상시켜 주어야 하는 몫은 도민과 행정기관이 몫이다. 이렇게 될 때 제주자치경찰단은 현재보다 더 수준 높은 치안서비스를 제공할 것이며, 우리 동네 경찰관으로 거듭 탄생할 것이다.

참고문헌

Ⅰ. 신자치경찰론 참고문헌

[국내저서]

경찰청(2018), 「광역단위 경찰자치제 도입을 위한 일본 공무국외출장 결과 보고서」

경찰청(2017), 「영국·스페인 자치경찰 시찰 보고자료」,

김찬동(2009), 특별사법경찰제도의 장기발전방안(2009, 서울연구원),

내무부 치안국(1972), 「한국경찰사(1948.8-1961.5」

양영철(2008), 「자치경찰론」, 대영문화사

이달곤 외(2012), 「지방자치론」, 박영사, 2012.

유민봉, 「한국행정학」, 박영사, 2019.

제주지방경찰청(2019), 제주자치경찰확대시행추진백서, 2006-2019, 미발표자료

자치분권위원회(2018), 광역단위자치경찰제 도입계획(안), 내부자료

지방자치발전위원회(2017), 「외국의 자치경찰제도 비교」, 2016년 7월

지방자치발전위원회(2017), 「외국의 자치경찰 연구 보고서」

청와대, 보도자료(작성: 민정수석비서관실), 문재인 정부 권력기관 개혁방안, 2018.1.14.

한국행정학회(2014), 지방자치발전위원회, 자치경찰 사무범위 조사 및 재원 확보 방안연구

행정안전부 자치경찰실무추진단(2009), 「세계50개국의 경찰제도 비교, 자치경찰을 중심으로」

청와대, 국정과제, https://www1.president.go.kr/government-projects

법무부, 업무현황, 2018.2.23., 국회 사법개혁특별위원회 업무보고 자료

검찰청, 업무현황, 2018.3. 23 국회상위 위원회 보고 자료

[국내논문]

경찰청 내부자료92018), "수사구조 개혁 추진 상황과 경찰의 입장"

김운태(1992), "우리나라 지방자치의 회고와 과제", 지방자치연구, 제4권 제1호

김일수(2007), "검경수사권 조정자문위원회의 회고와 전망," 「형사정책연구」, 제18권 제3호, 2007년 가을호

김학경, 이성기(2012), "영국지방자치경찰의 새로운 패러다임: '2011 경찰개혁 및 사회책임

법'과 '국립범죄청'", 「경찰학연구」 12(1)
박근순(1999), "자치경찰제도 도입에 관한 연구", 중앙대학교 행정대학원, 석사논문,1999
박동규·이행준(2021), "한국 자치경찰제 도입정책의 평가와 과제", 한국지방자치학회 동계학술세미나 발표자료집, 2021.2.19.
시사인(2021), "비대해진 경찰의 '한 지붕 두 가족' 시대", 2021.1.25.
아시아경제(2020), "국정원 대공수사 차단, 檢 수사 6개범죄로 제한…당·정·청 권력기관 개혁 협의", 2020.7.30., 전 진영기자
양영철(2009), "참여정부에서의 자치경찰제 도입 실패에 관한 연구", 한국지방자치학회보, 제21권 1호
———(2018), "역대 정부와 문재인 정부의 자치 경찰도입과정에 관한 비교연구", 한국행정사학지, 제43호
———(2020), "시작의 반", 대통령소속 자치분권위원회, e-뉴스레터 vol.67
———(2015), "역대 정부의 자치경찰도입 정책 추진과 정책적 함의에 관한 연구", 한국경찰연구, 제14권 제1호
———(2017), "중앙정부의 권한이관 거부 근거에 관한 실증적 연구", 제28권 2호, 2017.
양홍석, "수사권 조정안, 경찰국가 우려 커지고 검찰 개혁은 미흡" https://blog.naver.com/skhl/221304915216
오광조(2020), "제주자치경찰단 경감), 제주자치경찰 인력운영 上 문제점과 해소방안", 서울연구원 발표자료, 2020년 5월 28일, 세미나자료집
오승은(2017), "일본의 통합형 경찰제도에 관한 연구", 한국지방자치학회보, 제29권 제3호
이기우(2021), "자치사무, 국가가 처리하는 것이 자치경찰인가", 인천신문, 2021.1.17
최종술(2017.9), "자치경찰제 도입의 조건과 과제정책", 정책&지식 제883회, 서울대학교 행정대학원
최천근(2021), "일원적 자치경찰제의 사무배분 연구", 한국지방자치학회 동계세미나 자료집
자치분권위원회(2018), 광역단위자치경찰제 도입계획(안), 내부자료
황문규(2017), "문재인 정부의 광역단위 자치경찰제에 관한 고찰", 한국지방자치학회보, 제29권 4호
———(2019), "문재인 정부 자치 경찰 제재 도입방안의 의의와 과제", 경찰법연구, 제17권 제1호
———(2020), "일원적 자치경찰에 관한 고찰", 한국경찰연구, 제19권 제4호
———(2021), "개정 경찰법상 자치경찰에 과한 법적 고찰-자치경찰사무를 중심으로", 한국지방자치학회, 동계학술대회

제3장 참고문헌*

김석준. (1996).「미군정시대의 국가와 행정」. 서울: 이화여대출판부. 261.

김성수 외. (2000).「한국경찰사」. 경찰대학. 281.

김운태. (1992).「미군정의 한국통치」. 서울: 박영사.

김형만, 신현기 외. (2007).「비교경찰제도론」. 서울: 법문사. 117-176.

신현기. (2010).「자치경찰론」. 서울: 진영사.

양영철. (2008).「자치경찰론」. 서울: 대영문화사.

이황우. (2007).「경찰행정학(제5판)」. 서울: 법문사. 81-2.

유재원. (2003).「한국지방정치론」. 서울: 박영사. 155-169.

정균환. (1996).「지방자치 완성을 위한 자치경찰」. 서울: 신유영사.

김성호. (2012). "국가경찰 재구조화에 관한 실증연구, 자치경찰제도입을 중심으로". 경기개발연구원.

김순은. (2003). "참여정부의 지방분권 추진계획(로드맵)의 평가".「지방정부연구」. 118.

김보환. (2006). "한국경찰의 패러다임 변화와 역사기록의 쟁점 및 과제".「한국경찰학회보」. 119.

김운태. (1992). "우리나라 지방자치의 회고와 과제".「지방자치연구」. 한국지방자치학회. 4(2): 141

김재호. (1989). "미군정기 경찰조직의 형성과정과 그 성격에 관한 연구". 한국정신문화연구원 한국학 대학원 석사논문. 17-9.

문재우. (2003). "한국의 자치경찰제 모형설정에 관한 연구".「한국공안행정학회보」. vol.15.

문성호. (2006). "정부의 자치경찰의 문제점과 대안". 국회행정자치위원회 공청회자료.

박기춘, 한상연. (2010). "지방행정체제 개편 논의 현황 및 추진방향".「한국지방자치학회보」. 22(1): 117.

신현기. (2007). "제주자치경찰제의 실태분석과 개선방안".「한국경찰연구」. 6(2)

신현기, 김동욱. (2003). "절충형 자치경찰제 도입에 관한 연구".「한독사회과학논총」. 13(1)

신현기. (2012). "이명박 정부의 자치경찰제 도입 노력에 관한 평가".「한국치안행정학회학술세미나 자료집」.

안영훈, 양영철. (2008). "도시형 기초자치단체의 자치경찰 도입 모형에 관한 연구".「한국지방자치학회 춘계 발표자료」

양영철, 이기우. (2004). "지방자치설치와 운영에 관한 연구".「서울행정학회 춘계세미나 자료」.

* 3장은 저자 양영철(2015), "역대 정부의 자치경찰도입 정책 추진과 정책적 함의에 관한 연구", 한국경찰연구, 제14권 제1호를 그대로 인용한 것으로 독자들이 혼란을 막기 위하여 참고문헌도 따로 정리하였음

양영철. (2007). "참여정부의 자치경찰창설과 운영방안에 관한 연구". 「한국사회와 행정연구」. 서울행정학회. 15(4): 2007

———. (2009). "참여정부에서의 자치경찰도입 실패에 관한 연구". 「한국지방자치학회보」. 21(1).

이관희. (2000). "한국경찰의 자치경찰제 도입방안". 「한국공안행정학회보」. vol.9.

이상열. (2004). "바람직한 자치경찰제 도입방안에 관한 연구". 「한국경찰연구」. 3(2): 201.

이상원. (1995). "자치경찰제하에서 중앙수사국의 조직업무와 조직모형에 관한 연구". 「사회과학연구」. 대구대 사회과학연구소. 7(1)

이영남. (2005). "바람직한 한국적 자치경찰제도의 방향". 「한국경찰연구」. 4(2)

———. (2012). "한국의 자치경찰제도의 정립방향". 「한국경찰연구」. 11(4): 261.

이종수. (1999). "자치경찰제도 도입을 위한 모형의 설계: 한국경찰 개혁 방안으로서의 분권화 전략". 「연세행정논집」. 24: 63.

이현우. (2009). "자치경찰제도 도입에 관한 연구". 경기발전연구원.

이형우. (1979). "미군정하 한국경찰행정 제도에 관한 연구". 건국대학교 행정대학원석사논문. 27-8.

이황우. (1995). "지방화시대에 따른 자치경찰제 도입 모형에 관한 연구". 「한국공안행정학회보」. 4: 5.

조기안. (1997). "미군정기 정치행정체제의 구조분석- 조직, 법령 및 자원을 중심으로". 성균관대학교 대학원박사논문. 39.

정우열. (2006). "김대중 정부의 자치경찰제 도입 논의 중단에 관한 연구". 「한국치안행정논집」. 3(2)

최봉기. (2011). "한국지방자치 20년의 회고와 지방자치선진화 과제". 「한국지방자치학회보」. 23(3):12

최용환. (2010). "자치경찰도입과 제도정착에 관한 연구". 충북개발연구원.

최종술. (1999). "바람직한 자치경찰제의 모형에 관한 연구". 「한국행정학회보」. 33(2).

최종술. (2001). "자치경찰에 대한 논의의 중단과 원인에 관한 연구". 「한국공안행정학회보」. 12: 355-6.

최종술. (2003). "한국적 자치경찰제의 도입 방안에 관한연구". 「행정논총」. 서울대행정대학원

최종술. (2004). "자치경찰제 도입의 쟁점과 방향". 「정책과 지식」. 서울대 행정대학원. 제143호.

한동효, (2012). "역대정부의 자치경찰제 도입 실패요인에 관한 연구". 「지방정부연구」. 16(2): 20

허경미. "경찰청 자치경찰제안의 문제점과 대안". 「한국공안행정학회보」. 16: 258-268.

한국지방행정연구원. (1998). 「자치경찰제의 준거틀과 모형 설계」.

Cobb. Roger W. and Marc H. Elder.(1983).「Participation in American Politics: The Dynamics of Agenda- Building, 2nd ed.」. Baltimore: The Johns Hopkins University Press.

Henstra. Daniel, "Evaluating Local Government Emergency Management Programs: What Framework Should Public Managers Adopt?". 「PAR」. March/April: 243.

Kim. Sangmook and W.Vandenabeele, "A Strategy for Building Public Service Motivation Research Internationally. 「PAR」. 71(5): 703.

Smith et. Kemin B.(2008). 「Governing(3rd edition)」. CQ Press. 546-7.

Stenberg. Carl W. "An ACIR Perspective on Intergovernmental Institutional Development". 「PAR」.March/April:169.

Wallace. Harvey, Cliff. Roverson, Craig. Stechler.(1995). 「Fundamentals of Public Administration」. N.J: Prentice -Hall.4. 이에 대한 참고문헌은 Charles Reith, A New Study of Police History(Edinburg, UK, 1956), Klockers. Carl, The Idea of Police(Beverly Hills: Sage Publication,1985)를 참조할 것. 여기에서는 영국의 자치경찰출발과정에 대하여 소상하게 기술하고 있음

Ⅱ. 자치경찰론 참고문헌

[국내 문헌]

감사원 부정방지대책위원회(1993), 경찰부조리 실태 및 방지대책, 보고서 제3집.

강용기(2008), 현대지방자치론, 서울: 대영문화사.

경찰개혁위원회(1999), 총괄·전체회의(제1권), 경찰청 치안연구소.

경찰개혁위원회 실무연구팀(1999), 자치경찰제의 이해.

경찰대학(1998), 경찰학 개론, 서울: 경찰대학.

경찰청(2006a), 경찰백서: 특집 경찰 60년, 세계 일류 경찰을 향하여.

———(2006b), 한국경찰사.

경찰청 경찰혁신기획단(2004), "자치경찰제 도입 추진 상황," 정부혁신지방분권위원회 보고문서.

경찰청 혁신기획단 자치경찰추진팀(2003), 선진 외국의 경찰제도.

———(2004), 프랑스 자치경찰 연구자료.

고문현(2005), 자치경찰제에 관한 연구, 울산: 울산대학교출판부.

국회행정자치위원회(2006), 유기준의원 자치경찰대체입법안 토론회 자료.

권지관(2000), “워싱턴 DC 경찰의 편제와 기능: 직제·보수·계급 체제를 중심으로,” 수사연구사, 4월호.

김남진(1996), 행정법, 서울: 법문사.

———(2000), “지방자치와 경찰법,” 서재근 박사 화갑논문집.

김만기·심익섭 외(1998), 정부조직의 혁신, 서울: 대영문화사.

김보환(2006), “한국 경찰의 패러다임 변화와 역사 기록의 쟁점 및 과제,” 한국경찰학회보, 제11호.

김성수(2002), 비교경찰론, 서울: 경찰대학.

김성호·안영훈·이호(1998), 자치경찰제의 준거틀과 모형설계, 한국지방행정연구원.

김순은(2001), “21세기를 대비한 대도시 정치행정 체제의 개혁: 런던광역시(Greater London Authority)의 탄생을 중심으로,” 한국지방자치학회보, 제13권 제3호.

김영기(1999), 지방자치론, 서울: 대영문화사.

김영환(2004), 자치경찰제도론, 서울: 현남출판사.

김용래(1995), 지자선거법 5대 개선 과제, 조선일보(1995. 4. 24).

김웅기(2001), 미국의 지방자치, 서울: 대영문화사.

김원종(2004), “자치경찰제도의 법리적 검토,” 한국지방자치학회보, 제16권 제1호.

김일수(2007), “검경수사권 조정자문위원회의 회고와 전망,” 형사정책연구, 제18권 제3호, 가을호.

김진혁(2001), “한국 현대 경찰조직의 구조에 관한 연구,” 동국대학교 대학원 박사학위 논문.

———(2004), “한국 경찰체제의 발달과정 및 향후 과제,” 한국경찰학회보, 제7호.

김해룡(2003), “지방분권과 지방자치경찰제도,” 한국경찰학회보, 6권.

김현소(1998), “자치경찰제 도입에 관한 연구,” 한국행정논집, 제10권 제2호, 한국정부학회.

김형만 외(2003), 비교경찰제도론, 서울: 법문사.

내무부 치안본부(1972), 70년대의 한국 경찰의 방향.

———(1985), 2000년대를 향한 경찰 발전 방향.

문성호(2004), 자치경찰제 도입의 쟁점과 방향, 정책과 지식, 제143호, 서울대학교 행정대학원 한국정책지식센터.

문재우(2003), “한국의 자치경차제 모형 설정에 관한 연구,” 한국공안행정학회보, 제15권.

박동서(1982), 한국행정론, 서울: 박영사.

박성수(2001), “자치경찰제 도입에 따른 경찰예산 확보에 관한 연구,” 한국경찰학회보, 제4호.

박진현(2000), “우리나라 자치경찰 도입 방안에 관한 실증적 연구,” 한국공안행정학회보, 제9호, 한국공안행정학회.

박희방(2005), “지방자치경찰제에 대한 인식과 도입 방향,” 충북대학교 대학원 박사학위 논문.

배준구(2004), 프랑스의 지방분권, 부산: 금정.
부만근(2007), 제주지방행정사, 제주: 제주대학교출판부.
서범규(2004), 참여정부 자치경찰 도입안의 주요 쟁점에 관한 분석.
손봉선(2006), 신경찰학개론, 서울: 백산출판사.
송건섭·이태종·이승철(2006), "참여정부 자치경찰제(안)에 대한 비판적 논의," 한국사회와 행정연구, 제16권 제4호, 서울행정학회.
신기현(2005), 자치경찰론, 서울: 웅보출판사.
신봉기(2006), 유기준 의원 자치경찰법안의 주요 내용, 자치경찰법 제정안 공청회 자료(2006. 9. 15), 유기준의원실.
신상은(2007), 지방자치경찰제도의 비교에 관한 연구, 한솔학술정보.
신현기(2005), 자치경찰론, 서울: 웅보출판사.
———(2006), 비교경찰제도의 이해, 서울: 웅보출판사.
심익섭(1999), "미래지향적 지방자치경찰제도의 도입 방안," 한국지방자치학회보, 제11권 제4호.
안영훈(2005), 유럽형 자치경찰제도 모델 분석 보고서, 치안연구소.
안용식 외(2006), 지방행정론, 서울: 대영문화사.
안용훈(2007), 자치경찰 인적자원 확충 및 능력개발 방안, 자치경찰제 추진평가 토론회, 행정자치부.
양영철(2004), "자치경찰 서막이 올리던 날의 단상," 청와대 홈페이지 칼럼(2004. 9. 21).
———(2005), "참여정부의 자치경찰 창설과 운영 방안," 한국사회와 행정연구, 제15권 제4호, 서울행정학회.
———(2007a), 제주특별자치도 자치경찰제 운영 현황 평가서.
———(2007b), "자치경찰제 도입 과정상 나타난 갈등과 해결 방안," 자치경찰제 어디까지와 있는가?, 자치경찰제 추진평가 토론회(207. 12. 5), 행정자치부.
양영철 외(2005), 새 행정학, 서울: 대영문화사.
———(2008), 제주특별자치도의 이해, 서울: 대영문화사.
양영철·이기우(2004), 지방자치경찰의 설치와 운영에 관한 연구, 서울행정학회, 춘계학술세미나 자료집.
———(2004), 지방자치경찰의 창설 방안에 관한 연구, 서울행정학회 춘계학술세미나 자료집(2004. 9. 21), 서울행정학회.
우양호·강성철(2006), "지방정부간 생산적 협력 관계 구축의 성공 조건," 한국지방자치학회보, 제18권 제3호.
윤태범(1998), "자치경찰제도하에서의 효율적인 경찰 인사관리 방안," 자치경찰제도 공청회 자료집, 경찰개혁위원회·한국경찰학회.
이강종(2000), "지방자치경찰제도의 도입과 효율적인 운용 방안에 관한 연구," 동국대학교 행정대학원 석사논문.
———(2004), 주요 국가의 경찰관리: 위원회 운영을 중심으로, 서울: 육성사.
이관희(2001), 한국 경찰의 자치경찰제 도입 방안, 한국공안행정학회보, 제9권, 한국공안행정학회.
이기우(1998), "지방자치경찰제도의 개선 방안," 지방자치학회보 제10권 제1호.
이기우·양영철(2004a), 지방자치경찰의 설치와 운영에 관한 소고, 한국지방자치학회2003년도 동계학술대회(2004. 2. 19).
———(2004b), 지방자치경차리 창설 방안에 관한 연구, 서울행정학회 춘계 학술세미나(2004. 5. 28) 자료.
이기우·하승수(2007), 지방자치법, 서울: 대영문화사.
이달곤(2004), 지방정부론, 서울: 박영사.
이상안(1995), 「신경찰행정학」, 서울: 대영문화사.
———(2005), 경찰행정학(제7판), 서울: 대명출판사.
이상원(1999), "한국 경찰의 자치경찰화를 위한 소고," 한국공안행정학회보, 제4호, 한국공안행정학회.
이상환(1996), "새정치국민회의 경찰정책."
이시철(2006), "중앙권한 지방이양의 현실과 주요 쟁점: 특별지방행정기관을 중심으로," 한국행정학회 추계학술대회 논문자료집.
이윤근(2001), 비교경찰제도론, 서울: 법문사.
이윤호(2005), 자치경찰법안의 문제점과 개선 방안, 자치경찰법안 공청회(2005. 9. 21), (자료집), 행정자치부 자치경찰제 실무추진단.
———(2006), 경찰학, 서울: 박영사.
이종배(2005), 자치경찰법안의 주요 내용, 자치경찰법안 공청회(자료집), 행정자치부 자치경찰제 실무추진단.
이종수(1999), "자치경찰제도 도입을 위한 모형의 설계: 한국경찰 개혁 방안으로서의 분권화 전략," 연세행정논총, 제24집.
——— 외(2005), 새 행정학, 서울: 대영문화사.
이주희(2003), 경찰지방자치제도에 대한 입법론, 한국지방자치학회 2002 동계학술발표회 자료(2003. 2. 21).
———(2004), "자치경찰제도의 도입 방향," 서울대학교 행정대학원, 지식과 정책, 제143호.
이황우(1995), "지방화시대에 따른 자치경찰제 도입모형에 관한 연구," 한국공안행정학회보,

제4권.
———(1999), 우리나라 실정에 맞는 자치경찰제도, 치안연구소 자치경찰제도 공청회.
———(1999), "지방화시대에 따른 자치경찰제 도입모형에 관한 연구," 한국공안행정학회보, 제4호, 한국공안행정학회.
———(2002), 경찰행정학, 서울: 법문사.
———(2003), 경찰행정학(제3판), 서울: 법문사.
———(2005), 비교경찰제도(1), 서울: 법문사.
———(2007), 경찰행정학(제5판), 서울: 법문사.
임승빈(2005), 지방자치론, 서울: 법문사.
장기붕(2005), "경찰권력의 분권 방안," 한국경찰학회보.
정균환(1996), 자치경찰, 서울: 신유영사.
———(1998) 경찰개혁(하, 자치경찰편), 서울: 좋은 세상.
정덕영(2006), "자치경찰제 실시와 경찰인력 수급 방안에 관한 연구," 한국경찰학회보, 제11호.
정부혁신지방분권위원회(2003), 정부혁신지방분권 로드맵.
———(2004a), 지방분권 5개년 종합실행계획.
———(2004b), 자치경찰제의 도입과 운영, 제54차 국정회의 자료.
———(2004c), 한국지방행정연구원, 이제는 지방분권시대.
———(2005), 참여정부의 지방분권.
———(2007), 제주특별자치도 자치경찰평가보고서.
정부혁신지방분권위 해외실무연수단(2006), 지방분권 및 지방정부 책임성 강화 연구, 해외실무연수보고서.
정부혁신지방분권위원회, 경찰청 경찰혁신위원회(2004), 선진국 자치경찰 운영사례 현지시찰 결과보고서(2004. 5. 15~24), 치안정책연구소.
정일섭(2006), 한국지방자치론, 서울: 대영문화사.
정진환(1998), "자치경찰제 도입에 관한 연구," 한국공안행정학회보, 제7호.
———(2005), 경찰행정론, 서울: 대영문화사.
제주도(1985), 특정지역 제주도종합개발계획.
———(1994), 제주도종합개발계획.
제주발전연구원(2004), "제주특별자치도 기본 방향 및 실천전략 연구보고서."
제주특별자치도(2006a), 제주자치경찰의 이해.
———(2006b), 제주특별자치도 사회협약제도 도입 방안에 관한 연구.
———(2007), 제주특별자치도 추진백서.
조성택(2005), "한국의 자치경찰제 모형에 관한 이론적 탐색," 한국경찰학회보, 제9호, 한국

경찰학회.
조창현 편(1996), 지방자치 시대의 경찰의 위상과 역할, 한양대 지방자치연구소.
조철옥(2003), 경찰행정학, 서울: 대영문화사.
———(2007), 경찰학개론, 서울: 대영문화사.
Jones Lang LaSalle(2000), "제주도국제자유도시 개발타당성 조사 및 기본계획."
주학중(1992), 2000년대 경찰행정 발전방안, 한국개발연구원.
중앙선거관리위원회(2006), 제4회 전국동시지방선거총람.
최기문(2000), "한국적 자치경찰제 확립 방안에 관한 연구," 동국대학교 대학원 박사학위 논문.
최종만(2007), 영국의 정부시스템 개혁, 서울: 나남.
최종술(1999), "바람직한 자치경찰제모형에 관한 연구," 한국행정학회보, 제33권 제2호, 한국행정학회.
———(2001), "자치경찰제에 대한 논의의 중단과 원인에 관한 연구," 한국공안행정학회보, 제12호, 한국공안행정학회.
———(2002), "우리나라 자치경찰제 도입의 갈등 요인에 관한 연구," 정부학연구, 제8권 제2호, 고려대학교 정부학연구소.
———(2003), "한국적 자치경찰의 도입 방안에 관한 연구," 행정논총, 제11권 제1호, 서울대학교 행정대학원.
———(2004), 한국적 자치경찰제도 방안 모색, 한국행정학회 국제 및 추계 세미나 자료집.
———(2006), 유기준 의원안과 정부안의 주민의 입장에서 바라본 기대효과 비교·분석, 유기준의원 자치경찰법안 제정 공청회자료집.
치안정책연구소(2005), 유럽형 자치경찰제도 모델분석 연구보고서.
표창원(2005), "경찰제도 혁신방안," 정책과 지식, 제191회 발표 자료.
———(2007), 자치경찰제 추진평가 토론회(2007. 12. 5), 행정자치부.
하혜수(2007), "자치계층 구조개혁의 성공적 추진 요인: 영국과 한국의 사례를 중심으로," 한국행정학보, 제41권 제2호, 한국행정학회.
한견우(1999), "지방자치경찰의 실시에 따른 법적 문제점," 치안논총.
한국개발연구원(1992), 2000년대 경찰행정 발전 방안.
한국지방자치학회(2007), 제주특별자치도 추진 1년 민원행정 서비스 만족도 조사결과 보고서.
한국지방행정연구원(2005), "자치경찰 기구·인력 편성 방안에 관한 연구."
한국형사정책연구원(2005), "주요국의 자치경찰제도와 한국의 자치경찰법안 연구," 연구총서 05-26.
한귀연(2003), "지방자치경찰제도의 도입 방안에 관한 연구," 법제연구 제24호.
한영수(2004), 인사행정론, 서울: 형설출판사.

———(2005), "지방자치단체 간 발전적 관계에 관한 연구," 지방정부연구, 제9권 제4호, 한국지방정부학회.

행정자치부 자치경찰제 실무추진단(2005), 자치경찰법안 공청회 자료집.

———(2005), 자치경찰제 실무추진단 주요 업무 추진일지.

———(2006), 외국의 경찰제도 비교: 자치경찰 중심. 내부자료.

———(2007), 자치경찰 표준운영모델 개발에 관한 연구.

허경미(2003a), "경찰청 자치경찰제안의 문제점 및 대안," 한국공안행정학회보, 제16권.

———(2003b), 지방자치경찰제도의 도입모형에 관한 연구, 한국지방정부학회 2003년도 춘계 학술대회 발표논문집.

홍정선(2003), 행정법 원론(하), 서울: 박영사.

홍준현(2003), 중앙정부의 지방자치단체에 대한 행정적 관여의 본질.

[국외 문헌]

APA(1999), *Pounding the Beat: A Guide the Police Finance in England and Wales*, APA(the Association of Police Authorities).

Barber, Benjamin R.(2003), *Strong Democracy*, L.A.: University of California Press.

Bureau of Justice Statistics(2002), *Police Departments in Large Cities 1990-2000*.

Champion, D. H. & M. C. Hooper(2003), *Introduction to American Policining*, N.Y.: McGraw-Hill.

Das, Dilip K. & Arvind Verma(2003), *Police Mission*, Scarecrow Press, Inc.

Elcock, Howard(1982), *Local Government: Politicians, Professionals and the Poblic in Local Authorities*. Lodon: Methuen and Co.

Follesdal, Andreas(1998), "Survey Article: Subsidiarity." *The Journal of Political Philosophy*, 6(2).

Ford, J. Kevin(2002), *The Move to Community Policing*, London: Sage Publications.

Gaines, Larry et al.(2003), *Police Administration*, Boston: McGraw-Hill Higher Education.

Ho, Alfred & Paul Coates(2002), "Citizen Participation: Legitimizing Performance Measurement as a Decision tool." *Government Finance Review*.

Humes, Samuel & Eileen Martin(1969), *The Structure of Local Government*, Hague: International Union of Local Government.

Hutton, Glenn & Gavin McKinnon(2007), *General Police Deties: Blackstone's Police Manual 2008*, Oxford University Press.

Klockers, Carl(1985), *The Idea of Police*, Beverly Hills: Sage Publication.

Lewis, Colleen(1999), *Complaints Against Police*, Sydney: Hawkins Press.

McCamey, William P., Gene L. Scaramella & Steven M. Cox(2003), *Contemporary Municipal Police*, Boston: Pearson Education.

McKinnon, Gavin & Glenn Hutton(2008), *Blackstoe's Police Manual*, vol.4. General Police Duties, Oxford University Press.

Monkkonen, E. H.(1992), "History of Urban Police," in M.Tonry & M. Morris (eds), *Modern the Policing*, Chicago: University of Chicago Press.

Morash, Merry & J. Kevin Ford(2002), *The More to Community Policing*, Sage Publication.

O'Neill, Alford, & John O'Neill (ed)(1994), *The Contract-State, Public Management and the Kennett Government*, Deakin, Deakin University Press.

Reith, Charles(1956), *A New Study of Police History*, Edinburgh, UK.

Rhodes, W.(1982), *Control and Power on Central-Local Government Relations*, Hants: Gower Publishing Co.

Saffel, David C. & Harry Basehart(2005), *State and Local Government*(8th edition), McGraw Hill Higher Education.

Stevens, Dennis J.(2003), *Applied Community Policing in the 21st Century*, Boston: Pearson Education.

Stouffer, W. B. C. Opheim, & S. Bland Day(1991), *State and Local Politics*, N.Y. Harper Collins Publishers.

Straayer, John A. Robert D. Wrinkle, & J. L. Polinard(1994), *State and Local Politics*, N.Y.: St. Martin's Press.

Walker, S. (1990), *The Police in America*, Boston: McGraw-Hill.

Wall, David S.(2000), *The Chief Constables of England and Wales*, Dartmouth: Ashgate.

Wallace, Harvey, Cliff Roverson, & Craig Stechler(1995), *Fundamentals of Public Administration*, N.J: Prentice-Hall.

Wilson, James Q.(1968), *Varieties of Police Behavior: The Management of Law and Order in Eight Communities*, Cambridge, MA: Harvard University Press.

———(1994), *American Government*, Lexington: D.C Heathe and Company.

Wright, Deil S.(1988), "Understanding Intergovernmental Relations," *Public Grove*, CA: Books and Cole.

大野達三(1995), 日本の警察, 東京: 新日本出版社.

日本辯護士會 編(1995), 檢鉦日本の警察, 東京: 日本評論社.

[신문보도 자료]

내일신문, 2004. 8. 30,

동아일보, 2008. 2. 5, 인수위 "자치경찰제 시군구부터 실시"

매일경제, 2005. 7. 20, "자치경찰제 도입 물 건너가나"

문화일보, 2005. 4. 1, 자치경찰제, 수사권 없는 '보조원제' 한계

연합뉴스, 2004. 10. 8, "시·도지사협 시군구 자치경찰제 부적절"

———, 2004. 10. 8.

———, 2005. 2. 22, 시·도지사엽의회 '자치경찰제, 무늬만 자치'

제민일보, "'말발' 안 서는 '종이 호랑이'…긴급체포권·즉결심판청구권 없어"

———, 2007. 10. 16, "골프장 폐기물 무단 투기 하청업자 입건"

제주의 소리, 2007. 8. 22, "자치경찰, 곶자왈 훼손 40대 구속…출범 첫 구속"

———, 2007. 10. 13, "제주 서귀포시 자치경찰대 신청사 11월 착공 … 지상 2층"

———, 2007. 8. 14, "폐감귤 불법 매립, 쓰레기 불법소각 50대 '뒷덜미'"

제주일보, 2005. 8. 3, "자치경찰제 내년 하반기 시범 실시…제주지역 제외될 듯"

조선일보, 1995. 4. 24, 5면, "지자선거법 5대 개선 과제"

한국일보, 2008. 1. 8, "행정사범 단속·수사 특사경이 나선다"

한라일보, 2007. 5. 29, "가축 방목 위해 산림 훼손 축산업자 적발"

———, 2006. 12. 14, "자치경찰대 집중단속 공항 호객꾼 사라져"

YTN, 2005. 6. 13, 시·도지사, 지방분권 촉구 "제주선언" 채택

[인터넷 자료]

http://lofin.mogaha.go.kr:8100/budget/jipyo/Jipyo_Jarip_01.jsp

http://www.comune.roma.it/info_cittadino/schede/carte/cartapm/pm_cs_01.htm

http://www.police.go.kr/announce/aploymentView.do?idx=83238&cPage=2, 2007년경찰공무원채용시험공고 참조

http://www.president.go.kr/cwd/kr/archive/archive_view.php?meta_id=column_innova

www.jejusori.net/news/articleView.html?idxno=35472

www.wgmp.go.kr

www.wgmp.go.kr 공지사항, 자치경찰 계급명칭 공모, 2005. 3. 22

찾아보기

ㅂ

ㅅ

ㅇ

ㅈ

신 지방자치경찰론

이론과 실제

초판인쇄 | 2021년 3월 20일
초판발행 | 2021년 3월 30일

저　자 | 양 영 철

펴낸곳 | 온누리디앤피
주　소 | 제주특별자치도 제주시 신성로12길 21-2
전　화 | 064)722-0086
팩　스 | 064)755-3380
등　록 | 1995년 8월 31일 제51호

ISBN　978-89-94495-67-5 93350

값 25,000원